浑源县文物志

杨毅 编著

山西出版传媒集团
三晋出版社

　　杨毅，1973 年出生于山西省浑源县，长期从事文化旅游和地方文史研究工作。2007 年任浑源县旅游局副局长，现任浑源县文物保护研究中心（古城保护中心）主任，浑源县政协第十五届委员会常务委员。曾参与《山西通志·旅游志》组稿工作，2022 年获县文旅高质量发展贡献奖。主要著作有《浑源县文物志》《浑源县旅游志》《浑源县旅游一本通》。

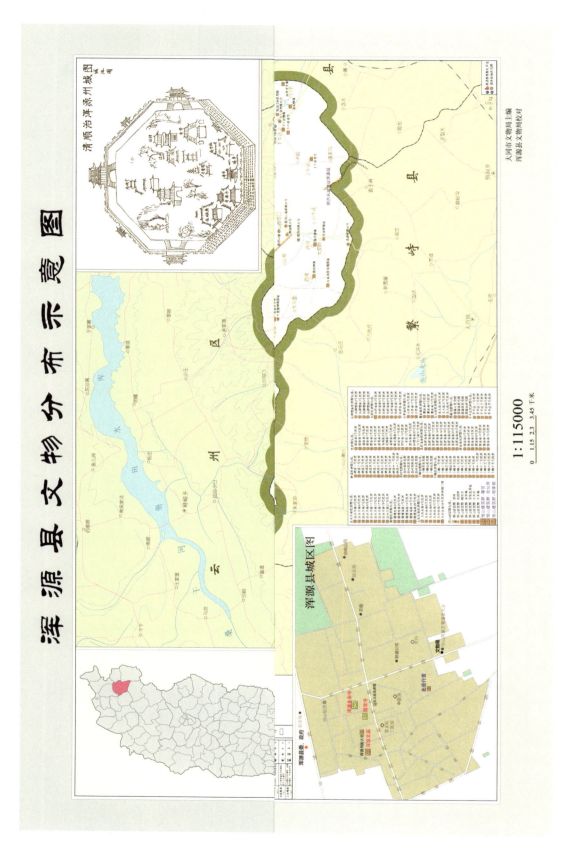

浑源县文物分布示意图

清顺治浑源州城图

1:115000

0 1.15 2.3   3.45 千米

大同市文物局主编
浑源县文物局校对

浑源县城区图

文物是历史留下的文化遗产，是民族智慧的结晶。中华文物承载着中华民族的基因和血脉、传承着中华民族五千年的灿烂文明，是维系民族精神的纽带，是不可再生、不可替代的中华优秀文明资源。

浑源，乃历史悠久、文化灿烂、文物荟萃之地。地上地下文化遗存数量之多、档次之高，全国少有，且时序完整、类型齐全、特色鲜明。境内现有不可移动文物488处、文物保护单位29处，时间跨度从民国一直追溯到旧石器时代，涵盖古遗址、古墓葬、古建筑、石窟、瓷窑等多种文物类型。7处全国重点文物保护单位之一的悬空寺构思大胆、设计精巧，堪称中国乃至世界建筑史上的奇迹，具有极高的建筑文化审美价值；圆觉寺塔、荆庄大云寺、律吕神祠、永安寺等辽金元时期的建筑遗存数量和保存现状在全省居于前列；康熙皇帝、诗仙李白以及众多文学家、书法家留下的碑文石刻，将浑源碑刻文化推向一个新的高度；出土于李峪村西周至春秋时期的"浑源彝器"闻名遐迩，尤以藏于上海博物馆的春秋牺尊被誉为国之重器、国之瑰宝，坚实奠定了浑源考古文化不可撼动的地位……这些有形的历史"活化石"和文化载体，对反映时代特征、传承悠久文化、研究发展变革起到了不可替代的作用。让沉寂的文物"活起来""火起来"，既是历史责任，也是彰显时代文明、建设精神家园、坚定文化自信的重要之举。

对于文物保护，浑源任重而道远。特别是作为省级历史文化名城、文物大县，全县的文物资源虽然丰富，但记录整理却显得分散，一直未能形成一套完整的体系。浑源迫切需要一部能够真实、全面地记载反映当地文化和文物事业发展轨迹的综合性著述。《浑源县文物志》就是适应这一客观需要而编撰的填补空白之作。该志书遵照地方专志修编要求，按照"横分门类，纵向叙述"的体例，内含"文物资源、保护管理、学术研究"三大部分，全书共5卷12章47节，详细记载了浑源县从新中国成立以来至今的大事记、文物保护、文化研究、文物类别、文物管理等内容，布局严谨、结构合理，图文并茂、生动翔实。该书具有两个突出特点：一是史料考实。本着尊重历史、勘讹正误、拾遗补阙的原则，查阅各类文献史料达数百种，走访社会各界人士百余人次，对古今所记内容进行科学实际而客观的考证研究，重新梳理了文献史料中记载混乱的浑源建置沿革，注解、考证和勘正存于旧志数百年的遗漏、存疑或谬误 43 处，还原了历史本真。二是史料珍贵。收录了诸多其他文献未涉及的新鲜资料，价值非常大。可以说，本志书既有史实性，又有学术性。

　　《浑源县文物志》的面世，对于全县文物事业发展而言可谓一件幸事，也是浑源在地方专志工作方面取得的又一丰硕成果。作为我县首部文物方面的地方性专志，对进一步传承和推广本地特色文化，引领和推动本县文物保护，激活和焕发文物勃勃生机，以及助力文化学者开展学科研究等方面，都具有十分重要的现实意义。这部志书较好地再现了浑源文物的内涵与价值，在一定程度上它必将同文物本身一样，成为浑源宝贵的文化遗产，让更多的人能够手捧此卷纵观浑源历史，遐思古今感悟浑源文化、汲取精神力量，进而勇于开拓、砥砺奋进，在全面实现资源大县向文化强县跨越、全方位推动文物事业高质量发展的征途上再奏凯歌、再创辉煌！

中共浑源县委书记　高　崇

浑源县人民政府县长　赵昆清

2022 年 7 月

　　盛世修志是我国的优良传统，我国现存志书8260多种，占到古籍的十分之一。以其卷帙浩繁、既博且专、雍容大雅、包罗万象而被誉为"地方百科全书"。国外学者对此惊叹不已，称之为"中国的第二个长城"。

　　20世纪80年代，由山西省率先发起的编修社会主义新方志的倡导一呼百应，得到了国家相关部门的认可。随即各省市县先后成立了地方志编纂办公室。本次新方志编修规模之大、成果之多是历史之最。不但省市县都出了志书，连乡镇村和政府的各个职能部门都纷纷编写部门志和行业志，这在历史上是没有先例的。这本由杨毅先生独自完成的《浑源县文物志》便是众多部门志中的一部佳作。

　　古语云："治天下者以史为鉴，治郡国者以志为鉴。"存史、资政、教化是地方志特有的功能。浑源是大同市的文化大县，文化遗存之丰、文化积淀之厚是其他县不可比拟的。对这样一个文化大县，对境内的文化做一次系统翔实的梳理记载，其意义是非常深远的。作为一名多年从事文旅事业的工作者，杨毅先生意识到了自己肩负的使命，这种文化自信、文化自尊、文化情结很令人钦佩。捧读这洋洋六十五万言的大作，作为一名从事这项工作的老兵，我深知其难。这种查阅资料的案牍之苦、实地走访的跋涉之劳是局外人无论如何体会不到的。倘论这本志书的价值所在，我觉得有以下几点。

　　一、考证翔实。我们知道，一部志书的价值高低，主要是看其资料性，杨毅先生在编写这部专志时，对原《浑源州志》和《山西通志》等典籍中有关建置沿革的一些错误做了详细的考证，去伪存真，仅此一点，其学术价值便不言而喻。

　　二、视野独具。在概述中，该志从侧面阐明了浑源县旅游资源、旅游业及文物保护和利用三者之间的关系，这样便将狭义的旅游资源进行了拓展，从而为浑源未来的经济和文化事业发展奠定了基础。这种大文化、大旅游的眼光，是作者对该县文化旅游业的一大贡献。

　　三、内容丰富。作者在编写该志时，通过查阅大量的史料以及实地考察，分门别类地将全县主要文物资源进行了科学而系统的划分整理。全书共计五卷，分十二章四十七節，其中古建类是书中重点部分。在附录中，将存疑和考证性的内容专设为"校勘与专题考"，共计 43 条，这是全志的精华所在；另外，还补录佚失碑记 10 条，为后人的研究提供了线索。

四、勇于探索。悬空寺的建筑年代以及律吕神祠的建造成因一直是大同学界关注的热点，各家众说纷纭。作者作为一个土生土长的浑源人，对这些在学术界尚无定论的历史谜题进行了翔实而又科学的分析，最终以有力的依据还原了历史的本真。这些最终的论断对于捋清历史脉络以及浑源文化旅游事业的发展，无疑有着正本清源的重大意义。

五、贵在出新。这部志书的另一个可贵之处是不但订正了过去浑源各类志书中的错误，还将过去各类书籍中未载的鲜为人知的文物遗存展现给读者。比如对律吕神祠、圆觉寺经幢、三清殿之印、浑源州城铜龟的记述，都是非常难能可贵的。

雕珠琢玉春复秋，五载心血浇专著。杨毅先生的这部《浑源县文物志》无论从资料性、科学性、资政性哪方面讲，都是值得肯定的，理所当然地将屹立于浑源众多典籍之林，成为醒目的一株。

大同市三晋文化研究会会长　　要子瑾
大同市地方志办公室原主任
2020 年 5 月 14 日晚

早自石器时代，浑源境内就有人类繁衍生息，其遗迹留存至今，如神溪旧石器文化遗址、李峪新石器晚期彩陶文化遗址、蚂蚁河文化遗址、荆庄文化遗址等。秦时，天下分36郡，浑源境域由崞、平舒两县分治，至今已有2000余年的历史。在这漫长的历史时期，这一方水土孕育了灿烂而又辉煌的文明，而这其中的古建筑、壁画、碑碣、青铜器、瓷器等文物遗存，更是祖先留给我们的宝贵财富，其文明基本贯穿了整个中华文明史。其间，戎狄、匈奴、鲜卑、柔然、突厥、契丹、鞑靼、瓦刺、女真等部族与中原汉民族互相交融、往来反复，或贸易、或对抗，其中最为突出的历史时期当属北魏以及辽金元。这几个时期是我国北方各民族大融合的主要阶段，浑源的地方文化亦步入鼎盛时期。

晚清至民国，对于文物的保护虽有一定举措，但由于时局动荡、国力贫弱而收效甚微，大量珍贵文物或为列强掠夺，或遗失毁坏。新中国成立以来，中央人民政府高度重视对这些国宝的保护。从1950年始，我国就陆续出台了关于文物保护的各种办法和措施，其间浑源境内的一些文物也被列入了保护范围，如悬空寺、恒山古建筑群等。自1956年起，我国共进行了三次不同规模的文物调查工作，尤其是2007年进行的第三次全国文物普查，范围最广、成效最大。在这次普查中，省、市、县文物工作人员组成了专业队伍，共行程2500余公里，涉及乡镇28个，村庄489个，采集回了大量的珍贵数据和影像，为之后的文物保护奠定了基础。其中共涉及调查对象总量494处，登记调查对象总量488处，复查115处，新发现文物373处，编制图纸1362张，照片2212幅，标本112件。

在这400多处的古代遗存中，从旧石器时代至民国，浑源现拥有除夏、商、西周、秦、三国、晋、隋、五代等八个历史时期的十二个时期的文物遗存，其中明清遗存数量最多。但在本县已被列为县保以上的29处文物单位中，国保所占数量大多数集中在辽金元时期，如圆觉寺塔、荆庄大云寺、律吕神祠、永安寺等，在全省同时期的古建遗存数量和保存现状都居于前列。而在1923年出土的春秋晚期青铜器，更是浑源可移动文物中的精品，如上海博物馆镇馆之宝牺尊便为国之重器、国之瑰宝。

文物是凝固的历史，是文明的符号，对中华文物的保护始终是我们每一代人肩负的历史责任和使命。改革开放以来，浑源开始成立了专门的文物保护机构，对文物保护的力度逐步加强。40年以来，已对包括悬空寺、圆觉寺砖塔、荆庄大云寺、文庙、栗毓美墓在内的数十处古建筑以及附属文物进行了保护维修，使得文物古迹恢复了旧有风貌。尤其是 2018 年以来，新一届的县委和政府高瞻远瞩，立足于新的历史起点，把文物的保护和活化利用有机地结合起来，在不断加大文物保护力度的同时，一大批文物古迹以崭新的姿态展现在了世人面前，如社会力量参与保护利用"文明守望工程"的实施、古城历史街区的改造、古民居文化的再现等，都展示了新时期对于文物保护的决心和力度。

对文物保护和利用的形式是多样的。在文物保护和利用的实践中，博专结合、形式多样，一些关于文物方面的学术论著、影像视频和文化作品不断涌现，如央视曾经播出过的大型纪录片《北岳恒山》，科教片《走近科学——悬空寺》《国宝档案——李峪青铜器》《科技博览——悬在空中的寺庙》以及《三晋石刻大全》《北岳恒山志》《光耀满乾坤·李峪青铜器解读》《刘祁〈归潜志〉选注及其学习思想探析》等，这些作品的面世，对于弘扬中华传统文化、增强民族文化自信，都具有积极的现实意义。

在大同地区，浑源的文物总量居于前茅。因此在做好文物保护工作的同时，对于这些原本分散的历史信息进行系统的记录和整理，不仅便于今后文保工作的开展，也为地方古迹考证和进行学术研究提供了有价值的素材。通观全书，我们不仅看到的是一条从无到有、从始至终的地方文化脉络，更重要的是我们从中可以感受到中华文化的博大精深和厚重的人文精神。敬爱的周恩来总理曾经说过："延国脉于不堕者，惟精神上之国魂耳。"而本书的编写，也正是通过对浑源地方历史文化的整理，让更多的人了解浑源的历史、浑源的人文精神和浑源曲折的发展路径，以此来呼唤更多的有识之士参与到对文物的保护和对历史文化传承的道路上来，使国魂永放光芒。

杨　毅

2022 年 6 月

凡　例

一、本志是记录浑源全县文物保护工作以及文旅事业融合发展的专业志书，2022年被列为县政府年度重点工作任务之一。

二、本志按照"横分门类，纵向叙述"的原则，分列为"文物资源、保护管理、学术研究"三大部分，采用以志为主体，以述、志、记、录、图、表多体并用的综合体裁，力求使之表述详尽。

三、本志资源部分囊括本县各类文物，以不可移动文物为主，详近略远；其上限自新中国成立之始，下限至2021年12月。

四、本志以毛泽东思想、邓小平理论、"三个代表重要思想"、科学发展观和习近平新时代中国特色社会主义思想、特别是以习近平主席有关文物事业发展的重要讲话为指导，以贯彻落实党的"十八大""十九大"以来的会议精神为主线，集中反映浑源县新中国成立后至文物保护事业发展以来，以及全国三次文物普查后拉动区域社会经济发展的历程和为政治、文化、社会、生态文明建设服务的史实。

五、本志篇目设置为卷、章、节、目，全志计5卷、12章、47节，其中概述置于卷首，附录、大事记置于卷尾，正文配置插图，字数65万字。

六、大事记为编年体，所录事件为在全县文物领域影响较大者；人物部分采用纪传体，所记人物为曾从事全县文物工作的主要负责人及有突出贡献者。

七、本志资料录自旧志、历史文献、档案、统计资料、碑记、部门提供、亲历者口述及实地勘测等，并均已核实整理，部分以原文详录，但并不特别注明出处。

八、本志纪年，1949年之前用历史纪年括注公元纪年；1949年后用公元纪年。

九、载录碑文部分用"□"表示无法辨识之文字。

十、因涉及文物安全，本志墓葬部分仅收录旧志所载内容，其他古墓葬未予录入。

十一、数字的使用，按国家语言文字工作委员会等部门于 1996 年 6 月 1 日起实施的中华人民共和国国家标准《出版物上数字用法的规定》执行。

十二、本志所涉及的内容，如有遗漏或错误，均因资料不全或短缺所致，待以后续志再作补充完善。

目　录

001　**概述**

001　一、文化背景

002　二、管理与保护

003　三、文保事业的发展

004　四、展望未来

013　**卷一　建筑**

015　**第一章　古代建筑**

015　第一节　城池　衙署　堡寨

035　第二节　楼阁　桥梁

040　第三节　书院　社学

047　第四节　寺观　佛塔

082　第五节　庙　堂

114　第六节　民　居

153　第七节　戏　台

159　第八节　长城　烽燧

174　第九节　古建筑附属文物

186　**第二章　近现代建筑**

186　第一节　商贸　文教

189　第二节　水利设施

192　第三节　典型建筑

193　第四节　烈士陵园（墓）　纪念性建筑

197　**卷二　古墓葬与古遗址**

199　**第一章　古墓葬**

199　第一节　历史名人墓

201　第二节　其他古墓葬

204　**第二章　古遗址与革命遗址**

204　第一节　聚落遗址

206　第二节　寺庙遗址

215　第三节　古窑址

218　第四节　古　道

220　第五节　革命遗址

223　**卷三　文物藏品**

225　**第一章　青铜器**

226　第一节　饮食器

259　第二节　兵器　杂项器

261　第三节　流散器具

263　**第二章　其他藏品**

263　第一节　铁器　陶瓷器

265　第二节　钱币　书画

266　第三节　石器　化石

269　**卷四　碑碣与石刻砖雕**

271　**第一章　碑　碣**

271　第一节　墓葬碑

281　第二节　寺庙碑

309　第三节　记事碑

314　**第二章　石刻砖雕**

314　第一节　摩崖石刻

320　第二节　诗碣　塔铭

322　第三节　石窟寺与造像

323　第四节　砖石题刻

325　第五节　古树名木

331　**卷五　机构与事业**

333　**第一章　管理机构**

333　第一节　机构沿革

334 第二节 下属机构

第二章 文物管理 336

336 第一节 经营管理

337 第二节 档案管理

338 第三节 文物执法

第三章 文物保护 339

339 第一节 保护历程

340 第二节 古建维修

349 第三节 法制建设与宣传

349 第四节 相关保护措施

第四章 文物普查与科学研究 353

353 第一节 全国文物普查

364 第二节 全国第一次可移动文物普查

365 第三节 考古勘测

369 第四节 科学研究

443 附　录

445 人　物

449 校勘与专题考

469 大事记

489 后记

概　述

浑源县位于山西省东北部的大同盆地东南边缘，属大同市所辖，国土总面积1968.49平方公里，辖6镇10乡，常驻人口约23.7万，属中温带干旱（半干旱）大陆性季风气候区，年平均气温7.2℃。全县现有悬空寺、永安寺等各级重点文物保护单位29处，其中北岳恒山风景名胜区被列为国家AAAA级旅游区。浑源古城是全县政治、经济和文化的中心，于后唐迁至今址，已有千年的建城历史，历史遗存特别丰富，其中尤以辽金遗迹为最，具有重要的历史文化价值。

一、文化背景

浑源，因八水浑流而得名，有"神川"之别称。境内主要河流为浑河与唐河，分属海河流域的桑干河水系和大清河水系。其中浑河又称"黑水河""小黄河"，境内流域三面环山，西与应县毗连，称"浑应盆地"。气势雄浑的恒山山脉就蜿蜒于浑河南侧，这里是我国古代文明发祥地之一。据考古发现，早在距今约1至10万年以前的石器时代，就有人类在此繁衍生息，境内现已探明的文化遗址有神溪旧石器文化遗址、李峪新石器晚期彩陶文化遗址、蚂蚁河文化遗址、荆庄文化遗址等。在恒山一带，最具有代表性的古人类有"许家窑人"和"青磁窑人"，皆距今约10万年，为著名的"北京人"后裔。

本县自秦置县以来，已逾2200余年，历经秦、汉、魏晋、唐、五代、元、明、清等朝代。在地上地下文物遗存方面，具有时序完整、类型齐全、数量巨大、特色鲜明等特点，在全省所占比重较大，这其中尤其以北魏和金元时期的遗存最具有代表性。由于浑源地处蒙汉民族分界的地域特点，因此在较多的层面中尚能够不同程度地显露出北方少数民族和汉民族融合的历史痕迹，主要体现在古代建筑、民风民俗、衣食住行等领域。浑源虽地处塞外，但也山水毓秀、地杰人灵，地上地下文物古迹众若繁星。此外，这里还孕育出有众多名垂史册的杰出人物，如金代首位词赋状元刘㧑，著名史学家及文学家刘祁，元代制铠专家孙威、孙公亮父子，清代河督栗毓美，民国初年教育家、学者田应璜以及古文字专家白玉琤、抗日名将石作衡等，他们在不同的历史时期为国家和民族作出了不可磨灭的杰出贡献。

以北岳恒山为代表的山岳文化是浑源文化的根源。清顺治十七年（1660），北岳尊号正式还于浑源。作为中华文化的代表，北岳恒山虽因战火而屡次移祀于河北曲阳，但同为恒山一脉的北岳文化本是具有同宗同源性的。今之北岳建筑虽无曲阳岳庙之雄宏，亦无其汉唐遗迹之丰饶，但它所具有的历史地位和所产生的历史价值是不容置疑的。无论是曲阳、唐县或者是浑源，岳山之名都是它们文化的根源所在。如在浑源，因恒山文化而衍生出的其他文化遗迹众多，除古人类遗址之外，李峪青铜器、唐及辽金古瓷、北魏皇家温泉宫、悬空寺、律吕神祠、永安寺、大云寺等，无不彰显着恒山文化的精深与博大。此外，浑源自古还是兵家必争之地，北可背扼边疆，南能吭制中原。现如今，蜿蜒于恒山山脉的东周、南北朝以及明代的军事遗迹尚存，如落子洼长城、凌云口长城、西河口长城、泰安岭长城、王庄堡古城堡等。20 世纪中叶，在抵御外侵的战斗中，依托恒山天险，我抗日健儿在三晋大地上谱写下无数可歌可泣的历史篇章。1984 年，曾经在恒山沿线浴血奋战的杨成武老将军在视察悬空寺景区时，旧地重游，有感而发，遂挥毫为恒山书写了"北岳恒山耸，朝朝血火红"的光辉题辞。

二、管理与保护

1991 年，浑源古城被山西省人民政府公布为"首批省级历史文化名城"。1978 年，悬空寺经省政府及国家有关部门批准开始对外开放（后于 1980 年正式实施），期间成立了文物保护机构，由此，浑源的文物保护工作步入正轨。1982 年，北岳恒山被国务院公布为第一批"国家级重点风景名胜区"。此后，浑源随之成立了专门的景区管理机构，这标志着浑源的旅游和文物保护事业迎来了一个新的历史起点。

经过 30 多年的不懈努力，尤其是自党的十八大以来，浑源县的文物保护工作取得了辉煌的成就，如恒山古建筑群、圆觉寺、永安寺、州文庙、荆庄大云寺、律吕神祠、西留古戏台、浑源州衙等一大批文物古迹得到了有效的维修与保护。除对这些古建筑进行保护等级和保护范围划定之外，还较大规模地对这些建筑进行了旧貌恢复、消防水源工程建设以及智慧防护等，其中尤以永安寺工程最具代表性。此外，为了更好地推动文保工作，除了对不可移动文物进行建档以外，对现有可移动文物进行了统计与分类，确保线上线下文物的档案健全。按照省文物局统一安排，浑源县对长城等重点文物保护单位设立文物保护员，定期对各文保单位进行监控管理。对新发现的古遗址、古墓葬及时进行考古调查并加以保护，如殿山兴国寺遗址、南榆林辽金古墓、浑源唐墓等，计十余处，这些历史性的发现为浑源的文化脉络增添了新的、珍贵的历史信息。至"十四五"初期，浑源县先后完成及实施了岳门湾修缮工程、文庙修缮工程、永安寺修缮工程、栗毓美墓修缮工程、古城街巷改造工程（外立面改造）、恒山古建筑群修复、历史街区建设（鼓楼、永安寺牌楼等）等数十处文物保护项目，旅游产业发展与文物保护双赢的目标正逐步实现。

早在 1950 年，新中国进行了全国第一次考古勘测。其间，我国著名考古学家、古建学家裴文中、宿白等在浑源进行了实地考察。浑源的文物保护工作正是始于这样的背景之下。随着保护工作的深入开展，自 1956 年第一次全国文物普查之后，到 1957 年 5 月，恒山古建筑群、悬空寺、圆觉寺砖塔、永安寺、麻庄汉墓群和栗毓美墓园被山西省人民委员会公布为第一批"省级重点文物保护单位"，之后又陆续有部分文物单位被列入重点保护范围。而对于全县文物调查与保护更加全面的则是 1981 年的第二次和 2007 年的第三次全国文物普查，尤以第三次最为全面。根据第三次普查的结果显示，在改革开放初期调查完成后的部分历史遗迹已经消失，但就在这次的普查中，又有大量之前未曾登记的文物古迹被发现，这无疑是巨大的成就，这对于今后能更好地保护这些文物意义重大。就在这次调查中，全县共涉及调查对象总量为 494 处，登记调查对象总量为 488 处，复查共 115 处，新发现 373 处，消失 6 处。

浑源在全省文物保护单位数量总数居于前列，这也从一个侧面反映出了浑源厚重的人文历史。目前全县 29 处各类重点文物古迹中，含国家级重点文物保护单位 7 处，省级重点文物保护单位 8 处，市级重点文物保护单位 5 处，县级重点文物保护单位 9 处，其余尚未核定的保护单位 463 处。在重点文物保护单位中，有部分文物资源已经面向社会开放，成为了向社会民众弘扬恒山文化的载体，实现了让文物活起来的目标，如悬空寺、恒山古建筑群以及栗毓美墓、永安寺、古州衙、麻家大院等。

自 1978 年成立文物管理机构以来，对文物的保护力度不断加大。在所进行的三次全国重点文物普查中，不仅摸清了境内文物的家底，同时也更加利于对文物的保护工作，尤其是第三次文物普查，调查面宽、资料翔实、成绩斐然。在文物考古工作中，一些文物遗存的历史和文物价值得到了更为科学的认证，一些极具价值的科考资料和专业论述在中国考古史上占有着重要的地位，如曾作出杰出贡献的专家学者裴文中、宿白、水既生、任志录、孟耀虎、马今洪、吴锐等。在本县，一些有志于家乡历史文化研究和文物保护的人士贡献良多，如张剑扬、李跃山、晋宏志、王海生等，研究领域包括恒山文化、浑源青铜器、古碑碣石刻、民间传统文化等。2013 年和 2015 年，由陈学峰主编、晋宏志拓印的《三晋石刻大全·大同市浑源县卷》和《三晋石刻大全·大同市浑源县卷续编》分别发行，使得原本弃于荒野山寺的一些珍贵碑碣和鲜为人知的历史信息得以向世人展示。这一重大的文化工程历时 5 年，在浑源文化史上留下了浓重的一笔。

三、文保事业的发展

文物是人类在社会活动中遗留下来的历史痕迹，是劳动者智慧与汗水的结晶。在文保事业发展过程中，对于文物古迹的调查、修缮与保护是推动文保事业的核心工作。但对于文物本身而言，它所具有的不仅仅是文物研究价值，更重要的则是一种民族精神的体现。文物所具有的价值是不可估量的，它是全人类宝贵的财富，因此我们不仅有责任对其进行保护，同时也有责任将其弘扬并且传承。

现代旅游业是使文物"活起来"的有效载体，二者相辅相成，相得益彰。浑源在开展文物保护以及发展旅游事业的同时，科学地处理好了旅游与文物保护的关系，使越来越多的游人在欣赏文物、旅游景点的同时，也受到了中华优秀历史文化的熏陶。浑源作为全省文物大县和旅游资源大县，从全县旅游业发展至今，仍是以文物景点作为旅游核心吸引物，其余自然风光为辅，如恒山古建筑群、悬空寺、永安寺等。为了更进一步地有效利用所属文物资源，使浑源的文化和旅游业更进一步地得到融合发展，地方政府和景区管理部门以多种措施来推动文旅工作的进一步开展，如"文明守望工程"、历史街区建设以及恒山山门建设等。在文化传播方面，与各级媒体协作，曾录制有大型纪录片《北岳恒山》以及《国宝档案——李峪青铜器》和《走近科学——悬空寺》《走进浑源》等文化旅游专题片，编印出版了多部地方文化、文物及旅游类丛书。这些措施不仅有效地对外传播了浑源厚重的历史文化，同时也使更多的人认识到了对文物保护的重要性。

在 40 多年的发展历程中，浑源历届县委、县政府励精图治，艰苦奋斗，逐步使文物保护工作和旅游事业迈上了一个又一个新的台阶。尤其是近几年来，中央提出了中部崛起战略，更是给浑源文旅事业的发展带来了前所未有的重大机遇，文旅产业已经迎来了一个集科学转型、跨越式提升、相关产业联动为一体的现代旅游发展新时代。按照国发 42 号文件支持山西转型发展精神和大同市委、市政府"三大振兴"战略，不断加大景区保护、建设和依法有序开发的力度，着力构建"大恒山、大景区、大旅游、大产业"的发展格局，将顺文物保护与旅游业发展的关系，全面提升旅游产业地位，将其培育成为全县国民经济的战略性支柱产业，将浑源建设成为特色鲜明、魅力独具的世界一流旅游目的地。2018年以来，新一届县委、县政府审时度势，高屋建瓴，对过去发展中存在的不足和问题进行了梳理总结，同时也借鉴了文保和旅游事业发达地区的成功经验，确立了"旅游立县"的发展战略，以文物景点为核心旅游吸引物，把旅游业摆在了全县新型产业支柱、经济发展龙头的突出地位，尽快将潜在的旅游资源优势转化为旅游产品优势、产业优势和经济优势。

四、展望未来

作为人类历史的记忆，文物不仅是中华民族的精神纽带，也是中华文化的象征，具有不可再生的脆弱属性，是一部部沉寂的史书。它体现了人类的社会生活、科技发展和思想认识，具有自然、教化和审美等多重涵义，是实现文化自信的基石。在科技飞速发展的今天，历史所赋予我们的使命愈加沉重，我们所面临的一方面是科技的创新与发展，另一方面则是对优秀传统文化的继承与发扬。就是在这样的情况下，我们更应当清醒地认识到，对历史的继承和守护并不意味着守旧，实则这是由物质层面上升到精神层面的具体体现，是人类对于精神世界的渴求。

在文物保护这一系统工程中，我们要厘清对于文物保护、对文化的挖掘传承以及对文物利用等方面的关系，解决好文物与宗教、旅游等领域存在的矛盾。在各级政府以及法制体系的强力支撑下，一是注重培养民族精神的传承，通过文物保护等方式，彰显"厚德载物""居安思危"的文化精神；二是从思想理念等方面进一步唤起全民对文物保护的意识；三是按照新的时代需求，以新的理念和方式，通过不断挖掘其深刻内涵，更加科学合理地实现文物的价值转化，使其能够发挥出更大的作用。因此，只有通过我们进一步转变思想，深刻认识并解决好历史文化与科技发展的关系，我们对于文物的保护和文化的传承才会走得更远。

附：

1. 建置沿革

关于浑源的历史沿革记载，在所见的典籍中表述详略不一，或率然誉袭，或张冠李戴，后人多视旧载即为"可靠"依据，但事实并非如此。《史记》《汉书》《魏书》《资治通鉴》等诸多典籍对浑源的历史皆有详略不等的载录，而较为系统的建置沿革则体现在方志之中，如：明、清诸版《山西通志》《浑源州志》及当代《浑源县志》等。在这些历史记载中，造成其中误差的原因是多方面的，信息不全为其主因。其一表现为时间上的混乱；其二，在空间地理位置上亦存在重大偏差。如在明代州志就出现了陉南陉北崞县沿革混淆的情况；再如旧志所载言语含糊，用词简略，称东魏改廓州，北齐改北显州，不知者以为浑源曾名为此二州。后世志书虽有改进，但多沿袭旧载，缺乏严谨的对比，如 2013 年版《三晋石刻大全·大同市浑源县卷》概述中即属此例。总体而言，从历代志书建置沿革的记载情况来看，后世较前世的记载皆有不同程度的改进，其中如光绪《山西通志》，所载虽有部分失真，但相比而言则较前志更为翔实。

本志在对浑源建置沿革资料的整理过程中，主要针对战国至金元时期的历史变化进行了分析。除大量查阅史料反复对比之外，还特别对一些近现代学者的论著进行了研究，如严耕望《秦汉地方行政制度》、后晓荣《秦代政区地理》、谭其骧《中国历史地图集》等。整个修正过程历时一年，笔者几易其稿，通过反复求证、逐条梳理，力求参据史实持清脉络，但终因信息所缺，难以为之，实为一憾，故权将主干做一梳理，以备参考。

尧时，属冀州界地。

舜时，分冀东恒山地为并州，属并州。

夏禹时，又并入冀州。

殷商时，代子受封立国，是为代国属地，仍属冀州。此"冀州"仍沿袭古"九州"地理定义。

周时，以恒山为镇，属并州，代国辖。此"周"当理解为"西周"时期。

春秋时，属代国。

战国时，赵襄子灭代国（前475年）时，版图归入赵国，浑源之东南部（后属平舒邑）据于东胡。赵武灵王时，北破林胡、娄烦，置云中、雁门、代郡（《史记·匈奴列传》）。至战国中期，燕将秦开破东胡，平舒邑归于燕国。赵孝成王十九年（前247年），平舒邑复归赵国（见《史记·赵世家》《浑源州志·拾遗》）。

秦时，天下封三十六郡。袭赵制，县境分置两县，西北面置崞县，属雁门郡，境内东南方部分地域属代郡平舒县之一部。《山西通志》载："《前汉志》注，平舒有呕夷川，今在州东南五十里。"（参见乾隆《浑源州志》、当代《浑源县志》）

西汉初，沿秦制。其时在恒山北域除置崞县外，今县以西还置有繁畤县（今繁峙县之前身，位于今应县东北，辖今浑源一部），属雁门郡。至平舒县废之后，今县以东部分划入新置的灵丘县，属代郡。此二郡皆属代国。《史记·韩信卢绾列传》："乃立子恒为代王，都中都。代、雁门，皆属代。"

新朝王莽时，改崞县为崞张县，属填狄郡（原雁门郡）。《新莽职方考》："填狄郡，汉雁门郡……崞张，汉崞。"

东汉时，复称崞县，仍属雁门郡。光武帝建武十五年（39）二月，因匈奴侵袭，迁雁门、代郡、上谷吏民六万余口置居庸、常山关以东，以避胡寇，崞县遂废；建武二十六年（50）秋，雁门等8郡民重返本土，崞县再置。东汉建安十八年（213），崞县并入冀州。（《资治通鉴》《后汉书·光武帝纪一》《三国志·武帝纪》）

曹魏黄初元年（220）始，崞县弃，为鲜卑、乌桓等族所据。后又置崞县，仍属雁门郡。（参见《读史方舆纪要》《四库全书·山西通志》《三国郡县表附考证》）

西晋沿袭魏制，至永嘉四年（310），刘琨献崞县、繁畤县等五县于代王拓跋猗卢，县内民众南迁，县名不变。《魏书》说，是晋有此五县，至永嘉时始废。

十六国期间，东晋咸康四年（338），拓跋什翼犍于繁畤城北即代王位，改元建国，故崞县归代国。淝水之战后，归于前秦。

北魏天兴元年（398），建都于平城，置司州，故崞县属神武郡（治山阴县，非寿阳之神武郡），郡属司州（迁移陉南后的崞县于北魏明元帝永兴二年改称石城县）。太和五年（481）北魏迁都洛阳后，司州改恒州，治平城，县属恒州。北魏孝昌（孝明帝年号）年间，恒州失陷（六镇之乱），故崞县战乱荒芜，名存实亡。（参见《魏书·地形志》）另，《读史方舆纪要》记载说"（浑源）后魏（北魏）属高柳郡地"（因地理位置偏差甚远，此条或有误，存疑，仅做参考）。

东魏，陉北恒州及故崞县因战乱而无实际建置。孝静帝天平二年（535），复置恒州（寄置），辖8郡14县，其中繁畤郡（郡始置，领崞山、繁畤二县）与繁畤县寄治今原平市，崞山县（原陉南崞县改称，见《水经注疏》）寄治廓州（今原平市崞阳镇），其余7郡12县寄治肆州秀容郡城（今岚县古城村）。

北齐时，原恒州置"北恒州"，州属不变（平城），故崞县遂属。陉南崞县所寄治的石城县改属北显州。（《元和郡县志》《隋书·地理志》）

北周时期，战乱纷争，原"北恒州"寄置盩厔（今陕西周至县），故崞县及所属司州遂废。（《北周·地理志》）

隋朝，原崞县属马邑郡云内县地，其间一度受控于突厥。

唐朝，浑源属河东道云州，藩镇期间属大同军防御使云州。唐末，晋王李克用分置云州，升金城为应州，故崞县始载称"混源"（或之后易名为"浑源"，或"混"字笔误），属应州；光绪《山西通志》记载唐代属云州，以境内浑源川而得名。（参见《资治通鉴·卷二百七十五（胡三省注）》《元丰九域志·卷十》、光绪《山西通志·卷二十八·府州厅县考六》）《辽史》称："浑源县，唐置，有浑源川。"

五代后唐天成年间（926—930），迁筑县治于今址，讳明宗李嗣源之名改为浑元县，属应州。936年，归于后晋，后由石敬瑭割让于契丹。

辽时，石敬瑭割幽云十六州于契丹，浑源县随州归辽。辽全国划为五京，设五道，是时，浑元县复名为浑源县，属西京道大同府之应州。

金贞祐二年（1214），浑源县升为浑源州，属西京路德兴府所辖。

元初，改浑源州为浑源县，属西京路大同府。《山西通志》载："（升浑源州）元志仍置浑源县，并置司候司。"至元二年（1265）复改县为州，至元四年（1267）改浑源州为恒阴县，后又复为浑源州，属河东山西道宣慰使司大同路。史书记载，其"恒阴"之意，约为地处恒山之背阴。

明代，承袭元代建置，州属山西布政使司大同府，在调安、东中设两处守御。

清代，沿袭明制，浑源州属不变，仍属大同府，依旧编户一十四里。顺治十六年（1659），废除调安、东中两守御处，编入浑源州。

民国元年（1912），浑源州改为浑源县，属山西省雁平道。民国2年（1913）改雁平道为北路道，县属北路道。民国3年（1914）改北路道为雁门道，县属雁门道。民国16年（1927），省下裁道，县直属山西省。县分三等，浑源县为一等县。民国26年（1937）七七事变后，侵华日军进犯雁门一带，其间9月中旬及12月6日，日军两度占领浑源。同年10月，山西划分七个行政区，浑源县属山西第一行政督察专员公署。

民国28年（1939）秋，在中国共产党领导下，浑源县成为抗日根据地，县属晋察冀边区政府察南雁北办事处。

民国 29 年（1940）春，浑源县属晋察冀边区政府第二专员公署，3 月 12 日，浑源划归晋察冀第五军分区第五分区、五地委领导。

民国 30 年（1941），晋察冀党委更名为中共北岳区党委，浑源随之归属中共北岳第五地委管辖。

民国 33 年（1944）冬，浑源县属冀晋五专署。

民国 34 年（1945）9 月，浑源县属冀晋一专署，10 月 11 日浑源胜利解放。

民国 35 年（1946）1 月，晋绥军占领浑源。

民国 36 年（1947），浑源县属察哈尔省北岳一专署，同年 4 月 22 日，浑源城关区改建为浑源市（1949 年 4 月撤销，改为浑源县城关区）。

1949 年 10 月，浑源县属察哈尔省雁北专署。

1952 年 12 月 12 日，雁北专署划归山西省，县随属。

1956 年，浑源县属山西省晋北专署。

1958 年 11 月 23 日至 1959 年 7 月 14 日，广灵县并入浑源县，属山西省晋北专署。

1961 年，浑源县属山西省雁北地区专署。

1967 年，浑源县属雁北地区革命委员会。

1979 年，浑源县属山西省雁北地区行政公署。

1993 年 7 月 11 日始，雁北地区与大同市合并为大同市，浑源县随属大同市至今。

浑源县建置沿革简表

朝代		纪年	建置	治所	隶属	备注
尧					冀州	上古"十二州"时期
舜					并州	上古"十二州"时期
夏禹					冀州	上古"九州"时期
殷商					代国	旧志沿用上古"冀州"地理概念
周	西周				代国	旧志沿用上古"并州"地理概念
	春秋（东周）				代国	
	战国（东周）	前 475 年至前 221 年			赵、燕	赵襄子灭代归赵，境内东南部后随平舒邑归燕，至赵孝成王时复归赵

续　表

朝代			纪年	建置	治所	隶属	备注
秦				崞县 平舒县		雁门郡、 代郡	境内分置二县
汉	西汉		汉初	崞县		雁门郡、代郡，归代国	境内分置三县，县西部属繁畤县，平舒县废后所属地区改属灵丘县
	新朝			崞张县		填狄郡	
	东汉			崞县		并州雁门郡	东汉建武之初至东汉末，建置反复，时建时废；其间并州撤，归冀州
		曹魏		崞县		并州雁门郡	黄初元年弃，为乌桓、鲜卑等族所据，后再置
西晋			至310年	崞县		并州雁门郡	310年后崞县迁于陉南，故县鲜卑代王据
东晋十六国			338年至376年			代国	拓跋什翼犍于繁畤城北即代王位，改元建国
	前秦		376年至约383年				淝水之战后，北地渐失
北魏			398年至481年	山阴		司州神武郡	386年建国时已归于北魏
			481年至孝昌年间			恒州	
东魏			535年			恒州繁畤郡	之前沦陷，无建置，天平二年复寄置恒州
北齐						北恒州	
北周							原"北恒州"寄置蓥屋，崞县废
隋						马邑郡 云内县	其间曾为突厥所据
唐						河东道云州	藩镇期间属大同军防御使云州
			唐末	混源县	古城洼	应州	
后唐			926年至936年	浑元县	今址	应州	始迁城筑县于今浑源县城

续　表

朝代	纪年	建置	治所	隶属	备注
后晋	936 年至 938 年	浑元县	今址		938 年割让于契丹
辽		浑源县	今址	大同府应州	
金	1214 年由县升州	浑源州	今址	西京路德兴府	
元	元初	浑源县	今址	西京道（路）大同府	
	1265 年	浑源州			
	1267 年	恒阴县			
		浑源州			
明		浑源州	今址	大同府	
清		浑源州	今址	大同府	
中华民国	1912 年	浑源县	今址	雁平道	详见建置沿革
	1913 年			北路道	
	1914 年			雁门道	
	1927 年			山西省直属	
	1937 年至 1949 年			略	
中华人民共和国	1949 年至 1952 年	浑源县	今址	察哈尔省雁北专署	详见建置沿革
	1952 年至 1956 年			山西省雁北专署	
	1956 年至 1961 年			山西省晋北专署	
	1961 年至 1979 年			山西省雁北专署	
	1979 年至 1993 年			山西省雁北行署	
	1993 年至今			大同市	

按：

1. 战国赵孝成王易地。

《史记·赵世家》载：十九年，赵国和燕国交换国土：赵国把龙兑（今河北保定市满城区东北）、汾门（今河北保定市徐水区西部，易水以北）、临乐（今河北廊坊市固安县东南）给燕国；燕国把葛城（今河北安新县西南安州镇）、武阳（今河北易县南高陌乡）、平舒（治今山西广灵县西平城乡）给赵国。而赵武灵王置云中、雁门、代郡时，其时浑源、平舒或分属雁门、代二郡，秦因之。

2. 繁畤县。

原治在今应县（含今浑源一部）境内的繁畤，县城于隋开皇十八年（598）迁建于现繁峙县城东 60 里（一说为刘琨割让 5 县之后），武周圣历二年（699）迁今繁峙县杏园村东，后迁于繁城镇。其在金元时期称"坚州"，明洪武二年（1369）降州为县，并改"繁畤"为"繁峙"，"繁峙"之名始此。万历十四年（1586），将县城迁建于今县城所在地。

3. "九州"与"十二州"。

"州"，《说文解字》解释为"水中可居曰州"，即水中的陆地。"十二州"是为上古时（尧舜，一说颛顼时）因洪水而被分割的生活区域，而"九州"为禹时重新所定的区域，非政区划分（始于春秋时期，学界考为楚地）。《史记集解》引马融注《尚书》载："肇十有二州。"曰："禹平水土，置九州。"《汉书·地理志》载："尧遭洪水，怀山襄陵，天下分绝，为十二州，使禹治之。水土既平，更制九州，列五服，任土作贡。"清代学者崔述亦对于九州和十二州给出了解释，是为尧、舜分十二州，至夏禹时，洪水消退，遂将十二州归并为九州。（参见《史记集解》《汉书·地理志》《唐禹考信录》《大禹治水与"九州"和"十二州"形成考论》）

2. 行政区划与地理区位

浑源县国土总面积 1968.49 平方千米，隶属于大同市。2001 年，由原 6 镇 22 乡撤并为 6 镇 12 乡；2021 年 4 月，原 18 个乡镇撤并为 6 镇 10 乡，其中黄花滩乡和大任庄乡合并为大任庄乡，大磁窑镇和青磁窑镇合并为青磁窑镇，全县共 213 个行政村，11 个社区居民委员会，户籍人口 34.3 万人。永安镇为全县政治经济中心。

浑源县位于山西省东北部大同盆地东南边缘，地处桑干河支流浑河中上游，介于东经 113°44′34″—113°96′11″，北纬 39°38′43″—39°88′45″之间。距北京 300 公里，距雄安新区 250 公里，距离大同机场和高铁站均 50 公里。境内王城、同源、荣乌、广源 4 条高速公路环绕，国道 239、339 十字贯通，"四好农村路"辐射全县。

3、自然环境与资源

全县海拔在 1050～2333 米之间，地势起伏较大，呈"南山北坡中盆地"的地貌特征。其中恒山地区基岩距今已有5亿年，为古老的寒武纪奥陶系石灰岩。在地质结构上属于断层山，历经多次造山运动与地壳升降运动而形成，相对高差达1000米以上。气候为中温带干旱（半干旱）大陆性季风气候区，平均风速2.5米/秒，年降水量429.4毫米，年平均气温7.4℃，四季分明，昼夜温差大。气温的日较差和年较差较大，全年太阳总辐射量为135千卡/厘米，无霜期年平均129天，山区为110～120天。境内河流主要有浑河与唐河，分属海河流域的桑干河水系和大清河水系。

境内受中生代燕山运动的强烈破坏形成断裂构造特别发育，所以断层繁多，地质构造复杂，蕴藏着丰富的矿产资源，如煤炭、花岗岩、膨润土、沸石、高岭石黏土、萤石等。在生物资源方面，共有植物种类1009种，植物约100科、434属。其中国家一级保护植物为银杏、紫点杓兰、蜻蜓兰；山西省一级保护植物为蕨；省级重点保护植物有木贼麻黄、宁武乌头、山西乌头、文冠果、党参、锦带花、猬实；国家二级保护植物为华北驼绒藜、野大豆、二叶舌唇兰、二叶兜被兰、手参、对叶兰、裂瓣角盘兰、角盘兰、沼兰、羊耳蒜；国家三级保护植物有连翘、秦艽；中国珍稀濒危植物有玫瑰、猬实；国家重点保护古树名木有恒山古松、恒山豹榆等。国家一类保护动物有金钱豹、大鸨、黑鹳、金雕、白尾海雕5种；国家二类保护动物有狼、青羊、原麝、石貂、猎隼、秃鹫、猫头鹰、鸮、红隼等27种；省级保护动物有金眶鸻、普通夜鹰、蓝翡翠、楔尾伯劳、黑卷尾5种；列入《世界自然保护联盟》低危物种有11种；国家"三有"保护动物有106种。

卷 一 建 筑

古代建筑在浑源现存文物中所占比重最大，其中尤以宗教和古代民居居多，且保存较为完整，形制多样，造型别致，具有典型的北方建筑艺术风格。古朴而又精巧的建筑深得学界关注，在近现代，先后曾有梁思成、宿白、赵正之、莫宗江、罗哲文、张畅耕、吴锐等专家学者对浑源的古建筑展开研究，可见其价值之高。而近现代建筑在其建筑构造等方面，虽不具有更多的学术价值，但同样也是反映一个历史时期文化信息的重要载体。

第一章　古代建筑

从浑源现存古代建筑来看，其规模、建造规制、人文艺术等方面无不映射着这里昔日的繁华。这其中尤其是在辽金和明清时期所存最为丰富，不胜枚举，如恒山庙群、圆觉寺砖塔、古长城、古民居等，这些珍贵的历史遗存不仅反映建筑的宏伟和人类的智慧，同时也是我们研究浑源古代政治、军事、宗教、商贸等领域的重要资料，这些历史遗存弥足珍贵。

第一节　城池　衙署　堡寨

一、城池（附：神川八景）

崞县古城　位于南榆林乡毕村东部约 200 米的临河台地上，即汉崞县故城遗址，后因频遭水患，于后唐迁于今址。乾隆《浑源州志》载："旧城在州西，横山左侧，峡水环流，值淫雨泛涨，城多水患，后唐时徙筑今治。地脉从东南来，结为立形如龟城，肖其形，雉堞屈曲宛若负书状。"

遗址东西长 200 米，南北宽 200 米，分布面积约 4 万平方米。距宝峰寨村东北 2.5 公里，麻庄北 1 公里，毕村东 1 公里，臧经庄西 1 公里，距离今浑源县城约为 7.5 公里。因处于麻庄与毕村之间宽阔的洼地，当地遂称"古城洼"。在宝峰寨、毕村以东，麻庄以西，紧靠古城洼西边约百米的地方，有一条南北流向的季节河名"沙沟"，该河宽近百米，其水由北向南于麻庄村西南注入浑河。历史上此河曾连年泛滥成灾，民众深受其害，这是后唐迁城的主要原因。

现在，古城遗址已辟为农田，建筑构建不知所踪，古城旧貌荡然无存。地表现存东西向残墙一段，墙体西北约 200 米处有汉代灰坑一处。其中墙体东西长约 79 米，南北宽约 1.5 米，残高约 1 ～ 2.1 米，夯层厚约 0.1 米。该遗址于 1982 年公布为县级文物保护单位。

浑源古城　位于恒山主峰北麓约 4 公里处，后唐之时由崞县故城迁于今址。城垣平面呈八卦形，南北长 900 米，东西宽 700 米，占地面积 0.63 平方公里，为本州（县）之治所。1000 余年的建城历史使古城积淀了厚重的文化，这些古老历史遗迹无声地记录着浑源的变迁，它们是凝固的历史。国家 5A 级景区评审专家组成员张建国教授在参观浑源古城之后，对浑源古民居给予了极高的赞誉，称其建筑工艺之美、建筑形制的多样化均胜于平遥古城民居，是浑源古城文化的精髓。

唐末，浑源始称"混源"，后唐迁城于今址，易名"浑源"，属应州，金代升为州。《金史·地理志·卷五》载："浑源，晋县，贞祐二年（1214）五月升为浑源州，产盐（西辛庄、土桥铺等处有盐碱滩地，可熬制土盐）。"由于地理位置的原因，浑源在历代均被视为防御之屏障。明《三云筹俎考》载："本城系腹里，北岳巍峨，环绕八山，浑流八水，凿岩构木，遗址圪然，诚云中要害也……"

关于浑源州的行政设置，自金元始略有变化，这与区位和户籍人口有直接的关系。金代升州时为刺史州，正五品。元代以人口划分各州，浑源户籍约 5000，为下州，从五品。明代的晋北战事频繁，至洪武二十四年（1391），浑源户籍仅余 1832 户，计 9574 人（明万历《浑源州志》）。《明太祖实录》记载，从洪武九年（1376）四月开始对全国部分府、州、县进行调整，其中主要是府与直隶州的调整，之后基本沿用此制，浑源等国内诸多州为散州（属州），知州官阶从五品，清袭明制。

浑源在明代为不属路城堡。《三云筹俎考·不属路城堡图》载："此不属路所辖七城堡，无设参将，其兵马隶总戎节制，以粮草属中路通判综理，故亦名中路焉。"城池的形制因朝代的更替而随之发生变化，历朝历代皆有，变化程度不同，或规模、或坐标，等等，城池有大有小，形状各异，其原因五花八门。在我国明清时期，城池的规模和建筑的不同原因很多，除政治因素之外，事实上是根据其实际需要而定的，如有的州城比县城还要小。正所谓："城如身，而门如眼，四方通达由此而出入；城若头，则门若口，熙攘往来而由此吐纳。"

当时的城池修建须由当地军、政长官拟折报批，不得擅自进行，具体修造的规则朝廷和地方各有不同。顺治版《山西通志》记载，浑源在明代城池周长范围为 2 ～ 2.5 公里，属中小型城池（大同、天镇、阳高、右玉等为大型城池，周长 4.5 ～ 5 公里）。城墙初始高度为一丈五尺，后由于边关战事不断，故将城墙高度逐渐增至四丈，约为现在的 12 米左右，相当于 4 ～ 5 层楼房的高度，这在冷兵器时代的明朝，其军事防御体系已经是一个很高的标准了，因此对于浑源古城的城防来说，这无疑是一次质的飞跃。

由于地域或规制的不同，城门的数量也有不同。浑源设城门 3 处，因浑源地处北方边塞，直冲北方的匈奴，因此为了更有效地抵御入侵，在地处晋西北的几个州县均只开设东、西、南门，而不设北门。虽然未设北城门，但为了提升城池的防御能力，浑源古城又在南、北分别修建了瓮城和月城，这就表明了浑源起码在明代时期，城池的四个方向都有城门，且设有瓮城和月城，只是北门的城门较小，只是用于军事防御及进出军士而已，而不是实际意义上的正门。

城池的高度与城池的厚度以及其他防御手段是组成一个防御整体的基本要素。浑源城墙在全省防御体系中属于半厚型，城高与城厚比例相当，差距不大，厚度由之前的一丈拓展至一丈五尺至两丈之间，墙体为夯土所制，外包城砖，防御能力中等，可抵御一般火炮轰击。此外，浑源还曾设有护城河和城壕两道，据载护城河深度约为七至八尺之间，

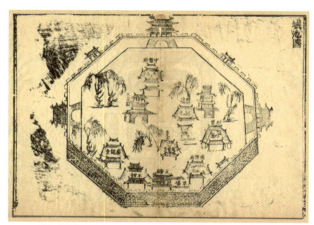

清顺治浑源州城图

可形成环城河流，使敌人难以攀爬，为拱卫城池的又一屏障。乾隆版《浑源州志》记载："周四里二百二十步，高一丈五尺，厚一丈，池深七尺，广二丈。"

在省内中小型城池中，浑源古城原来的建设规制较低，难以抵御外敌入侵，历代多有维修加固。据记载，在明代嘉靖朝的几十年间，曾多次对全省 80 座州府县城进行大规模的维修。城池的毁损除地震等自然灾害所造成的之外，其余大多因战乱所致。在当时，北方的匈奴频袭山西，浑源地处边塞，为全省之门户所在，因此，在历朝中凡有北方敌寇入侵多波及浑源。据专家考证，唐至宋元时期入居大同盆地的就有突厥、吐谷浑、六胡州胡人、契苾、鞑靼、奚、回鹘、党项、契丹等诸多部族，乾隆版《浑源州志》中关于辽宋至顺治朝入侵浑源的事件有个别载录。据州志及相关资料记录，在嘉靖中期以后，蒙古军队对浑源的入侵尤其严重，几乎年年发生。因此，明清时期，尤其是明代，对修建城防工事十分重视，雍正《山西通志》、乾隆《浑源州志》等史料记载：

明永乐二十年（1422），知州陈渊将城墙增高 1 丈，深挖护城河约半倍之数。

明嘉靖四十五年（1566），知州颜守贤重修城墙。此时城墙逐渐加高，增高至三丈七尺，宽二丈，濠深三丈。此外还重修了城楼、岗亭、高台，设置了东、西二门，南面垒石为门。工程从三月十五日开始耗时三个月，竣工后记有《重修城池记》。

明万历二年（1574），侍郎吴兑呈请以砖砌城，知州刘复礼及守备林风举、董厥监

督施工。城墙高4丈（13.3米），根基宽3.5丈（11.6米），顶宽2丈（6.7米），雉堞0.7丈（2.3米），垛口707个，观台17座，城楼11座，铺舍9间。东门署名"望恒"，西门署名"平川"，东西门城墙上各筑城楼1座，各建瓮城和月城，都用砖石砌成（之前为黄土夯筑）。万历年间浑源州人翟廷楠（原陕西泾阳知县）记有《增修砖城记》："旧城高三丈，现加高一丈，共计四丈。瓮城内外高两丈七尺，地基都用石砌，墙壁都用砖甃，工期从明神宗万历二年三月开始到次年十月完工。"

明万历二十九年（1601），御史崔邦亮又辟南门，署名"引翠"。

清顺治六年（1649），大同总兵姜瓖反清后浑源州西门楼及角门店铺民居皆毁于战火，同时城墙有多处塌损，时任知州郎永清组织进行了重建。但其间地处城西西关的居民为抵御姜瓖侵入，曾筑堡进行自卫，这样便造成了城郭不能相连，分散的防御体系削弱了城防的能力。

顺治十七年（1660），时任知州张崇德让西关居民在沙河桥左右筑舍自居，并设立商号，名"顺成街"，取"和顺平成"之意，其南门取名"迎秀"，北门取名"固封"。

顺治十九年（1662），完自成接任浑源知州，其间历时三月对南城墙和州署进行修复。

《晋政辑要》载，清乾隆三十年（1765），大学士尹奏准定例内开承修城垣，浑源州城工共需银3138两，本州岛承修、大同府同知协修。

《修建浑源州城墙碑记》载，乾隆三十二年（1767），州城重修。

清同治七年（1868）七月夏至次年九月，浑源州城在知州孔广培的组织下按旧有规模重修。见于《浑源州志·拾遗》。

据文物部门调查，浑源古城现仅存墙体四小段，按照其相对方位可以分为西、北、东、南四段（因浑源故城遗址原先平面呈八角形，现存墙体不能确定是那个方位的墙体，只能以相对方位来命名），西墙只在城中西部旧城胡同中残存有一小段，高度约2米，长度4.2米，夯层厚0.16～0.21米，在残存墙体的附近旧平房墙壁的下方可以看到拆下的旧城砖。北墙段位于恒山饭店西侧、喜来亨饭店后墙，所建楼房与残存墙体距离仅3米；该段城墙残长32米，其北侧壁面下方施工方用红砖将其包砌，包砖高

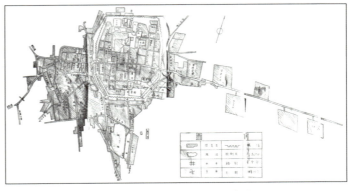

浑源城关平面图（1968年）

2.3 米，其墙高 6.55 米，顶部最宽处 4.18 米，夯层厚 0.16～0.21 米。东段位于原药材公司门市部院内，为最能反映原貌的一段城墙；该段城墙部分仍为城砖包砌，残长约 30 米，城墙上建有民房，其中城砖每块长 37 厘米、宽 19 厘米、厚 8 厘米。南段位于自来水公司北侧（南营巷以东），向北延伸与东段城墙相连，其上多建民居，现可见高大段落残长百余米。该段城墙由北向南至自来水公司西墙处向西延伸而去，城墙之上及周围多建有民房，墙体无城砖附着，多为居民拆作他用，由南至北延伸与东段城墙相连。

浑源城池为八边形，外形酷似龟背，在全省是独一无二的，省内其他州县均为方形、凹凸形或由多部组成的复式城。建八角古城之缘由是在 1000 多年前建城时，为使城池免受恒山金龙峡洪水之灾，于是将城池形状定为"龟形"，取"龟"不惧水之意。因此，城墙为八角形，如龟状，并在南门外置一巨大的青石龟头，以饮南来之水；近北门处有水坑两眼，传为龟肚；城内街巷依龟背纹理布置，曲奇环绕。在美国人盖洛所著的《中国五岳》中，称之为"八角形的水城"。20 世纪，古城城墙下曾出土一巨型铜龟，长约 0.5 米，疑为古城之镇水神兽。

旧时，古城寺祠众多，现大部无存。如今，对古城的保护已成为全县文物保护工作的重点，如在历史街区文保项目中，永安寺、栗毓美墓、麻家大院、圆觉寺等古迹已完成了修缮。

按：浑源产盐历史悠久，除《金史》所载之外，顺治《浑源州志·灾异》中关于律吕神的传说似也能作为佐证。志载："六月望日，有弘州归仁地醝客（私盐贩子）张珪晚至律吕祠下……"

附：神川八景

古代各地府、州、县大多都罗列有代表当地最佳景致的景物名称，并赋诗咏记，谓之"景目"。历朝且有更改，其数量为双数，如六、八、二十四等，但常有景物名不副实，为文士附庸风雅所为，其景目多为三四字。

"浑源八景"，通常认为源于明弘治年间浑源知州董锡所作《神川八咏》，诗文俊美洒脱，为四字景目。后任知州赵之韩、大同兵备副使杨述程、万历年僧觉同以及清浑源知州桂敬顺等分别步韵相和，之后所赞之八处景观遂称为"神川八景"。1999 年版《浑源县志》将与"恒山十八景"重复之"磁峡烟雨""岳顶松风""夕阳返照"改为"金龙奇峡""千佛峻岭""汤头温泉"，本志仍按旧志载录。

关于神川八景，在麻国华所撰《麻氏族谱》中有着不同的说法，族谱将八景中的"磁峡烟雨"记为"金池倒影"。但此景物目前仅见于族谱，得名出处不详，所在地当为圆觉寺北侧之金鱼池。

磁峡烟雨 乾隆版《恒山志》载："崖下千尺，即恒滱双流奔汇处，近号磁硖。"古人题咏曰：

南山峡口势嵯峨，岚气冥蒙覆涧阿。

春晓腾烟迷径路，晚云酿雨洒藤萝。

悬空寺上晴偏少，磁峡城头晦亦多。

土脉如酥农力尽，年年风景更如何。

（明　浑源知州　董锡）

岳顶松风　岳顶即恒山主峰天峰岭，多古松怪石，时值夏、秋两季，岭顶岚烟飘缈、松涛阵阵。顺治《浑源州志·山川·附神川八景》赞："恒山巅顶，松桧森秀，风度高林，声震空谷。"古人题咏曰：

岳祠半插碧霄岑，顶上松风响茂林。

昼静何殊仙乐奏，月明无异老龙吟。

乾坤影里谁歌欢，呼吸声中自古今。

那得登云飞上去，好参造化豁尘襟。

（明　浑源知州　董锡）

夕阳返照　恒山夕阳岭位于果老岭东侧，万仞绝壁，面西峭立。顺治《浑源州志·山川·附神川八景》赞："恒山西岩，日已崦嵫，余光返射，入夜尤明。"此景不常有，有幸观之者少见，其时满峪参差、尽入画中。（参见"恒山十八景"）古人题咏曰：

山衔落日影苍茫，欲挂长绳系夕阳。

斜转树腰收早霭，浅笼雅背闪金光。

牛归杨柳千村去，雁入芦蒲深处藏。

可惜寸阴留不住，黄昏练句肯寻常。

（明　释觉同）

龙山霁雪　龙山位于今浑源县城西南20公里、恒山主峰西南15公里处，又名"封龙山"。顺治《浑源州志·山川·附神川八景》赞："山峻寒冽，盛夏积雪，天宇开霁，皓色明映。"古人题咏曰：

突兀龙山万丈高，背岩六出几曾消。

琼楼皓皓开三界，玉树亭亭插九霄。

凝结应知占瑞兆，毵毵已见净尘嚣。

年来对此添佳兴，每欲攀萝度小桥。

（明　浑源知州　赵之韩）

玉泉寒溜　玉泉即玉泉山，在龙山东北2.5公里处，海拔1300米。山顶有玉泉寺、玉泉水，泉水清洁如玉溜，自石罅出，环绕古寺，四面峰峦环抱，云烟吞吐。顺治《浑源州志·山川·附神川八景》赞："玉山泉水清洁如玉，溜自石罅环绕古寺。"古人题咏曰：

瑶池一派涌仙泉，道是虎跑不记年。

王气结成金液髓，空明映彻玉壶天。

分波蘸墨龙行雨，汲水煮茶鹤避烟。

自古到今流不竭，令人一歃自悠然。

（明　浑源知州　赵之韩）

柏岩秋色　位于城东南十里，龙山东麓，又名"柏梯山"。主峰孤起，古柏森茂参天，盛夏无暑，凉飙袭人。每值深秋，层林尽染，宛若画卷。顺治《浑源州志·山川·附神川八景》赞："柏山寺，木森茂盛参天，盛夏无暑，凉飙袭人。"古人题咏曰：

森森翠柏薄苍穹，直杆依岩淡雾中。

偃盖鹤来依蔽荟，苍鳞龙去转青葱。

孤峰赖静凝烟白，古殿秋深映日红。

正好携筇游上界，徘徊疏影啸天风。

（明　大同兵备副使　杨述程）

神溪夜月　神溪即今县城西北4公里神溪山麓，泉水长流不息。古时在泉眼四周以条石砌垒一湖池——神德湖，湖水清澈透底，皓月倒映水中。因该处山水掩映，苇荡丛丛，多为文人雅士所吟诵，遂称之为"神溪夜月"。顺治《浑源州志·山川·附神川八景》赞："水环律祠，泓湛凝碧，月夕涵光，空明如鉴。"古人题咏曰：

水晶宫里月团圆，信是神溪露广寒。

碧水一泓同皎洁，清光万丈共弥漫。

诗题彩笔吟何苦，酒尽金樽兴未阑。

贪坐却忘归去晚，满身露气湿征鞍。

（清　浑源贡生　仝镛）

远峪晴云　远峪，即远望峪，为旧称，现称"王千庄峪"。位于浑源县城东北张庄乡王千庄村东，峪长约15公里，原可达大仁庄、黄花滩二乡。峪底急流奔腾，两岸壁立千仞、丛林密布，风景秀丽且具天然之险。顺治《浑源州志·山川·附神川八景》则描述为："远峪飞云即为雨兆，后淡云蒙岫若绡。"古人题咏曰：

恒岳远峪绝嚣氛，久雨初晴日渐曛。

山色峥嵘飞野霭，谷风飘香拂闲云。

凌晨瑞彩周天际，薄暮红晖向洞分。

浓抹苍台真异境，留题妆点倩东君。

（明　大同兵备副使　杨述程）

二、衙署

浑源州衙　位于城内永安西街路北，东西宽100米，南北长325.37米，占地面积3.2537万平方米，创建年代不详。自中华人民共和国成立以来，为浑源县委、县政府办公驻地，后仅存大堂一所。坐北朝南，面宽 11 间，进深 2 间，单檐硬山顶，四椽栿，前出抱厦五椽栿。原建筑区域东西长 42.16 米，南北宽 11.05 米，占地面积 465.868 平方米。2009 年至 2014 年，州衙进行了复建，建筑面积约 32500 平方米，房舍 310 余间。1982 年，州衙被公布为县级文物保护单位。2021 年，州衙由丰龙旅游开发有限公司托管运营。

在宗法社会里，其所属官舍厅堂须依规制而建。《大清会典》载：“州县衙门……设有六房，即附于公堂之左右，使经制胥吏居处其中……”据州志记载，州衙多有修建，虽民间有“官不修衙，客不修店”之说。明洪武七年（1374），州判张溥重建州衙（之前自后唐迁建以来衙署情况暂未见记载）。明神宗万历年间，知州卢点、赵之韩分别增筑望云楼及月台。顺治年间，知州张崇德扩建大堂，大堂匾额书“恺悌”，中堂匾额书“寅清”，退厅匾额书“思补”，后花园建观花楼，匾题“耀德”，后于康熙年间知州张应薇更名为“环青”。

王庄堡衙门滩　位于今王庄堡村委会院，当地人称“衙门滩”，为明清王庄堡都察院、巡检司等衙门所在，民国时曾为骡马交易市场。至晚清时，衙门滩尚有南、北门各一道，面西而开，二门之间立有木雕牌楼，其他建筑不知毁于何年。东房供有神像，西房曾为女子学堂，北面为戏台（毁于 1939 年水灾，后重修）。

三、堡寨

堡寨关隘的设置是古代为加强地区军事防御而采取的一种特殊手段，有的建于军事要地，有的设于城池近郊，其目的为多点拱卫，加强防御。堡寨根据地域的不同，其作用也有所区别，主要有驻兵堡寨、关口要隘堡寨、信息传递堡寨、屯田堡寨及其他军需堡寨等，其形制和功能较灵活多变。

王庄堡　古称“王家庄”，是浑源最大的古堡，位于县城以南 45 公里处，所属面积约 16.3821 万平方米，人称“堡国”；又因其南北较长、东西略宽、状若舟船，故又名“船城”。堡内街巷曲折，其状如蛇逶迤，称“船城蛇街”，与浑源古城“龟城蛇街”用意相当，据传皆为避水祸而设。堡城据传始于商代，但并无强力证据，通常认为建于明代。明正德《大同府志·卷二·土堡记》载：“续设王家庄堡”，但《宣大山西三镇图说》《三云筹俎考》与清乾隆《浑源州志》皆载王家庄堡建于嘉靖十九年（1540），或为后世误载。

浑源地处汉蒙交界，在明洪武二年（1369），大同归属明朝，为防范蒙古军队反侵，朝廷在北方先后设置了“九边”重镇，大同镇为九边之一，故浑源所属城堡皆为边防要地，其作用为保边防御、拱卫神京。在浑源所属堡寨中，王庄堡的军事价值尤为特显，曾为大同至河北、经涞源去北京的必经之路，也是古代从大同府经此向繁峙、五台、太原南下的重要关口，同时还是连接大同、宣府、山西三镇的重要枢纽，故于明、清两代曾设驿（王庄驿）并驻重兵防守。明嘉靖、隆庆两朝，元蒙贵族屡次派兵进入浑源县王家庄，于是在明嘉靖十九年，明王朝在王家庄修筑了土城，王家庄也随即更名为“王庄堡"；堡内界砖中还记录说，万历十九年（1591）抚院议设操守以增防御并缉盗。

在土城建成 63 年后的万历三十一年（1603），朝廷拨款对嘉靖土城进行了大规模的重修并包砖，城南门外有《王庄堡南城门洞西壁碑记》（其砖包年代与《三云筹俎考》有出入）。另据南门洞内的《建城碑志》记载，当年修建的项目有包括周围大墙、不明年代的外围旧土城、砖券城门 4 座，包筑大墙马道两处，修盖城楼及中、角、悬楼共 12 座，新建水道、军储仓库 1 座、教场 1 所，还在 12 座城楼上立 12 根旗杆，堡城中又重修都察院 1 所。万历砖城建成后，之后又时毁时建。据史料记载，明代天启年（1626）六月五日灵丘地震，堡城内外女儿墙及大墙倒塌 20 余

明《三云筹俎考》浑源州城
及王庄堡防御图

丈。清同治十一、十二年（1872、1873），堡内民众曾捐款修理过破坏的城墙。清末，有鸽子峪村财主张佃元捐钱 2000 吊，作为基金存入大兴当铺放账取利，将利息的一半用于维修城垣，一半用于维修庙宇。堡城南城楼于清早期毁于火灾，重修后又于光绪年间连同火神庙再次被烧毁。北城门及城楼则毁于 1939 年洪灾。民国时期，王庄堡还存有牌楼三座。其中北门崇福寺附近的白家巷口有石牌楼一座，传为陈姓者所立，亦传为神牌楼。木牌楼位于衙门滩前，传为杨姓人家所立，抑或为陈姓人家的显孝牌楼。距南门旁近亦有石牌楼一座，至民国时期已残破不堪，仅余两侧石柱。

王庄堡城堡为复式堡城，呈"M"形，南北各一城门，其中北门上置城楼。东南、东北、西北各置角楼，垂直于北墙的西墙南端亦有角楼。堡内另有一堡，东向留有一门，形制鲜见。据传，堡城四角曾设石狮、判官笔、绣鞋等镇邪之物，南北堡墙则立石人各一。现存堡址平面呈长方形，东西宽 269 米，南北长 609 米，分布面积约 16.4 万平方米。东、南墙保存基本完整，西墙存约 400 米，北墙存约 50 米。墙基宽 4 ～ 7 米，顶宽 0.5 ～ 4 米，残高 1 ～ 8 米。墙体夯筑，夯层厚约 20 厘米。东墙存有包砖，砖长 42 厘米、宽 20 厘米、厚 8 厘米。设有南、北堡门各 1 座，现只存南门。南门位于南墙东侧，砖券拱顶，门洞宽 4 米，进深 15 米，高 4 米，石基包砖，门洞内嵌明万历三十三年（1605）碑记 1 通。原南北门外各设瓮城 1 座，现只存南门外瓮城东墙 8 米。东墙正中现存马面 1 座，宽约 17 米，突出墙体 11 米，高约 8 米。堡内现为居民区。王庄堡堡址是明外长城的纵深配置，

为研究明代长城提供了实物资料。

在距王庄堡堡城西南 100 余米的土坡耕地上有一土堡，占地面积 1612 平方米，堡平面呈矩形，方向为北偏东 20°。现存城墙高 7 米左右，南墙正中开一个高约 2 米、宽 1 米的门洞，无角台、马面等设施。堡东、南、西墙基本保存完整，其北墙于 2009 年大部分垮塌。剩余墙体剖面呈梯形，外壁面斜直，内壁上部略有坍塌并凹凸不平，总体较为平直。其墙顶部较平，野草丛生，中间踩踏为小路径。墙体用黄土夯筑而成，夯土层厚度为 0.1～0.2 米。小土城正北一线的西坡上原有 3 座烽火台，北端一座于 20 世纪 70—80 年代被人为铲平，现存两座。历史上王庄堡经济繁荣，寺庙众多，摘录于下：

城隍庙：位于南门内街道东侧，依城墙而建，两进院落，山门向西临街。沿中轴线为主殿和过廊，过廊南北两侧置台阶踏步，二进院东侧为十王殿，过廊两侧分列钟鼓二楼，两院北侧各有厢房三间。

鬼王庙：位于城隍庙比邻之戏台处。

关帝庙：位于南门瓮城内西侧。

夫子庙：即"孔庙"，位于南门外。

龙王庙：位于北门外西北。

三官庙：位于北门外。

罗汉庙：位于南门外孔庙附近。

观音庙：又称为"南寺"，位于南门外孔庙附近。

三教主庙：位于南城门上，供奉玄天、文昌、魁星。

老君庙：位于南城门楼内。

真武庙：位于北城门楼内。

风神庙：一说位于南城门上，又名风龙母堂，位于东南城墙上；一说位于旧浑灵公路东侧的土丘上。

火神庙：位于南城门上，在三教主庙前。光绪年曾被叫花子烧毁，同年维修时用砖新券，并新建照壁一座。

财神庙：位于南街西侧。

大仙庙：位于南街西侧。

土地祠：位于南门瓮城内，光绪年曾翻新重建。

五道庙：共有三座，规模较小。当街东侧一座，临街一座，驿碑附近一座。

玉皇庙：位于鹿鸣山上。

灵官庙：位于鹿鸣山上，原有塔一座，同治六年（1867）七月水冲倒塌。

三教寺：建于清初，位置不详。

十方院：无考。

白衣殿：见于同治年碑志。

城神庙：位于南门瓮圈内。

赤帝庙：见于光绪年碑志。

奶奶庙：位于堡城东部鹿鸣山，原为三进院落，现于原址新建。

耶稣堂：位于衙门滩内，约建于1884年，1900年毁于义和团运动。

除以上寺庙外，东西城墙上的腰楼和衙门滩也曾塑有神像。

其他堡寨　浑源堡寨的数量在不同历史时期皆有变化，这样的情况在大同镇范围内是普遍存在的，其中有官置也有民间自行所筑，如丰升堡，这缘于军事防御及生产生活的需要。根据《宣大山西三镇图说》《三云筹俎考》、万历年《大同府志》《浑源州志》等史料记载共有堡寨66处，顺治版《浑源州志》记载有堡寨68处；而据雍正版《山西通志·卷十一》及乾隆《浑源州志·卷二》记载，其时浑源共有堡寨39处，天然隘口10处。

在第三次全国文物普查后，浑源现存有堡址的堡寨有王庄堡、张庄村堡、顾册村堡、李峪堡、贾庄堡、宝峰寨堡、西堡村堡、紫峰堡、北榆林堡、中韩村堡、翟家洼村堡、泰安岭堡、下达枝1号堡、下达枝2号堡、杨庄村堡、宽坪村堡、上韩村堡、梨园村堡、荆庄村堡、大洼村堡、碾槽沟堡、蔡村堡、照壁村堡、沙圪坨村堡、沙河村堡、老僧洼村堡、武村堡、许村堡、丰台铺村堡、青磁窑村堡、南榆林村堡、毕村堡、水磨疃村堡、花疃村堡，共计34处，其余堡寨或残存少许遗迹，或无迹可寻。部分古堡（含"二普"所记）载录如下：

张庄村堡：位于永安镇张庄村北耕地中，平面呈矩形，占地面积3456平方米，建于明代。四角设有角台，向外斜出，堡门开于南墙中部，北墙中部设大型马面一个。东墙整体连贯、高低不平，内侧多为倚墙而建的房屋，现在多已废弃。东墙长54米，最高处5.07米，顶宽0.8米。北墙东西两段内侧较直，外侧为缓坡，较低矮，总长64米，高4.53米，顶宽0.8～1.1米，基宽2.6米。西墙最为低矮，南段结构为房屋，破坏无存，长26米，最高端3.47米。南墙仅存与东南角台相连的一小段，高1.69米，长31米。整体墙体夯土土质较杂。

顾册村堡：位于永安镇顾册（明弘治年州志记为故册）村村北耕地中，占地面积6460平方米，明代建造。据村民讲述，该堡子原为方形，开南门。北墙上设有马面，其余堡墙有无马面无考。现堡墙仅存与北马面相连的北墙西段，残长10.02米，较为低矮，高2.39米，顶部宽0.5米，内壁被切成直壁状，外壁现为坡状。

李峪堡：位于东坊城乡李峪村北部，明代所建。该堡呈平面矩形，占地面积6004平方米。四角设方形角台，门开于南侧。北墙长76米，高4.2米，顶宽0.5米，基宽1.4米，夯层厚0.14～0.18米。东墙长79米，高6.2米。西墙残段长14.44米，高4.34米。

西堡村堡：位于驼峰乡西堡村中，明代所建，占地面积 3300 平方米。据村人讲城堡原为方形，四角各有一个方台子，北墙中间另有台子一个（马面），上部建有小庙，现存堡南墙中部有券洞。北墙残存一段，长 38 米，不与角台相连。墙外壁较斜直，外高 5.9 米，顶宽 2.5 米，基宽 4.96 米，夯层厚 0.19～0.26 米。与西北角台相连处有一小段西墙，坍塌成坡状，长 11 米。

紫峰堡：位于南榆林乡北紫峰村约 300 米处，明代所建。该堡平面呈长方形，西北—东南向长，东北—西南向短，方向北偏东 40°，占地面积 3721 平方米。西北堡墙仅存残段，其偏南的一段已经位于沟边，下为竖直垮塌的沟壁，残墙内外壁面竖直状，顶部较平，长 12.71 米，基宽 3.1 米，夯层厚 0.21～0.25 米，高 4.5 米，顶宽 0.9 米。东北堡长 61 米，内壁土层剥落，上部呈尖状，局部宽 0.7 米，高 4.67 米。

注：北紫峰、南紫峰原称北纸坊、南纸坊，过去河水充沛，有造纸行业，故名，现名为讹称。

北榆林堡：位于南榆林乡北榆林村南约 350 米平坦区域，占地面积 6880 平方米，明代所建。依现存墙体残段分布情况来看，推测该堡子原平面为矩形，现存东南角台，其尽头有一小段可看出墙体的形制：剖面为梯形，外壁斜直，墙体高 16.36 米。南墙存与东南角台连接的部分，残长 23.8 米，内外壁斜直高大，墙基宽 6.1 米，高 9.7 米。西墙残存段保存较好，

北榆林堡

长 30.63 米，壁面斜直，外高 7.8 米，内侧下部有大量的坡状堆积土，基宽 6.27 米。

中韩村堡：位于下韩乡中韩村北部平地间，北部临沟，为明代所建。该堡平面呈矩形，正南北方向，占地面积约 5000 平方米。四角设有角台，向外斜出，门开于南墙中部，为砖券门洞，北墙及东墙中部各设有马面一个。经考古勘测，从西墙及南墙外部情况判断，墙下部外侧有一个方形土台，应是墙体坍塌形成堆积土后经人为耕种活动修整而成。堡墙夯筑于平地之上，墙外侧下部为堆积土，上部露出墙体，外

中韩村堡

壁较为斜直，内壁坍塌成坡状。堡内现存平面高于堡外，从堡内看堡墙较低，北墙东西两段已无存，其余三面较为低矮，大体连贯。西墙南段近角台处有现代机械挖掘豁口，宽 3.68 米。从此处剖面看，堡墙大部分被坍塌之土所掩盖，从此处测得西墙现高 11.24 米，夯层厚 0.17～0.23 米。北墙长 36 米，东墙长 81 米，南墙长 68 米，西墙长 71 米。南墙顶宽 0.7 米，外高 4.5 米；东墙顶宽 1.3～2.2 米，外高 5.3 米；西墙顶宽 1 米，外高 5.78 米，内高 4.66 米。

翟家洼堡：位于吴城乡振兴村西北 1000 米浅山平地上，建于明代。该堡呈平面矩形，南北向长，东西向短，占地面积 1668 平方米。整个堡子建于略高于周边平地的一个平台之上，平台上墙体多已不存，外部平台边缘较为斜直，门向不清。西墙残长 16.98 米，内高 4.1 米，外高 6.1 米，基宽 2.7 米，夯层厚 0.17～0.19 米，夯层中夹杂有许多大小不一的石块。西墙外平台高 5 米；北墙外高 2.18 米，内高 1.1 米，残长仅 2.5 米。西墙长度为 55 米，东墙长 56 米，北墙长 32 米，南墙长约 26 米。

照壁村堡：位于沙圪坨镇照壁村西南 250 米的山坡上。该堡平面呈矩形，正南北方向，占地面积 3539 平方米，明代建筑。其四周设有角台，北、西、南墙中部各设有马面一个。南墙西段较为完整，东段有两个 3 米左右宽的缺口，但墙体底部仍连接。南墙长 46 米，外高 7.95 米，内高 5.1 米，顶宽 1.3 米。东墙仅存与其相连的一段长约 15 米的墙体，外高 3.8 米，内高 1.9 米，其余墙体被推为耕地。西墙北段约有 1/3 已无存，推平成为耕地，西墙长 55 米，外高 7.12 米，内高 1.7 米，基宽 2.7 米。北墙相对较低，基本连贯，长 55 米，外高 4.6 米，内高 1.78 米，顶宽 0.9 米，夯层厚 0.19～0.23 米。

沙河村堡：位于沙圪坨镇沙河村西南 600 米的耕地中。平面呈矩形，正南北方向，占地面积 8235 平方米，明代建筑。堡子不设角台、马面等设施，据考古推测堡门应在南墙处。现南墙仅存东部一小段，墙体较高，长约 33 米，内高 3.79 米，外高 3.5 米，厚 1.8 米，顶宽 0.5 米，夯层厚 0.17～0.24 米。西部已被河水冲刷坍塌无存。东墙相对保存较好，南半部较高，且大体在一个高度，北半段向北渐低。东墙基宽 2.8 米，外高 2.65 米，内高 3.92 米，顶宽 1.1 米，夯层厚 0.16～0.20 米，总长 92 米。北墙西段较低，中部稍高，外高 3.4 米，内高 3 米，长 95 米，顶宽 1.8 米，夯层厚 0.17～0.27 米。西墙较为低矮，基本连贯，长 83 米，顶宽 0.6 米，基宽 1.1 米，外高 2.21 米，内高 0.75 米。

乱岭关堡：位于沙圪坨镇乱岭关村以北约 400 米处高台，平面呈正方形，堡墙风化严重，其间有土峰为瞭望台。边长 40 米，高 5 米，夯土层厚度在 0.15～0.20 米之间，周围偶见陶片、瓦片等物，约为北魏遗存。（据"二普"调查资料）

青磁窑堡 1：位于青磁窑镇青磁窑村西 200 米处的小山头上。平面呈长弧形，占地面积 2535 平方米，建于明代。其中西南面堡墙较短，中部偏南现为缺口，据考古推测应为堡门的遗迹。墙的两端各设有一个角台，东北面堡墙中部设有一个马面。西南墙和东北墙两面堡墙均向外弧出。西南墙仅存一小段，壁面较直，高6.08米，顶宽0.8米，基宽4.52米，外侧为陡峭的岩石坡。西北墙内壁斜直，左侧较低，右侧较高。东南墙整体高度较为接近，内壁长有灌木。堡墙顶宽0.8米，内高3.48～7.97米，夯土层厚0.07～0.13米。堡墙东北角呈弧形，

青磁窑堡

顶宽2.1米，内高11.75米，可见原城堡比较高大。除西南墙外，其余三面墙体外部下面的坍塌土呈陡坡状，已经与山体连为一体。西北墙及东南墙长度约为89米，西南墙长约23米，东北墙长31米。

青磁窑堡2：位于青磁窑镇青磁窑村北约100米处，坐北朝南，依山面水。其平面呈正方形，四角圆形瞭望台，堡墙长70米，宽25米，高5米，厚3米，夯土层厚度为0.18～0.20米，占地面积约1750平方米，残损严重，为明代遗存。（据"二普"调查资料）

宽坪村堡：位于千佛岭乡宽坪村东北340米山顶上，当地传言张喜明曾在此居住。古堡平面呈长方形，方向北偏东30°，占地面积2409平方米，建于明代。堡墙外部下方为一个长方形台体，平台高3.28米，堡墙沿着平台边缘夯筑而起。西北、西南及东南三面残存有角台。西墙保存相对较好且连贯。长约34米，顶宽0.4米，夯层厚0.17～0.20米，部分夯层中间杂有0.01米厚的砂砾层。北墙仅存近西北角一小段且低矮，高1.8米，顶宽0.6米。南墙呈土垄状，且仅存西边一小段。东墙大部已经无存，仅存南部一小段，高1.24米，顶宽0.4米。

杨家庄堡：位于千佛岭乡杨家庄村东南600米山谷中，占地面积4538平方米，建于明代。现存堡墙呈直角形，一条直角边较短，据勘测估计堡子平面呈矩形。沿着较长的一条直角边测得其方向为北偏东45°。东南墙顶端各有一个角台，南角台向西北方向伸出一小段墙体。东南墙保存较好，堡墙壁面斜直，中间为夯土夯筑，内外包两层石块，中间以白灰黏合。顶部平直，宽2.3米，内高6.34米，外高5.3米。包石厚度为0.5米，外壁石层完整，内壁有许多包石被人为取用，现已露出夯层，夯层厚0.17～0.22米。

南堡村堡：位于千佛岭乡南堡村正北约250米处，平面呈正方形，堡寨边长50米，高4～5米，夯土层厚度为0.15～0.20米，为明代遗存。（据"二普"资料）

西河口堡1：位于王庄堡镇西河口村村北150米北山梁顶部，距西河口北段长城墙体内侧约30米。该堡占地面积2944平方米，保存现状一般，为明代建筑遗迹。其中东、北段墙保存较为完整，高度高出堡内平台1～2米之间。而西、南两堡墙之高度只保存到堡内平台，其上部堡墙已残损，几近无存，堡外四面有砖石包砌的痕迹。在堡的南墙

正中有一条宽7米的豁口，据考古推测应为堡之南门，其余三面墙上无豁口。四面墙壁由纯净的黄土夯筑而成，夯土层厚度在0.2～0.3米之间，堡内平台高出堡墙外地面4米，堡外为农田，地势平坦。

西河口堡2：位于王庄堡镇西河口村村西约1公里的小山头上，平面呈正方形，边长60米，高2.5米，堡墙厚度为3米，夯土层厚度为0.15～0.20米，残损较为严重，为明代遗存。（据"二普"资料）

西河口堡3：位于王庄堡镇西河口村村西约0.8公里的小山头上，平面呈正方形，边长50米，高3～5米，堡墙厚度为2～3米，堡寨中间有黄土夯筑瞭望台1座，毁损较为严重，为明代遗存。（据"二普"资料）

泰安岭堡：位于王庄堡镇泰安岭村的山顶上，占地面积3.0672万平方米，平面呈不规则形，大体是南北长，东西窄，北部较南部为宽，为明代所筑。北墙中部设有一个瓮城，堡墙外部有一个与堡墙走势平行的方形平台，使堡内平面高于堡外平面。该平台宽约5米，高2米。西墙大体连贯，高低不平，外壁斜直，从转折处

泰安岭堡瓮城西门

可分为南北两段，北段基本上正南北方向，长168米，南段与北段呈钝角相接，长102米。南墙较短，保存最好，外壁高大斜直，长52米，外高4.2米，顶部最宽处2.3米。东墙南段现存一小段，与南墙呈钝角向外伸出，长35米，墙上长有树木，外壁有人为掏挖后废弃的窑洞。东墙北段墙体基本上被破坏殆尽。从外壁看，墙基基本可连贯，墙基外壁也有被掏挖废弃的窑洞，墙体位置及墙体以内的位置为废弃的房屋。东墙北段长158米。堡墙夯层厚度为0.16～0.23米。

王庄堡村西堡：位于王庄堡村西南100米浅山上耕地中。平面呈矩形，方向北偏西20°，占地面积1612平方米，建于明代。其南墙中部掏挖有一个门洞，无角台、马面等设施。堡墙东、南、西三面基本完好，墙体剖面为梯形，外壁面斜直，内壁上部略有坍塌而显凹凸不平，但总体较为平直。墙顶部较平，杂草丛生，中间为

王庄堡村西古堡

一条小路。墙体用黄土夯筑而成，夯层厚度为 0.1 ～ 0.2 米。

下达枝村东堡：位于王庄堡镇下达枝村东南 2500 米山梁顶部。平面呈椭圆形，东西长，南北短，占地面积 4126 平方米，明代所建。开门于西南方向，门外有一个方形瓮城，与西南门南侧土台对应位置也有一个土台。据考古人员推测，此两台的连线应为瓮城的南墙，瓮城开西南门。堡墙整体连贯，因堡内平面高于堡外平面，从内看堡墙呈高低不平状，有较多的小豁口，东北方向看有个一较大的豁口。但从外部看，堡墙仍然较高，壁面斜直。东部堡墙外高 10.73 米，内高 5.73 米，墙体厚度约 3.9 米，顶部宽 1.4 米，夯土层厚度为 0.18 ～ 0.23 米。瓮城墙体内高 1.6 米，外高 2.84 米。

下达枝村西堡：位于王庄堡镇下达枝村西南 300 米山梁顶部。平面呈长方形，东西长，南北短，占地面积 2815 平方米，明代所建。考古人员从残存的墙体判断，堡门应开在东面。现存北墙基本连贯，中部较高，两侧较低，残长 74 米，外高 3.5 米，内高 2.14 米，顶宽 0.6 米，夯土层厚度为 0.20 ～ 0.22 米。西墙北半段残存，长 42 米，外高 2.96 米，内高 1.17 米，顶宽 1 米。南半段与堡内平面相平，外高 4.24 米。南墙大部分尚存，长 66 米，最高处 3.32 米，基宽 1.7 米，顶宽 0.5 米，夯土层厚度为 0.20 ～ 0.22 米。东墙已经与堡内平面相平，外高 2.16 米 。

贾庄堡：位于西留乡贾庄村中偏南部，平面呈矩形，占地面积 6760 平方米，建于明代。北墙、西墙中部设有马面，西北角有角台。据村人讲该堡原为方形，开南门。现北墙西段约有 1/2 保存完整，墙体高大，内外壁斜直，顶宽 3.1 米，外高 12.24 米，墙基宽 7.2 米，夯层厚 0.17 ～ 0.20 米。靠近西北角台的部分坍塌近一半，墙体厚度也仅有原厚度的一半。墙外壁有 4 个人为掏挖的窑洞。北墙东段残存一小段较为低矮，墙体较薄，高 2.6 米。西墙北段较为低矮，仅为原墙的 1/2，外部为坍塌土形成的土台，墙体内侧为村人破坏而较薄。南段堡墙较为高大，但多处因垮塌而变薄，有的地方呈竖直状，最高处为 11.4 米，墙体夯土层厚 0.17 ～ 0.20 米。墙内侧坍塌土上已长有树木。

宝峰寨堡：位于西留乡宝峰寨村西南 200 米横山山顶上，建于明代，占地面积 774 平方米。平面大体呈东西长、南北短的长方形，北墙东段略外弧，西段中部向内折作锐角状，西北角呈圆角状，东北角缺口处应为堡门。西墙整体略向外弧，外壁斜直，内侧已从墙体顶部坍塌成斜坡，外高 5 米，南墙保存较好，外壁斜直，外高 6.54 米，内壁下部坍塌成斜坡状，上部残余墙体，可见夯层，残存墙体高 2.62 米，顶宽 0.3 米。北墙西段平面呈"V"字形，外高 6.3 米，内高 1.86 米，顶宽 0.7 米。北墙东段较为低矮，局部被雨水冲刷呈凹口状。东墙较直，保存较好，东北角处高大，高 5.3 米，内高 2.78 米，顶宽 0.5 米，夯层厚 0.23 ～ 0.30 米，可见砾石。

西留村堡：位于西留乡西留村东南的小山头上，平面呈正方形，堡墙残缺不齐。最高处边长 50 米，夯土层厚度 0.15 ～ 0.20 米，为明代遗迹。（据"二普"考察资料）

皇门店故城：堡名不详，位于浑源县王庄堡镇湾沟门村西北约 1000 米的台地上。坐北朝南，平面呈正方形，东西长 116 米，南北宽 110 米，分布面积约 1.276 万平方米，城内现为耕地。据传朱元璋曾在此住店，后改此处为皇门店故城。创建年代不详，现存墙体为明、清时期修筑。墙体基宽约 1～8 米，残高约 1～6 米，夯土厚 0.2 米。南墙中部开 1 门，宽约 4 米，现已毁。此城西与汉代湾沟门遗址交界，地表散落有汉代陶片。该堡址为研究湾沟门村的历史沿革提供了实物资料。

浑源县古堡统计表

表 1-1

序号	堡子名称	所在位置	保存现状（破坏原因）	参考文献	调查时间
1	泰安岭堡	泰安岭村中	保存较好，东墙破坏严重，北墙有瓮城及西门砖券城门	《宣大山西三镇图说》	2008 年 4 月 16 日
2	王庄堡	王庄堡村中	保存较好，北墙坍塌一半，南墙有门洞	《三云筹俎考》、顺治《浑源州志》	2008 年 4 月 17 日
3	牛还峪村堡	未知	原来无	顺治《浑源州志》	2008 年 4 月 17 日
4	汤头堡	未知	原来无	顺治《浑源州志》	2008 年 4 月 17 日
5	下达枝村 1 号堡	下达枝村南山顶	堡子呈圆形，保存一般，西门有缺口，西门有瓮城	无	2008 年 4 月 17 日
6	下达枝村 2 号堡	下达枝村南山顶	堡子呈方形，破坏严重，堡墙多存基础部分	无	2008 年 4 月 17 日
7	杨庄村堡	杨庄村西山谷中	位于峡谷中，保存有东南墙，保存完好，西南墙破坏较重，还保存有东、南角台	顺治《浑源州志》	2008 年 4 月 18 日
8	宽坪村堡	宽坪村东北山上	保存较差，仅西墙保存有墙体，其余面均仅存墙基	无	2008 年 4 月 18 日
9	火石头村堡	未知	原来无	顺治《浑源州志》	2008 年 4 月 18 日
10	羊头崖村堡	未知	原来无	顺治《浑源州志》万历《大同府志》	2008 年 4 月 18 日
11	上韩村堡	上韩村中	原来有，现在完全破坏	顺治《浑源州志》	2008 年 4 月 23 日
12	北榆林村堡	北榆林村南侧	保存有西、东、南墙残段及东南角台	顺治《浑源州志》万历《大同府志》	2008 年 4 月 23 日

续　表

序号	堡子名称	所在位置	保存现状（破坏原因）	参考文献	调查时间
13	梨园村堡	梨园村中	仅保存有北墙残段	顺治《浑源州志》万历《大同府志》	2008 年 4 月 24 日
14	李千庄村堡	未知	原来无	顺治《浑源州志》	2008 年 4 月 24 日
15	小辛庄村堡	未知	原来无	顺治《浑源州志》万历《大同府志》	2008 年 4 月 24 日
16	大辛庄村堡	未知	原来无	顺治《浑源州志》万历《大同府志》	2008 年 4 月 24 日
17	驼峰村堡	未知	原来无	顺治《浑源州志》万历《大同府志》	2008 年 4 月 24 日
18	西坊城村堡	未知	原来无	顺治《浑源州志》万历《大同府志》	2008 年 4 月 24 日
19	西堡	西堡村中	保存有北、西墙残段及西北角台	顺治《浑源州志》	2008 年 4 月 24 日
20	田村	未知	原来无	顺治《浑源州志》万历《大同府志》	2008 年 4 月 24 日
21	涧村	未知	原来无	顺治《浑源州志》	2008 年 4 月 24 日
22	贾庄村	贾庄村中	保存有北墙大部分墙体、北墙马面、西北角台、西墙大部分墙体，西墙马面，其余无	顺治《浑源州志》万历《大同府志》	2008 年 4 月 24 日
23	裴村村堡	未知	原来无	顺治《浑源州志》万历《大同府志》	2008 年 4 月 24 日
24	下疃村堡	未知	原来无	顺治《浑源州志》万历《大同府志》	2008 年 4 月 24 日
25	东尾毛村堡	未知	原来无	顺治《浑源州志》万历《大同府志》	2008 年 4 月 24 日
26	晋家庄村堡	未知	原来无	顺治《浑源州志》	2008 年 4 月 24 日
27	荆庄村堡	荆庄村中	保存有北墙、南墙残段	顺治《浑源州志》万历《大同府志》	2008 年 4 月 24 日
28	李峪村堡	李峪村中	分东西两个堡：东堡保存北墙、东北角台和大部分东墙，西南、西北角台；西堡保存有东、北墙残段及东北角台	顺治《浑源州志》万历《大同府志》	2008 年 4 月 24 日
29	郭家庄村堡	未知	原来无	顺治《浑源州志》万历《大同府志》	2008 年 4 月 24 日

序号	堡子名称	所在位置	保存现状（破坏原因）	参考文献	调查时间
30	大宓村堡	大宓村中	最近拆掉	未知	2008 年 4 月 25 日
31	吴城村堡	未知	原来无	顺治《浑源州志》万历《大同府志》	2008 年 4 月 25 日
32	翟家洼村堡	翟家洼旧村西侧	保存有部分西墙，其余墙体仅存基础	顺治《浑源州志》	2008 年 4 月 25 日
33	碾槽沟村堡	碾槽沟村中	保存有一小段北墙	万历《大同府志》	2008 年 4 月 25 日
34	蔡村堡	蔡村村中	仅存有东南角台和部分南墙	顺治《浑源州志》万历《大同府志》	2008 年 4 月 25 日
35	海村堡	未知	原来无	顺治《浑源州志》	2008 年 4 月 25 日
36	乱岭关堡	未知	二普记为位于沙圪坨镇乱岭关村以北约 400 米处	顺治《浑源州志》	2008 年 4 月 28 日
37	照壁村堡	村南山坡上	保存较完好，北、西、南有马面，四角有角台，东门	顺治《浑源州志》	2008 年 4 月 28 日
38	王家堡	未知	原来无	万历《大同府志》顺治《浑源州志》	2008 年 4 月 29 日
39	沙圪坨村堡	村西	原来有，现在已经完全拆毁	顺治《浑源州志》	2008 年 4 月 29 日
40	沙河村堡	村西南耕地中	保存有东、北、西墙及南墙一段，西北、东南角；东北、西南角坍塌，南墙大部被水冲毁	顺治《浑源州志》	2008 年 4 月 29 日
41	老僧宓村堡	村中	原来没有堡子，有烽火台，现在已毁	万历《大同府志》顺治《浑源州志》	2008 年 4 月 29 日
42	沙岭铺村堡	未知	原来无	顺治《浑源州志》	2008 年 4 月 29 日
43	武村堡	村中	残存有一小段墙体	顺治《浑源州志》	2008 年 4 月 29 日
44	许村堡	村中	原来没有堡子，有烽火台，现在已毁	万历《大同府志》	2008 年 4 月 29 日
45	丰台铺村堡	村中	原来有堡子，70 年代拆了	顺治《浑源州志》	2008 年 4 月 29 日
46	王千庄村堡	未知	原来无	顺治《浑源州志》	2008 年 4 月 29 日
47	小道沟村堡	未知	原来无	顺治《浑源州志》	2008 年 4 月 30 日

续　表

序号	堡子名称	所在位置	保存现状（破坏原因）	参考文献	调查时间
48	刁窝村堡	未知	原来无	顺治《浑源州志》	2008 年 4 月 30 日
49	青磁窑村堡	村西北潜山上	保存较好，平面呈不规则形状，有西南、西北两个角台，东北墙上有马面。城门在西南墙上	顺治《浑源州志》	2008 年 4 月 30 日
50	下盘铺村堡	未知	原来无	万历《大同府志》顺治《浑源州志》	2008 年 4 月 30 日
51	大瓷窑村堡	未知	原来无	顺治《浑源州志》	2008 年 4 月 30 日
52	顾册村堡	村北侧	保存有北墙马面及北墙西段部分墙体	顺治《浑源州志》	2008 年 5 月 2 日
53	张庄村堡	村北侧	保存有西、南墙部分墙体，北、东墙全部墙体及西北、东北、东南角台以及北墙马面。西南角台无存	顺治《浑源州志》	2008 年 5 月 2 日
54	中韩村堡	村北侧	保存完好，方形，南门，北、东墙有马面，四角有角台	万历《大同府志》	2008 年 5 月 2 日
55	宝峰寨村堡	村西南山顶	保存较好	顺治《浑源州志》	2008 年 5 月 2 日
56	紫峰村堡	南、北紫峰村中间的山坡上	保存有西北、东南部分墙体及东北全部墙体和北、东角	万历《大同府志》	2008 年 5 月 2 日
57	南榆林堡	村西侧沟边	仅保存有部分墙体，大部分在 20 世纪 80 年代让水冲毁	万历《大同府志》	2008 年 5 月 2 日
58	毕村堡	村东南	原来有，后来拆除	顺治《浑源州志》万历《大同府志》	2008 年 5 月 2 日
59	臧经庄村堡	未知	原来无	万历《大同府志》	2008 年 5 月 2 日
60	西留村堡	未知	原来无	顺治《浑源州志》万历《大同府志》	2008 年 5 月 2 日
61	车道口村堡	未知	原来无	顺治《浑源州志》	2008 年 5 月 2 日
62	水磨疃村堡	旧村中	原来有，因建房拆掉	顺治《浑源州志》	2008 年 5 月 2 日
63	土桥铺	未知	原来无	顺治《浑源州志》	2008 年 5 月 2 日
64	东坊城村堡	未知	原来无	顺治《浑源州志》	2008 年 5 月 2 日

序号	堡子名称	所在位置	保存现状（破坏原因）	参考文献	调查时间
65	郝家寨村堡	未知	原来无	顺治《浑源州志》	2008年5月2日
66	花疃村堡	旧村中	保存有北、东墙部分墙体及东北角	顺治《浑源州志》万历《大同府志》	2008年5月2日

注：

1. 表项"所在位置"中填"未知"说明根据地方志中的指引去当地，未见堡子，居民亦不知所在位置。

2. 表项"保存现状"中填"原来无"说明根据地方志中的指引去当地，未见堡子，当地人说以前就没有堡子，可能包含两种情况：一是堡子拆除（破坏）的时间更早，当地人根本不知道；二是在明清时期此地就没有修建堡子。

3. 表项"参考文献"中填"无"说明在实地调查时去了该地，发现有堡子但地方志中却没有提到这里有堡子的记录。

第二节　楼阁　桥梁

一、楼阁

浑源现存古代楼阁较少，多毁坏无存，县城内现存较完整且规模较大的为晴远楼及麻家大院秀女楼。泰山奶奶庙巷口原有小型楼阁一座，20世纪90年代左右毁于火灾。西关街黄家巷楼阁名"尚华楼"，地处一处旧庙之内（原为旧益民小学占用），单檐卷棚顶，前出廊，尚存。和顺南路以西一带所存数座楼阁小巧别致，或为值更楼；其余楼阁见于乡村，为过街阁楼。

晴远楼（历史建筑） 位于县城永安镇永安西街南侧，曾几易其主。据现房主称，楼阁为1966年由尚义才、尚子祥兄弟从大户杨国民手中购得。楼阁坐南朝北，东西长9.96米，南北宽5.14米，建筑面积约51平方米，上下共6间。原有东西配房及门楼（坐南朝北），后于1999年西关街改造时拆除，仅存楼阁。

该楼阁为砖木结构二层阁楼式构造，面宽三间，进深两椽，单檐卷棚顶。内置木构楼梯通楼上，二楼内西侧砌筑大炕一盘。二楼正面砖碹拱形窗户四孔，东侧样式大小相同；西侧两窗样式相当，大小不一，最西侧窗户开间最大；二楼楼阁之后亦开有拱窗三孔。东西两山墙间

和顺南路楼阁砖刻构件

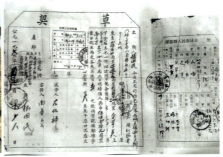

晴远楼　　　　　　　　　　　　晴远楼房契

各辟有牖窗，楼阁为砖雕仿木结构。门额制作精美，砖雕隶体"晴远楼"三字，下方雕"胡人献宝"图，两侧悬刻正书对联："晓风吹开一天云雾，夜月照澈万里江山。"该楼阁抗日战争之前为当铺，曾为下夜人所居，日寇入侵后又被征用为治安所。2011年9月，由大同云冈灵岩寺住持释道然编写的《祥瑞大同》由山西人民出版社出版发行，晴远楼收录于其中的建筑文化篇。

按：

1. 据2008年"第三次全国文物普查"专家调查，该楼阁建于晚清，确切建造时间无考。但据2018年薄有荣老人（时年87岁）讲述，此楼阁为本县蔡村镇小穆三（汉奸，抗战胜利后在卖韭菜时被抓获，后枪决于南沙滩—纸厂一带）所建。若依此说，楼阁当建于民国时期。

2. 该楼阁原所在院落占地面积200余平方米，风格独特，建筑精美，为独立院落，砖木结构，耗资巨大。其建筑用途民间说法不一，或秀女楼，或妓院（浑源旧称"货店"），或为宗教活动场所。该楼阁仅二楼为民用居所且无砖墙隔断，仅大炕一盘，接待人数极其有限，故在建筑用途上只作为妓院使用其布局明显不合常理，且仅为开办一所如此规格的妓院而如此斥资则太过牵强。此外，若依该楼阁独特的造型及规格在浑源作为"风月楼"之用应具有一定知名度，然仅限于部分民间口传且所知者甚少。浑源现关于妓院的文字资料仅见于《浑源县文史资料》中孙耀所撰之《金龙阁、俱乐部》，其中所记述的此类场所仅为旧体育场内、西关街小缸坊院（今黄家巷44号院）、孙家巷以及罗柜巷几处，而晴远楼如此高规格的"妓院"在现有资料中却未见只言片语。笔者曾与该楼为邻30载，自少年时即多次听闻该院落及周边多位八九旬左右老人皆指其为绣女楼，妓院一说仅为传闻。关于原住户情况暂无考，一说或死于1939年水灾。此外，该建筑雕刻有"胡人献宝"图样，此图样自汉唐以来已逐渐形成了反映国家强盛、社会繁荣的一种表现形式，国内多地皆有，与建筑功能无关；对联则与"胡人献宝"寓意相当，为表现河山壮美之意，此等寓意非妓院所有。据其规制及实用性综合分析，该楼阁最初当为商贾富户之绣女楼，而绝非妓院。在 1937 年日军侵占浑源以前，因时局动荡，某段时期（短期内）抑或曾被用作风月之所或有可能。倒是在 20 世纪 90 年代前后，该院落时有暗娼出入，组织者为本街残疾人士。

黑石村钟鼓楼　位于官儿乡黑石村，建筑年代为清代，后曾重修。单檐歇山顶，各一间，现状较好。（据"二普"资料）

东辛坊文昌阁　位于吴城乡东辛坊村中，东西宽 10.83 米，南北长 12.04 米，占地面积约 130 平方米，创建年代不详，现存建筑具有清代风格。该建筑原为东辛坊村堡东堡门，俗称"过街阁"，为夯土砌筑，石基砖包，东西向门道。门道宽 2.54 米，进深 10.83 米，门楼面阔三间，进深六椽，七檩前后廊式构架，单檐硬山顶。

下韩文昌阁　位于下韩乡下韩村中，保存较好。坐南朝北，东西宽 10.23 米，南北长 11.38 米，占地面积约 116 平方米，为二层门楼式结构，底层为石基砖包夯土筑基座，砌南北向门洞。门洞宽 3.06 米，高约 3 米，进深 11 米。基座上建楼阁，面宽三间，进深四椽，五檩回廊式构架，单檐歇山顶。2007 年村民集资重修。

西辛坊过街阁　位于下韩乡西辛坊村中，东西长 7.3 米，南北宽 6.5 米，占地面积约 47 平方米，创建年代不详，现存建筑具有清代风格。原为西辛坊村堡东堡门，俗称"过街阁"。过街阁为石基土坯券砌，包砖无存。东西走向，拱形门道，宽 3.08 米，进深 7.3 米，高约 2.6 米。2014 年改造修缮一新，皆用红砖。

英庄过街阁　位于沙圪坨镇英庄村中，坐北朝南，东西宽 10 米，南北长 10 米，占地面积约 100 平方米，创建年代不详，现存为清代建筑，清同治间曾重修。原为英庄村南堡门，俗称"过街阁"。过街阁为夯土砌筑，石基砖包，南北走向拱形门洞。门洞宽 2.37 米，进深 10 米，高约 2 米。南侧门匾刻"映恒峰"；北侧门匾刻"大西岩"。门道上建门楼，面阔三间，进深六椽，七檩前后廊式构架，单檐硬山顶，前后出抱厦。

沙圪坨东过街阁　位于沙圪坨镇沙圪坨村东，东西长 12.66 米，南北宽 11.11 米，占地面积约 141 平方米，创建年代不详，现存建筑具有明清时期风格。原为沙圪坨村堡东堡门，俗称"过街阁"。过街阁为夯土砌筑，石基砖包，东西向门道。门道宽 2.7 米，进深 9.6 米，高约 2 米。原门匾刻字已毁，现东门额有行书"寅出"，西门额有行书"曜照"，书体皆为现代电脑体。过街阁西南设砖砌踏道登门楼。门楼面阔三间，进深六椽，七檩前后廊式构架，单檐硬山顶。东二楼为文昌阁，西二楼为魁星楼。

沙圪坨西过街阁　位于沙圪坨镇沙圪坨村西，东西长 10.75 米，南北宽 9.7 米，占地面积约 104 平方米，创建年代不详，现存建筑具有明清时期风格。原为沙圪坨村堡西堡门，俗称"过街阁"。过街阁为夯土砌筑，石基砖包，东西向门道。门道宽 2.65 米，进深 10.75 米，高约 1.5 米（原路基已掩盖）。新建门楼面阔三间，进深六椽，七檩前后廊式构架，单檐硬山顶。西门洞额题"望遥"，东门洞额题"娜嬛"，书体为电脑体。东二楼为三官庙，西二楼为关帝庙。

龙洼过街阁　位于沙圪坨镇龙洼村中，坐西朝东，东西长 9.8 米，南北宽 9.85 米，占地面积约 97 平方米，创建于清道光三十年（1850）九月，原为龙洼村东堡门，俗称"过街阁"。过街阁为夯土筑，石条包砌，东西向拱形门洞。门洞宽 2.85 米，进深 9.8 米，高约 2 米。西侧门匾刻"天衢、道光三十年（1850）九月吉日"。东侧门匾刻"捷路"。门道上建魁星楼，面阔三间，进深四椽，五檩前后廊式架构，单檐歇山顶。

老僧洼过街阁　位于沙圪坨镇老僧洼村中，"二普"记为"龙门阁"。该阁楼坐北朝南，东西宽 6.19 米，南北长 8.1 米，占地面积约 50 平方米，创建年代不详，现存建筑具有明代风格。原为村堡南堡门，现门楼已毁，仅存堡门，俗称"过街阁"，为夯土砌筑，石基砖包，南北向门道。门道宽 2.43 米，进深 8.1 米，高约 2 米。门额上为砖雕仿木结构檐枋、垂花柱等。

车道口过街阁　位于西留乡车道口村中，东西长 10.92 米，南北宽 10 米，占地面积约 109 平方米，创建年代不详，现存建筑为清代遗构。原为车道口村堡南堡门，俗称"过街阁"。过街阁现存为石基土坯券砌，包砖不存。南北向拱形门道，宽 2.94 米，进深 10 米，高约 2.5 米。

上韩过街阁　位于南榆林乡上韩村中，坐北朝南，东西宽 13.06 米，南北长 6.82 米，占地面积约 89 平方米，创建于明代，原为上韩村堡南堡门。清道光二十六年（1846）包砖，20 世纪 60 年代将过街阁上的楼阁拆毁，现存台基和南北向门洞。台基为夯筑石基砖包，高约 5.5 米，东、西两侧建有登楼踏道，现已毁。砖砌拱形门洞宽 2.86 米，高 4 米，进深 6.82 米。南侧门匾上题刻"云路，道光二十六年（1846）……"北侧门匾上题刻"龙门"。

东水头过街阁　位于浑源南榆林乡东水头村中，东西长 6 米，南北宽 5.2 米，占地面积约 31 平方米，创建年代不详，现存建筑为清代遗构。原为东水头村堡东堡门，俗称"过街阁"。过街阁为石基砖包土坯券砌，东西向拱形门道，宽 2.3 米，进深 6 米，高约 2 米。1982 年村民在台基上新建了阁楼，面宽一间，进深四椽前后廊，单檐硬山顶。

上韩村龙门洞　位于南榆林乡上韩村，清代建筑，其平面呈长方形，砖券门洞，现状较好。（据"二普"资料）

水磨瞳过街阁　位于浑源东坊城乡水磨瞳村中，东西宽 8.32 米，南北长 11.2 米，占地面积约 93 平方米，原为水磨瞳村堡南堡门，俗称"过街阁"，明代创建，清乾隆五十一年（1786）重修，现存基础门洞为清代。过街阁为夯土砌筑，石基砖包，南北向门道。门道宽 2.96 米，进深 11.2 米，高约 2.46 米。过街阁西侧设砖砌踏道，可登门楼。1996 年村民在过街阁上重建了门楼并新塑了玉皇大帝和观音像。阁楼面阔一间，进深六椽，七檩前后廊式构架，单檐硬山顶。过街阁南侧现存清乾隆五十一年（1786）重修碑记 1 通。

牛星堡文昌阁　位于千佛岭乡牛星堡村，创建年代不详，现建筑为清代遗构，楼阁位于庙院西侧，建在高 3.8 米的石砌台基上，面阔三间，进深二椽，单檐硬山顶。该建筑"二普"记为牛星堡乐楼，面阔三间，进深二间，单檐硬山顶，三椽栿。

附：当代牌楼

岳灵枋，位于县城永安西街（西关外），四柱三楼，石质，建于 2003 年。东部匾额题"岳灵"，由香港书法家施子清书；西面匾额题"运通达远"，为大同市书法家殷宪题写。

恒安枋，位于县城永安西街（沙河桥），四柱三楼，石质，建于 2003 年。其东部匾额题"恒安"，由香港书法家施子清书；西面匾额题"翠屏遥映"，为山西省书法家王朝瑞题写。

恒山国家森林公园牌楼，位于县城恒山南路和恒荫东街交汇处，石基木构，四柱三楼，建于 1999 年。西面匾额题写"恒山国家森林公园"，为国学大师、书法家姚奠中题写；东面匾额题为"奇峰绝唱"，为书法家王蒙所书。

二、桥梁

西河沟寡妇桥　位于吴城乡西河沟村东 300 米处。据《中国文物地图集·山西分册》及碑记记载，寡妇桥建造于明万历四十三年（1615），赵女将捐资修建。现存寡妇桥为东西走向，为石砌单拱桥，横跨深沟。桥面宽 9.1 米，长 3.4 米，占地面积约 31 平方米。桥洞宽 2.1 米，高 3.1 米，进深 9.1 米，桥洞距桥面高约 5 米。原存有明万历四十三年（1615）创修碑记 1 通，现已佚。

永安桥　位于西留乡西留村东 2000 米处的丘陵山区，建于一条跨季节河的东西向古道上，西临韩镇公路。为石砌单孔拱形桥，建造年代不详，现存建筑应为清代（"二普"记为明代）。东西走向，桥面全长 13.2 米，宽 5.2 米，占地面积约 69 平方米，桥高 4.52 米，南侧桥洞顶石匾阴刻"永安桥"。桥北侧保存较好，南侧已冲毁坍塌。桥面石现存有望柱槽和车辙痕迹。桥南侧的河沟下游到处散落栏板石、望柱石、桥面石、条石等构件。该桥是浑源县现存较少的一座清代石桥，价值较高。石桥原有碑记，现佚失。

中和义务桥　位于城西大沟村与涧村之间，横跨大峪河，建于民国 12 年（1923），木质架构，现已毁。该桥又称为"善桥"，曾立有《善桥碑记》一通，亦不知所踪。碑记载，该河流自南向北流向，水势极猛，正阻其路，遂有浑源中和堂董事人等议定募捐筑桥，以利民众出行。建设时多有义务为修桥出力者，遂称"善桥"。该桥由浑源县中和堂及朔县中和堂捐大洋筹料起建，之后村人亦多有募捐，时任浑源县

中和堂扶孤院徽章

长谢恩承（陕西安康人，民国 9 年至 13 年任浑源县县长）曾就此工程发文公告。据《浑源县中和宣讲社附设育婴抚孤院简章》载："谢县长承恩批曰……该民等热心公益，成斯义举殊甚堪嘉，尚所请立案并出示张贴涧村、大沟两处，妥为保护之处应即照准此批。"《简章》又载："此桥名为中和义务桥，桥之两头系用土垫起，长久不动，中间桥梁木料为之，秋日建起，夏令拆去。桥路长约半里，宽则一丈有余，每年筑拆之工均系义务并无工资，固有此名。"该桥所用土地由涧村村民捐献，桥侧并建有房舍一处，供守桥人居住。

附：旧桥补录

沙河桥，原建于西关街，今"名豪"商场以西一带，1939 年洪水冲毁。

《四库全书·山西通志·水利》载：

太白桥，在（州）北五里，明弘治三年（1490）知州董锡建，后废。

浑河桥，在（州）西北十里，明成化元年（1465）知州关宗建，后废。

乐安桥，在（州）西北十里，金时僧志贤建，成化元年知州关宗修。

乱岭水桥，在（州）东北沙圪坨（光绪版《通志》载为关宗所修）。

楼（云）阁虹桥，在磁峡口。

光绪版《山西通志·关梁考》载：

顺治十三年（1656）建有石桥，在城内（编者按：2020 年 11 月旧城改造时，在县城石桥南巷口处曾出土部分石桥构件，疑为此桥）。

其恒流桥，城东西门各一。

第三节　书院　社学

一、书院

金、元、明、清时期，教育主要承袭汉唐制度，各朝皆有增删。自明清以来，除文庙之外，多建书院以培养未来的封建官吏，通常每年二月开馆，至十一月闭馆。在院期间多以自学为主，书院对优秀的学子给予一定奖励，待完成学业之后即可参加科考。书院经费来源主要有政府拨款、个人捐资及学田收入等，乾隆《浑源州志》中记载说，文庙依规制，有学田 60 亩。

顺治、乾隆《浑源州志》和 2008 年版《北岳恒山志》中记载，浑源书院曾有恒麓书院（步云书院）、翠屏书院、凤山书院、石溪书院、养正书院、千佛岭书院；社学为城隍庙社学、北草场社学、永安寺社学、东马道社学、西马道社学、西关社学和马王庙社学。翠屏书院一说为刘㧑创建，千佛岭书院创建者无考，其余四所书院皆为官办或半官办书院。此外还有书斋一处，即归潜堂，位于龙山玉泉寺，亦说位于翠屏山下，为刘祁著书、讲学处。

恒麓书院为浑源规模最大的书院，几经变迁。原址位于州衙东侧，乾隆十九年（1754）由大同知府刘毓岩与知州龙云斐议创，但未果，后于乾隆二十三年（1758）由继任知州桂敬顺续建完成。书院建成后，因经费不足，师生日渐懈怠，学风不振、运行艰难，幸有严庆云、栗毓美等有识之士屡集善款相助方得延续。乾隆三十六年（1771），严知州将书院改作义塾，学童得以免费就

民国十年浑源中学观摩会墨盒

学。至乾隆四十四年（1779），知州严庆云再筹银4900余两，在东门外（原东关小学旧址）另建书院一所，名"步云书院"。该书院建有学舍56间，为当时浑源最大的书院，年度经费白银2600两，后又改称"恒麓书院"，原恒麓书院（义塾）则于乾隆五十八年（1793）重建并更名"养正书院"。栗毓美《增置恒麓书院经费记》、省史志院董剑云《栗毓美和恒麓书院》中有记述。

光绪三十一年（1905），恒麓书院改制为高等小学堂；光绪三十二年（1906），恒麓书院改建成立浑源中学堂，俗称"东关书院"；民国元年（1912）初，恒麓书院校舍被"铁锹会"民众放火焚毁，民国2年（1913）动工重建，次年竣工并开始办学，学堂初名"私立浑源中学"，后更名为"省立浑源中学"；至1937年，复建后的中学堂被侵华日军焚毁。

民国十二年浑源中学毕业生合影

据《北岳恒山志》所载及现场考证，其余书院及几处社学情况为：

翠屏书院：位于翠屏山三清殿旁，金初建，金首科状元、浑源才子刘㧑及金右丞相苏保衡曾在此读书，苏保衡讲学于此。

凤山书院：位于神溪村，依凤凰山，临神溪水，明弘治年间礼部司务孙聪（字野云，正德年间大太监刘瑾妹婿；其父孙逢吉，浑源人，曾任陕西左布政使）创建。由于年代久远，作为地方小型书院，其书面记载信息较为模糊，如重修补建、教授记略等。据乾隆《浑源州志·卷十》载，至乾隆时该书院即荒废已久，之后应有重修，但尚未见记载。书院旧址至光绪二十七年（1901）改设为学堂，书院之名遂废。20世纪60年代时，该建筑仍较完整，占地面积约1000平方米，三进院布局。沿中轴线依次为正门、经楼、

讲堂，两侧分别建有东西配房，有房舍20余间。20世纪50—60年代为该村小学堂所用，学制6年级，设教学班6个。至70年代，又为该村生产大队所占用，后改建。按照古代教学规制，该学堂学员全部为男生。直至新民主主义革命后，在该学堂以东曾建有女子学堂。

石溪书院：位于城北3.5公里神溪河谷旁，明正德六年（1511）巡抚都御史石玠建。（明代《六岳登临志》、乾隆版《浑源洲志》）

千佛岭书院：位于千佛岭，据传清栗毓美曾在此读书。

二、社学

无论何种书院或社学，均提倡对先哲的礼祭。乾隆《浑源州志》有恒麓书院的祭礼描述："书院去文庙百步，去恒山十里许，庙中之钟鼓、琴瑟、俎豆、冠裳足以警昏惰而启其敬畏之心。"这些从各学堂及其附属设施所命之名即可窥其一斑，如"崇古""仰止"等，其目的无外乎是为了激励学子努力进取，都能够成为德才兼备的国家栋梁。

除州学和书院之外，浑源在明代还曾有官办学堂两所，其中州署之东为医学堂，州署以西为阴阳学堂。管理者设典科和典术各一人。义学除旧恒麓书院之外其余有资料记载的仅有乾隆四十九年（1784）知州黄照捐建一所在州署东（原恒麓书院旧址），所属学田57亩。（《晋政辑要》中记载，浑源州原设学田地六十亩，共征租银一两一钱五分五厘，共折制钱四百四文，折新钱一百三十五文）；光绪九年（1883）知州郑景福捐建一所，位于县城北顺街龙王庙内；浑源鸽子峪大财主张佃元捐办一所。其余私塾学堂则零星散布于城乡各地，无法统计。

浑源书院和社学确切始于何年已无法考证，旧址虽残或已湮灭，但根据典籍的这些记载仍然可以就其演变轨迹上清晰地看出浑源乃至中国封建社会的历史文化发展脉络。因此研究古代书院以及社学的发展和演变，对继承和弘扬中国传统文化有着十分重要的意义。

附：原恒麓书院教习及学生课艺摘录（资料源自《麻氏族谱》及恒麓书院《肄业卷》）

离娄之明，公输之巧，不以规矩

先即明巧以为例，而规矩非竟可不用也。夫明若离娄，巧若公输，正以其善用规矩也。而奈何竟不以为规矩，且冬官列考土之记。而一时技号神明，业端精巧者，大抵皆因其受范围，非以其舍范围而不用也。若乃偏长足恃，目谋与神会俱优，而予智有雄。模型与典型并秉，技艺虽独绝乎？奈何精奇凤擅，不求范乎模楷之中，先自越乎模楷之外耶。吾今者旷观往古，静验当时，见夫俦规越矩者之不止于艺事也，因不禁神往于古之善用规矩者矣。辨五色于幽宫，历历者毫厘不爽，倘非遗范在胸，恐冒昧贴议，难以擅宏通之雅号，御九攻如磐石，闲闲者卫突徒劳。苟非师承克守，恐矫诬不免，无由见神智之新奇。明巧而善用规矩者，孰有如离娄、公输子哉。且夫世之明与巧者，至离娄、公输子止矣！何也？离娄本明，明其明于规矩之中，而明者愈明；公输本巧，范其巧于规矩之内，而巧者倍巧。且夫以明巧运规矩，将有万变不测之奇。因规矩见明巧，更有层出无穷之妙。故天下之明巧绝伦者，孰不从规矩中来哉。而吾乃思夫离娄、公输子，是盖神妙不外于法程。惟规矩弗违，始足见技能之可贵。仰风规而深企□，援引先切于当前。脱令弁髦等观乎遗轨，而明巧自恃，适以见之可讥，蔑典则而弃如遗。型器竟归诸恝置，夫何不不以规矩者，竟出于明巧之离娄、公输子哉？使非明者而不以规矩者也，则坏法乱常，颠倒原无足惜。若离娄则灵明夙善者也，夫烛照既神，似不必徒拘夫执物。而抑知不以规矩，则明无所用乎。然正惟明无所用也，斯不妨即曲艺以借观耳。使非巧者不以规矩也，则荡检踰闲，悖戾亦不足虑。若公输又技巧独优者也，夫村智克据，似不妨别创一法门。而抑知不以规矩，则巧无所施乎？亦正惟巧无所施也，斯可即艺术以反按耳。不以规矩，则至明若离娄，巧若公输，亦将苦明、巧之无用矣，欲成方圆得乎？

批：气清爽，宛转顺畅。（作者刘宗师，此文乃光绪二十五年四月考取入学第一名之作）

多见而识之，知之次也

所见更备于所闻，言所知而居于次焉。夫使不识，非惟负所见，更备于所闻也。识之切斯择之益精，求知之方如此，子何惮居于次乎，且以浅见者之必主寡闻也，则无以默而识者，即无以信而从。夫安望格物致知，以明道之次第也哉。若乃遇于目即倾于心，思明更胜思聪之备。而观乎人先观乎己，自信不无共信之端。夫是以合天下古今以备参考，所谓静存焉而更默然者，虽不敢以聪明自用，要不至以鲁莽贻识也。多闻择善而从，此其从善如登者，虽难比于生知之上，亦或列于学知之次，以视不知而作者，不已有进乎？然而聆于耳者，尚属诸虚；视于目者，乃征诸实也，则试由所闻而思所见。且即所择而思所识，见善见恶之真，岂一无所知者，所能究其博，而多所见并多所闻，是非不爽夫次序也。有定见而无成见，知不失乎离目之用者，兼无负乎坎耳之占。识大识小之诣，岂稍有所知者。所克得其全，而识所见并择所闻。疑似莫淆于造次也。有彻见而无臆见，知可几于作哲之明者，兼可臻于作谋之域。然则识之而不负多见，与择之而不负多闻，非皆所以求知之方哉。今夫操存弗失者，入目更确于入耳也。而分量无诬者，问心差可以问世也。盖博览之余，尤宜记载。惟遍观夫上下古今之故，而蕴蓄弥深，何更以脱略

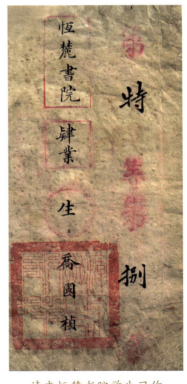

清末恒麓书院学生习作

贻固陋之诮。而拟议之地，必有心思。惟静审夫居恒阅历之途，而交衡倍切，何至以临事致茫昧之嫌。此吾所以求知者，虽未必真知其理要，亦可次于知者也。且夫知固非鲁莽者所可托也，夫见之而蕴于中，非同固执。即闻之而袭于外，绝少拘墟，非故逊也。合所见之巨细精粗，无不交识怀来以善其动作。岂其若惘闻知乎，知而指之以次，觉见以识而尤征其备，斯闻以择而倍求其精，视夫鲁莽以出者，其得失不亦各判也哉。是则知亦非聪明者所得专也。夫识所见于应事之时，固服膺而弗失。即择所闻于接物之际，并举足之莫忘，岂过抑哉。统所见之经权常变，无不惧识于方寸，以善其作为，能勿尊闻行知乎？知而别之以次，觉见之多而所识益广，即闻之多而择虽宽，较之聪明自具者，其安勉不且相殊也哉。然则吾之言知而居于次也，非以知者之识所见乎？非以知者之识所见，并择所闻乎？何世之不知而作者，往往也，我岂如是哉！

赋得山以仁静，得山字五言八韵：

雅景何时遇，开门对远山。仁风通世界，静境出尘寰。

螺髻连千仞，蛾眉锁几湾。人安红树里，寿祝白云间。

屈指诸峰秀，关心一径间。此中多暇逸，以外枉循环。

翠黛堪同赏，青峦可共攀。传须推北史，蕴藉洗愁颜。

批：文尚清畅，再求紧炼。（作者乔国桢，恒麓书院肄业生，特等第八名）

商鞅治秦得失论

世之论商鞅者，不问时势可否，不论事理得失，辄痛诋而深斥之者。盖亦有故，则以其坏井田也，废封建也，更税法也，重法令也，然皆未足服鞅于地下也。秦孝公时，山东有强国六，淮泗之间小国十余，秦不得与中国盟会。诸侯以夷斥之，可知当日秦势衰弱，不足制服列国甚明，使非鞅出，则国不当兵不强，骎骎乎有被排斥之势，尚何并吞混一之足云。然则鞅之变法，其所以振衰起敝者，亦时势有所迫，事理有所宜，安得遽责乎？井田之法不可行于后世，昔人辩之甚详，诚以生齿日繁、生计日扩，地不加广、人难计口而分，户日见多、势难聚庐而处，既无开疆辟地之谋，又无各精一艺之业，生计促而豪强愤，其不至相侵夺者几希，不然汉唐而下，请复井田者屡矣！胡以至今卒莫能相易耶！封建在上世已有尾大不掉之患，况后世人心险诈，宠贵极而跋扈生，势权尊而觊觎起，观于七国连兵，藩镇背叛，君臣敌国，父子仇雠，韩彭烹醢，勋戚诛戮，究其弊无非自予以人民，资以土地，初以赏勋劳，继而为仇敌。鞅洞悉流弊，保全国体，谓非强干弱枝之术乎！什一而税，三代之法，然古者事省费廉，故取不加多而度支有余，后世事繁用浩，故税无定额而困匮屡告。三代以前，兵寓于农而无粮饷之费，官禄授田而无养廉之费，民有余赢而无赈饥之费，虽兴工土木而无营造之费。凡若此者，后世皆于税是取，故税政所关，为国大计。今欲以什一之入，抵无穷之费，虽尧舜后生，无法善后。鞅变通旧法，亦一时权宜之术。且立有差，不犹愈横征暴敛乎！法令者救衰之药石，振靡之针砭也！故管子治齐，勾践兴越，皆极一时富强之术，而其实不外法令严明。何则法令不行？虽有善政善教，亦不得施矣！后世律令纷更，事权旁出，或以阉宦格明诏，或以愚贱衮王章，使非以法令辅翼乎纲纪，必有弛纵之患。鞅独断独行，不远胜于道谋是用者哉！盖尝统秦盛衰之故而观之，无鞅则秦不能富强，无以兼并列国，无赵高则暴虐未甚，无以顿失乎人心。鞅有求治之君，故整顿变更而秦以盛；高遇下愚之主，故骄荒残刻而秦以亡。若必因齐之不永而咎管仲，因越之未久而责伍员，遂以鞅为秦之罪人也。呜呼！鞅岂任咎也。

批：鞅之变法为千古一大关，后世帝王竟莫之能易，可恨者并孝悌仁义诗书亦废之耳。文一眼窥定识力，既高笔，亦纵横如意。（作品约成于清末，作者失考）

未到晓钟，尤是春赋

爱惜韶华，流连淑气，恋一夕之光阴，延三春之风味。鼍更寂寂，欣夜色之未阑。鲸吼迟迟，讶羁愁而莫慰。算春光于九十日，赏花之余绪犹存。听钟韵与卅六宫，虞业之撞鸣尚未。原夫贾岛之吟春，尝共刘郎以敦好。把酒唱酬，裁诗投报，叹花事之阑珊，怜春事之潦倒。留春无计，流光荏苒频催。送春有怀，岁序变更，渐到斯时也。春雨霏霏，春云渺渺。谢却春花，啼残春鸟，游春景象全非。伤春情怀未了，昔记春初之候鸣，钟而卧酒通宵。今当春暮之时擎钵而催诗待晓。三更夜永，几点春浓。香焚宝鸭，滴漏鱼龙。听僧楼分寂寞，座楼舍分疏慵。残月晓风之唱，鞭丝帽影之踪。争一刻于分阴，暂驻春阴蔼蔼。昔片时于寸晷，犹怜日晷雍雍。晓箭未催，木令犹存于暮鼓。晓筹未报，青权犹寄于晨钟。清风几阵，明月一钩，听鹃啼而感慨。看蝶舞分移游，无限凄凉。候晓而倾心梵刹，百般惆怅。争春而属耳谯楼，烛寒而敲断玉钗，犹觉春情绵渺。篝熟而酌来金盏，犹思春意夷犹。回思扑蜨村庄，斗鸡城市。三径六街，千红万紫。探春晓起，声闻雉雏惊心。赏月晓行，响聆蒲牢聒耳。知岁之关心，阅风光于弹指，何多日也。竟物换而星移，今安在哉！岂今非而昨是。尔乃夜光微退，曙色渐渐。晓传更仆，晓报鸡人左三右五之音，忽丁东于寺观。大扣小鸣之韵，听子细于城闉，则无价之年华已潜移于昨夜，而有情之物色且待赏于来春，向非景不虚延，时无空度，蝶梦求安。唯恐驹踪易赴，将遗春景而弗知，更弃春华而弗顾，彼鼓钟鞀铎。在圣人不无乾惕之思，而玉帛笙镛。矧儒士能勿礼仪是慕，士有惆怅乎送春，能不濡毫而作赋？

（作品约成于清代，作者失考）

蛹以为母赋

物关化育，事验桑蚕，氤氲无极，变幻谁清？知茧虫之由孕，亦牝牡以相参，宛如縠雨胎风，竟载生而载育。不是雄飞雌伏，且斯活以斯函。问骨肉兮为谁？马头娘曾祈夏九，辨形骸而有属。螟蛾子未化春三，原夫蚕也者，羸羸微虫，斑斑若虎，气禀龙精，性与马伍。既蛰伏而蛾孵，亦茧抽而丝吐。蚕妇饲之殷勤，蚕娘养之劳苦。成形有象，不偕尺蠖求伸，具体而微，实本飞蛾以作父，然而论前身于委蜕。虽卵化以滋生，觇本质于蠕虫，似胚胎而伏俯，独不见有蛹乎！浴来水润，火出烟含，蚕姑敷于竹箔，桑女置之筠篮，成丝有望，作室能探，变化无穷，迥异斯螽育子，脱胎有术，俨同螺蠃祈男，产子子而孙孙。身老则日周廿七，更奇奇而怪怪，茧成必时过九三。老母依然，女儿宛似，非蚯蚓之守廉，如螟蛉之继美，气入轮回婉转，岂因坤顺资生！物归混沌周天，端禀离精返始。数十种生生不已，母煦姁乎三眠，千百枚化化无穷，蛹佛退于三起，则见兔雏野卧，子傍母眠，恰同蟋蟀堂居。母依子睡，要不若名传三幼，功有济于民生，岁得八蚕，利俨通乎政事。向非气体迁移，阴阳主宰，蛹克化生，母能迁改，则三卧一生之后，胡以似续绵延，再生四卧之余，安能举筐错彩，母生有限，厥种叹其几何？蛹寿无多，败功忧乎无乃，惟其孕育有机，产生不止，玉女频移，原蚕堪美，知屡化之无遗，妙成功兮有以。是盖荀卿之善赋物情，静参妙理，象同哺毂，静参而理正不违，情类梓鸡，曲会而情何能已。

批：赋笔洒脱且有如题之句，可嘉之至。（作品约成于清末，作者失考）

老牛叹

农家老牛闲半年，我作老牛日耕田。

风风雨雨不得休，于今六十有四秋。

小牛不知老牛苦，徒向老牛作甘语。

谁甘谁苦不必争，小牛既老自分明。

分明之后不肯说，自作老牛恨心拙。

我今试作老牛叹，奉劝世人以我鉴。

力疲气喘不能起，此心扰扰犹弗止。

小牛谋食各东西，老牛四顾心凄凄。

赖有童牛方八岁，日日执经问奇字。

问尔读书何所为，得钱养父不自讳。

我闻此语更叹息，老牛亦可以已矣！

【作者王廷槟，字琴生，山东日照县举人，光绪二十四年至二十五年（1898—1899）任浑源恒麓书院主讲，博学能文，尤善古诗词。此诗文于民国10年作于故里】

鸟梦

日落参横百鸟幽，夜深梦与海棠游。

花阴宿处三更暖，月影眠时一叶秋。

魂冷枝头云作幕，毛寒树底雾为绸。

数声歌管方惊觉，飞入瑶阶最上头。

（作品约成于清末，作者失考）

老　渔

西风习习好烟波，钓浦人归唱晚歌。

黄叶声中身似鹭，白杨影里背如驼。

餐云宿露生涯淡，带月披风血气磨。

试问阿翁如许岁，应将渔网记何多。

（作品约成于清末，作者失考）

第四节　寺观　佛塔

一、寺观

悬空寺　坐落于县城以南恒山金龙峡西侧翠屏峰的峭壁间，旧志载始建于北魏时期，距县城约 3.5 公里，北距大同市 65 公里，以其建筑精巧、结构奇特而著称于世，是世界建筑史上的伟大奇迹之一。据明代《六岳登临志》记载，该寺又名"静居寺"。悬空寺建于何时说法不一。《嘉庆重修一统志》上记载说，悬空寺初创于

悬空寺

北魏，兴盛于元代。《恒山志》亦记载云："前魏道武帝天兴元年克燕，将自中山北归平城，发卒万人凿恒岭，通直道五百余里，硗之始基也。"另《慧海佛光·佛教年表》有记载说，

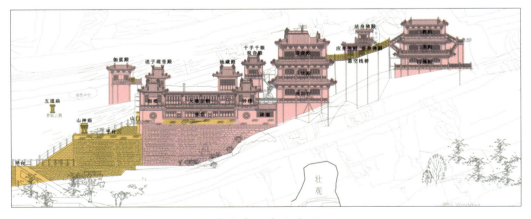

悬空寺殿宇分布图

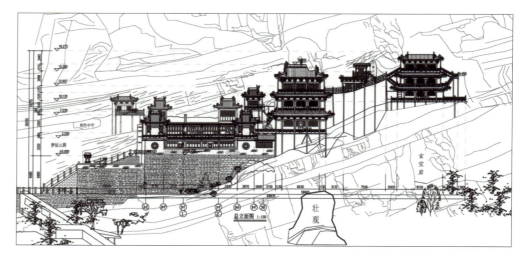

悬空寺总立面图

北魏宣武帝景明元年（500），山西浑源悬空寺兴建。顺治版《云中郡志》亦记载为："悬空寺，州南十里磁窑口崖，悬穴三百余丈，后魏建。"但清顺治年间的进士、宁国府教授陆寿名在其所著《续太平广记》中说："浑源州倒马关外有岭，峭削千仞。汉武时，于壁上凿孔，横攒巨木为基，因而重叠，架楼三座，锯丽巍峨，上接于天，下不在地，所谓'空中楼阁'。复覆以岩唇，雨日不及。历代及嘉靖间重修，真天下大巧而异观也。"若据此一说悬空寺在西汉之时已经建成。

悬空寺创建、增修沿革简表

表 1-2

创修年代		兴废历程	相关依据	备注
北魏		"州南十里磁窑口崖，悬穴三百余丈，后魏建。"	清顺治《云中郡志》卷三；乾隆《大同府志》卷十五；乾隆《浑源州志》卷八	
金	大定十六年（1176）	"凿石为龛，插木为榭，上不支于山之巅，下不垂于陆之地。悬空置屋，四山掩映如壁之翠屏。""凭栏视行人往还，有如移蚁。"	金大定十六年《游记碑文》	描述了悬空寺建筑形态、构筑方法及景观环境
明	万历四年（1576）	"大明乐昌王香火院也。时有致事官翟万，系昌府仪宾。协□图明月极□□众，于万历四年继建前楼数间，铸铜像一百一十八尊以实之，大钟一口，大磬一元。"	清乾隆十二年《重修大墙耳楼碑》	建前楼数间，铸铜像118尊，铜钟、磬各一。悬空寺此时已成为明宗藩家庙

创修年代		兴废历程	相关依据	备注
明	万历三十二年（1604）	重修悬空寺山门	明万历三十二年《磁窑口修道重修悬空寺山门碑记》	重修山门
	万历三十九年（1611）	"将乘兴为悬空寺游，见西壁峭陡，楼殿架叠，灿如来宝像，真所谓空中楼阁。架阁犹余横木数千，蠡剥殆尽。"	明万历三十九年《登恒山记》	寺院功能完整，栈道则残损严重，仅留残迹
	崇祯六年（1633）八月初十	"……不知何年两崖俱凿石坎，大四五尺，深及丈，上下排列，想水溢时插木为阁道者，今废已久，仅存二木悬架高处，犹栋梁之巨擘，即领先或首要之意也。"	徐霞客《游恒山日记》	古栈道尚存遗迹，但较万历时更加残损
清	顺治十八年（1661）	"……崖壁立如削铁，空中窍石，结构层楼，仄磴危梯，高入云汉，乃恒山第一景也。"	清顺治《浑源州志》《恒岳志》	顺治时期，历经明末战乱，悬空寺保存完好，被誉为恒山第一景
	顺治十八年（1661）至雍正元年（1723）	"国朝随破随补，向亦不一而足也。独惜近年来大墙北毁，逼临菩萨阁底。南北耳楼前厦并落。"	清乾隆十二年《重修大墙耳楼碑》	大墙、南北耳楼（钟鼓楼）已出现局部残损坍塌
	乾隆十二年（1747）	"先建大墙，次修耳楼。墙成楼就，外又复于阁檐楼户、神肢佛体瓦解者补之，摇动者稳之，残缺者增之益之，更从而妆饰之。"	清乾隆十二年《重修大墙耳楼碑》	重修大墙、耳楼，修补各建筑残损，修补造像并彩绘
	同治三年（1864）	"工匠张廷彦言自有修法，无须竖架。及开工时，但循陈迹，易旧换新。每到用架时，修之者亦有时而悬空也。于是不逾年而工已告竣。"	清同治三年《重修悬空寺碑》	重修寺院，工匠巧妙地采用悬吊做法更换构件，省去脚手架搭建
	同治五年（1866）	北楼四佛殿绘制壁画	《北岳恒山志》卷三第二章第二节（2008 年 12 月）	—
中华民国十六年（1927）		民国丁卯，佛堂重修油画	佛堂佛龛门题记	—

续　表

创修年代	兴废历程	相关依据	备注
中华人民共和国	1958年，配合恒山水库修建，在悬空寺南峭壁上新建钢筋水泥悬空栈道。同时在水库大坝东侧天峰岭内修筑了长约1公里的隧道，与203省道相通，解决了南来北往的交通问题	《北岳恒山志》卷三第二章第四节（2008年12月）《浑源县志》（1999年8月）	—
	1966年，山西省文物管理委员会拨款加固悬空寺基座	《中华人民共和国全国重点文物保护单位记录档案》	—
	1973年，山西省文物局拨款重修寺内南北楼间一层石栈道		—
	1975年，危岩落石，鼓楼顶部受到破坏；1975—1980年间，对伽蓝殿、送子观音殿、地藏殿等四处受损较为严重的殿室进行了集中大修	《玄机精妙，需精心保护——访恒山景区管委会文博副研究员常学文》（2016年5月25日《文汇报》）	—
	1978年，对南北两楼木栈道、下部支撑木柱全部更换。对全寺大部分悬梯、回廊、楼板进行更换	《北岳恒山志》卷六第二章第一节（2008年12月）	—
	1978年，成立恒山文物管理所，对悬空寺进行专门管理。山西省文物局拨款对悬空寺通体彩绘	《中华人民共和国全国重点文物保护单位记录档案》	—
	1979—1980年，实施悬空寺油饰彩画保护修缮工程	《北岳恒山志》卷六第二章第一节（2008年12月）	—
	1983年，国家文物局对悬空寺下面风化悬石进行加固	《中华人民共和国全国重点文物保护单位记录档案》	—
	1983年，新建寺院下部石栈道，沟通游览路线	《北岳恒山志》卷六第二章第一节（2008年12月）	—
	1985年，整修山门外台阶	《北岳恒山志》卷三第二章第一节（2008年12月）	—
	1993年，全寺屋顶青灰瓦更换为黄绿相间的琉璃瓦	《北岳恒山志》卷六第二章第一节（2008年12月）	—

悬空寺的建筑构造颇具特色，形式丰富多样，屋檐有单檐、重檐、三层檐，结构有抬梁、平顶、斗拱等结构，屋顶有正脊、垂脊、戗脊等。从其建筑法式来看，基本属明代构造；从总体外观来看，具有一种窟中有楼、楼中有穴，窟连殿、殿连楼的独特建筑风格，世间罕有。在修建时利用力学原理在崖壁间插入飞梁作为整个寺院的承重点，之后在局部以木柱为支撑将寺院部分重量传导于山崖下方。全寺最高处距地面 90 余米，其所有的楼阁和栈道下都埋有用桐油浸泡过的直径达 50 厘米左右的横梁。这些支撑其每层围廊及栈道的横梁有近三分之二插入石壁，上架搭板，每根横梁下另加一根插入石壁的隔托梁。这些横梁露在外面的部分大约有 1 米左右，不仅走廊，整个楼阁的底座也直接压在这些横梁上。据统计，悬空寺共有这样的横梁 27 根，至今无有虫蛀、无有腐朽，是挑起整座楼阁的关键所在。而每根横梁外端下部又有长短不一、不及碗口粗的用桐油久浸的铁杉木立于横梁之间，立柱下端置于山壁岩坎上，从外观上给人以起主要支撑作用的错觉。国家文物局古建专家罗哲文在多年的研究中发现，这种横梁加立柱的支撑方式，在古代建筑中应用十分广泛。由于这一方法的使用，便又更增加了悬空寺的坚固性，于是便可以说悬空寺其实是一个环环相扣的框架式结构整体。

1975 年，悬空寺木栈道重修。据当时负责悬空寺古栈道修复的张立功（时任县文教局副局长，主管文物）讲述，悬空寺原有木柱很少，建筑承重基本都在横梁之上，现在增添的那些木柱其真正的用处是为了让悬空寺显得更悬，承重的作用倒是其次，时年重修之初并未设有立柱，现在游人所见之木柱多数是为了达到这个目的而另外加上去的，故此轻摇木柱会左右晃动。在悬空寺最高处的建筑三官殿下方，共架有立木 22 根。虽承重不是主体，但作用毕竟还是有的，再者给游人也带来了一些精神上的安全之感，使游人可以大胆地在上面游览。

山门：砖式仿木结构，圆拱门洞，砖雕斗拱三座，四铺作单下昂蚂蚱耍头，门额雕"悬空寺"三字。

山神庙：砖结构立在砖基座上，单开门，普拍枋立砖雕斗拱五攒瓜拱、万拱、厢拱全部显示，正中斗拱（补间铺作），门额镶长方形框，内书"山神庙"，再上是砖雕屋檐，顶部为歇山式。

钟鼓楼：钟鼓楼面宽一间，进深一间，平面呈方形。琉璃重檐歇山楼阁式建筑，二层楼面四向开门，东南北三向设廊，柱头置三垛檩（地方做法），其上木构形成歇山建筑梁架体系，不设斗拱。各置木楼梯通二层。

佛堂：面宽四间，进深一间，面积 45.5 平方米。砖木结构硬山式建筑，黄琉璃屋面。出檐只设椽，梁前端插入檐柱，后端置于岩石上。前檐装修均为四抹隔扇。

大雄宝殿：面宽五间，进深一间。总面宽 14.8 米，总进深 4 米，面积 59.2 平方米。建于佛堂顶部，背靠山崖，前出廊，琉璃屋面单檐硬山式建筑。柱头部雕刻人面龙头图

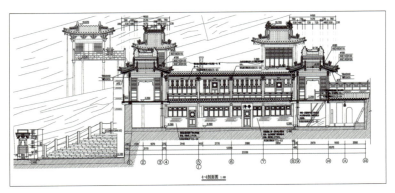

佛堂院剖面图

案，空槏悬替（地方做法），正中三间明栿做法，两次间砖墙直通屋顶，不设梁架。前檐柱间均设四抹隔扇。南次间内设木楼梯通上层。

伽蓝殿：面宽一间，进深一间，面积 3.08 平方米。前插廊，单檐歇山顶建筑。

地藏殿：坐落于佛堂屋顶的北端，背崖而建。面宽一间，进深一间，面积 8.5 平方米，单檐歇山顶建筑。

送子殿：面宽一间，坐落于佛堂顶部伽蓝殿北 1.5 米处。进深一间，面积 4.86 平方米。小木做法，单檐歇山顶建筑。

千手千眼观音殿：坐落于地藏殿北 1.4 米处，与地藏殿处于同一平面。面宽一间，进深一间，面积 4.34 平方米。背崖而建，单檐歇山顶建筑，杆栏式基座，四角立木柱，上铺龙骨、楼板，为千手观音殿的地平面，前端两根直通为檐柱，阑额上置双下昂四铺作斗拱，东南北三面环廊。

纯阳宫：面宽三间，进深一间，面积 20 平方米。位于钟楼北端 4.3 米处，东南北三面插廊，檐下施四铺作双下昂斗拱，单檐歇山顶建筑。

三官殿：面宽三间，进深一间，面积 27 平方米。位于纯阳宫屋顶上，单檐歇山式琉璃瓦面建筑。三面出廊，背部设有山崖通道。

雷音殿：面宽三间，进深一米，面积 20.77 平方米。位于三官殿顶部，背崖而建，单檐歇山顶建筑。东南两侧出廊，檐下施单抄双下昂五铺作斗拱。

五佛殿：位于纯阳宫北端 12.6 米处，面宽三间，进深一间，面积 11.19 平方米。前出廊，单檐硬山顶，小式建筑。廊柱立于岩石上，南山墙侧面做木楼梯通三圣殿。

三圣殿：面宽三间 5.82 米，进深一间 5.45 米，面积 8.34 平方米。建在五佛殿屋顶，东南北三面出廊，殿身前檐廊悬空，角梁后尾插于三圣殿身前檐角柱，正中开隔扇门，两边各有隔扇，角部椽飞翘起。

三教殿：面宽三间，进深一间，面积 8.33 平方米。依山而建，单檐歇山顶琉璃瓦屋面。三面出廊，檐下置单抄单下昂四铺作斗拱，歇山屋顶。

法身佛龛：面宽一间，进深半间，面积 2.3 平方米。内雕摩崖石刻佛像，纯木结构，屋面琉璃瓦悬山顶建筑。

应身佛龛：面宽一间，进深半间，面积 1.35 平方米。内雕石刻佛像，位于报身佛的右侧。屋面黄琉璃歇山顶建筑。前檐下设把头绞项造斗拱。

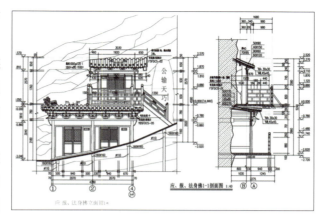

三佛殿立面、剖面图

报身佛龛：面宽一间，进深一间，面积 1.35 平方米。形制同应身佛龛。

二、布局结构

悬空寺依山而成，坐西朝东，整个寺院呈"一院两楼"的布局，总长约 32 米，占地面积 343.83 平方米，建筑面积 599.06 平方米。全寺皆为木质所建，共有楼阁 28 间，有塑像殿阁 18 处。其中佛教殿 12 处，道教殿 5 处，儒、释、道三教合一殿 1 处。在选址上因势利导、依山势凿崖而建，科学合理地将有限的面积进行充分利用。其山门上建鼓楼，内置暗廊，内供明万历三十六年（1608）铁铸弥勒佛像 1 尊。出暗廊入寺庙禅院，建筑面积约 30 平方米，以原崖体为基再辅以条石垒砌，实现了对寺院承重以及面积使用值的最大化。正西为寺院的主体建筑，下层中室称"经堂"，两侧为禅房及耳房。经堂门侧撰联云："乘悬悟悬心愈悬乎，知空非空目莫空也。"经堂木雕神龛内的神台上供有明代铁铸毗卢遮那佛 1 尊、主席牌位 1 座、菩萨像十余尊及其他铜质造像。

悬空寺油饰彩画简表

表 1-3

序号	所在位置	面积(㎡)	绘制年代	主要内容
1	山门	10		斗拱均黑油刷饰，门头匾红油刷饰
2	钟楼	90	清代彩画，1979—1980 年及 2018 年曾实施了彩画保护和维修补绘工程	一、二层殿内部土朱刷饰 + 红油刷饰，下架绘以旋子彩画；门窗红油刷饰
3	鼓楼	138.5		殿外檩、枋、梁头绘以中五彩 + 下五彩 + 木纹做法；门窗红油刷饰
4	佛堂	210		殿外檩、枋、梁头绘以中五彩；门窗红油刷饰
5	大雄宝殿	360.5		殿内佛龛，殿外檩、枋、梁头、隔扇裙板绘中五彩 + 下五彩；门窗红油刷饰

续 表

序号	所在位置	面积(㎡)	绘制年代	主要内容
6	伽蓝殿	65.5		殿内梁架木纹做法；殿外檩、枋、斗拱、额枋等绘以中五彩+下五彩；门窗红油刷饰
7	地藏殿	30		殿内天花及殿外檩、枋绘以彩画，局部涂刷油饰；门窗涂刷油饰
8	送子观音殿	20.5		殿内梁架木纹做法；殿内天花及殿外檩、枋绘以中五彩+下五彩；门窗红油刷饰
9	千手千眼观音殿	25.5		殿内天花绘以荷花图案，斗拱黄油刷饰、黑白线条勾勒，檩、枋绘以旋子彩画；殿外檩、枋、斗拱、额枋等绘以中五彩+下五彩；门窗红油刷饰
10	碑廊	35.5	清代彩画，1979—1980年及2018年曾实施了彩画保护和维修补绘工程	殿内均红油刷饰
11	纯阳宫	115.5		殿内天花绘以龙图案；殿外檩、枋、斗拱、额枋、裙板等绘以中五彩+下五彩；门窗红油刷饰
12	三官殿	180		殿内天花绘以龙图案；殿外檩、枋、斗拱、额枋、裙板等绘以中五彩+下五彩+清代风土彩画；门窗红油刷饰
13	雷音殿	130.5		殿外檩、枋、斗拱、额枋、裙板等绘以中五彩+下五彩；门窗红油刷饰
14	四佛殿	160.5		殿内梁架红油刷饰；殿外檩、枋、裙板等绘以中五彩+下五彩；门窗红油刷饰
15	三圣殿	80.5		
16	三教殿	75.5		殿内梁架红油刷饰；殿外檩、枋、斗拱、裙板等绘以中五彩+下五彩；门窗红油刷饰
17	悬空栈道	40.5		红油刷饰
18	应身、报身佛殿	32.5		殿外檩、枋、斗拱、裙板等绘以中五彩+下五彩；门窗红油刷饰
19	法身佛殿	20		
合计		1821.5	—	—

悬空寺壁画简表

表 1-4

序号	所在殿宇	面积（㎡）	绘制年代	分布位置	主要内容
1	大雄宝殿	约 0.8	清代	殿内南山墙右上角	待考证
2	雷音殿	约 10.1	清代	殿外北山墙	花鸟
3	四佛殿	约 20.1	清代	殿内南山墙	五老观太极
合计		31	—	—	—

禅堂上层为寺之主殿——大雄宝殿（即三佛殿），分塑三世佛、太乙天尊及关羽。其中三佛殿内奉佛陀造像3尊，分别为释迦牟尼佛（左）、毗卢遮那佛（中）、卢舍那佛（右），高度约50厘米，重约3公斤，佛像采用脱沙塑法，也称"夹纻法"。佛像宽衣博带、结跏趺坐；面颊丰满、神态慈祥、妙相庄严。背光、飞龙及莲花座镂刻精巧，图饰华美，具有早期佛像工艺的特点，为悬空寺镇寺之宝。三世佛侧为铁铸韦驮菩萨，铸于明万历三十六年（1608），重达90公斤，工艺精湛。北边为太乙阁，塑道教太乙天尊及童子共3尊。南侧为关帝阁，内奉关圣帝君，关平、周仓侍立两旁。关羽阵亡后，被奉为武圣，后又封为帝，奉为神，曾有对联这样概括关羽："儒称圣，释称佛，道称天尊；汉封侯，宋封王，明封大帝。"由此可见关羽其实就是集三教为一体的典型代表了。与全国诸多关帝塑像不同，在悬空寺供奉的这尊关帝塑像不像其他关帝庙的关帝塑像那样赤面朱颜，而是金面金身，有发无须，而其护法周仓也是赤手空拳。无须不知所因，金面说法有二，一说源于明末大西政权，为张献忠所奉；二说关羽为王、为帝、为佛（乾隆帝赐其为"协天在帝护国明王佛"），当为金身金面。

悬空寺塑像简表

表1-5

序号	所在殿宇	保存数（尊）	塑造年代	宗教属性	主要内容
1	大雄宝殿	6	清至民国	儒、释、道	关圣帝、关平、周仓、太乙真人、书童、药童
2	伽蓝殿	5	清	儒、释、道	给孤独长者、祇陀太子、波斯匿王（关羽）、左右侍者
3	地藏殿	3	清至民国	佛教	地藏王、道明和尚、闵公
4	送子观音殿	1	清	佛教	送子观音菩萨
5	纯阳宫	4	明	道教	吕洞宾、柳仙、药童、鹿
6	三官殿	11		道教	天官、地官、水官、侍女、侍者、老臣像、少臣子、左天篷元帅、右天篷元帅、南北真武玄天大帝；悬饰
7	雷音殿	9		佛教	释迦牟尼佛像、阿难、迦叶、文殊菩萨、普贤菩萨、左侍女、右侍女、密迹金刚、散旨大将；悬塑
8	三圣殿	17		佛教	观音菩萨、文殊菩萨、普贤菩萨、左右力士、左右侍女、左右弟子
9	三教殿	7	明至清	儒、释、道	释迦牟尼佛、阿难、迦叶、孔子、老子、左右侍者
	合计	63	—		—

在二层殿阁脊部左右两侧有配殿两间，分别为伽蓝殿、送子观音殿、地藏殿及千手观音殿。禅堂正北方位建钟楼，形制结构与鼓楼相当，内置木质悬梯，供上下通行。悬梯的踏步之上，钉有由铁钉组成的不同造型的莲花图案，寓"步步登莲"之意，是悬空寺楔于木体的唯一金属体，其一錾刻"神头牛大恒"字样。

大雄宝殿上部建有地藏殿，内塑地藏王及胁侍目连与闵公长老。全寺最小的殿阁——"送子观音殿"毗邻地藏王殿，内塑送子观音泥塑1尊。伽蓝殿为寺院最南端的一座建筑，凌空而建，面积不足2平方米，悬突于寺门之外。千手观音殿位于三佛殿顶北端，绝壁悬空，殿内有木雕千手观音像1尊，高约1米，其殿下崖壁，有金大定十六年（1176）、大定十八年（1178）石碑两通及明兵部尚书、都察院右都御史郑洛诗碑——《早过悬空寺》。

悬空寺附属文物（其他材质）造像简表

表 1-6

序号	所在殿宇		保存数量（尊）	塑造年代	宗教属性	材质	主要内容
1	山门		1	明至清	佛教	铁质	山门通道内置铁铸佛像一尊——大肚弥勒佛
2	佛堂		3	清至民国	佛教	铁质、瓷质	佛堂内铁铸毗卢遮那佛一尊、白瓷观音佛像一尊、大肚弥勒佛一尊
3	大雄宝殿		3	明	佛教	脱沙	佛龛内脱沙佛像三尊：毗卢遮那佛像、释迦牟尼佛像、阿弥陀佛像
			1		佛教	铁质	韦驮菩萨
4	千手千眼观音殿		1	清至民国			千手千眼观音菩萨
5	四佛殿		4	明	佛教	木质	东方不动佛、西方阿弥陀佛、南方不空成就佛、北方不空成就佛
6	三身佛殿（崖壁龛）	应身佛龛	1	北魏，明清重妆	佛教	石质	应身佛像
7		报身佛龛	1				报身佛像
8		法身佛龛	1				法身佛像
合计			16	—	—	—	—

在寺院北面的断崖绝壁上，建三重悬楼两座。每层三面均设有围廊。清同治年《重修碑记》云："不知者以为神为之也。"其南北二楼中间相隔断崖约10米，在两楼第二

层之间凿石架设栈道宽 1 米余，由南至北斜向上缓抬，呈扁担之势。

南楼内置三层，长约 8 米，宽约 4 米，分别建有纯阳宫、三官殿、三教殿和雷音殿。一层为纯阳宫，内奉吕祖，侍从、童子分列左右，后塑坐骑梅花鹿，殿额原有题匾"法云鹫石"，为清浑源知州张崇德所书；二层为三官殿，在寺院所有建筑中所占面积最大，面阔三间，进深二间，殿中塑天、地、水三官神君。神台左右侍女、臣子、天蓬、龟蛇神众分列，塑像比例适中，神态生动，为明代泥塑珍品，其中最高的塑像约 2 米，为全寺之最。塑像之后雕有木质牡丹，造型逼真、刻工精湛，堪称一绝。在 1996 年 6 月北京召开的第二十届世界建筑大师大会上，与会专家莫不称之为"神雕"。第三层为雷音殿，位于南楼最高处。神台中间奉释迦牟尼，左右为文殊、普贤菩萨塑像，佛前分立阿难、迦叶。该殿塑像形体丰满、比例适度；臂丰面润、表情逼真；色彩艳丽，布局精巧。殿后靠帐与悬塑、盘龙亦制作精美，变化多姿。其中悬山上悬塑琳琅，二十四诸天、十八罗汉等皆脚踏五色祥云，似凌空飞舞，为全寺诸泥塑中之上品，当代著名画家罗工柳认为与唐塑酷似，有很高的艺术价值，只可惜局部已有残损，如很多悬空的小型塑像其头部已经不知所踪。殿额榜书"雷音殿"，门两侧刻有楹联"山川凝秀气，悬空卧云霄"，为当代著名书法家侯正荣所书。

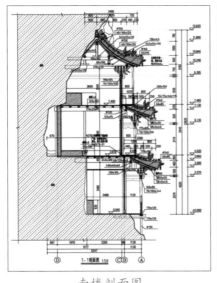

南楼剖面图

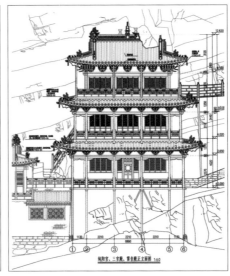

南楼正立面图

北楼为全寺的最高建筑，长约 7 米，宽约 4 米，一层为四佛殿，殿内四佛皆为壁画，绘于清同治五年（1866）。殿外悬有匾额"青云独步"，为明代在此殿居住的道士孙训所书。二层为三圣殿，门悬匾额为"绝壁层楼"，明吴门徐申所书。殿内塑三大士菩萨及弟子造像，此组合称"十大弟子朝三圣"。殿内后上方悬山上塑有观音菩萨"救七十二难"等故事，颇具文化艺术价值。三层为三教殿，为全寺最高建筑，此殿集儒、释、道三教鼻祖于一殿（近代文物学者周肇祥认为所奉非孔子之像，而为仓颉），是悬空寺文化核心所在。

悬空栈道如天路一般将南北二楼连接在了一起，人若登临，凌空之感顿生。栈道旁凿有小型石窟一处，内塑如来摩崖石像 3 尊，端庄大度、体态丰腴，泥金彩绘，为北魏遗存，彩绘则具明清风格。在石窟的一旁建有一处小巧精致的小型洞窟——真武阁，内奉真武大帝，披发仗剑、足踏龟蛇。

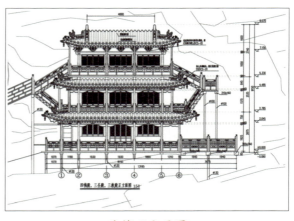

北楼正立面图

永安寺　永安禅寺是浑源县境内现存规模最大的一座古建筑，俗称"大寺"。寺院坐北朝南，占地面积约 6448 平方米。寺院原分为前、中、后三院，现为两进院，沿中轴线依次为山门、天王殿、主殿，两侧建有禅房、跺殿、配殿等。护法天王殿，面宽 5 间，进深 1 间，单檐悬山顶，布瓦覆盖，匾额题"天王殿"（复制于 2002 年）"瞻仰楼"；殿内东山墙残存壁画，面积 4.56 平方米，大殿两侧设垂花小门两座，东、西厢房各五间，为方丈、斋堂、云堂、库房等用。主殿名"传法正宗殿"，对面为倒座戏台，歇山卷棚顶，与天王殿相背而建，戏台两侧墙体砖面上原分刻有"法相"二字，现仅存"相"字。主

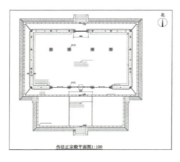

传法正宗殿平面图1:100

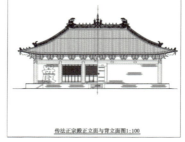

传法正宗殿正立面与背立面图1:100

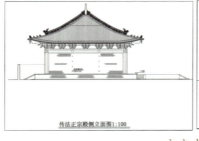

传法正宗殿侧立面图1:100

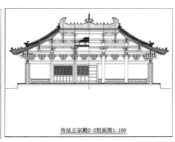

传法正宗殿2-2剖面图1:100

永安寺

殿的东、西两侧配有垛殿各一座，单檐硬山顶，面宽三间，进深一间；东西配殿各七间，为观音殿、伽蓝殿、达摩殿、霜神殿、关帝殿。配殿南端对峙钟、鼓楼二楼，歇山式建筑。

寺院始建于金代，后焚于战火，大蒙古国初（约窝阔台汉后期）由高定父子组织重建。在高僧归云禅师（元代高僧海云法师的师叔，其灵塔在北京潭柘寺塔林）住持其间，创建了佛殿、云堂、方丈、府库等。归云圆寂后，后继乏人。元至元二十六年（1289），归云禅师的徒孙西□禅师组织扩建了山门，购置了佛藏，使之"三门华丽，藏教焕然，成一时之壮观"。延祐二年（1315），高定之孙高璞捐资创建了传法正宗殿。因高定曾任永安军节度使，致仕归里后又号永安居士，寺院遂名为"永安寺"。明洪武年间增建僧会司，乾隆二十五年（1760）再次重修。

大殿檐下悬"传法正宗之殿"匾额，为元代著名书家玄悟大师（昭文馆大学士雪庵溥光）所题，惜原匾遗失于 20 世纪，现匾为仿刻（2002 年恒管委常学文、李日等实施完成）。匾额内框高 1.84 米，宽 1.35 米，边框雕龙形。匾额两侧分刻小字五列，从右向左依次为："昭文馆大学士荣禄大夫掌诸路头陀教持赐圆通玄悟大师雪庵溥光书、传法住持嗣祖沙门月溪觉亮立，时大明嘉靖二十二年岁次癸卯五月吉旦山西行都司大同后卫指挥使郭江重修，时大明万历十五年岁次丁亥仲春钦后守备浑源城以都指挥体统行事指挥使云中郭江子郭翰勋孙郭恒禄重立，时大元国延祐二年四月日大功德主永安居士孙将仕郎前本州判官高璞建，时大清乾隆二十六年重创并修。"后院原为铁佛寺（曾称名"报国寺"，明洪武年间扩建后易名），正中原建有铁佛殿，东、西配殿为文殊殿、普贤殿。主殿内原奉铁铸罗汉（18 尊）及孙悟空像，后为日寇炼铁所用，个别小型造像流失于京冀。20 世纪中后期至 21 世纪初，寺院曾由四联校、完全第二小学、城镇第一小学、城镇兴安小学等占用。

传法正宗殿为单檐庑殿式，面阔五间，进深六椽，平面长方形，明间宽大，次、梢间略小，在梁架构造与斗拱等方面具有宋金建筑特点。其中明间宽 5.99 米，两次间各宽 4.74 米，两梢间各宽 5.03 米，通面阔 25.53 米。进深三间：明间宽 5.21 米，两次间各宽 4.95 米，通进深 15.11 米。大殿台明宽 29.67 米，深 19.79 米，总面积 587.17 平方米。主台基前沿高 1.5 米，后沿高 1.2 米，外观呈前高后低状。大殿殿顶屋脊用五彩琉璃，清代乾隆二十六年（1761）烧造，四周用青色琉璃瓦剪边；前檐坡面黄琉璃瓦覆盖，其余后檐、两山坡面皆用蓝琉璃瓦覆盖，后檐坡面饰黄琉璃方胜聚锦。殿前砌长方形月台，面积 185.6 平方米。

殿宇梁架为四椽栿对后乳栿，用三柱式，当心间顶部设楼阁式藻井，其余部位为砌上露明造做法。殿内柱网布置用减柱造法，施有直径 42 厘米檐柱 16 根，直径 63 厘米的后槽金柱 4 根，墙体内部立直径 13～19 厘米的柱间小撑柱（暗柱）21 根。殿身除前檐明间及两次间设隔扇门、后檐明间设板门外，其余部位均砌造厚 1 米左右的檐墙。墙外皮通身砌顺砖，墙心用土坯砌造，内壁抹棉花砂泥绘制壁画。据专家测算，大殿屋盖总重量约为550吨，屋盖重量主要靠上述20根主立柱和21根柱间暗撑柱支撑。

殿内柱网沿袭金代做法，减去前槽金柱，明间梁架间雕天宫楼阁及天花藻井，其四周为悬塑天宫楼阁，为元代遗构。殿内外檐上架建筑构件表面保存有总面积1892平方米的明代旋子彩画，山门彩画仅存西次间和西梢间阑额和普拍枋外檐总面积6平方米的彩画。天王殿现存彩画包括外檐前檐和后檐东西梢间的阑额和普拍枋、挑檐桁、内外檐的外拽枋及正心枋，共7攒的斗拱，24块拱眼壁的内外两侧以及4块角斗斗拱的拱眼壁内外两侧的彩画总面积126.85平方米。大殿内重彩壁画共计绘画人物882身，是永安寺的核心文化所在。大殿檐下明间、次间均装有隔扇门，后壁开板门，左右两端砖墙阴刻有"庄严"二字；殿后墙面两侧刻"虎啸龙吟"，皆笔力遒劲，气象恢宏。

永安寺历史沿革简表

表1-7

创修年代		发展分期	兴废过程与主要事迹	依据与说明
年代	时间			
金代（1115—1234）	未详	创建	"永安寺，在浑源州治东北，金建"	明景泰《寰宇通志·卷八一》
	未详	创建	1999年发现了金建永安寺火毁之前殿宇上使用的兽面纹瓦当残片一件，有"永安寺""北堂"墨书题款的金白瓷日用碗底实物2件	1999年11月12至13日，于传法正宗殿台基T4及T2人工探查井内出土
	金章宗泰和年间（1201—1208）或兴定四年（1220）之前	火毁	"大永安寺者，古之道场。经烽火后，僧亡寺废，唯法堂、钟楼至□□□矣……"	元至元三十一年（1294）《神州大永安禅寺铭》；元定宗二年（1247）《归云大禅师塔铭》
	兴定四年（1220）稍后	复兴	"□□□□有本郡节帅高君永安居士，其子仲栋乐善居士，家备为五□□□□敬三宝，因凤世曾行于布施，故今生得享于富饶，□里大修伽蓝□实高君之力也。……维时，闻燕京归云大宗师退居竹林，禅学道行，蔚为时称，若得之供养，□门之幸也。乃驰书敬请，师欣然而来，驻锡不数年，创建佛殿、云堂、方丈、府库，轮奂一新，成大丛林……"	引自元至元三十一年（1294）《神州大永安禅寺铭》。归云禅师欣然而来（永安寺）驻锡于兴定四年（1220）稍后，圆寂于定宗元年（1246），为永安寺复兴后的第一代住持禅师

创修年代		发展分期	兴废过程与主要事迹	依据与说明
年代	时间			
金代（1115—1234）	兴定四年（1220）稍后	复兴	归云禅师"开山古香积北堂，今之永安也"，有其间所使用的"北堂"墨书题款白瓷金代碗底残片	1999年11月13日，于传法正宗殿台基T2号人工探查井内出土
元（1206—1368）	至元二十六年（己丑，1289）	发展	"至元己丑（二十六年），永安寺虚席，寺门执事，谋功□主□，执节高仲挥、□宣武将军高琰，闻保德州承天寺云溪嗣法西□□公长老，归云重孙也，有德宗师，驰疏邀之，师诺然而居。不再年馨□盂，创建大解脱门五楹，耸岩化成。次年遇大檀越，宣差人都鲁，经过神州，师感其德，闻叙藏经之缘，遂捐己财宝钞五千，以充经价。遍化信心，所获不吝前数，输货一万贯，置贝章六千轴，□□□六百偈。三门严丽，藏教焕然，成一时之壮观。"	元至元三十一年（1294）《神州大永安禅寺铭》及宿白《浑源古建筑调查简报》（1951）。西庵禅师是永安寺的第二代住持禅师
元（1206—1368）	延祐二年（1315）	续建	此时，高定的孙子高璞又捐款在永安寺中院创建了一座主殿——传法正宗殿，当时寺院住持是月溪觉亮法师。该殿明间牌匾上题记曰："时大元国延祐二年四月日大功德主永安居士孙将仕郎前本州判官高璞建。"这是一项在金代永安寺主殿基址上的重建工程。推测应包括殿宇彩画、殿内壁画与供奉塑像等附属项目在内	详见传法正宗殿明间牌匾西侧第二行题刻。另据1999年11月对该殿主台基的考古勘探调查，其基座底部应包含有金代永安寺主殿基座的部分遗存
	元代中后期		天王殿东侧柱径280mm、高40mm的浅覆盆式柱顶石及房屋基址，应是金末元初永安寺核心区配套建筑的历史遗存。在传法正宗殿"月台前部东侧立一石幢，八面，文字剥蚀不可识，由须弥座和承盘上的花纹，大致可以断定是元代物"	2002年4月，进行建筑基址考古勘探时发现疑为金末元初方丈院或云堂院的基址。宿白《浑源古建筑调查简报》（1951）。此石幢"文革"中被毁坏，现已无存
明（1368—1644）	洪武年间（1368—1398）	鼎盛	"明洪武间置僧会司，并报国寺入焉。"其后，提升为僧正司，扩展后的永安寺成为州属僧众管理机构的驻所	清雍正十二年（1734）《山西通志·卷一六九》，清乾隆《浑源州志·卷八》

续　表

创修年代		发展分期	兴废过程与主要事迹	依据与说明
年代	时间			
明（1368—1644）	洪武十六年（1383）	鼎盛	"永安寺……国朝洪武十六年重修。"	明景泰《寰宇通志·卷八一》及玄览堂《书续集·第16册》
	嘉靖二十二年（1543）		"时大明嘉靖二十二年岁次癸卯五月吉旦，山西行都司大同后卫指挥使郭江重修"传法正宗殿。此时可能将殿内佛教壁画新绘为水陆画	"明万历十五年（1587）重立"的传法正宗殿明间牌匾东侧铭刻题款
	万历十五年（1587）		"时大明万历十五年岁次丁亥仲春钦从守备浑源城以都指挥体统行事指挥使云中郭江子郭翰勋孙郭恒禄重立"	传法正宗殿牌匾西侧题刻
	万历十八年（1590）		"万历庚寅……州僚捐资……重修"	明万历《重修地藏王堂碑记》，此碑已在"文革"时期损毁
	明代中后期		在天王殿西侧发现了高覆盆式柱础，应为明代遗存和建筑基址	2002年4月建筑基址探查时发现
清（1644—1911）	顺治五年（1648）	受损	大同姜瓖兵变反清，浑源州明裔方应祥起兵响应。清兵炮陷浑源城东北角。"三月初四日，炮陷东北城隅……城中……殿舍焚拆几尽，乡村扰掠一空"	清顺治《浑源州志·卷下》
	康熙年间（1662—1722）	复兴	"旧有永安寺，兵焚后……幸我郡宣公，讳喻斋，三韩人，来莅兹土，捐金（兴建）……告竣。"	康熙知州宣成义《永安寺焚修碑记》
	康熙十五年（1676）		"丙辰之岁（康熙十五年，1676）殿宇重塈，画工摅诚绘壁，协力冥阳，水陆诸神悉备，金碧辉煌，焚香引气，修设道场，年逢夏□，祀奉香烛……"	康熙二十六年（1687）《永安寺置造供器记》
	康熙十八年（1679）		"厥后，康熙十八年春，建修'亲保善林'牌坊一座。"（永安寺前牌坊应为"佑黎保国坊"）	宣成义《永安寺焚修碑记》，此碑"文革"时损毁，转引自宿白《浑源古建筑调查报告》（1951）。依据乾隆《浑源州治·上卷·庙坊》所载，永安寺前牌坊为"佑黎保国坊"。宿白先生所述"亲保善林坊"应是鼓楼北巷中的另一座牌坊

创修年代		发展分期	兴废过程与主要事迹	依据与说明
年代	时间			
清（1644—1911）	康熙二十六年（1687）	复兴	"……供器乏具，时在丁卯（1687），集众同意，捐施锡铁，制造炉器。八十七斤，大小各异，三十二件。贮藏本寺，慎终如始，不得玩惕……"	康熙二十六年《永安寺置造供器记》
	康熙四十九年（1710）	续建	"戊子夏杪，余（马象观）奉命牧浑，偶一至焉，目击颓垣败瓦，（乃）首倡修。"	康熙《重修永安寺碑》，转引自宿白《浑源古建筑调查简报》（1951）
	乾隆二十六年（1761）		"时大清乾隆二十六年重创并修"（此时大修传法正宗殿，更换琉璃瓦顶）	传法正宗殿牌匾题刻
			"大清乾隆二十六年立"传法正宗殿揭顶大修，现存琉璃脊饰瓦件，多为此时遗存	传法正宗殿脊刹背面题记
	乾隆二十六年（1761）	续建	"……寺久隳废，乾隆辛巳（1761），敬顺倡捐……"	乾隆《浑源州志·卷八》
	乾隆二十七年（壬午，1762）		"乾隆岁庚辰（1760），余官浑之四年，讼少事稀，岁亦丰稔。州人来请曰：'州东郭永安寺者，元延祐初都帅高公定所建，为州民歌祝祈禳之地。历久荒古，恐遂至于泯灭，敢请命为重修。'余念其诚，许之。并倡首捐金，州之人士咸欢喜布施，未旬日金钱毕集。乃量度旧址，图画今制，鸠工庀材，择能而才者董其役，壬午（1762）冬十月工竣。……"	乾隆《浑源州志·卷九》知州桂敬顺撰《重修永安寺碑记》
	乾隆二十八年（1763）		"大清乾隆二十八年八月初十修造人"墨书题记（此时天王殿仍在施工中）	天王殿后檐东侧角斗拱散斗底题记（2002年4月2日维修时发现）
			"……城东永安寺新修，余命州人立霜神像祠祀之……"	知州桂敬顺乾隆《霜神祠记》
	嘉庆十年（1805）		"嘉庆十年……重修寺院"	清嘉庆《创修重修碑记》，转引自宿白《浑源古建筑调查报告》（1951）
民国（1912—1949）	民国三十四年（1945）	损坏	永安寺第三进院因战火被全部损毁	根据有关历史记载及民间口述资料

续　表

创修年代		发展分期	兴废过程与主要事迹	依据与说明
年代	时间			
民国（1912—1949）	民国三十七年（1948）	损坏	永安寺前"佑黎保国坊"牌坊塌毁，天王殿造像被损毁	乾隆《浑源州志·上卷·庙坊》"佑黎保国坊——永安寺前；慈垂幽冥坊——在圆觉寺前……"
中华人民共和国（1949年10月1日成立）	1952年	改易	工读中学占用永安寺	据《永安寺文物"四有"档案》记述与调查走访资料
	1950—1960年代		城关二小、县剧团进驻永安寺，东、西配殿造像被拆除改为教室	
	1966—1976年	改易	东西垛殿塑像被拆除。传法正宗殿被用作粮库，殿内塑像被拆除，檐下牌匾月台上元代经幢及元代石碑被毁，1969年钟楼被拆毁。部分寺庙配房被改建为学校家属宿舍。1975年永安寺曾遭受过一次雷击，火球进入东配殿，无人受伤	
	1980年	保护	传法正宗殿被县人民政府收回，交由浑源县文物局保护管理	
	1995年		浑源县委、县人民政府投专项资金将永安寺内暂住单位和民居迁出，拆除临时违建，交由县文物局管理，启动保护修复工程前期勘测设计等准备工作	
	1998年	大修	浑源县文物局委托山西省古建筑保护研究所调查编制了永安寺保护修缮（复）工程规划设计方案并完成了报批许可程序	
	1999年7月至2005年8月		在国家文物局、山西省文物局、大同市文物局的支持帮助下，由浑源县恒山管理局、浑源县文物局、山西省古建筑保护研究所、中国文物研究所共同完成了永安寺整体保护修复与环境治理及消防安全设施建设等工程	
	2005年至今	开放	浑源县人民政府成立了永安寺文物保护管理所专职机构，永安寺正式对外开放，开展力所能及的社会教育活动	

创修年代		发展分期	兴废过程与主要事迹	依据与说明
年代	时间			
中华人民共和国（1949年10月1日成立）	2021年3月	开放	国家文物局正式批准了山西达志古建筑保护设计研究院编制的《永安寺保护规划》（2021—2035年），为永安寺今后15年的文物保护利用和文化弘扬发展工作明确了总体方向与具体措施	

1999—2005年，县文物部门对主殿、配殿、戏台、天王殿等建筑进行了修缮，其间由国家文物局文研所的专家对传法正宗殿内壁彩画进行了清洗、封护，基本恢复了原有风貌。2000年，永安寺列入《浑源县城总体规划（2000—2020）》。1986年，寺院被列为山西省文物保护单位，2001年6月25日由国务院公布为全国重点文物保护单位。2005年5月，寺院对外开放。

圆觉寺 位于永安镇永安社区石桥北巷路北，坐北朝南，东西宽约42.8米，南北长约122米，占地面积约5221平方米，当地人称"小寺"。现存建筑为一进院布局，中轴线建有山门、释迦舍利塔、正殿，正殿两侧原建有配殿。释迦舍利塔为金代遗构，山门、正殿均为明代所建。山门面阔三间，进深四椽，单檐悬山顶。正殿面阔五间，进深六椽，七檩前廊式构架，单檐歇山顶。

顺治版《浑源州志》载："圆觉寺在州治东，金正隆三年（1158）僧玄真建释迦砖塔一座……"但在塔身第一层的塔室南面有金天会年间的题刻"天会十□十一月"，"天会三年（1125）三月初二日来到此间"等，时间比正隆三年早33年。在元代，关于寺院的重修有两则记载，一是元至元三十一年（1294）（见于经幢

圆觉寺砖塔壁画

圆觉寺石幢

题刻）；二是塔身题刻所载，寺院于元至正二十六年（1366）七月十四日重修，至明成化五年（1469）二月初十，奉训大夫知浑源州事南宫关宗修，周瑀刻。之后，寺院还曾在万历四年（1576）、清道光二十五年（1845）、清咸丰九年（1859）对寺院和砖塔进行

过修葺，修建事宜见于砖塔题字以及寺内碑刻。

1927年（民国16年）4月，时值北伐战争时期，国民革命军之冯玉祥、阎锡山部和北伐军一起夹击奉系军队（俗称"奉军"），后被张作相、汤玉麟部击溃，大同失守。至10月后，阎锡山部从浑源撤军，奉系将领张作相遂占领浑源县城，其作战指挥部设于浑源县城薛家大院之内，部分军队驻扎于圆觉寺，其间士兵对寺院进行大肆破坏。1937年侵华日军占领浑源县城后，日寇将寺院用作储军粮、马料（黑豆）的仓库，壁画以及塑像全部毁坏。直至中华人民共和国成立后，寺内的东西配殿、山门、僧舍又陆续毁坏，主殿改为他用后也随之毁坏。新中国成立之初，在塔西南方向土丘上曾立有无头、无臂石佛一尊，质地洁白细腻，服装纹理自然流畅，汉白玉所制，为辽金时石刻之上品。此外，寺内当时还残存一尊木雕天王像，雕工精细，造型优美。后皆不知所踪，现仅存有释迦砖塔一座。光绪年进士、著名学者傅增湘在《北岳游记》中说："入西门，至圆觉寺。寺建于金正隆三年，明成化初重修。入门砖塔九重，颓然如老衲，独立云表。塔腰嵌明人石刻二通，殿内佛像毁撤一空，闻往年军队驻寺，任意摧破，固已不堪。嗣冯军西来，方振武据城里，围攻者八月，遂致扫灭俱尽。院中所存，唯清代数石耳。为叹息久之。"

圆觉寺创建、增修沿革简表

表1-8

创修年代		兴废历程	相关依据	备注
金代	金天会三年（1125）	金"天会三年三月初二来到此间蔚州□□□"	据1950年宿白先生《圆觉寺勘查报告》	关于建寺年代，该寺绝非金正隆三年（1158）所建，而应追溯到天会三年（1125）以前，其间33年。具体修建规模未详
	金正隆三年（1158）	"圆觉寺，在州治东，金正隆三年僧玄真建"	据清顺治版《浑源州志》载	
明代	成化五年（1469）	"成化五年二月初十日重修"	据塔身一层东南面砖刻题字记载	具体修缮内容无考
		"圆觉寺在州东，金正隆三年建，明成化初重修"	据清乾隆版《浑源州志》卷八载	
		"公顺览郡志，悉州北一隅有圆觉寺，建于金正隆三年，修于明成化元年"	据《重修圆觉寺碑记》记载	
	嘉靖二十二年（1543）	"嘉靖二十二年五月初一日信士刘天□亡妻李氏男□忠发心重建"	据塔身一层南面砖刻题字记载	具体重建内容无考

创修年代		兴废历程	相关依据	备注
	万历四年（1576）	嵌"万历丙子重修释迦塔"刻石	据塔身一层东南面石刻题字记载	重修圆觉寺塔
清代	清咸丰九年（1859）	大清咸丰九年八月十七日重修此	据塔身一层北面石刻题字记载	具体修缮内容无考
中华民国		1930 代，日本入侵浑源，把圆觉寺内正殿、东西配殿、山门和西偏院等建筑全部拆毁，仅剩下孤塔一座	《北岳恒山志》卷五，第 157 页	
中华人民共和国		1950—1970 年代，在后院修建了民居建（构）筑物	据"四有档案"相关记载	
		1987—1988 年，对砖塔实行全面搭架大修，同时修复了山门和正殿	《北岳恒山志》卷十五，第 567 页	
		2009 年，收回后院归圆觉寺统一管理，同时修复了东腋门、西腋门、		
		钟楼、鼓楼、东廊、西廊及东配殿、西配殿	据"四有档案"相关记载	
中华人民共和国		2013 年，完成了寺内消防工程，并修建了圆觉寺消防水源工程	据"四有档案"相关记载	
		2015 年，完成了圆觉寺塔的修缮和寺内的硬化、绿化工程		

圆觉寺既有建（构）筑物概况表

表 1-9

序号	所在院落	建筑性质	建（构）筑物名称	建（构）筑物面积（㎡）	建（构）筑物形制
1	主院	原址复建建筑（1987—1990 年）	山门	119	面阔三间，进深四椽，双坡悬山顶建筑
2			正殿	167	面宽五间，进深四椽，前廊式双坡歇山顶建筑
3		原址复建（构）筑物（2009 年）	东腋门	11.8	面阔一间，进深两椽，双坡硬山顶建筑
4			西腋门	11.8	面阔一间，进深两椽，双坡硬山顶建筑
5			钟楼	38.2	二层结构，首层砖砌台基上建单开间、四柱歇山顶木楼，四周敞开式

续　表

序号	所在院落	建筑性质	建（构）筑物名称	建（构）筑物面积（㎡）	建（构）筑物形制
6	主院	原址复建建（构）筑物（2009 年）	鼓楼	38.2	二层结构，首层砖砌台基上建单开间、四柱歇山顶木楼，四周敞开式
7			东廊	61.9	面宽五间，进深两椽，敞廊式双坡硬山顶建筑
8			西廊	61.9	面宽五间，进深两椽，敞廊式双坡硬山顶建筑
9			东配殿	124.8	面宽五间，进深四椽，前廊式双坡悬山顶建筑
10			西配殿	124.8	面宽五间，进深四椽，前廊式双坡悬山顶建筑
11			围墙	103 延长米	东西长 25.5 米，南北长 77.5 米，青条砖砌筑，筒瓦墙帽
12	后院	其他保护管理设施（1950—1970 年代）	管理房 1	68.9	面阔三间，进深四椽，双坡硬山顶建筑
13	其他保护管理设施（1950—1970 年代）	管理房 1	厕所	56.9	砖墙围护，平屋顶建筑
14			配房	25.8	砖墙围护，平屋顶建筑
15			正房	78.4	面阔三间，进深四椽，双坡硬山顶建筑
16			管理房 2	79.9	砖墙维护，双坡硬山顶建筑
17			围墙	141 延长米	东西长 42 延长米，南北长 99 延长米，青条砖、红砖砌筑

　　圆觉寺于 1986 年被公布为山西省第二批文物保护单位，原归浑源县文化局管理，为县晋剧团和一些家属所占用。后经县政府常务会议研究决定，浑源县文物局付给文化局人民币 8 万元，把住户和晋剧团迁出，归由县文物局管理。该处于 2013 年 5 月由国务院公布为全国重点文物保护单位。

　　云峰寺　寺院位于青磁窑镇天赐沟，筑于沟谷内崖壁间。山谷原称"天寺沟"，明末易名"天赐沟"。据明万历七年（1579）《创建圣母行宫楼记》中记载说，沟谷内早有僧徒在此修行。但僧人所在的禅院信息无考，仅有村人传为唐时所建。现存寺院创于明代，时间无考，万历十三年（1585）始载称"云峰寺"，其间有荆藩相国葛登荫（葛曾）为寺院题匾额"天赐禅林"。该建筑坐北朝南，东西宽16.8米，南北长17.6米，面积约296平方米，有"飞钟寺"之称，在明清皆有修缮，后毁于1966年秋。1987年，当地村民筹集资金对寺院逐步进行了复建。

寺院分上、中、下三层，栈道曲折相通，石阶迂回相连。寺的主体建筑在半崖的一个天然石窟内，石窟高10米，深30米，宽40米。经步云桥，沿102级石阶可直达寺门。寺门为砖券拱门，两旁建有二层四角钟鼓楼。寺门内即为依崖而建的主殿。主殿为二层楼，坐北面南，面宽五间，上下层皆出檐廊。上层为大雄宝殿，供五方佛，另塑阿难、迦叶二弟子、十八罗汉及哼哈二将，共有塑像29尊。下层中为弥勒殿，左为观音殿，右为弥陀殿。在主殿西侧高崖石缝间长有古柏一株，凌空倒卧，枝繁叶茂。由主殿东行，经栈道可达二层约365米长的一条断崖带，依崖建有千手观音殿、吕祖庙。从主殿东侧沿石阶盘旋而上，过石门可达三层的一条断崖带，依崖建有观音殿、九天宫、伽蓝殿。在寺下的天赐沟龙潭瀑布旁，建有文殊、地藏二殿，均面宽三间，前出廊。在寺西南峭岩上有六角亭一座，名"接引亭"，亭中塑接引佛。

双松寺　位于县城东北5公里许村东南，旧称"观音寺"，确切建造年代不详，起码为辽代或以前，在元、明、清三代香火旺盛，乾隆版《浑源州志》有"观音寺双松图"。据《释迦殿前碑碣》记载，寺院重修于北魏时期，1999年版《浑源县志》记载重建于辽代重熙年间；今人据清浑源知州桂敬顺《观音上方双松歌》中推测或建于辽重熙年间（1032—1055），

许村双松寺

此或为重修；寺院《重修双松寺正殿下庙文昌阁山门》碑记载曾重修于光绪二十年（1894）五月。另据寺院原花梁记载，该寺还曾重修于清光绪十八年（1892）。

寺院坐北朝南，东西宽26.3米，南北长106.5米，占地面积约2800平方米，三进院落，沿中轴线现存山门、天王殿、过殿（菩萨殿）、大雄宝殿。其中山门为砖砌3孔拱形门洞。天王殿面宽三间、进深四椽，单檐硬山顶，内塑四大天王像，大殿东侧为钟楼（钟高约1.5米，直径约1米），西侧为鼓楼。天王殿后为过殿，面阔三间，进深六椽，七檩前后廊式构架，单檐悬山顶，正面塑弥勒佛像，之前为全身韦驮站像。中院内东侧为送子观音殿，面阔三间，进深五椽，六檩前廊式构架，单檐硬山顶。西侧5间为方丈室、禅堂，禅堂内供有大小铜制佛像20余尊及各类经卷。过殿后为大雄宝殿，西跨院为龙王殿，

面阔一间，进深四椽，单檐硬山顶，内塑木雕龙王像；东跨院为关帝庙，面阔一间，进深四椽，单檐硬山顶。主殿面阔三间，进深五椽，六檩前廊式构架，单檐硬山顶。前出廊有石雕廊柱两根，高约 5 米，石柱雕有石狮卧顶，周围青龙环绕，殿内塑金身释迦牟尼、观音、地藏王菩萨、托塔天王及木吒像。四壁绘释迦成佛工笔重彩壁画，据传为明代之作。大殿西配殿面阔 3 间，为达摩殿；东配殿面阔 3 间，为伽蓝殿；东垛殿为律吕神祠；西垛殿为河神庙。20 世纪 60 年代寺院遭到破坏，殿堂、塑像及寺内大批经卷无迹可寻，仅留残迹。

天王殿前西南约 10 米处原有元代所植古松两株，遮天蔽日，遂名为双松寺。古松树龄时年已达 700 多年，树围 90 厘米，高约 18 米，覆盖面积达 27 平方米。据 1999 年版《浑源县志》记载，该古松惜于 20 世纪 60 年代为县革委会头目砍伐，为其父亲作了寿材。据村人回忆，一株为革委会头目所砍伐，另外一株为村里砍伐后加工为学校的桌椅。此外，在寺院第三进院还曾有古柏一株，树围 70 厘米，高约 12 米，亦遭砍伐。

2005 年 9 月 15 日，寺院由山西榆社县古建队承建重修，历 3 年竣工。寺庙中轴线向东移 2.5 米，上院东西宽 26.8 米，南北长 31 米，总面积 838 平方米。下院南北长 26 米，东西宽 26.8 米。庙门由原来东南角朝东改为正南朝向。该村东北原有龙王庙，因地质沉陷庙废，现奉于寺内。2008 年 9 月 13 日有白马寺和尚及僧众对寺内佛像进行开光庆典，现寺务由仁净法师主持，随修者四人。伽蓝殿重建于 2012 年 1 月，由悟慧和尚领善众筹建。

按：许村，原称"续村"，后易名。

碧云寺　位于千佛岭乡小窝单村，该村以盛产优质花岗岩而闻名省内外。寺院坐落在距山村 2.5 公里的山沟之内，周围群峰耸秀、松柏参天。

寺院创建年代无考，据说原有唐代大钟一口，镌刻寺院创建年代，惜毁于 1958 年大炼钢铁时代。寺院元、明、清三代均有修葺，最后一次大修为清嘉庆二十三年（1818），寺僧普凌、普淳邀集大柴峪、车厂、中庄铺、小窝单、讲堂五村乡亲共商修寺之事。百姓积极支持，普凌、普淳化缘多年，终将寺院修葺一新。

寺院为一方形小院，正殿面宽五间，开三门，塑释迦牟尼、弥勒、阿弥陀佛造像，两侧为耳殿。东配殿三间为奶奶庙，西配殿三间为十八罗汉殿，山门两侧分立钟、鼓二楼。原寺院虽建于深山密林之中，但香火向来旺盛，惜于 20 世纪 60 年代拆毁。

荆庄大云寺　位于荆庄村西，始建于北魏，重建于金代，原名"大云禅寺二"。龙山寺为上院，此为下院，故名。《山西通志》载："一在城西荆家庄，为下院，胥元魏时建。"现寺院创建于金大定六年（1166），元、明、清均有修葺，香火旺盛，1947 年曾遭受严重破坏。1971 年，寺院改建为供销社，大部分建筑拆毁。

该建筑原规模较大、布局齐整，三进院落，沿中轴线建有山门、过殿、大雄宝殿、

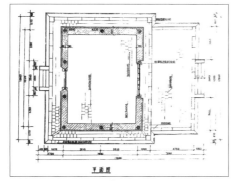

大云寺平面图

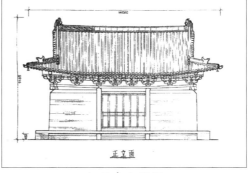

大云寺立面图

后殿，两侧建钟鼓楼、配殿及厢房。东西宽 34.25 米，南北长 46.5 米，占地面积 1593
平方米。其中山门面阔三间，进深一间，门额牌匾正书"二龙山大云寺"，山门内两侧
围栏内曾塑立有哼、哈二将，高 3 米余，面目狰狞；一进院东配房为岳王庙，内塑岳飞；
西配房为关帝庙，内塑关羽、周仓等；正北为过殿，内塑四大天王神像；二进院两侧分
立钟、鼓楼，正中为大雄宝殿，面宽 3 间，进深 2 间，内奉文殊、释迦、普贤及侍者塑像，
四壁有明代十大明王壁画；沿正殿左右两侧通往第三进院，院内北部为倒坐房，东配殿
为二郎神庙；西配殿为地藏王殿，与恒山白虚观布局相当。西配殿之前有孤魂爷庙；院
落东侧为东跨院，内建禅房及伙房共 7 间。到 1971 年，寺内其他建筑先后被毁，仅幸
存"大雄宝殿"一座，主体构架为金代所建，结构古朴，用材规范，殿前木柱上方曾雕
有木制龙头。寺院从 20 世纪 60 年代起便一直作为供销社仓库使用，故能幸存至今，但
其前后院配殿和厢房已为残垣断壁。

　　大雄宝殿的平面布局、营造法式、斗拱铺作、梁架结构等均为典型金代建筑方式，
为"大额承重梁架、大量减柱移柱"造法。面宽三间（10.9 米），进深四椽（8.75 米），
四椽栿通檐用二柱。檐下斗拱四铺作，单檐歇山顶。大殿台基平面呈长方形，前檐设宽
大月台，均以条砖砌筑。台明、月台台面条砖铺墁，殿内地面方砖铺墁。由于现存院面
高于台基，大部台明、月台埋于地下 200 毫米。台基、月台台帮均为砖砌，四周竖立条
砖压檐，台面条砖墁。台明前后出檐不同，前出檐 1.28 米，后出檐 1.67 米，两山出檐 1.37
米。通面宽 12.86 米，通进深 10.83 米。月台面宽 11.20 米，进深 4.75 米，柱底开间总
面宽 10.12 米，其中明间 3.56 米，次间 3.28 米，山间总进深 7.88 米，每间 3.94 米。总
建筑面积 191.7 平方米。

　　整个大殿用木柱共 10 根，直柱造。其中前后檐柱各 4 根，两山各设中柱 1 根。角
柱升起 0.09 米，向殿内双向侧角各 0.05 米。平柱高 3.38 米，角柱高 3.47 米，底径 0.33 米，
头径 0.3 米，柱头卷刹圆润规制。柱头施以阑额、普拍枋，阑普出头 0.4 米，柱础石质
素平无饰，大殿用柱全部包镶于墙内。

卷一　建筑

殿内四椽栿通达前后，两端承挑檐檐槫，梁背置高大隐刻驼峰两枚，隐刻驼峰纵向以襻间枋稳固，其上置交栿头以承平梁。平梁两端承平槫，中置合楷，立蜀柱以承脊槫。蜀柱柱头上横向施叉手，纵向施顺脊串加以稳固，以增加脊槫的稳定性。

殿顶总举高2.7米，与前后檐檐槫中距（8.48米）的比为1:3.14。其中，檐部架4.8举，顶部8.3举。由于檐步架平缓，加之角梁后尾插入平架交栿斗下皮，形成了角梁近乎为平置，故翼角升起显著。

此外斗拱共3种，即柱头、补间、转角铺作。其中转角铺作4朵；柱头铺作6朵，补间铺作11朵（前檐明间补间铺作为2朵，其余每间补间铺作为1朵）。斗拱共21朵。斗拱四铺作单拱造（慢拱隐刻）外出单抄。里转五铺作，双抄，第一跳设翼形拱。要头蚂蚱形，后尾为楷头。撑头不出头，后尾蚂蚱式。横向施单材，纵向用足材。柱头铺作头里转为压跳，四椽栿头为要头，不设翼形拱。转角铺作泥道拱列抄头，正心枋列要头45° 出角华拱、角要头。明间、次间平槫枋与襻间枋之间，脊与顺脊串之间均置散斗，组成襻间斗拱。拱枋用材高18厘米，厚12厘米，高8厘米；第一跳长38厘米，第二跳长32厘米。

大殿殿顶施布圆椽，檐头叠加飞椽，椽径120毫米，飞高80毫米，椽飞之上铺设木制望板，然后抹泥覆瓦。屋顶筒板布瓦覆盖，垂脊戗脊为青灰布雕花脊筒，叉脊为砖条脊。殿内外梁架斗拱，均施彩绘，技法为雅伍墨线旋子彩画，大殿彩画施于殿内外梁架、槫枋、斗拱、阑普等木构件上。寺院北侧现存清代重修碑记2通。2005年5月至10月，大殿完成了复建工程。

荆庄大云寺大雄宝殿文物保护规划简表

表1-10

时间	事件	类型	历史信息	历史信息来源	
				附属文物	方志、资料
北魏	创建荆庄大云寺	创建	"大云禅林，一在龙山上，为上院，今废；一在城西荆家庄，为下院，今存，俱建自元魏。"		清顺治十八年（1661）《浑源州志·上卷·封建志·坛壝》

时间	事件	类型	历史信息	历史信息来源	
				附属文物	方志、资料
北魏	创建荆庄大云寺	创建	"大云寺，二，在州西南四十里，龙山为上院，金麻革游龙山宿此，有记。西方丈，有金同知运使雷思诗碣，刘京叔祁留题，元好问、李冶、张德辉尝游赏焉，号龙山三老，今废；一在城西荆家庄，为下院，胥元魏时建。"		清雍正十二年（1734）《山西通志·卷一百六十九·寺观二》
北魏	创建荆庄大云寺	创建	"大云寺，旧志大云禅寺。二，在州西南四十里，龙山为上院，金麻革游龙山宿此，有记。西方丈，有金同知运使雷思诗碣，刘京叔祁留题，元好问、李冶、张德辉尝游赏焉，号龙山三老，今废；一在城西荆家庄，为下院，胥元魏时建。"		清乾隆二十八年（1763）《浑源州志卷八·寺观》
清代	清康熙三十三年（1694），重修荆庄大云寺内的钟、鼓楼等建筑	修缮	"未几，而佛像剥色矣，榱桷凋残，□□剥落……为□后其何以谓继述耶。逾不……□□□□而出觅匠重修□□□□□□□坟……看□□更新也。嗣是而钟鼓……"		清康熙三十三年（1694）《重修龙山寺碑记》碑文
	清宣统元年（1909），重修荆庄大云寺内的禅堂	修缮	"所以重修禅堂□次，以致连年涉讼良有以也，若非大加改良村中庙所……"		清宣统元年（1909）《重修大云寺禅堂并改良庙规记》碑文

续　表

时间	事件	类型	历史信息	历史信息来源	
				附属文物	方志、资料
中华人民共和国	中华人民共和国成立后，除大雄宝殿因用作荆庄乡供销社的仓库得以保存外，寺内多数建筑相继被拆毁	拆毁			荆庄大云寺大雄宝殿记录档案、当地多位知情老人口述
	20世纪70年代，在荆庄大云寺内的大雄宝殿周边新建供销社等建筑	改建			
	20世纪90年代中期，供销社解散后，荆庄大云寺大雄宝殿长期闲置	闲置			荆庄大云寺大雄宝殿记录档案
	1996年1月12日，荆庄大云寺大雄宝殿被山西省人民政府公布为省级文物保护单位	公布			荆庄大云寺大雄宝殿记录档案
中华人民共和国	2001年6月25日，荆庄大云寺大雄宝殿被国务院公布为第五批全国重点文物保护单位；2002年5月，山西省古建筑保护研究所对荆庄大云寺大雄宝殿进行维修测绘；2005年3月，编制荆庄大云寺消防工程设计方案；2006年，山西省古建筑工程公司对荆庄大云寺大雄宝殿及殿内壁画、彩画进行保护修缮；2007年，实施寺内消防工程，新建消防水井、蓄水池和电机房；2008年11月，成立荆庄大云寺文物管理所，编制人员8名，副科级领导1名；2016年，由当地旅游局拨款在荆庄大云寺西南隅建造厕所	管理			荆庄大云寺大雄宝殿记录档案
	2000年，荆庄大云寺大雄宝殿收归浑源县文物局管理				

　　荆庄大云寺历经劫难，毁而修、修而毁，无论从建筑结构还是壁画艺术，充分反映了我国劳动人民的聪明才智和建造水平，是中华文化历史发展的佐证，它对研究我国建

筑艺术史、工艺绘画史提供了翔实的实物依据，具有十分重要的保护和利用价值。2001年6月25日，大殿被国务院公布为全国重点文物保护单位。

按：荆庄，原称"荆棘庄"，后易名。

玉泉寺 原建有两处，《山西通志》载："一在州西南四十五里玉泉山，为上院，西有望京台，今院废；一在城西李峪村，为下院，元时建。"

位于东坊城乡李峪村中的玉泉寺下院，坐北朝南，两进院布局，山门两旁塑八大金刚像，外院东、西配房为禅房，过殿正中塑关羽像，走廊两侧塑四大天王。二进院东配房为二郎庙，西配房为十王殿，主殿供奉三世佛像。此寺建造年代同荆庄大云寺为同一时期，民国以后改建为学校。玉泉寺上院位于龙山东北2.5公里处玉泉山，已毁。山上有泉水出自石缝，旧志称为"玉泉寒溜"。

崇福寺 亦名"大寺"，位于王庄堡村，初建于北魏。顺治版《浑源州志》载："崇福寺，在王家庄，建自元魏。"寺庙历时久远，信息模糊无考，据现存《龙神庙关帝庙白衣殿鹿鸣山崇福寺三官庙财神庙城神庙重修碑记》记载，该寺曾由王庄堡士绅善众重修于清同治六年（1867）至同治十三年（1874）其间，时任住持僧人叫源治。民国以前，崇福寺香火旺盛，拥有寺地四五百亩，仅租粮一项每年即可收1.5万余斤。

据当地长者称，过去崇福寺位于北门内的街东侧，寺庙北墙距北城墙10余米，东墙与东城墙之间为大片空地，种有树木，人称"大寺园子"。寺庙为二进院落，气势宏伟。山门坐东朝西，面宽三间、进深一间。山门外立青石狮一对，门外石阶踏步。山门左右塑哼哈二将，足踏鬼怪。沿中轴线依次建有山门、天王殿、大雄宝殿、观音殿、十王殿、钟楼、鼓楼、禅房等，大雄宝殿位于寺院最东侧，坐东朝西。

至20世纪20、30年代，崇福寺尚有多名寺僧居住，其中有僧名沧静。1939年7月15日（农历五月二十九日），寺院遭受洪灾，损毁严重。新中国成立之初，寺院为王庄堡小学占用，后又全部拆除重建。1994年，堡内信士捐献钱物、劳力重建崇福寺，新建的寺院现位于北门外东北200多米处。

观音殿 俗称"姑子庵"，在城内石牌楼巷南端，建筑年代不详，一说为清顺治年间，20世纪后期复建时曾有重修碑记，后不知所踪。原建筑为一进院，大门东侧为韦陀庙，西侧为孤魂庙。主殿两侧为钟鼓楼，西侧建禅堂三间。主殿面阔三间，进深一间，前出廊。内塑观音、文殊、普贤菩萨像，两侧分三层塑十八罗汉、十二圆觉菩萨及十殿阎罗等众，殿顶悬塑天宫祥云及三世佛、孙悟空等造像。

1989年4月1日至1991年6月，比丘尼妙善募化善款依原址重建寺院。主殿（旧址系妙善从私人手中购得）坐北朝南，内塑观音、文殊、普贤、十二圆觉菩萨及善财龙女等像，对面及东侧建厢房，殿前立重修碑记一通。

尧村观音殿 位于蔡村镇尧村以南的台地上。坐南朝北，东西宽9.16米，南北长

14.84米，占地面积约136平方米。创建年代不详，现存建筑为清代。一进院布局，现存观音殿，面阔三间，进深三椽，四檩前廊式构架，单檐硬山顶。殿内现存清乾隆五十八年（1793）重修观音殿碑记1通。寺庙于现代由村民重修，现存建筑基础稳固，整体保存较好。

宝宁寺 位于下韩乡藏经庄村东北，当地也称"大寺"，乾隆版《浑源州志》载："宝宁寺，在城西北十里。"寺院坐北朝南，东西宽34.26米，南北长45.66米，占地面积约1564平方米。创建年代不详，现存建筑为清代。二进院布局，原建有砖雕山门、过殿、东西配殿及正殿，其中山门为砖券门洞。过殿面阔三间，进深两间，单檐硬山顶，四椽栿；东西配殿面阔三间，进深两间，单檐硬山顶，三椽栿；正殿面宽三间，进深两间，单檐硬山顶。寺内附属文物存有罗汉像一尊，石狮一只。（据"二普"资料）

重建后的寺庙山门上层新建门楼，为过街阁式建筑，面阔三间，进深四椽，四周建檐廊，单檐歇山顶。底座夯筑，石基砖包，砌拱形门洞，宽约3米、深约12米，门额嵌黑花岗岩牌匾，正书"宝宁禅寺"。沿中轴线建山门、天王殿、大雄宝殿。其中天王殿面阔三间，进深四椽，五檩前后出廊式构架，单檐硬山顶。大雄宝殿面阔三间，进深六椽，七檩前廊式构架，单檐硬山顶，殿内正面塑释迦牟尼、南无阿弥陀佛、药师佛，大殿廊前左侧建孤魂爷小庙，二尺见方。佛像背后为回廊，回廊南面有倒坐观世音菩萨，殿内的东面两边为十八罗汉塑像，寺院东侧为禅房。村人言，寺院原建有玉皇阁及钟、鼓楼。其一进院东、西两侧为禅房，正面为天王殿和东西垛殿，西垛殿为龙王庙，东垛殿为十八罗汉庙，过殿后建有关帝庙。旧时宝宁寺在全县名气很大，香火旺盛。现任住持僧名妙果（原为五台山僧人）。

龙泉寺 原称"柏山寺"（下寺），俗称"红岭寺"，位于永安镇王千庄村中。寺院坐北朝南，东西宽30.24米，南北长45.49米，占地面积约1376平方米，创建年代不详，现存建筑为清代，一说为明代所建。至20世纪中期，由于年久失修以及人为破坏，寺院残破不堪，1992年由九华山比丘尼仁义、仁华二师太募资重修。

王千庄龙泉寺

寺院为二进院布局，中轴线现存天王殿、大雄宝殿，两侧建垛殿、配殿，原有山门已毁。大雄宝殿面阔三间，进深四椽，单檐悬山顶，两侧垛殿为文殊殿和观音殿，均为面阔三间，进深四椽，前出廊，单檐硬山顶。大殿东西两侧配殿为伽蓝殿和地藏殿，均面阔三间，进深三椽前出廊，单檐硬山顶。天王殿面阔三间，进深四椽，单檐硬山顶，两侧建垛殿为送子娘娘殿和龙王殿，均面阔三间，进深四椽前出廊，单檐硬山顶。据1987 年"二普"资料，山门为砖券门洞，上部建有文昌阁，院内有古松两棵。

龙华寺　位于永安镇东辛庄村中。坐北朝南，东西宽 26.6 米，南北长 18.7 米，占地面积约 497 平方米，创建年代不详，现存建筑为清代。寺院一进院布局，现仅存正殿一座，面阔九间，中间三间为大雄宝殿，进深四椽，单檐硬山顶；东、西两侧为观音殿、地藏殿，均为进深四椽，五檩前廊式构架，单檐硬山顶，砖雕墀头、悬鱼、山墙花等装饰。

三圣寺　位于恒山水库西南岸山脚下，21 世纪依原址重建，坐北朝南，独立院落，正殿 3 间，配房 6 间，内供阿弥陀佛、观音菩萨、大势至菩萨；寺门起建楼阁，小巧别致；外为经堂及餐厅等，坐西朝东。2014 年在寺院西南山坡上建高耸亭阁，内奉石质观音菩萨立像。现任住持释善寂。

中韩观音殿　位于下韩乡中韩村，坐东朝西，东西长 10.18 米，南北宽 9.46 米，占地面积约 96 平方米。创建年代不详，现存建筑为清代遗构，一进院布局，现仅存观音殿一座，面阔三间，进深五椽，六檩前廊式构架，单檐硬山顶，门外石砌台基高 1.25 米。21 世纪村民对寺院重修，但与原建筑风格不相协调。

大磁窑观音殿　位于青磁窑镇大磁窑村，坐北朝南，东西宽 13.26 米，南北长 11.7 米，占地面积约 155 平方米，创建年代不详，现存建筑为清代。寺院一进院布局，现存正殿，面阔三间，进深四椽，单檐硬山顶。

果子园观音殿　位于青磁窑镇果子园村，坐东北朝西南，东西向长 13.84 米，南北向宽 7.4 米，占地面积约 102 平方米。创建年代不详，现存建筑为清代，面阔三间，进深三椽，四檩前廊式构架，单檐硬山顶，四级如意踏跺。殿内现存部分清代塑像，面积约 20 平方米。另据"二普"记录，原有塑像三尊，残碑 1 通，壁画 48 平方米。

水磨疃龙祠寺　位于东坊城乡水磨疃村，坐北朝南，占地面积 1039 平方米，一进院布局，现存文昌阁和正殿。（此寺当与"三普"所记龙祠庙为同一建筑，参见"庙堂"一节）

文殊寺　位西坊城镇西坊城村，"二普"时原记为重阳宫，当地人称"东庙"。寺院坐东朝西，东西长 38 米，南北宽 25.2 米，占地面积约 958 平方米，创建年代不详。寺内现存清代重修碑记 3 通，记载寺院清道光元年（1821）、道光二十年（1840）、同治元年（1862）均有重修。该建筑一进院布局，现仅存正殿，面阔五间，进深五椽前出廊，单檐硬山顶，明次间出抱厦，进深三椽，勾连达式构架；墀头砖雕动物、花草等吉祥图案；内壁原有壁画，已损毁。

2001 年，善众集资在旧有基础上将该寺庙重建，总投资约 30 万元，2008 年有交城玄中寺明达法师主持开光仪式。现建筑沿中轴线为山门、过殿、主殿；山门两侧为钟鼓楼，过殿为两层建筑，上部为藏经阁，皆琉璃瓦覆盖，单檐歇山顶。主殿面宽五间，进深一间，占地面积 87 平方米，内奉五方文殊菩萨；大殿南侧为灵官殿，北侧为观音殿，院落东、西各为两层禅房。现庙祝名孟存英，女，67 岁。

另，距东庙约 0.5 公里处有庙称"西庙"，原有建筑已毁，2001 年与东庙同时复建，为地藏王菩萨庙。寺院坐西朝东，院落东西长 27.5 米，南北宽 17 米，占地面积 468 平方米。主殿面宽三间，四椽栿，前出廊两椽栿，楼阁式建筑，占地面积 65 平方米，内塑地藏菩萨立像，两侧为十殿阎罗，尚未彩绘。主殿南配殿为土地庙，北侧配殿为城隍庙。现住持王忠，法号义道，84 岁。东西庙塑像者为本村人王飞，时年 30 余岁，师出五台山。

附"二普"东庙考察情况

位于浑源西坊城镇西坊城村中，也称"东庙"，现存正殿及山门，建于明代，清代重修。其中正殿面阔五间，进深三间，单檐硬山顶，明次间出抱厦三间，梁架为四椽栿，上承两椽栿，抱厦为单檐卷棚顶，有抹角梁挑起飞檐，殿内有残壁画 126 平方米。山门面阔一间，砖券门洞，上部镌刻"青云路"，现代曾有重修。附属文物有石碑四通，其中同治元年一通，光绪年一通，其余年代不识。

二、佛塔

圆觉寺砖塔 《杂心论》称："有舍利名塔，无舍利名支提。"此砖塔全称为"圆觉寺释迦舍利砖塔"，俗称"小寺塔"，塔身通体以手工打制青砖构建而成，古朴巍峨。乾隆《浑源州志·拾遗》载："……凡九级，磨砖为之，近见无过百尺，数十里外望之，俨在霄汉，州人传为灵迹焉。"

砖塔塔体呈等边八角形，密檐九层，通高 26.4 米，占地面积 107.52 平方米，为仿木结构式样营建，造型别致而又庄严。塔体分基座、塔身、塔顶三部分，无梯级可攀。其中须弥基座高约 4 米，逐渐内收；拱眼为砖砌壸门式，每面两个，内刻麒麟、卧狮各一只，两边置菩萨坐像。壸门内外四周嵌满砖刻浮雕，有力士、

圆觉寺塔

飞天、猛兽以及其他动植物形象，皆生动传神、各具特色。其中有中国古代北方民族乐舞人像 48 身，或舞或奏，形象生动、造型逼真，极具研究价值。另据当地老人讲，塔内原有泥塑"燃灯道人"造像一尊，毁于 20 世纪 60 年代。

塔座多用雕刻技艺，其束腰柱形制为宝瓶状，转角柱为金刚力士，上为平座。平座斗拱五铺做双抄单拱造，皆用 45 度斜拱。转角施铺做两朵，补间施铺做一朵，出华拱

金鱼池旧影　　　　　　1965年体育场建设资料

两抄。上跳华拱承替木，泥道拱略长，上柱头枋阴刻慢拱，与转角慢拱相交于散头之上，为鸳鸯交替拱。整个基座平面相连，柱、枋之间用横木，墙面砖雕呈立斗砖式，东南面开直棂窗。窗的上下再施拱木，正面雕券拱门，东、西两面做券拱门，其余各面雕直棂窗。第一层四面辟门，东、西、北三门皆为假券门，装饰用，唯正南是真门，可入塔心内室，一门紧闭，一门虚掩，一门半开，有一妇人垂双髻，上身着宽大衣衫，下身穿百褶裙，露半身于门户间，似欲出状，生动灵活，独具匠心。塔心内室正中置须弥座，上塑释迦佛像，四壁施彩画，虽年代久远但色彩尚鲜艳如新。在塔的须弥座上部均施斗拱，塔底层檐下用五铺做斗拱，转角处两朵，补间处一朵。塔身二、三层设简单的平座，四至八层为密檐式，其中二至八层檐相近，叠涩而成，急剧收分，直到九层檐距加大，每层檐角皆悬铎铃，共计72枚，铃随风动，铮铮悦耳。

圆觉寺塔塔身砖刻题字、石刻题字史料简表

表1-11

序号	题刻年代	题字内容	所在位置
1	金代	"天会三年（1125）三月初二来到此间蔚州□□□"	据1950年宿白先生《圆觉寺勘查报告》
2		"天会十□□十一月旦日"	
3		"大定四年（1164）"	
4		"大定二十八年（1188）七月十二日"	据塔身一层西北面砖刻题字记载
5		"明昌三年（1192）"	
6	元代	"中统五年（1264）"	据塔身一层东面砖刻题字记载
7		"至元贰拾柒年（1290）伍月初五日□□□到此"	据塔身一层东南面砖刻题字记载
8		"大德五年（1301）四月初三到此"	据塔身一层西北面砖刻题字记载

续 表

序号	题刻年代	题字内容	所在位置
9	元代	"至正陆年(1346)陆月二十九日张梦详闲间到此"	据塔身一层东南面砖刻题字记载
10		"至正二十六年(1366)七月十四日"	据塔身一层西面砖刻题字记载
11	明代	"成化伍年(1469)二月初十日重修"(无名石刻)	据塔身一层东南面石刻题字记载
12		"正德三年(1508年)二月初七日忻州生员田宝、王□来此"	据塔身一层西北面砖刻题字记载
13		"正德十六年(1521)四月二十一日云中卫后所百户□□"	据塔身一层南面砖刻题字记载
14		"嘉靖二年(1523)六月初十日"	据塔身一层北面砖刻题字记载
15		"嘉靖二十二年(1543)五月初一日信士刘天□亡妻李氏男□忠发心重建"	据塔身一层南面砖刻题字记载
16		"万历丙子(1576)重修释迦塔"(无名石刻)	据塔身一层西南面所嵌石刻题字记载
17	清代	"康熙三十八年(1699)正月吉日"	据塔身一层西面砖刻题字记载
18		"嘉庆十二年(1807)六月初八第五祖八休"	据塔身一层西北面砖刻题字记载
19		"大清咸丰九年(1859)八月十七日重修此"	据塔身一层北面砖刻题字记载
20	年代无考	"西京□州"	据塔身一层东面砖刻题字记载
21		"大同府浑源州□村里人般廷……"	据塔身一层北面砖刻题字记载

塔顶上置有莲花式铁刹,再上为覆钵、相轮、宝盖、圆光、宝珠,中间置刹杆。在塔刹的下层宝盖四周用8条铁索与塔身相连,以固塔刹。塔顶铁刹尖端立铁铸翔凤(相乌)一尊,翔凤所立之处预设有滚轴,可随风旋转,辨识风向。整个铁刹及翔凤不仅工艺精湛,造型优美,还具有避雷的作用,可见古人早已对此有了科学的认识。风转相乌古已有之,多用于建筑之上,但多因腐朽而难以久存,故

圆觉寺相乌

汝州风穴寺相乌

极罕见，今所知山东汝州风穴寺悬钟阁亦有铁质凤鸟一尊，据考疑为辽宋之物，虽造型单薄，但也弥足珍贵。而 2008 年版《北岳恒山志》中所载的北宋广州怀圣寺和云南大理崇圣寺塔上的"金鹏""金鸡"早已无存。因此圆觉寺铁刹对于研究我国古代制铁工艺以及气象观测、防雷避雷有着重要的价值，汾夫先生在《中国之最及其他》一文中称该翔凤为我国古塔中的孤例，实则不然。

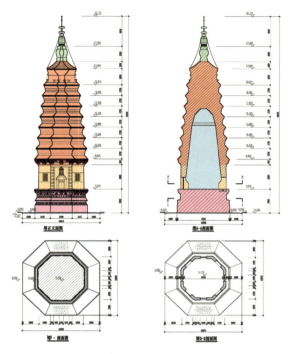

圆觉寺塔立面、剖面图

砖塔原处圆觉寺院中心，塔前为山门，塔后为正殿，塔两侧为东、西配殿，正殿旁为跨院，在明成化五年（1469）、万历四年（1576）、清咸丰九年（1859）皆有维修。20 世纪 60—70 年代末，寺院被占用做县国营澡堂，此塔作水塔之用。1987 年，寺院和砖塔再次得以修复，其间重建了山门与正殿。

寺塔之北原有水池数亩，清风徐来，水波微兴。清乾隆年间于池中建亭置阁，植荷养鱼，称"金鱼池"。嘉庆六年（1801），鱼池重建后，知州吴子祥特题四字景目赞颂：恒峰倒影、虹桥卧波、金鱼跃浪、绿柳环池；之后又有州候选训导李戴恩作《金鱼池记》，诗人田延年作《金鱼池歌》为颂，20 世纪建体育场时将池塘填没。（参见光绪《浑源州续志》）

千佛塔 位于千佛岭乡龙咀村西南约 3000 米处千佛岭顶天然大峭石上，原建寺庙已毁，现仅存砖塔。塔身通体砖砌，高 7 米，平面呈六角形，直径 2.84 米，为四层实心楼阁式砖塔，占地面积 8 平方米。最下层为砖砌束腰须弥座，座高 2 米，六面均刻有砖雕花草图案。一层塔身砖雕仿木结构额枋、斗拱等，斗拱为三踩单翘，东南面砌拱券门洞，门匾阳刻正书"千佛宝塔"。第二层塔身东南面设砖券假门，上部砖拼普拍枋，上置三踩单翘斗拱，不施昂。各转角皆置角斗一攒，不用平身斗拱。以上二层不用斗拱，只挑出塔檐及椽望，立面形象简朴平整。塔刹已毁。

据《中国古塔通览·山西卷》描述："以形制推论，疑为明塔。"明嘉靖十年《浑源州千佛洞志》载："□□圣□□命工陆□起盖多宝佛塔一座……"但也有文物专家认为该塔具有辽代工艺特征。由于《浑源州千佛洞志》文字缺失，故千佛宝塔年代是否为明代所建并不确切，仅暂认定为明代建筑。

第五节 庙 堂

一、恒山古建筑群

恒山古建筑群位于浑源青磁窑镇原停旨岭村北，恒山主峰天峰岭阳坡之腰间，整个建筑群占地面积约 126 万平方米。古建筑群规模宏大，文化底蕴深厚，自汉唐以来虽主祀北岳大帝之处在于河北曲阳，但历代对恒山寺庙屡有建设，香火不断，民间有"三寺四祠九亭阁，七宫八洞十二庙"之说。《山西通志》载："岳庙创自元魏太武帝太延元年，宣武帝景明元年灾，唐武德间复建，唐末圮，金复建。天会、大定间重建，金末毁于兵，元复建，元末毁。明洪武中都指挥周立复建。成、弘间知州关宗、董锡重修……"关于对

北岳全图

北岳全图

恒山殿宇的复建，《恒山志》等诸多典籍均见记载，如《晋政辑要》载："在山麓，岁久剥落，乾隆二十九年（1764）七月经前抚和奏，动帑银四千四百余两重加修葺，现在庙貌聿新、金碧辉煌、足昭诚敬矣。"顺治版《恒岳志》记载旧庙还有风伯雨师庙、康太尉庙、救苦天尊庙、三清殿、玄帝庙、三元庙等。现存主要建筑有恒宗殿、寝宫、梳妆楼、会仙府、十王庙、纯阳宫、九天宫、关帝庙、羽化堂、真武庙、白龙王庙、苦甜井、塔林、魁星楼、接官亭等 28 处。现存明、清时期塑像 60 余尊、碑碣约 79 通、摩崖题刻 200 余处。1986 年 8 月 18 日，恒山古建筑群被山西省人民政府公布为第二批省级文物保护单位。1983 年以来，山西省文物局拨专款对恒山建筑群进行了大规模维修。

凌云阁

恒宗殿旧影

元灵宫 亦称"恒宗殿""贞元殿"，俗称"朝殿"，为恒山主庙，坐落在恒山主峰南岩峭崖下，坐北朝南，东西宽 63.2 米，南北长 52.1 米，占地面积约 3293 平方米。中轴线现存崇灵门、恒宗殿，创建于明弘治十四年（1501）。东、西两侧建有钟楼、鼓楼、藏经楼、更衣楼、斋房、青龙殿、白虎殿等。崇灵门面阔三间，

元灵宫

进深四椽，单檐悬山顶，中柱设板门三合，斗拱五踩双下昂。过崇灵门登 103 级石砌垂带踏跺达恒宗殿，该殿面阔五间，进深六椽，七檩前廊式构架，单檐歇山顶，黄琉璃瓦盖顶，斗拱五踩双下昂。殿内现存明代北岳大帝金身塑像、清康熙御匾"化垂悠久"、明清时期重修碑记、御祭文碑等共计 31 通。殿前原有木质牌楼一座，匾额榜书"南天门"，1985 年重修时拆除。

康熙御匾

元灵宫力士造像

元灵宫龙柱

廊前立柱悬对联四副：

"统嵩衡泰华以居尊，观其群峰拱极，万壑朝宗。峙贞恒之气象，支持乾轴坤门安教者，永奠皇图增巩固；分并冀幽燕而作镇，即此飞石效灵，宝符应瑞。呈方岳之神奇，腾致油云甘雨显赫哉，广敷元化大栽培。"（清光绪年州学优廪生薄文蔚撰，优廪生常颖章书）

"蕴毕昂之精，霞蔚云蒸，万丈光芒连北极；作华夷之限，龙蟠虎踞，千秋保障镇边陲。"（清光绪年本州举人傅绰撰）

"恒山万古障中原，惟我圣朝，归马放牛，教化已隆三百载；文昌六星联北斗，是真才人，雕龙绣虎，光芒应射九重天。"（清光绪年浑源知州阮志谦撰书）

"天际月轮高，访古人胜事遗踪，最难忘果老通元谪仙载酒；眼前云路近，愿多士舒文广国，莫孤（辜）负杏花春雨桂子秋风。"（清光绪年浑源知州阮志谦撰书）

青龙、白虎二殿面阔七间，进深一间，始建于明代，至 20 世纪中后期残损严重。

原建筑形制为前出廊封裹檐硬山式，1985 年重修时改为歇山式建筑。原殿内塑像线条流畅、造型生动，艺术水平颇高，现殿内塑像及壁画皆为后期增补。其中白虎殿内原壁画内容为《幽冥录》中刘晨、阮肇在天台山采药遇仙的故事，青龙殿所绘内容失考。

寝宫 建于"飞石窟"内，原为恒山主庙，始建于北魏，后经唐、金、元三代重修，为北岳之神休憩之所。该建筑坐东朝西，东西长 28.67 米，南北宽 48.9 米，占地面积约 1402 平方米。据清乾隆《恒山志》记载，殿宇创建于北魏太延元年（435），为恒山古建筑之祖，唐、金、元时期屡毁，现存为明弘治十四年（1501）遗构。整座建筑为木构楼阁式，建筑后部完全嵌入山岩。面宽五间、进深三椽，单坡重檐歇山顶，斗拱下檐三踩单昂，上檐五踩重昂，梁架结构省去三架梁，以五架梁上托矩形构架承脊瓜柱与脊檩，明间置井口天花，次间为彻上露明造，后槽神龛为小木作精品，内塑北岳大帝和帝后像，为明代原作。寝宫南侧石砌高台上建有一座梳妆楼，坐南朝北，创建年代不详，现存为清代二层楼阁式建筑，面阔三间，进深四椽，五檩前后廊式构架，重檐歇山顶。寝宫内现存明清时期碑碣 19 通、摩崖题记约 16 处，其旁还建有后土夫人庙。寝宫因是建在窟内，不临其境难识真面目，远远望去，云烟飘缈，若隐若现，胜似天宫。明代诗人乔宇描述道："丹梯万丈瞰岩幽，石栈勾连最上头；可是神剜更鬼凿，也应天巧代人谋。"寝宫南侧耳殿南侧崖壁为"还元洞"。

梳妆楼 据 1987 年 7 月"二普"资料所记，该楼位于寝宫西侧，背依石崖，东西长 15 米，南北宽 13 米，占地面积 195 平方米。坐北朝南，面阔三间，进深三间，重檐歇山顶，前檐挑出，上层出平座，前、左、右用 6 块扇隔扇门，雀替精美，做多种图案。主体为五檩前出廊，上有栏杆，砖木结构，无彩绘。1984 年重建并置琉璃瓦，1987 年彩绘。

得一庵 位于天峰岭南侧的夕阳岩半崖间，原建筑为依山小庙，简陋非常。现建筑坐东朝西，依山而建，始建于 1999 年。北侧为二层楼阁式，四角攒尖顶；南侧为三层楼阁式，面宽三间，进深一间，歇山顶，施琉璃瓦。

阁道祠 原建筑为破败小庙，内塑阁道、楞道。现建筑始建于 1999 年，面宽三间，进深一间，歇山顶，屋顶施布瓦。

大王庙 位于寝宫山门内左侧，依崖壁而建，坐东朝西，东西宽 6 米，南北长 10 米，20 世纪 80 年代重建。形制为硬山式（一面坡），建筑结构简单，用三檩，砖石构成。（据"二普"资料）

后土夫人庙 位于寝宫北侧，东西 10 米，南北 10 米，始建于明代，形制为一面坡悬山式。（据"二普"资料）

会仙府 又名"集仙洞"，位于恒山恒宗殿西北高处的会仙崖石窟内。坐北朝南，东西宽 59.6 米，南北长 24.7 米，占地面积约 1472 平方米。创建于明代，是恒山建筑群位置最高的一组建筑，海拔 1820 米。其形制面阔三间，进深六椽，六架梁前出廊式构架，单檐硬山顶，黄绿琉璃瓦盖顶。会仙府内现存明代北岳大帝等神仙塑像 30 多尊、清代碑碣 17 通、历代摩崖题记约 7 处。

玉皇阁　毗邻会仙府，四角二层楼阁式建筑，面阔三间，进深四椽，重檐歇山顶，四周建回廊。

御碑亭　位于玉皇阁东侧，清代建筑，八角攒尖顶，黄琉璃瓦覆盖，为康熙御碑"化垂悠久"而建，门额砖雕"北岳"二字，之上原悬有匾额，正书"御碑亭"。

九天宫　又称"碧霞宫""娘娘庙"，位于恒宗殿以西，东邻纯阳宫。从规模上讲，是恒山诸庙中仅次于北岳主庙恒宗殿的重要祠庙。该建筑坐北朝南，东西宽 28.71 米，南北长 20.28 米，占地面积约 582 平方米，创建年代不详，据《恒山志》记载，在明代以前即有此庙。现存山门、正殿、东西配殿、钟鼓楼。山门为砖雕仿木结构，拱形门洞，两面坡悬山顶。正殿面阔五间，进深六椽，七檩前廊式构架，单檐歇山顶，殿后有玉皇洞。东、西配殿均为面阔四间，南侧一间为钟鼓楼，进深四椽，单檐硬山顶。明万历二十四年（1596 年），神宗皇帝赐给北岳庙道经 512 卷，存放于九天宫内，这些明代道经大部分于 20 世纪 60 年代被毁。

龙王庙　位于元灵宫西南侧，面宽三间，进深两间，单檐歇山顶，琉璃瓦饰，内奉龙君，为旧时民间求雨之所。

疮神庙　位于九天宫南部山坡，山西省文物古建筑专家柴泽俊鉴定，梁架结构为元代，面宽一间，进深一间，内奉疮神及神侍。

山神庙　位于疮神庙西侧，面宽一间，进深一间，创建年代不详，内奉山神及神侍。

魁星楼　位于九天宫以北，恒山主峰西侧，居于山巅，可观浑源县城全貌，俗称"风阁楼"。每值风雨来临时，当可领略"山雨欲来风满楼"之感。该楼阁为木结构建造，重檐六角攒尖顶，琉璃瓦覆盖。楼内魁星塑像，足踏鳌头、手持硃笔墨斗，专司学位之职，是文人学子最信奉的神灵之一，常有欲求取功名者携香纸朝拜。

马神殿　回廊式建筑，建于明代，殿内两侧分塑骏马两匹，各由马童牵引，为北岳大帝之坐骑。神殿坐东朝西偏南向，面宽三间，进深三间，单檐歇山顶，正吻屋顶，全用黄琉璃瓦覆盖，五檩二柱，上置五架梁。（据"二普"资料）

十王殿　又名"白虚观""十王庙"，位于恒宗殿下方西侧。坐北朝南，东西宽 28.11 米，南北长 28.53 米，占地面积约 802 平方米。创建年代不详，现存建筑为清代。山门为木结构垂花门楼，两面坡悬山顶。正殿面阔三间，进深五椽，六檩前出廊，单檐悬山顶，与其他诸殿皆布瓦覆盖。殿内正中塑地藏王菩萨，两边为十殿阎君塑像，墙上绘十八层地狱壁画。东西配殿均为面阔一间，进深四椽，单檐悬山顶。

恒山牌楼　也称"御马殿牌楼"，位于马神殿前约 15 米处，始建于明代，1984 年落架重修并彩绘，1987 年置琉璃瓦，匾额正书"人天北柱"，为道光皇帝御笔。牌楼为上

御马殿牌楼　　　　　　　　　　　"人天北柱"匾额

下三檐悬山式,主体结构用三檩,上层挑檐,枋下置七铺作四下昂,单枋斗拱,明间平身斗拱,三椽,次间七踩三下昂斗拱,下有颜枋,走马板,板下置精美雀替(据"二普"资料)。据1918年10月由商务印书馆出版的《中国名胜·恒山》画册记载,原牌楼曾悬匾额"永奠朔方"。

紫薇阁　白虚观后墙东侧,面阔一间,进深三椽,单檐硬山顶。庙内现存清康熙十三年(1674)重修恒山十王庙碑记1通、古树2株,其山墙后之崖体有"三茅窟",十八景之"茅窟烟火"即为此。

纯阳宫　位于恒宗殿西侧,西邻九天宫。坐北朝南,东西宽22.2米,南北长13.8米,占地面积约306平方米。创建年代不详,现存正殿、东西厢房为清代建筑。正殿面宽三间,进深四椽,五檩前廊式构架,单檐歇山顶。东厢房面阔四间,进深二椽,单檐硬山顶。西厢房面阔二间,进深二椽,单檐硬山顶。1986年后由县文化部门组织进行了维修,后善众集资再进行建设并塑像。

关帝庙　位于恒宗殿西侧,西邻文昌阁,东邻灵官殿。坐北朝南,东西宽9.93米,南北长12.7米,占地面积约126平方米。创建年代不详,现存正殿为清代建筑。正殿面阔三间,进深四椽,五檩前廊式构架,单檐歇山顶,覆琉璃瓦。关帝庙于1860年之前毁于战火,当年县民集资修复。殿内现存清咸丰十年(1860)重修碑记1通、清康熙六年(1667)铁香炉1个。1986年由县文化部门组织重修,改建为前出廊歇山小式建筑。《中国名胜·恒山》画册显示,该殿殿额原有牌匾二,其一题"神武",其二题"圣文"。

文昌阁　位于关帝庙西侧,面宽一间,进深一间,硬山顶,布瓦覆盖。

灵官庙　面宽一间,进深一间,悬山顶,殿顶施布瓦。

苦甜井　又称"玄武井",为原龙泉观之井,位于恒宗殿南侧,西邻接官厅。坐北朝南,东西宽14.6米,南北长3.4米,占地面积约50平方米。据1999年《浑源县志》记载,玄武亭内并列双井,名"玄武井",一井清凉甘冽,一井苦涩难饮,合称"甜苦井"。该处唐明皇曾亲书赐匾"龙泉观",后为恒山十八景之"龙泉甘苦"。原龙泉观毁于20

世纪，仅存苦甜二井，确切凿井年代不详，疑为唐代。其中南侧称苦井，已填塞；北侧称甜井，深约 3 米，终年不竭，水质甘冽，二井实有裂隙互通。井东侧现存明洪武十三年（1380）重修古北岳庙碑记 1 通、清嘉庆十四年（1809）重修碑记 1 通、同治十二年（1873）重修碑记 1 通、光绪二年（1876）重修碑记 1 通、清代重修碑记 1 通。1999 年在苦甜井上新建玄武井亭，平面呈长方形，四角攒尖顶，施琉璃瓦。《中国名胜·恒山》照片显示，民国时龙泉观似为单檐硬山顶，面宽一间，进深一间，依稀可见其内壁彩绘为龙形，殿额有匾四块，其一为"覆一泉"，其二为"□泉亭"，余者不识。

潜龙泉井亭

白云堂 与飞石窟南北相望，毗邻于紫薇阁，原建筑已毁，俗称"接官亭"。20 世纪末曾两次复建。原建筑为四合院式建筑，1983 年续建单坡顶房屋两间，布瓦盖顶，1989 年彩绘。据"二普"记载，该院落东西宽约 20 米，南北长约 25 米，原建筑年代不详。其主殿面阔五间，单檐硬山顶，五檩用前后二柱。东、西厢房做法与之相同，面阔三间，进深一间。1992 年，原建筑拆除，改建为二层楼阁式建筑，面宽五间，进深二间，三面出廊，歇山顶，屋顶施布瓦。

二郎庙 位于元灵宫东侧，面宽一间，进深一间，歇山顶，布瓦覆盖，内奉二郎神。

羽化堂 位于寝宫南侧，东山崖峭壁上。坐东朝西，东西长 5.4 米，南北宽 21.9 米，占地面积约 118 平方米。创建于清康熙十六年（1677），2002 年重修。现存羽化堂为三层楼阁式建筑，面阔五间，进深二椽，三檩前廊式构架，重檐歇山顶。羽化堂北侧建二层楼阁式建筑，面阔二间，进深四椽，单檐悬山顶。庙内现存清康熙十六年（1677）创建羽化堂碑记 1 通，2002 年由恒管委组织重修。

真武庙 位于恒山大字湾（恒宗崖）南侧，又名"玄武庙""玄真观"，2000 年，原大磁窑镇党委、政府及恒管委为发展旅游事业，弘扬恒山文化，共同对真武庙进行统一规划设计。2002 年 7 月始由村人黄旭组织村民及各界捐资 200 余万元进行重修，于 2003 年全面竣工，当年 5 月 7 日立黑花岗岩《重修真武庙碑记》以记。碑记记载该庙宇初建于北魏初期，历代或兴盛或荒废，屡有更迭。乾隆《恒山志》记载："庙像严肃，冠绝他山。"殿宇的下方有古松两株，为唐宋时栽植。门外另有古松三株，姿态各异。寺庙后毁于 20 世纪 60 年代，庙内现存明成化五年（1469）重修北岳庙碑记 1 通、成化七年（1471）北岳神公昭感碑记 1 通、成化十五年（1479）祈雨有感碑记 1 通。

建筑群坐北朝南，东西宽 51 米，南北长 51 米，占地面积约 2600 平方米，三进院。中轴线建有山门、过殿、正殿，过殿两侧建配殿，正殿两侧建钟鼓楼。真武庙西侧建牌坊，依山势呈东西向，高 18 米，宽 12 米，为四柱三门重檐混合型建筑。牌楼额顶正面上书"威震清都"，背书"北岳玄武"。正殿面阔五间，高 15 米，宽 18 米，单檐庑殿顶，琉璃瓦覆盖，门额木刻牌匾上书"真武大帝"，系中国道教协会副会长、北京白云观监院黄信阳所书。殿内正中为真武大帝，仗剑披发，正襟危坐。上首立周公，下首为桃花女，文臣武将立于两侧。门柱立长联："辅天地掌水衡赫赫恩波六合，握乾坤司坎位昭昭灵应九霄。"过殿面阔三间，单檐歇山式建筑，布瓦盖顶，内塑哼哈二将。东西厢房各有四间，分为关帝殿和白衣殿。其余建筑为阁楼式山门及钟、鼓二楼，寺院共有塑像 19 尊。

据当时塑像工匠及其他目击者称，真武大帝塑像在完成之后，曾有一数尺长大蛇蜿蜒环曲于大帝塑像颈部间，之后由神像后背钻入造像腹部，见者无不称奇。

二、其他庙宇（含礼拜堂）

文庙 文庙始建年代无考，约建于后唐至辽金其间。建筑群临街南向，四进院落，占地面积 1.7472 万平方米。沿中轴线原建筑面貌临街为界，以南依次建泮池、棂星门（戟门）、大成坊、万仞宫墙；以北依次为大成殿、明伦堂、敬一亭、尊经阁；轴线两侧为进德、修业二斋，魁星楼，文昌阁，崇圣祠，名宦祠，乡贤祠等。

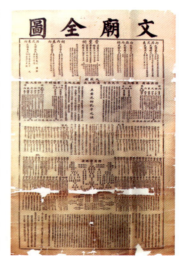

其中戟门为清代建筑，面阔三间，进深四椽，悬山顶。大成殿为明代重建，面阔五间，进深四椽，单檐庑殿顶，蓝琉璃瓦盖顶，前后坡面间各饰黄色叠落方胜琉璃聚锦，两山坡面亦饰黄方胜琉璃聚锦。柱头斗拱三踩单下昂，蚂蚱形耍头，转角施把臂厢拱，明次间置隔扇门窗。东西配殿为清代建筑，均为面阔七间，进深四椽，单檐硬山顶。尊经阁为清代砖木结构无梁殿建筑。高二层，下层为砖券窑洞三孔，檐部仿木构砖雕额枋、垂莲柱、檐飞、檐檐枋，斗拱三踩单翘；上层为木构建筑，面阔三间，进深四椽，单檐硬山顶，墀头砖雕吉祥图案。尊经阁东侧现存清乾隆年间礼部颁文卧碑 1 通。

清同治年间浑源文庙全图

浑源文庙历史沿革简表

表 1-12

时间		文献记载	主要依据
辽代 金代	年代不详	"浑源学宫创始不可考，历辽及金仅存一殿"	1. 清乾二十八年（1763）《浑源州志·卷三》 2.《浑源州志·卷三》（1983）

	时间	文献记载	主要依据
元代	元仁宗皇庆初年（1312）	"至元皇庆初年同知刘世忠创建两庑六楹□御赞亭一宇"	1. 清乾二十八年（1763）《浑源州志·卷三》 2.《浑源州志·卷三》（1983）
	元泰定三年（1327）	"泰定丙寅州牧赵墀修饰门路及明善讲堂"	
明代	洪武、永乐年间	"明洪永间州守郑允先李信正统间判官张福相继增修"	
	成化年间（1465—1487）	"成化初重建大成殿，成化末杨建重建明伦堂"	
	弘治初年（1488）	"弘治初董锡创建戟门、库、厨、东西号舍，改作两庑二斋学门，功独多为。借此则康朴修圣祠、刘后礼缮贤宦、赵之韩建魁楼、原孕岱间云路"	
清代	雍正年间（1723—1735）	"本朝前守郎公、永清张公、崇德副将鲍虎前后捐葺，余亦当稍补完其颓废难未，极开敞，亦严整可观"	
	乾隆年间（1736—1795）	"惟是射圃颓而今观德意寝饮礼废而养老制湮乡塾圮蒙养教息"	
		"引祭义乐章仲月盛举仅存盛名，上丁告虔，祇成故事，反不若里社崇蜡之诚"	
		"殿堂门庑风雨震凌，兵变摧残，几为榛莽之区，安在其为崇圣尊贤耶"	
中华民国	1919年以后	"五四运动以后，文庙在打倒'孔家店'的怒吼声中日趋冷落"	《浑源县志》（1990）
	1949年4月24日以后	"解放后文庙在更大范围的拆迁中一直被中小学占用"	
中华人民共和国	1949年10月1日以后	"建国后，文庙成为浑源县的教学单位驻地，先后叫浑源中学、完小、工读中学"	《浑源县志》（1990）
	1966—1967年	"'文革'其间曾改名为'五七'中学，后又改名为浑源二中"	
	2008—2009年	2008年冬才整体搬迁，划归浑源县文物局管理	"四有"档案记述
		2009年3月，成立浑源文庙文物管理所，随即实施了戟门、大成殿、东西庑的保护修缮工程以及明伦堂、敬一亭等主院损毁建筑的修复工程	
	2011年11月	在浑源文庙保护修缮现场，发现泮池遗址（池上有砖砌拱桥）	
	2015年	浑源文庙东偏院（东宅院和文昌阁院）修复工程已基本完成	
	2015年至今	浑源文庙处于闲置状态	

浑源文庙文物建（构）筑物清单

表 1-13

序号	建筑名称	建造年代	建筑面积（㎡）	建筑形制	建筑壁画	油饰彩画
1	戟门	明	88.68	面阔三间，进深四椽，双坡悬山顶		檐檩、额枋之上不同程度地残留有部分彩画，总面积约 22 ㎡
2	大成殿	明	540.55	面阔五间，进深六椽，单檐庑殿顶	内外拱眼壁上，绘有草龙，大部分保存完好，采用墨线勾画，风格朴素，图案较精致，总面积约 80 ㎡	梁架、斗拱还保留部分旋子彩画，局部图案清晰可辨，总面积约 34 ㎡
3	东庑	清	169.18	面阔七间，进深四椽，双坡硬山顶		檐檩、额枋之上不同程度地残留有部分彩画，总面积约 15 ㎡
4	西庑	清	169.18	同东庑		
5	尊经阁	清	235.62	下窑上房式建筑，下层为三间砖券窑洞；上层为面宽三间、进深四椽、单檐硬山顶建筑		檐檩、额枋之上不同程度地残留有部分彩画，总面积约 19 ㎡
6	围墙	清	戟门东	青砖砌筑，墙顶带筒板瓦墙帽，墙间设一券一伏随墙门		
			戟门西			

浑源文庙既有建（构）筑物统计表

表 1-14

序号	建筑名称	建筑面积（㎡）	所在位置	修建时间	建筑形制	建筑性质
1	戟门东耳房	41.8	戟门东南侧	2009 年	面阔两间，进深三椽，卷棚硬山顶	复建建（构）筑物
2	戟门西耳房	41.8	戟门西南侧	2009 年		
3	明伦堂	160.1	大成殿北侧	2009 年	面阔五间，进深六椽，双坡悬山顶，前出廊	

序号	建筑名称		建筑面积（㎡）	所在位置	修建时间	建筑形制	建筑性质
4	明伦堂东耳房		75.0	紧邻明伦堂	2009 年	面阔三间，进深四椽，双坡硬山顶	
5	明伦堂西耳房		75.0	紧邻明伦堂	2009 年		
6	敬一亭		160.1	明伦堂北侧	2015 年	面阔五间，进深六椽，双坡悬山顶，前出廊	
7	敬一亭东耳房		75.0	紧邻敬一亭	2015 年	面阔三间，进深四椽，双坡硬山顶	
8	敬一亭西耳房		75.0	紧邻敬一亭	2015 年		
9	进德斋		81.2	明伦堂东南	2015 年	面阔三间，进深四椽，双坡硬山顶	
10	修业斋		81.2	明伦堂西南	2015 年		
11	敬一亭东配房		79.7	敬一亭东南侧	2015 年	面阔三间，进深四椽，双坡硬山顶	
12	敬一亭西配房		79.7	敬一亭西南侧	2015 年		
13	碑廊		107.8×2	尊经阁东、西两侧	2015 年	进深两椽，双坡硬山顶	
14	文昌阁院	文昌阁	198.5	东偏院大成殿东侧	2015 年	面阔一间，进身四椽，二层歇山顶	
15		东配房	109.6	文昌阁北侧	2015 年	面阔五间，进深四椽，双坡硬山顶	
16		西配房	109.6	文昌阁北侧	2015 年		
17	东宅院	一进院东配房	109.6	文昌阁北侧	2015 年	面阔五间，进深四椽，双坡硬山顶	
18		一进院西配房	109.6	文昌阁北侧	2015 年		
19		过厅	166.8	文昌阁北侧	2015 年	面阔五间，进深四椽，双坡悬山顶	
20		二进院东配房	57.4	文昌阁北侧	2015 年	面阔三间，进深四椽，双坡硬山顶	
21		二进院西配房	57.4	文昌阁北侧	2015 年		
22		正房	259.6	文昌阁北侧	2015 年	面阔五间，进深四椽，双坡悬山顶	
23	院落围墙		166 延长米	院周	2009 年	下阶青砖砌筑，墙身白灰泥抹面，双坡筒板瓦墙帽	非文物建（构）筑物
24	南侧大门		一座	戟门南侧	2009 年	砖砌随墙门	
25	北侧大门		一座	尊经阁北侧	2009 年	砖砌随墙门	

1939 年秋，日伪晋北自治政府将文庙改建为"蒙疆公立浑源试验中学"，后于 1941 年改称为"蒙疆公立浑源农科实务学校"，1944 年又改名为"蒙疆公立浑源农业中学"。中华人民共和国成立后文庙又曾被浑源中学、完小、工读中学、浑源二中等学校所占用。如二中占用其间，戟门改为校长办公室，东、西庑为学校各处室的办公室和教师宿舍，尊经阁为党（团）员活动室和会议室，大成殿为学校库房，其余皆为教室或宿舍。元、明、清三朝对文庙屡有增修。2009 年，县文物部门对文庙再次进行了修复。2011 年 11 月，在文庙修复现场发现一处明代泮池遗址，现残存砖砌弧形桥洞。该文物遗址距地面约 2 米，长 3.4 米，外径 1.5 米，内径 0.9 米，高 1.7 米，由古式方砖砌碹而成。

浑源州文庙祭器（瓷豆）

1998 年，县文物管理部门对文庙建立了专有档案。2002 年 7 月山西省古建筑研究所对文庙进行测绘，并报山西省文物局推荐为第四批省级文物保护单位。2013 年 5 月，浑源文庙由国务院公布为第七批全国重点文物保护单位。

律吕神祠　据现有资料，浑源有三座律吕神庙见于记载，除神溪村律吕祠之外，其余两处建筑已毁。其一位于双松寺，《浑源文史资料·回忆双松寺》中描述："正殿东配房是律吕祠，西配房是河神庙……"其二位于黄花滩村朝阳寺，始建于明隆庆三年（1569）夏，后曾有重修，不知毁于何时。据该寺《整创重修碑文》记载："各庙玲珑，而前建神棚，两廊律吕神、牛马王、山神、五道……"

现存律吕神祠位于永安镇神溪村东天然石基之上，为全国重点文物保护单位，是目前国内唯一的一座律吕神庙（参见"校勘与专题考"）。明万历《新刻出像增补搜神记·卷二》及《浑源州志》记载，神祠始建于北魏，唐末、元、明、清重茸。另据村中长者讲述，神祠原有石碑 6 通，皆为圆首，青石材质，其中有唐代尉迟恭重修神祠碑记（疑砌于化肥厂井内）。现所存建筑为元、明、清重建遗存，其元代特征为：山面三间的开间体被减柱而设为两个开间；后檐三间的平板枋而只用两根，接缝处设在后檐的明间的正中部位；在前檐明间的补间斗拱运用了如意式斗拱，斗拱出现了作用；斗拱用材的规格沿用了早期的传统（为 14 厘米），近似二等材的规制。神祠原有瓦件多为浑源宋金时期的规格，与荆庄大云寺所用瓦件相一致。

神祠所在台高约 6 米，南侧为"神德湖"，当地人称"小海"（参见"校勘与专题考"）。该建筑坐北朝南，南北长 37.5 米，东西宽 30.4 米，占地面积 976.5 平方米，二进院布局。主院坐北朝南，建有大殿、五龙壁、东、西两侧建钟鼓楼。钟、鼓楼位于殿前，清代建筑，呈平面四方形，单檐歇山顶，布瓦屋面，左钟右鼓，楼阁为两层，一层三面围墙，正面设木制门窗及供上下的楼梯；二楼为敞开式，设四柱，柱间围以短栏防护。原寺庙僧众居住及饭舍等建筑基本塌毁，只留废墟痕迹。大门外原有宽三间、进深三间的戏台一座，现无存。祠庙门外有巨石一块，传为张珪梦中奇遇之所，现已被台基所垒砌，仅现石壁约1平方米。其表面呈自然原貌，未见人工雕凿取平痕迹，表面阴刻有字迹模糊的文字，经书家初鉴为魏碑体，内容基本鉴定为记事性文体。由于年代久远，文字大部无法辨识，落款上有"天兴"（北魏道武帝第三个年号）字样但较模糊。每年农历五月初一为律吕神庙会。

山门原开南向，据传唐时改为西向。现建筑砖石仿木结构，圈券大门，砖雕斗拱，硬山布瓦顶，门匾刻"律吕神祠"（20世纪60年代凿毁，文字结构依稀可辨）。正殿东、西两侧各建配殿4间，东北角为住房3间。南面立砖砌五龙壁，明代作品，壁长7.28米，高4.2米，厚0.6米，是一座背倚院墙而建的单面砖体影壁，乾隆三十七年（1772）改建。龙壁上部为灰瓦带脊顶，檐下为仿木结构的椽、檩、斗拱。壁面以云水为底纹，浮雕青砖烧制形态各异飞龙五条，下部为砖砌须弥座。壁上五龙由于人为破坏现已不复存在，仅残留浮雕脱落的痕迹，其余垂花柱、斗拱、冰梁檐、影镜座等砖雕保存完好。

正殿坐北向南，通面阔11.98米，通进深10.82米，总面积129.6平方米，单檐歇山顶，平面呈方形。在山墙运用减柱造，四柱三间的开间方式只用三柱，设两间，在明清以后的山西地方建筑中暂无此处理的方法，应为元代的初建做法。前后通檐用两柱，斗拱四铺作，单昂单耍头（又似明代早期的做法），昂下无华头子，前檐明间用如意补间斗拱，前后檐稍间各施一攒补间斗拱，斗拱用材均为12厘米，山面均施两攒补间斗拱。阑额出头，并在出头端部用斜刹做法，斜度较大，与明代的做法有明显的区别。前檐斗拱间的拱眼壁彩绘为重彩描金"莲花座弥勒"像，两山及后檐的拱眼壁均为水墨山水花草画，其所画的题材及画法似元代作品。梁架结构为六椽柱上施四椽柱，四椽栿上施平梁，平梁中施脊瓜柱，瓜柱端头用叉手稳固，瓜柱下用角背稳固，梁之间施驼峰，大斗承托（襻

传说中的蔚县律吕神故居

作者和同事薛卫军在蔚县暖泉镇采访

间科斗拱）。在稍间的柱头斗拱与山面的补间斗拱的位置施抹角梁，抹角梁上放置系头栿，因而形成歇山顶建筑的造构体系。从大殿顶架柁梁的运用、斗拱的形制、殿角斜梁的设置等建筑特色来看，充分表现了元代的建筑技术和风格。大殿明间设隔扇门，殿内四壁绘工笔重彩壁画（参见古建附属文物）。门额原有木匾两幅，其一长约 3 米，蓝底金字，阳刻"律吕神祠"四字，款识为"大清同治……穀旦"；其二为 1956 年前后由浑源县副县长牛义（阳高县人）所赠，内容失考。

大殿内塑像原有 4 尊，律吕神坐像 2 尊，皆有背光。其中女性造像后马髻发式，上插木梳，面貌慈祥、体态丰腴。法身装藏不知何年遭窃，身后曾有圆形孔洞。两侧为童子站像，总角发式，手持白面馍馍。当地有俗语："站殿西，没神像，手拿馍馍吃不上。"律吕神座下原有一抽屉，据传拉开后有水流之声。

神祠所奉神众及器具皆为求雨所用。主神前原供奉木雕龙王坐像 6 尊，两侧为木质銮驾（15 件）、经鼓等，于出行时由仪卫执行，水坛、堂鼓则皆置于殿外，以上造像、法器等皆毁于 20 世纪 60 年代。大殿东西壁画为神众行雨的过程，西墙有神名"马王爷"，东墙有神称"瘟神爷"。其中原殿内塑像在 1966 年大串联时被本村村民打倒后弃于东河湾（今"御洪海"一带），其中女像在砸毁时见有人类骨殖和"系肠小带"，据传神像为律吕神肉身所塑。20 世纪 80 年代，村民王恒山等曾根据记忆聘请画工用白布绘有律吕神像，并对神庙进行小规模修缮。村人言，据传原恒山修炼的阎道和楞道曾在律吕神祠内丹修；清末至新中国成立其间，神庙庙祝曾有道化（约清末）、地严（河北人）、宝严（河北赵县人，中华人民共和国成立前）3 人。

北岳行宫　原称"恒岳行宫"，位于县城永安镇南部永兴社区南顺街路东，因地处县城南部，故又称"南宫"，每年四月初八与恒山同日举办庙会。

该道观建于明万历四十一年（1613），由浑源知州张述龄组织创建，原有牌楼、山门、钟鼓楼、祭天南坛、三清殿、五岳楼、恒宗殿、吕祖殿、天后宫等大型殿阁多处。清顺治年间再次扩建，之后康熙元年（1662）、康熙五十九年（1720）、乾隆五十九年（1794）、道光九年（1829）、同治六年（1867）亦作修缮。在盖洛所著的《中国五岳》中，记载了南宫在民国时期山门曾题有"崇明广德宫"。另传，行宫初建于北魏延兴元年（471），至唐贞观十九年（646），太宗李世民派尉迟敬德扩建，并封该宫为"太贞宫"，此说实为无稽之谈，经查为 20 世纪 90 年代末伪道士王明信杜撰而成。

抗战时期，宫观屡遭破坏。中华人民共和国成立后被南关生产大队占用，部分殿堂用作储存粮草。20 世纪 60 年代，所属建筑进一步被破坏，包括塑像、壁画等，之后又为南关小学占用。到 20 世纪 80 年代南关学校搬迁后，有云游道人和信众自发进行了部分修缮。1992 年后，由住庙道士主持对南宫屋顶架构、瓦件、门窗、院落等进行修建。修缮过程中，中国道教协会出资 4 万元，浑源木材商人马常年捐价值 2 万元木料，其余由县城内众信士募集，其中赵迎珍等出力较多。山门前现有石狮一对，已残破。

经山西省古建筑保护研究勘测，北岳行宫现状布局为：

南宫现存建筑为四进院及东跨院。中轴线由南到北依次为过殿（天王殿）、贞元殿、九天宫、五岳宫。东侧现有八蜡庙（今人误为龙王庙）、文武财神庙，西侧现有十王殿和文昌庙、吕祖庙。中轴线南端缺失山门和牌楼。东跨院现有北房和东房，该庙南北总长112米，东西总宽37米，占地面积约4000平方米，东、北接民居，西、南临马路，据旧住户言东跨院原建有观音殿。

过殿面宽三间进深两间，前出廊单檐硬山顶，前后出檐四椽栿，保存较好，殿内原塑有四大天王像。过殿角门旁八蜡庙，面宽两间，进深一间，原后墙倒塌，塑像全无，主体尚完整。殿顶布瓦覆盖，饰青色方胜琉璃聚锦，檐前滴水作青色琉璃剪边。

贞元殿一殿一卷勾连搭，单檐前卷棚后硬山式，前出廊深远，殿内塑北岳大帝和文臣武将八位。神台阁罩两侧悬对联一副，为浑源文化学者薛世雄于2001年夏为行宫所撰。上联为"虔洁供安、执著礼诵、斡旋化机同归清净"，下联为"眇躬康泰、竭诚祈祷、灾沴潜消家国永宁"。

九天宫，楼阁式建筑，面宽三间进深两间，前出廊重檐硬山顶，保存较好，内塑九天玄女娘娘、眼光娘娘、送子将军、痘哥哥、麻姐姐、曹奶奶等神像；后院东配殿之北侧为财神殿，塑有赵公明像；配殿南侧为关帝殿，内塑关羽；西垛殿之北侧塑文昌帝君、魁星和孔子像，为学子们祈求功名出仕之所；南侧则塑有吕洞宾像，为求医问药之处。

五岳宫面宽五间进深两间，二层楼阁式建筑。底层三间为砖雕窑洞，二层五间塑五岳大帝像，四周绘有壁画，现二楼已毁，底层窑洞仅存东半部。中轴线东西两侧建筑均为硬山屋顶。

北岳行宫于2005年被设立为宗教活动场所，2016年公布为第五批省级文物保护单位。

按：据清《贞元胜会碑记》记载，光绪五年（1879）浑源知州贺澍恩组织在南宫创立"贞元会"，所筹资金用于恒山建设以及祭祀活动，严令禁止村人伐林毁木。南宫北端五岳宫底层为当时贞元会议事场所，当地人渐讹称为"斋林会"。该处后成为道士居住之所，中华人民共和国成立前夕曾为反动敌对黑恶组织所占用。此外，在历次维修中（含"二普"所录），部分殿宇时毁时建，所奉神明亦有变化，如寝宫等。

县城关帝庙 位于县城永安镇翠屏社区当巷街。坐北朝南，东西宽25.42米，南北长91.35米，占地面积约2322平方米，2002年由薄富凯、孙万银率善众集资重修。顺治版《浑源州志·封建志·坛墠》载："……勒马庙，在西关木市西，明末邑人谢作麟建。"2002年《城关关帝庙重修碑记》记载该庙曾于民国时期重修，为全县唯一的一座走马（勒马）关帝庙，现任住持道士名邓志平。第三次全国文物普查记其现建筑年代为清代，以此推断清代应有重修。

该庙中轴线现存正殿、倒座戏台，两侧建垛殿、配殿。正殿面阔三间，进深四椽，单檐硬山顶，前出抱厦。东、西垛殿均为面阔三间，进深四椽，五檩前廊式构架，单檐硬山顶。西配殿面阔三间，进深二椽，单坡顶，殿内现存清代绘制关羽故事壁画约19平方米。西配殿西侧建龙王殿，面阔一间，进深二椽，单坡顶。倒座戏台面阔三间，进深五椽，单檐卷棚顶，墀头镂空砖雕吉祥花草图案。

白龙王堂　旧称"白龙神祠"，位于恒山天峰岭北侧山腰间，距离县城5公里。建筑群坐北朝南，东西宽52米，南北长34.5米，占地面积约1794平方米。据《白龙王堂焚修之资碑记》载，该神祠曾于约乾隆初年毁于火灾，后重建。《重建白龙神祠碑记》载，该神祠初创于明万历四十三年（1615），此后康熙十四年（1675）、乾隆十七年（1752）、道光三十年（1850）、民国元年（1912）至民国五年（1916）皆有重修，后毁于20世纪60年代。20世纪后期，有善众曾复建主殿、配殿等，但建筑水平低下，塑像粗陋，未现神祠当年之风貌。现存建筑于2008年由县文物部门组织资金修建，由省文物古建筑保护研究所对原有建筑进行全面的规划设计，中轴线建有龙王殿、过殿、三清殿，东、西两侧建配殿。其余建筑还复建了献殿、左右经堂、龙王殿东西耳房、东西碑廊、东西大门、翼形踏步、龙王洞、观景水池。龙王殿等主要殿宇塑有神像，其余配套建筑和设施有伙房、卫生间、消防水池等。寺庙西侧现存清道光三十年（1850）重修白龙王堂各庙新建魁星庙碑志1通、民国5年（1916）重修碑记1通、清代重修碑记2通。

白龙王堂旧影

三清殿　位于翠屏山北崖半山间，坐南朝北，东西宽106米，南北长11.2米，占地面积约1187平方米，距地面300余米，1982年10月被列为县级文物保护单位，现存建筑为金、明时期遗构。据1999年《浑源县志》记载创建于北魏，历代均有修缮，现存光绪碑记1通。

主殿及重阳宫、文昌阁等均保存较为完整，基本为明代遗构，其他建筑则皆为今人所复（新）建，且庙址亦有所变化。殿宇所在崖壁的最东端为魁星阁，内塑持朱笔魁星像，是学子们许愿夺魁之所。以西数十米为太岁殿（元辰殿），内奉太岁星君及十二元辰等神众。其余以西依次为财神殿，内奉关羽及周仓、关平；财神殿后侧大仙庙为小型庙龛，高约50厘米，内塑大仙神像及文武侍从各一，神龛两侧撰有对联："万里飞身入仙界，千年修炼成正果"；娘娘庙，内塑碧霞元君及侍从像；孤魂爷神龛，高约30厘米，其以西为禅房。三清殿院台为长方形，较为宽阔，约100平方米，月台下砌有蓄水池，所存雨水可供日常使用，以西有山杏一株，高大茂盛。
主殿面阔三间，进深三椽，单坡顶，内塑三清教
主像，周边塑四御、王母、后土娘娘及侍者像 17
尊，高低与真人相仿，东西墙壁各绘有一个工笔
白描护法力士像。殿旁以西依次建有文昌阁、纯
阳宫、白衣殿、朱衣殿、斋堂等。山门坐东朝西，
门口北侧新建有钟楼，以西约 50 米处半崖间建
灵官庙，登山沿途崖间有山神庙。

三清殿之印

　　三清殿旁原建有翠屏书院，不知毁于何年，
刘扬及苏保衡皆就读于此。1997 年，住持道士及众善士对三清观院落、配殿、登山台阶
等进行重修。

　　三元宫　亦称"三元庙"，原址位于青磁窑镇下盘铺村北恒山山门处，1958 年修建
恒山水库时淹没，之后残址等皆毁于 20 世纪 60 年代。顺治版《恒岳志》载："三元庙，
在山门内右。"该建筑群确切创建年代不详，据传
始建于明弘治二年。据《竭诚趋谒北岳大帝碑》
记载，明嘉靖二十五年（1546）八月初十，镇守
凌云口、长柴岭等地都指挥佥事宿州人沈一元拜
谒恒山，至山门处看到有房屋地基，经道士介绍
此为"三元大帝祠"，乡人黎姓者建立未果。又过
一日向浑源知州刘岩借砖瓦若干进行了修葺，其
间工程是否涉及三元宫无确切记载。清末民国时
期，原北岳山门依山而建，坐东面西，为三开门
砖券拱门式建筑，中门悬匾"北岳恒山"。山门前
建三门四柱三重檐牌坊一座，正中匾额为"北岳
恒宗"；左匾为"屏藩燕晋"（王念祖书）；右匾为

恒山山门

"拱翊京畿"。坊下筑石阶百余，又建有一座牌坊，正面匾额为"百祀朝宗"，背面匾额
为"千岩拱极"。明代杨述程在《登恒山记》曰："磁水东壁，有坊耸峻，金碧辉煌，题
曰'高山仰止'者，即岳远门也。"

　　至民国 6 年（1917），牌楼等建筑又有维修。据 1945 年晋察冀军区随军记者吴琼所
拍摄恒山山门牌楼照片显示，该牌楼正中匾额仅题写有"屏藩燕晋"，旁署"民国六年
重修"字样，而左右匾额全无，背面题写内容不详，可见历代所悬匾额之更替。牌楼以
东原树有巨碑一通，榜书"塞北第一山"，落款斑驳难辨，仅可见"万历"字样。据民
国 3 年（1914）佛教学者、旅行家高鹤年所著《名山游访记》中记载，该题记为宋代大

书法家米芾所书。另，巨碑之南还曾有清乾隆三十年（1765）修北岳恒山石刻碑一通，其北有乾隆三十七年（1772）御祭碑文一通。牌楼左右立石狮一对，造型雄健威武、线条流畅。牌坊下砌有石阶踏步计69级，远低于《游恒山日记》之数。牌楼以内建有三元宫，建筑规模宏大、气象庄严，为明清时期恒山重要的祭祀场所。宫观之后还曾建有白衣殿，亦毁于20世纪。

神溪关帝庙　位于永安镇神溪村中。坐北朝南，东西宽6.82米，南北长6.22米，占地面积42.42平方米。原为一进院布局，创建年代不详，现仅存正殿一座为清代建筑。正殿面阔三间，进深五椽，六檩前廊式构架，单檐硬山顶。砖雕墀头、木雕雀替和荷叶墩上装饰花鸟纹。梁架上存部分清代彩绘，两山墙内现存清代壁画约15平方米。2010年被公布为县级文物保护单位。

东辛庄井神庙　位于永安镇东辛庄村中。坐北朝南，东西宽2.78米，南北长6.57米，占地面积约18平方米。创建年代不详，现仅存正殿一座，建于清代。该建筑面阔一间，进深三椽，单檐硬山顶；西侧山墙上镶嵌清乾隆十八年（1753）重修碑碣1块，长0.75米，宽0.39米。

东辛庄龙王庙　位于永安镇东辛庄村中，创建年代不详。现存正殿一座，建于清代，面阔九间，进深二间，单檐硬山顶，四椽栿，上承三椽栿，残存壁画8平方米。现状为庙顶前部坍塌，为学校所占用。（据"二普"资料）

王千庄马王庙　位于永安镇王千庄村中。坐北朝南，东西宽12.56米，南北长13.13米，占地面积约165平方米。创建年代不详，清同治十三年（1874）重修。一进院布局，现仅存正殿和西垛殿。正殿面阔三间，进深四椽前出廊，五檩前廊式构架，单檐硬山顶。西垛殿面阔二间，进深三椽，单檐卷棚顶（"二普"为硬山顶）。附属文物有清同治十三年（1874）重修马王庙碑记1通。

顾册关帝庙　位于永安镇顾册村中，创建年代不详，现存正殿、乐楼，清代建筑。其中正殿面阔三间，进深二间，单檐硬山顶，四椽栿，前接一椽为廊，殿内有壁画6平方米，外有重修碑记1通，建筑面貌较残。（据"二普"资料）

张家号关帝庙　位于永安镇张家号村中。坐东朝西，东西长7.45米，南北宽4.8米，占地面积约36平方米。创建年代不详，现存建筑为清代。关帝庙面阔一间，进深三椽，单檐硬山顶三椽栿。

井家号五道庙　位于永安镇井家号村中。坐北朝南，东西宽3.74米，南北长4.14米，占地面积约15.5平方米。创建年代不详，现存建筑为清代。毛石砌筑台基，平面呈正方形，边长约8米，高约2米。庙宇面阔一间，进深三椽，单檐卷棚顶。

尧村龙王庙　位于蔡村镇尧村南约200米处，坐西朝东，依山而建。东西长6.23米，南北宽7米，占地面积约44平方米，创建于明万历十五年（1587），为石砌窑洞式建筑。

正面为砖砌仿木结构，有砖雕斗拱、垂花柱等。门洞呈拱形，砖砌，两侧砌拱形窗。门匾砖雕"龙王庙，万历十五年孟夏月吉日造"。村民对建筑屋顶等进行过修葺。

白道窑神庙　位于蔡村镇白道村东台地上。坐东朝西，东西长 6.2 米，南北宽 4.5 米，占地面积约 28 平方米，创建年代不详。神庙一进院布局，现存神殿一座，清代建筑，面阔一间，进深四椽，两面坡硬山顶。中柱建隔墙，西侧为窑神，东侧为真武。该庙是浑源县现存较少的一座窑神庙，具有较高研究价值。

白道村窑神庙壁画

白道龙王庙　位于蔡村镇白道村中。坐北朝南，东西宽 21.51 米，南北长 30.6 米，占地面积约 658 平方米。创建年代不详，现存建筑为清代遗构。一进院布局，中轴线现存正殿、倒座戏台。正殿面阔三间，进深三椽，四椽前廊式构架，单檐硬山顶，前廊存清嘉庆十八年（1813）重修碑记 1 通，古树 1 株。

白道三官庙　位于蔡村镇白道村中，创建年代不详，现建筑为清代遗构。中轴线现存正殿、乐楼。其中正殿面阔三间，进深两间，单檐硬山顶，二椽栿，前接一椽栿。（据"二普"资料）

窑沟神庙　位于蔡村镇窑沟村中。坐北朝南，东西宽 16.87 米，南北长 23.29 米，占地面积约 393 平方米。创建年代不详，现存建筑为清代遗构。一进院布局，现存大门、正殿、东垛殿、东配殿、倒座戏台。大门位于院落西南，为砖雕仿木结构，雕刻有斗拱、垂花柱等。正殿面阔三间，进深三椽，单檐硬山顶，殿内现存清代壁画约 20 平方米（"二普"记为 30 平方米）。东垛殿面阔三间，进深二椽，单坡顶，已坍塌。东配殿面阔三间，屋顶坍塌。

该庙在"二普"中记为龙王庙，其中戏台在第三次全国文物普查（以下简称"三普"）统计时已坍塌。（参见"民居"）

下容易沟龙王庙　位于王庄堡镇下容易沟村中，清代建筑，保存较好。神庙坐北朝南，东西宽 16.21 米，南北长 5 米，占地面积约 81 平方米。一进院布局，大门和倒座戏台已毁，现仅存清代正殿一座，创建年代不详。正殿台基以毛石砌筑，高 1 米。正殿面阔三间，进深四椽前出廊，单檐硬山顶，东侧另有新建庙殿 3 间。

白羊龙王庙　位于王庄堡镇白羊村中。坐北朝南，东西宽 9 米，南北长 20.95 米，占地面积约 189 平方米。创建年代不详，清光绪五年（1879）重修，现存建筑为清代。一进院落布局，中轴线现存正殿、倒座戏台。正殿面阔三间，进深五椽，六檩前廊式构架，单檐硬山顶，墀头砖雕吉祥花草；平板枋上斗拱密致，三踩单昂。庙内现存清光绪五年（1879）重修庙宇碑记 1 通。

北坡头神庙 位于王庄堡镇北坡头村中。坐北朝南，东西宽 16.31 米，南北长 25.3 米，占地面积 413 平方米。创建年代不详，现存建筑为清代。一进院布局，中轴线现存正殿、倒座戏台，正殿两侧建垛殿。正殿面阔三间，进深三椽，四檩前廊式构架，单檐硬山顶。东垛殿面阔二间，进深三椽，单檐硬山顶。西垛殿面阔一间，进深二椽，单檐硬山顶。该庙具有浑源显著地方特色，对研究浑源的寺庙建筑有较大价值。

寨头神庙 位于王庄堡镇寨头村中。坐北朝南，东西长 27.56 米，南北宽 21.5 米，占地面积约 593 平方米。创建年代不详，现存建筑为清代。一进院带西跨院布局，主院中轴线现存正殿、倒座戏台。正殿面阔三间，进深四椽，五檩前廊式构架，单檐硬山顶。在正殿前廊东便门处现存清代重修碑记 1 通，内容不详。西跨院倒座房已毁，现仅存正殿。该殿面阔三间，进深四椽，单檐卷棚顶。

西河神庙 位于王庄堡镇西河村中。坐北朝南，东西宽 16.04 米，南北长 35.4 米，分布面积 568 平方米。创建年代不详，清道光元年（1821）重修。一进院布局，中轴线现存正殿、倒座戏台。正殿面阔三间，进深四椽，五檩前廊式构架，单檐硬山顶。庙内现存清道光元年（1821）重修碑记 1 通。

西湾神庙 位于王庄堡镇西湾村中。坐北朝南，东西宽 24.84 米，南北长 24.21 米，占地面积 601 平方米。创建年代不详，现存建筑为清代。一进院布局，中轴线现存正殿、倒座戏台。正殿面阔三间，进深四椽，五檩前廊式构架，单檐硬山顶。庙内现存清嘉庆庚申年（1800）重修碑记 2 通，

西湾村龙王庙

西侧有古榆 1 株；正殿两侧新建有关帝庙和康家祠堂，殿前存古柏 2 株。

汤头神庙 位于王庄堡镇汤头村中。坐北朝南，东西宽 8.27 米，南北长 18.58 米，占地面积约 154 平方米。创建年代不详，现存建筑为清代遗构。一进院布局，中轴线现存正殿、倒座戏台。正殿面阔三间，进深三椽，四檩前廊式构架，单檐硬山顶，台基为毛石砌筑，高约 1.36 米。此庙"二普"记为财神庙，当时戏台尚存，较完整。

下牛还神庙 位于王庄堡镇下牛还村中。坐北朝南，东西宽 8.92 米，南北长 24.99 米，占地面积约 223 平方米。创建年代不详，现存建筑为清代遗构。一进院布局，中轴线现

存正殿、倒座戏台。正殿面阔三间，进深三椽，四檩前廊式构架，单檐硬山顶，东西廊心墙设便门。台基为毛石砌筑，高约0.5米。正殿东侧现存古井一眼，毛石砌筑，深约8米。

上达枝三官庙 位于王庄堡镇上达枝村中。坐北朝南，东西宽7.86米，南北长21米，占地面积165平方米。创建年代不详，清道光二十二年（1842）、光绪三十一年（1905）均有重修，现存建筑为清代遗构。神庙一进院落布局，中轴线现存正殿、倒座戏台。其中正殿面阔三间，进深四椽，五檩前廊式构架，单檐卷棚顶，殿内现存清道光、光绪重修碑记各1通。

训草龙王庙 位于王庄堡镇训草村，创建年代不详。现存正殿一座，建于清末，面宽一间，进深一间，单檐硬山顶，二椽栿，殿内有残损壁画15平方米。（据"二普"资料）

按：训草村，据传古有熊出没，称"熊草"，后易名。

英庄龙王庙 位于沙圪坨镇英庄村中。坐北朝南，东西宽23.56米，南北长34.61米，占地面积约815平方米。创建年代不详，现存建筑为清代。一进院布局，中轴线建有正殿、倒座戏台，东侧配殿已毁，仅存部分梁架结构。正殿面阔三间，进深五椽，六檩前廊式构架，单檐硬山顶。庙内现存清光绪十七年（1891）重修碑记1通。

杨庄神庙 位于沙圪坨镇杨庄村中，"二普"记为龙王庙。神庙坐北朝南，东西宽16.5米，南北长8.28米，占地面积约137平方米，创建年代不详，现存建筑为清代遗构，一进院布局，现存正殿和西垛殿。正殿面阔三间，进深五椽，六檩前廊式构架，单檐硬山顶，墀头砖雕花草等吉祥图案，殿内现存清代壁画约32平方米。西垛殿面阔三间，进深三椽，四檩前廊式构架，单檐硬山顶（"二普"记为单檐卷棚顶），墀头砖雕"福"字等。

西庄龙王庙 位于沙圪坨镇西庄村中。坐北朝南，东西宽17.58米，南北长24.03米，占地面积约422平方米，创建年代不详，现存建筑为清代遗构。一进院布局，中轴线现存正殿、倒座戏台。正殿面阔三间，进深四椽，单檐硬山顶，墀头砖雕"寿"字、花草等吉祥图案；西侧建垛殿，面阔三间，进深三椽，单檐卷棚顶。

官道龙王庙 位于沙圪坨镇官道村中，呈南北向，现建筑为清代遗构，仅存正殿一座，面阔一间，进深一间，单檐硬山顶，三椽栿，前接一椽。（据"二普"资料）

官道三官庙 位于沙圪坨镇官道村中，呈南北向，现建筑为清代遗构，仅存正殿及乐楼。其中正殿面阔三间，进深二间，单檐卷棚顶，三椽栿，前接一椽出廊，用抹角梁飞檐挑起。殿内有壁画14平方米，清咸丰年重修碑记一通。（据"二普"资料）

照壁关帝庙 位于沙圪坨镇照壁村中，现建筑为清代遗构，仅存正殿及东配殿，1986年村人组织重修殿顶。其中正殿面阔三间，进深二间，单檐硬山顶，三椽栿，前接一椽，有壁画约6平方米；东配殿面阔三间，进深一间，单檐卷棚顶，三椽栿。（据"二

普"资料）

下辛安三官庙　位于吴城乡下辛安村西台地上。坐北朝南，东西宽 3.24 米，南北长 8.68 米，占地面积约 28 平方米。创建年代不详，现仅存正殿一座，清代遗构，面阔一间，进深六椽，单檐硬山顶。

上辛安龙王庙　位于吴城乡上辛安村，坐北朝南，平面呈长方形。创建年代不详，现仅存清代正殿一座，面阔三间，进深两间，单檐硬山顶，三椽栿，现状较残破。（据"二普"资料）

东辛坊龙王庙　位于吴城乡东辛坊村中。坐北朝南，东西宽 35.6 米，南北长 37.58 米，占地面积约 1338 平方米，创建年代不详，现存建筑为清代遗构，一进院布局，西垛殿坍塌后新建，现存正殿和东垛殿。正殿面阔三间，进深三椽，四檩前廊式构架，单檐硬山顶；东垛殿面阔三间，进深五椽，六檩前廊式构架，单檐硬山顶。

按：该庙"二普"曾记有奶奶庙和文昌阁，其中奶奶庙面阔三间，进深一间，单檐硬山顶，三椽栿；文昌阁建于石洞之上，面阔三间，进深两间，单檐硬山顶，四椽栿，后接一椽栿。龙王庙内有残壁画 10 平方米。

大洼关帝庙　位于吴城乡大洼村中，保存较好。坐北朝南，东西宽 20 米，南北长 27.45 米，占地面积约 549 平方米，一进院布局。神庙创建年代不详，现仅存清代正殿一座，面阔三间，进深五椽，六檩前廊式构架，单檐歇山顶。

大洼龙王庙　位于吴城乡大洼村中，清代建筑，现仅存正殿，面阔三间，进深二间，单檐悬山顶，四椽栿，上承两椽栿，前接一椽栿。（据"二普"资料）

皇叔洼神庙　位于吴城乡皇叔洼村中，坐北朝南，东西宽 9.26 米，南北长 10.68 米，占地面积约 99 平方米。神庙一进院布局，创建年代不详，现仅存清代正殿一座，面阔三间，进深五椽，六檩前廊式构架，单檐硬山顶，墀头砖雕花草等吉祥图案。该庙"二普"记为真武庙。

麻塔龙王庙　位于吴城乡麻塔村中。坐北朝南，东西宽 7.2 米，南北长 6.9 米，占地面积约 50 平方米。神庙一进院布局，创建年代不详，现存清代正殿一座，面阔三间，进深五椽，六檩前廊式构架，单檐硬山顶，墀头砖雕花草等吉祥图案。

花疃关帝庙　位于下韩乡花疃村中。坐北朝南，东西宽 18.3 米，南北长 12 米，占地面积约 220 平方米。创建年代不详，现仅存正殿，为清代建筑。该殿面阔五间，进深四椽，单檐硬山顶。

藏经庄五谷神庙　位于下韩乡藏经庄村中台地上。坐北朝南，东西宽 20.74 米，南北长 8.6 米，占地面积约 178 平方米。神庙创建年代不详，现建筑为清代遗构，一进院布局，现存正殿、西垛殿、三官庙和照壁。正殿面阔三间，进深五椽，六檩前廊式构架，单檐硬山顶，墀头砖雕花草等吉祥图案；西垛殿面阔二间，进深三椽，单檐卷棚顶；三官庙面阔一间，进深二椽，单檐硬山顶，中柱建隔墙，分南北两庙，南为三官庙，北为观音殿；照壁建于三官庙东山墙上，为砖雕仿木结构。

下韩关帝庙 位于下韩乡下韩村中。坐北朝南，东西宽 24 米，南北长 24 米，占地面积约 576 平方米，一进院布局，创建年代不详。现建筑为清代遗构，仅存正殿、东西垛殿和配殿。正殿面阔三间，进深四椽，单檐硬山顶，两侧各建垛殿一间，均为进深三椽，单檐硬山顶；东西配殿均为面阔五间，进深三椽，单檐卷棚顶。

西辛坊神庙 位于下韩乡西辛坊村中。坐北朝南，东西宽 17.8 米，南北长 30.29 米，占地面积约 539 平方米，创建年代不详，现存建筑为清代遗构，一进院布局，中轴线建有正殿、倒座戏台，正殿东侧建配殿。其中正殿面阔三间，进深四椽，五檩前廊式构架，单檐硬山顶，墀头砖雕吉祥图案。东配殿面阔四间，进深二椽，单坡顶。该神庙"二普"记为龙王庙。

中韩村龙王庙 位于下韩乡中韩村中。坐东朝西，创建年代不详，现存正殿及南北配殿，清代建筑。其中正殿坐东朝西，面阔三间，进深两间，单檐硬山顶，四椽栿，上承两椽栿，前接一椽栿。南、北配殿均面阔三间，进深一间，单檐硬山顶，三椽栿。（据"二普"资料）

麻庄三官庙 位于下韩乡麻庄村中，创建年代不详，现存建筑为清代遗构，1986 年重修，现存正殿及石狮两个。其中正殿坐北朝南，面阔九间，进深两间，单檐硬山顶，中央五间三椽栿，前接一椽栿，出廊。石狮高 1 米，宽 0.5 米，长 0.8 米；其座高 0.6 米，宽 0.5 米，长 0.8 米。（据"二普"资料）

车道口神庙 位于西留乡车道口村中。坐北朝南，东西宽 28.65 米，南北长 8.2 米，占地面积约 235 平方米。创建年代不详，现存建筑为清代遗构。一进院布局，现存正殿和戏台。其中正殿面阔五间，进深三椽，单檐卷棚顶，墀头砖雕花草、动物等吉祥图案。

泉头龙王庙 位于西留乡泉头村中。坐西朝东，东西长 21.96 米，南北宽 10.3 米，面积约 226 平方米。创建年代不详，现建筑为清代遗构。中轴线现存正殿、倒座戏台。其中正殿面阔三间，进深五椽，六檩前廊式构架，单檐硬山顶，墀头砖雕花草、动物等吉祥图案，砖雕悬鱼装饰花草等吉祥图案。

上祝安关帝庙 位于西留乡上祝安村中。坐北朝南，东西宽 14.52 米，南北长 5.54 米，占地面积约 80 平方米。创建年代不详，现建筑为清代遗构。一进院布局，仅存正殿，面阔五间，进深五椽，六檩前廊式构架，

泉头村龙王庙

单檐硬山顶，正脊上存有砖雕"乾隆三年（1738）"题记。

下祝安龙王庙 位于西留乡下祝安村中。坐北朝南，东西长 12.96 米，南北宽 6.48 米，占地面积约 84 平方米。创建年代不详，现建筑为清代遗构。一进院布局，仅存正殿，面阔五间，进深五椽，六檩前廊式构架，单檐硬山顶，墀头砖雕吉祥图案。

李峪龙王庙 位于东坊城乡李峪村东。坐北朝南，东西宽 13 米，南北长 20 米，占地面积约 260 平方米。创建年代不详，原为一进院布局，中轴线建有正殿、倒座戏台，现仅存正殿为清代建筑。该殿面阔三间，梁架已毁，山墙和屋顶已坍塌，仅存后墙，两侧原建有垛殿，现已毁。

荆庄龙王庙 位于东坊城乡荆庄村中。坐北朝南，东西宽 10.08 米，南北长 6.81 米，占地面积约 69 平方米。创建年代不详，现建筑为清代遗构。一进院布局，仅存正殿，面阔三间，进深五椽，六檩前廊式构架，单檐硬山顶，前檐出抱厦；明间设藻井，前廊雀替木雕龙纹。

荆庄新大寺 位于东坊城乡荆庄村中，建于民国。面阔三间，进深两间，单檐硬山顶，前部用抹角梁挑起飞梁，其他结构无法探知，现状较好。（据"二普"资料）

龙王堂村龙王庙 位于东坊城乡龙王堂村北 1 公里高山之上，仅存正殿，面阔一间，进深两间，单檐硬山顶，三椽栿，为清代建筑。其附属文物存碑 8 通，其中光绪年重修碑 2 通，布施碑 2 通，残碑 4 通。该神庙 1986 年曾重修。（据"二普"资料）

关沟村龙王庙 位于东坊城乡关沟村，现建筑为清代遗构，仅存正殿，面阔三间，进深两间，单檐硬山顶，用中柱穿插，中间有墙将庙分为前后，前后三椽栿，状况较好。（据"二普"资料）

东尾毛村关帝庙 位于东坊城乡东尾毛村，现建筑为清代遗构，仅存正殿及乐楼。其中正殿面阔三间，进深两间，单檐硬山顶，四椽栿，上承两椽栿，前接椽为廊，现状较残。（据"二普"资料）

水磨疃龙祠庙 位于东坊城乡水磨疃村中。坐北朝南，东西宽 19.88 米，南北长 52.3 米，占地面积约 1039 平方米，一进院布局，现存文昌阁和正殿。文昌阁原为水磨疃村堡北堡门，俗称"过街阁"，东西长 7.14 米，南北宽 6.14 米，占地面积约 44 平方米，为夯土砌筑，石基砖包，南北向门道。2006 年村民在过街阁上新建了文昌阁和西厢房。正殿为清代建筑，面阔五间，进深五椽，六檩前廊式构架，单檐硬山顶，墀头砖雕动物、花草等吉祥图案，殿内现存清代壁画约 39 平方米。庙内现存清代、民国时期重修碑记 3 通。其中 1 号碑碑文楷书"重修石桥……龙祠庙……大清乾隆三十三年（1768）。"

水磨疃三官庙 位于东坊城乡水磨疃村中。坐北朝南，东西宽 18.66 米，南北长 10.44 米，占地面积约 195 平方米，创建年代不详。一进院布局，现仅存正殿，清代建筑，面阔三间，进深五椽，六檩前廊式构架，单檐硬山顶，墀头砖雕动物、花草等吉祥图案。

2006 年村民重修，并在东、西两侧新建关帝庙和奶奶庙。据"二普"记载，原有正殿、西配殿及东西垛殿。其中东、西垛殿皆为单檐硬山顶，三椽栿；西配殿为面宽三间，进深一间，单檐硬山顶，三椽栿，当时较残。

西岭龙王庙 位于青磁窑镇西岭村中。坐北朝南，东西宽 9.4 米，南北长 7.11 米，占地面积约 67 平方米，创建年代不详。一进院布局，现仅存正殿，为清代建筑，面阔三间，进深五椽，六檩前廊式构架，单檐硬山顶。前廊现存重修碑记 1 通，碑文楷书"大清国山西大同府浑源州城南西岭村创修龙神庙碑……乾隆四十二年（1777）施舍，嘉庆丁丑年（1817）岁次仲秋己酉月穀旦立，主持陈仓"。1997 年村民集资将正殿重修。另据"二普"记载，庙内有布施碑一通。

孟家窑关帝庙 位于青磁窑镇孟家窑村中大队院内。坐北朝南，东西宽 29.8 米，南北长 24.02 米，占地面积约 716 平方米。创建年代不详，现存建筑为清代遗构。一进院布局，中轴线原建有正殿、倒座戏台。旧殿已毁，2002 年村民重建。

贾柳树神庙 位于青磁窑镇南元坨村贾柳树村西，坐北朝南，东西宽 3.84 米，南北长 4.04 米，占地面积约 16 平方米。神庙创建年代不详，一进院布局，现仅存清代正殿，毛石砌筑，面阔一间，进深二椽，两面坡硬山顶。附属文物现存碑记 1 通，碑文楷书"重修娘娘、五谷、牛马王、财神……大清同治九年（1870）岁次……"由此可见过去所属庙宇众多。该庙"二普"记为关帝庙。

大磁窑关帝庙 位于青磁窑镇大磁窑村原学校院内，20 世纪 60 年代有所损坏。神庙坐北朝南，东西宽 7.06 米，南北长 6.62 米，占地面积约 47 平方米。创建年代不详，清光绪五年（1879）重修。一进院布局，现仅存正殿。面阔三间，进深四椽，五檩前廊式构架，单檐硬山顶，墀头砖雕吉祥花草图案。正殿前廊现存清光绪五年（1879）重修碑记 1 通，金代碑碣 2 通。据"二普"载，神庙有东西配殿，均面阔三间，进深一间，单檐硬山顶，三椽栿，有布施碑 3 通。

大磁窑奶奶庙 位于青磁窑镇大磁窑村，坐北朝南，东西宽 21.2 米，南北长 35.92 米，占地面积约 762 平方米。创建年代不详，现存建筑为清代遗构，一进院布局。中轴线原建有正殿、倒座戏台，现仅存正殿，面阔五间，进深五椽，六檩前廊式构架，单檐硬山顶，墀头、山墙花砖雕吉祥花草图案。庙内现存清重修碑记 1 通，已残，字迹不清。

大磁窑村奶奶庙

大磁窑龙王庙 位于青磁窑镇大磁窑村西南唐峪河南岸的依山台地上，当地俗称

"南寺"。坐北朝南，东西宽 29.62 米，南北长 35.49 米，占地面积约 1051 平方米。神庙创建年代不详，清道光四年（1824）、光绪二十年（1894）重修。一进院布局，现仅存东、西两座正殿。东正殿面阔三间，进深五椽，六檩前廊式构架，单檐硬山顶，殿内现存清代壁画约 14 平方米。西正殿面阔三间，进深七椽，勾连搭式梁架结构，五架梁前搭四架梁共用一柱，后硬山前卷棚顶。庙内现存清道光、光绪年重修碑记各 1 通。

刁窝梁龙王庙 位于青磁窑镇刁窝梁村，坐东朝西，东西长 28.87 米，南北宽 21.66 米，占地面积约 625 平方米。神庙一进院布局，创建年代不详，现存建筑为清代遗构，中轴线建有正殿、倒座戏台，东、西两侧建垛殿、厢房。正殿和垛殿建在高 1.2 米砖砌台基上，九级垂带踏跺。其中正殿面阔三间，进深五椽，六檩前廊式构架，单檐硬山顶；东、西垛殿均为面阔二间，进深三椽，单檐卷棚顶；西厢房面阔六间，进深二椽，单坡顶。庙内现存碑刻 4 通，被用于墁地，字迹不清。

刁窝村龙王庙 位于青磁窑镇刁窝村中，建于清代，现存正殿和乐楼。其中正殿面阔三间，进深两间，单檐硬山顶，三椽栿，上承两椽，后接一椽栿。庙内有残碑两通，建筑面貌总体较好。（据"二普"资料）

董庄村龙王庙 位于青磁窑镇董庄村，现建筑为清代，后有修葺，现存正殿及乐楼。其中正殿坐西朝东，面阔五间，进深两间，后部为石券窑洞，前面部接二椽栿出廊。（据"二普"资料）

正沟村龙王庙 位于青磁窑镇正沟村，现建筑为清代遗构，仅存正殿一座，面阔三间，进深两间，单檐硬山顶，二椽栿，前接一椽为廊，现状较为残破。庙内有清道光七年（1827）铁铸钟一口，口径 0.31 米，高 0.3 米。（据"二普"资料）

正沟村山神庙 位于青磁窑镇正沟村，现建筑为清代，现存正殿一座，面阔一间，进深一间，单檐硬山顶，三椽栿，现状较好。（"二普"资料）

界庄村龙王庙 位于青磁窑镇界庄村，现建筑为清代遗构，1984 年曾重修。现存正殿一座，面阔三间，进深三间，单檐卷棚顶，四椽栿，现状较好。（据"二普"资料）

小岭村龙王庙 位于青磁窑镇小岭村，现建筑为清代遗构，1970 年重修，有清道光二十六年（1846）重修碑一通。现存正殿一座，面阔一间，进深一间，单檐硬山顶，二椽栿，现状较好。（据"二普"资料）

小岭村关帝庙 位于青磁窑镇小岭村，建于清代，1968 年重修，庙宇内有清代残碑一通。现存正殿及乐楼各一座，其中正殿面阔四间，进深两间，单檐硬山顶，三椽栿，前接一椽为廊，整体面貌残破。（据"二普"资料）

古磁窑村山神庙 位于青磁窑镇古磁窑村，建于清代，现存正殿一座，面阔一间，进深一间，单檐硬山顶，三椽栿，现状较好。（据"二普"资料）

圪坨神庙 位于西坊城镇圪坨村大队院内。坐北朝南，东西长 27.28 米，南北宽

15.66 米，占地面积约 427 平方米。创建年代不详，现存建筑为清代遗构。一进院布局，现仅存正殿和西垛殿。其中正殿面阔五间，进深五椽，六檩前廊式构架，单檐硬山顶，墀头砖雕动物、花草等吉祥图案；西垛殿面阔二间，进深三椽，单檐卷棚顶。该神庙"二普"记为老爷庙。

圪坨龙王庙　位于西坊城镇圪坨村，坐北朝南，东西宽 9.6 米，南北长 28.12 米，占地面积约 270 平方米，创建年代不详，清光绪四年（1878）重修。神庙一进院布局，中轴线现存正殿、倒座戏台。其中正殿面阔三间，进深五椽，六檩前廊式构架，单檐硬山顶，墀头砖雕动物、花草等吉祥图案，殿前现存重修碑记 1 通、古榆树 1 株。碑文楷书"重修龙神创修五谷财神碑志……大清光绪四年岁次戊寅仲春中浣榖旦立"。（此碑记未录入《三晋石刻大全·大同市浑源县卷》）

大峪口龙王庙　位于西坊城镇大峪口村，坐北朝南，东西宽 17.94 米，南北长 34.68 米，占地面积约 622 平方米。创建年代不详，现存建筑为清代遗构。一进院布局，中轴线现存正殿、倒座戏台。其中正殿面阔三间，进深四椽，五檩前廊式构架，单檐硬山顶。

涧村关帝庙　位于西坊城镇涧村中，坐北朝南，东西宽 9.72 米，南北长 17.52 米，占地面积约 170 平方米，创建年代不详，清乾隆四十七年（1782）、同治二年（1863）均有重修。神庙一进院布局，现仅存正殿、钟楼。其中正殿面阔三间，进深五椽，六檩前廊式构架，单檐硬山顶，明间出抱厦，墀头砖雕动物、花草等吉祥图案，内壁现存清代绘制关羽生平故事壁画 36 幅，约 25 平方米，前廊现存重修碑记 2 通。

小辛庄龙王庙　位于西坊城镇小辛庄村，现存正殿，坐北朝南，清代建筑，面阔三间，进深二间，二椽栿，前接一椽出廊，单檐硬山顶。（据"二普"资料）

小辛庄三官庙　位于西坊城镇小辛庄村，现存正殿，坐北朝南，清代建筑，面阔三间，进深二间，二椽栿，前接一椽出廊，单檐硬山顶。（据"二普"资料）

南阳庄奶奶庙　位于西坊城镇南阳庄村中，现存正殿、垛殿，清代建筑。其中正殿坐北朝南，面阔三间，进深二间，四椽栿，单檐卷棚顶；垛殿面阔一间，进深一间，单檐硬山顶，四椽栿。（据"二普"资料）

井沟圣母庙　位于驼峰乡井沟村西南 1700 米处的山腰上，坐西南朝东北，东西长 4.6 米，南北宽 4.52 米，占地面积约 21 平方米。神庙创建年代不详，清嘉庆二十三年（1818）重修，现仅存圣母庙一座，依山而建，砖砌窑洞式建筑，拱形门洞，正面装饰砖雕仿木结构斗拱、垂花柱等。庙内现存清嘉庆二十三年（1818）七月补修题记。

屈家坪神庙　位于驼峰乡屈家坪村中，坐北朝南，东西宽 17.32 米，南北长 19.8 米，占地面积约 343 平方米，创建年代不详，现存建筑为清代遗构，一进院布局，中轴线现存正殿、倒座戏台。其中正殿面阔三间，进深五椽，六檩前廊式构架，单檐硬山顶。

李千庄龙王庙　位于驼峰乡李千庄村中，坐北朝南，东西宽 20.84 米，南北长 39.14

米，占地面积约 816 平方米，创建年代不详，现存建筑为清代遗构，一进院布局，中轴线现存正殿、倒座戏台。其中正殿面阔三间，进深四椽，五檩前廊式构架，单檐硬山顶，两侧建垛殿，东垛殿已毁，西垛殿面阔二间，进深三椽，单檐卷棚顶。

西郭家庄关帝庙 位于驼峰乡西郭家庄村，坐北朝南，东西宽 26.24 米，南北长 54.44 米，占地面积约 1428 平方米，创建年代不详，现存建筑为清代遗构，一进院布局，中轴线现存正殿、倒座戏台。其中正殿面阔五间，进深五椽，六檩前廊式构架，单檐硬山顶，内壁原有清代壁画，已毁。

浅涧龙王庙 位于驼峰乡浅涧村，清代建筑，创建年代不详，现存正殿及乐楼。其中正殿面阔三间，进深两间，单檐硬山顶，四椽栿，上承两椽栿，前接一椽出廊。（据"二普"资料）

北水头神庙 位于南榆林乡北水头村南约 135 米，坐北朝南，东西宽 7.34 米，南北长 5.18 米，占地面积约 38 平方米，创建年代不详，现存建筑为清代遗构，一进院布局，现仅存正殿。殿宇面阔三间，进深三椽，四檩前廊式构架，单檐硬山顶，内存隔扇窗、砖砌神台等。

北紫峰关帝庙 位于南榆林乡北紫峰村西台地上，坐北朝南，东西宽 12 米，南北长 26.6 米，占地面积约 319 平方米，创建年代不详，现存建筑为清代遗构，一进院布局，中轴线原建有正殿、倒座戏台，现仅存正殿。其中正殿面阔三间，进深四椽，五檩前廊式构架，单檐硬山顶，台基为毛石砌，高约 0.5 米，四级垂带踏跺。

北紫峰龙王庙 位于南榆林乡北紫峰村，创建年代不详，现存清代正殿一座，面阔三间，进深两间，单檐硬山顶，四椽栿。（据"二普"资料）

西圪坨铺关帝庙 位于南榆林乡西圪坨铺村。东西宽 8.82 米，南北长 6.08 米，占地面积约 54 平方米，创建年代不详，现存正殿一座，坐西朝东，清代建筑，建在高 2—5 米的石砌台基上，面阔一间，进深四椽，单檐硬山顶。

上韩龙王庙 位于南榆林乡上韩村。东西宽 17.22 米，南北长 34.08 米，占地面积约 587 平方米，创建年代不详，现存建筑为清代遗构。神庙一进院布局，坐北朝南，其倒座戏台、东配殿、东侧山门已毁，现仅存正殿、东西垛殿、西配殿、西侧山门。西侧砖雕门楼为砖雕仿木结构，砖雕斗拱、垂花柱制作精美。正殿面阔三间，进深四椽，五檩前廊式构架，单檐硬山顶，5 级石砌垂带踏跺；两侧垛殿均为面阔一间，进深三椽，单檐硬山顶；西配殿面阔五间，进深二椽，单坡顶。

上韩村窑神庙 位于南榆林乡上韩村，清代建筑，现存正殿、山门。其中正殿坐西朝东，面阔一间，进深一间，单檐硬山顶，二椽栿，前接一椽栿，残存壁画约 12 平方米；山门为砖券门洞，顶部较残。（据"二普"资料）

二岭关帝庙 位于南榆林乡二岭村，坐北朝南，东西宽 22.88 米，南北长 31.06 米，占地面积约 710 平方米。据庙内《万善同归》碑记载，神庙创建于清光绪十六年（1890）九月，后于民国 23 年（1934）又增建了五谷神、财神、福神、娘娘庙等，所建神庙较多，有碑记，庙会为农历九月十五日。现建筑为一进院布局，原建有山门、倒座戏台，已毁，后新建，院西侧为禅房。现存正殿、三官庙、圣母庙为清代建筑。正殿面阔三间，进深三椽，四檩前廊式构架，单檐硬山顶。东西垛殿均为面阔一间，进深二椽，单檐硬山顶。

附属文物现存清咸丰、光绪时期重修碑刻 3 通、清咸丰十年造全家嘴村龙神庙铁钟 1 口。月台踏步处分立石狮一对，高 0.6 米，宽 0.23 米，体长 0.44 米，西侧石狮顶部残损，东侧石狮较为完整。财神殿东西两侧绘有清代壁画约 12.5 平方米，下部破损严重，所绘内容无法辨识。东侧所绘人物为五谷神及侍从，西侧绘福神、贵神、财神及侍从，笔法流畅，人物生动传神。

该庙于 1992 年 9 月重新修建，院内植松柏 20 株。现正殿间隔为三间，可通行，中奉关帝，西侧殿为龙王殿，东侧为窑神，东垛殿依次为财神殿、北岳大帝殿，以西垛殿依次为奶奶庙、魁星殿（新建），山门外戏台后新建有三佛殿。现庙祝名王成兴，66 岁，本村人。

二岭龙王庙 位于南榆林乡二岭村中，清代建筑，现存正殿、东西垛殿及西配房。其中正殿面阔三间，进深两间，单檐硬山顶，二椽栿，前接一椽栿，内有清光绪年重修碑记一通；东、西垛殿面阔一间，进深一间，单檐硬山顶，二椽栿，前接一椽栿；西配殿面阔五间，进深一间，单檐硬山顶，三椽栿。（据"二普"资料）

二岭村龙王庙

北晋庄龙王庙 位于南榆林乡北晋庄村。东西宽 8.38 米，南北长 6.58 米，占地面积约 55 平方米，创建年代不详，现存建筑为清代遗构，一进院布局，坐北朝南，现仅存正殿。该殿面阔三间，进深三椽，四檩前廊式构架，单檐硬山顶，内壁存清代壁画 16.8 平方米。

南水头十王殿 位于南榆林乡南水头村中，创建年代不详，现存建筑为清代遗构，仅存正殿、东西垛殿、东西配房及残破乐楼。其中正殿面阔三间，进深两间，单檐硬山顶，四椽栿，上承两椽栿，前接一椽出廊；东、西垛殿皆面阔一间，进深一间，硬山顶，三椽栿；东、西配房皆面阔三间进深一间，硬山顶，三椽栿。殿内存塑像 6 尊，残破。（据"二普"资料）

小麦峪神庙 位于千佛岭乡小麦峪村南约 140 米处，坐北朝南，东西宽 18.8 米，南北长 26.16 米，占地面积约 492 平方米，创建于清同治二年（1863），一进院布局，中轴线原建有正殿和倒座戏台，正殿坍塌后新建，仅存戏台，其东南现存清创修碑记 1 通。

火石头神庙　位于千佛岭乡火石头村，东西宽 7.1 米，南北长 5.14 米，占地面积约 36 平方米，创建年代不详，现存建筑为清代，一进院布局，坐北朝南，现仅存正殿，当地俗称"神棚"。该殿面阔两间，原为二层楼阁式建筑，二楼已毁，现改建为硬山顶。

麻地坪牛马王庙　位于千佛岭乡麻地坪村，东西宽 7.94 米，南北长 5.34 米，占地面积约 42 平方米，创建年代不详，清光绪三十年（1904 年）重修，碑记存于正殿东南。神庙为一进院布局，坐北朝南，现仅存正殿，面阔三间，进深三椽，四檩前廊式构架，单檐硬山顶，现屋顶坍塌，梁架损毁，残存西山墙和后墙部分墙体，墙上保存有清代壁画约 5 平方米，被泥土覆盖。

泽清岭关帝庙　位于千佛岭乡泽清岭村，东西宽 21.75 米，南北长 24.1 米，占地面积约 524 平方米，创建年代不详，现存建筑为清代遗构，一进院布局，坐北朝南，中轴线建有正殿、倒座戏台，东、西两侧建垛殿。其中正殿面阔三间，进深三椽，四檩前廊式构架，单檐硬山顶，七级石砌垂带踏跺。东、西垛殿均为面阔两间，进深二椽，单檐硬山顶。原山门之上建有鼓楼，单檐硬山顶一间。至现代，村人曾对部分新建。

牛星堡关帝庙　位于千佛岭乡牛星堡村中，东西宽 32 米，南北长 26.7 米，占地面积约 854 平方米，创建年代不详，现存建筑为清代遗构，一进院布局，坐北朝南，大门已毁，现存正殿、东配殿、南配殿和文昌阁。其中正殿面阔五间，进深三椽，四檩前廊式构架，单檐硬山顶，殿内现存清代壁画约 21 平方米。东配殿面阔三间，进深三椽，单檐卷棚顶；南配殿面阔四间，进深三椽，单檐硬山顶。

打虎沟三官庙　位于千佛岭乡打虎沟村中，现存正殿一座，建于清代，面宽三间，进深两间，单檐硬山顶，三椽栿，现状残破。（据"二普"资料）

小道沟龙王庙　位于千佛岭乡小道沟村，现存正殿及乐楼，建于清代。其中正殿面宽三间，进深两间，单檐硬山顶，三椽栿，现状较残。（据"二普"资料）

南堡关帝庙　位于千佛岭乡南堡村中，东西宽 25.32 米，南北长 18.6 米，占地面积约 471 平方米。创建年代不详，现存建筑为清代遗构。一进院布局，坐北朝南，中轴线原建有正殿和倒座戏台。现戏台已毁，仅存正殿，该殿面阔五间，进深三椽，四檩前廊式构架，单檐硬山顶，内壁存清代壁画约 63 平方米。

北堡村关帝庙　位于千佛岭乡北堡村，创建年代不详，现建筑为清代遗构，后有修葺。面阔三间，进深二间，单檐硬山顶，三椽栿，保存状况较好。（据"二普"资料）

鸽子峪神庙　位于千佛岭乡鸽子峪村中，东西宽 12.1 米，南北长 20 米，占地面积约 242 平方米，创建年代不详，现存建筑为清代遗构，一进院布局，坐北朝南，中轴线原建有正殿和倒座戏台。现戏台已毁，仅存正殿。该殿面阔三间，进深三椽，四檩前廊式构架，单檐硬山顶。殿前存古松树 1 株，径围 2 米，高 13 米。附属文物现存碑刻 1 通，

字迹不清。（该庙"二普"记为关帝庙）

鸽子峪龙王庙 位于千佛岭乡鸽子峪村中，现存正殿一座，建于清代，面阔一间，进深一间，单檐硬山顶，二椽栿，前接一椽出廊。院内有古松一株，高17米，胸径1.7米。（据"二普"资料）

龙咀龙王庙 位于千佛岭乡龙咀村中，坐北朝南，东西宽16米，南北长34.9米，占地面积约558平方米。创建年代不详，现存建筑为清代。一进院布局，中轴线原建有正殿和倒座戏台，正殿已毁，仅存新建倒座戏台。附属文物有清乾隆四十七年（1782）、道光二十四年（1844）、光绪三十三年（1907）重修碑记3通。

小窝单龙王庙 位于千佛岭乡小窝单村，现存正殿及乐楼，建于清代。其中正殿面宽三间，进深两间，单檐硬山顶，二椽栿，前接一椽，较残。（据"二普"资料）

后庄子龙王庙 位于千佛岭乡后庄子村，现存正殿一座，建于清代，1985年曾重修。该建筑面阔一间，进深一间，单檐硬山顶，二椽栿，前接一椽为廊，现状较好。附属文物有古松一株。（据"二普"资料）

官儿龙王庙 位于官儿乡官儿旧村，坐南朝北，东西宽13.74米，南北长25.62米，占地面积约352平方米。创建年代不详，现存建筑为清代遗构。坐北朝南，一进院布局，中轴线建有正殿、倒座戏台。其中正殿面阔三间，进深三椽，单檐硬山顶。殿内现存清代绘制关于龙母、关帝等内容的壁画约10平方米。现代村人曾新建山门等。

西辛庄龙王庙 位于裴村乡西辛庄村，坐北朝南，东西宽9.14米，南北长8.26米，占地面积约76平方米，创建年代不详，现存建筑为清代遗构，一进院布局，中轴线上原建有正殿、倒座戏台，现正殿已毁，仅存戏台一座，建于石砌台基之上，高约1米，面阔三间，进深五椽，单檐卷棚顶，内墙壁现存清代壁画5平方米余（"二普"记为12平方米）。戏台东侧现存残碑1通，碑文模糊无法辨认。

据"二普"记载，原正殿面宽三间，进深两间，单檐硬山顶，四椽栿，前接一椽为廊，有残破壁画约8平方米。

西辛庄财神庙 位于裴村乡西辛庄村中，神庙前有百年柳树一株，周长约4米，对面原有戏台一座，已毁。该建筑坐北朝南，东西宽12.34米，南北长19.42米，占地面积约240平方米，明代创建，原为二进院布局，中轴线上建有倒座戏台、山门、正殿、后殿等，现仅存山门和正殿，为明清时期建筑。20世纪60年代该庙曾改建为供销社使用，现村人（刘喜良，现为寺庙住持，法名悉良）筹资新建了西厢房、钟鼓楼、后殿等。山门为砖雕仿木结构，拱形门洞，砖雕垂花柱等，并将正殿重新彩绘后把仅存部分明代壁画覆盖。另在正殿明间新建了抱厦。正殿面阔五间，进深五椽，六檩前廊式构架，单檐硬山顶。正殿前廊现存清光绪六年（1880）布施碑2通。村人言，神庙在光绪六年重修之时，寺内壁画由本村人张寿山和城内画师李伯龙共同完成。但据文物考证，该壁画具明代特征。

裴村龙王庙　位于裴村乡裴村，坐北朝南，东西宽 9.44 米，南北长 14.48 米，占地面积约 137 平方米，创建年代不详，现存建筑为清代遗构，一进院布局，中轴线上原建有山门（俗称"文昌阁"）、正殿。20 世纪 60 年代将山门拆毁改建为供销社，现仅存正殿。该殿面阔三间，进深五椽，六檩前廊式构架，单檐硬山顶。

旧裴村关帝庙　位于裴村乡旧裴村，现建筑为清代遗构，后有修葺。面阔六间，进深二间，单檐卷棚硬山顶，四椽栿，前接一椽为廊，保存状况较好。（据"二普"资料）

西王铺龙王庙　位于大仁庄乡西王铺村中心，呈南北向，现存正殿一座，清代建筑，后屡有修葺。该建筑面阔五间，进深两间，单檐硬山顶，三椽栿，前接一椽为廊，顶部残存。（据"二普"资料）

大西沟关帝庙　位于原黄花滩乡大西沟村，现存正殿一座，清代建筑。大殿面阔三间，进深两间，单檐硬山顶，四椽栿，上承两椽栿，前接一椽为廊。庙内存有道光九年（1829）重修碑一通，残碑三通。（据"二普"资料）

刘官庄龙王庙　位于原黄花滩乡刘官庄村，现存正殿及乐楼，清代建筑，民国 13 年（1924）重修。其中大殿面阔三间，进深两间，单檐硬山顶，四椽栿，前接一椽。庙内存有民国 13 年重修碑一通。（据"二普"资料）

白强沟龙王庙　位于原黄花滩乡白强沟村，现存山门、正殿、东西配殿及乐楼，清代建筑，后有修葺。其中大殿面阔三间，进深一间，二层单檐硬山顶，二椽栿，前接一椽出廊，有壁画 21 平方米；配殿面阔两间，进深一间，单檐硬山顶，二椽栿；山门为单檐硬山顶。（据"二普"资料）

南水头三清观　位于南榆林乡南水头村，坐北朝南，东西宽 18.94 米，南北长 29.5 米，占地面积约 558 平方米，创建年代不详，道光十年（1830）重修，二进院布局，现仅存正殿和东、西垛殿。其中正殿面阔三间，进深五椽，六檩前廊式构架，单檐硬山顶，墀头砖雕吉祥图案，两侧建垛殿，均为面阔一间，进深三椽，单檐硬山顶。观内现存清道光十年（1830）重修三清寺碑记 1 通、清咸丰十一年（1861）布施碑 1 通。

沙圪坨刘氏家庙　位于沙圪坨镇沙圪坨村中。东西宽 7.64 米、南北长 22.96 米，平面呈长方形，现存房屋 9 间，占地面积约 175 平方米。该宗祠初建于清光绪年间，是浑源较为完整的一组家庙建筑。其内部设施毁于 20 世纪 60 年代，曾为村办学习班、会议室以及戏剧活动室所占用。整体建筑坐南朝北，开正门正厅，一进院布局，现存大门、正堂，原有西跨院已毁。大门面阔三间，进深一间，五檩前廊式构架，明间为单檐硬山式，次间为单檐卷棚式。明间小次间大，前出廊，盖布瓦起脊兽，隔扇门槛墙隔扇全部改间，山墙饰砖雕墀头，雕花草等吉祥图案。正堂面阔三间，进深四椽，单檐硬山顶，五檩前廊式构架，四椽栿，后加乳栿，隔扇全部改间，山墙有砖雕墀头，砖雕花草等吉祥图案，明间大次间小，布瓦盖顶，置五脊六兽。家庙于 2012—2016 年由族人完成重建，正堂撰联"明经世世承汉业，祖武绳绳继尧风"。

武村李氏家庙　位于永安镇武村。坐北朝南，东西宽 16.2 米，南北长 38.3 米，占地面积约 620 平方米，创建年代不详，现存建筑为清代遗构。一进院布局，原大门处新建为民房，现存正堂、东西配殿、西垛殿及石狮 1 对。石狮青石质，圆雕，通高 1.68 米；正堂面阔三间，进深五椽，六檩前廊式构架，单檐硬山顶，内存清代壁画为涂料覆盖；东、西厢房均为面阔三间，进深二椽，单坡顶；西垛殿面阔一间，进深五椽，单檐卷棚顶。

西坊城王氏宗祠　位于西坊城镇西坊城村。坐北朝南，东西宽 9.64 米，南北长 19.45 米，占地面积约 187 平方米，建成于清道光二十七年（1847），道光三十年（1850）始立碑，20 世纪 60 年代村民将宗祠改建为民居。现存建筑为一进院布局，原正堂已毁，仅存大门、倒座房、创修碑记 1 通及原有祠堂石质构件残料，现王氏族人在正堂原址处重新起建，尚未完工。大门位于院落正南，进深四椽，两面坡硬山顶。大门两侧各建倒座房一间，均为进深三椽，单檐卷棚顶，后墙上原刻有"王氏宗祠"四个砖刻大字，西侧墙体"宗祠"二字因 20 世纪族人将房屋改建而拆毁不全。

圪坨李氏祠堂　位于西坊城镇圪坨村。坐北朝南，东西宽 9.82 米，南北长 19.28 米，占地面积约 189 平方米。创建于清宣统三年（1911），一进院布局，中轴线现存大门、正殿。大门面阔三间，东、西两侧为耳房。大门进深四椽，两面坡硬山顶。东、西耳房均为进深三椽，单檐卷棚顶。正殿面阔三间，进深四椽，五檩前廊式构架，单檐硬山顶。正殿内存李氏家谱。正殿前现存碑刻 2 通。其中东侧 1 通为青石质，圆首，通高 1.78 米，宽 0.64 米，厚 0.19 米。碑文楷书"李氏宗祠记……宣统三年岁次辛亥仲夏之月穀旦立"，该碑未载入于《三晋石刻大全·浑源县卷》。

凌云口家庙　位于裴村乡凌云口村，现建筑为清代遗构。面阔三间，进深一间，单檐卷棚硬山顶，明间出抱厦，保存状况较好。（据"二普"资料）

大洼村家庙　位于吴城乡大洼村，坐南朝北，现建筑为清代遗构。面阔三间，进深两间，单檐硬山顶，三椽栿，保存状况较好。（据"二普"资料）

驼峰村家庙　位于驼峰乡驼峰村，现建筑为清代遗构。面阔三间，进深两间，单檐硬山顶，二椽栿，前接一椽出廊，保存状况较好。（据"二普"资料）

基督教礼拜堂　位于永安镇翠屏社区余井街志同巷 7 号，为县基督总教堂。坐西朝东，平面呈"1"形，东西长 66.5 米，南北宽 46.8 米，实测占地面积约 3112 平方米（1999 年版《浑源县志》记载为 800 余平方米）。据县志记载，总堂由瑞典籍牧师贺赖德与信徒周礼等筹建于清光绪二十年（1894），院内《纪事碑》记载为光绪二十一年。该建筑规模较大，共有房屋 60 多间，为东、西两进院落。附设有福音堂（礼堂）一处（容纳 400 多人），小学一所，诊所一个。该建筑群于 1900 年义和团运动时被焚毁，1901 年重修，中华人民共和国成立后被雁北地委等机关占用，20 世纪 60 年代被改建为城关供销社。现存礼拜堂 1 座、附属房屋 6 栋、创建碑记 1 通。礼拜堂平面呈"刀把形"，开四门，东、西侧门匾各有题刻（参见石刻砖雕章）。

第六节　民　居

浑源古宅院落人文精神厚重，主人身份显达，如栗家院、田家院等。其建筑风格考究，凸显明清古建风貌。全国文物专家、省古建筑研究所所长吴锐曾对浑源古宅院落的资料进行系统整理和研究；沈阳建筑大学建筑研究所博士生导师朴玉顺对浑源古院落的砖雕、木刻、绘画布局和结构给予了高度评价，认为开发后的浑源古宅院落，其历史文化价值和旅游观瞻度并不逊于晋中祁县乔家大院等院落。现存民居构架保存完整，虽经零星修缮或稍有改建，但其基本构架仍保持原有风貌，故易于开发保护。

浑源现存较为完整的古民居基本都是以四合院为主的平房。历史上，居住人群为中上等人家，家境殷实者建有秀女楼，如晴远楼、麻家大院秀楼，乡村如永兴号秀楼等。通常建筑格局为砖雕门楼，房顶起脊，一分为二，典型的三角架结构；屋檐两出水，前檐较宽，可遮风挡雨；后檐仅有出水功能，短而收敛，基本都为土木结构，多通体砖包，但工艺仍不失考究，垂花抱鼓、斗拱飞檐、雕梁画栋，令人赞叹。

四合院大门开向不一，通常沿街道走向而开，门楼不建于中轴线上，或偏左或偏右。大门对面多建有影壁墙，又名"挡头"，据说有辟邪之用，内不泄光，外物可阻。影壁为单坡瓦顶，仿木椽檐，正中设横脊一道，两端置麒麟兽，额头设砖雕斗拱，两侧有砖雕垂花柱；影壁中央嵌镶有"福""喜鹊登梅""八仙过海""吉祥如意""丹凤朝阳"等砖雕花饰；影壁下面多雕花砖座，砖座上摆设祭祀天地的香炉。四合院为封闭式布局，院落多为正房三间，左右两旁各设耳房一间，东、西厢房不定，南房一两间，西南角多建置厕所和柴房。

浑源的古民居虽有拆毁，但仍有多条街巷古风依旧，现较为完整的古民居有栗家、田家、刘家、麻家、尚家、张家、李家、孙家八处大院。建造精美的房屋既是财富的标志也是身份的象征，这是中国人自古的传统观念。个别大户自家独门独户，有二进、三进、东西跨院等，如田应璜故居。此外，乡村富庶人家或因躲避战祸、匪患多有在县城内购置房屋。

在古代，房屋的营建等级、规模、称谓皆有定制，不可僭越。如《宋史·舆服制》载："亲王曰府，余官曰宅，庶民曰家。"在清代，沿袭汉制，规定凡封爵者皆称"府"或"府邸（第）"，其余官员皆称"宅"或"宅邸（第）"，即所谓"大宅门"。其中"府"融办公、生活为一体，产权归属皇家，由内务府掌管，爵在则府在，爵夺则易主，而宅邸则多为官员私产。清末宗室爱新觉罗·载涛先生在《清末贵族之生活》一文中对于房屋的典制有明确解释，其制皆从于《钦定大清会典》。但随着晚清国力衰微，民间对于守制的概念渐趋模糊，称谓滥用，如"栗家府""薛家府"等。参见《浑源州续志·卷八·古迹》。

古城内共有民居68处，本节所载录县内规模较大的民居，皆为清代及民国构建。2014年，经县住建局、文物局联合筛选核查，有14处古民居被确定为历史建筑，当年12月，由浑源县人民政府（浑政发〔2014〕38号）正式公布为第一批历史建筑，分别为：姚家巷7号（姚家大院）、原东大街40号（刘家大院）、晴远楼、郭家巷7号（李少和故居）、庆永兴巷13号、庆永兴巷7号（韩之鲁故居）、庆永兴巷8号民居、庆永兴巷11号（徐子孝故居）、大石头巷4号民居、鼓楼北巷25号（任家大院）、石桥北巷3号（张达故居）、南营巷25号民居、栗家巷13号民居、陈家巷4号民居。

一、城内古民居

以下民居位置编号由浑源县住建部门统一编发，为当前实际居住编码。

麻家大院 位于永安镇孙家巷11号，是规模宏大、规格较高、工艺考究的一组古民居建筑群，建于明清，曾是清末举人麻国华的宅院。麻国华，名席珍，号国华，清末举人，在陕西任县长两任。

该院落东、西宽51.3米，南北长66.5米，占地面积3411平方米，长方形，现存房屋73间。整体建筑坐北朝南，三进院带东西跨院布局，中轴线建有大门、过厅、正房、阁楼，东、西两侧建厢房。东跨院轴线上建有大门、垂花门、过厅、垂花门、正房，东、西两侧建厢房。西跨院轴线上建有大门、二门、过厅、垂花门、正房，东、西两侧建厢房。其中西跨院现存两进院，东跨院现仅存后院。

正院大门面宽五间（17.4米），进深一间（4.8米），单檐硬山式，五脊六兽，布瓦盖顶。前院东、西配房各面宽二间（6.8米），进深一间（5米），卷棚硬山顶。前院正厅面宽五间（17.4米），进深一间（6.8米），卷棚顶。二进院东、西配房各面宽三间（9.8米），进深一间（5米），硬山式，五脊六兽。二进院正房面宽五间（17.4米），进深二间（7米），单檐硬山式，五脊六兽。

从二进院东侧穿堂门进入三进院，三进院东、西配房各三间（11.6米），进深一间（5米），单檐硬山顶。三进院正房面宽五间（17.4米），进深二间（9米），前出廊，硬山重檐二层楼阁式。二层楼阁面宽五间（17.4米），进深二间（7米），从一层墙柜内楼梯进入。

从正院西侧砖券便门进入西跨院。前院东、西配房各面宽三间（9.8米），进深一间（5米），单檐硬山式。前院正房面宽三间（14米），进深一间（6米），单檐硬山式。从东侧穿堂门进入二进院，二进院东、西配房各面宽五间（19.6米），进深一间（5米），单檐硬山式。二进院正房面宽三间（14.6米），进深二间（7.9米），前出廊硬山式。从东侧穿堂门入后花园（已毁）。

从正院东侧砖券便门进入东配院，东配院第三进院东、西配房各面宽四间（13.5米），进深一间（5.8米），单檐硬山式。东配院第三进院正房面宽五间（18.6米），进深两间（10.5米），前出廊，硬山顶。前院、中院已毁或改建。该院落2011年被公布为省级文物保护单位。

孙家巷17号民居　位于永安镇永安社区孙家巷路北。坐北朝南，东西宽22.32米，南北长30.64米，占地面积约684平方米，创建年代不详，现存建筑为清代。一进院布局，现存大门、照壁、倒座房、正房、东西厢房。大门位于院落东南，进深四椽，两面坡硬山顶。照壁为仿木结构，雕刻有斗拱、垂花柱等。倒座房面宽四间，进深三椽，单檐卷棚顶。正房面宽七间，进深三椽，单檐卷棚顶。东、西厢房均为面宽四间，进深二椽，单坡顶。

栗家巷4号民居　位于县城内栗家巷路南。坐北朝南，东西宽11.4米，南北长24.5米，占地面积约280平方米。创建年代不详，现存建筑为清代遗构。一进院布局，现存大门、正房、东西厢房、倒座房。大门位于院落西北，为砖雕仿木结构。正房面宽三间，进深三椽，单坡顶。东、西厢房均为面宽三间，进深二椽，单坡顶。倒座房面宽三间，进深三椽，单檐卷棚顶，明间存隔扇门。

栗家巷5号民居　位于县城内栗家巷南侧。坐北朝南，东西宽16.2米，南北长33.6米，占地面积约544平方米。创建年代不详，现存建筑为清代。一进院布局，现存大门、照壁、正房、东西厢房、倒座房。大门位于院落西北，进深四椽，两面坡硬山顶。照壁为砖雕仿木结构，雕刻有福字、垂花柱、荷叶墩等。正房面宽四间，进深三椽，单檐卷棚顶。东、西厢房均为面宽四间，进深三椽，单坡顶。东厢房南侧建耳房一间。倒座房平面呈"凸"字形，明间出抱厦，正面上方砖雕匾额刻有"中正和平"。倒座房西侧建便门，拱形门洞上方砖雕门匾刻有"光前"。便门内为西庭院，西墙上建影壁和垂花檐廊。

栗家巷10号院　位于永安镇西大街栗家巷10号，是保存较好的一组古民居建筑群，占地面积574平方米，呈平面长方形，现存房屋22间，为与栗家府同期建筑。整体建筑坐北朝南，两进院，砖木结构。大门东南方开向（巽位），面宽一间（5米），进深一间（4.5米），硬山起脊，施五脊六兽。东侧虎口开砖券门与栗家府前院相连。并排大门西侧南房三间（11.6米），进深一间（4.5米），卷棚硬山顶。一进院东、西配房各面宽二间（7米），进深一间（4.5米），硬山单坡顶。正厅五间（14.45米），进深二间（5.8米），硬山起脊，施五脊六兽。明间、东西稍间均开门通向后院。后院东西配房各三间（9.25米），进深一间（3.85米），卷棚硬山顶。正房面宽五间（14.45米），进深二间（6.5米），硬山起脊，施五脊六兽。

该主人身份不详，待做考查，院落似为栗家府西跨院。

栗家巷13号民居（历史建筑）　位于县城内栗家巷路北。坐北朝南，东西宽17.7米，南北长46.8米，占地面积约828平方米，建筑面积456平方米。创建年代不详，现存建筑为清代。二进院布局，现存大门、倒座房、过厅、正房，东、西两侧建厢房。大门位于院落的东南，进深四椽，两面坡硬山顶。倒座房面宽三间，进深三椽，单檐卷棚顶。过厅面宽五间，进深四椽前出廊，单檐卷棚顶。东、西厢房均为面宽三间，进深三椽，单檐卷棚顶。正房面宽五间，进深四椽前出廊，单檐硬山顶。东、西厢房均为面宽三间，进深三椽，单坡顶。

栗家大院 俗称"栗家府"，清道光年间河东河道总督栗毓美家族宅第，坐落于县城永安镇永兴社区栗家巷路北。中华人民共和国成立以后，该院落为县粮食局门市部占用，后又被作为家属院使用。院落坐北向南，三进院落，东西宽 37.39 米，南北长 66.4 米，呈平面长方形，占地面积 2483 平方米，现存房屋 49 间，2010 年公布为县级文物保护单位。

原有建筑情况为：大门 5 间，门外石狻猊 2 尊，上马石 2 块，旗杆 2 根，八字照壁。前院过厅 5 间，东、西配房各 5 间；内院正房 5 间，东、西配房各 5 间；后院正房 5 间；内院西跨院正房 5 间，东、西配房各 3 间，南房 5 间；前院西跨院正房 3 间，东、西配房各 3 间，南房 3 间。共有砖木结构房屋 68 间，顶置五脊六兽，檐下汉白玉石阶，工艺考究。如今该院落大部建筑尚保存较好，部分房屋已拆除，门外的附属设施几乎无存。

经文物部门多次现场考察后，大院现情况如下：

整体建筑坐北朝南，正门正厅，两进院和西跨院。砖木结构，五架梁，四椽栿，布瓦盖顶，五脊六兽。大门前石狮存一。山门墀头镂空砖雕，山墙砖雕悬鱼，单檐硬山式，面宽五间（21 米），进深两间（9.1 米），前院东、西配房各面宽五间（16.5 米），进深两间（5.8 米），前出廊，硬山顶，后檐砖雕斗拱。前院正厅面宽五间（21 米），进深两间（9.7 米），单檐硬山式，青瓦盖顶。后院东、西配房各面宽五间（16.5 米），进深两间（6.7 米），前出廊，硬山式后檐砖雕斗拱。后院正房面宽五间（21 米），进深两间（8.2 米），单檐硬山式。从西侧砖券便门进入西跨院，前院正房面宽三间（8.6 米），进深两间（7.4 米），单檐硬山式。西配院二进院东、西配房各三间（10 米），进深一间（6 米），单檐硬山顶。西跨院正房面宽五间（16.5 米），进深两间（7.4 米），单檐硬山式。其他建筑已毁。

唐角巷 4 号民居 位于县城内唐角巷路北。坐北朝南，东西宽 21.8 米，南北长 36.1 米，建筑占地面积约 787 平方米。创建年代不详，现存建筑为清代。二进院布局，现存大门、照壁、倒座房、过厅、正房，东、西两侧建厢房。大门位于院落东南，进深四椽，两面坡硬山顶。照壁为砖雕仿木结构，雕刻有斗拱、垂花柱、吉祥花草等图案。倒座房面宽六间，进深三椽，单檐卷棚顶。过厅面宽五间，进深四椽，单檐硬山顶。东、西厢房均为面宽二间，进深二椽，单檐卷棚顶。正房面宽七间，进深四椽，单檐硬山顶。西厢房面宽三间，进深三椽，单檐卷棚顶。东厢房面宽三间，进深二椽，单坡顶。后院内现存古地窖 1 座、石鼓座 2 个。

田应璜故居 位于永安镇西大街唐角巷 6 号，是浑源规模宏大、规格较高、保存完整的一组古民居建筑群，呈平面长方形，建于清代，占地面积 2555 平方米，现存房屋 52 间。正院面宽七间（28.7 米），进深一间（5.4 米），开巽门。前院配房各面宽一间（3.4 米），进深两间（6.95 米），单檐硬山顶。前院正中照壁挡面，从两侧便门进入中院，中院正厅面宽七间（22 米），进深 6 椽（9.5 米），前出廊，硬山式，正中出抱厦。东、西配房各三间（11 米），进深两间（6.95 米）。从明间和两边尽间均能进入后院，尽间两边山墙和虎口开便门，均能进入左右配院。正厅北面为三进院，三进院东、西配房各面宽三间（11.5 米），进深一间（6.5 米），单檐硬山顶。三进院正房面宽七间（24.5 米），进深一间（6.5 米），单檐硬山顶。

从西侧便门入西配院。西配院现存南房四间（12.66 米），进深一间（4.5 米），东梢间开巽门，西梢间已毁。东、西配房各五间（16.5 米），深一间（4.1 米），单檐硬山顶。正房面宽五间（14.9 米），进深一间（6.3 米），单檐硬山顶。从正院东侧便门入东配院，前院南房面宽三间（10.5 米），进深二间（7.8 米），前出廊，硬山式。前院正房面宽三间（10.5 米），进深四椽（6.12 米），单檐硬山顶。后院正房面宽三间（10.5 米），进深二间（6.8 米），单檐硬山顶。其他建筑已毁。电视剧《烽火侨女》剧组曾在此取景，2010 年公布为县级文物保护单位。

刘家大院　位于城内西街路北，清代建筑，院落三进，前院正房 5 间，东、西配房各 5 间；中院正房 5 间，东、西配房 3 间；后院为后花园，花园南北为面宽 5 间的二层楼，正面曾有秀女楼。日军侵占浑源城时，为日军宪兵司令部。新中国成立后，先后由县公安局、县供销社、县商业局等占用，已改建为恒利源商场。

李家大院（历史建筑）　位于永安镇东大街郭家巷 7 号，规模宏大，是保存较完整的一组古民居建筑群，东西宽 48.1 米，南北长 43.5 米，占地面积约 2092 平方米，总建筑面积 800 平方米，呈平面正方形状，现存房屋 63 间，为明清建筑。整体建筑坐北朝南，二进院带东、西跨院布局，东跨院原建筑已毁，中轴线现存照壁、大门、过厅、正房，东、西两侧建厢房。

正院大门面宽三间，进深四椽，两面坡硬山顶，前后出檐硬山顶，施五脊六兽，已改建。照壁坐南朝北，为砖雕仿木结构。前院东、西配房各面宽三间（8.5 米），进深一间（5.6 米），卷棚硬山顶。前院正厅面宽五间（18.1 米），进深二间（7 米），卷棚硬山顶。从正厅明间进入后院，后院东、西配房各三间（8.4 米），进深一间（5 米），卷棚硬山顶。后院正房面宽五间（18.1 米），进深四椽（8 米），单檐硬山式，五脊六兽。正院东侧为东配院，仅存大门，面宽三间（9.6 米），进深一间（4.8 米），卷棚硬山顶，其他建筑已改造。

正院西院墙开便门进入西配院，前院南房三间已改造，现存西配房，面宽二间（6 米），进深一间（4 米），卷棚硬山顶。前院正房面宽三间（10.5 米），进深一间（5.5 米）。

正房东侧有穿堂门，宽 1.4 米，可进入后院。后院西配房面宽三间（9.5 米），进深一间（4 米），卷棚硬山顶。后院正房面宽三间（11.7 米），进深一间（5 米），卷棚硬山顶。西配院西邻西跨院，西跨院大门面宽四间（12.7 米），进深二间（7.8 米），卷棚硬山顶。西跨院东、西配房各五间（18 米），进深一间（4.2 米），卷棚硬山顶。正房面宽三间（12.7 米），进深二间（8.1 米），卷棚硬山顶。

大院原房主李少和，人称"李少六"，系民国时期浑源之首富，北京、大同均有字号。日伪时期，李家大院被"大蒙公司"占用，20 世纪 60 年代，为县招待所用。

庆永兴巷 3 号民居 位于县城内庆永兴巷东侧。坐东朝西，东西长 31.9 米，南北宽 18.3 米，占地面积约 584 平方米。创建年代不详，现存建筑为清代遗构。二进院布局，中轴线上现存大门、二门、东正房，南厢房已毁，现仅存北厢房。大门位于院落西侧西房明间。西房面宽五间，进深四椽，单檐硬山顶。二门为木结构抱厦门楼，进深二椽，悬山顶。东正房面宽五间，进深三椽，单檐卷棚顶。前院存北厢房二间，进深二椽，单坡顶。后院存北厢房三间，屋顶坍塌。

尚家大院 为财主尚少康（生平事迹不详）故居。该民居位于永安镇东大街庆永兴巷 5 号，是保存较完整的一组古民居建筑群，占地面积 855 平方米，呈平面长方形状，现存房屋 30 间，为清代建筑。整体建筑坐北朝南，二进院，卷棚硬山顶。

大门西南方开向（坤位），面宽三间（8.2 米），进深一间（4.3 米）。前院南房面宽四间（13.5 米），进深（5.8 米），东、西配房各三间（10.14 米），进深一间（5.96 米）。正厅五间（17.1 米），进深二间（6.5 米）。东侧有穿堂小门（宽 1.6 米），明间开大门通向后院。后院东、西配房各面宽三间（10.4 米），进深一间（5.5 米）。正房面宽五间（18.7 米），进深二间（6.85 米）。东侧虎口开砖券门进东配院。现东配院仅存正房二间。原大门改建成居民住房，西侧前后院虎口各开便门与大街相通。

庆永兴巷 6 号民居 位于永安镇永安社区庆永兴巷东侧。坐东朝西，东西长 51.81 米，南北宽 23.68 米，占地面积约 1227 米。创建年代不详，现存建筑为清代遗构。二进院带南跨院布局，现存大门、西房、过厅、东正房，南、北两侧建厢房。大门位于院落西南，进深四椽，两面坡硬山顶，八级石砌踏跺。西房面宽三间，进深三椽，单檐卷棚顶。过厅面宽五间，进深三椽，单檐卷棚顶。南、北厢房均为面宽二间，进深二椽，单坡顶。东正房面宽五间，进深四椽，单檐硬山顶，南侧一间开后门。南、北厢房均为面宽三间，进深二椽，单坡顶。大门南侧建南跨院，现仅存西房，面宽二间，进深三椽，单檐卷棚顶。

庆永兴巷 7 号民居（历史建筑） 即冯家大院，位于县城内庆永兴巷东侧。坐东朝西，东西长 50.77 米，南北宽 13.2 米，占地面积约 670 米，总建筑面积 255 平方米。创建年代不详，现存建筑为清代遗构。二进院落布局，现存大门、照壁、西房、过厅、东正房，南、北两侧建厢房。大门位于院落西南，坐东朝西，进深四椽，两面坡硬山顶。照壁为砖雕仿木结构，雕刻有斗拱、垂花柱等。西房面宽三间，进深三椽，单檐卷棚顶。过厅面宽四间，进深四椽后出廊，单檐卷棚顶。南厢房面宽二间，进深二椽，单坡顶。东正房面宽三间，进深四椽前出廊，单檐卷棚顶。南、北厢房均为面宽五间，进深二椽，单坡顶。

房屋原主人韩之鲁，新中国成立后曾任察哈尔省文史馆馆员、山西省文史馆馆员、县政协委员。

庆永兴巷 8 号民居（历史建筑） 位于县城庆永兴巷东侧 8 号—10 号院。坐北朝南，东西宽 29.8 米，南北长 46.3 米，占地面积约 1380 米，总建筑面积 200 平方米，创建年代不详，现存建筑为清代遗构。二进院布局，现存大门、倒座房、过厅、正房、旁门，东、西两侧建厢房。大门位于院落西南，进深四椽，两面坡硬山顶。倒座房面宽三间，进深三椽，单檐卷棚顶。过厅面宽三间，进深三椽，单檐卷棚顶，明间后出抱厦。西厢房面宽五间，进深三椽，单檐卷棚顶。正房面宽五间，进深五椽前出廊，单檐硬山顶。东、西厢房均为面宽三间，进深四椽，单檐硬山顶。西厢房南侧设旁门，为砖雕仿木结构，雕刻有斗拱、垂花柱等。

庆永兴巷 11 号民居（历史建筑） 位于县城内庆永兴巷西侧，北临大寺巷。坐西朝东，东西长 25.9 米，南北宽 18.1 米，占地面积约 469 平方米，建筑面积 273 平方米。创建年代不详，现存建筑为清代遗构，原为徐子孝故居。一进院布局，现存大门、照壁、西正房、东房、南、北两侧建厢房。大门位于院落东北，进深二椽，两面坡硬山顶。照壁为砖雕仿木结构，雕刻有福字、斗拱、垂花柱等。西正房面宽五间，进深四椽，单檐硬山顶。南、北厢房均为面宽三间，进深三椽，单檐卷棚顶。东房面宽三间，进深三椽，单檐卷棚顶。

庆永兴巷 13 号民居（历史建筑） 位于永安镇永安社区庆永兴巷西侧。坐西朝东，东西长 28.54 米，南北宽 20.18 米，占地面积约 576 平方米，总建筑面积 315 平方米，创建年代不详，现存建筑为清代遗构。一进院布局，现存大门、照壁、西正房、东房，南、北两侧建厢房。大门位于院落东北，进深四椽，两面坡硬山顶，七级石砌踏跺。照壁为砖雕仿木结构。西正房面宽五间，进深四椽，单檐硬山顶。东房面宽三间，进深三椽，单檐卷棚顶。南、北厢房均为面宽五间，进深二椽，单坡顶。

房屋原主人王苌臣，字念祖，清末举人，后于宣统三年赐进士出身。新中国成立后曾任山西省人民政府参事室参事，县政协委员。

庆永兴巷 17 号民居 位于县城内庆永兴巷西侧。坐西朝东，东西长 27.4 米，南北宽 17.96 米，占地面积约 492 平方米。创建年代不详，现存建筑为清代遗构。一进院布局，现存大门、西正房、倒座房、南北厢房。大门位于院落东北，坐西朝东，进深四椽，两面坡硬山顶。西正房面宽五间，进深四椽，单檐硬山顶。北厢房面宽三间，进深二椽，单坡顶。南厢房面宽五间，进深二椽，单坡顶。倒座房面宽四间，进深三椽，单檐卷棚顶，南侧一间新建。

庆永兴巷 19 号民居　位于县城内庆永兴巷西侧，原财主刘少四故居。院落坐西朝东，东西长 32.3 米，南北宽 19.5 米，占地面积约 63 平方米。创建年代不详，现存建筑为清代遗构。一进院布局，现存大门、照壁、西正房、南北厢房、倒座房。大门位于院落东北，坐西朝东，进深四椽，两面坡硬山顶前出抱厦，七级石砌踏跺，前檐普拍枋贴板木雕，精美完好，墀头墙贴砖雕，刻吉祥花草。大门内为砖雕仿木结构"福"字照壁，现福字已毁。西正房面宽五间，进深四椽，单檐硬山顶，砖雕吉祥图案悬鱼。南、北厢房均为面宽五间，进深三椽，单檐卷棚顶。倒座房面宽三间，进深三椽，单檐卷棚顶。

庆永兴巷 21 号民居　位于县城内庆永兴巷西侧。东西宽 23 米，南北长 44.9 米，占地面积约 1033 平方米。创建年代不详，现存建筑为清代遗构。进入大门，院落为南北四合院布局。大门坐西朝东，进深四椽，两面坡悬山顶，垂花门楼。北院坐北朝南，大门设在院落东南，大门正南建砖雕照壁。正房面宽三间，进深三椽，单檐卷棚顶。东、西厢房均为面宽三间，进深二椽，单坡顶。倒座房面宽三间，进深二椽，单檐硬山顶。院内现存古地窖 1 座。南院坐西朝东，在北厢房与东房间开便门。西正房和东房均为面宽五间，进深三椽，单檐卷棚顶，明间存隔扇门。南厢房面宽二间，进深三椽，卷棚顶。北厢房面宽二间，进深二椽，单坡顶。

大石头巷 4 号民居（历史建筑）　位于县城内大石头巷 4 号和老井圪洞巷 1 号，坐北朝南，东西宽 29.2 米，南北长 47.3 米，占地面积约 1381 平方米。创建年代不详，现存建筑为清代遗构。二进院布局，现存大门、照壁、二门、影壁、倒座房、过厅、正房、后门，过厅和正房两侧建厢房。大门位于院落西南，面宽一间，进深四椽，两面坡硬山顶。大门内为东西向过道，正对照壁。照壁北侧为二门，内建影壁。倒座房面宽五间，进深三椽，单檐卷棚顶。过厅面宽七间，进深三椽，单檐卷棚顶。东、西厢房均为面宽三间，进深三椽，单檐卷棚顶。正房面宽六间，进深三椽，单檐卷棚顶。东厢房已毁。西厢房面宽三间，进深三椽，单檐卷棚顶。院内现存古地窖 1 座。

大石头巷 5 号民居　位于县城内大石头巷 5 号和 6 号，坐北朝南，东西宽 21.3 米，南北长 46.5 米，占地面积约 990 平方米。创建年代不详，现存建筑为清代遗构。二进院布局，现存大门、倒座房、过厅、正房，东、西两侧建厢房。大门位于院落西南，面宽三间，进深三椽，单檐卷棚顶，已改建。倒座房面宽四间，进深三椽，单檐卷棚顶。过厅面宽七间，进深三椽，单檐卷棚顶。正房面宽五间，进深三椽，单檐卷棚顶。东、西厢房均为面宽三间，进深三椽，单檐卷棚顶，墀头砖雕花草等吉祥图案。

大石头巷 8 号民居　位于县城内大石头巷东侧，坐东朝西，平面呈正方形。东西长 26.4 米，南北宽 26 米，占地面积约 686 平方米。创建年代不详，现存建筑为清代遗构，原为姚凝之、姚继孝故居。一进院带南跨院布局，现存大门、西房、东正房，南、北两侧建厢房，南墙开两个便门通南跨院。西房面宽六间，其中三间为大门，进深三椽，单檐卷棚顶。东正房面宽三间，进深四椽，单檐硬山顶。东正房南、北两侧各建耳房一间，进深四椽，单檐硬山顶。南、北厢房均为面宽三间，进深二椽，单坡。南跨院现存西房、东房和南、北厢房。西房面宽三间，进深三椽，单檐卷棚顶。东房面宽三间，进深二椽，单坡顶。南、北厢房均为面宽二间，进深二椽，单坡顶。

大石头巷 10 号民居　位于县城内大石头巷东侧。坐东朝西，东西长 29.4 米，南北宽 20 米，占地面积约 588 平方米。创建年代不详，现存建筑为清代遗构。一进院布局，现存大门、西房、东正房，南、北两侧建厢房。大门位于院落西南，进深四椽，两面坡硬山顶。木雕雀替装饰花草纹。门心墙上砖雕影壁，饰"双凤朝阳"。西房面宽四间，进深三椽，单檐卷棚顶。东正房面宽五间，进深四椽，单檐硬山顶。南、北厢房均为面宽三间，进深三椽，单坡顶。

大石头巷 11 号民居　位于城内大石头巷东侧，坐东朝西，东西长 61.7 米，南北宽 14.4 米，占地面积约 888 平方米。创建年代不详，现存建筑为清代遗构，原为王念祖故居。三进院布局，现存大门、照壁、西房、二门（已毁）、过厅、东正房，南、北两侧建厢房。大门位于院落西南，进深四椽，两面坡硬山顶。照壁为砖雕仿木结构，雕刻有斗拱、垂花柱等。西房面宽四间，进深三椽，单檐卷棚顶。南、北厢房均为面宽三间，进深二椽，单坡顶。过厅面宽五间，进深五椽前后出廊，单檐卷棚顶。南、北厢房均为面宽三间，进深二椽，单坡顶。东正房面宽五间，进深五椽前出廊，单檐硬山顶。南、北厢房均为面宽三间，进深二椽，单坡顶。

大石头巷 18 号民居砖雕门楼　位于城北大石头巷西侧，坐西朝东，一进院布局，院落已毁，仅存砖雕门楼 1 座，原为杨华甫故居。创建年代不详，现存砖雕门楼建于清代，为砖雕仿木结构，拱形门洞，雕刻有飞檐、三踩斗拱、垂莲柱、额枋等，装饰吉祥花草图案。东西宽 1.79 米，南北长 2.57 米，占地面积约 4.6 平方米。

姚家巷 2 号民居　位于县城内姚家巷南侧，西至政府南巷。坐西朝东，东西长 69.53 米，南北宽 20.68 米，占地面积约 1437.8 平方米。创建年代不详，现存为清末、民国时期建筑，建筑整体保存较好，为二进院带后仓房布局。中轴线现存大门、照壁、过厅、西正房、后仓房。大门为砖木结构，四椽硬山顶。照壁为砖雕仿木结构，现被后建房局部遮挡。过厅面阔五间，进深四椽，单檐卷棚顶；过厅南北建厢房，南厢房已毁，后新建；北厢房面阔九间，进深四椽，单檐卷棚顶；西正房面阔五间，进深四椽，单檐卷棚顶；西正房南北各建厢房三间，均为三椽卷棚顶。

姚家巷 7 号民居（历史建筑）　即姚家大院，位于城内姚家巷 7 号，坐北朝南，东西宽 19.3 米，南北长 27.3 米，占地面积约 527 平方米。创建年代不详，现存建筑为清代遗构。一进院布局，现存大门、正房、东西厢房、倒座房。正房面宽五间，进深四椽，前出廊，单檐硬山顶，明间存隔扇门，墀头砖雕吉祥图案，前廊木雕花草纹雀替。东、西厢房均为面宽三间，进深三椽，单檐卷棚顶。倒座房，面宽六间，进深三椽，单檐卷棚顶。大门设在倒座房中间，面宽一间，进深四椽，两面坡硬山顶，雀替木雕吉祥花草图案，大门内出抱厦设屏门。该民居是浑源县保存较好的一处清代民居，是研究浑源县传统民居的珍贵实物资料。

姚家巷 10 号民居　位于县城内姚家巷路北，西临政府南巷。坐北朝南，东西宽17.8 米，南北长 38.6 米，占地面积约 687 平方米，创建年代不详，现存建筑为清代遗构。为二进院布局，现存大门、照壁、倒座房、过厅、正房，正房和过厅两侧建厢房。大门位于院落东南，坐北朝南，进深四椽，两面坡硬山顶。照壁为砖雕仿木结构。倒座房面宽四间，进深四椽，单檐卷棚顶。过厅面阔五间，进深四椽，单檐卷棚顶。西厢房面宽二间，进深二椽，单坡顶。东厢房面宽一间，进深二椽，单坡顶。正房面宽五间，进深四椽，单檐硬山顶，明间存隔扇门。东、西厢房均为面宽三间，进深三椽，单坡顶。院内现存古地窖 1 座。

政府南巷 4 号民居　位于城内政府南巷西侧，坐北朝南，东西宽 16.1 米，南北长21.2 米，占地面积约 341 平方米。创建年代不详，现存建筑为清代遗构。一进院布局，现存大门、照壁、正房、东西厢房、倒座房。大门位于院落东南，为木结构垂花门，进深二椽，单檐悬山顶。照壁为砖雕仿木结构，砖雕垂花柱、福字、花草等。正房面宽五间，进深三椽，单坡顶。东、西厢房面宽三间，进深二椽，单坡顶。倒座房面宽三间，进深三椽，单坡顶。

政府南巷 5 号民居　位于县城内政府南巷西侧，坐北朝南，东西宽 19.2 米，南北长20.7 米，占地面积约 398 平方米。创建年代不详，现存建筑为清代遗构。一进院布局，现存大门、照壁、正房、东西厢房、倒座房。大门位于院落东南，进深二椽，两面坡硬山顶。照壁为砖雕仿木结构。正房面宽五间，进深三椽，单坡顶。东、西厢房面宽三间，进深二椽，单坡顶。倒座房面宽二间，进深三椽，单坡顶。

政府南巷 13 号民居　位于县城内政府南巷西侧，坐北朝南，东西宽 16.6 米，南北长 19.7 米，占地面积约 327 平方米。创建年代不详，现存建筑为清代遗构，院内自建房较多。一进院布局，现存大门、正房、东西厢房、倒座房。大门位于院落东南，坐西朝东，为砖雕仿木结构，装饰有垂帘柱、花草、寿字文等。正房面宽五间，进深三椽，单檐卷棚顶。东、西厢房均为面宽三间，进深二椽，单坡顶。倒座房面宽三间，进深二椽，单坡顶。

政府南巷 14 号民居　位于县城内政府南巷西侧，坐北朝南，东西宽 16.2 米，南北长 22.8 米，占地面积约 370 平方米。创建年代不详，现存建筑为清代遗构，院内自建房较多。一进院布局，现存大门、照壁、正房、东西厢房、倒座房。大门位于院落东南，为砖雕仿木结构垂花门，拱形门洞。照壁为砖雕仿木结构福字照壁。正房面宽五间，进深三椽，单檐卷棚顶。西厢房面宽三间，进深三椽，单檐卷棚顶。东厢房面宽三间，进深二椽，单坡顶。倒座房面宽三间，进深二椽，单坡顶。

政府南巷 16 号民居 位于县城内政府南巷西侧，坐北朝南，东西宽 33.5 米，南北长 19.2 米，占地面积约 643 平方米。创建年代不详，现存建筑为清代遗构。院落布局完整，大门、照壁、正房隔扇门窗保存较好，院内有杏树 1 棵。一进院带西跨院布局，现存大门、照壁、正房、倒座房、东、西两侧建厢房。大门位于院落东南，坐西朝东，进深二椽，两面坡硬山顶。照壁为砖雕仿木结构"福"字照壁，砖雕斗拱、垂花柱、福字等。正房面宽五间，进深三椽，单坡顶，明间存隔扇门。东、西厢房均为面宽二间，进深二椽，单坡顶。倒座房面宽三间，进深二椽，单坡顶。正房西侧有便门通跨院，西跨院内现存正房五间，进深三椽，单坡顶。

政府南巷 19 号民居 位于县城内政府南巷东侧，坐东朝西，占地面积约 408 平方米。创建年代不详，现存建筑为清代遗构。一进院布局，东正房已毁，现存大门、照壁、西房、南厢房。

政府南巷 22 号民居 位于县城内政府南巷东侧，坐东朝西，东西长 31.3 米，南北宽 16.8 米，占地面积约 526 平方米。创建年代不详，现存建筑为清代遗构。二进院布局，现存大门、垂花门、东正房、西房、南、北两侧建厢房。大门位于院落西南，坐西朝东，进深四椽，两面坡硬山顶。垂花门为木结构，进深二椽，单檐悬山顶。东正房面宽五间，进深四椽，单檐硬山顶。南、北厢房均为面宽五间，进深三椽，单坡顶。西房面宽四间，进深三椽，单檐卷棚顶。照壁和南厢房西侧一间已毁，院内自建房较多。

政府南巷 23 号民居 位于县城内政府南巷东侧，坐东朝西，东西长 32 米，南北宽 16.1 米，占地面积约 515 平方米。创建年代不详，现存建筑为清代遗构。二进院布局，现存大门、照壁、二门、东正房、西房、南、北两侧建厢房。大门位于院落西南，坐西朝东，进深四椽，两面坡硬山顶。照壁为砖雕仿木结构，砖雕斗拱、垂花柱、福字、花草等。二门为砖雕仿木结构，拱形门洞。东正房面宽五间，进深四椽，单檐硬山顶。南、北厢房均为面宽五间，进深三椽，单坡顶。西房面宽四间，进深三椽，单檐卷棚顶。

政府南巷 26 号民居 位于浑源城内政府南巷东侧，坐东朝西，占地面积约 32 平方米。创建年代不详，现存建筑为清代遗构。一进院布局，现存大门、照壁、东正房、西房和南、北厢房。

南营巷 25 号民居（历史建筑） 位于县城内南营巷西侧，坐西朝东，东西长 28.1 米，南北宽 15.5 米，占地面积约 436 平方米，建筑面积 280 平方米。创建年代不详，现存建筑为清代遗构。一进院布局，现存大门、照壁、西正房、东房、南北厢房。大门位于院落东北，坐南朝北，砖砌拱形门洞，柱角石镂雕吉祥图案。照壁为砖雕仿木结构福字照壁。西正房面宽五间，进深四椽，单檐硬山顶。东房面宽五间，进深三椽，单檐卷棚顶。南、北厢房均为面宽三间，进深二椽，单坡顶。

鼓楼南巷1号民居　位于县城内鼓楼南巷西侧，坐北朝南，东西宽17.3米，南北长25.8米，占地面积约446平方米。创建年代不详，现存建筑为清代遗构。一进院布局，现存大门、照壁、正房、东西厢房、倒座房。大门位于院落东南，为砖雕仿木结构，拱形门洞，雕刻有斗拱、垂花柱、额枋等，装饰花草纹。照壁为砖雕仿木结构。正房面宽五间，进深三椽，单檐卷棚顶。西厢房面宽四间，进深三椽，单檐卷棚顶。东厢房面宽五间，北侧一间改建，进深三椽，单檐卷棚顶。倒座房面宽四间，进深三椽，单坡顶。正房东侧两间和东厢房北侧一间为坍塌后新建。砖雕大门、照壁保存较好。

鼓楼南巷14号民居　位于县城内鼓楼南巷路南，坐北朝南，东西宽16.3米，南北长24.2米，占地面积约427平方米。创建年代不详，现存建筑为清代遗构。一进院布局，现存大门、照壁、正房、东西厢房。大门位于院落西北，坐南朝北，进深二椽，两面坡硬山顶。照壁为砖雕仿木结构福字照壁。正房面宽五间，进深三椽，单檐卷棚顶。东、西厢房均为面宽三间，进深二椽，单坡顶。

鼓楼南巷16号民居　位于县城内鼓楼南巷路北，坐北朝南，东西宽19.2米，南北长41.5米，占地面积约797平方米。创建年代不详，现存建筑为清代遗构。二进院布局，中轴线建有大门、过厅、正房，东西两侧建厢房。大门面宽三间，进深四椽前出廊，单檐硬山顶。大门内出抱厦设屏门。大门两侧各建倒座房一间，进深二椽，单檐卷棚顶。过厅面宽五间，进深四椽，单檐硬山顶。东、西厢房均为面宽三间，进深三椽，单檐卷棚顶。正房面宽五间，进深四椽，单檐硬山顶。东、西厢房均为面宽三间，进深二椽，单坡顶。

鼓楼南巷28号民居　位于县城内鼓楼南巷东侧，坐东朝西，东西长26.3米，南北宽19.7米，占地面积约518平方米。创建年代不详，现存建筑为清代遗构。一进院布局，现存大门、照壁、二门、东正房、南北厢房、西房。大门位于院落西南，进深二椽，两面坡硬山顶。照壁为砖雕仿木结构，雕刻有斗拱、垂花柱等。二门为砖雕仿木结构，拱形门洞，雕刻有斗拱、垂花柱等。东正房面宽五间，进深四椽，单檐卷棚顶，明间存隔扇门。南、北厢房均为面宽三间，进深三椽，单坡顶。西房面宽五间，进深四椽，单檐卷棚顶。

钟楼南巷20号民居　位于县城内钟楼南巷东侧，坐北朝南，东西宽24.3米，南北长23米，占地面积约559平方米。创建年代不详，现存建筑为清代遗构。为东西二进院布局，前院南房和北房已毁，现存大门、照壁、正房、东西厢房、倒座房。大门位于院落西侧，坐东朝西，进深二椽，两面坡硬山顶。照壁为砖雕仿木结构。正房面宽三间，进深四椽，单檐卷棚顶。东、西厢房均为面宽三间，进深二椽，单坡顶。倒座房面宽三间，进深三椽，单檐卷棚顶。院内存古地窖1座。

穆维信故居 位于浑源县城永安镇东大街鼓楼北巷（4号）东侧毛家巷路北，是较为完整的一组古民居建筑群，建于清代。东西宽14.31米，南北长45.19米，占地面积约647平方米，呈平面长方形，现存房屋24间。整体建筑坐北朝南，正门正厅，布局为两进院并东跨院，东跨院已毁。砖木结构，二院正房，五架梁，四椽栿，布瓦盖顶，五脊六兽（脊兽已毁）。

大门东西山墙墀头砖雕，单檐硬山卷棚式，面宽五间（14米），进深四椽（4.5米），明间开大门，门内两侧有影壁墙，板门尚在，抱鼓石完整。前院正房（过厅）面宽四间（14米），进深三椽（6米），硬山卷棚式，青瓦盖顶。前院东配房面宽三间（9.9米），进深一间（5米），深三椽，挑檐木卷棚式。西配房面宽三间（9.9米），进深三椽（4米），卷棚硬山式。二院正房面宽三间（11.5米），进深四椽（5.4米），五架梁，前后出檐。二院东配房面宽三间（10.1米），进深三椽（4.6米），硬山式。西配房面宽三间（10.1米），进深二椽（3.5米），硬山单坡顶。东跨院已毁改建。南侧槛墙下存古地窖1座。

张永福故居 位于县城永安镇西鼓楼北巷5号，是较为完整的一组古民居建筑群，属明清建筑。占地面积1102平方米，呈平面长方形，现存房屋24间。整体建筑坐北朝南，正门正厅，两进院。西跨院为砖木结构，卷棚顶，布瓦覆盖。前院大门巽向，外檐檩五间安雀替，里檐空檩悬替，南房已毁，后改建。

前院正房，面宽3间（10.6米），进深两间（6.5米），硬山卷棚顶。东梢间穿堂门进入后院，前院东配房面宽3间（9.4米），进深1间（4.7米），单坡硬山顶；前院西配房面宽3间（9.7米），进深1间（3.6米），正房西虎口设砖券门进入西跨院。西跨院正房3间（7米），进深一间（4米）。二院正房，面宽4间（12.1米），进深两间（7.6米），硬山卷棚顶。二院东、西配房各面宽3间（9.85米），进深1间（3.3米），单坡硬山顶。

薄金鼎故居（历史建筑） 即任家大院，位于永安镇东大街鼓楼北巷25号，是较为完整的一组古民居建筑，明清建筑。东西宽32.7米，南北长29.9米，占地面积约978平方米，建筑面积500平方米，平面呈长方形，现存房屋33间。整体建筑坐北朝南，大门震向（东方），二门垂花，布局为正院并东跨院。正院五正三配，东配院五正五配，砖木结构，正院正房、南房为五架梁，四椽栿，布瓦盖顶，五脊六兽。院内存有古榆树1株、拴马桩1个。

山门已毁，基础尚在，院落之东跨院照壁面向山门镶嵌在南房东山墙，东跨院正房面宽五间（15.05米），进深两间（6.5米），硬山卷棚式。东跨院东配房面宽5间（14.3米），进深一间（4.7米），单坡布瓦顶。西配房面宽5间（13.4米），进深一间（4米），单坡布瓦。南房面宽4间（12.9米），进深一间（4.5米），单坡布瓦顶。正院大门巽向，木制垂花，精巧别致；外檐方椽方飞，柱上帘栊枋双面透雕，里外檐均安雀替，是浑源较完整的垂花门。正院正房面宽 5 间（17.5 米），进深 2 间（7 米），单檐硬山顶，施五脊六兽。东配房面宽 3 间（9.5 米），进深 1 间（4.5 米），单坡顶；西配房面宽 3 间（10米），进深 1 间（4.7 米），单坡顶。南房面宽 3 间（11.9 米），进深 2 间（5.7 米），硬山顶，施五脊六兽。

薄金鼎故居是较完整的一组四合院和东跨院建筑，后由薄金鼎次子薄少二继承祖业居住。

侯家大院 位于永安镇永安社区北顺街北阁巷路北 7 号院，坐北朝南，东西宽29.24 米，南北长 65.32 米，占地面积约 1910 平方米。创建年代不详，现存建筑为清代遗构。二进院带东西跨院布局，东跨院已毁，中轴线现存大门、正房、东、西两侧建厢房。大门位于倒座房中间，其中倒座房面宽五间，进深六椽后出廊，单檐硬山顶。大门内设屏门。墀头砖雕动物、花草等吉祥图案。前院东、西厢房均为面宽五间，进深三椽，单檐卷棚顶。二门已毁。正房面宽五间，进深五椽前出廊，单檐硬山顶。明间存隔扇门，木雕雀替装饰吉祥花草图案，东、西山墙各开一个便门通东西跨院。西跨院现存正房和西厢房。正房面宽三间，进深三椽，单檐卷棚顶。西厢房面宽八间，进深三椽，单坡顶。

东大街 36 号民居 位于县城内永安西街路北（原东大街 36 号），东临庆永兴巷。坐北朝南，东西宽 13.3 米，南北长 32.9 米，占地面积约 438 平方米。创建年代不详，现存建筑为清代遗构。前店后房式布局，现存店铺、大门、屏门、正房、东、西两侧建厢房。店铺面宽五间，中间一间为大门，其余四间为进深四椽前出廊，单檐卷棚顶。大门进深四椽，两面坡硬山顶，大门内出抱厦设屏门。正房面宽五间，进深五椽前出廊，单檐硬山顶。东、西厢房均为面阔五间，进深二椽，单坡顶。

东大街 37 号民居 位于县城内永安西街路北（原东大街 37 号），坐北朝南，东西宽 16.9 米，南北长 30 米，占地面积约 507 平方米。创建年代不详，现存建筑为清代遗构。一进院布局，西厢房已毁，现仅存倒座房、大门、照壁、正房、东厢房。倒座房面宽五间，进深四椽，单檐卷棚顶。大门位于倒座房东侧一间。照壁为砖雕仿木结构。正房面宽五间，进深三椽，单檐卷棚顶。东厢房面宽四间，进深三椽，单檐卷棚顶。

东大街 40 号民居（历史建筑） 亦称刘家大院，位于县城内永安西街路北（原东大街 40 号），坐北朝南，东西宽 12.4 米，南北长 43.46 米，占地面积约 539 平方米，总建筑面积 325 平方米。创建年代不详，现存建筑为清代遗构，曾为县老干部局使用。二进院布局，现存铺面、大门、照壁、过厅、正房、东、西两侧建厢房。铺面房面宽三间，与倒座房背对，公用后墙，组成进深四椽、两面坡硬山顶。大门位于院落东南，进深二椽，两面坡硬山顶，墀头砖雕吉祥图案。照壁为砖雕仿木结构，刻有斗拱、垂花柱等。过厅面宽五间，东侧一间为过道，进深四椽，单檐硬山顶，方飞方椽。东、西厢房均为面宽二间，进深二椽，单坡顶。正房面宽五间，进深四椽，单檐硬山顶，方飞方椽。东、西厢房均为面宽二间，进深二椽，单坡顶，是浑源保存较好的一处清代民居。

黄家大院1号民居　位于城关西大街余井街、关墙南巷18号，是较为完整的一组古民居建筑群，建于清代。占地面积759.1平方米，呈平面长方形，现存房屋22间。整体建筑坐北朝南，两进院，砖木结构，正房五架梁，四椽栿，前檐五普兰，布瓦盖顶，五脊六兽，正房山墙有砖雕悬鱼。山门面宽一间（1.6米），山门顶部已毁。正房面宽五间（19.95米），进深两间（7.6米）。

第一进院南房面宽5间（20米），进深一间（3.6米），单檐硬山式。东配房面宽3间（10.5米），进深2间（6.5米），单檐卷棚硬山式，前檐出廊，檐柱空檩悬替，荷叶墩，雀替。西配房面宽3间（10.5米），进深2间（6.5米），单檐卷棚硬山式。第二进院东配房面宽3间（11米），进深2间（6.5米），单檐硬山卷棚式，前檐五普兰。西配房面宽3间（10.5米），进深2间（6.5米），单檐硬山卷棚式，后改建。

黄家大院3号民居　位于城关西大街余井街、关墙南巷16号，是较为完整的一组古民居建筑群，明清建筑。占地面积297平方米，呈平面长方形，现存房屋15间。整体建筑坐西朝东，开庚门（西方），北配房山墙镶嵌照壁。正房坐西朝东，面宽三间（13.4米），进深两间（5.1米），硬山卷棚顶。南、北配房各面宽三间（9.3米），深一间（4.3米），硬山单坡顶。东房面宽4间（11.4米），进深一间（5米），硬山卷棚顶。

黄家大院3号民居　位于城关西大街余井街、关墙南巷15号，是较为完整的一组古民居建筑群，为明清建筑。占地面积386平方米，呈平面长方形，现存房屋14间。整体建筑坐西朝东，开庚门。正房坐西朝东，面宽五间（17.4米），进深两间（5.6米），硬山卷棚顶。北配房面宽三间（9.6米），深一间（4.5米），硬山单坡顶。南配房面宽三间（10.4米），深一间（5米），硬山单坡顶。东房面宽三间（9.7米），进深一间（4.5米），硬山卷棚顶。

罗道士故居　位于永安镇西大街马号门巷31号，是较为完整的一组明清建筑。东西长30.9米，南北宽15.1米，占地面积约467平方米，呈平面长方形，现存房屋21间。整体建筑坐东朝西，正门正厅，两进院布局。砖木结构，五架梁，四椽栿，布瓦盖顶，五脊六兽。中轴线现存大门、二门（已毁）、东正房，南、北两侧建厢房。

山门墀头砖雕，山门硬山起脊内接卷棚，次、梢间为卷棚顶，面宽五间（14.3米），进深1间（4米）。前院南北配房各面宽2间（6.8米），进深1间（4.2米），单坡顶。一、二进院之间的大门、隔墙已毁，基础尚在。二院东正房面宽五间（14.3米），进深四椽（5.6米），五脊六兽。二院南、北配房各面宽三间（9.1米），进深两椽（4.2米），单坡顶。

司衙门　位于永安镇西大街马号门巷25号，是较为完整的一组明清古民居建筑群，占地面积1065平方米，呈平面长方形，现存房屋17间。整体建筑坐北朝南，正门正厅，两进院砖木结构，五架梁，悬山屋顶，布瓦覆盖。前院大门、南房、东配房全部毁坏。

前院正房明间为过厅可通入后院，面宽五间（15.8米），进深两间（6.2米），卷棚顶。前院西配房面宽五间（13.5米），进深1间（4.5米），单坡硬山顶。前院在中轴线上距西房南山墙12.5米处建照壁一处，基础尚在，宽3.7米。二进院正房面宽3间（13.4米），进深两间7米，悬山屋顶，前出廊，脊兽已毁。东配房面宽2间（6.2米），进深1间（4.9米），单坡硬山式。西配房各面宽2间（7.1米），进深1间（4.9米），单坡硬山式。

张家大院（历史建筑） 位于县城永安镇西大街石桥北巷3号，是浑源县规模较大、规格较高、较为完整的一组古民居建筑。原为三进院及东跨院，第一进院原邮电局改建成办公楼，现存二、三院，房屋43间，东西宽34.41米，南北长42.43米，占地面积约1460平方米，呈平面长方形。整体建筑坐北朝南，正门正厅，砖木结构，五架梁，四椽栿，布瓦盖顶，五脊六兽。原房主名张达，浑源财主。

第二进院正房明间为过厅，面宽五间（19.4米），进深两间（7.6米），单檐硬山顶。二院西房面宽三间（10米），进深两间（6.2米），木结构为原有构件，墙体屋顶已改建。二进院东配房面宽三间（10.3米），进深三椽（6.2米），卷棚顶。从过厅、东便门均可进入三进院，其正房面宽五间（19.45米），进深五架梁四椽栿（7.5米），硬山起脊，布瓦盖顶。东、西配房各面宽三间（11米），进深两间（5.6米），硬山卷棚顶。

从东侧砖券便门入东跨院，二院正房面宽五间（14米），进深四椽（5.2米），单坡顶。二进院东配房面宽三间（9.8米），进深一间（5.3米），单坡硬山顶。西配房面宽三间，现存二间（6.5米），进深4.5米，单坡硬山顶。跨院三进院正房面宽四间（13.2米），进深两间（5.8米），硬山顶。三进院东房面宽三间（10.4米），进深4.7米，单坡硬山顶。三进院西房面宽三间，现存二间（7米），进深4米，单坡硬山顶。从东跨院正房东端穿堂门可进入后院，后院已毁改建。

梁家故居 位于永安镇东大街石桥北巷5号，规模虽小但保存较为完整，明清建筑。占地面积481平方米，平面呈长方形，现存房屋16间。整体建筑坐东朝西，五正三配，砖木结构，卷棚硬山式，布瓦盖顶。

山门面宽1间（2.25米），进深一间（2.6米），单檐硬山式。东正房面宽5间（18米），进深2间（6.3米），单檐卷棚硬山式。北配房面宽3间（9.75米），进深2间（6.3米），单檐卷棚式，墀头砖雕。南配房面宽3间（9.8米），进深1间（5.7米），单檐卷棚式，墀头砖雕。西房面宽5间（17.2米），进深1间（5.7米），单檐卷棚式。据院内老者讲，该建筑为浑源梁家染房的故地。

石桥北巷7号民居 位于永安镇永安社区石桥北巷东侧，圆觉寺正南，为旧时商人王帽铺故居。院落坐北朝南，东西宽23.56米，南北长25.72米，占地面积约606平方米，现存房屋20间。创建年代不详，现存建筑为清代遗构。一进院带东跨院布局，现存大门、照壁、正房、倒座房、东西厢房。大门位于院落西北，砖木结构，进深二椽，两面坡硬山顶。照壁为砖雕仿木结构。正房面宽三间，进深三椽，单檐卷棚顶。倒座房面宽四间，进深三椽，单坡顶。东、西厢房均为面宽三间，进深三椽，单檐卷棚顶。东跨院现存大门、照壁、正房、倒座房、东西厢房。大门位于院落东北，为砖雕仿木结构，面宽一间（1.9米），进深一间（1.25米）。照壁为砖雕仿木结构，刻有福字、垂花柱等。正房面宽3间（9.8米），进深2间（6.4米），单檐卷棚顶。倒座房面宽4间（12.6米），进深一间（4.1米），单檐硬山单坡顶。东配房面宽3间（10.1米），进深一间（4米），单檐卷棚式。西配房面宽3间（11米），进深一间（3.3米），单檐硬山单坡顶。

石桥巷8号民居　位于城关西大街石桥北巷8号，明清建筑。占地面积563平方米，呈平面长方形，现存房屋20间。整体建筑坐北朝南，砖木结构，较完整。

山门砖砌，面宽一间（2.3米），进深一间（1.3米），进山门西配房山墙镶嵌照壁，右拐进入院落。正房面宽3间（9.8米），进深2间（6.6）米，单檐硬山卷棚式。东配房面宽3间（10米），进深一间（4米），单檐硬山式。西配房面宽3间（11米），进深一间（3.3米），单檐硬山式。南房面宽5间（12.6米），进深一间（4.5米），单坡灰瓦顶。从正房虎口砖券门洞进入东跨院，正房面宽3间（7.3米），进深一间（4.7米）。东配房面宽4间（12.3米），进深一间（3.5米），单檐硬山式。大门砖券结构，庚向，西配房和南房已毁。

杨家故居　位于县城永安镇西大街石桥北巷18号，是较为完整的一组古民居建筑，为明清建筑，现有房屋18间，占地面积516平方米，呈平面长方形。整体建筑坐北朝南，五正三配，五脊六兽，大门巽向，宽1.9米，深0.9米砖雕门楼，迎门照壁镶嵌于东配房山墙之上。

正房面宽7间（21.5米），进深四椽（6.5米），硬山顶，硬山起脊，青瓦盖顶。东配房面宽三间（9.4米），进深3椽（5米），单坡顶。西配房面宽三间（9米），进深3椽（5）米，单坡顶，已改建。南房面宽5间（19.4米），进深4椽（6米），硬山卷棚顶。据东房老者讲房屋原是杨□南故居，其曾任洪洞县知县。

文三故居　位于城永安镇西大街石桥北巷26号，是较为完整的一组二进院古民居建筑，晚清建筑。现存房屋19间，占地面积522平方米，呈平面长方形。整体建筑坐西朝东，大门艮向，宽2.6，深1.3米，外面砖雕，里面木构，迎门照壁镶嵌在北配房山墙上。

一进院正房，面宽四间（14.5米），进深四椽（5.5米），硬山顶，硬山起脊，青瓦盖顶。北配房面宽三间（9.9米），进深两椽（4米）。南配房面宽三间（9.9米），进深二椽（3.7米），均为单坡顶，墀头雕花。东房面宽4间（12.5米），进深三椽（6米）。正房南端开震门进入后院，北房面宽三间（9.5米），进深二椽（4.5米）。南房面宽二间（8.1米），进深二椽（4.5米）。

陈家巷 2 号民居 位于县城内陈家巷路南。坐北朝南，东西宽 11.4 米，南北长 48.4 米，占地面积约 552 平方米，创建年代不详，现存建筑为清代遗构，二进院布局，大门已毁，中轴线现存过厅、正房、东、西两侧建厢房。过厅面宽四间，进深四间，单檐卷棚顶。东西厢房均为面宽二间，进深二椽，单坡顶。正房面宽三间，进深四椽，单檐硬山顶。东、西厢房均为面宽三间，进深二椽，单坡顶。

陈家巷 4 号民居（历史建筑） 位于县城内陈家巷路南，坐北朝南，一进院布局，东西宽 20 米，南北长 48.1 米，占地面积约 962 平方米，总建筑面积 304 平方米，创建年代不详，现建筑为清代遗构，现存大门、照壁、正房、东西厢房和倒座房。大门坐南朝北，位于院落西北。照壁为砖雕仿木结构斗拱，饰"寿"字纹等。二门坐东朝西，门额刻"福禄寿"。正房面宽五间，进深四椽，单檐硬山顶。东、西厢房均为面宽三间，进深三椽，单坡顶。倒座房面宽五间，进深三椽，单檐卷棚顶。院落内现存古地窖 1 座。

陈家巷 5 号民居 位于县城内陈家巷路南。坐北朝南，东西宽 17.3 米，南北长 26.2 米，占地面积约 453 平方米，自建房较多。创建年代不详，现存建筑为清代遗构。一进院布局，现存大门、正房和东、西厢房。大门位于院落西北，坐南朝北，进深三椽，两面坡硬山顶。正房面宽四间，进深四椽，单檐卷棚顶。东、西厢房均为面宽三间，进深三椽，单坡顶。

陈家巷 9 号民居 位于县城内陈家巷路北。坐北朝南，一进院布局，东西宽 19.1 米，南北长 24 米，占地面积约 458 平方米。创建年代不详，现存建筑为清代遗构。现存大门、照壁、正房、东西厢房和倒座房。大门位于院落东南，坐北朝南，进深四椽，两面坡硬山顶，砖雕墀头和木雕雀替上装饰吉祥图案。照壁为砖雕仿木结构，砖雕斗拱和"福"字等。正房面宽六间，进深三椽，单檐卷棚顶。东、西厢房均为面宽三间，进深二椽，单坡顶。倒座房面宽五间，进深三椽，单檐硬山顶。

陈家巷 10 号民居 位于县城内陈家巷路北。坐北朝南，一进院布局，东西宽 13.4 米，南北长 27.5 米，占地面积约 369 平方米。创建年代不详，现建筑为清代遗构，现存大门、照壁、正房、东西厢房和倒座房。大门位于院落东南，坐北朝南，进深二椽，两面坡硬山顶。照壁为砖雕仿木结构，砖雕斗拱、垂花柱、"福"字、花草等。正房面宽三间，进深三椽，单檐卷棚顶。西厢房已改建，东厢房面宽四间，进深三椽，单坡顶。倒座房面宽三间，进深三椽，单檐卷棚顶。院内现存古地窖 1 座。

陈家巷 14 号民居 位于县城内陈家巷路北，坐北朝南，东西宽 21.5 米，南北长 36.7 米，占地面积约 789 平方米，创建年代不详，现存建筑为清代遗构。二进院布局，现存大门、照壁、倒座房、垂花门、正房、东、西两侧建厢房。大门位于院落东南，坐北朝南，砖雕仿木结构，砖雕斗拱、垂花柱、花草等吉祥图案。照壁为砖雕仿木结构，砖雕斗拱、垂花柱、"福"字、花草等。倒座房面宽三间，进深三椽，单檐卷棚顶。垂花门为砖木结构，进深二椽，两面坡硬山顶。东、西厢房均为面宽三间，进深三椽，单坡顶。正房面宽七间，原为卷棚顶，现改建为单坡顶。东、西厢房均为面宽二间，进深三椽，单坡顶。

陈家巷 15 号民居　位于县城内陈家巷路北，坐西朝东，东西长 18.9 米，南北宽 13.2 米，占地面积约 238 平方米，创建年代不详，现存建筑为清代遗构。一进院布局，现存大门、照壁、西正房、东房、南北厢房。大门位于院落东南，坐北朝南，为砖雕仿木结构。照壁为砖雕仿木结构，砖雕斗拱、垂花柱、"福"字等。西正房面宽四间，进深三椽，单檐卷棚顶。东房面宽三间，进深二椽，单坡顶。北厢房面宽二间，进深二椽，单坡顶。南厢房面宽三间，进深二椽，单坡顶。院内现存古地窖 1 座。

石桥南巷 3 号民居　位于县城内石桥南巷西侧，坐西朝东，东西长 24.5 米，南北宽 15 米，占地面积约 368 平方米，创建年代不详，现存建筑为清代遗构。一进院布局，现存大门、照壁、西正房、东房、南北厢房。大门位于院落东北部，砖木结构，进深二椽，两面坡硬山顶。照壁为砖雕仿木结构。西正房面宽五间，进深四椽，单檐硬山顶。东房面宽三间，进深三椽，单檐卷棚顶。南、北两侧建厢房，均为面宽三间，进深二椽，单坡顶。院落内现存古地窖 1 座。

石桥南巷 6 号民居　位于城内石桥南巷西侧，南临陈家巷。整体建筑坐西朝东，东西长 23.6 米，南北宽 16 米，占地面积约 378 平方米，现自建房较多，创建年代不详，现存建筑为清代遗构，为一进院布局，现存大门、照壁、西正房、南北厢房、东房。大门位于院落东北，进深四椽，两面坡硬山顶。照壁为砖雕仿木结构，砖雕斗拱、垂莲柱等。西正房面宽五间，进深四椽，单檐硬山顶。南、北厢房均为面宽三间，进深三椽，单坡顶。东房面宽五间，进深三椽，单檐卷棚顶。

石桥南巷 7 号民　位于县城内石桥南巷路西，坐北朝南，一进院布局，东西宽 19.1 米，南北长 25.6 米，占地面积约 489 平方米，创建年代不详，现建筑为清代遗构，现存大门、正房、东西厢房和倒座房。大门位于院落东南，坐西朝东，进深四椽，两面坡硬山顶。大门内作抱厦，设屏门（已毁）。正房面宽五间，进深四椽，单檐硬山顶。东、西厢房均为面宽三间，进深三椽，单檐卷棚顶。倒座房面宽四间，进深三椽，单檐卷棚顶。院内现存古地窖 1 座。

石桥南巷 8 号民居　位于县城内石桥南巷西侧。坐北朝南，东西宽 22.4 米，南北长 33.9 米，占地面积约 760 平方米，创建年代不详，现存建筑为清代遗构，为一进院布局，现存大门、倒座房、正房、东西厢房。大门位于院落东南，砖木结构，进深四椽，两面坡硬山顶。大门内设屏门，现已毁。正房面宽五间，进深三椽，单檐卷棚顶。东、西厢房均为面宽六间，进深二椽，单坡顶。倒座房面宽四三间，进深三椽，单坡顶。院落内现存古地窖 1 座。

石桥南巷9号民居　位于县城内石桥南巷西侧，坐西朝东，东西长24.5米，南北宽25.1米，占地面积约368平方米，创建年代不详，现存建筑为清代遗构，为一进院带北跨院布局，现存大门、西正房、东房、南北厢房，北侧建跨院。大门位于院落东北部，砖木结构，进深四椽，两面坡硬山顶。一进大门，内设南北两个拱形门，南门进主院，北门进跨院。主院西正房面宽五间，进深四椽，单檐硬山顶。东房面宽四间，进深三椽，单檐卷棚顶。南、北两侧建厢房，均为面宽三间，进深二椽，单坡顶。院落内现存古地窖1座。北跨院现存北房和东房。北房面宽八间，进深二椽，单坡顶。东房面宽一间，进深二椽，单檐卷棚顶。

眼光庙巷4号民居　位于县城内西关街路北眼光庙巷西侧，坐北朝南，东西宽16.1米，南北长24.8米，占地面积约400平方米，创建年代不详，现存建筑为清代遗构。一进院布局，现存大门、倒座房、正房、东西厢房。大门位于院落东南，砖雕仿木结构斗拱、垂花柱等。倒座房面宽三间，屋顶坍塌。正房面宽五间，进深三椽，单檐卷棚顶。正房两侧建厢房，均为面宽三间，进深三椽，单檐卷棚顶。

西关街杨氏宅院　位于县城内西关街路北，坐北朝南，东西宽17.3米，南北长31.7米，占地面积约549平方米，创建年代不详，现存建筑为清代遗构。原为二进院布局，大门和前院已毁，现存过厅、正房、东西厢房。过厅面宽五间，进深六椽前后出廊，单檐硬山顶。正房面宽五间，进深五椽前出廊，单檐硬山顶。正房两侧建厢房，均为面宽三间，进深三椽，单檐卷棚顶。

张昭明大院　位于县城东大街老井屹洞巷1号，据院内陈姓老者讲院落为清乾隆年间所建，是较为完整的一组古民居建筑群，占地面积1360.5平方米，现存房屋32间。整体建筑坐北朝南，开西门正厅，格局为两进院并东跨院，砖木结构，卷棚式，布瓦盖顶。

山门墀头砖雕，单檐硬山式，面宽1间（3米），进深1间（3米），对面有照壁墙。第一进院南房面宽7间（23米），进深2间（5.9米），单檐卷棚顶。东、西配房面宽3间（10.4米），进深1间（6.1米）。第一进院正房面宽7间（22.7米），进深2间（5.2米），单檐卷棚顶。后院正房面宽7间（22.7米），进深2间（6.2米），单檐卷棚顶。西配房面宽3间（10.3米），进深1间（6.9米），单檐卷棚顶，墀头都有砖雕，东配房已毁。从东侧砖券便门进入东跨院，正房2间（6.6米），院内其他建筑已毁。

南关街2号民居　位于县城内南关街西侧，坐北朝南，东西宽22.6米，南北长30.1米，占地面积约680平方米。创建年代不详，现存建筑为清代遗构。二进院布局，二门已毁，现存大门、照壁、正房、东西厢房、倒座房。大门位于院落东南，坐西朝东，进深四椽，两面坡硬山顶。照壁为砖雕仿木结构。正房面宽七间，进深四椽，明、次间为单檐硬山顶，耳间为单檐卷棚顶。前后院各建东、西厢房三间，前院西厢房已毁，其余均为进深三椽，单檐卷棚顶。倒座房面宽四间，进深三椽，单檐卷棚顶。院内现存古地窖 1 座。

蔡家巷 2 号民居　位于永安镇永兴社区蔡家巷西侧，坐北朝南，东西宽 19.19 米，南北长 12.49 米，占地面积约 240 平方米。创建年代不详，现存建筑为清代。一进院布局，现存大门、照壁、二门、正房、南房、东房。大门位于院落东南，为砖雕仿木结构拱形门洞，雕刻有斗拱、垂花柱、吉祥花草图案等。照壁为砖雕仿木结构，雕刻有垂花柱、"福"字等。二门为砖砌拱形门洞。正房面宽三间，进深三椽，单坡顶。倒座房面宽四间，进深三椽，单坡顶。东房面宽二间，进深三椽，单檐卷棚顶。

木市街 4 号民居　位于县城西木市街路北，坐北朝南，东西宽 21.6 米，南北长 28.9 米，占地面积约 621 平方米。创建年代不详，现存建筑为清代遗构。为前店后房式一进院布局，现存铺面房和正房。铺面房面宽七间，明间设大门。大门进深四椽，两面坡硬山顶，大门内出抱厦。铺面房进深四椽，单檐卷棚顶，东西山墙上建风火墙。正房面宽三间，进深五椽，六檩前廊式构架，单檐硬山顶。

一面街 12 号民居　位于县城西一面街西侧，坐北朝南，东西宽 21.5 米，南北长 29.1 米，占地面积约 626 平方米。创建年代不详，现存建筑为清末、民国时期遗构。为前店后房式，一进院布局，现存铺面房九间，坐西朝东，均为进深二椽，单坡顶。铺面房后建四合院，大门位于院落东南，进深四椽，两面坡硬山顶，三级石砌踏跺。大门内建砖雕仿木结构照壁，雕刻有斗拱、垂花柱、吉祥花草图案等。正房面宽五间，进深三椽，单坡顶。倒座房面宽五间，进深二椽，单坡顶。东、西厢房均为面宽五间，进深二椽，单坡顶。院内现存古地窖 1 座。

罗柜巷 13 号民居　位于县城内罗柜巷 13 号，坐北朝南，东西宽 16.6 米，南北长 24.1 米，建筑占地面积约 400 平方米。创建年代不详，现存建筑为清代遗构。一进院布局，现存大门、照壁、正房、倒座房、东西厢房。大门位于院落东南，进深四椽，两面坡硬山顶。照壁为砖雕仿木结构，雕刻有斗拱、垂花柱等。正房面宽五间，进深四椽，单檐硬山顶。倒座房面宽三间，进深三椽，单檐卷棚顶。东、西厢房均为面宽三间，进深三椽，单檐卷棚顶。院内有古树 1 株。

小井巷 16 号民居　位于县城内小井巷路南，坐北朝南，东西宽 24.2 米，南北长 17.98 米，占地面积约 435 平方米。创建年代不详，现存建筑为清代遗构。一进院布局，现仅存大门和正房。大门位于院落西北，坐南朝北，砖雕仿木结构，雕刻有垂花柱、荷叶墩、阑额等，装饰吉祥花草图案等。正房面宽五间，进深三椽，单坡顶。

小井巷 17 号民居　位于县城内政府南巷南端小井巷路北，坐北朝南，东西宽 18.6 米，南北长 17.68 米，占地面积约 329 平方米。创建年代不详，现存建筑为清代遗构。一进院布局，现存大门、照壁、正房、倒座房、东西厢房。大门位于院落东南，进深二椽，两面坡硬山顶，三级石砌踏跺。照壁为砖雕仿木结构，雕刻有斗拱、垂花柱、"福"字、吉祥花草等。正房面宽六间，进深三椽，单坡顶。倒座房面宽三间，进深三椽，单檐卷棚顶。西厢房面宽二间，进深三椽，单坡顶。东厢房面宽二间，进深二椽，单坡顶。院内现存古地窖1座。

小井巷18号民居　位于县城内小井巷路北。坐北朝南，东西宽20.1米，南北长35米，建筑占地面积约703平方米。创建年代不详，现存建筑为清代遗构。二进院布局，现存大门、照壁、倒座房、过厅、正房，东西两侧建厢房。大门位于院落东南，进深四椽，两面坡硬山顶，墀头砖雕吉祥图案。照壁为砖雕仿木结构，雕刻有斗拱、垂花柱、"福"字、吉祥花草图案等。倒座房面宽四间，西侧一间改建，进深三椽，单檐卷棚顶。过厅面宽五间，进深三椽，单檐卷棚顶。西厢房改建。东厢房面宽二间，进深二椽，单坡顶。正房面宽五间，进深四椽，单檐硬山顶。东、西厢房均为面宽二间，进深三椽，单檐卷棚顶。

石牌楼巷2号民居　位于县城内西大街石牌楼巷西侧。坐西朝东，东西长45.5米，南北宽23.5米，建筑占地面积约1069平方米。创建年代不详，现存建筑为清代遗构。二进院带北跨院布局，现存大门、照壁、东房、过厅、西正房，南、北两侧建厢房，院落北侧建跨院。大门位于院落东侧，进深四椽，两面坡硬山顶，墀头砖雕吉祥花草图案。照壁为砖雕仿木结构，雕刻有垂花柱、普拍枋、荷叶墩等，装饰吉祥花草图案。东房面宽四间，进深三椽，单檐卷棚顶。过厅面宽五间，北侧一间为过道，进深四椽，单檐硬山顶。南厢房面宽三间，进深三椽，单檐卷棚顶。北厢房面宽三间，进深二椽，单坡顶。正房面宽五间，进深四椽，单檐硬山顶。南、北厢房均为面宽三间，进深三椽，单檐卷棚顶。北跨院内建西房和东房，东房面宽三间，西房面宽二间，均为进深二椽单坡顶。跨院内现存古地窖1座。

石牌楼巷3号民居　位于县城内石牌楼巷西侧。坐北朝南，东西宽28.9米，南北长24.8米，占地面积约717平方米。创建年代不详，现存建筑为清代遗构。为东、西并列四合院布局，现存大门、东院、二门、西院。大门位于东院东南，坐西朝东，砖雕仿木结构，拱形门洞。东院正房面宽五间，进深三椽，明、次间内凹，前出廊，单檐卷棚顶。东、西厢房均为面宽三间，进深二椽，单坡顶。倒座房仅存一间，进深二椽，单坡顶。倒座房与西厢房间设二门，通西院。二门为砖砌，拱形门洞。西院正房面宽五间，进深四椽，单檐硬山顶。东、西厢房均为面宽三间，进深二椽，单坡顶。倒座房面宽五间，进深二椽，单坡顶。

石牌楼巷5号民居　位于县城内石牌楼巷西侧。坐西朝东，东西长31.5米，南北宽18.3米，占地面积约576平方米。创建年代不详，现存建筑为清代遗构。一进院布局，现存大门、照壁、西正房、东房、南北厢房。大门位于院落东北，进深四椽，两面坡硬山顶。照壁为砖雕仿木结构，雕刻有垂花柱、"福"字等。西正房面宽五间，进深三椽，单檐卷棚顶。倒座房面宽四间，进深三椽，单檐卷棚顶。北厢房面宽五间，进深三椽，单檐卷棚顶。南厢房面宽五间，进深二椽，单坡顶。

石牌楼巷 6 号民居 位于县城内石牌楼巷西侧。坐西朝东，东西长 35.4 米，南北宽 13 米，占地面积约 478 平方米。创建年代不详，现存建筑为清代遗构。二进院布局，西正房已毁，现存大门、照壁、东房、过厅、南北厢房。大门位于院落东北，进深二椽，两面坡硬山顶。照壁为砖雕仿木结构，雕刻有垂花柱、"福"字等。东房面宽三间，进深二椽，单坡顶。过厅面宽五间，进深三椽，单檐硬山顶。南、北厢房均为面宽三间，进深二椽，单坡顶。后院北厢房面宽三间，已改建。

德合荣巷 7 号民居 位于城西当巷街德合荣巷东侧，坐东朝西，占地面积约 447 平方米。创建年代不详，现存建筑为清代遗构。一进院布局，现存大门、照壁、东正房、西房以及南、北厢房。

二、乡村古民居

浑源具有一定规格的、且较为完整的乡村古民居存量较少，多分布在县城周边村落，如神溪村、张庄村、东辛庄村等。其余则多分布于较大的乡镇（村），如西留、下韩等，平川区数量大于山区。其中永安镇神溪村中心现存古建筑民居 11 处院房屋 117 间，分布相对集中，形制有三进院加跨院、独立四合院，均为清代和民国建筑，共计面积约 5000 平方米，主要为陈、杨两大家族遗构。其中陈家大院规模较大，规格较高，保存较好，均为砖木结构。

神溪 1 号民居 位于永安镇神溪村中。坐北朝南，东西宽 10.4 米，南北长 31.26 米，占地面积约 325 平方米。创建年代不详，现存建筑为清代遗构。一进布局，中轴线现存照壁、大门、正房，东、西两侧建厢房。大门为砖木结构，进深四椽，单檐硬山顶，四级石砌踏跺。大门内出抱厦设屏门，现屏门已毁。大门两侧各建倒座房 2 间，均为进深三椽，单檐卷棚顶，西侧已坍塌。照壁位于大门南侧正对，为砖雕仿木结构，飞檐、阑枋、垂花柱等犹存。正房面宽四间，进深四椽，单檐硬山顶，明间台基上设四级石砌踏跺。东、西厢房均为面宽五间，进深二椽，单坡顶。西厢房北侧三间已毁。

神溪 2 号民居 位于永安镇神溪村中。坐北朝南，东西宽 14.92 米，南北长 25.85 米，占地面积约 385.7 平方米。创建年代不详，现存建筑为清代遗构。一进院布局，中轴线现存照壁、大门、正房（为新建），东、西两侧建厢房，东侧已毁。大门为砖木结构，进深四椽，单檐硬山顶，三级石砌踏跺。大门两侧各建倒座房 2 间，均为进深三椽，单檐卷棚顶，砖雕墀头装饰吉祥图案。照壁位于大门南侧正对，为砖雕仿木结构，飞檐、阑枋、垂花柱等犹存。西厢房面宽三间，进深二椽，单坡顶。

神溪 3 号民居 位于永安镇神溪村中。坐北朝南，东西宽 25.61 米，南北长 25.68 米，占地面积约 657.6 平方米。创建年代不详，现存建筑为清代遗构。一进院布局，现存大门、倒座房、正房和东厢房。大门位于院落东南角，坐西朝东，为砖雕仿木结构，拱形门洞，砖雕飞檐、斗拱、阑枋、垂花柱等，门额上装饰缠枝花草纹。正房面宽七间，进深三椽，单檐卷棚顶。东厢房面宽三间，进深三椽，单檐卷棚顶。倒座房面宽四间，进深三椽，单坡顶。

神溪4号民居　位于永安镇神溪村中。坐北朝南，东西宽15.58米，南北长19.86米，占地面积约309平方米。创建年代不详，现存建筑为清代遗构。一进院布局，现存大门、正房，东、西两侧建厢房。大门位于院落东南角，坐西朝东，为砖雕仿木结构，砖雕飞檐、斗拱、垂花柱等。正房面宽五间，进深四椽，单檐硬山顶，明间设隔扇门。东、西厢房均为面宽三间，进深二椽，单坡顶。

神溪5号民居　位于永安镇神溪村中。坐北朝南，东西宽18.74米，南北长16.46米，占地面积约308平方米。创建年代不详，现存建筑为清代遗构。一进院布局，现仅存正房，面宽七间，进深三椽，单坡顶。明间台基上设石砌如意踏跺。

神溪6号民居　位于永安镇神溪村中。坐北朝南，东西宽17.4米，南北长29.55米，占地面积约514平方米。创建年代不详，现存建筑为清代遗构。一进院布局，现存正房和东西厢房。正房面宽七间，进深五椽前出廊，单檐硬山顶，明间台基上设石砌如意踏跺。东西厢房均为面宽六间，进深三椽，单檐卷棚顶，墀头砖雕吉祥图案。

神溪7号民居　位于永安镇神溪村中。坐北朝南，东西宽17.06米，南北长32.44米，占地面积约553.4平方米。创建年代不详，现存建筑为清代遗构。一进院布局，正房和西厢房已毁，现仅存大门、倒座房、东厢房。大门为砖木结构，进深四椽，单檐硬山顶。大门两侧各建倒座房2间，均为进深三椽，单檐卷棚顶，砖雕墀头装饰吉祥图案。东厢房面宽三间，进深三椽，单檐卷棚顶。

神溪8号民居　位于永安镇神溪村中。坐北朝南，东西宽14.8米，南北长17.32米，占地面积约256.3平方米。创建年代不详，现存建筑为清代遗构。一进院布局，现仅存正房和西厢房。正房面宽五间，进深三椽，单坡顶。西厢房面宽三间，进深三椽，单檐卷棚顶。院内现存古地窖一座。

神溪9号民居　位于永安镇神溪村中。坐北朝南，东西宽10.61米，南北长23.79米，占地面积约252.4平方米。创建年代不详，现存建筑为清代遗构。一进院布局，现仅存正房，面宽三间，进深三椽，单檐卷棚顶。

神溪10号民居　位于永安镇神溪村中戏台东侧，为牛德良宅院。该建筑坐北朝南，东西宽12.94米，南北长20.38米，建筑占地面积约263.7平方米。创建年代不详，现存建筑为清代遗构。一进院布局，现存正房、倒座房和东厢房。正房面宽四间，进深三椽，单檐卷棚顶。东厢房面宽三间，进深三椽，单坡顶。倒座房面宽三间，进深三椽，单檐卷棚顶。

神溪11号民居 位于永安镇神溪村中。坐北朝南，东西宽10.75米，南北长22.82米，占地面积约245.3平方米。创建年代不详，现存建筑为清代遗构。一进院布局，现存大门、正房、东西厢房。正房面宽四间，进深三椽，单檐卷棚顶，明间设隔扇门。大门位于院落西北角正房西侧，面宽一间，进深三椽，单檐卷棚顶。东、西厢房均为面阔三间，进深三椽，单檐卷棚顶。

神溪12号民居 位于永安镇神溪村中。坐北朝南，东西宽11米，南北长20.57米，占地面积约226平方米。创建年代不详，现存建筑为清代遗构。一进院布局，现存正房和东厢房。正房面宽三间，进深五椽前出廊，单檐硬山顶，明间设隔扇门，次间设槛墙隔扇窗。明间台基上设2级石砌如意踏跺。前廊两山墙各设砖雕影壁一块，装饰吉祥图案，木雕雀替、荷叶墩和砖雕悬鱼装饰花草纹。东厢房面宽三间，进深二椽，单坡顶。

牛季广故居 位于神溪村村南，建筑年代不详，约建于晚清，坐北朝南，原为二进院，总面积约500平方米，后院面貌残破，无人居住，前院仅残存原大门门轴石质构件，门开巽位。后院整体较为完整，东西宽16.2米，南北长15.6米，占地面积253平方米，中轴线现存二门、正房、东西配房。二门位于院落正中，为如意门并具西洋风格，砖雕仿木结构，高3.58米（除顶尖高度），宽2.62米，刻有葡萄、花草纹饰、垂花柱等，工艺精美，两侧为自建房。顶部现状为金字塔状，原雕有"寿星"造像；门额砖雕匾额，有"吉星"二字，依稀可辨，皆毁损于1966年。正房面阔五间，进深四椽，单檐硬山顶，明间设隔扇窗，台基前出廊，次间无窗扇，西梢间塌毁。东配房面阔三间，单檐硬山顶，进深三椽；西配房面阔两间，已塌毁。牛季广，村人讲述其为傅作义部队执法官，育有二女，现居陕西。

神溪杨氏窑洞 位于永安镇神溪村中。坐北朝南，东西宽20.64米，南北长20.12米，占地面积约415.2平方米。创建年代不详，现存建筑为清代遗构。一进院布局，现存五孔窑房1座，窑洞两侧建厢房，窑洞为土坯券砌，东、西厢房均为面宽三间，进深二椽，单坡顶。

陈家大院 位于永安镇神溪村，为较为完整的一组古民居建筑群，明清建筑。整体建筑呈平面长方形，坐北朝南，正门正厅，三进院和西跨院。砖木结构，五架梁，四椽栿，布瓦盖顶，五脊六兽，现存房屋48间。

山门墀头三面砖雕花，山墙砖雕悬鱼，一进院南房五间，单檐硬山卷棚式。明间为正门，砖木结构五脊六兽，面宽五间，进深两间。前院正房已改建，西配房面宽三间，进深一间，硬山单坡顶，东配房已毁。二进院大门为正门砖雕仿木结构，二进院正房面宽五间，进深四椽，硬山顶五脊六兽，东、西配房各面宽三间硬山单坡顶。三进院毁坏严重，现存正房五间，较残。西跨院门前一字照壁，大门面宽三间开正门，硬山顶施五脊六兽，内外檐下均施雀替，前院正房面宽五间，进深四椽，硬山顶五脊六兽，东、西配房各五间，单坡布瓦顶。第二进院正房面阔三间，进深 4 椽，前檐出廊，五脊六兽。檐下施空槫悬替，之间置荷叶墩，其下安置雀替。廊内扇面墙施影壁。东配房面宽三间，单坡布瓦顶。三进院正房面阔三间，进深两椽，单坡布瓦顶。

神溪杨氏窑洞　位于永安镇神溪村中。坐北朝南，东西宽 20.64 米，南北长 20.12 米，占地面积约 415.2 平方米。创建年代不详，现存建筑为清代遗构。一进院布局，现存五孔窑房 1 座，窑洞两侧建厢房。窑洞为土坯券砌。东、西厢房均为面宽三间，进深二椽，单坡顶。

顾册郭氏宅院　位于永安镇顾册村中。坐北朝南，东西宽 13.54 米，南北长 18.43 米，占地面积约 249 平方米。创建年代不详，现存建筑为清代遗构。一进院布局，倒座房坍塌后改建，现存大门、照壁、正房、东西厢房。大门位于院落东南，进深四椽，两面坡硬山顶。照壁为砖雕仿木结构，雕刻有斗拱、垂花柱、"福"字、吉祥花草图案等。正房面宽五间，进深三椽，单檐卷棚顶。东、西厢房均为面宽二间，进深二椽，单坡顶。

张庄孙氏宅院　位于永安镇张庄村中。坐北朝南，东西宽 17.97 米，南北长 7.73 米，占地面积约 139 平方米。创建年代不详，现存建筑为清代遗构。院落已毁，布局不详，现仅存砖雕门楼和倒座房。砖雕门楼为仿木结构，两面坡悬山顶，雕刻有斗拱、垂花柱、蝙蝠、吉祥花草等图案。倒座房面宽三间，进深三椽，单檐卷棚顶。

张庄李氏宅院　位于永安镇张庄村中。坐北朝南，东西宽 12.75 米，南北长 22 米，占地面积 281 平方米。创建年代不详，现存建筑为清代遗构。一进院布局，现存大门、照壁、正房、倒座房、东西厢房。大门位于院落东南，进深二椽，两面坡硬山顶。照壁为砖雕仿木结构，雕刻有垂花柱、"福"字等。正房面宽三间，进深三椽，明间内凹，单檐卷棚顶，墀头砖雕花草等吉祥图案。倒座房面宽三间，进深三椽，单檐卷棚顶。东、西厢房均为面宽三间，进深二椽，单坡顶。

张庄白氏宅院　位于永安镇张庄村中，坐南朝北，东西宽 20.2 米，南北长 60 米，占地面积约 1212 平方米。创建年代不详，现存建筑为清代遗构。三进院布局，南正房已毁，中轴线现存大门、过厅，东、西两侧建厢房。大门位于院落北侧，进深四椽，两面坡硬山顶，墀头砖雕花草、动物等吉祥图案。大门两侧各建北房三间，进深三椽，单檐硬山顶。东、西厢房北侧与北房相连，整体呈倒"凹"字形，均为面宽三间，进深三椽，单坡顶。过厅面宽五间，进深三椽，单檐硬山顶。西厢房面宽三间，进深二椽，单坡顶。

张庄王氏宅院　位于永安镇张庄村中。坐北朝南，东西宽 17.98 米，南北长 45.2 米，占地面积约 813 平方米。创建年代不详，现存建筑为清代遗构。二进院布局，中轴线现存大门、过厅、正房，东、西两侧建厢房。大门位于院落正南，进深四椽，两面坡硬山顶。大门内出抱厦，设屏门。大门两侧各建倒座房二间，进深三椽，单檐卷棚顶。过厅面宽七间，东侧一间为过道，进深三椽，单檐卷棚顶。东、西厢房均为面宽三间，进深三椽，单檐卷棚顶。正房面宽五间，进深四椽，单檐硬山顶。东、西厢房均为面宽三间，进深三椽，单檐卷棚顶。

丰台铺郭氏宅院 位于永安镇丰台铺村中。坐北朝南，东西宽18.86米，南北长24.12米，占地面积约455平方米。创建年代不详，现存建筑为清代遗构。一进院布局，西厢房坍塌，现存大门、倒座房、正房、东厢房。大门位于院落正南，进深三椽，单檐卷棚顶，墀头砖雕动物、花草等吉祥图案。倒座房面宽二间，进深三椽，单檐卷棚顶。正房面宽五间，东侧一间已毁，进深三椽，单檐卷棚顶。东厢房面宽五间，北侧一间已毁，进深三椽，单檐卷棚顶。

永兴号1号民居 位于永安镇永兴号村中。坐东朝西，东西长22.59米，南北宽18.94米，占地面积约428平方米。创建年代不详，现存建筑为清代遗构。一进院布局，现仅存东正房、北厢房、绣楼。东正房面宽四间，进深三椽，单檐卷棚顶。北厢房面宽三间，进深四椽，中间建隔墙，两面坡硬山顶。绣楼建在东正房北侧高2米的毛石筑台基上，面宽一间，进深三椽前出廊，单檐卷棚顶。

永兴号2号民居 该建建筑位于永安镇永兴号村中，坐东朝西，东西长59.72米，南北宽18.3米，占地面积约1093平方米。创建年代不详，现存建筑为清代遗构。三进院布局，大门已毁，中轴线现存二门、过厅、东正房，南、北两侧建厢房。二门为木结构，进深二椽，两面坡悬山顶。过厅面宽五间，进深三椽，单檐卷棚顶。南、北厢房均为面宽三间，进深二椽，单坡顶。东正房面宽五间，进深五椽前出廊，明、次间出抱厦，单檐硬山顶。南、北厢房均为面宽三间，进深二椽，单坡顶。

武村郭氏宅院 位于永安镇武村，房主郭玉贤。建筑坐北朝南，东西宽13.1米，南北长25.92米，占地面积340平方米。创建年代不详，现存建筑为清代遗构。二进院布局，大门、倒座房房已毁，中轴线现存二门、正房，前后院东、西两侧建厢房。正房面宽五间，西侧二间已毁，进深三椽，单檐硬山顶。东、西厢房均为面宽三间，进深二椽，单坡顶，隔扇门窗保存较好。二门为砖木结构，外出抱厦，内作砖券门洞。二门两侧院墙上建影壁。

唐庄张氏宅院 位于永安镇唐庄村中依山台地上。坐东朝西，东西长20.98米，南北宽17.2米，占地面积约438平方米。创建年代不详，现存建筑为清代遗构。一进院布局，大门已毁，现存照壁、东正房、西房、南北厢房。照壁位于院落西南，为砖雕仿木结构，雕刻有斗拱、垂花柱、"福"字等。东正房面宽四间，北侧一间已毁，进深三椽，单檐卷棚顶。西房面宽四间，北侧一间已毁，进深三椽，单檐卷棚顶。南、北厢房均为面宽两间，进深两椽，单坡顶。

王千庄1号民居 位于永安镇王千庄村中。坐北朝南，东西宽20.54米，南北长17.31米，分布面积约356平方米。创建年代不详，现存建筑为清代遗构。一进院布局，现仅存大门和正房。大门坐南朝北，位于正房西侧，砖木结构，进深四椽，单檐硬山顶，砖雕悬鱼装饰吉祥图案。正房面宽三间，进深三椽，单檐卷棚顶。

王千庄 2 号民居　位于永安镇王千庄村中。坐北朝南，东西宁 24.18 米，南北长 6.56 米，分布面积约 159 平方米。创建年代不详，现存建筑为清代遗构。一进院布局，现仅存正房。正房面宽五间，两侧各建耳房一间，均为进深三椽，单檐卷棚顶。明间设隔扇门，砖雕墀头装饰吉祥图案。

王千庄 3 号民居　位于永安镇王千庄村中。坐东朝西，东西长 6.36 米，南北宽 17.84 米，占地面积约 113.5 平方米。创建年代不详，现存建筑为清代遗构。一进院布局，现仅存东正房，面宽五间，进深四椽，单檐硬山顶，明间设隔扇门。

王千庄 4 号民居　位于永安镇王千庄村中。坐东朝西，东西长 23.8 米，南北宽 14.2 米，分布面积约 338 平方米。创建年代不详，现存建筑为清代遗构。一进院布局，现存大门、东正房、北房和西房。大门位于院落西南，砖雕仿木结构垂花门，拱形门洞。东、西房形制相同，均为面宽三间，进深三椽，单檐卷棚顶。北房面宽二间，进深二椽，单坡顶。

王千庄 5 号民居　位于永安镇王千庄村中。坐北朝南，东西宽 12.36 米，南北长 12.2 米，占地面积约 151 平方米。创建年代不详，现存建筑为清代遗构。一进院布局，现存大门、正房和倒座房。大门位于院落西北角正房西侧，砖木结构，进深四椽，单檐硬山顶，5 级石砌踏跺，木雕雀替装饰花草纹。大门外分置一对石雕上马石，门内原建有照壁，已毁。正房面宽三间，进深三椽，单檐卷棚顶。倒座房面宽三间，进深二椽，单坡顶。

西留张氏宅院　位于西留乡西留村。坐北朝南，东西宽 20.26 米，南北长 17.32 米，占地面积约 351 平方米。创建年代不详，现存建筑为清代遗构。一进院布局，现仅存大门和正房。大门位于院落东北，为砖砌拱形门洞。正房面宽五间，进深四椽，单檐硬山顶，墀头砖雕花草、动物等吉祥图案。

西留孙氏宅院　位于西留乡西留村中。坐北朝南，东西宽 25.96 米，南北长 29.7 米，占地面积约 771 平方米。创建年代不详，现存建筑为清代遗构。二进院布局，现仅存过厅、正房、西厢房。过厅面宽五间，进深四椽，单檐硬山顶。正房面宽七间，进深四椽，单檐硬山顶。西厢房面宽三间，进深三椽，单檐卷棚顶。房屋飞檐下均加有檐柱支撑。

西留左氏宅院　位于西留乡西留村中。坐北朝南，东西宽 16.08 米，南北长 25.74 米，占地面积约 414 平方米。创建年代不详，现存建筑为清代遗构。一进院布局，大门已毁，现仅存照壁、正房、东厢房。照壁建于东厢房南山墙上，为砖雕仿木结构。正房面宽五间，进深四椽，单檐硬山顶，三级石砌垂带踏跺。东厢房面宽三间，进深三椽，单坡顶。

西留田氏宅院　位于西留乡西留村中。坐北朝南，东西宽 16.77 米，南北长 20.44 米，分布面积约 343 平方米。创建年代不详，现存建筑为清代遗构。一进院布局，现存大门、正房和倒座房。大门位于院落东南，进深二椽，两面坡硬山顶。正房面宽五间，进深三椽，单檐卷棚顶。倒座房面宽五间，进深三椽，单檐卷棚顶。院内现存古井 1 眼。

泉头石氏宅院 位于西留乡泉头村。坐西朝东，东西长 21.97 米，南北宽 8.76 米，占地面积约 192 平方米。创建年代不详，现存建筑为清代遗构。一进院布局，现存大门、西房和东房。大门位于院落东南，进深二椽，两面坡硬山顶。西房面宽二间，进深二椽，单檐卷棚顶。东房面宽二间，进深二椽，单檐卷棚顶。

宝峰寨孟氏窑洞 位于西留乡宝峰寨村。坐北朝南，东西宽 26.1 米，南北长 19.7 米，分布面积约 514 平方米。创建年代不详，现存建筑为清代遗构。一进院布局，现存五孔窑洞一座，为土坯券砌砖挂面，砖雕仿木结构，雕刻有斗拱、垂花柱等。

宝峰寨孟氏宅院 位于西留乡宝峰寨村。坐北朝南，东西宽 11.78 米，南北长 18.66 米，占地面积约 220 平方米。创建年代不详，现存建筑为清代遗构。一进院布局，现存大门、照壁、正房。大门位于院落东北，进深二椽，两面坡硬山顶，门心墙建砖雕影壁。照壁为砖雕仿木结构，雕刻有斗拱、垂花柱、"福"字、吉祥花草图案。正房面阔三间，进深三椽，单檐卷棚顶。2014 年拆除重建。

付家坡 1 号民居 位于西留乡付家坡村。坐北朝南，东西宽 20 米，南北长 29.9 米，占地面积约 598 平方米。创建年代不详，现存建筑为清代遗构。一进院布局，倒座房已毁，现存大门、照壁、正房、东西厢房。大门位于院落东南，进深四椽，两面坡硬山顶，墀头砖雕吉祥图案。照壁为砖雕仿木结构，雕刻有斗拱、垂花柱、福字、吉祥花草等。正房面宽五间，进深三椽，单檐卷棚顶，墀头砖雕花草、动物等吉祥图案。东、西厢房均为面宽三间，进深二椽，单坡顶。

付家坡 2 号民居 位于西留乡付家坡村。坐北朝南，东西宽 15.1 米，南北长 19.46 米，占地面积约 294 平方米。创建年代不详，现存建筑为清代遗构。一进院布局，正房、倒座房和西厢房已毁，现仅存大门、照壁、东厢房。大门位于院落东南，为砖雕仿木结构。照壁为砖雕仿木结构，照壁上建神龛。东厢房面宽三间，进深二椽，单坡顶，屋顶局部坍塌。

付家坡 3 号民居 位于西留乡付家坡村。坐北朝南，东西宽 19.2 米，南北长 18.8 米，占地面积约 361 平方米。创建年代不详，现存建筑为清代遗构。一进院布局，现仅存正房、东厢房。正房面宽六间，进深三椽，单檐卷棚顶。东厢房面宽三间，进深三椽，单檐卷棚顶。

湾沟门钟氏宅院 位于王庄堡镇湾沟门村，清代建筑，保存较好。院落坐北朝南，东西宽 14.56 米，南北长 42.08 米，占地面积约 613 平方米。创建年代不详，现存建筑为清代遗构。二进院布局，现存大门、倒座房、过厅、正房，前院东侧建厢房。大门位于院落东南，进深二椽，两面坡硬山顶。倒座房面宽三间，进深三椽，单檐卷棚顶。过厅面宽五间，进深三椽，单檐卷棚顶。东厢房面宽三间，进深二椽，单坡顶。正房面宽五间，东侧两间已毁，进深四椽，单檐硬山顶，明间存隔扇门。

大仁庄1号民居　位于大仁庄乡大仁庄村。坐北朝南，东西宽14.12米，南北长23.77米，占地面积约336平方米。创建年代不详，现存建筑为清代遗构。一进院布局，大门、倒座房已毁，现存正房、东西厢房。正房面宽五间，进深三椽，单檐卷棚顶，明间设隔扇门。东、西厢房均为面宽三间，进深三椽，单坡顶。院内存古地窖1座。

大仁庄2号民居　位于大仁庄乡大仁庄村。坐北朝南，东西宽15.64米，南北长20.74米，占地面积约324平方米。创建年代不详，现存建筑为清代遗构。一进院布局，倒座房和东西厢房坍塌后改建，现存大门、照壁、正房。大门位于院落东南，进深二椽，两面坡硬山顶。照壁为砖雕仿木结构，局部损毁。正房面宽五间，进深三椽，单檐卷棚顶，明间存隔扇门。

东坊城李氏宅院　位于东坊城乡东坊城村中。坐北朝南，东西宽14.32米，南北长24.94米，占地面积约357平方米。创建年代不详，现存建筑为清代遗构。一进院布局，大门已毁，现存照壁、正房、东厢房。照壁为砖雕仿木结构，雕刻有檐枋、垂花柱、"福"字、荷叶墩等。正房面宽五间，进深三椽，单檐卷棚顶。东厢房面宽三间，进深三椽，单坡顶，门窗保存较好。

郝家寨张氏宅院　位于东坊城乡郝家寨村中，为清代郝家寨村地主张甲民起建，现存建筑为一进院带北跨院布局，做村办公场所使用。院落坐西朝东，东西长37.12米，南北宽35.58米，占地面积约1320平方米，现存大门、照壁、西正房、南北厢房、东房。大门位于院落东侧，进深五椽，两面坡硬山顶，墀头砖雕人物、动物、花草等吉祥图案，两级石砌踏跺，门前置一对上马石。照壁为砖雕仿木结构，雕刻有檐枋、斗拱、垂花柱、桃、葫芦、石榴、葡萄、琴、棋、书、画等吉祥图案。西正房面宽七间，进深五椽前出廊，单檐硬山顶，前廊为颛顼柱础。南、北厢房均为面宽五间，进深三椽，单檐卷棚顶。东房面宽六间，进深五椽，单檐卷棚顶。北跨院现存西房、东房、南房。西房面宽五间，进深三椽，单檐卷棚顶。东房面宽三间，进深三椽，单檐卷棚顶。南房面宽五间，进深二椽，单坡顶。北跨院内现存古地窖1座。

驼峰1号民居　位于驼峰乡驼峰村中。坐北朝南，东西宽17.54米，南北长27.52米，占地面积约483平方米。创建年代不详，现存建筑为清代遗构。二进院布局，大门和前院已毁，中轴线现存过厅、正房，正房两侧建厢房。过厅面宽五间，进深四椽，单檐卷棚顶。正房面宽五间，进深三椽，单檐卷棚顶。东、西厢房均为面宽三间，进深三椽，单坡顶。

中堡张氏宅院　位于驼峰乡中堡村。坐北朝南，东西宽15.45米，南北长17.67米，占地面积约 273 平方米。创建年代不详，现存建筑为清代遗构。一进院布局，现存大门、照壁、正房。大门位于正房东侧一间，为砖雕仿木结构，拱形门洞。大门前存拴马桩 1 个。照壁为砖雕仿木结构，雕刻有斗拱、垂花柱、"福"字等。正房面宽五间，进深三椽，单檐卷棚顶。

田村温氏窑房　位于驼峰乡田村。坐北朝南，东西宽 18.02 米，南北长 26.15 米，占地面积约 471 平方米。一进院布局，现存大门、倒座房、窑房、东厢房。大门面宽三间，进深四椽前后廊式，单檐硬山顶，石砌三级垂带踏跺。大门两侧各建倒座房二间，均为进深四椽，单檐卷棚顶。窑房五孔，土坯券砌砖包，窑顶起梁架，进深四椽，单檐硬山顶，前檐加檐柱。东厢房面宽三间，进深二椽，单坡顶。该窑房是浑源县保存较好、且较有特色的清代窑房院式民居，价值较高。

花疃张氏宅院　位于下韩乡花疃村。坐北朝南，东西宽 18.41 米，南北长 21.16 米，占地面积约 390 平方米。创建年代不详，现存建筑为清代遗构。一进院布局，现存大门、正房、倒座房、东厢房。大门位于院落东南，进深四椽，两面坡硬山顶。正房面宽三间，进深三椽，单檐卷棚顶。倒座房面宽三间，西侧一间已毁，进深三椽，单檐卷棚顶。东厢房面宽三间，南侧一间已毁，进深三椽，单坡顶。

花疃王氏宅院　位于下韩乡花疃村。坐北朝南，东西宽 16.75 米，南北长 21.03 米，占地面积约 352 平方米。创建年代不详，现存建筑为清代遗构。一进院布局，现存大门、倒座房、正房。大门位于院落东南，进深四椽，两面坡硬山顶。倒座房面宽三间，进深三椽，单檐卷棚顶。正房面宽五间，进深三椽，单檐卷棚顶。

花疃姚氏宅院　位于下韩乡花疃村。坐北朝南，东西宽 28.32 米，南北长 16.24 米，占地面积约 460 平方米。创建年代不详，现存建筑为清代遗构。二进院布局，现存大门、照壁、正房、二门及门内正房。大门位于院落北部，进深四椽，两面坡硬山顶，墀头砖雕花草等吉祥图案。照壁为砖雕仿木结构，雕刻有斗拱、垂花柱、"福"字、吉祥花草图案等。正房面宽三间，东侧一间已毁，进深三椽，单檐卷棚顶。二门为砖雕仿木结构垂花门，拱形门洞，其内正房面宽五间，进深四椽，单檐硬山顶，隔扇门窗保存较好。东、西厢房均为面宽二间，已毁。

花疃刘氏宅院　位于下韩乡花疃村。坐北朝南，东西宽 18.15 米，南北长 44.32 米，占地面积约 804 平方米。创建年代不详，现存建筑为清代遗构。二进院布局，中轴线现存大门、过厅、正房，东西厢房已毁。大门位于倒座房中间，进深四椽，两面坡硬山顶，门内出抱厦。倒座房面宽五间，进深三椽，单檐卷棚顶。过厅面宽五间，进深三椽，单檐卷棚顶。正房面宽五间，进深四椽，单檐硬山顶。

下韩 1 号民居　位于下韩乡下韩村。坐西朝东，东西长 43.6 米，南北宽 24.7 米，占地面积约 1077 平方米。创建年代不详，现存建筑为清代遗构。一进院带东跨院、南跨院布局，主院现存大门、照壁、东房、西正房、南北厢房。大门位于院落东北，坐南朝北，进深四椽，两面坡硬山顶。照壁为砖雕仿木结构，砖雕斗拱、垂花柱等。西正房面宽五间，进深三椽，单檐硬山顶，明、次间屋顶坍塌。南、北厢房均为面宽三间，进深三椽，单檐卷棚顶。东房面宽三间，进深三椽，单坡顶，明间存隔扇门。东跨院现存北房和西房。北房面宽四间，进深三椽，单檐卷棚顶。西房面宽三间，进深三椽，单坡顶。南跨院现仅存北房，面宽五间，进深三椽，单檐卷棚顶。

下韩 2 号民居　位于下韩乡下韩村。坐北朝南，东西宽 10.98 米，南北长 19.39 米，占地面积约 213 平方米。创建年代不详，现存建筑为清代遗构。二进院布局，现仅存照壁、前院东厢房、后院正房。照壁为砖雕仿木结构，雕刻有斗拱、垂花柱等。正房面宽四间，进深三椽，单檐卷棚顶。前院东厢房面宽三间，进深二椽，单坡顶。

下韩 3 号民居　位于下韩乡下韩村。坐北朝南，东西宽 15.88 米，南北长 5.9 米，占地面积约 94 平方米。创建于清光绪十七年（1891），一进院布局，现仅存正房。正房面宽五间，进深四椽，单檐卷棚顶。2014 年拆除改造。

下韩 4 号宅院　位于下韩乡下韩村，保存较好，原房主白枝，创建年代不详，现存建筑为清末民国时期。院落坐北朝南，东西宽 19.42 米，南北长 29.37 米，占地面积约 570 平方米，二进院布局，现存大门、前院倒座房、二门、后院正房、东西厢房。大门位于院落西北，砖砌拱形门洞，门额上刻"吉星高照"。前院倒座房面宽三间，进深二椽，单坡顶。二门同为砖砌拱形门，门两侧建砖花墙。正房面宽五间，进深三椽，单檐卷棚顶。东西厢房，均为面阔三间，进深三椽，单坡顶。

下韩 5 号民居　位于下韩乡下韩村。坐北朝南，东西宽 16.9 米，南北长 17.79 米，占地面积约 300 平方米。创建年代不详，现存建筑为清代遗构。一进院布局，仅存正房、东厢房。正房面宽五间，进深三椽，单檐硬山顶。东厢房面宽三间，进深二椽，单坡顶。

下韩 6 号民居　位于下韩乡下韩村。坐北朝南，东西宽 16.18 米，南北长 27.2 米，占地面积约 440 平方米。创建年代不详，现存建筑为清代遗构。一进院布局，现存大门、倒座房、正房、东西厢房。大门位于院落东南，进深四椽，两面坡硬山顶，墀头砖雕吉祥花草图案。倒座房面宽五间，进深三椽，单檐卷棚顶。正房面宽五间，进深三椽，单檐卷棚顶。东、西厢房均为面阔三间，进深三椽，单坡顶。

下韩 7 号民居　位于下韩乡下韩村。坐南朝北，东西宽 15.06 米，南北长 31.88 米，占地面积约 480 平方米。创建年代不详，现存建筑为清代遗构。二进院布局，前院东西厢房已毁，中轴线现存大门、二门（已毁，只存基址）、南正房，东、西两侧建厢房。大门位于院落北侧，坐南朝北，面宽一间，进深四椽，两面坡硬山顶。大门两侧各建北房两间，均为进深三椽，单檐卷棚顶。南正房面宽四间，进深四椽，单檐硬山顶，明间存隔扇门。东、西厢房均为面宽三间，进深三椽，单檐卷棚顶。东、西厢房北侧各建仓房一间，进深一椽，单坡顶。

下韩 8 号民居　位于下韩乡下韩村。坐北朝南，东西宽 16 米，南北长 20.5 米，占地面积约 328 平方米。创建年代不详，现存建筑为清末、民国时期遗构。一进院布局，现存大门、正房、东西厢房。大门位于院落东南，砖雕仿木结构，拱形门洞。正房面宽五间，进深三椽，单檐卷棚顶。东、西厢房均为面宽三间，进深三椽，单檐卷棚顶。

下韩 9 号民居　位于下韩乡下韩村。坐北朝南，东西宽 18.78 米，南北长 28.82 米，占地面积约 541 平方米。创建年代不详，现存建筑为清代遗构。一进院布局，大门已毁，现存照壁、正房、倒座房、东西厢房。照壁为砖雕仿木结构，雕刻有斗拱、垂花柱、"福"字、吉祥花草等图案。正房面宽五间，东侧一间已毁，进深四椽前出廊，单檐硬山顶。倒座房面宽四间，进深三椽，单檐卷棚顶。东、西厢房均为面阔三间，进深三椽，单檐卷棚顶。该民居内照壁是浑源县保存较好的一座清代砖雕照壁，具有较高的研究价值。

下韩 10 号民居　位于下韩乡下韩村。坐北朝南，东西宽 16.14 米，南北长 25.24 米，占地面积约 407 平方米。创建年代不详，现存建筑为清代遗构。一进院布局，现存照壁、倒座房、正房、东西厢房。照壁位于倒座房东侧，为砖雕仿木结构。倒座房面宽五间，进深三椽，单檐卷棚顶。正房面宽五间，进深三椽，单檐卷棚顶。东、西厢房均为面宽三间，进深三椽，单檐卷棚顶。

下韩 11 号民居　位于下韩乡下韩村。坐北朝南，东西宽 17.24 米，南北长 22.78 米，占地面积约 393 平方米。创建年代不详，现存建筑为清代遗构。原为二进院布局，现仅存前院东厢房、二门、后院正房。东厢房面宽二间，进深二椽，单坡顶。二门为砖雕仿木结构，两面坡悬山顶。后院正房面宽五间，进深三椽，单檐卷棚顶，明间存隔扇门。

下韩 12 号民居　位于下韩乡下韩村。坐北朝南，东西宽 16.56 米，南北长 17.8 米，占地面积约 295 平方米。创建年代不详，现存建筑为清代遗构。一进院布局，现仅存正房和西厢房。正房面宽五间，进深三椽，单檐卷棚顶。西厢房面宽三间，进深二椽，单坡顶。2014 年全部拆除重建。

下韩 13 号民居　位于下韩乡下韩村。坐北朝南，东西宽 17.28 米，南北长 19.5 米，建筑占地面积约 337 平方米。创建年代不详，现存建筑为清代遗构。一进院布局，现仅存正房和西厢房。正房面宽五间，进深四椽，单檐硬山顶，明间存隔扇门。西厢房面宽三间，进深三椽，单檐卷棚顶。

下韩 14 号民居　位于下韩乡下韩村。坐北朝南，东西宽 21.86 米，南北长 25.78 米，占地面积约 564 平方米。创建年代不详，现存建筑为清代遗构。一进院带西跨院布局，大门已毁，现存倒座房、正房、东西厢房、西跨院正房。倒座房面宽四间，进深三椽，单檐卷棚顶。正房面宽五间，进深三椽，单檐卷棚顶。东、西厢房均为面宽三间，进深三椽，单檐卷棚顶。西跨院正房面宽二间，进深三椽，单坡顶。

下韩 15 号民居　位于下韩乡下韩村中。坐北朝南，东西宽 16.14 米，南北长 17.8 米，占地面积约 287 平方米。创建年代不详，现存建筑为清代遗构。一进院布局，大门已毁，现存正房和东西厢房。正房面宽五间，进深三椽，单檐卷棚顶。东、西厢房均为面宽三间，进深三椽，单檐卷棚顶。

下韩石氏窑洞　位于下韩乡下韩村中。坐北朝南，东西宽 20.1 米，南北长 7.3 米，占地面积约 147 平方米。创建年代不详，现存建筑为清代遗构。一进院布局，现存 5 孔窑洞一座，为土坯砌窑洞，砖雕仿木结构挂面，砖雕斗拱、垂花柱、神龛等制作精美。该窑洞是浑源县保存最好的一座清代窑洞，具有重要的研究价值。

下韩王氏窑洞　位于下韩乡下韩村中。坐北朝南，占地面积约 216 平方米，创建年代不详，现存建筑为清代遗构，一进院布局，现存砖雕大门和窑洞 5 孔。

下韩白氏窑洞　位于下韩乡下韩村中。坐北朝南，东西宽 15.75 米，南北长 18.37 米，占地面积约 289 平方米。创建年代不详，现存建筑为清代遗构。一进院布局，现存 5 孔窑房、东厢房。窑房为面宽 5 孔，土坯砌窑洞，砖雕仿木结构挂面，门窗和砖雕神龛保存较好。东厢房面宽三间，进深二椽，单坡顶。

中韩 1 号窑洞　位于下韩乡中韩村中，保存较好。坐北朝南，东西宽 18.28 米，南北长 7.47 米，占地面积约 137 平方米。创建年代不详，现存建筑为清代遗构。一进院布局，现存 5 孔窑洞一座，为土坯砌窑洞，砖雕仿木结构挂面。砖雕斗拱、垂花柱等制作精美。

中韩 2 号窑洞　位于下韩乡中韩村中，保存较好。坐北朝南，东西宽 23.89 米，南北长 7 米，占地面积约 167 平方米。创建年代不详，现存建筑为清代遗构。一进院布局，现存 6 孔窑洞一座，为土坯砌窑洞，砖雕仿木结构挂面，砖雕檐枋、神龛等。

西辛坊李氏窑洞　位于下韩乡西辛坊村中。坐北朝南，东西宽 19.69 米，南北长 7.96 米，占地面积约 156.7 平方米。创建年代不详，现存建筑为清代遗构。一进院布局，现存 5 孔窑房一座，为外表砖砌，内砌土坯，砖雕仿木结构挂面，雕刻有斗拱、垂花柱、檐枋等。

文家庄 1 号民居　位于蔡村镇文家庄村中。坐北朝南，东西宽 15.88 米，南北长 23.12 米，占地面积约 367 平方米。创建年代不详，现存建筑为清代遗构。一进院布局，现存大门、照壁、正房。大门位于院落东南，进深二椽，两面坡硬山顶。照壁为砖雕仿木结构，雕刻有斗拱、垂花柱、"福"字等。正房面宽五间，进深三椽，单檐卷棚顶。

文家庄 2 号民居　位于蔡村镇文家庄村中。坐北朝南，东西宽 16.56 米，南北长 21.26 米，占地面积约 352 平方米，创建年代不详，现存建筑为清代遗构。一进院布局，现存照壁、正房、西厢房。大门位于院落东南，已毁。照壁为砖雕仿木结构，雕刻有斗拱、垂花柱、"福"字等。正房面宽五间，进深四椽，单檐硬山顶。西厢房面宽三间，进深三椽，单坡顶。

文家庄 3 号民居　位于蔡村镇文家庄村中。坐北朝南，东西宽 16.62 米，南北长

20.2 米，占地面积约 336 平方米。创建年代不详，现存建筑为清代遗构。一进院布局，现存大门、照壁、倒座房。大门位于院落东南，面宽一间，进深二椽，两面坡硬山顶。照壁为砖雕仿木结构，雕刻有斗拱、垂花柱、鹿、吉祥花草等。倒座房面宽三间，进深三椽，单坡顶。

文家庄 4 号民居 位于蔡村镇文家庄村中。坐北朝南，东西宽 15.3 米，南北长 45.06 米，占地面积约 689 平方米。创建年代不详，现存建筑为清代遗构。二进院布局，现仅存过厅、正房。过厅面宽五间，进深三椽，单檐卷棚顶，明间存隔扇门。正房面宽五间，进深三椽，单檐卷棚顶。

文家庄 5 号民居 位于蔡村镇文家庄村中。坐北朝南，东西宽 17.48 米，南北长 14.56 米，占地面积约 255 平方米。创建年代不详，现存建筑为清代遗构。一进院布局，现仅存正房。正房面宽五间，进深五椽前出廊，单檐硬山顶。

尧村刘氏宅院 位于蔡村镇尧村中。院落坐北朝南，东西宽 12 米，南北长 20.84 米，占地面积约 250 平方米。创建年代不详，现存建筑为清代遗构。一进院布局，正房坍塌后新建，现仅存大门和倒座房。大门位于院落东南，进深一间，进深二椽，两面坡硬山顶，墀头砖雕花草、动物等吉祥图案。倒座房原面宽四间，西侧三间已毁，现仅存东侧一间，进深三椽，单檐卷棚顶，存有隔扇窗。

尧村石氏宅院 位于蔡村镇尧村。建筑坐北朝南，东西宽 16.44 米，南北长 22.23 米，占地面积约 365 平方米。创建年代不详，现存建筑为清代遗构。一进院布局，现仅存大门、倒座房。大门位于倒座房中间，进深四椽，两面坡硬山顶。倒座房面宽五间，进深三椽，单檐卷棚顶，墀头砖雕花草、动物等吉祥图案。

尧村郭氏宅院 位于蔡村镇尧村，建筑坐北朝南，东西宽 14.98 米，南北长 23.32 米，占地面积约 349 平方米。创建年代不详，现存建筑为清代遗构。二进院布局，现仅存大门、倒座房、二门。大门位于倒座房东侧第二间，进深四椽，两面坡硬山顶。四级石砌垂带踏跺，东、西两侧设上马石。门心墙砖雕影壁，装饰有鹤、鹿、灵芝、松柏、石榴等吉祥图案。倒座房面宽五间，进深三椽，单檐卷棚顶，墀头砖雕花草等吉祥图案。二门为砖雕仿木结构，雕刻有斗拱、垂花柱等。

尧村高氏宅院 位于蔡村镇尧村中，保存较好。建筑坐北朝南，东西宽 13.29 米，南北长 19.91 米，占地面积约 265 平方米。创建年代不详，现存建筑为清代遗构。一进院布局，现存大门、正房。大门位于院落西北，面宽一间，进深三椽，两面坡硬山顶。正房面宽四间，进深三椽，单檐卷棚顶，明间存隔扇门。

师家号史氏宅院 位于蔡村镇师家号村中。院落坐北朝南，东西宽 15.16 米，南北长 22.6 米，占地面积约 343 平方米。创建年代不详，现存建筑为清代遗构。一进院布局，大门已毁，现仅存过厅、正房。过厅面宽五间，进深三椽，单檐卷棚顶。正房面宽五间，进深三椽，单檐卷棚顶。

师家号赵氏宅院　位于蔡村镇师家号村中。院落坐北朝南，东西宽16.68米，南北长10.22米，占地面积约170平方米。创建年代不详，现存建筑为清代遗构。原为二进院布局，现仅存二门、后院东西厢房。二门为砖雕仿木结构，拱形门洞。东、西厢房均为面宽三间，进深二椽，单坡顶。

师家号洪氏宅院　位于蔡村镇师家号村中。坐北朝南，东西宽13.18米，南北长6.77米，占地面积约89平方米。创建年代不详，现存建筑为清代遗构。一进院布局，大门、东西厢房已毁，现仅存正房。面阔五间，进深三椽，单檐卷棚顶，明间存隔扇门。

上辛安白氏宅院　位于吴城乡上辛安村中。坐北朝南，东西宽17.13米，南北长27.7米，占地面积约475平方米。创建年代不详，现存建筑为清代遗构。一进院布局，正房已毁，现存大门、倒座房、东西厢房。大门位于院落东南，进深四椽，两面坡硬山顶。倒座房面宽五间，进深三椽，单檐卷棚顶，明间存隔扇门。东、西厢房均为面宽三间，进深二椽，单坡顶。

上韩李氏宅院　位于南榆林乡上韩村中。坐西朝东，东西长27.04米，南北宽26.22米，建筑占地面积约709平方米。创建年代不详，现存建筑为清代遗构。一进院布局，现存大门、照壁、倒座房、西正房、南北厢房。大门位于院落东北角，为砖木结构，二椽硬山顶，7级垂带踏跺，雀替和普牌坊上雕刻寿字、花鸟纹等。照壁为砖雕仿木结构，砖雕斗拱、垂花柱、"寿"字等。倒座房面阔三间，进深三椽，单檐卷棚顶。西正房面阔五间，进深三椽，单檐硬山顶。南、北厢房均为面阔五间，进深三椽，单檐卷棚顶。

南紫峰温氏宅院　位于南榆林乡南紫峰村中。坐北朝南，东西宽16.6米，南北长26.59米，占地面积约441平方米。创建年代不详，现存建筑为清代遗构。一进院布局，现仅存照壁、正房。照壁为砖雕仿木结构，雕刻有斗拱、垂花柱、吉祥花草等。正房面宽五间，进深三椽，单檐卷棚顶。

南紫峰王氏窑洞　位于南榆林乡南紫峰村中。坐西朝东，东西长5.64米，南北宽5.78米，占地面积约33平方米。创建年代不详，现存建筑为清代遗构。一进院布局，现仅存窑洞、照壁。窑洞为单孔，土坯券砌包砖，门窗已毁。窑洞南侧包砖上建照壁，为砖雕仿木结构。

浑源县主要民居一览表

表1-15

序号	名　称	地　址	年　代
1	木市街4号民居	浑源县城西木市街路北	清、中华民国
2	余井街6号民居	浑源县城内余井街北侧	清、中华民国

续 表

序号	名　称	地　址	年　代
3	余井街 15 号民居	浑源县城内余井街北侧	清、中华民国
4	余井街 18 号民居	浑源县城内余井街北侧	清、中华民国
5	余井街 32 号民居	浑源县城内余井街南侧	清、中华民国
6	陈家巷 10 号民居	浑源县城内陈家巷路北	清
7	陈家巷 14 号民居	浑源县城内陈家巷路北	清
8	陈家巷 15 号民居	浑源县城内陈家巷路北	清
9	陈家巷 2 号民居	浑源县城内陈家巷路南	清
10	陈家巷 4 号民居	浑源县城内陈家巷路南	清
11	陈家巷 5 号民居	浑源县城内陈家巷路南	清
12	陈家巷 9 号民居	浑源县城内陈家巷路北	清
13	大石头巷 10 号民居	浑源县城内大石头巷东侧	清
14	大石头巷 11 号民居	浑源县城内大石头巷东侧	清
15	大石头巷 4 号民居	浑源县城内大石头巷 4 号和老井圪洞巷 1 号	清
16	大石头巷 5 号民居	浑源县城内大石头巷 5 号和 6 号	清
17	大石头巷 8 号民居	浑源县城内大石头巷东侧	清
18	德合荣巷 7 号民居	浑源县城西当巷街德合荣巷东侧	清
19	东大街 36 号民居	浑源县城内永安西街路北（原东大街 36 号）	清
20	东大街 37 号民居	浑源县城永安西街路北（原东大街 37 号）	清
21	东大街 40 号民居	浑源县城内永安西街路北（原东大街 40 号）	清
22	鼓楼北巷 25 号民居	浑源县城内鼓楼北巷西侧	清
23	鼓楼北巷 4 号民居	浑源县永安镇永安社区鼓楼北巷东侧毛家巷路北	清
24	鼓楼南巷 14 号民居	浑源县城内鼓楼南巷路南	清
25	鼓楼南巷 16 号民居	浑源县城内鼓楼南巷路北	清
26	鼓楼南巷 1 号民居	浑源县城内鼓楼南巷西侧	清
27	鼓楼南巷 28 号民居	浑源县城内鼓楼南巷东侧	清
28	关帝庙	浑源县永安镇翠屏社区当巷街	清
29	郭家巷 7 号民居	浑源县城内郭家巷路北	清
30	浑源基督教礼拜堂	浑源县永安镇翠屏社区余井街志同巷 7 号	清、中华民国

序号	名　称	地　址	年　代
31	栗家巷 4 号民居	浑源县城内栗家巷路南	清
32	栗家巷 5 号民居	浑源县城内栗家巷路南	清
33	罗拒巷 13 号民居	浑源县城内罗拒巷 13 号	清
34	马号门巷 31 号民居	浑源县城内马号门巷东侧	清
35	南关街 2 号民居	浑源县城内南关街西侧	清
36	南营巷 25 号民居	浑源县城内南营巷西侧	清
37	庆永兴巷 11 号民居	浑源县城内庆永兴巷西侧	清
38	庆永兴巷 13 号民居	浑源县永安镇永安社区庆永兴巷 13 号	清
39	庆永兴巷 17 号民居	浑源县内庆永兴巷西侧	清
40	庆永兴巷 19 号民居	浑源县内庆永兴巷西侧	清
41	庆永兴巷 21 号民居	浑源县城内庆永兴巷西侧	清
42	庆永兴巷 3 号民居	浑源县城内庆永兴巷东侧	清
43	庆永兴巷 6 号民居	浑源县永安镇永安社区庆永兴巷东侧	清
44	庆永兴巷 7 号民居	浑源县城内庆永兴巷东侧	清
45	庆永兴巷 8 号民居	浑源县城内庆永兴巷东侧 8—10 号院	清
46	石牌楼巷 2 号民居	浑源县城内西大街石牌楼巷西侧	清
47	石牌楼巷 3 号民居	浑源县城内石牌楼巷西侧	清
48	石牌楼巷 5 号民居	浑源县城内石牌楼巷西侧	清
49	石牌楼巷 6 号民居	浑源县城内石牌楼巷西侧	清
50	石桥北巷 3 号民居	浑源县城内永安西街路北石桥北巷东侧	清
51	石桥北巷 7 号民居	浑源县永安镇永安社区石桥北巷东侧，圆觉寺正南	清
52	石桥南巷 3 号民居	浑源县城内石桥南巷西侧	清
53	石桥南巷 6 号民居	浑源县城内石桥南巷西侧	清
54	石桥南巷 7 号民居	浑源县城内石桥南巷路西	清
55	石桥南巷 8 号民居	浑源县城内石桥南巷西侧	清
56	石桥南巷 9 号民居	浑源县城内石桥南巷西侧	清
57	孙家巷 17 号民居	浑源县城内孙家巷路北	清
58	唐角巷 4 号民居	浑源县城内唐角巷路北	清

续 表

序号	名 称	地 址	年 代
59	西关街杨氏宅院	浑源县城内西关街路北	清
60	小井巷 16 号民居	浑源县城内小井巷路南	清
61	小井巷 17 号民居	浑源县城内政府南巷南端小井巷路北	清
62	小井巷 18 号民居	浑源县城内小井巷路北	清
63	眼光庙巷 4 号民居	浑源县城内西关街路北眼光庙巷西侧	清
64	姚家巷 10 号民居	浑源县城内姚家巷路北	清
65	姚家巷 2 号民居	浑源县城内姚家巷 2 号	清、中华民国
66	姚家巷 7 号民居	浑源县城内姚家巷 7 号	清
67	一面街 12 号民居	浑源县城西一面街西侧	清、中华民国
68	政府南巷 13 号民居	浑源县城内政府南巷西侧	清
69	政府南巷 14 号民居	浑源县城内政府南巷西侧	清
70	政府南巷 16 号民居	浑源县城内政府南巷西侧	清
71	政府南巷 19 号民居	浑源县城内政府南巷东侧	清
72	政府南巷 22 号民居	浑源县城内政府南巷东侧	清
73	政府南巷 23 号民居	浑源县城内政府南巷东侧	清
74	政府南巷 26 号民居	浑源县城内政府南巷东侧	清
75	政府南巷 4 号民居	浑源县城内政府南巷西侧	清
76	政府南巷 5 号民居	浑源县城内政府南巷西侧	清
77	钟楼南巷 20 号民居	浑源县城内南钟楼南巷东侧	清
78	晴远楼	浑源县城内西关街	清、中华民国
79	关城南巷 8	浑源县城内关墙南巷南侧	清、中华民国
80	关城南巷 9 号	浑源县城内关墙南巷南侧	清、中华民国
81	关城南巷 10 号	浑源县城内关墙南巷南侧	清、中华民国
82	关城南巷 14 号	浑源县城内关墙南巷南侧	清、中华民国
83	关城南巷 15 号	浑源县城内关墙南巷南侧	清、中华民国
84	关城南巷 16 号	浑源县城内关墙南巷南侧	清、中华民国
85	关城南巷 17 号	浑源县城内关墙南巷南侧	清、中华民国
86	关城南巷 18 号	浑源县城内关墙南巷南侧	清、中华民国

第七节　戏　台

旧时群众文化生活单调，在"谢神"之际观看戏曲表演是一项难得的文化活动，国内汉族地区城乡多建有戏台。戏台亦雅称为"乐楼"，浑源现存数量较多，遍布各乡镇村落，基本皆为清代所建。"二普"记为"乐楼"，"三普"记为戏台或乐楼。

顾册乐楼　位于永安镇顾册村中，创建年代不详，现存建筑为清代遗构，面阔三间，进深三间，单檐卷棚顶，四椽栿，上承三椽栿，建筑面貌较残。（据"二普"资料）

东圪坨铺乐楼　位于南榆林乡东圪坨铺村，清代建筑，面阔三间，进深二间，单檐硬山顶，四椽栿，前接一椽栿。（据"二普"资料）

仝咀乐楼　位于南榆林乡仝咀村，清代建筑，坐南朝北，面阔三间，进深二间，单檐卷棚顶，四椽栿，前接一椽栿。（据"二普"资料）

南紫峰乐楼　位于南榆林乡南紫峰村，清代建筑，坐南朝北，面阔三间，进深三间，单檐卷棚顶，四椽栿，前接一椽栿。（据"二普"资料）

南水头乐楼　位于南榆林乡南水头村，清代建筑，面阔三间，进深三间，顶部残破，梁架缺失。（据"二普"资料）

岔口乐楼　位于大仁庄乡岔口村中心，呈南北向，清代建筑。面阔三间，进深三间，单檐硬山顶，三椽栿，后接一椽栿，保存状况较好。（据"二普"资料）

广泥沟乐楼　位于大仁庄乡广泥沟村中心，呈南北向，清末建筑。现存建筑面阔三间，进深三间，单檐硬山顶，三椽栿，后接一椽栿，现建筑较残破，梁架完整，顶部坍塌。（据"二普"资料）

黄土坡乐楼　位于大仁庄乡黄土坡村，清代建筑，近代有重修。现存建筑面阔三间，进深三间，单檐硬山顶，四椽栿。（据"二普"资料）

刘官庄乐楼　位于原黄花滩乡刘官庄村龙王庙，清代建筑，民国13年（1924）重修。该建筑面阔三间，进深三间，单檐硬山顶，四椽栿。（据"二普"资料）

南花园乐楼　位于黄花滩乡南花园村龙王庙，清代建筑，1958年重修。该建筑面阔三间，进深三间，单檐硬山顶，前接两椽栿由中柱穿插。庙内有龙王庙残碑一通。（据"二普"资料）

昆仑崖乐楼　位于原黄花滩乡昆仑崖村，清末建筑，面阔三间，进深三间，单檐硬山顶，五椽栿。庙内有重修碑四通，其中一通为嘉庆三年（1798）所立。（据"二普"资料）

白强沟乐楼　位于原黄花滩乡白强沟村龙王庙，清代建筑，后有修葺。面阔三间，进深三间，单檐硬山顶，六椽栿。（据"二普"资料）

英庄村戏台　位于沙圪坨镇英庄村龙王庙内，现建筑为清代，后曾重修。戏台倒座，面阔三间，进深五椽，双层单檐卷棚顶。据"二普"所记，乐楼有残破壁画12平方米。

西庄村戏台　位于沙圪坨镇西庄村龙王庙内，现建筑为清代，后曾重修。戏台倒座，面阔三间，进深五椽，单檐卷棚顶。

官道村乐楼　位于沙圪坨镇官道村三官庙内，现建筑为清代，面阔三间，进深二间，单檐卷棚顶，五椽栿。（据"二普"资料）

赤泥泉乐楼　位于沙圪坨镇赤泥泉村，始建于明代，清代重修，面阔三间，进深二间，单檐硬山顶，四椽栿，上承两椽栿。附属文物有道光二十六年（1846）重修龙王庙、山神庙碑一通。（据"二普"资料）

董庄村乐楼　位于青磁窑镇董庄村，呈东西向，现建筑为清代遗构，后曾重修。面阔三间，进深二间，单檐硬山顶，三椽栿，残破严重，岌岌可危。（据"二普"资料）

刁窝梁戏台　位于青磁窑镇刁窝梁村龙王庙内，建筑年代不详，现建筑为清代遗构。戏台倒座，建在0.86米高的石砌台基上，面阔三间，进深四椽，单檐卷棚顶。"二普"记载该乐楼建于清代，面阔三间，进深三间，单檐硬山顶，五椽栿。

小岭村乐楼　位于青磁窑镇小岭村关帝庙，建于清代，1968年重修。面阔三间，进深三间，单檐硬山顶，三椽栿，后接一椽，较残破。（据"二普"资料）

孟家窑戏台　位于青磁窑镇孟家窑村关帝庙，建于清代，戏台倒座，面阔三间，进深四椽，单檐卷棚顶，戏台内现存清光绪十二年（1886）题记。"二普"记录曾有残壁画5平方米。

大磁窑乐楼　位于青磁窑镇大磁窑村，建于清代，后有续修。乐楼面阔三间，进深三间，单檐硬山顶，前卷棚顶，四椽栿，上承两椽栿，前接三椽栿，现状残破。（据"二普"资料）

南堡村乐楼　位于千佛岭乡南堡村，建筑年代不详，现建筑为清代遗构，抑或为文昌阁。面阔三间，进深三间，单檐硬山顶，四椽栿，上承两椽栿。（据"二普"资料）

小麦峪戏台　位于千佛岭乡小麦峪村南约140米的神庙内，神庙建于清同治二年（1863），戏台或为同期所建。该戏台倒座，建在高1.8米的石砌台基上，面阔三间，进深四椽，单檐卷棚顶。

泽清岭戏台　位于千佛岭乡泽清岭村关帝庙内，建筑年代不详，现建筑为清代遗构。戏台倒座，面阔三间，进深四椽，单檐卷棚顶。

龙咀戏台　位于千佛岭乡龙咀村龙王庙内，所建年代不详，现建筑为清代遗构。戏台倒座，建在高1米的台地上，面阔三间，进深五椽，单檐卷棚顶。

羊投崖戏台　位于千佛岭乡羊投崖村中。坐南朝北，东西宽10.32米，南北长9.22米，占地面积约95平方米。创建年代不详，现存建

龙咀村乐楼

筑为清代遗构。一进院布局，正殿已毁，现仅存倒座戏台，屋面瓦件破损。面阔三间，进深六椽，单檐卷棚顶。

上村镇神庙戏台 位于千佛岭乡上村镇村西 150 米。坐南朝北，东西宽 10 米，南北长 21.14 米，占地面积约 211 平方米。创建年代不详，现存建筑为清代遗构。一进院布局，中轴线原建有正殿和倒座戏台。正殿已毁，现仅存倒座戏台。戏台面阔三间，进深五椽，单檐卷棚顶。

火石头乐楼 位于千佛岭乡火石头村，建于清代，民国重修。该建筑面阔三间，进深三间，单檐卷棚顶，三椽栿，后接两椽栿，较完好。（据"二普"资料）

干土岭乐楼 位于千佛岭乡干土岭村，建于清代，面阔三间，进深三间，单檐硬山顶，四椽栿，现状一般。（据"二普"资料）

打虎沟乐楼 位于千佛岭乡打虎沟村，建于清代，面阔三间，进深三间，单檐卷棚顶，四椽栿，上承三椽栿，后接一椽，较完好。（据"二普"资料）

小道沟乐楼 位于千佛岭乡小道沟村龙王庙内，建于清代，面阔三间，进深三间，单檐硬山顶，三椽栿，后接一椽。（据"二普"资料）

小窝单乐楼 位于千佛岭乡小窝单村，建于清代，面阔三间，进深三间，单檐卷棚硬山顶，四椽栿，上承三椽栿，后接一椽，栏额下方有雀替，较残。（据"二普"资料）

金峰殿乐楼 位于千佛岭乡金峰殿村，现建筑为清代，面阔三间，进深两间，单檐硬山顶，三椽栿，现状残破，有残碑一通。（据"二普"资料）

鸽子峪乐楼 位于千佛岭乡鸽子峪村神庙内，建于清代，面阔三间，进深三间，单檐卷棚硬山顶，三椽栿，后接两椽栿，现状残破。（据"二普"资料）

荆庄乐楼 位于东坊城乡荆庄村，现存建筑为清代。面阔三间，进深三间，单檐歇山顶，后为硬山顶，有抹角梁，四椽栿，后接二椽栿，两侧建八字墙，现状较好。（据"二普"资料）

东尾毛村乐楼 位于东坊城乡东尾毛村，现存建筑为清代，面阔三间，进深两间，单檐卷棚顶，三椽栿，较残。（据"二普"资料）

晋家庄乐楼 位于东坊城乡晋家庄村，现存建筑为清代，面阔三间，进深三间，单檐卷棚顶，三椽栿，现状较残。（据"二普"资料）

郝家寨乐楼 共两处，位于东坊城乡郝家寨村中心及村北，创建年代不详，现存建筑为清代遗构。村北乐楼面阔三间，进深三间，单檐硬山顶，三椽栿，后接一椽；村中心乐楼面阔三间，进深三间，单檐硬山顶，四椽栿，现状较好。（据"二普"资料）

李峪龙王庙戏台 位于东坊城乡李峪村。坐南朝北，东西宽 7 米，南北长 5.98 米，建筑占地面积约 42 平方米。创建年代不详，现存建筑为清代遗构。一进院布局，原中轴线建有正殿和倒座戏台，20 世纪 60 年代将正殿拆毁，现仅存倒座戏台。面阔三间，进深四椽，单檐卷棚顶前出抱厦。该戏台是李峪村现存唯一的一座清代戏台，具有较高的研究价值。

荆庄戏台　位于东坊城乡荆庄村中。坐南朝北，东西宽 11.02 米，南北长 8.78 米，占地面积约 97 平方米。创建年代不详，现存建筑为清代遗构。一进院布局，现仅存倒座戏台 1 座。面阔三间，进深七椽，勾连达式构架，后硬山前卷棚顶，前出抱厦。20 世纪 60 年代将戏台内改建，刻有标语"为人民服务""忠"等，时代特征明显。

凌云口戏台　位于裴村乡凌云口村东南部。坐南朝北，东西宽 15 米，南北长 9.44 米，占地面积约 142 平方米。1958 年，凌云口村委会为满足群众的文化生活需要，于村东建戏台一座。戏台为倒座，面阔三间，进深六椽，单檐卷棚顶。戏台后墙现存 1959 年山阴县罗庄剧团到此演出的题记。

中堡戏台　位于驼峰乡中堡村中。坐北朝南，东西宽 11.7 米，南北长 9.68 米，占地面积约 113 平方米。创建年代不详，现存建筑为清代遗构。一进院布局，现仅存戏台。戏台建在高 0.7 米的石砌台基上，面阔三间，进深六椽，单檐卷棚顶。

西堡乐楼　位于驼峰乡西堡村，现存建筑为清代遗构，近代曾重修。乐楼面阔三间，进深两间，单檐卷棚顶，三椽栿。（据"二普"资料）

深涧戏台　位于驼峰乡深涧村南。坐南朝北，东西宽 8.2 米，南北长 6.84 米，占地面积约 56 平方米。创建年代不详，现存建筑为清代遗构。一进院布局，现仅存倒座戏台，建在高 0.8 米的石砌台基上。面阔三间，进深三椽，单檐卷棚顶。

浅涧乐楼　位于驼峰乡浅涧村龙王庙，创建年代不详，现存建筑为清代遗构。乐楼面阔三间，进深两间，单檐硬山顶，四椽栿，上承两椽栿。（据"二普"资料）

驼峰戏台　位于驼峰乡驼峰村中，坐南朝北，东西宽 9.28 米，南北长 7.71 米，占地面积约 72 平方米。创建年代不详，现存建筑为清代遗构。一进院布局，现仅存倒座戏台。面阔三间，进深六椽，七檩勾连达式勾结，后硬山前卷棚顶。

曲家坪戏台　位于驼峰乡曲家坪神庙内，创建年代不详，现存建筑为清代遗构。戏台倒座，面阔三间，进深三椽，单檐卷棚顶。

李千庄戏台　位于驼峰乡李千庄村龙王庙内，创建年代不详，现存建筑为清代遗构。戏台倒座，面阔三间，进深五椽，单檐卷棚顶。

西郭家庄戏台　位于驼峰乡西郭家庄关帝庙内，创建年代不详，现存建筑为清代遗构。戏台倒座，面阔三间，进深四椽，单檐卷棚顶。

梨园乐楼　位于驼峰乡梨园村，创建年代不详，现存建筑为清代遗构。戏台面阔三间，进深

西郭家庄乐楼

两间，单檐卷棚顶，五椽栿。周围有古榆、柳树各一。（据"二普"资料）

黄沙口戏台　位于西坊城镇黄沙口村中。坐南朝北，东西宽 20.6 米，南北长 26.24 米，占地面积约 540 平方米。创建年代不详，现存建筑为清代遗构。一进院布局，现仅存倒座戏台，面阔三间，进深四椽，单檐卷棚顶。戏台过去曾一度被学校占用，院落内建有教室等建筑。

大有号戏台　位于西坊城镇大有号村中。坐南朝北，东西宽 9.12 米，南北长 7.5 米，占地面积约 68 平方米。创建年代不详，现存建筑为清代遗构。一进院布局，现仅存倒座戏台，面阔三间，进深四椽，单檐卷棚顶。

大有号戏台

圪坨龙王庙戏台　位于西坊城镇圪坨村龙王庙，坐南朝北，创建年代不详，现存建筑为清代遗构。戏台倒座，面阔三间，进深四椽，单檐卷棚顶。

大峪口龙王庙戏台　位于西坊城镇大峪口村龙王庙，坐南朝北，创建年代不详，现存建筑为清代遗构。戏台倒座，面阔三间，进深四椽，单檐卷棚顶。

义寨乐楼　位于西坊城镇义寨村，坐南朝北，创建年代不详，现存建筑为清代遗构。乐楼面阔三间，进深两间，单檐硬山顶，四椽栿，顶部有壁画 8 平方米。（据"二普"资料）

南阳庄乐楼　位于西坊城镇南阳庄村，坐西朝东，创建年代不详，现存建筑为清代遗构。乐楼面阔三间，进深两间，单檐硬山顶，四椽栿，上承两椽栿。（据"二普"资料）

西留古戏台　位于西留乡西留村村西边，原为龙王庙，庙院占地面积 1426 平方米，坐南朝北开东门，正殿（龙王庙）面宽三间，进深二间，垛殿面宽一间，进深一间，东、西配殿各七间，南端有钟、鼓楼。现仅存古戏台一座，坐南朝北，东西宽 10.68 米，南北长 8.74 米，占地面积约 93 平方米，为明代建筑。戏台面宽三间，进深六椽，七檩勾连搭式构架，单檐后硬山前卷棚歇山顶，前出抱厦，布瓦覆盖，前卷棚四椽栿，后硬山两椽栿，加乳栿，爬梁顶部有残壁画，前沿柱立石栏板望柱，东、西两侧台口现存石雕栏板 4 块，雕刻戏剧人物造像、花鸟、动物等图案。该古建筑于 2021 年公布为省级文物保护单位，2013 年由县文物部门进行了全面维修。

泉头戏台　位于西留乡泉头村龙王庙内，创建年代不详，现建筑为清代遗构，庙内有清同治九年（1870）重修碑一通。戏台倒座，面阔三间，进深二椽，梁架结构较特殊，前檐悬山顶，后作四横椽两面坡，后墙高耸呈"凸"字形，当地俗称"官帽顶"，台口存石雕栏板。

东柏林龙王庙戏台　位于西留乡东柏林村。坐南朝北，东西宽 8.56 米，南北长 7.06

米，占地面积约 60 平方米。创建年代不详，现存建筑为清代遗构。一进院布局，正殿已毁，现仅存倒座戏台，建在高 0.58 米的毛石砌台基上。面阔三间，进深三椽，单檐卷棚顶。

贾庄戏台 位于西留乡贾庄村中。坐南朝北，东西宽 9.54 米，南北长 7.6 米，占地面积约 72.5 平方米。创建年代不详，现存建筑为清代遗构。一进院布局，现仅存倒座戏台。戏台面阔三间，进深五椽，六檩勾连搭式构架，后硬山前卷棚顶。后墙开虎眼窗两个。后檐为砖雕仿木结构，雕刻有转角斗拱、补间斗拱、垂花柱、檐枋等，装饰物有花草、螭龙等吉祥图案。

车道口神庙戏台 位于西留乡车道口村神庙内，创建年代不详，现存建筑为清代遗构。戏台倒座，面阔三间，进深四椽，单檐卷棚顶，墀头砖雕花草、动物等吉祥图案。

官儿戏台 位于官儿乡官儿村龙王庙内，建筑年代不详，现建筑为清代遗构。戏台倒座，面阔三间，进深四椽，单檐卷棚顶。

黑石神庙戏台 位于官儿乡黑石村中。坐南朝北，一进院布局，东西宽 22.06 米，南北长 48.49 米，占地面积约 1070 平方米。创建年代不详，现存建筑为清代遗构。中轴线原建有正殿和倒座戏台，正殿已毁，后改建为校舍，现仅存倒座戏台。戏台面阔三间，进深四椽，单檐卷棚顶。戏台两侧新建了钟、鼓楼，戏台南侧有古榆树 1 株。

小银厂神庙戏台 位于官儿乡小银厂村中。坐南朝北，东西宽 8.84 米，南北长 6.72 米，占地面积约 59 平方米。创建年代不详，现存建筑为清代遗构。一进院布局，中轴线原建有正殿和倒座戏台。正殿已毁，现仅存倒座戏台。戏台面阔三间，进深四椽，单檐卷棚顶，屋顶和墙体局部坍塌。

下牛还戏台 位于王庄堡镇下牛还村西。原建寺庙已毁，现仅存戏台一座，坐西朝东，东西长 6.99 米，南北宽 8.2 米，占地面积约 57.3 平方米，创建年代不详，现存建筑为清代遗构。戏台面阔三间，进深四椽，单檐卷棚顶，后坡短且陡，前坡长而缓，其台基为毛石砌筑，高约 1 米。戏台后墙内侧现存有清宣统三年（1911）题记。

上牛还戏台 位于王庄堡镇上牛还村中，创建年代不详，现存建筑为清代遗构。原建寺庙已毁，现仅存戏台一座，坐南朝北，东西宽 8.32 米，南北长 6.84 米，占地面积约 57 平方米。戏台面阔三间，进深四椽，单檐卷棚顶，后坡短且陡，前坡长而缓。台基为毛石砌筑，高约 0.73 米。

窑沟戏台 位于王庄堡镇窑沟村神庙内，创建年代不详，现存建筑为清代遗构。戏台倒座，面阔三间，已坍塌。

白羊村戏台 位于王庄堡镇白羊村龙王庙内，创建年代不详，现存建筑为清代遗构。戏台倒座，建在高 1 米的毛石砌台基上，面阔三间，进深五椽，单檐卷棚顶，后坡短且陡峻，前坡长而平缓。

北坡头村戏台　位于王庄堡镇北坡头村神庙，创建年代不详，现存建筑为清代遗构。戏台倒座，面阔三间，进深四椽，单檐卷棚顶，后坡短且陡峻，前坡长而平缓。

　　寨头村戏台　位于王庄堡镇寨头村神庙，创建年代不详，现存建筑为清代遗构。戏台倒座，面阔三间，进深五椽，单檐卷棚顶。

　　西河村戏台　位于王庄堡镇西河村神庙，创建年代不详，现存建筑为清代遗构。戏台倒座，面阔三间，进深五椽，单檐卷棚顶。

　　西湾村戏台　位于王庄堡镇西湾村神庙，创建年代不详，现存建筑为清代遗构。戏台倒座，面阔三间，进深四椽，单檐硬山顶。

　　汤头村戏台　位于王庄堡镇汤头村神庙，创建年代不详，现存建筑为清代遗构。戏台倒座，面阔三间，进深四椽，单檐卷棚顶，补间设斗拱，现已毁，台基为毛石砌筑高约1米。

　　上达枝村戏台　位于王庄堡镇上达枝村三官庙内，创建年代不详，现存建筑为清代遗构。戏台倒座，面阔三间，进深四椽，单檐卷棚顶。

　　下达枝村乐楼　位于王庄堡镇下达枝村，创建年代不详，现存建筑为清代遗构。该建筑面阔三间，进深三间，单檐卷棚顶，四椽栿，上承三椽栿，后接一椽，现状残破。（据"二普"资料）

　　下容易沟乐楼　位于王庄堡镇下容易沟村龙王庙内，创建年代不详，现存建筑为清代遗构。该建筑面宽三间，进深三间，单檐硬山顶，三椽栿后接一椽。（据"二普"资料）

　　窑沟村乐楼　位于蔡村镇窑沟村龙王庙内，创建年代不详，现存建筑为清代遗构。该建筑面宽一间，进深一间，单檐硬山顶，四椽栿。（据"二普"资料）

下容易沟戏台墙壁三合义剧团题记

　　白道戏台　位于蔡村镇白道村龙王庙内，创建年代不详，现存建筑为清代遗构。戏台倒座，面阔三间，进深四椽，单檐硬山顶。

　　西辛房神庙戏台　位于下韩乡西辛房村神庙（龙王庙）内，创建年代不详，现存建筑为清代遗构。戏台倒座，面阔三间，进深四椽，单檐卷棚顶，四椽栿，前接一椽栿。

第八节　长城　烽燧

　　作为人类历史上最宏伟的军事防御建筑，万里长城横亘塞上，在不同的历史时期发挥了其特有的作用，成了中华文明历史长河中的重要组成部分。作为中华民族精神的象征，它凝聚了千百年来劳动人民无数的辛勤汗水和无穷的智慧，是积淀了人类文明宝贵精神资源和物质财富的载体。

浑源地处内地与边塞交界之地,历史上有多个朝代均对长城进行过不同规模的修建。新中国成立以后,中央人民政府开始将传承中华文明、保护长城历史文物作为一项重要的历史使命来开展实施。自1956年开始的第一次全国文物普查至2011年的"三普"期间,对长城的调查和保护工作力度不断加强,但由于地域文化的千差万别,人们对文物保护的认识尚显不足。20世纪中叶,很多地方的长城遭受了较大的甚至是毁灭性的破坏,对中华文明的传承造成了不可挽回的损失。2010年11月,全国人大审议并通过了《长城保护条例》,并于12月1日起正式实施,从此,关于长城文化的研究以及长城的利用行为被全面纳入了法制轨道。本章部分资料来源于"二普"数据,以对"三普"资料做一补充。

一、长城

历史地位 恒山沿线在历代多设置军事防御工事,如长城、边堡等,历战国、秦汉诸朝,其中尤以明长城遗存最为完整,走向沿恒山山脉向西蜿蜒,其中乱岭关一线、恒山主峰一线、王庄堡沿线、凌云口沿线为主要军事要冲。

"有文事必有武备,况州为大同之要区哉!"(乾隆《浑源州志》)历代除增设长城等军事防御设施外,各朝代视边关战事的实际情况而设置军事守备力量。据现有史料记载,清代以前,沿线重要的战略要地均设有驻军,其军力配置视边境战事而定。据万历、乾隆版《浑源州志》载,永乐年间浑源州安东中屯卫中、前二所,原共有驻军2446名,至万历四十年(1612)已减少至628名。又《三云筹俎考》卷四《军实考》载:"浑源城,官军四百七十五员名,马骡四十八匹头……"由此可见其防御之变化。但自永乐始至崇祯时期,其间军力的翔实增减则暂不可知,仅现有部分资料备考。值满清入关后,国力日渐强盛,边关烽烟息宁。顺治八年(1651)后,清廷逐渐对部分地区的军备进行裁减。乾隆《浑源州志》记载说,顺治十三年(1656),浑源裁减步兵50名,康熙年间裁减步兵40名,马40匹,至乾隆年间仅有驻军200余名。由此,康雍乾盛世的浑源军事及经济状况可窥得一斑。之后,历道光、咸丰、同治诸朝又屡有裁员,光绪《浑源州志》载:"州境虽居边徼,烽燧无惊,不烦如前代资重兵守御。"但至同治后期,时局动荡,为增强地方军事防御能力,在同治十三年(1874),浑源始建团练,设团总、副总各一,由乡绅充任,全州设大团5个,较大村庄通常设小团,各小团下设数队。(《浑源县军事志》)

由于军事地位的特殊,浑源很多地方的名称在古代就与军事相关联,这种独特的军事地域文化一直延续至今。其中以长城而得名的村镇有长城沟;与长城关隘有关的有乱岭关、顾关、凌云口、大峪口、车道口、岔口、西安口、黄沙口、西河口;与堡寨有关的有王庄堡、王家堡、东堡、西堡、南堡、北堡、中堡、牛星堡、郝家寨、义家寨、宝峰寨、寨回村、寨南沟;与驿站有关的村庄有沙岭铺、中庄铺、下盘铺、官王铺、东圪坨铺、西圪坨铺、东王铺、西王铺、乱窝铺、丰台铺、土桥铺、龙咀铺；与军事地理及功用有关的有泰安岭、千哨、饮马泉；与军事人物有关的有管仲沟、落子洼、赵小西沟、穆家庄、孙膑寨、庞涓寨。

在五岳名山中，具有极高军事战略地位的唯有恒山。清顺治《恒山志·形志》载："……独恒山南苞全晋，东跨幽燕，西控雁门，北缠代郡。都之南，以肩背扼边疆；都之北，以嗌吭制中原，形势甲天下，真常山蛇矣。"由此可见，恒山被尊为"北岳"或被冠称为"朔方第一山"等尊号，其原因是多方的，除山势高峻之外，其中军事性当为其中主要的因素之一。

按：安东中屯卫，明洪武三十一年（1398）置于应州，治所在今山阴城西北，直属山西行都指挥使司所辖，统归于五军都督府之后军都督府。山西行都原称为"大同都卫"，治大同府。此卫所辖前、后、左、右、中 5 个千户所（原额官兵 6216 人），其中后所守怀仁县，左右二所俱附于应州卫，其余中、前二所于永乐年间调至浑源州，止于万历四十年（1612）。顺治版《浑源州志》载："中前二所，中所在守府左，前所在守府右，永乐二十年（1423）指挥赵祥建……"

历史变迁　据文物部门长城统计资料，浑源现存古长城主要为赵国长城、北齐长城、明长城，其中北齐和明代长城遗存最多，其余朝代所筑长城或无迹可寻或有待考证，如西汉长城。此外还有部分专家认为，在灵丘以及浑源南部一带疑似有中山国长城，待确切考证。国家文物局古建专家罗哲文在其专著《长城》中指出："中山长城的位置在今河北、山西交界的地区，纵贯恒山，从太行山南下，经龙泉、倒马、井陉、娘子关、固关以至于邢台黄泽关以南的明水岭大岭口，全长约五百多里。"

赵长城始建于战国赵肃侯时期（前 333 年），属赵北长城。《史记·赵世家》记载："（肃侯）十七年，围魏黄，不克，筑长城"，《蔚州志》亦有记载。华夏子《明长城考实·赵长城》中讲，当时赵肃侯共筑有南北两道长城，其中北长城其位置大致在飞狐口（位于河北蔚县）、雁门关一线。方向为由东向西入山西境，入灵丘、广灵、浑源，沿恒山山脉向南一直延伸至雁门关，同中山长城一样，也属国内最早的长城之一。其遗址在三地境内尚能辨识，其中在浑源境内残存于沙圪坨镇乱岭关一带、裴村乡凌云口—龙山一线以及千佛岭乡一带，其中凌云口一线全长约 25 公里。《广灵县志·军事篇》载："境内（赵国）长城由河北蔚县北口峪（古称"飞狐口"）伸入，横贯南山，从白羊峪头庄梁出境入浑源界，又折北到刘庄南山，全长 50 余公里。"在大同地区所存赵长城遗迹皆毁坏严重，高不足 1 米，宽 1.3 米，多为石头筑成，也有黄土夯筑，夯土层平均厚 13 厘米，夯窝径 8 厘米。其中浑源段赵长城则破损尤为严重，原为夯土或山石垒砌而成，遗迹或难以辨识。而赵南长城则大体分布在今天的河北省涉县、磁县、临漳、成安、肥乡等县境内，全长 200 余公里。

至公元前 300 年左右，赵武灵王吞并诸国后又筑北长城一条，其走向大致东起河北宣化境内，向西经山西北部，然后折向西北，沿阴山山脉一直到内蒙古五原以北的狼山和乌拉山，两山如阙高耸，称"高阙塞"，全长约 1000 公里，此段长城由河北宣化至天镇县过境插入内蒙古境内，未经浑源境内。此段长城通常被称为"赵北长城"，实则赵北长城共有两条，建筑年代前后相差 30 余年。

秦统一六国后，北方长城归属万里长城一脉，构造转变为土筑墙和石垒墙，之后多个朝代虽都有修建，但都未留有完整遗存，如西汉、北齐、隋等。乱岭关一线西汉长城在清《广灵县志》有零星记载，建于汉武帝元光五年（前 130 年），疑为沿赵长城基础修筑。唐代之后，历五代、宋、元数朝，其间或时局动荡，或江山一统，数百年间长城的军事价值不为统治者所关注，基本未进行有效维修与利用。如辽宋时期，两国边界以恒山沿线内长城为界。

南北朝时期，北齐王朝再筑长城。据"二普"考古结果显示，浑源境内遗存有北齐长城。山西省文物信息资料登载，该段长城西起岢岚县阳坪乡松井村，经岢岚、五寨、宁武、代县、应县、浑源，至广灵加斗山。浑源段长城由应县北楼口乡入浑源官儿乡，沿东北走向经大仁庄乡进入广灵县香炉台、作疃等乡，大部分墙体由片石垒筑，有个别地段为土夯或削石为堑。墙体塌损严重，现保存于地面之上遗址残高数十厘米，宽不足3 米，总长度 44.39 公里，建筑年代为北齐天保八年（557）。《山西通志》云："总秦成，北齐天保筑长城起此，在州（保德）南十五里。"《北史·齐文宣帝纪》："天保七年自西河总秦成筑长城东至于海，八年又于长城内筑重城，自库落拔（今朔州南部）东至坞纥戍（灵丘西南部，平型关东北部），凡四百里。"浑源北齐长城主要分布在东坊城乡、原黄花滩乡、原大仁庄乡、裴村乡等 4 个乡镇，分为白家沟长城、阴阳沟长城、苏家坪长城等 23 段，全长共计 48.533 公里。

至明代，北方蒙古元军残部严重威胁着大明朝的安全。为此，从弘治九年（1496）开始陆续在北方设立了 9 个军事重镇，史称"九边重镇"。其中大同为其一，战略地位十分突出，为抵御外侵而修筑内长城，其中很多地段依旧有长城进行重新修筑。大同镇长城东起天镇县镇口台，西至丫角山（今内蒙古清水河子），全长

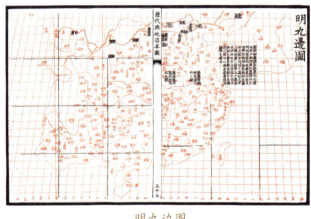

明九边图

335 公里。据《三云筹俎考·大同总镇图说》统计，大同镇先后修大边、二边 516.3 里；

城堡 72 座（城 20，堡 52）；边城 776 个；火路墩（小型烽火台）833 个。秦长城修建的目的是抵御匈奴的进攻，明长城则是为了防范蒙古骑兵的侵扰，二者功用相当。

大同地区明代内长城从居庸关西南经河北易县、涞源、阜平而进入大同市的灵丘、浑源，再经应县、繁峙、神池而至老营口。浑源现存长城以明代内长城为最多，北齐长城次之。所存明长城大体以旧城为基垒砌，以夯土墙、毛石墙、砖墙和条石墙构建，各段用材不等。当东起山海关的明代万里长城延伸到北京市西北面的军都山时，分成了南、北两支。南支称为"内长城"，北支称为"外长城"。外长城绕张家口，经得胜口、杀虎口西去。内长城由居庸关、紫荆关经倒马关、平型关、雁门关西行至偏头关（即偏关）老营口处与外长城重新会合。内外长城把山西省北部和河北省西部围绕起来，此段内长城向西沿恒山山脉山势而延伸。

内长城从八达岭开始，经居庸关、紫荆关、倒马关、平型关进入浑源境内的目泪坨山（浑源、灵丘、繁峙三县交界处），从目泪坨山开始向北延伸，经西河口、管仲沟、明石尖梁、黑狗背至老君峰一带。后又经上桦岭村、马鬃崖、正沟、柴树沟、桦皮沟向北延伸到翠屏山以西黄土坡村一带，沿着龙山梁、凌云口、黄沙口、铁钢崖西出浑源境入朔州，再沿西南抵雁门关。

清代，包括浑源境内的北方长城基本失去了原有的军事价值，故此在清代的 200 余年间并未有大规模的修筑。如按照从公元前 4 世纪的中山国长城开始至 17 世纪中叶来算，浑源的长城建筑史延续了将近 2000 年，基本上与整个中国的长城建筑史相始终。

为了加强对长城的保护管理，县文物部门对明、北齐长城重点地段的保护范围和建设控制地带进行了实地勘测和科学的划定。保护范围划定为明长城城墙中线两侧向外 20 米，建设控制地带划定为保护范围外再向外延伸 200 米。北齐长城保护范围以长城墙体基线两侧向外延伸 50 米，建设控制地带划定为以保护范围为界向外延伸 500 米。

明代长城 据 2009 年公布的长城资源调查数据，大同市境内明代长城现存 343.149 公里，其中浑源县境内存 80.309 公里，从总体走势可分为西南—东北以及西北—东南两大段。其走向由黄沙口西起向东北方向延伸，经大峪口至凌云口，再向东经长城沟至黄土坡与西河口长城段相连接，呈"厂"字形。其中西南—东北

正沟明代长城

段通常被称为"凌云口段古长城"，走向为从铁钢崖至黄土坡附近，途经西坊城镇、裴村乡、官儿乡、东坊城乡、青磁窑镇；西北—东南段通常称为"西河口段古长城"，走

向为从黄土坡至目泪坨一带出浑源境至平型关，途经青磁窑镇、千佛岭乡和王庄堡镇。此两段长城实为整体，起点为王庄堡镇小牛还村西南2.5公里，止点西坊城镇黄沙口村南0.5公里，海拔在1300—1700米之间。现境内有上牛还长城、正沟长城、凌云口长城等共有25段；沿线存关隘5座，堡21座，敌台98座，烽火台35座。其中最长的明石尖梁—黑狗背段长城长12.5公里，最短的西河口北段长城长283米，大部分由石片砌筑，部分为土砂夯实或砖砌。由于长期风雨侵蚀，部分墙体残损较重。1986年，省政府公布历代长城为山西省文物保护单位，该段长城亦在范围之内。其中除老君峰上的数里长的一段较完整外，峰北正沟至下柴树沟4公里长的一段也基本保存完整。

浑源境内这段全长80余公里的长城，利用地形地貌，随山而建，倚峰而立。下部全用石条垒基，上部用砖构筑，石条多为青色花岗岩。长短、宽厚没有统一规格，上部用城砖砌筑，但规格不一。其中西河口长城城砖长40厘米，宽20厘米，厚8厘米，每块约重10公斤。

1. 西北—东南段长城

该段长城由繁峙县入境沿西北经目泪坨山至小牛还村东山一线，塌损严重。其中西河口村段虽几经拆毁，但放眼远眺，雄姿犹存。该段长城为两边石头封砌加固，中间黄土夯筑，蜿蜒于山岭顶部，环绕于村庄以西。村南半山腰处至今仍有较多土石痕迹，大部分为毛石垒砌城墙，有烽火台一处。

该长城后又延伸至西河口北山一线，此段长城原为石基砖包，今已拆毁，只存夯土残墙。西河口以北的山顶上，现存有一处黄土夯筑的围城，在浑源至繁峙的公路两侧存夯土残墙遗址。再向西北经黑狗背延伸至上桦岭达老君峰一线，此段损毁严重，基本全部坍塌，仅存有部分石墙和残砖碎石。沿上桦岭、老君峰向西北继续延伸至东葫芦头段，其夯土城墙已基本倒伏呈土梁状，残存有碎砖和条石。其中上桦岭村东山上有一砖楼，已拆毁，今仅存基座，下为条石，上为砖砌。从东葫芦头一线以北经正沟村至下柴树沟一线的长城亦塌损严重，下柴树沟附近有墩台残址一处，原为空心敌楼，石基砖砌，石框拱门，门额上嵌有石匾。现在在敌楼所处的边墙梁上，存有在"农业学大寨"期间农民用长城敌楼上的条石和碎砖垒砌的梯田护墙。

此段长城以北段残留有夯土城墙高约5米，多夯土筑墩台，城墙遗迹少见，之后经大川岭、小川岭至黄土坡。其中下柴树沟北至大川岭北之间的夯土城墙基本连贯，此段城墙原为青砖包砌，条石做基，现亦为村民所拆毁私用，主要时间段为20世纪50至70年代其间。大川岭一线现仍残存有较为完整的数段石基砖包长城。

2. 西南—东北段长城

该段长城以西延伸至雁门关，以东由应县徐峪村东北1.5公里处入浑源县黄沙口村地界，后沿东北方向蜿蜒与西北—东南段长城相连接。黄沙口至凌云口段长城，依山为险，大部分未筑墙。黄沙口、大峪口、杓头涧等村沟口两侧山坡之上，残存有黄土夯筑的墩台。凌云口两侧山峰耸峙，关居谷中，其西山上筑有黄土夯筑小型方城一座，敌台居中耸立，外围墙体保存尚好，亦称"六郎城"。方城两侧从山底向上，沿山坡残存黄土夯筑城墙一段。凌云口村向东经龙山以北的长城沟村，至大尖山以西的黄土坡村，仅略存零星残墙和墩台。

经文物部门勘测，浑源县明代长城分段情况为：

上牛还村西长城：山险，起点王庄堡镇上牛还村西南 2.5 公里，止点王庄堡镇西河口村东南 1.4 公里，全长 3500 米，走向为东南—西北。

西河口南段长城：石墙，起点王庄堡镇西河口村东南 1.5 公里，止点王庄堡镇西河口村南边，全长 1509 米，走向为东南—西北。

西河口北 1 段长城：砖墙，起点王庄堡镇西河口村南 0.1 公里，止点王庄堡镇西河口村北 1 公里（大圪瘩山），全长 1263 米，走向为东南—西北。

西河口北 2 段长城：石墙，起点王庄堡镇西河口村北 1 公里，止点王庄堡镇西河口村北 1.5 公里，全长 283 米，走向为东南—西北。

小东坡长城：土墙，起点王庄堡镇西河口村西南 0.8 公里，止点王庄堡镇西河口村西南 0.5 公里，全长 361 米，走向为东南—西北。

明石尖梁—黑狗背长城：山险，起点王庄堡镇西河口村北 2 公里（大圪瘩山），止点千佛岭乡杨庄村西南 0.6 公里（千佛岭北端山脚），全长 1.25 万米，走向为东南—西北。

钢崖口长城：石墙，起点千佛岭乡杨庄村西南 0.8 公里（千佛岭北端山脊脚下），止点千佛岭乡杨庄村西北 2 公里（老君店山顶），全长 1210 米，走向为东南—西北。

上、下桦岭长城：石墙，起点千佛岭乡杨庄村西北 2 公里（老君店山顶），止点千佛岭乡上桦岭西村北 1 公里，全长 4307 米，走向为东南—西北。

马鬃崖长城：砖墙，起点千佛岭乡上桦岭西村北 1 公里，止点青磁窑镇正沟村西 0.7 公里，全长 4396 米，走向为西南—东北。

正沟北 1 段长城：砖墙，起点青磁窑镇正沟村西 0.7 公里，止点青磁窑镇正沟村北 1 公里，全长 1720 米，走向为东南—西北。

正沟北 2 段长城：砖墙，起点青磁窑镇正沟村北 1 公里，止点青磁窑镇大川岭村东南 1 公里处，全长 2330 米，走向为东南—西北。

大川岭长城：砖墙，起点青磁窑镇大川岭村东南 1.1 公里处，止点青磁窑镇黄土坡村西南 0.6 公里处，全长 2414 米，走向为东南—西北。

东葫芦头南梁长城：砖墙，起点青磁窑镇东葫芦头村东 1.5 公里，止点青磁窑镇东葫芦头村西南约 2 公里，全长 2728 米，走向为东南—西北。

西葫芦头西岭长城：石墙，起点青磁窑镇西葫芦头村南约 2 公里，止点青磁窑镇西葫芦头村西北 1.8 公里，全长 4802 米，走向为东南—西北。

破兑臼西梁长城：石墙，起点青磁窑镇破兑臼村西南约 2 公里，止点青磁窑镇大西沟掌村西北约 1 公里，全长 6035 米，走向为东南—西北。

黄土坡长城：山险，起点青磁窑镇黄土坡村东南 1.3 公里，止点青磁窑镇南元坨村南 0.6 公里，全长 3000 米，走向为东南—西北。

南元坨—孟家窑长城：土墙，起点青磁窑镇南元坨村南 0.6 公里，止点青磁窑镇柳林村南 0.3 公里处，全长 3170 米，走向为西南—东北。

柳林—常柴岭长城：土墙，起点青磁窑镇柳林村南 0.3 公里处，止点东坊城乡常柴岭村西约 1 公里处，全长 1831 米，走向为东南—西北。

落子洼长城：土墙，起点东坊城乡落子洼村东南 0.7 公里处的落子洼关东南角，止点东坊城乡落子洼村西北 0.5 公里处的敌台，全长 1104 米，走向为东南—西北。

败杨峪长城：土墙，起点东坊城乡落子洼村西南 0.7 公里（落子洼长城 4 号敌台），止点东坊城乡东湾村东南 0.6 公里，全长 1042 米，走向为东北—西南。

李峪长城：砖墙，起点东坊城乡东湾村东南 0.7 公里，止点东坊城乡玉门村南 0.6 公里，全长 752 米，走向为东北—西南。

玉门长城：砖墙，起点东坊城乡玉门村南 0.2 公里，止点东坊城乡玉门村西南 1.2 公里，全长 1552 米，走向为东北—西南。

关沟长城：山险，起点东坊城乡玉门村西南 1.2 公里，止点裴村乡凌云口村东 1.1 公里，全长 9000 米，走向为东北—西南。

凌云口长城：石墙，起点裴村乡凌云口村东 1.1 公里，止点裴村乡凌云口村南 0.1 公里，全长 1739 米，走向为东北—西南。

凌云口—黄沙口长城：山险，起点裴村乡凌云口村东 1.1 公里，止点西坊城镇黄沙口村南 0.5 公里，全长 7500 米，走向为东北—西南。

北齐长城　浑源县北齐长城主要分布于大仁庄乡、永安镇、东坊城乡和裴村乡，大致分为三部分，现遗存全长 48.533 公里。以浑源县城为分界点，东北段从大仁庄乡向西南

凌云口北齐长城

大仁庄乡白家河段北齐长城示意图

延伸至原黄花滩乡西部，东坊城乡唐家庄一带；西南段由东坊城乡长城沟一带延伸至裴村乡，入应县境内；以唐家庄向南零散分布，经东坊城乡，后延伸至青磁窑镇。其墙体主要以条石、夯土和石块垒砌而成，其中凌云口段部分墙体现状较完整，其余各处痕迹尚存。

浑源县北齐长城资源名录

表1-16

类别	序号	名称	长度（米）
墙体	1	大仁庄乡白家河村长城2段	1300
墙体	2	大仁庄乡上阴阳沟村长城	1250
墙体	3	大仁庄乡净石村长城1段	178
	4	大仁庄乡净石村长城2段	3334
	5	大仁庄乡黑沟村长城1段	929
	6	大仁庄乡黑沟村长城2段	130
	7	原黄花滩乡苏家坪村长城	6977
	8	永安镇王千庄村长城	2100
	9	永安镇三元号村长城1段	101
	10	永安镇三元号村长城2段	4600
	11	永安镇唐家庄村长城1段	198
	12	永安镇唐家庄村长城2段	1100
	13	东坊城乡柳林村长城1段	1618
	14	东坊城乡柳林村长城2段	334
	15	东坊城乡水圪坨村长城	2492
	16	东坊城乡晋家庄村长城	3238
	17	裴村乡凌云口村长城1段	216
	18	裴村乡凌云口村长城2段	801
	19	裴村乡凌云口村长城3段	120
	20	裴村乡凌云口村长城4段	3344
	21	裴村乡王辛庄村长城	6527
	22	裴村乡箩框村长城	4426
	23	大仁庄乡白家河村长城1段	3220
说明：浑源县北齐长城资源包括墙体23处。			

二、烽燧

烽燧，俗称"烽火台"，为长城建筑物或军事瞭望台，始于商周时代，是古代边防报警的两种信号设施。《辞海》释：白天放烟叫"燧"，夜间举火叫"烽"。《史记·周本纪》："幽王为烽燧大鼓，有寇至则举烽火。"相关名称有烟台、望火台、候望台、边墩、箭楼、敌楼、马面、火路墩等。按照所设置的位置和功能来讲，浑源的烽墩在不同时期的建筑形制有所变化，但功能相当，区别较小，形状多梯形俯斗式，实心、空心皆有。其中设置在长城段落间的烽墩又称为"敌台""战台""墙台"或"城台"，通常为石基砖砌，空心有瞭望孔和射击孔，也可用于烽火传讯，主要作用是战斗。而设置在其他地势险峻的军事要地上的烽墩（通常是于高山之巅或山梁之上，区域通常为"两山夹一沟"的特殊地段）也称为"火路墩"，主要功能是烽火传递，防御功能较弱。烽燧是候望系统最基层的单位，因位置或任务不同，烽燧大小不一，人数各异，最小者只有一二人，最大者则近30人，一般10人左右，通常设燧长一名。据考古出土的居延汉简记载，西汉时期烽火信号共分烽、表、烟、苣火、积薪五类，几种信号的功能根据敌情的不同而有所区别。明代大体沿袭旧例，夜间以红色灯笼进行信号传递，所挂灯笼数量视军情缓急、敌数寡众随机而定。如遇风雨天，则以马匹进行军情传递。据汉代简牍所载，烽火传递的速度是每昼夜600公里左右，传递时速约25公里，高于驿马的传递速度。如《晋政辑要》记载，浑源州上盘铺驿至广灵县马厂50公里，传递所需时间为1小时多。浑源现存烽火台基本为明代遗存，为省级文物保护单位。

王千庄烽火台　位于永安镇王千庄村东1050米处小山顶上。该烽火台不设台基，在其台体以北的山坡上有一道东西向的夯土短墙，为该烽火台的外围防御屏障。台体平面呈矩形，剖面为梯形，占地面积70平方米，建于明代。台体和短墙用黄土夯筑而成，土质稍粗，夹杂有很多石头小颗粒。台体高8.68米，顶部东西向长3.98米，南北向长4.63米。台体底部北边长8米，西边长8.53米。台体夯层厚0.17～0.24米。

柳林烽火台　位于东坊城乡柳林村北山梁上，明代所建，保存现状较差，烽火台外壁石和砖墙已被当地居民私用。现存台体高度为6米，土台为黄土夯筑而成，夯土层厚0.18米。现存底部东西10米，南北10米，顶部东西长2米，宽2米，现高度6米，占地面积100平方米。

落子洼烽火台群　位于东坊城乡李峪村—落子洼村之间的山间，共计11个。其平面均为正方形，形式大体相近，边长为8～10米，高6～7米，风化严重，较残，为明代遗存。（据"二普"调查结果）

黄沙口村南烽火台　位于西坊城镇黄沙口村南0.3公里处，建于明代，现存烽火台外壁石、砖墙均为村人所拆用。其土台受雨水冲刷较轻，基本保持完整。土台经黄土夯筑而成，夯层厚0.2米左右。底部现东西、南北两边各长8米，残高9米；顶部东西、南北两边各长 3.8 米, 占地面积 64 平方米。

黄沙口村东烽火台 位于西坊城镇黄沙口村东 1 公里处的山梁上, 建于明代, 其土台受雨水冲刷较轻, 基本保持完整。土台经黄土夯筑而成, 夯层厚 0.2 米左右。底部现东西长 9 米, 南北长 10 米, 高 10 米; 顶部东西、南北两边各长 4 米, 占地面积 90 平方米。

大峪口村西烽火台 位于西坊城镇大峪口村西 1 公里处的山梁上建于明代。烽火台内为实心土台, 土台受自然灾害雨水冲刷的侵害, 坍塌较严重, 现烽火台底部东西 5 米, 南北 8 米, 顶部东西南北各 1 米, 残高 7 米, 占地面积 40 平方米。土台为黄土质, 经夯筑而成, 夯层厚 0.18 米。

东圪坨铺烽火台: 位于南榆林乡东圪坨铺村东北 1500 米的一侧半山腰上, 建于明代。台体呈平面方形, 剖面为梯形, 占地面积 150 平方米, 无台基围墙等设施。台体高 9.61 米, 顶部北边长 5.5 米, 南边长 5.2 米。底部西边长 11.49 米, 南边长 12.77 米。南壁下方窑洞宽 1.77 米, 深 4.04 米, 高 1.46 米。

二岭村烽火台 位于南榆林乡二岭村东 150 米平地间, 建于明代。平地夯筑台基, 台基上偏南处有夯筑台体, 台体平面呈矩形, 剖面为梯形, 占地面积 380 平方米。台体高 8.11 米, 顶部东边长 2.88 米, 北边长 2.86 米。底部西边长 9.64 米, 北边长 8.92 米。台基南北长 20.4 米, 高 3.96 米, 距台体 4.5 米; 西边长 18.18 米, 距台体 7.8 米; 台基北边边缘距离台体 6.2 米。台体夯层厚 0.22 ~ 0.25 米。

三岭村烽火台 位于南榆林乡三岭村中北部浅山腰处一个平台上, 建于明代。整个台体建于方形的台基之上, 四周有围墙, 台基呈方形, 占地面积 950 平方米。台体平面呈方形, 剖面为梯形。台体由黄土夯筑而成, 土质纯净, 夯层坚硬。台体高 11.9 米, 顶部东边长 7.35 米, 北边长 8.02 米。底部南边长 15.36 米, 西边长 13.65 米。夯层厚 0.22 ~ 0.26 米, 中间有厚为 0.01 米的夹层。台基四周夯筑围墙。南墙顶宽 0.6 米, 长 30.46 米, 西墙顶宽 0.8 米, 长 31 米, 内高 2.1 米, 外高 6.84 米, 基宽 1.9 米。东墙缺口宽约 3.3 米, 缺口距东南角 17.05 米。

碾槽沟村 1 号烽火台 位于蔡村镇碾槽沟村西北 1000 米的半山腰耕地中, 建于明代。其地势北高南低, 台体位于耕地的边缘, 平面呈矩形, 剖面为梯形, 正南北方向, 占地面积 60 平方米。台体用黄土夯筑而成, 高 8.94 米, 顶部北边长 3.86 米, 西边长 2.25 米。台体底部北边长 10.71 米, 西北边长 5.71 米, 夯层厚 0.2 米。

碾槽沟村 2 号烽火台 位于蔡村镇碾槽沟村北 2000 米的山顶上, 明代建筑。据现场情况观测, 应有方形的台基, 台体现为土堆状, 原先的平剖形制不清。考古人员依据台基方向推测, 方向为北偏西 20° 左右。台体局部有明显的黄土夯层, 厚 0.07 ~ 0.13 米。台体高 5.4 米, 顶部东西向边长 5 米, 南北向长 4.3 米。台基南边长 15.05 米, 东边长 24.24 米, 高 1.2 米, 占地面积 360 平方米。

上辛安烽火台　位于吴城乡上辛安村中北部，建于明代。整体呈平面矩形，剖面呈梯形，占地面积 40 平方米，方向为北偏东 45°。台体用黄土夯筑而成，高 6.2 米，顶部东北边长 3.04 米，西北边长 4.49 米。台体底部东北边长 5.37 米，西北边长 7.73 米，夯层厚 0.2～0.24 米。

沙河村烽火台　位于沙圪坨镇沙河村东北部，建于明代。现存台体平面呈不规则形，剖面略呈尖锥状，推断原先平面应为矩形，剖面为梯形。台体用黄土夯筑而成，高 7.4 米，顶部尺寸已无法测量。台体底部北边长 8.6 米，西边长 8.43 米，占地面积 70 平方米，夯层厚 0.2～0.24 米。

乱岭关 1 号烽火台　位于沙圪坨镇乱岭关村东北 750 米处的半山腰上。台体平面呈矩形，剖面为梯形，正南北方向，占地面积 520 平方米，建于明代。台体由黄土夯筑而成，土质较为纯净。台体高 8.09 米，顶部南边长 3.4 米，西边长 4.1 米。台体底部南边长 7.44 米，西边长 7.7 米，夯土层厚 0.25～0.30 米。台基南边长 22.59 米，西边长 21.97 米，西面台基距离台体 7.6 米，高 3.03 米，台基南边高 3.28 米，西侧台基高 3.03 米，台基北边距离台体 10.36 米。

乱岭关 2 号烽火台　位于沙圪坨镇乱岭关村东北 250 米的小山顶上。于山顶平面范围内修筑方形台基及围墙，平面呈矩形，剖面为梯形，台体体量巨大，占地面积 920 平方米，建于明代。台体及围墙用黄土夯筑而成，土质纯净。围墙周围局部有 0.03 米厚的小碎石夹层。台体高 13.1 米，台体底部东边长 12.79 米，南边长 13.19 米。台体夯层厚 0.10～0.16 米。围墙东墙长 27.58 米，内高 6.35 米，外高 7.93 米，距离台体 10.2 米；北墙长 33.17 米，内高 4.44 米，外高 10.16 米，距离台体 9.7 米；西墙长 28.6 米，内高 5.49 米，外高 11.08 米，距离台体 10.23 米；南墙长 32.64 米，内高 6.35 米，外高 6.85 米，距离台体 5.46 米（墙体长度均为墙体内侧长度）。墙基宽 4.15 米，夯层厚 0.1～0.2 米，顶部最宽 0.9 米。

乱岭关 3 号烽火台　位于沙圪坨镇乱岭关村北 500 米小山顶上。平面呈矩形，剖面为梯形，正南正北方向，占地面积 260 平方米，明代建筑。台体四周有方形台基，台基南部开有一门。台体由黄土夯筑而成，土质纯净，高 8.9 米。台体顶部南边长 3.81 米，西边长 5 米。台体底部南边长 7.04 米，西边长 9.26 米，台体夯层厚 0.19～0.23 米。台基南部长 16.05 米，距离台体 6.17 米，台基高 3 米，中部缺口宽 5.87 米，台基西部残段距离台体 4.17 米。

乱岭关 4 号烽火台　位于沙圪坨镇乱岭关村东 50 米处的小土台上。据考古观测，现有方形台基，台体平面呈矩形，剖面为梯形，方向北偏东 30°，占地面积 620 平方米，明代建筑。台体用黄土夯筑而成，土质纯净，高 7.99 米。台体顶部东边长 5.2 米，南边长 4.1 米，底部东边长 12.42 米，南边长 10.2 米，夯层厚 0.18～0.25 米。台基南北向长

24.79 米，东部距离台体 10.9 米，北部距离台体 5.1 米，台基高 3.1 米。

乱岭关 5 号烽火台　位于沙圪坨镇乱岭关村西北 1100 米的山顶上，明代所建。台体平面呈矩形，剖面为梯形，方向为北偏西 30°，占地面积 65 平方米。台体用黄土夯筑而成，土质较纯净，夹杂有少量细碎石粒，通高 9.5 米，底部北边长 6.59 米，西边长 9.18 米，夯层厚 0.24 ～ 0.26 米。

沙岭铺村烽火台　位于沙圪坨镇沙岭铺村西耕地中。平面为矩形，剖面呈梯形，方向北偏东 15°，占地面积 150 平方米，明代建筑。台体由黄土夯筑而成，黄土中夹杂有大量的小石块。台体高 9.86 米，顶部东西向长 6.37 米，南北向长 6.06 米。凹槽宽 2.5 米，深 3.06 米，深入台体 4.66 米。台体底部南边长 10.5 米，西边长 12.44 米。东壁窑洞宽 1.46 米，高 1.94 米，深 3.57 米。台体夯层厚 0.2 ～ 0.29 米。

水沟村烽火台　位于沙圪坨镇水沟村东南 1050 米山梁中部。依山势用黄土垫起方形台基，取平后建方形台体，剖面为梯形，占地面积 690 平方米，明代建筑。台基边缘未见围墙遗迹。台体用黄土夯筑而成，底部夯层中夹杂有浅黑色和褐色土，上部较为纯净。台体高 10.3 米，台顶东部边长 6.92 米，北边长 6.46 米。台体底部东边长 12.72 米，南边长 13.06 米。台基东边长 30.71 米，高 7.35 米，距离台体 7.98 米，南边残长 22.81 米，距离台体 10.34 米，高 2.5 米。台基北部距离 9.36 米。台体夯层较薄，厚 0.11 ～ 0.22 米。

后庄村烽火台　位于千佛岭乡后庄村东北 750 米公路西侧。平面呈方形，剖面呈梯形，占地面积 45 平方米，建于明代。台体北壁有一段端墙与之相连，由黄土夯筑而成。台体高 6.46 米，顶部西边长 1.9 米，北边长 2.5 米，台底西边长 6.14 米，北边长 7.09 米，南边残长 3.83 米，北壁下方端墙长 6.28 米，高 4.5 米。

杨家庄 1 号烽火台　位于千佛岭乡杨家庄村西南 750 米半山腰上。台体依山而建，西侧低于东侧，平面呈方形，剖面呈梯形，占地面积 50 平方米，建于明代。台体用黄土夯筑而成，外层包石，包石层共有两层，其中外壁层面平整。台体高 7.26 米，顶部北边长 3.3 米，东边长 3.5 米。底部北边长 6.59 米，西边长 7.64 米。台体夯层厚 0.19 ～ 0.23 米，包石厚度在 0.70 ～ 0.95 米。

杨家庄 2 号烽火台　位于千佛岭乡杨家庄村西南 350 米山谷东侧半山腰上。台体依山而建，平面呈方形，剖面呈梯形，占地面积 75 平方米，建于明代。烽火台对角线为正南北方向，台体由黄土夯筑而成，夯土间夹杂有砂石颗粒，夯层不清。台体外层包石，层壁面平整。台体高 5.44 米，

杨家庄 2 号烽火台

顶部东北边长 6.6 米，西北边长 5.89 米，底部西南边长 7.51 米，西北边长 9.91 米。

杨家庄 3 号烽火台　位于千佛岭乡杨家庄村西南 500 米山谷间西侧耕地中。台体呈平面方形，剖面呈梯形，占地面积 210 平方米，明代建筑。台体用黄土和黄沙土混合夯筑而成，夯层厚 0.23 ～ 0.25 米。台体高 9.05 米，顶部南边长 5.23 米，西边长 5.16 米，底部西边长 14.2 米，北边长 14.79 米。

杨家庄 4 号烽火台　位于千佛岭乡杨家庄村西南 250 米山谷间耕地中。台体呈平面方形，剖面呈梯形，占地面积 100 平方米，明代建筑。部分夯层中还有 0.03 米厚的砂石夹层，夯层厚 0.25 ～ 0.28 米。台体高 5.77 米，顶部东边长 7.22 米，北边长 5.63 米，底部西边长 9.28 米，南边长 10.39 米。

宽坪村烽火台　位于千佛岭乡宽坪村东北 500 米山顶上。建筑时先夯建方形台基，台基四周以砖石垒砌，占地面积 490 平方米，建于明代。台基上夯筑台体，台体呈平面方形，剖面呈梯形。台体高 6.8 米，顶部东边长 3.19 米，北边长 3.63 米，底部南边长 11.87 米，西边长 13.3 米，残存包石的高度为 2.3 米，台体夯层厚 0.09 ～ 0.16 米。台基东边长 22.32 米，距离台体 11.65 米，高 2.2 米。

南堡村烽火台　位于千佛岭乡南堡村北 200 米浅山坡上，占地面积 620 平方米，地势东高西低，属明代筑建。烽火台顺山势用黄土及黄沙土夯筑起平台，台基边缘夯筑围墙，门向不详。台基中部夯筑台体，据现存的情况分析，台体平面应为矩形。从台基外山坡上散落的青砖块来看，原先烽火台为砖包，台体用浅灰褐色土及碎花岗岩石粒和红土块。台体残高 5.4 米，台体裸露部分东西长 3.1 米，堆土上所见台体底部东边长 10.11 米，北边长 10.56 米，台体夯层厚 0.10 ～ 0.18 米。台基南边长 24.84 米，最高处为 5.7 米，夯层厚 0.10 ～ 0.18 米；西边长 24.86 米，现存基宽 0.8 米，顶宽 0.35 米，夯层厚 0.14 ～ 0.16 米。

大坪村烽火台　位于千佛岭乡大坪村东南部钢崖口山顶间，平面呈正方形，风化残损严重，夯土层厚度为 0.15 ～ 0.2 米，属明代遗存。（据"二普"调查资料）

寺坡烽火台　位于王庄堡镇西河口村西北 500 米处，距离西河口北段长城约 700 米，为纯净黄土夯筑而成，夯土层厚 0.2 米左右。该烽火台建于该处山梁的平台上，呈圆形，底径 8 米，顶部直径 3.5 米，高 6 米，占地面积 13 平方米，建于明代。

西河口南梁烽火台　位于王庄堡镇西河口村西南 600 米之西河口南段长城内侧 6 米处，占地面积 30 平方米，建于明代。土台四壁保存完整，在土台四壁中部（石墙上）各有一条宽 0.7 米，深 0.3 米的长方形坑通到烽火台的顶部，据推测其用途可能为砌砖墙时为增强砖墙与土台之间的黏合力。

西河村烽火台　位于王庄堡镇西河村东北 1050 米的山梁上，该处地势平坦。烽火台建造时为先行建造方形夯土台基，之后再于其上夯筑台体。其台体平面呈方形，剖面呈梯形，外部包石，内部夯土夯筑而成，占地面积 675 平方米，建于明代。台体高 6.96 米，顶部东南边长 4.92 米，西南边长 4.58 米；底部西南边长 10.74 米，东南边长 10.73 米。台基外高 3.2 米，内高 0.9 米；台基西南边长 26.71 米，距台体 7.73 米，东南边长 24.91 米，台基西北边距台体 8.38 米，夯土厚度 0.18 ～ 0.20 米，西南壁斜坡道宽 2.57 米。台基平面上西北部的沟宽 3.94 米，长 11 米，坑的直径约 2.8 米。包石层厚 0.8 米，残高 2.45 米。

泰安岭烽火台　位于王庄堡镇泰安岭村南 1600 米的山顶上，地势崎岖不平，仅经过简单的人工平整，现状态南高北低，为明代所建。台体平面呈方形，剖面为梯形，占地面积 40 平方米。台体用黄土夯筑而成，土质纯净，有极少量的小石块。台体高 8.56 米，顶部西边长 3.2 米，其余均已坍塌成斜坡状，范围不明显，无法测量。台体底部西边长 6.64 米，南边长 5.77 米，东北角已经坍塌，呈圆弧状。东壁下方掏挖有小洞，宽 0.39 米，高 0.62 米，深 0.86 米，距现存台体东南角 0.8 米。台体夯层厚 0.20 ～ 0.25 米。

下达枝村烽火台　位于王庄堡镇下达枝村西北 750 米河谷西侧台地上，占地面积 40 平方米，明代筑建。台体平面呈方形，剖面呈梯形，其西壁中部伸出一小段墙体，据考古推测该为与台体相关的围墙残迹。短墙用黄土夯筑而成，表层堆有许多石块，系村民由耕地中捡拾而来。台体高 7.6 米，顶部东边长 3.19 米，南边长 3.13 米；底部东边长 5.6 米，南边长 6.88 米；西壁短墙长 5.74 米，底宽 3.99 米，高 3.2 米。东壁下洞宽 0.91 米，高 0.89 米，深 1.99 米。

洪水村烽火台　位于王庄堡镇洪水村北 1100 米的山梁上，占地面积 85 平方米，建于明代。其平面呈方形，剖面为梯形，对角线方向为正南正北方向，无台基。台体用黄土夯筑而成，夯土中局部有砂石夹层。夯层厚 0.18 ～ 0.25 米，夹层厚 0.04 ～ 0.08 米。台体高 8.21 米，顶部东南边长 6.17 米，西南边长 5.2 米。台体底部东南边长 9.19 米，东北边长 9.13 米，东南部中部窑洞宽 1.61 米，高 1.36 米，深 2.89 米。

下牛还村烽火台　位于王庄堡镇下牛还村东北 300 米处的小山顶上，占地面积 530 平方米，明代所筑。烽火台由黄土垫平作为台基，其上建台体。台基东部和北部为黄土夯筑，西侧和南侧为山顶的岩石层。西侧岩石层上残留有一道围墙残迹。台基大致呈圆形。台体高 8.7 米，顶部东边长 3.25 米，南边长 3.51 米，底部西边长 9.26 米，北边长 9.12 米。台体夯层厚 0.22 ～ 0.28 米，台基高 4.73 米，东面台基边缘距离台体东壁 6.58 米，台基西侧的短墙残高 0.6 米。

下牛还村烽火台　位于王庄堡镇下牛还村东南 200 米处的小山顶上，平面呈正方形，风化严重且较残。边长 10 米，高 6 米，夯土层 0.15 ～ 0.20 米，明代遗存。（据"二普"调查资料）

王庄堡 1 号烽火台　位于王庄堡镇王庄堡村中公路西侧的小台体上，占地面积 120 平方米。为空心烽火台，十字相通，地面较平，四面用青砖起券，一伏两券，为明代所建。台体平面呈方形，剖面呈梯形。台体用黄土夯筑而成，土质纯净。上部十字空心部分用青砖起券。台体高8.89米，顶部北边长8.71米，东边长8.71米，底部北边长10.43米，西边长11.75米，夯层厚0.23～0.26米。券洞以北面券洞为例，宽1.87米，高2.54米，进深3.75米，券洞平面距台顶平面4.76米。

王庄堡2号烽火台　位于王庄堡镇王庄堡村中公路边一户村民院中，占地面积160平方米，为明代所建。该烽火台内部中空，十字相通，地面较平，四面用青砖起券，两伏两券，台体平面呈方形，剖面呈梯形。台体用黄土夯筑而成，土质纯净。上部十字空心部分用青砖起券。台体高11.99米，无法上到顶部，顶部尺寸不可测量。台体底部南边长12.59米，东边长12.52米，台体夯土层厚0.23～0.28米。

杓头涧烽火台　位于裴村乡杓头涧村以南约100米处、龙山脚下的小土坡处。平面呈正方形，现存状况风化严重，台体较残，其夯土层厚度为0.15～0.20米，仅存一座，属明代遗存。（据"二普"调查资料）

凌云口烽火台　位于裴村乡凌云口村南部约50米处龙山山脚间。台体平面呈正方形，风化残损严重，夯土层厚度为0.15～0.20米之间，现存1座，属明代遗存。（据"二普"调查资料）

马家滩烽火台　位于裴村乡马家滩村以北百米处山头，平面呈正方形，风化残损严重，夯土层厚度为0.18～0.20米，现存1座，属明代遗存。（据"二普"调查资料）

凌云口烽火台

寒水沟村烽火台　位于青磁窑镇寒水沟村北部山间，现存4座，造型大体相当，平面均呈正方形，风化残损严重，形式大多为边长10米左右，高6～7米，夯土层厚度为0.1～0.20米，属明代遗存。（据"二普"调查资料）

黄土坡村烽火台　位于原大磁窑镇黄土坡村东南约500米土坡处，现存2座，造型大体相当，平面均呈正方形，风化残损严重，边长约10米，高7米，夯土层厚度为0.15～0.20米，属明代遗存。（据"二普"调查资料）

元坨村烽火台　位于原大磁窑镇元坨村西南约100米土坡处，现存1座，平面均呈正方形，风化残损严重，边长约10米，高7米，夯土层厚度为0.15～0.20米，属明代遗存。（据"二普"调查资料）

第九节　古建筑附属文物

古建筑附属文物种类较多，主要包括楹联、塑像、砖石雕刻、碑碣、壁画、器物等。

为方便读者查询，本志将以上内容按类型重新归纳，本节仅记载其中的壁画与联匾。其余如碑碣与砖石雕刻等单列载录；器物纳入藏品类别；造像则与其主体文物合并载录。

一、壁画

永安寺壁画　在永安寺殿内前墙两侧、两山墙及后檐墙布满巨幅工笔重彩水陆（法界圣凡水陆普度大斋盛会）壁画124组，壁画高3米，总长56.7米，共170平方米，加上屋顶斗拱眼画共约275平方米，由于没有佛像遮挡，更显气势恢宏，大气非凡。主题内容为十大明王及水陆法会，共882身。所绘人物表情生动自然、画技高超，儒、释、道三教融会一起，可谓集我国宗教神祇之大成，对研究中国绘画艺术及宗教思想演进变化具有重要价值，也是永安寺最具价值的部分。

在所有壁画当中，以殿内正面的壁画最为考究，不仅绚丽多姿，而且内容丰富，其表现手法新奇，技艺高超，笔力灵动，世所罕有，给人以一种强烈的艺术感染力。其主要内容为佛教密宗十大明王画像，面目狰狞，神态凶恶，造型奇异，其飞动圆转、遒劲有力，极富表现力的线条令人遐思无限，叹为观止。正北面北壁上之明王，蓝颜赤发、

北海龙王神众

面目狰狞，以双手做揭开自己面皮状，显示撕开面皮后露出的是一副大慈大悲的菩萨容颜，颇耐人寻味引人深思。专家经与水陆仪轨比对，并参照山西右玉县宝宁寺水陆帛轴的明王造型与款识，鉴定十大明王名称分别为（以中线分左右对称列序）：左一，马首明王，观音菩萨化；右一，无能胜明王，地藏菩萨化；左二，不动尊明王，大日如来化；右二，步掷明王，普贤菩萨化；左三，忿怒大轮明王，弥勒菩萨化；右三，焰发德迦明王，文殊菩萨化；左四，大笑明王，虚空藏菩萨化；右四，大力明王，释迦牟尼佛化；左五，降三世明王，金刚手菩萨化；右五，甘露军咤明王，宝生佛化。

大殿东西和殿门两侧内容为"人神行进图"。东壁和东南壁画长18米，分三层绘各类人物像474身。画面为天、地、人三界，分为上中下三层。上层为天界四天王及七曜诸星君；中层为天干、地支、十二黄道、二十八宿及北斗诸君神像；

大威德焰发德迦明王

下层为人间帝后、文臣武将、黎民百姓、僧道及三贞九烈、忠臣贤士等。大殿西壁和西南壁的重笔彩绘长 18 米，亦分三层，绘各类神、鬼、亡魂 397 身。上层为五岳帝君、四渎龙王及五湖百川、风、雨、雷、电诸神；中层为社神后土、五道城隍、十殿阎君、地府百官；下层为十八层地狱及厉鬼群像。殿内壁画与原梁架天宫诸天以及大殿佛陀造像，共同组成一部完整的释、道、儒"全堂水陆道场"，"三教合一"的内容又一次得以展现，而这些珍贵的文化作品为研究中国绘画艺术以及宗教思想演进和变化提供了重要的实物资料。

关于永安寺壁画的绘制年代，宿白教授认为明王"巨壮诡怪，笔力飞动，不像明以后作。但线条有复笔痕迹，知经后世重描"，而水陆法会图"不是清以前的作品"。山西省古建研究所所长柴泽俊教授在《山西寺观壁画》中判断所有绘画均为明代作品。中国绘画史论家、中国画家、美术教育家俞剑华则是根据大殿扇面墙上所绘供养人像所着清代官服，提出了壁画绘制于明，重修于清的观点。北京大学艺术系教授赵明荣《永安寺壁画绘制年代考》中断代为清乾隆时期根据明代粉本所绘。画家李尔山《浑源永安寺壁画小析》中根据一册清代永安寺置物登记中的记载明确水陆法会图绘制于清康熙二十六年（1687）。但在康熙二十六年《永安寺置造供器记》中记载："丙辰（公元 1676 年，康熙十五年）之岁殿宇重塈，画工摅诚绘壁协力，冥阳水陆诸神悉备，金碧辉煌，焚香引气，修设道场，年逢夏四祀。"按照这则史料却又可以说明：永安水陆壁画绘于清康熙十五年，即公元 1676 年，是在传法正中殿重塈时绘制的，既非重绘也非补绘。时至现在，永安寺壁画通常被认定为明代遗迹。2001 年出版的由当代著名美术家金维诺先生主编的《寺观壁画典藏》丛书中，专列有《浑源永安寺明代壁画》一册。

壁画由于历史年代久远，加之人为及自然等因素的破坏，部分壁画出现了残损。为保护这一珍贵的历史遗迹，2001 年 6 月至 2002 年 9 月，永安寺壁画完成了全面保护修整工作。

永安寺壁画主要神祇名录

表 1-17

神祇位置	神祇名号
东壁	上层：水星真君、木星真君、金星真君、月光天子、日光天子、太乙诸神五方五帝、北极紫薇大帝、北方多闻天王众、西方广目天王众、南方增长天王众、东方持国天王众、公德帝释天主并诸天众、欲界上四天主并诸天众、大梵天王、色界禅天众、无色界四空天众、天藏王菩萨 中层：大曹诸司判官、天曹掌禄算判官、六曹府君众、天蓬天猷圣玄五真君众、天地水三官众、普天烈曜星君、北斗七元星君、井鬼柳星张翼轸星众、奎娄胃毕觜参星君、斗牛女星虚室壁真星、角亢□□□□□□□、申酉戌亥子丑元辰众、寅卯辰巳午未元辰众、阴阳金牛白羊双鱼宝瓶摩羯宫神、天马天鹅双女狮子巨蟹宫神、月孛星君、紫气星君 下层：往生女冠众、往古道士众、往古优婆夷众、往古优婆塞众、往古比丘尼众、往古比丘众、往古为国亡躯一切将士众、往古文武官僚众、往古妃后宫嫔婇女众、往古帝王一切王子众、大圣引路王菩萨、大叶义众、诃利帝母众、矩畔拿众、般支伽大将、旷野大将众、罗刹女众

神祇位置	神祇名号
北壁	十大明王：马首明王、无能胜明王、不动尊明王、步掷明王、忿怒大轮明王、焰发德迦明王、大笑明王、大力明王、降三世明王、甘露军咤明王
南壁西侧	上层：安济夫人、顺济龙□王、三元水府大帝、主斋护戒诸龙神众、主苗主稼主病主药诸龙神众 中层：地府五道将军、地府都市判官、地府三司判官、地府六曹判官 下层：六道轮回生中有情众、地狱饿鬼傍生道中一切有情众、身殂道路客死他乡诸鬼神众、误死金或医横遭毒药诸鬼神众、堕胎产亡仇冤抱恨诸鬼神众
西壁	上层：主风主雨主雷主电诸龙神众、虚空藏菩萨、波池井泉诸龙神众、五湖百川诸龙神众、江河淮济四渎诸龙神众、北海龙王众、西海龙王众、南海龙王众、东海龙王众、中岳中天崇圣帝、北岳安天元圣帝、西岳金天顺圣帝、南岳司天昭圣帝、东岳天齐仁圣帝、后土圣母、持地菩萨 中层：转轮大王、都市大王、平等大王、泰山大王、卞成大王、阎罗大王、五官大王、宋帝大王、楚江大王、秦广大王、地藏王菩萨、护国护民城隍庙社土地神祇众、吊客丧门大耗小耗宅龙神众、阴官奏书归忌九伏力士众、金神飞廉豹尾上朔日畜神众、大将军黄幡白虎蚕官五鬼众 下层：严寒大暑兽咬虫伤诸鬼神众、墙崩屋倒树折崖摧诸鬼神众、饥荒殍饿病疾缠绵诸鬼神众、兵燹荡灭水火漂焚诸鬼神众、赴刑都市幽死狴牢诸鬼神众、投崖赴火自刑自缢诸鬼神众、枉滥无辜含冤抱恨诸鬼神众、水陆空居依草附火幽魂滞魄无主无依众、大腹臭毛针咽巨口饮噇不净饥火炽燃众、主病鬼王五瘟使者众、起教大士面然鬼王等众、孤独地狱、近边地狱、八热地狱、八寒地狱、善恶二部牛头阿傍诸官曹众

律吕神祠壁画　壁画绘制于律吕神祠主殿内壁四周，面积约 65 平方米，共绘有人物像 139 身，具有重要的研究价值。从所绘的图案、画技、神像的衣着及壁画下部的活动场景、所绘人物的衣着上分析，基本认定为元代壁画。

整个画面表现的故事内容为律吕神行雨的一个综合场景。其中正面左右两侧壁画为水神居所水晶宫场景；东侧壁画为以"律"引导之下的神众行雨内容，如"四值功曹""雷公""电母""四目神"布云司雨等，内容展现"律"出行，"吕"相佐；西侧以"律吕回宫"为主题，内容展现行雨完毕，"律"回宫，"吕"相迎。壁画分上下

律吕行雨图

两层，下层展现内容为元代"耕种文化及民俗风情"，画工生动细腻、布局疏朗有序。壁画彩绘采用地方做法，地仗为三道灰做法，画面大量运用团花、卷草、西蕃草纹、云纹、锦纹等。颜色应用了朱红、土红、土黄、石青、石绿、钛蓝及三青三绿色，色彩丰富艳丽。

神溪律吕神祠

东侧墙面有"元"字题记，应为作画时直接题写。由于屋顶漏雨等原因，壁画表面局部有脱落损坏。（参见"校勘与专题考"）

荆庄大云寺壁画 壁画绘制技法为工笔重彩，沥粉贴金。所绘内容为"十大明王"，明代作品，总面积73.6平方米。其中东西两山和北壁现存壁画为双层，十分罕见，与主殿一起是研究辽金建筑和明代壁画、彩画不可多得的实物资料，具有较高的历史、科学和艺术价值。

东、西两壁壁画画面高3.1米，长7.2米，面积44.64平方米，南、北两壁因明间开设前后门不施壁画外，两次间均绘有壁画。两次间画面高3.1米，长3米，面积18.6平方米，北壁东次间画面高3.1米，长3.36米，面积10.4平方米，西次间墙体塌落，后人补砌，壁画无存。

荆庄大云寺壁画

浑源县其他寺庙壁画情况表

表1-18

序号	名称	所属乡镇	年代	面积（m²）	状况（备注）
1	张家号关帝庙壁画	永安镇	清	6	"二普"计有16平方米
2	三清殿壁画	永安镇	清	52	

序号	名称	所属乡镇	年代	面积（m²）	状况（备注）
3	北岳行宫壁画	永安镇	清	61	
4	神溪关帝庙壁画	永安镇	清	20	
5	东辛庄龙华寺壁画	永安镇	清	76	
6	武村李氏家庙壁画	永安镇	清	5	
7	许村双松寺壁画	永安镇	清	25	"二普"记为8平方米
8	官儿龙王庙壁画	官儿乡	清	10	
9	黑石神庙戏台壁画	官儿乡	清		"二普"记原乐楼有残壁画约5平方米，现有壁画绝大部分剥落，面积不详
10	小银厂神庙戏台壁画	官儿乡	清		大部剥落，面积不详
11	白道村窑神庙壁画	蔡村镇	清	15	有残，"二普"计有24平方米
12	尧村龙王庙壁画（原政治夜校旧址）	蔡村镇	清	5	"二普"记有18平方米
13	窑沟神庙壁画	蔡村镇	清	12	"二普"计有20平方米
14	白道龙王庙壁画	蔡村镇	清	30	
15	藏庄宝宁寺壁画	下韩乡	清	52	
16	藏庄五谷神庙壁画	下韩乡	清	30	
17	下韩关帝庙壁画	下韩乡	清	228	
18	下韩文昌阁壁画	下韩乡	清	54	
19	南堡关帝庙壁画	千佛岭乡	清	63	"二普"调查时共有壁画124平方米
20	牛星堡关帝庙壁画	千佛岭乡	清	28	"二普"记21平方米
21	小麦峪神庙壁画	千佛岭乡	清	18	
22	泽青岭关帝庙壁画	千佛岭乡	清	70	"二普"记为12平方米
23	老僧洼过街阁壁画	沙圪坨镇	明	60	有残损
24	杨庄神庙壁画	沙圪坨镇	清	60	有残损，"二普"记为32平方米
25	西辛庄乐楼壁画	裴村乡	清	5	"二普"记为12平方米
26	裴村龙王庙壁画	裴村乡	清	46	
27	西辛庄龙王庙壁画	裴村乡	清	5	残损，"二普"记为8平方米

续　表

序号	名称	所属乡镇	年代	面积（m²）	状况（备注）
28	云峰寺遗址壁画	青磁窑镇	明、清	137	
29	刁窝龙王庙壁画	青磁窑镇	清	28.93	
30	果子园观音殿壁画	青磁窑镇	清	30	"二普"记为48平方米
31	恒山古建筑群壁画	青磁窑镇	明、清	90	
32	北晋庄龙王庙壁画	南榆林乡	清	16.8	有残
33	二岭财神庙壁画	南榆林乡	清	12.5	
34	车道口神庙壁画	西留乡	清	18	
35	井沟圣母庙壁画	驼峰乡	清	8	
36	北坡头神庙壁画	王庄堡镇	清	65	
37	水磨瞳龙祠庙	东坊城乡	清	39	
38	五道庙	永安镇	清	7.7	北壁残余约3平方米，东、西两壁存7.7平方米，下部亦有残损，两次文物普查均未录入

注：本表1～37为"三普"数据，第38项为2020年3月27日补录。

"二普"考察古建筑壁画情况登记表

表1-19

序号	名称	所属乡镇	年代	面积（m²）	备注
1	东辛庄龙王庙壁画	永安镇	清	8	有残
2	顾册关帝庙壁画	永安镇	清	6	有残
3	王千庄马王庙壁画	永安镇	清	44	有残
4	关沟龙王庙壁画	东坊城乡	清	24	有残
5	东尾毛村关帝庙壁画	东坊城乡	清	8	有残
6	官道村三官庙壁画	沙圪坨镇	清	14	有残
7	孟家窑乐楼壁画	青磁窑镇	清	5	残破
8	中韩村龙王庙壁画	下韩乡	清	8	有残
9	麻塔村龙王庙壁画	吴城乡	清	10	有残
10	皇叔洼真武庙壁画	吴城乡	清	18	有残

续　表

序号	名称	所属乡镇	年代	面积（m²）	备注
11	东辛坊龙王庙壁画	吴城乡	清	10	有残
12	下信安三官庙壁画	吴城乡	清	18	有残
13	上达枝三官庙壁画	王庄堡镇	清	16	有残
14	训草龙王庙壁画	王庄堡镇	清	15	有残
15	西河村龙王庙壁画	王庄堡镇	清	30	有残
16	西湾村龙王庙壁画	王庄堡镇	明清	66	有残
17	麻地坪牛马王庙壁画	千佛岭乡	清	5	有残
18	上韩村窑神庙壁画	南榆林乡	清	12	有残
19	古磁窑山神庙壁画	青磁窑镇	清	18	有残
20	浅涧村龙王庙壁画	驼峰乡	清	8	有残
21	白强沟龙王庙壁画	原黄花滩乡	清	21	有残
22	小辛庄三官庙壁画	西坊城镇	清	8	有残
23	小辛庄龙王庙壁画	西坊城镇	清	25	有残
24	南阳庄奶奶庙壁画	西坊城镇	清	4	有残
25	圪坨龙王庙壁画	西坊城镇	清	28	有残

二、联匾

古代，在庙堂及官宦商贾宅院多悬置联匾，这些历史遗存从一个侧面反映出了当时区域内的部分社会、政治和文化生活，具有重要的地方文史研究价值。通常多木刻，砖石等材质少见，浑源现存数量较少，大多藏于庙堂及民间，部分流于域外。

浑源县古代楹联、匾额调查统计表

表 1-20

序号	位置	内容	时代	材质	尺寸	级别	书体	本体背景	撰写	书丹
1	马神殿前牌楼明间门额	人天北柱	清	木质	长260cm、宽110cm、厚12cm	省级	楷书	木雕行龙边框		

卷一　建筑

181

续　表

序号	位置	内容	时代	材质	尺寸	级别	书体	本体背景	撰写	书丹
2	恒山会仙府室内明间东侧	红日无心贫富一般照过，青天有眼善恶两样看承	清	木质	长71cm、宽7.5cm	省级	楷书	浮雕		
3	恒宗殿次间廊柱	恒山万古障中原唯我圣朝归马放牛教化已隆三百载，文昌六星联北斗是真人才雕龙绣虎光芒应射九重天	清	木质	高404cm、宽38cm	省级	楷书		阮志谦	阮志谦
4	恒宗殿明间廊柱	统嵩衡泰华以居尊观其群峰拱极万壑朝宗峙贞恒之气象支持坤轴乾门安敦者永奠皇图增巩固，分并冀幽燕而作镇即此飞石效灵宝符应瑞呈方岳之神奇胜致油云甘雨显赫哉广敷元化大栽培	清	木质	高404cm、宽39cm	省级	楷书		薄文蔚	常颖章
5	恒宗殿次间金柱	蕴昴毕之精霞蔚云蒸万丈光芒连北极，作华夷之限龙蟠虎踞千秋保障镇边陲	清	木质	高399cm、宽38cm	省级	楷书		傅　倬	傅倬
6	恒宗殿明间金柱	天际月轮高访古人胜事遗踪最难忘果老通元谪仙载酒，眼前云路近愿多士舒文广国莫辜负杏花春雨桂子秋风	清	木质	高400cm、宽41.5cm	省级	楷书		阮志谦	阮志谦
7	恒山关帝庙明间金檩下	默助军威	民国十五年九月	木质	长174cm、宽65cm、厚4cm	省级	行楷			
8	恒宗殿崇灵门东次间门额	永感无既	民国二十四年五月	木质	长220cm、宽70cm、厚5cm	省级	隶书			

序号	位置	内容	时代	材质	尺寸	级别	书体	本体背景	撰写	书丹
9	恒宗殿崇灵门西次间门额	岳灵普照	清光绪二十八年	木质	长170cm、宽62cm、厚5cm	省级	楷书			
10	恒宗殿明间内神龛上部	化垂悠久	清	木质	长275cm、宽90cm、厚18cm	省级	行楷	高浮雕及透雕云龙	爱新觉罗·玄烨	
11	恒宗殿明间内神龛柱体	威镇坤方庙貌远昭千古，德垂冀地精灵不爽分豪	清	木质	高201cm、宽22cm	省级	行楷		任天禧	任天禧
12	栗毓美墓石牌坊明间柱体	伟绩著宣防传列名臣瑶阙星辉分昴毕，巍阶尊宝傅神安永宅玉华云气护松楸	清道光	汉白玉	180cm、宽11cm	国家级	楷书			
13	栗毓美墓石牌坊明间门额	宫太保河东河道总督栗恭勤公茔	清道光	汉白玉	高47cm、宽250cm	国家级	楷书	边框高浮雕云龙，箍头浮雕祥云飞凤		
14	栗毓美墓山门顶额	栗氏佳城	清道光	汉白玉	高66cm、宽165cm	国家级	隶书	高浮雕云龙戏珠		
15	西关街晴远楼二楼明间柱体	晓风吹开一天云雾，夜月照澈万里江山	清末	砖	高180cm、宽32cm	县级	楷书			
16	孙家巷11号院绣楼廊心墙体	处世无如为善好，传家唯有读书高	清末	青石	长210cm、宽34cm	市级	行楷			

民间匾联补录：

"洛社耆英"　匾额木质，通长 165 厘米，高 80 厘米，厚 3 厘米，无边框。初由两块木板拼成，后断为三块，正中刻有"洛社耆英"四个楷书大字，每字约 32 厘米长；在匾额的正中上方凿有一长 8 厘米，宽 5 厘米的空槽，制作年代为清道光六年（1826）。现存于县城一农家，据主人称此匾原为恒山之物，但据字面之意，当为民间年长德望之人所有。

"霞蔚赤诚" 该匾额木质，原为农家之物，边框人为锯除，现藏于民间。高 58 厘米，长 159 厘米，厚 2.8 厘米，阴刻正书"霞蔚赤诚"，笔法苍劲有力、舒展大方。上款阴刻正书"□□（缺失）大夫知浑源州事加三级记录□次□"，下款阴刻正书"监生孙天元立□（乾）隆岁次己卯孟冬穀旦"。

按：据匾额年代分析，乾隆二十四年（1759）为己卯年。据 2011 年版《浑源县人物志》等资料记载，己卯年在任的浑源知州为桂敬顺。其在浑源任知州为乾隆二十二年（丁丑，1757）至乾隆三十一年（丙戌，1766），由此可知该匾额为桂知州在任的第三年为嘉奖监生孙天元而颁发。孙天元，其人详细情况暂无考。据乾隆版《浑源州志·目录·志馆董事》记载，监生孙天元曾参与编撰州志。

"大宾" 木质，框架完整，保存现状较好。匾额正中顶额榜书阴刻"大宾"二字，遒劲有力。上款题刻"特授知浑源州事加五级记录九级……"落款为"道光十五年（1835）三月，贡元孙占元。"

"海屋增寿" 匾额木质，长 160 厘米，宽 61 厘米，原为农家之物，主体框架尚完整但较为残旧，下方款识磨损严重，文字模糊难辨。匾额正中阴刻"海屋增寿"四字，正楷榜书，笔力遒劲，其上小字"皇恩"，起首题款"授奉直大夫知浑源州事王为"；落款题刻"道光丁未年（1847）□□□□□□"。

"盛世良民" 匾额木质，全长 124.5 厘米，高 52 厘米，厚 3 厘米。由宽窄不一的 5 块木板拼接而成为整体，阴刻"盛世良民"四字，正楷榜书，原由红漆涂刷，现呈暗红色，旧貌尚存。首款正书题刻"特授浑源州知州加五级记录十次王为"；落款为

清咸丰元年牌匾

"大清咸丰元年（1851）岁次仲冬乡饮耆宾岳耀穀旦"。

"辟雍杰特" 此匾原属南京之物，现为浑源民间所藏。长 165 厘米，高 69 厘米，厚 3 厘米，由 4 块木板拼接而成，框架较完整，主体字迹清晰，落款不详，疑为清代之物。主体正书阴刻"辟雍杰特"，首款题"特授江南漕□江宁府□□"，笔力雄健洒脱。

"望众乡间" 此匾原属应县之物，现为浑源民间所藏，曾用作门板使用，装有门轴。长 158 厘米，高 72 厘米，厚 4 厘米，木质，且质地较差，框架较为完整，由 3 块木板

拼接而成，匾额顶部原有印记，内容不详。首款题"特调应州正堂加三级记录十次李为"，落款题"大清光绪二十七年（1901）岁次辛丑季夏九品寿官袁枝立毂旦"。

"**泽及邻里**" 牌匾木质，长170厘米，宽70厘米。牌匾通体立体感极强，正中底面朱红，边框及内容物皆镂刻相贴，是浑源现存艺术感最强的匾额。其边框镂刻"卍"字纹，四角镂雕"蝙蝠"各一，匾额正中题"泽及邻里"，亦镂刻，以铁钉钉于其间，其下为恭颂人名单，约140人；题头为"民国二十三年（1934）五月立"，落款为

民国牌匾

"恭颂鸽子峪村长张先生"。匾额上、右下边框及"及"字一撇残损。鸽子峪，即浑源千佛岭乡鸽子峪村。

"**玉堂中人**" 该匾额长175厘米，宽60厘米，木质，行书阳刻"玉堂中人"，书体遒劲有力。匾额品相中上，个别字迹模糊，为乾隆十八年浑源州儒学学正马凝瑞为本州生员李尚观所题。首款正书题"浑源州儒

"玉堂中人"匾额

学正堂加一级马凝瑞写"，落款为"乾隆十八年岁次癸酉孟夏谷旦"。

按：马凝瑞，浑源州学正，在乾隆版《浑源州志·职官》中，乾隆十八年浑源州学正为崔绎，二者或为前后任。但州志中并未载马凝瑞，故此匾额的发现，填补了该志中的一个空白。

李尚观，浑源州生员，据乾隆版《浑源州志》载，曾参与州志的编纂，为志馆董事之一。其先祖李彝，明正统年间任监察御史，景泰年升任左布政使。《浙江通志·职官》载，李彝，浑源人，景泰间任承宣布政司左布政使。

神溪村对联 对联现为神溪村农户所藏，原有三副，现存两副，品相较好，圆弧抱柱联，红漆黄字，木质坚实。一联长195厘米，宽17厘米，内容为："春风乍暖江城梅柳生辉，晓日初晴海宇云霞呈秀"；一联长117.5厘米，宽15.2厘米，内容为："风云欲展垂天翼，霄汉常悬捧日心"，横批"德性坚定"，长38.5厘米，宽11.2厘米。

穆氏祠堂残联 现存于李峪村穆氏祠堂，残存半副，外形圆弧状，字迹模糊。残高1米，宽0.18米。内容为："教子孙两条正……"

第二章　近现代建筑

与古代建筑相比较而言，近现代建筑在建筑风格、建筑功能、建筑材料等方面有着很大的区别。除部分商用建筑尚留有传统风格之外，其余建筑基本为现代建筑特征，建筑主体由砖木结构转化为砖混结构。本县所存的这些建筑，皆具有明显的时代特征，时间跨度为清末民国至新中国成立之后，所涵盖领域主要为商贸、文教、水利、革命纪念等。这些历史遗迹对于研究浑源近现代地方文化、经济状况、人文精神等具有重要的价值。

第一节　商贸　文教

一、商贸

浑源自古就是晋北重要的商贸重镇，民间有"南有晋城，北有浑源"之说，其中尤以酿酒、铜器加工、花炮、编织、砂器、瓷器、造纸等最为著名。民国初期，仅酿酒作坊就有100余处，其中酒店、银号、当铺、京货铺、日杂货铺被称为"商业五大行业"，其余店铺字号多达数百家，各字号多行捐资善事，如在《重修北岳恒山绅士行户布施碑记》《悬空寺布施碑志》等碑记中即可见一斑。

下韩"德胜兴"旧址　位于下韩乡下韩村中。据《浑源文史资料·晋商专辑》和民间相传，原为清末民国时期村民王玉堂所创建杂货铺，字号名"德胜兴"，以经营酒、面、油等日常杂货为主，为当时较有名气的商铺字号。现存铺面旧址坐东朝西，东西长7.86米，南北宽9.64米，占地面积约76平方米，面宽三间，进深五椽，单檐卷棚顶。

下韩"义裕成"旧址　位于下韩乡下韩村中。据《浑源文史资料·晋商专辑》和民间相传，该店铺为清末民国时期浑源石庄村人赵炳章在下韩村大街中心处购置，其时为临街房屋五间，后改建为磨坊、油坊和当铺，其中将磨坊和油坊冠名为"义裕成"，当铺命名为"义和成"。过去以经营油坊和磨坊为主，兼营当铺生意，所榨油料不只供应周边地区，更销往内蒙古、河北等地，是当时当地较有名气的商铺字号之一。现存旧址铺面，坐东朝西，东西长 7.64 米，南北宽 15.14 米，占地面积约 116 平方米，面宽五间，进深五椽，单檐卷棚顶。

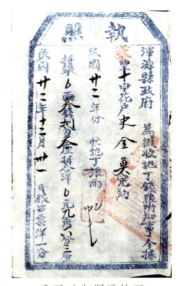

民国时期浑源执照

下韩"三德诚"旧址　位于下韩乡下韩村中。据《浑源文史资料·晋商专辑》和民间相传，为清末民国时期村民白梅创建饼面铺，字号名"三德诚"，以经营压白面、压豆面、麻花、馒头、糖饼等面食为主，当时名气较大。现存旧址为前铺后房式结构，东西长 27.1 米，南北宽 13.92 米，占地面积约 377 平方米。铺面坐西朝东，面宽五间，被改建为三间铺面和一个过道，进深四椽，单檐卷棚顶，铺面内现存有老货架。后院现仅存正房，坐北朝南，面宽六间，进深三椽，单坡顶。

浑源商号纸钞

李峪供销社旧址　位于东坊城乡李峪村中，建于 1970 年，为砖混结构建筑，坐南朝北，东西宽 21.56 米，南北长 6.55 米，占地面积约 141 平方米。正面上方浮雕红五星，时代特征明显。

裴村供销社旧址　位于裴村乡裴村中，1970 年建成，建成背景同李峪供销社。为砖混结构建筑，坐北朝南，东西宽 21.56 米，南北长 6.55 米，占地面积约 141 平方米，正面上方刻标语"为人民服务、发展经济、保障供给"等。

西坊城供销社旧址　位于西坊城镇西坊城村中，1970 年建成，建成背景同李峪供销社。旧址坐北朝南，东西宽 66.64 米，南北长 7.52 米，占地面积约 501 平方米。砖混结构，分东、西两组建筑，正面上方刻有毛泽东主席头像、三面红旗、毛体诗词等，刻标语"为人民服务""发展经济保障供给""增加生产""以粮为纲全面发展""厉行节约"等。

麻庄供销社旧址　位于下韩乡麻庄村中，1970 年建成，建成背景同李峪供销社。旧址为砖混结构建筑，坐南朝北，东西宽 29.25 米，南北长 8.74 米，占地面积约 256 平方米，正面上方浮雕五角星。

驼峰供销社旧址　位于驼峰乡驼峰村中，1970 年建成，建成背景同李峪供销社。旧址为砖混结构建筑，坐北朝南，东西宽 39.04 米，南北长 38.22 米，占地面积约 1492 平方米。建筑上方刻标语"为人民服务""发展经济""保障供给""以粮为纲全面发展"等。

毕村供销社旧址　位于南榆林乡毕村中，1970 年建成，建成背景同李峪供销社。现存旧址为砖混结构，坐北朝南，东西宽 43.91 米，南北长 5.8 米，占地面积约 255 平方米。现存供销社仍被村民作为商业用途使用。

东辛庄供销社旧址　位于永安镇东辛庄村中，1972 年建成，建成背景同李峪供销社。旧址坐西北朝东南，东西宽 28.8 米，南北长 35.5 米，占地面积约 1022 平方米。为砖混结构建筑，大门上方刻有"为人民服务""副食供应站"，供销社现仍被作为商业用途使用。

荆庄供销社旧址　位于东坊城乡荆庄村中，始建于公私合营其间。据 1999 年版《浑源县志》记载，1971 年将荆庄大云寺部分建筑拆毁后，修建了荆庄供销社。现存旧址为砖混结构，坐北朝南，东西宽 26.64 米，南北长 25.28 米，占地面积约 673 平方米。正面刻有红五角星、三面红旗、毛主席诗词等，标语有"为人民服务""以粮为纲全面发展""发展经济保障供给"，时代特征明显。

土岭供销社旧址　位于官儿乡土岭村中，始建于改造私营经济的合作化运动其间，建成于 1970 年。旧址为砖混结构建筑，坐南朝北，东西宽 29.35 米，南北长 8.99 米，占地面积约 264 平方米。正面上方刻标语"发展经济""保障供给""发展革命传统，争取更大光荣""认真看书学习，弄通马克思主义"等，现仍做商业使用。

穆家庄供销社旧址　位于官儿乡穆家庄村中，始建于改造私营经济的合作化运动其间，1970 年建成。现旧址坐南朝北，东西宽 21.56 米，南北长 6.55 米，占地面积约 141 平方米。为砖混结构，两面坡硬山顶，正面上方刻标语"为人民服务、发展经济、保障供给"等。

二、文教

尧村政治夜校旧址　位于蔡村镇尧村中。建国初期，全国掀起"工农、干部都受教育"的热潮，为配合扫盲工作，各地均设立夜校。随着"工农业生产大跃进，教育也要大跃进"的号召，扫盲运动在城乡全面展开。1958 年，尧村大队将村中一座清代龙王庙改建为政治夜校。旧址坐北朝南，东西宽 14.99 米，南北长 33.38 米，占地面积约 500 平方米，由大门、广场和主席台三部分组成。大门为砖混结构，门额上刻"峣村政治夜校"；主席台建在龙王庙正殿前檐部分，为砖混结构。龙王庙正殿面阔三间，进深四椽，单檐硬山顶，殿内现存清代壁画约 6 平方米。

下韩完全小学旧址　位于下韩乡下韩村中。抗日战争结束后，随着浑源的解放，学校得到恢复发展，全县在较大的村庄均建起了小学校，1946 年下韩村完全小学校建成。旧址坐东朝西，现存校门和两排校舍，为砖木结构，东西长 32 米，南北宽 23.57 米，占地面积约 754 平方米。砖砌校门坐东朝西，立面呈山字形，拱券门洞，门匾上砖刻"下韩村乡完全小学校"，门匾上方刻五角星。校舍坐北朝南，为砖木结构，四椽硬山式瓦房。该旧址于 2011 年 11 月被公布为市级文物保护单位。

毕村礼堂旧址　位于南榆林乡毕村中。旧址坐西朝东，东西长 29.6 米，南北宽 13.4 米，占地面积约 397 平方米，1970 年由毕村大队革委会组织创建，曾为村民进行各种政治集会、观看舞台剧和批判"资产阶级走资派"的主要活动场所。现存旧址为砖混结构，大门上刻标语"为人民服务"及"礼堂"，礼堂屋顶已拆毁。

十义号展览馆旧址　位于裴村乡十义号村北。1970 年由十义号大队组织创建，用于"农业学大寨"展览。现存建筑为砖混结构，坐南朝北，东西宽 34.29 米，南北长 9.96 米，占地面积约 342 平方米，正面上方刻有"十义号展览馆"字样。

第二节　水利设施

恒山水库大坝　位于永安镇唐家庄村南 1.5 公里唐峪河磁峡口处。旧时，该河道因常年泥沙淤积，每值雨季便洪水频发，民众深受其害。1939 年（民国 28 年）8 月 10 日《晋察冀日报（抗敌报）》曾登载给国民党行政院长孔祥熙的一篇汇报文章："浑源之水入城三尺，全县溺死将近万人。"同年 9 月 21 日通讯报道："浑源城外一带水高一丈多深，房屋田地均被大水冲去……残酷的敌人把城门关了起来，不准进去，这样浑源城外附近一带村庄的老百姓就被大水淹死了三千多个。"这是历史上有记载的受损最大的一次洪灾。

对于这条"害河"历代皆有治理，近现代有记载的为光绪年间曾有过一次较大规模的疏浚护岸。据传还有栗毓美在返乡之际曾与民众共同筑堤治河。1940 年秋，日伪组织在现恒山水库大坝下 10 米处修建水库，全县每人出大洋 1 元，在孟家窑山下凿备形成四面体的料石，并进行挖基砌筑，入冬停工后，再无续建。

1949—1957 年，全县组织对两岸共 8 公里的堤防普遍进行了培厚加高与河道疏通工程，共计完成砂卵石挖方 4.7 万立方米，砌石方 6.6 万立方米，投入劳力 22.7 万工日，车工近 10 万个，国家拨款 65.24 万元，群众自筹 5.67 万元，在上游流域内修筑谷坊工程，耗费玉米 200 万斤。在治理的过程中，由于淤泥的淤积使河床不断抬升，其间 1952 年柳河大坝再次决堤，共有 37 名群众死于洪灾。1958 年 3 月，在毛泽东主席"全民动员，兴修水利"的方针指导下，为了调节唐峪河水量和抵御洪害，在唐峪河上兴建库坝，设计标准为以 20 年一遇洪水、百年一遇洪水校核。工程于 3 月 16 日正式开工。之后，经专家进一步论证，最终水库设计坝型为混凝土双曲薄壁单拱坝，防洪标准为 100 年一遇洪水，校核防洪标准为 500 年一遇洪水，抗震烈度为 9 级，大大提高了水库的防洪蓄水能力。

1959 年 10 月 24 日，苏联派水利专家那廖托夫和洛斯特米扬进行技术指导。1960 年 1 月 2 日，中共中央委员、共青团中央第一书记胡耀邦在水库现场视察，亲笔题词"命令浑河为浑源人民服务"。1961 年 10 月 5 日，《人民日报》为恒山水库达到高拦洪高程，特专发贺诗一首："封禅你曾利暴洪，而今铁壁锁蛟龙。恒山纵使高千丈，不及今人创世功。"

1966 年 1 月，恒山水库大坝正式完成建设并蓄水投入使用，成了一座集防洪、灌溉等多种功能为一体的综合型中型水利枢纽。其水库等别为 III 等，主要建筑物级别为 2 级。所达到的主要技术经济指标为：控制流域面积 164 平方公里、设计总库容 1330 万立方米。防洪库容 770 万立方米，兴利库容 534 万立方米，坝址河床高程 1200 米，坝顶高程 1255.3 米，最大坝高 69 米；坝顶宽 2.5 米，坝底宽 15 米；大坝宽、高比为 15：69 等于 0.218；拱坝半径为 28.2 米，中心角为 59°04′～139°34′；坝顶长 147 米。泄洪洞设计为马蹄形，洞底高程 1214.5 米，洞子的断面为 7 米宽，9 米高，长 155 米，最大泄量 1278 立方米 / 秒；泄洪控制设备配置有高 7.5 米、宽 3.5 米平板定轮钢制闸门两扇；溢洪道宽 15 米，底部高程为 1249.5 米，最大泄洪量 320 立方米 / 秒，校核泄量为 412 立方米 / 秒，最大流量为 12.9 立方米 / 秒；下游唐峪灌区控制面积 7.8 万亩，有效面积 4.8 万亩，盐碱地 3.7 万亩，灌区引水流量 15 立方米 / 秒。

总计完成的工程量为：挖砂卵石与土方 24 万立方米、开挖石方 8.86 万立方米、浆砌石方 1.18 万立方米、浇灌混凝土与钢筋混凝土 7.25 万立方米；耗用水泥近 2 万吨、钢材 1500 吨、木材 4000 立方米；用工 260 万个工日；国家投资 1340 万元（包括周恩来总理为恒山水库建设批拨专项资金 200 万元），群众自筹 160 万元，吃国家补助粮 130 万斤；库区移民 171 户、697 人；淹没房屋 725 间、耕地 457 亩。参建单位有山西省建筑工程公司、太原市政工程公司、6401 部队装甲兵学院、华北煤田勘测大队、0975 部队工兵团、刘家峡及青铜峡水利工程局、福建闽江隧洞大队、雁北工程公司等。

2003—2007 年，恒山景区管理部门连续分四期对悬空寺旅游区进行环境综合治理，拆除寺下废旧石砌渠和护坡 300 米，清理淤泥 1.5 万立方米，清理建筑废弃物 8.6 万立方米，使金龙峡悬空寺段河谷重新恢复了历史的原貌。20 世纪 60 年代坝体巨幅标语"高举毛泽东思想的伟大红旗奋勇前进"至今仍存。

2004 年，已建成使用 40 余年的恒山水库被核定为三类病险水库。在恒山水库除险加固工程初步设计中，中国水利水电科学研究院结构材料研究所提出的坝后支撑体加固技术、自密实堆石混凝土技术、与环境震动量一致的控制爆破技术、上游坝面喷涂聚脲弹性体防渗等新技术，得到了山西省和海委会专家的肯定。工程于 2008 年 12 月 31 日开工建设，工期 3 年。

神溪水库闸型坝　位于永安镇神溪村东。20 世纪 70 年代初，为了调节浑河水量，1970 年在下韩神溪村东、浑河主河道上兴建库坝，1971 年竣工。主工程库坝为土质闸型坝，坝长 320 米，坝高 6 米，坝底宽 30 米，坝顶宽 15 米，总库容为 208 万立方米。闸型坝坐东朝西，东西长 9.6 米，南北宽 46.55 米，建筑占地面积约 446.8 平方米。筑有泄洪闸洞 8 孔，泄洪量为 244 立方米／秒，有效灌溉面积 5 万亩。

蔡村高灌渠　位于蔡村镇蔡村西北约 1100 米，西临蔡村至乔家湾公路。1970 年，原蔡村公社为解决村北农田缺水问题而建此渠。该渠为石砌混凝土结构，南北走向。现存长约 330 米，宽约 2 米，占地面积约 660 平方米，最大拱径约 10 米，高约 1～6 米，南高北低逐渐缩小拱径，将南部低处的水源送到北部高处缺水地区灌溉农田，北端砌东西分水闸门，现已废弃。

田村高灌渠　位于驼峰乡田村西侧。在"全民动员，兴修水利"的方针引导下，1970 年，驼峰乡政府为解决田村北部农田缺水问题而建此渠。该渠为石砌混凝土结构，南北走向，南端位于浑河边，建抽水站，设坡形管道引水到灌溉渠，灌溉渠北端延伸到韩镇公路边，现存总长约 863 米，宽约 2 米，占地面积约 1776 平方米。渠下为券拱，上为灌溉水道。

尧村高灌渠　位于蔡村镇尧村北 400 米。1970 年，蔡村公社为解决尧村北部农田缺水问题建此高灌渠。该渠为石砌混凝土结构，南北走向。现存长约 228 米，宽约 2 米，占地面积约 456 平方米，最大拱径约 3.1 米，最小拱径约 2.8 米，高约 1～5 米，南高北低逐渐缩小拱径，将南部低处的水源送到北部高处缺水地区灌溉农田，北端砌东西分水口，现已废弃。

小岭涵桥　位于吴城乡吴城村东北 700 米，韩村—东后子口公路上。该公路原为大同—浑源主干线的一段，1953 年 9 月修成通车。南起下韩村，经由蔡村、碾槽沟、吴城、香水寺至大同县东后子口处，全长 26.94 公里。现存涵桥南北走向，为石砌单拱涵桥，占地面积约 106 平方米。桥长 6.42 米，桥面宽 7.6 米；桥洞宽 1.6 米，高 0.9 米，进深 7.6 米，桥上设望柱、栏杆。其中望柱上刻"小岭涵""公元一九五三年九月建，雁北公路营埋设"。该桥整体保存较好，现仍被作为韩村—东后子口公路上主要的涵桥使用。

其余渠道桥涵参见 1999 年版《浑源县志》。

第三节　典型建筑

李峪照壁　位于东坊城乡李峪村中，1970 年由李峪村革委会组织创建，是当时村民进行政治集会、"批判资产阶级走资派"的主要场所。照壁为砖混结构，坐西北向东南，长 3.12 米，宽 0.44 米，高约 5 米，占地面积约 1.4 平方米。照壁顶部塑五角星，照壁上绘壁画、刻标语"毛主席万岁"等。

驼峰照壁　位于驼峰乡驼峰村中，1970 年由驼峰村革委会组织村民修建而成，曾为村民进行政治集会、"批判资产阶级走资派"的主要场所。照壁为砖混结构，坐南朝北，东西长 3.26 米，南北宽 2.04 米，占地面积约 6.6 平方米。壁画已毁，壁画两侧刻毛泽东诗句"虎踞龙盘今胜昔，天翻地覆慨而慷"。

贾庄门楼　位于西留乡贾庄村中，1966 年由贾庄村革委会组织村民修建而成，曾为村民进行政治集会、"批判资产阶级走资派"的主要场所。门楼坐北朝南，东西长 12.49 米，南北宽 1.49 米，占地面积约 18.6 平方米。门楼正面绘毛主席壁画，壁画两侧刻诗句"虎踞龙盘今胜昔，天翻地覆慨而慷"。

东辛庄舞台　位于永安镇东辛庄村中。该建筑坐北朝南，由广场和舞台两部分组成，砖木结构，东西长 11.12 米，南北宽 10.74 米，占地面积约 119 平方米。舞台正上方悬红五角星，两侧台柱上刻有毛泽东主席"发扬革命传统，争取更大光荣"标语联。

裴村舞台　位于裴村乡裴村中。坐南朝北，由广场和舞台两部分组成，舞台东西长 14.68 米，南北宽 12.73 米，占地面积约 187 平方米，砖混结构，正上方悬红五角星，题刻"东方红舞台"。

十义号邮电所旧址　位于裴村乡十义号村北，1970 年由十义号大队所建。现存建筑为砖混结构，坐北朝南，东西长 16.53 米，南北宽 6.56 米，占地面积约 108 平方米，正面上方刻有"人民邮电"。

东辛庄大队旧址　位于永安镇东辛庄村中。1970 年东辛庄大队响应全国"农业学大寨"号召，将村中一处清代民居改建为"大寨式"窑驮楼一座，作为大队办公场所。现存建筑坐北朝南，东西长 33.9 米，南北宽 30.38 米，占地面积 1029 平方米。底层为砖砌 10 孔窑房，东侧第三间为大门，通向后院。二层为东辛庄大队联合学校，砖混结构，三椽硬山顶。后院现存正房、东西厢房和砖雕照壁，创建年代及创建人不详，现存建筑为清代；正房面宽五间，进深三椽，单檐卷棚顶；东西厢房均为面宽三间，进深三椽，单檐卷棚顶；东厢房南山墙上建砖雕照壁。

十义号大队旧址　位于裴村乡十义号村北。1970 年十义号大队响应全国"农业学大寨"的号召，于村中建"大寨式"窑驮楼一座，作为大队办公场所，20 世纪 70 年代，时任国务院副总理陈永贵曾前来十义号村视察农业生产情况。现存建筑坐北朝南，东西长 24.58 米，南北宽 9.58 米，占地面积约 235 平方米。底层为石砌 6 孔窑房，西侧第二间为过洞，通向后院。窑洞西侧建水泥楼梯通向二楼。二层为砖混结构，平顶，阳面开 6 个窗，背面设通道和门。建筑背面砖墙上书写毛泽东诗句"农业学大寨"。

温庄大队旧址　位于千佛岭乡温庄村中。现旧址坐北朝南，东西长 54.9 米，南北宽 15.62 米，占地面积约 858 平方米。1970 年，在毛泽东主席"农业学大寨"的号召下，温庄大队修建窑房两排，作为大队办公场所。现存建筑依山而建，前排为石砌窑洞 15 孔，中间为大门，大门内设台阶通后排。大门上刻五角星，大门两侧刻毛泽东诗句"虎踞龙盘今胜昔，天翻地覆慨而慷"。后排为砖木结构瓦房 18 间，进深三椽，单坡顶。

东辛庄知青房旧址　位于永安镇东辛庄村中。1972 年东辛庄大队为了响应毛泽东主席"知识青年到农村去，接受贫下中农再教育"的号召，在村中修建知青点。现存建筑坐北朝南，东西宽 26.24 米，南北长 16.4 米，占地面积约 430 平方米，为砖混结构，现存房屋 3 栋、大门 2 座，其中东大门上雕刻有标语"扎根农村"。

毕村粮库旧址　位于南榆林乡毕村中。1970 年，毕村大队为响应毛泽东主席"深挖洞、广积粮、不称霸"的号召在村中修建粮库。现存粮库旧址坐北朝南，东西宽 61.79 米，南北长 11.68 米，占地面积约 722 平方米。粮库东侧三间被改造为民居，现存"砖券窑洞式"粮库 17 间。

向阳村旧址　位于千佛岭乡小道沟村向阳村中。坐北朝南，东西宽 50.2 米，南北长 75.4 米，占地面积约 3785 平方米。1966 年，在"农业学大寨"运动中，千佛岭乡打虎沟村支部书记王田富带领群众在千佛岭阳面坡上就地取石，依山建窑房 4 排 8 栋，并在窑房西侧建蓄水池，窑房后建礼堂，内设教室、食堂和戏台等。后村民全部迁往新村，取名"向阳村"。前排窑房上书标语"东方红""毛主席万岁""共产党万岁"。

中庄铺农场旧址　位于千佛岭乡龙咀村南约 900 米。坐北朝南，东西宽 64.1 米，南北长 23.56 米，占地面积约 1510 平方米。1972 年，在毛泽东主席"农业学大寨"的号召下建成。现存旧址为石砌窑房两排，前排建窑洞 15 孔，中间一间为大门，内设楼梯通后排窑洞。后排窑洞中间设砖砌台阶，登窑顶平台，东侧两间已毁，其余被村民作为民居使用（门窗及过道已被改建），台阶两侧各建窑洞 6 间。窑洞为石砌混凝土结构，整体保存较好，大门上刻"农业学大寨""1972 年建"，两侧刻"虎踞龙盘今胜昔，天翻地覆慨而慷"。窑房上书写标语"毛泽东思想万岁""中国共产党万岁"等。

第四节　烈士陵园（墓）　纪念性建筑

一、烈士陵园（墓）

浑源县革命烈士陵园　浑源爱国主义教育基地之一。在反帝反侵略以及解放战争其间，全县先后有 9400 多人参加战役，其中 1499 人英勇牺牲。1950 年 7 月，根据察哈尔省雁北专署的指示，中共浑源县委、浑源县人民政府在县城西大街沙河桥处修建浑源县革命烈士陵园，园内建有木结构烈士纪念塔以及英雄像，以纪念在抗日战争和解放战争中牺牲的革命烈士。旧陵园塔院呈长方形，南北长80多米，东西宽40多米，占地面积3200余平方米。塔院正南面对沙河桥市场，原大门为二层楼，砖砌式拱门，门楣上镶嵌长方形汉白玉，上刻"英烈绩"，大门两边雕刻楹联一副："驱日寇祖国解放，灭蒋贼人民翻身。"塔院四周植松柏、花卉，朴素雅静。

2007年，县委、县政府决定迁址新建烈士陵园。新址位于同浑公路东侧，二岭村南，占地面积30亩，建筑面积6700平方米，总投资430万元，于2008年6月8日开工，10月20日竣工，10月21日举行了落成典礼仪式。整个工程采用现代设计手法，主要建筑有高20米的烈士纪念碑一座，面积700平方米的展厅一个，面积6000平方米的广场一处和入园牌楼、浮雕、穆岳烈士纪念碑、鞠躬柱等。四块浮雕分别反映过去浑源在三座大山压迫下劳动人民受苦受难的情形，以及勇敢的浑源人民在抗日战争、解放战争和抗美援朝战争中的英勇表现。

新建烈士陵园落成后，原烈士塔内六棱形纪念碑安放于新建陵园碑亭之中。2011年7月，由县民政局负责为魏安邦、张仁照、王舵、白克敬、丁莹、吕士杰、曹旺、李秀枝、李子青、牛文斗、祝秉礼11位烈士重新制作了纪念碑，8月1日举行了揭碑仪式。碑体皆采用当地"山西黑"花岗岩，碑高150厘米，宽90厘米，阴刻描金。

陡咀烈士陵园　位于原黄花滩乡陡咀村西320米处的山坡上，始建于1942年，共纪念从1942年到1944年牺牲的烈士六位，分别是：原中共浑源县委书记穆岳、游击队大队长吕士杰、青救会主任丁莹、五区委书记祝秉礼、五区武委会主任牛文斗、一区区委书记兼区长李子清。

1943年，陡咀烈士陵园遭到日军严重破坏，陵园围墙、大门等被拆除、捣毁、焚烧，部分墓碑和石条被日军拉到寒风岭炮楼，园内景象残破不堪。中华人民共和国成立后，县民政局和当地乡政府及群众曾多次出资、出工修缮；1997年8月，该烈士陵园再次重修。现存陵园坐北朝南，东西宽22米，南北长20米，占地面积约440平方米。

穆家庄烈士陵园　位于官儿乡穆家庄村西南约400多米处的林坨沟内，建筑占地面积274平方米。2003年，穆家庄村委会自筹资金于烈士坟丘前修建了烈士纪念碑、纪念馆和党支部历史纪录厅。纪念碑高10米，碑文为对50多位革命烈士生平事迹的介绍。东厅为穆家庄党支部历史纪录厅，西厅为革命烈士纪念馆，记录内容为先烈的事迹生平。展厅两侧悬联："绿水河畔树雄碑，青山脚下葬英烈"；横批"缅怀先烈，爱我中华"。

白克敬烈士墓　位于大仁庄乡净石村西约130米处的山坡上。陵园内立汉白玉雕的正六边形烈士碑，碑身六面共刻有烈士姓名753位。

二、纪念性建筑

官儿乡官儿村烈士墓碑 位于官儿乡官儿村东南约48米处的山坡上。1942年12月，应县县议会决定在浑源县官儿村为牺牲的公安局局长魏安邦、副议长武安民、区农会主任史致胜、2区区长麻喜荣、3区区长武泽民等42名烈士树碑。墓碑镶嵌在砖雕仿木结构的碑楼内，碑楼坐南朝北，石基砖包，高约3米，东西长3.16米，南北宽1.47米，占地面积约4.6平方米。墓碑2通，为黑色花岗岩岩质，圆首，通高1.7米，宽0.7米，厚0.09米。西侧1通刻有烈士的姓名及事迹，落款为"中华民国三十一年（1942）立"，东侧1通为布施碑。碑楼基础稳固，顶部有裂隙，瓦片脱落。

白草湾烈士墓碑 位于浑源、灵丘交界处的白草湾村，为纪念牺牲的原中共浑源县委常委、宣传部部长王舵等烈士所立之碑。墓碑上刻王舵等革命烈士的生平简介文字，碑身用六角圆顶式碑楼围裹。

贾庄惨案纪念碑 位于西留乡贾庄村中。1948年7月，为纪念在贾庄惨案中牺牲的村干部和土改积极分子，县政府在贾庄村立革命烈士纪念碑。原碑阳刻"贾庄惨案纪念碑"，碑阴刻殉难者姓名，高1.5米，宽0.5米，厚0.2米，风化已毁。1969年，在村西约100米处新建纪念碑，混凝土结构，高4.5米，宽1.5米，厚0.3米，上刻"贾庄惨案纪念碑"。（1987年8月"二普"记为高5米，宽1.7米，厚0.3米）

贾庄纪念碑（1987年摄）

黄土坡烈士纪念碑 位于大仁庄乡黄土坡村东约1里处的山坡上。1987年8月1日，在马玉瑾烈士生前战友来黄土坡纪念之际，黄土坡村委会为马玉瑾烈士在牺牲的山坡上立了纪念碑，以示纪念。

陡咀革命纪念碑 位于原黄花滩乡陡咀村西北2.5公里，共有碑4通，体积较小，素面无纹饰，记载的是王莹、张先礼等革命烈士的英雄事迹，有残损。（据"二普"资料）

黄崖村烈士纪念亭 位于官儿乡黄崖村西北的坡地上，建筑占地面积12.5平方米。为缅怀先烈，激励后人，1995年，原土岭乡党委、政府于烈士捐躯处修建了纪念亭，树立了纪念碑，以示深切怀念。现在纪念亭的木质结构保存较好，油漆部分剥落，四周栏杆松动断裂。

唐庄惨案纪念亭　位于浑源永安镇唐庄村西河湾，占地面积 12.3 平方米。1973 年，唐庄村委会为了教育后代牢记这一惨案，于村东修建纪念碑一座，因年久坍塌。2008 年 4 月在村西南翠屏山下河湾处又新建纪念亭，并立碑纪念，材质为黑色花岗岩，整体保存较好。

卷

二　古墓葬与古遗址

古墓葬和古遗址中所反映的历史信息，是研究当地历史文化的重要资料。其中重要的墓葬和遗址甚至可以填补我国部分历史空白，其价值十分珍贵，具有不可再生性。由于浑源在金元时期文化最为繁荣，因此当地的重要古墓葬跨度为金元至民国时期，之前曾出土过的汉、唐、辽墓葬较少，除麻庄汉墓群外，其余通常为小型墓葬。在古遗址中，最早的为新石器晚期古人类遗址，其余为做工遗址（如界庄瓷窑遗址等）、古建筑遗址（以寺院、神庙为主）。将现存古迹与这些遗址串并后我们会发现，浑源文化脉络的走向依稀可见。

第一章　古墓葬

　　浑源古墓葬现存最为完整的仅为栗毓美墓，其余大多早已荡平，个别仅存碑记，其中的墓志铭及随葬物基本无存。对此，我国著名收藏家马未都先生曾说："与中国厚葬文化相适应的是中国的盗墓文化，因此古墓基本是十墓九空。"浑源古墓葬亦难逃此厄运，其中多数墓葬被盗掘一空后，封土亦逐渐或人为毁损或自然侵蚀而隐于荒野，难觅踪迹。本卷古代遗址包括原始人类聚落、寺庙、古窑址、古道以及革命旧址。出于对文物的保护，本志仅对记于旧志中或广为人知的墓葬进行记载。

第一节　历史名人墓

　　刘㧑墓　刘㧑坟墓建于永安镇神溪村北部。乾隆《浑源州志》载："金状元刘㧑墓，在州北二十里。"该墓葬踪迹业已荡然无存，其规模、碑刻等亦无文字记载。

　　苏保衡墓　雍正版《山西通志》及乾隆《浑源州志》载："右丞苏保衡墓在州西北七里冈下。"《浑源县志》载："墓地在城北 10 公里碾槽沟村西北山坡处，几百年来人们习惯地称为状元坟。"旧志与今志对该墓的描述出入较大，按《浑源县志》所载，该墓封土早已荡平，墓碑及其他遗迹无存。

　　栗毓美墓　位于县城东北部，浑源中学北侧。墓地坐北朝南，东西宽约 99.3 米，南北长约 173.53 米，分布面积约 1.7232 万平方米，四周青砖围墙，高 2.5 米。墓园为二进院布局，最北端为墓区，所有建筑布局皆依清代典制，《先恭勤公新阡记》有载。中轴线上建有南启门、延泽桥、石牌坊、仪门、神道石像生、永怀堂、栗毓美墓冢等，所属石刻皆为汉白玉雕刻。南启门，又称"山门"，通体砖砌仿木结构，拱砖券门洞，门额刻"栗氏佳城",歇山顶。门外两侧碑楼内分立汉白玉石碑两通,东为神道碑,西为恩旨碑。谕祭延泽桥已毁,现复建。桥两侧稍北置华表一对,通体雕云纹间五福捧寿图案,造型华丽别致。石牌坊,通体汉白玉雕琢,面宽三间,顶部饰狻猊及日月云纹,寓日月丹心,枋下抱鼓石图案精美绝伦,其两侧碑楼内立汉白玉石碑两通,西为御祭碑,东为谥法碑;碑楼东西两侧各建配房五间。再北为仪门,面宽三间,进深二间,硬山顶,东西置角门,两侧"八字墙"如展翅,门前分置狻猊各一;过仪门进后院,沿神道入永怀堂,神道两侧分立石像生,其中羊、虎、马各一尊,武将、文臣各两尊,均汉白玉雕成,部分残毁,后有修补。永怀堂已毁,现复建,三开间,内塑汉白玉栗毓美半身像。祭厅后原为长40米的青砖铺筑神道,现改铺做河卵石。栗毓美墓冢,为圜丘形,封土高约6.8米,直径10.6米,汉白玉雕须弥座、围栏。墓室内的墓志铭为时任两广总督林则徐撰文,现不知所踪。墓前立碑刻1通,汉白玉质,螭首龟趺,碑文楷书"皇清光禄大夫太子太保东河总督栗恭勤公诰封夫人晋封一品夫人吴夫人合葬墓"。墓地内现存栗毓美家族碑刻15通。

1946年,国民党空袭浑源,栗墓遭到一定毁坏,至今弹痕犹存。中华人民共和国成立后,曾被化工厂、汽车配件厂、药材公司、气象站等单位占用,其间亦有一定的人为破坏。1978年后,省、地、县对栗墓多次拨专款修复。1993年秋,在清理墓园时,在栗墓的西北角地下1米处发现墓区全图碑,对研究墓的建造及人物史有着极为重要的价值。此后,栗烜、栗燿等人碑记相继出土。在2006年至2007年栗毓美墓修复过程中,还复建了原墓园附属的护墓小院(西配院),共计各类用房16间300多平方米。该墓于1965年被列为第一批省级文物保护单位;1995年6月1日,栗墓修复工程告竣,正式对外开放,2006年5月被列为全国重点文物保护单位。

孙公亮家族墓　位于西留乡西留村西300米台地上,俗称"孙家坟"。清雍正《山西通志》载:"御史孙公亮墓,在浑源州西北二十里。"墓园东西长160米,南北宽80米,分布面积约1.28万平方米。墓地东、南临冲沟,地势平坦。现存墓地封土已夷平,地表存墓碑12通、石像生11尊。其中5号墓碑,通高3.29米。碑体为砂石质,浮雕双龙,高1.16米,正面篆书"浙西道宣慰使孙公先茔碑铭",背面楷书"孙氏宗族世谱"。原墓地大部分坟丘均设有碑亭,其顶部呈椭圆形。碑亭及墓地围墙所用的砖均系特制,每块砖上都刻有繁体"孙"字。民国后,战乱迭起,无人看管的孙家坟遭到了严重的破坏。2010年,该墓群被公布为县级文物保护单位。

荣尔奇墓　位于浑源城东北1公里处。据1999年版《浑源县志》记载,该墓地原建有碑厅、神台、石羊、石猪等。20世纪50年代后逐渐荡为平地。

高凤鸣墓　位于王庄堡镇上牛还村东南300米处季节河南岸的台地上。墓地坐南朝北,东西长约34米,南北宽28米,分布面积约952平方米。墓葬被盗,封土夷平。地表现存碑刻 2 通、碑亭 1 座、门柱石 2 通。后土神碑嵌在砖雕仿木结构碑亭内。碑亭平面呈正方形，边长 1.71 米，高约 5 米。砖雕仿木结构歇山顶，刻有斗拱、垂花柱、雀替等，雀替上装饰吉祥花鸟图案。

田应璜墓 位于县城永安镇海村。

田汝弼墓 位于县城永安镇海村。

此外，县境还有金、元、明、清时的几处名人墓，旧志虽有略记，但已无法考证。

金代应奉翰林刘从益墓（城东 10 公里杨庄、龙洼之间）。

金代翰林修撰雷渊墓（城西北 8.5 公里处）。

元代集贤学士雷膺墓（城西 7.5 公里处）。

元代都元帅高定墓（城西南 10 公里处）。

明代布政使李彝墓（城东 4 公里武村西南）。

明代布政使孙逢吉墓（城东北 1 公里）。

明代赠知县翟蓬墓（城东北 10 公里龙角山西南）。

明代评事翟廷南墓（在城西南长柴岭村南面）。

清代知县麻国华墓（在城西水磨疃村）。

第二节　其他古墓葬

李峪东周墓 位于李峪村以东约 2 公里东湾村附近，与彩陶文化遗址同属一区。墓地背依龙山，面临浑河谷地，东为李峪河，西为峪门沟，中部为庙坡沟。其中庙坡沟为雨水经多年冲刷而形成的一道天然沟谷，将大墓墓地一分为二，墓群主要集中在庙坡沟的东侧，墓地东西长 300 余米，南北长 200 余米，面积 7 万余平方米。墓区内墓穴分布稀疏，其中以小型墓葬为多，中型较少。其分布区域高低错落无章可循，出土牺尊等青铜器的墓葬位于墓区的坡顶部，人称"金圪洞""木瓜堰"，其余陆续考古发掘的几处墓葬则位于坡底部地区，坡地处可见墓葬夯土痕迹。

出土牺尊墓葬由李峪村村民高风章于 1923 年 3 月 10 日挖土时发现，随后经村民们乱挖乱掘，毁弃散失随葬品甚多。当时出土的器物以青铜器为主，主要为礼器、兵器及其他杂项器具，此外还包括一些金器，如金纽扣、金钗、金花等。从青铜器出土时起直至 1949 年 5 月上海解放的 20 余年，李峪青铜器几经磨难，在国内不法商贩、腐败官僚以及国外文物走私分子的大肆掠夺和破坏下，大多珍贵文物不知所踪。

麻庄汉墓群 位于下韩乡麻庄村西北约 2000 米处。东西长约 2000 米，南北宽约 700 米，分布面积约 140 万平方米，地表现存墓葬封土 9 座。1 号封土现存直径 25 米，残高约 6 米；2 号封土现存直径 28.5 米，残高约 2 米；3 号封土现存直径 25 米，残高约 4 米，封土断壁上发现有汉代素面陶片；4 号封土现存直径 28 米，残高约 5 米；5 号封土现存直径 22 米，残高约 5.5 米；6 号封土现存直径 19 米，残高约 4.5 米；7 号封土现存直径 16 米，残高约 1.4 米；8 号封土已毁，封土上建石砌蓄水井；9 号封土现存直径 16 米，残高约 3.5 米。

1973 年，考古工作者又清理发掘墓葬两座，均为长方形土坑木椁墓。出土汉代铜器灯、博山炉、提梁卣、壶、釜、洗等，漆器有耳杯、盆、奁等，陶器有壶、罐、豆等，另外还出土有石砚、墨等。古墓群于 1965 年 8 月被列为第一批省级文物保护单位。

恒山仙人坟　位于天峰岭阳面山坡林间，东西长 28.4 米，南北宽 19.2 米，占地面积约 545 平方米，共有坟冢 12 处，所葬人物为恒山历代修道之士。因古代道士去世称为"羽化成仙，得道飞升"，故称为"仙人坟"。坟冢立有碑楼，均为青砖垒砌而成，工艺较为考究。碑楼平面呈正方形，砌须弥座，通高约 2.5 米，多为方形，并开方形或拱形门，内嵌碑刻，宝顶为仿木构造。其中宝顶形制各有不同，或布瓦盖顶或置有宝珠。但由于年代久远，其中仅有 5 通碑存有碑文，其余 7 通已无法识得主人身份，3 通墓碑为石质，其余均为当代以混凝土所制，碑体粗糙。坟冢排位共分五列，其中第一列（最北端）碑文所记道士名道恒，山东顺邑人，云蒙山出家，1987 年农历十月十六辞世，阮莫等立碑。背面撰有诗文："身沉佛门壮志酬，富贵功名无所求；恩施遗训不可忘，胆义功德青史留。"第二列碑体最小，石质，碑文为"西京路都道录冲灵妙道玄德真人衡公之墓"。该墓该为金代墓葬。第三列共有坟冢七座，无碑文记载，年代无考。第四列并列碑楼有二，其西侧所葬者为龙门正宗全真洞第十八代弟子永衢王，生于清光绪丁丑年，羽化于民国 29 年（1940）六月十五日，其弟子王圆三立碑奉祀，碑体石质。东侧为龙门正宗全真洞第十九代弟子胡圆空，1968 年由徐明祥为之立碑。第五列为龙门正宗全真洞第廿代弟子徐明祥之墓，生于中华民国乙卯年，卒于 1986 年农历七月二十日，众居士为之立碑。

摩天锥义坟　义坟，也称"义冢"，是民众为纪念某一特定群体或公益活动中的逝者而对该坟墓使用的一种敬称，通常这些墓主曾为国家、民族、民众作有贡献而受到民众的敬仰。由于通常所葬人口较多不易记名，故统称之为"义坟"，多见于明代。

县城原有义坟数处，其中摩天锥义坟所葬人口最多，其位置位于县城的西北，约今海村道口附近。所谓"摩天锥"实为在该义冢上面修建的一座砖塔，因其高耸突兀，呈圆锥状，故名。摩天锥高约四丈有余，为镇邪之塔。义坟中所葬人物为清顺治五年（1648）姜瓖、方山起义中被清廷杀戮的义军和浑源无辜百姓。

方山起义后，至顺治六年（1649）正月，英亲王阿济格围攻大同，摄政王多尔衮亲自督战，姜瓖率义军死战守城。二月，多尔衮亲自引兵围攻浑源等大同周边县州；三月初四，多尔衮调集红衣大炮轰开浑源城东北角城墙，义军经激烈巷战后，全部战死于乱军之中，多尔衮遂下令屠城。据清顺治版《浑源州志》载：浑源州城"原额人丁一万六千六百六十七丁"，血洗后仅存"当差人丁三千二百五丁"（不计妇女、儿童）。屠城后，新任浑源知州郎永清招集幸存百姓将死于战乱的尸体分葬于四五个义冢中，并设醮祭奠，其中最大的一个即为摩天锥义坟，面积 1000 余平方米，实为"万人坑"。

摩天锥地处城郊，经浑源城北故道，后逐渐成为亲友间迎来送往的地方。民国著名书画家、北平古物陈列所所长周肇祥（号养庵，别号退翁）先生游历山西，在到达浑源撰写的《退翁记游·晋游日记》中录其诗一首，题为《锥子塔·浑源城外》："本来一个无缝塔，底事将他唤成锥；浩浩虚空谁戳破，空劳辛苦下钳锤。"

蛇山墓葬　位于永安镇神溪村东 920 米处蛇山上，当地人称"孙家坟"，墓主人据传为许村人。地表暴露墓葬一座，封土直径约 5 米，高约 1.5 米。该墓为一座石砌单室墓，平面呈长方形，东西长 3.95 米，南北宽 2.95 米，墓室高约 2 米，墓地分布面积约 20 平方米。墓室西南角有墓志铭一通，立于清道光元年（1821）。古墓为清代官员夫妻合葬墓，有一妾陪葬，出土时衣冠发带保存尚为完整，20 世纪 90 年代末被盗。墓室内现仅存少量残腐棺木、骨殖及石质随葬构件，如石灰岩灯柱等。其中一件石器呈立方体状，中部为锅底形，深 10 厘米，直径 18 厘米，底部有空洞四个，石灰岩材质，残损。

第二章　古遗址与革命遗址

在浑源境内的古人类聚落遗址中，分别分布于唐河、浑河及下辛安河流域一带，遗址面积宽阔，为原始部落和奴隶社会时期的聚落群，文化遗存较为丰富，个别遗址偶见完整器物，主要器具为日用器及装饰物。古建筑遗址中，附属文物及建筑构件较多见，如石木器、墓碑等，时代特征明显，具有重要的研究价值。革命遗址保存现状较差，通常已由民间改建，部分旧貌尚存，是浑源革命历史的重要见证。古窑址历史年代跨度为唐至辽金时期，器型古朴典雅，曾是我国北方重要的民用瓷器出产地，其中唐窑遗址还是我国唐代最为北端的窑址。从浑源现存古道遗址来看，其脉络贯穿四方，在各个历史时期中，对于地方经济乃至于国防军事起到了重要的作用。

第一节　聚落遗址

湾沟门遗址　位于王庄堡镇湾沟门村西北约 1000 米处坡地上。东西长约 437 米，南北宽约 311 米，分布面积约 1.359 万平方米。遗址东西较长，平面呈长方形，位于唐河西岸，南临季节河坡地，地势西高东低，属汉代聚落遗址。遗址南部断崖上暴露有文化层堆积分布，文化层厚约 0.3 ~ 0.7 米。遗址南部的季节河在洪涝时，对遗址造成冲积和垮塌损毁。修筑王—东铁路（王庄堡至灵丘县东河南）和日常的农业生产，对遗址也造成一定的损坏。

蚂蚁河遗址　位于王庄堡镇王庄堡村西北约 500 米，唐河与蚂蚁河交汇处的台地上，大涞线公路从遗址中部南北向穿过。遗址东西长 246 米，南北宽 186 米，分布面积约 4.57 万平方米，属新石器时期和汉代文化遗存。断崖上暴露有文化层堆积分布，文化层厚约

0.5 米。

文家庄遗址　位于蔡村镇文家庄村北 1600 米处的依山坡地上。东西长 130 米，南北宽 120 米，分布面积约 1.56 万平方米，文化土层厚约 1 ～ 1.5 米，属于一处宋元时期聚落遗址。遗址东西两侧临冲沟，地势北高南低。遗址现存断崖上暴露有灰坑，地表到处散落陶瓷器残片。地表和断崖上偶见有宋代陶罐残片以及白釉、黄釉、青釉瓷器等残片，器型有碗、罐等，装饰剔刻花纹。

王庄堡遗址　位于王庄堡镇王庄堡村西南。据《中国文物地图集·山西分册》记载，王庄堡遗址位于王庄堡村西南 200 米，分布面积约 3 万平方米，文化层厚 0.5 ～ 0.8 米，属龙山时期遗存。过去曾有陶片等物，现遗址已为新建居民区。

神溪遗址　位于永安镇神溪村西北约 470 米处。东西宽 540 米，南北长 960 米，分布面积约 51.84 万平方米，属新石器时期龙山文化类型和战国时期遗址。遗址地处神溪村西北、化肥厂正北凤凰山上，东部为冲沟，断崖上暴露有文化层堆积，文化层厚约 1 ～ 1.5 米。地表和断崖上偶见龙山时期的夹砂红褐陶罐、泥质黑灰陶绳纹鬲、罐等残片以及战国时期的泥质灰陶绳纹罐、豆、盆等残片。

神溪旧石器出土点　位于永安镇神溪村西北 100 米山坡上。东西长 100 米，南北宽 100 米，分布面积约 1 万平方米。地层最底部为基岩，再上为红色黏土，最上为 8 米厚的黄土，文化遗物采集于地表，包括石制品和新石器时代的陶片，其中石制品为红褐色燧石和变质岩的石片。文化时代应为旧石器时代晚期到新石器时代。

东辛坊遗址　位于吴城乡东辛坊村西 100 米的台地上。东西长 300 米，南北宽 300 米，分布面积约 9 万平方米，东、西、北三面为冲沟。断崖上暴露有文化层分布，文化层厚约 0.5 ～ 1 米。

李峪遗址　位于东坊城乡李峪村东南 1200 米处的依山坡地上。东西宽 150 米，南北长 200 米，分布面积约 3 万平方米，为一处战国时代聚落遗址。断崖上暴露有文化层，文化层厚 0.5 ～ 1 米。

关沟遗址　位于东坊城乡荆庄村及关沟村东 100 米依山坡地上。东西宽 200 米，南北长 400 米，分布面积约 8 万平方米，为一处新石器时代和战国聚落遗址。遗址西临冲沟，地势南高北低，地表和断崖上暴露有陶片，文化层厚约 1 ～ 3 米。

西庄遗址　位于沙圪坨镇西庄村西 520 米处。东西长 200 米，南北宽 140 米，分布面积约 2.8 万平方米。遗址地处南临季节河的坡地上，地势北高南低，西部边缘有明代烽火台一座。断崖上暴露有汉代文化层，厚约 0.6 米。地表和断崖偶见有汉代夹砂灰陶釜、泥质灰陶绳纹罐等残片。

黄家坡遗址　位于沙圪坨镇黄家坡新村南 30 米的依山坡地上。东西宽 200 米，南北长 980 米，分布面积约 19.6 万平方米，属于一处新石器时期和汉代聚落遗存。遗址地处东西两侧为冲沟，南北狭长的依山坡地上，地势南高北低，黄家坡旧村位于遗址中南部。断崖上可见文化层堆积分布，暴露遗迹有灰坑、房址等，文化层厚约 0.5～3 米。房址南北宽 8 米，白灰层厚 0.5 厘米，距地表约 1 米，地表和断崖偶见有龙山时期泥质灰陶蓝纹和加砂灰陶绳纹陶片以及汉代泥质灰陶绳纹、加砂灰陶陶片。

荆庄遗址 位于东坊城乡荆庄村南 1800 米处依山坡地上，东西宽 100 米，南北长 150 米，分布面积约 1.5 平方米，属于一处新石器时代聚落遗址。东、西两侧临冲沟，地势南高北低，地表偶见有新石器时代的夹砂红褐陶绳纹陶鬲残片。

西留遗址 位于西留乡西留村正北依山台地上。东西长 200 米，南北宽 100 米，分布面积约 2 万平方米，属于一处新石器时期聚落遗址。地势北高南低，遗址上现为耕地，南部被村民取土形成断崖，暴露有文化层，厚约 0.5～1 米。地表和断崖偶有龙山时期的夹砂灰陶和泥质灰陶片，其纹饰有绳纹和蓝纹，器型有鬲、罐等。

西留南遗址 位于西留乡西留村南约 50 米。东西长 125 米，南北宽 80 米，分布面积约 1 万平方米，属于一处宋元时期的聚落遗址。遗址地处东、南临冲沟的台地（现为耕地）。地表和断崖上偶有少量宋元时期的白釉、黑釉瓷片，器型有碗、罐等。

西留西遗址 位于西留乡西留村西约 1500 米处的台地上。东西长 300 米，南北宽 200 米，分布面积约 6 万平方米，属于一处新石器时期和汉代聚落遗址。遗址地处西、南临冲沟的台地上，台地上地势较平坦。断崖上暴露有文化层，厚 0.5～1.5 米，地表和断崖上偶有少量龙山时期夹砂灰陶残片及汉代泥质灰陶残片等。

毕村遗址 位于南榆林乡毕村东 300 米临河台地上。东西宽约 400 米，南北长 500 米，分布面积约 20 万平方米，属于一处汉代聚落遗址。遗址西临季节河，地势较平坦，西北部有灰坑遗址一处，深约 1 米，有陶片、木炭等物。断崖上暴露有文化层，厚约 0.3～0.5 米，地表和断崖偶见汉代泥质灰陶罐、折沿盆等残片。

东湾遗址 位于东坊城乡李峪村东湾村南约 260 米的依山坡地上。东西长 700 米，南北宽 300 米，分布面积约 2.1 万平方米。属于一处新石器时代及战国聚落遗址。遗址位于村南依山坡地上，西临季节河，地势南高北低。地表到处散落陶器残片，断崖上暴露有文化层，厚约 1 米。

第二节　寺庙遗址

玉皇阁遗址 位于县城第一招待所后院处，原供奉有玉皇大帝塑像，现皆损毁无存。阁楼处原有五龙壁，类似律吕神祠之五龙壁，形态各异、工艺精湛。20 世纪 60 年代被抹盖，建县第一招待所时拆除。

玉皇阁五龙壁

丰台铺观音殿遗址　位于永安镇丰台铺村中。东西长 13.2 米，南北宽 11.75 米，分布面积约 155 平方米。寺庙已毁，创建年代不详，清代重修。遗址上新建观音殿，地表现存重修碑刻 1 通。

　　张庄关帝庙遗址　位于永安镇张庄村中。东西长 28 米，南北宽 15 米，分布面积约 420 平方米。寺庙已毁，创建年代不详，清乾隆三十九年（1774）重修，现又重建，地表存重修碑记 1 通，青石质。

　　普济寺遗址　位于永安镇顾册村内，创建年代不详，原称"圣母庙"，坐北朝南，清康熙十九年（1680）曾改建，残碑现存于寺内。至 20 世纪后期，该庙仅存正殿一座以及东侧的河神庙。现寺庙情况：2001 年动工依旧址扩建，2007 年竣工，为离尘和尚住持募资，现占地面积约 1000 平方米，坐南朝北。主殿面阔五间，进深一间，砖混木结构（仅屋顶用椽）。东、西两侧皆为二层楼阁，砖混结构，设经堂、书房、僧舍、客房等，东西各 18 间，东部楼阁下设地下室。

　　殿山兴国寺遗址　位于南榆林乡东圪坨铺村正西 3100 米殿山顶上。坐北朝南，东西宽 62.9 米，南北长 81 米，分布面积约 5095 平方米。据《重修碑记》及乾隆《浑源州志》记载，兴国寺创建于唐代。现存遗址为东、西并列四进院布局，具有明代建筑风格。遗址位于殿山顶上，西南部为陡坡，东北部为峭壁，地势中间高四周低。遗址上现存山门 1 座、窑洞式佛殿 19 孔、碑刻 1 通、蓄水池 1 座、院内四处散落唐代沟纹砖、明代柱础、建筑瓦件等。山门为石砌，拱形门洞，25 级石砌踏跺。佛殿为石片干砌窑洞式结构，部分佛殿内现存有少量壁画。石碑碑文正面楷书"重修兴国寺记大明万历二年岁次"，背面楷书"万善同归，大同城乐昌王府、广灵王府辅国将军、昌化王府奉国将军、乐昌王府镇国将军"。遗址于 2011 年 11 月被公布为市级文物保护单位。

　　云岩寺遗址　位于南榆林乡西岩寺村西北 1000 米山凹内。东西宽 14 米，南北长 47 米，分布面积约 658 平方米。寺庙已毁，创建年代不详，遗址上现存碑记两通，其一为明弘治元年（1488）增修碑记，青石质，另一碑记残损。

　　上生寺遗址　位于南榆林乡毕村东北上生寺内。寺庙已毁，创建年代不详，清嘉庆十二年（1807）重修，遗址上现新建寺庙。遗址东西长 18 米，南北宽 30 米，分布面积约 540 平方米，现存清代重修碑记 1 通。

　　三岭关帝庙遗址　位于南榆林乡三岭村东南约 230 米处，背依广华山，西邻桃花山，距县城 17 公里。东西长 66 米，南北宽 20 米，分布面积约 1300 平方米，创建于清康熙十八年（1679），后屡有重修，20 世纪 60 年代拆毁。现遗址内仅存清代重修碑刻 6 通，立于新建关帝庙山门内。庙宇原为一进院布局，坐北朝南，面阔三间，进深一间。山门左右为钟鼓二楼，东侧为僧舍，西侧为马王庙。关帝庙西北方还曾建有真武庙。

　　"二普"考察记录为：正殿面宽三间，进深二间，单檐硬山顶，四椽栿，前接一椽栿；

东配殿面阔三间，进深一间，单檐硬山顶，两椽栿；过殿面阔三间，进深两间，单檐硬山顶，四椽栿。庙内有壁画 8 平方米。

现神庙情况：1998 年，商人马常年组织对庙宇主体依原貌进行重修，至 1999 年农历五月十三日全面完工，其后又有道士张恒松等进一步扩建。山门前新建有 33 级芝麻白花岗岩踏步两列，中间为九龙丹墀，两侧分置栏板，总宽度为 5 米，由河北景辉铸铜铸铁石雕公司承建。整个建筑群分为三个部分，东跨院建有五圣老母殿（奶奶庙），其西侧建楼阁两层，二层砖木结构，面阔三间，进深一间，二楼为三清殿，一楼为三官殿，对面为倒座禅房 5 间，东侧为配房 3 间。主殿为关帝殿，面宽三间，进深一间；东侧为送子娘娘殿，进深一间，面阔三间；西侧为玉虚洞，面宽三间，进深一间，主殿对面为山门，入山门为马神殿，神殿两侧为钟鼓二楼，院落东侧有配房三间。主殿西侧为二层楼阁，一楼为龙王殿，二楼为三仙楼。工程建成之日，主殿东侧立有《重修广华山关帝庙碑记》一通，黑花岗岩质，贾宝、白明星撰文。现住庙道士张恒松，道号尚致松，时年 37 岁，太原万柏林区受戒，为龙门派第 21 代弟子，其师祖为恒山道士胡圆空，其师李明堂。

另，广华山山顶原有真武大庙，毁于 20 世纪 60 年代，遗迹尚存。

下韩灯山楼遗址　位于下韩乡下韩村关帝庙以南，坐南朝北，毁于 20 世纪 60 年代，21 世纪初在其原址重建，砖木结构，原貌与现代大致相当，仅入深稍浅，楼阁后为本村李家大院，建筑古朴。

现楼台高约 5 米，长 3.83 米，宽 1.95 米，进深 1 米，占地面积 7.5 平方米，使用面积仅 3 平方米，内壁正面工笔彩绘有"燃灯道人"（村人称"灯山爷"，一说为火神）及其侍从画像。楼阁外正中额书"灯珊道真"，外两侧砌八字墙，共撰联两副，一副为"圣火接星斗，合天地大道；银烛染山川，和社稷万民"；另一副为"燃灯登楼赏清月，秉烛驻台祈丰年"。碑记《重修灯山楼拣补庙宇创造古桥序》记载，神溪村原也建有灯山楼，位于关帝庙西约 100 米处，现为自建房，乾隆四十三年（1778）曾重修，不知毁于何年。

麻庄奶奶庙遗址　位于下韩乡麻庄村，原称"观音殿"，建筑年代无考，现建筑为今人重建。庙宇坐南朝北，门外左右分立石狮各一，有残损，为建庙原物。院内及山门外各有大柳树一株，其中院内柳树树龄约百年。

现神庙情况：2011 年始，由祖籍麻庄村人郭忠投资重建，改称"永宁寺"。现建筑为二进院，南北长 29 米，东西宽 15 米，占地面积 435 平方米，两院以月亮门相连。沿中轴线为山门、菩萨殿、三佛殿，一进院菩萨殿东侧为地藏殿，西侧为禅房，均面宽两间，进深一间，卷棚顶；菩萨殿于 20 世纪 80 年代依旧址新建，东西长 7.5 米，宽 7 米，占地面积 53 平方米，硬山卷棚顶，面阔三间，进深一间，内塑观音、文殊、普贤菩萨，两侧墙壁绘司生育神众画像，殿前悬联："麻庄不墨千秋画，菩萨无言万代情"。二进院三佛殿为辟地新建，内奉三世佛，单檐歇山顶，面宽五间，进深 6 米，前出廊，宽 2.75 米。山门悬联："古城洼兰生蕙长江南气，永宁寺依山傍水塞北风。"

麻庄老爷庙遗址　位于下韩乡麻庄村，建筑年代无考，据现《重建麻庄寺庙记》所载，该庙建于清代，由村人郭宏业筹建。现建筑为今人重建，原有寺庙碑砌于村沟渠内，山门外仅存旗杆墩一具。

现神庙情况：该庙于 20 世纪 80 年代曾重建，后于 2011 年始由本村人郭忠投资扩建，与永宁寺同期建设，改称"圆通观"。一进院布局，东西大殿对面为新建戏台。其中山门坐西朝东，有联为："毓秀盈溢为帝阙，钟灵畅达号圆通。"大殿名"圣祖殿"，坐北朝南，面宽 7 间，进深一间，东西依次供奉"三官""关帝""龙王"，两侧耳殿为禅房及客房。大殿悬联："武圣三官龙乘云华夏先祖同享祭祀，文师四书虎兴风炎黄子孙共建和谐。"院落两侧建廊道，长 16.7 米，宽 2.1 米，其中西侧廊壁嵌《劝学》《大学》及《重建麻庄寺庙记》碑，花岗岩材质。戏台东、西两侧为魁星楼、文昌阁，二楼均面宽两间，进深一间，外跨悬梯。其中魁星楼悬联："外丑内圣独占鳌头，手中朱笔尽点魁元。"文昌阁悬联："司禄司中文章师，求忠求存道德人。"

静居寺遗址　位于青磁窑镇黄土坡村北 440 米处的悬崖峭壁天然石洞内。东西长 50 米，南北宽 10 米，分布面积约 500 平方米。据 1999 年版《浑源县志》记载，寺庙创建于元至治三年（1323），明清均有重修，不知毁于何年。

朝阳寺遗址　位于原黄花滩乡黄花滩村东北 793 米处的山崖上朝阳石洞内，当地俗称"大石堂"，坐北朝南，东西长 33 米，南北宽 15 米，分布面积约 495 平方米。据 1999 年版《浑源县志》记载，朝阳寺创建于明代，清代、民国时期均有修葺。寺庙于 20 世纪 60 年代毁坏，遗址上现存清嘉庆八年（1803）石经幢 1 座，明万历三十年（1602）、清雍正十一年（1733）、咸丰十一年（1861）、民国 4 年（1915）等重修碑记 5 通。至现代，由村人集资在旧址上新建庙宇两座。

彭头沟关帝庙遗址　位于原黄花滩乡彭头沟村北依山台地上。坐北朝南，东西长 12.76 米，南北宽 3.4 米，分布面积约 43 平方米，创建于清咸丰十年（1860），20 世纪 60 年代拆毁。遗址上现存碑刻 1 通，东侧由村人新建关帝庙一座。

黄土坡下寺遗址　即板方寺，旧时曾称"小西天"，位于王庄堡镇上达枝村、黄土坡村西约 850 米的依山坡地上，坐北朝南，东西长 49 米，南北宽 25 米，分布面积约 1225 平方米。原有寺庙已毁，遗址上现存清代重修碑记 5 通、古松树 5 株。据清乾隆二十四年（1759）《板方寺重修碑记》载，寺院为浑源古"十大寺院"之一，初创于明洪武二年（1369），焚毁后又有重修，康熙五十三年（1714）再次重修。

大南沟圣母庙遗址　位于王庄堡镇大南沟村西南 1000 米处娘娘沟北坡上。东西宽 7.92 米，南北长 18.29 米，分布面积约 145 平方米。寺庙毁于 20 世纪 60 年代，创建年代不详，明、清均有重修，现遗址上新建正殿一座。正殿前廊两侧和殿前现存明万历三十九年（1611）重修圣母庙碑记1通、清乾隆四十八年（1783）重修圣母庙碑志1通和清代布施碑8通。

小寺塔遗址　当地俗称"和尚墓"，位于王庄堡镇小寺村西约50米，北临季节河的依山坡地上，东西长20米，南北宽10米，分布面积约200平方米。原为一座石塔，创建年代不详，现已毁。遗址现存2个开口约3米的盗洞，暴露出石砌地宫和甬道，地表到处散落石构件，整个建筑均采用灰白色花岗岩砌筑。地宫平面呈八边形，内径3.12米，深约4米。地宫南侧约4米处有一地宫甬道口，距地表深约1.2米，用0.2米厚石板砌筑。根据地宫结构及砌筑方法判断，该石塔创建年代应为辽金时期。

桃山龙王庙遗址　位于青磁窑镇桃山村中。坐东北朝西南，东西长11.54米，南北宽8.86米，分布面积约102平方米。寺庙毁于20世纪60年代，遗址上新建了神庙，地表现存清乾隆四十一年（1776）、道光八年（1828）碑记2通。

按：桃山，按寺院碑文原称"淘沙"，后谐音，据传该村原产黄金，故名。

东茶坊龙王庙遗址　位于青磁窑镇大川岭村东茶房村南700米。坐北朝南，东西长26.29米，南北宽23.14米，分布面积约608平方米。寺庙毁于20世纪60年代，现由村民在遗址上新建了庙院，新建正殿前廊现存清乾隆四年（1739）及民国9年（1920）等重修碑记7通。

西茶坊关帝庙遗址　位于青磁窑镇英沟村西茶房村南470米。坐西朝东，东西宽15.82米，南北长52米，分布面积约823平方米。寺庙毁于20世纪60年代，遗址上由村人集资新建了龙回寺、龙宫等。龙回寺正殿前檐现存清道光九年（1829）重修碑记2通、宣统元年（1909）重修碑记1通。

林泉寺遗址　位于沙圪坨镇乱岭关村东北10米处山崖上。东西长25米，南北宽20米，分布面积约500平方米。寺院创建年代不详，一说初创于金大定年间。据现存碑记载，明嘉靖十三年（1534）和清嘉庆九年（1804）曾重修。寺院后毁于抗日战争时期，现遗址上新建庙殿二座，明清重修碑记2通。

永固寺遗址　位于沙圪坨镇赤泥泉村东北2600米处山崖间天然石洞内，地势北高南低。遗址坐北朝南，东西长约40米，南北宽约30米，分布面积约1200平方米，创建于辽重熙十七年（1048）之后的数年间。寺庙已毁，遗址上现存创建碑记和布施碑2通。

塔村关帝庙遗址　位于沙圪坨镇塔村西北395米处。东西长68米，南北宽20米，分布面积约1360平方米。该庙供奉神明较多，包括关帝、五谷、马王、观音、文昌、魁星等，创建于清嘉庆十九年（1814），原寺庙已毁，遗址上现新建寺庙，存碑记数通。

神山寨庙宇遗址　位于沙圪坨村以东约2公里处庙山之上，建筑及损毁年代不详，现存清嘉庆十九年（1814）七月所立《重修神山寨庙宇碑记》及《四乡众善□捐□□碑记》

各一通。原寺院规模不详，已毁，现寺庙为 20 世纪 80 年代后期至今善众陆续捐资重建，其时山上仅存娘娘庙及真武庙。

现寺庙情况：寺院坐北朝南，主殿院落所占面积约 300 平方米。正面西侧为大雄宝殿，依次为奶奶庙、关帝庙。大雄宝殿西南山体最高峰处建有真武庙，对面建有僧舍 8 间，东北方向建有龙王庙和山神庙。其中大雄宝殿进深 7 米，面宽 11 米，殿内奉三世佛，两侧为十八罗汉及普贤、文殊二菩萨。大殿建于 1995 年，工匠为刘永亮、刘日亮和刘成武等；娘娘庙宽阔 9.7 米，进深 4.1 米，内塑九天玄女娘娘像；关帝庙面宽 2.5 米，进深 4.1 米，内奉关羽圣像；龙王庙进深 3.5 米，面宽 3 米，殿内东、西、北三面绘龙王像共 7 身；真武庙为最高建筑，四面环廊，进深 3.7 米，面宽 3.4 米，内有塑像。2016 年 5 月，信众筹资 1.1 万元修建了山腰禅房至主殿入口处的人行通道，总长 70 余米，共砌混凝土踏步 168 级，两侧置钢管护栏，山神庙建于护栏北侧，坐西朝东。

西岩寺遗址　位于沙圪坨镇英庄村西北约 1.5 公里的沟谷之内，东西长约 30 米，南北宽约 25 米，分布面积约 750 平方米，当地人称"西寺"。寺院始建年代不详，清乾隆二十六年（1761）曾重修。1958 年建西庄水库将寺院大部拆毁，仅留圣母殿，但亦毁于 20 世纪 60 年代。1992 年由寺院住持妙静（原为五台山普化寺僧人，现居于云峰寺）集资重建，1994 年正式开光，至今日仅过殿和山门未曾建成。七七事变前每逢端午节为庙会日，前来赶庙者挤满从英庄到西岩寺的山沟，并有地方小戏助兴，极为热闹。

原寺院山门南向，寺内正殿 9 间，中间 3 间为三教殿，内塑三教主神像，东垛殿为关帝庙，西垛殿为二郎神庙，西配殿 3 间，为奶奶庙，东配殿 3 间，为十王庙。南门两廊塑四大天王像，两旁为钟鼓楼，钟鼓楼外建有戏台。据现存《西岩寺重修碑记》中记载，寺院于明代曾维修，后毁于战火，至乾隆年重修时仅存台基旧址。

现寺庙情况：寺院山门西向，分东、西两跨院，东院为禅堂、伙房及诵经堂，西院为殿宇所在地。其大雄宝殿坐北朝南，面宽 5 间，进深 1 间，供奉有五方佛。东配殿为菩萨殿，供有观音、文殊以及普贤菩萨，善财、龙女侍立两侧。西配殿为地藏殿，供奉有地藏王菩萨等神众，殿内南、北、西墙绘有十殿阎罗及地狱轮回画面。西垛殿为二郎庙，塑有二郎神及哮天犬，寺院西墙外侧为土地庙。寺院后墙为僧田，供僧众栽植瓜菜。再往北约 50 米山坡平缓处还建有覆钵式白色舍利佛塔（又名"四众塔"），建于 21 世纪初。佛塔周围为历代僧众的坟墓，因年久，不知葬有几人。在佛塔东北 0.5 公里许的山坡上亦有一墓且有碑记，所葬为二利师傅（广灵县人，坐化于 1978 年左右）。现寺院住持法名"释义极"，浑源青磁窑镇大柴峪村人，为原住持妙静弟子，现与其父母（皆为信士，其父时年 89 高龄）同居于该寺。

老僧洼龙王庙遗址　位于沙圪坨镇老僧洼村中，坐北朝南，东西宽 15.6 米，南北长 18.9 米，分布面积约 295 平方米。寺庙毁于 20 世纪 60 年代，创建年代不详，遗址上新建有寺庙基础，地表现存清光绪三十二年（1906）重修碑记1通。

孟姜女庙遗址　位于沙圪坨镇塔村西北孟娘娘山山顶，距县城10公里。乾隆版《浑源州志》载："孟姜女庙，在城东北龙角山上，相传秦时筑城，姜泣城堕，后人立庙。"庙内原奉有石雕像三尊，分为孟奶奶（孟姜女）、山奶奶（山神奶奶）、腊奶奶（腊月奶奶），20世纪60年代，寺庙及石像等皆为皇叔洼村造反派所毁。20世纪90年代，有许村、师家号、东留村善众捐资筹款在旧址依原貌重建并塑像，大殿面阔一间、进深一间。

乔家湾神庙遗址　位于蔡村镇元圪村北约380米，东西长20米，南北宽10米，分布面积约200平方米。寺庙毁于20世纪60年代，创建年代不详。现遗址上新建正殿一座，地表现存清嘉庆十三年（1808）和清同治八年（1869）重修碑记2通。

龙山大云寺遗址　俗称"上寺"。据1999年版《浑源县志》记载，原为祭祀天地之所，僧人道安、竺法汰率徒众初建于东晋永和五年（349，其时浑源属代国所辖），之后寺院毁于北魏太武灭佛，历代或兴或废，至晚清、民国后所有建筑荡然无存。遗址位于东坊城乡大西沟村、寺洼村北，东西长260米，南北宽80米，分布面积约2.08万平方米，现存

寺洼村石雕佛像

辽代造像残碑1块、明万历二十二年（1594）重修碑记1通、明万历三十七年（1609）题记碑1块。

千佛寺遗址　也称"上寺"，位于千佛岭乡龙咀村西南约3000米千佛岭上。坐北朝南，东西长46米，南北宽38米，分布面积约1748平方米。旧时寺院曾有两座，此为其一。据乾隆版《浑源州志·寺观》载："千佛寺，在城北十五里下韩村。"在现代，人们所提到的"千佛寺"通常指千佛岭之千佛寺。

据清乾隆三十八年（1773）《重修千佛洞寺碑记》载，该处唐代始即建有寺庙。明嘉靖十年（1531）《浑源州千佛洞志》中记载寺庙似乎在此期间重建（碑文多风化，部分文字脱落，故建筑年代并不确切，暂定为明代），建有千佛塔、正殿、中殿、伽蓝殿、钟鼓楼、僧舍、山门等，可见当时规模之宏大，之后继清末屡有重修，1956年被拆毁，所拆砖木用于王庄堡中学校园建设。

遗址内现存部分建筑基址、明清重修碑记8通、古松树2株。从尚存的残垣断壁中看，寺院当时有正殿、垛殿、东西配殿过厅、山门及僧寮，总计房舍20余间。千佛寺南约0.5公里的深沟里，还有一座同上寺对应的下寺（黄土坡下寺），又名"板方寺"，目前残存古松4株，清代重修碑4通。

千佛寺向北 300 米处又为深沟,沿沟向上,在半山腰崖龛平台上建有一寺,名"碧峰寺",称千佛寺之"后寺"。此寺上顶危岩,下临溪谷,十分奇险,后毁于 20 世纪 60 年代,今尚存石室三间。寺西峭壁高处有碧峰洞,洞阔 5 米,深 50 多米,壁上刻有"辽大康三年(1077)起建禅窟岩记"字样,洞口有明嘉靖二十七年(1548)重修碑一通。依据碑刻可知,辽代以前在此已建寺院,历代多有重修。

羊投崖翠善寺遗址 位于千佛岭乡羊投崖村西南约 500 米依山台地上。东西宽 57.22 米,南北长 60 米,分布面积约 3433 平方米。寺院创建于金代,元、明、清均有重修,现寺庙已毁,遗址上新建庙院一座,现存清康熙五十年(1711)重修碑记 1 通、清代布施碑 2 通、民国 15 年(1926)重修碑记 1 通。

牛星堡神庙遗址 位于千佛岭乡牛星堡村南约 40 米处的依山坡地上。东西宽 18 米,南北长 20 米,分布面积约 360 平方米,清代创建,寺庙已毁,遗址上新建庙院一座,现存清道光二十七年(1847)1 通、光绪七年(1881)重修碑记 2 通。

北堡黑石寺遗址 位于千佛岭乡南堡村及北堡村西南约 400 米处的依山台地上,东西宽 16 米,南北长 26 米,分布面积约 416 平方米。寺庙原为一进院布局,《重修黑石寺碑序》载该寺院初创于明成化五年(1469),现已毁,遗址上现存清嘉庆十四年(1809)、咸丰八年(1858)重修碑记 2 通,古树 2 株。

五峰观遗址 位于大仁庄乡净石村东 1100 米的五峰山天然石洞内。石洞天成,居于峰体半崖间,东西长 40 米,南北宽 22 米,分布面积约 880 平方米,金代初年建有庙观,现已毁。顺治版《浑源州志》载:"在城东五峰山,有三洞,建自金。"该建筑后于清乾隆十六年(1751)曾重修,遗址内现存清乾隆重修碑刻 1 通。据 1999 年版《浑源县志》记载,在抗日战争时期,五峰观被土匪占据,在与日军火并时,五峰观遭日军焚毁。现遗址改建为"青云寺",新建有大雄宝殿、奶奶庙、伽蓝殿、僧房等。

李家庄普救殿遗址 位于官儿乡李家庄村东南 120 米处的台地上。东西长约 61.6 米,南北宽约 26.7 米,分布面积约 1645 平方米,明代创建,寺庙已毁,遗址上新建有庙殿 3 座,其中新建普救殿内现存明代碑记 1 通和清光绪九年(1883)重修碑记 2 通,其中明代碑记字迹模糊,内容不详。

兴隆寺(上寺)遗址 位于裴村乡凌云口村北 0.5 公里余下疃村,人称"兴隆寺上寺",原建筑毁于 20 世纪 60 年代。明成化七年(1471)《重修龙山大云兴隆禅寺记》记载:"禅寺故址东南至长城岭,西北至杓头洞,创建于魏,曰'文殊殿'。"另记:"此龙山大云禅寺,所以专浑源之胜也……此兴隆寺又专龙山之胜也。"据碑记所载内容,可知当时兴隆寺殿宇恢宏,香火旺盛,其规模似胜于荆庄大云寺。

兴隆寺(下寺)遗址 位于裴村乡马家滩村西北约 550 米处的沟谷北侧台地上,东西长 32 米,南北宽 26 米,分布面积约 832 平方米,寺庙已毁,遗址上现存明成化七年

（1471）重修龙山大云隆禅寺碑记 1 通。光绪《浑源州续志》载："兴隆寺遗址在凌云口禅房河（今称"禅河"）峪内，元魏时建……""三普"时按明代创建记录，但出土瓷片具有辽金特征，存疑。

须弥寺遗址　位于县城西南约 25 公里西坊城镇垛峪口村（后改称大峪口）南山间怀仁固，原有寺庙始建于明代，雍正八年（1730）九月、光绪十年（1884）曾重修。雍正八年《重修怀仁固碑记》载："□菩萨像十有二尊，始于明时，迄于清代……"遗址残存有石柱础等建筑遗构及重修碑记数通。21 世纪初，有恒山李老道铸全真观铁钟，欲改称"全真观"，但遭村人反对未果，之后村人捐资，数年间重建寺院。

白马寺遗址　民间俗称"八门寺"，遗址位于恒山隧洞北口上端崖壁间，确切名称无考，但不同于乾隆《浑源州志·寺观》所载之白马寺，本志暂记为"白马寺"。1984年《浑源县地名录》载："位于恒山主峰西侧半山腰上。"现遗址内建筑无存，无任何碑文及书面文字记载，仅残存建筑遗迹和砖瓦碎片。该处为天然洞窟，山形与悬空寺所处相似，崖壁内敛，遗址依崖台而建。崖台长 20 余米，宽数米，有人工砌筑痕迹，洞窟左下侧崖龛有大势至菩萨塑像。"火烧黑鹰窝，水淹八门寺"的传说即指此处。

香水寺遗址　位于吴城乡香水寺村西北约 2.5 公里处悬崖崖台间，人称"寺梁"，距县城约 26 公里。原名"香岩寺"，寺旁为下辛安河，为桑干之源，因河水震彻，故亦称"响水寺"，之后村人讹称为"香水寺"，其所在的村落因此而得名，村中有古柳，人奉为"神"。寺院历史久远，不知建于何年。村人称寺院毁于侵华日军之手，现遗址处有榆树 7 株及明正德十五年（1520）《重修香严寺碑记》1 通，残砖破瓦偶见，总占地面积近 300 平方米。碑记载："香严寺在大同城南七十里，□浑源地界岩壑间……然无文可考，不知刱自何代，独古迹存焉。前有雷公神祠，乡人传言，建自唐宋间……"该碑文记载，寺院曾于明正统十一年（1446）重修。寺院以南约 4 公里有岭名"银钟梁"，据传于清代白日飞腾，不知所踪；以东 1.5 公里处名"瓦渣岭"，有人类遗存痕迹；北部 0.5 公里处为黄土山体，据碑记称"桃博山"，山下有泉水涌溢。

宝峰寺遗址　位于横山东侧、西留乡宝峰寨村南部约 300 米处，距县城 9 公里，当地人称"大寺"，规模宏大，为浑源"十大寺"之一，乾隆《浑源州志》记载该寺院始建于元代。清宣统年间曾作为私塾之用，辛亥革命时寺内塑像被毁，殿宇改建为教室。民国 2 年（1913）为第二小学，民国 8 年（1919）为第四高小，1937 年浑源沦陷后寺院毁于侵华日军之手。现寺院遗址仅残存部分建筑台基及砖瓦碎片，其中构件残片为青布瓦质，构造精美，多属殿顶构件，如滴水、屋脊等，现场查证偶见有个别残件镌有文字，如"西"字，字体工整，正书书体。

寺院原为三进院，中轴线建有山门、过殿、前殿、后殿；两侧建有钟鼓楼、娘娘庙、冥王殿、伽蓝殿、千手佛殿、达摩殿、二郎殿、魁星楼、禅房等。其中后殿三世佛殿墙壁绘有工笔重彩壁画，笔法细腻，人物生动传神。据村人杨明德讲述，寺院坐北朝南，民国其间学校位于寺院南部，遗址现存墙体为文昌阁，上层原为二郎庙。旧庙门原有高大桑树两株，东侧胸径约 5 尺，西侧胸径约四尺，寺庙碑现填埋于村南路边。

西柏林神庙遗址　位于西留乡西柏林村中，神庙已毁，创建年代不详。寺毁后形成台地，东西长 12 米，南北宽 9 米，分布面积约 108 平方米，遗址上现存碑刻 2 通。北侧碑刻碑文楷书"关帝旧宫改五谷新祠财神之像位于财神之旁……侧至于龙神庙□□楼乐楼……大清道光三十年（1850）岁次庚戌孟秋月榖旦。"南侧 1 通碑已断为 2 块，为清乾隆四十四年（1779 年）于振蛟墓碑。

第三节　古窑址

浑源自古盛产陶瓷器皿，产地遍布县城四周，尤以城南为最。县城以南金龙峡，长约 7.5 公里，古称"磁峡"，自古即因盛产陶瓷而闻名。大磁窑、大磁窑铺、青磁窑、古磁窑等古村落皆冠以"磁窑"之名，可见这里历来以出产瓷器而著称。至中华人民共和国成立前，青磁窑、古磁窑陶瓷生产逐渐关停，大磁窑仅出产小坛、大瓮等民用粗糙器物。

新中国成立以来，尤其是 1978 年后，除在磁峪一带兴办乡、村两级传统磁窑外，在大磁窑村西的山沟里兴办了县国营陶瓷厂，后又在县城北下韩村乡兴办了第二陶瓷厂。这些瓷厂利用当地资源，秉承古代传统工艺，烧制有壶、杯、缸、钵、盘、碗以及各式陶瓷工艺品，曾远销国内外。

李峪彩陶遗址　位于东坊城乡李峪村与落子洼村之间，当地人称"庙坡"（旧时曾建有五谷神庙），距今已有 4000 余年，属龙山文化范围。1951 年 2 月，中央文物考察团一行数十人曾对该处进行了考古勘测。在考古现场，残破的彩陶碎片、石环等散落于四周，陶片大部分为灰色陶片（灰色绳纹陶）、红色素陶和少量的黑色陶和紫色彩绘陶。其中灰色绳纹陶纹理粗糙，红色素陶表面光滑，稍有光泽；黑色陶颜色漆黑，表面光亮；紫色彩绘陶，图案清晰可见，大部分为鸟兽形。据当时来此亲自考查的我国著名考古学家裴文中先生断言，李峪彩陶文化遗址当属龙山晚期文化，它不但明显地有着龙山文化的痕迹，而且在龙山文化的基础上又有着新的突破，这些陶片包含着强烈的地方特色。

龙山文化时期，生产水平有了新的发展，主要体现在农业和畜牧业。作为主要标志的陶器制造、冶铁手工业其工艺水平在这一时期有了大的提高。而李峪彩陶遗址的发现，就是这一时期制陶业发达的明显标志。这一时期劳动人民已经创造了转动快的陶轮，借助陶轮急速旋转的力量，把陶泥塑造成各种器皿。采用这种方法制造的陶器，形状整齐，薄厚均匀，更重要的是大大地提高了陶器的生产效率。这时期的主要产品为灰色陶、黑陶以及表面白净的陶瓷。稍后一个时期，劳动人民从审美观念出发，在陶器上绘制了各种图案，这种烧制而出的陶器称为"彩陶"。2021 年，该遗址被公布为省级文物保护单位。

界庄磁窑遗址　位于青磁窑镇界庄村北约 360 米的山坡处，旧窑址地带瓷片遍地。遗址东西长约 400 米，南北宽约 300 米，分布面积约 12 万平方米。断崖上暴露有红烧土层、灰墙、窑炉等，文化层厚约 0.5～1.5 米，因埋藏较深，故磁窑遗址位置早期并不为人所知，村人仅知有磁窑而已，1958 年修整农田时大部分窑址被摊平改作农田。其正式发现时间为 20 世纪 70 年代，当时曾有著名陶瓷学家水既生先生、冯先铭先生、李知宴先生相继做过调查。1997 年和 1998 年，山西省考古研究所组成专家组对该处进行了全面考查，两次发掘面积达 500 平方米，共清理馒头形窑炉 6 座，其中一座直径约 3～5 米，残高约 4 米。

经初步试掘后得知，界庄窑分唐代窑址及辽金窑址两处，年代大体与古磁窑遗址相当。其中唐代窑址地处界庄村西南，是唐代烧造三彩器最北的一个窑址，为唐代六大窑口之一。《山西轻工业志》载："唐代陶瓷窑址分布于河津、乡宁、交城、平定、浑源等县。"该窑出土器物有青釉、黑釉、白釉、绞胎等瓷片及唐三彩陶片等，器形有罐、执壶、碗、瓶、盆、炉和盏托等，其中一种外黑内白釉碗别具特色，其纹饰有水波纹和席纹等。

界庄金、元窑址位于界庄村东北的一个山坡上，出土器物主要有白釉、黄釉、黑釉、青釉、酱釉、仿钧、仿定等，以青瓷为主，占总量的三分之一。器型有双耳罐、碗、盆、盘、壶、碟、注子、瓷枕、炉以及玻璃瓦、琉璃砖等建筑材料等，装饰手法有剔划花、刻花、印花等，其中黑釉剔花器在雁北地区最为精致，题材有牡丹、菊花、禽鸟等。此外出土的还有匣钵、窑柱、支钉、垫饼、垫圈、范模等窑具。在采集标本的过程中，发现有一件金代的白釉印花碗残底，胎呈白色，微微泛黄，碗内底中心印有宝相花纹，四周为花卉，图案工整精细，有疏有密，具有淡雅、秀丽的特点。考古发掘

元代瓷捽跤图板

目前尚未发现辽代的窑炉，但从界庄窑采集的大量白釉剔刻花、黑釉划花、黑釉剔刻花瓷片从装饰手法到花纹内容都与大同等地辽墓或辽代遗址出土的同类器相同，有学者断定当为辽代作品。《辽史·肖阿古只传》载："天赞初（约 922），与王郁略地燕、赵，破磁窑镇。"金、元时期，浑源黑釉瓷器远销海内外，大英博物馆现藏有浑源窑所产元大德八年（1305）黑釉剔花婴戏纹瓶一件。该窑址于 1986 年 8 月被公布为省级文物保护单位。

古磁窑遗址　位于青磁窑镇古磁窑村南约 350 米处的坡地上。东西宽 100 米，南北长 300 米，分布面积约 3 万平方米，创烧于唐，终于金代。该窑址于 1986 年 8 月 18 日被公布为省级文物保护单位。

辽代浑源窑产玉壶春瓶　　　　　　　　辽代瓷玩偶

辽金剔花罐　　　　　　　　　　　辽代瓷鱼漂

刘官庄窑址遗址　位于原黄花滩乡刘官庄村西 20 米。东西宽 150 米，南北长 200 米，分布面积约 3 万平方米。该窑址创烧于清代，一直续烧到 20 世纪 70 年代，以烧制日常用器为主，釉色有黑釉、酱釉、青釉、白釉等。现存石砌半倒焰窑炉 7 座、加工作坊 6 座。该窑址是中国北方传统手工烧制瓷器的实物见证，为研究陶瓷史提供了实物资料，2011 年 11 月被公布为市级文物保护单位。

大磁窑瓷窑址　位于青磁窑镇大磁窑村中。东西长约 250 米，南北宽约 200 米，分布面积约 5 万平方米，创烧于元代，清代末期停烧。断崖上暴露有窑炉、灰坑、红烧土层等，曾出土有白釉、黑釉、青釉等瓷片。装饰手法有划花、剔花、印花、贴花和绘花，纹饰有菊花、牡丹花、莲花、鸟和缠枝花卉等。器形有碗、盘、盆、罐、瓮、枕、碟和瓶等，窑具有匣钵和垫饼等。从地表和断崖上采集有元代黑釉罐、白釉碗、白釉黑花碗等残片以及明代青釉叠烧碗残片。现存窑炉 4 座、灰坑 1 处。

辽金浑源窑菩萨像残部

乔家湾古煤窑遗址　位于蔡村镇元圪村北约 500 米的乔家湾黄土沟谷中。元圪村煤炭资源丰富，据 1999 年版《浑源县志》记载，当地开采煤炭历史悠久，早在北魏时期当地居民就以手工操作方法沿煤层露头挖掘，用以解决生活、冶炼金属及烧制陶瓷器用煤等。古窑现存窑口 2 座，据史料记载和当地老年人讲述，该窑口清代已开始开采。其窑口宽约 2 米，高约 1.5 米，分布面积约 1000 平方米。采用土法采煤，仅凿窑口一个，当地俗称"独眼井"，坑道为石梯斜井，现已坍塌废弃。

蔡家坟古煤窑遗址　位于蔡村镇元圪村西北约 600 米处黄土坡地上，现存古窑口 1 座，据史料记载及当地老年人讲述，该窑口清代即开始开采，现已废弃。窑口宽约 2 米，高约 1.5 米，分布面积约 25 平方米。采用"独眼井"土法采煤，坑道亦为石梯斜井，现已坍塌。

窑沟古煤窑遗址　位于蔡村镇窑沟村北黄土沟谷断崖上，现存古窑口 4 座，据史料记载和当地老年人言，该窑清代即有开采，一直沿用至今。窑口宽约 1～2 米，高约 1～2 米，分布面积约 3000 平方米。

第四节　古　道

浑源自古即为晋北重要的交通枢纽，按照功能在古代（包括旧城）主要有三种类型的道路。

第一种为官道，即驿道，雁门、飞狐二道即为此，用于官方传递公文、物资输送和官员往来。浑源地处古飞狐道（蜚狐陉）南部，驿道通行入雁门道（勾注陉），而雁门道早在商周时期就已经成为重要的交通节点。《冀州图经》载："入塞三道，其中道正北发太原，经雁门、马邑、云中，出五原塞，直向龙城。"其中路即为雁门道，赵武灵王时期拓为"北疆大道"，后又在代县以西修筑了"勾注塞"，即《吕氏春秋·有始览》记载的天下"九塞"之一。古代的雁门道路径为由大同经今马邑、代县、忻州而达太原，

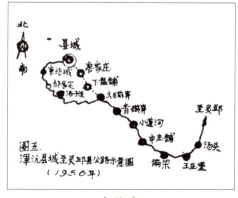

古驿道

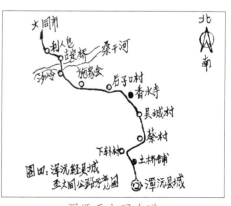

浑源至大同古道

历史上多有重大军事行动皆途经该道。如齐武成帝河清二年（563）突厥出兵 10 万，由恒州三道而下逼晋阳。明代，该道连接三关（宁武关、雁门关、乱岭关）、五口、六州（忻、代、朔、浑、应、蔚）、十县及一府。当时有民谣："过三关出五口，六州十县大同府。"光绪二十六年（1900），慈禧出逃西安即经此路，之后于民国 9—15 年（1920—1926）扩修为公路。此外，另一条重要的驿道为大同通往繁峙县方向的道路，穿浑源县城，经金龙口、大磁窑、金峰店、王庄堡入繁峙、灵丘。此驿道于修建恒山水库时淹没，现存古栈道遗址，位于永安镇唐家庄村南 1.5 公里恒山天峰岭与翠屏山的峡谷间峭壁上，处于唐峪河金龙峡口最窄处，分布面积约 1 万平方米，曾为南北交通要道。1999 年版《浑源县志》记载，栈道开凿于北魏时期，明清时期均有修葺。古人沿峡东、西崖绝壁间凿崖插木，飞架栈道，以高空飞桥相连，合称"云阁虹桥"，后成为恒山十八景之一。栈道遗址呈南北走向，木构件朽毁，现仅存栈道插孔。东崖壁现存古栈道约 200 米，西崖壁现存古栈道约 80 米。该遗址于 2011 年 11 月被公布为市级文物保护单位。

飞狐道则是晋北之门户，地势险要，历代统治者都十分重视对其道路的建设和维修。《读史方舆纪要》载："二年（北魏道武天兴二年，公元 399 年），拓跋珪自邺还中山，将北归，发卒万人，治直道，自望都铁关凿恒岭至代五百余里。此直道自望都铁关始，途经广灵，入浑源境内，由南榆林乡至魏都平城。刘伯庄（唐贞观年弘文馆学士）曰：'此即倒马关路也'"。又载："宋雍熙三年（986），贺令图与契丹耶律斜轸战于定西（现

王庄堡至繁峙县古道

灵丘县），败绩南奔，斜轸追及于五台，又败。明日，蔚州陷，令图与潘美往救，大败于飞狐，于是浑源、云、应、寰诸州，悉没于契丹。"据《魏书·高祖纪》载，到了太和六年（482）之后，孝文帝在原有的基础上拓修灵丘道。此道以北经恒山与道武帝直道相连。据文物考证，浑源蔡村镇碾槽沟村北 2.2 公里夜壶岭上现存古驿道，西邻原大浑（大同—浑源）公路，南北走向，开凿年代不详。现存南北长约 180 米，宽 1.9 米，分布面积约 342 平方米，或为道武直道遗存。1952 年修筑大浑公路时，将部分古驿道覆盖。该驿道遗址是研究大同、浑源古道开凿史的重要资料。

另一种为古要道，即浑河古道。该古道为东西走向，沿浑河河谷向西南至应县、山阴、太原等地；向东经广灵、蔚县可达北京，浑源为浑河古道中心，这条道路在历史上同样占有着十分重要的位置。《汉书》所记载的"十有一月，北巡狩至于恒山"，其行进路径基本是沿晋南盆地北行，先后循汾河、中马坊河、恢河、桑干河及浑河流域而到达恒山。舜帝巡狩恒山的目的，按照《易·系辞》中"舟楫之利，以济不通，服牛乘马，

引重致远，以利天下"之说，就是为了考察道路，开疆辟土，发展交通。

公元前 236 年至前 228 年，秦将王翦伐赵，途经浑源，由"雁门（秦时为右玉县）南下，破代而取邯郸"。西晋末年，鲜卑族拓跋猗卢被西晋封为代王，赐陉北地盘，包括马邑、阴馆、崞、繁峙、楼烦 5 县。由此，浑源至朔州的交通得到了进一步的拓展。五代时期，北汉政权为加强全境的统治，对后唐时代的道路进行重建，由太原向东北经代州达灵丘、浑源一线的道路得到一定的恢复。

辽代时期，西京（今大同）通往南京（今北京）的要道之一就经过浑源、广灵、蔚县、涿鹿、怀来、延庆，之后入居庸关进北京。至元代，通往大都（今北京）和上都（今内蒙古正蓝旗东北）时，浑源古道为必经之路。

与广灵交界的乱岭关在明代为重要的军事关隘，其沿线曾置重兵把守，其战略地位可见一斑。该路段为崎岖山路，行人常靠驮运或人担肩挑方可通行。当地人形容该路段的艰险："人过乱岭关，双腿打圪颤；马过乱岭关，磕掉马蹄尖；牛过乱岭关，遍身流黄汗；羊过乱岭关，哀声咩咩咩；鸟过乱岭关，小心碰到殿顶山。"

清代，途经浑源的古道干线名为"京师至伊犁台站路"。在浑源段以西至应县、山阴路道路宽敞、平坦，接台站路可通大车，来往客商不断。清末，这一路段自应州向东，沿浑河，经魏家庄、圣水堂、罗家庄至浑源州境西坊城、西辛庄、郭家庄抵浑源城；自浑源向东，经丰台铺、杨家庄、荞麦川约 50 里，路在浑河川中延伸，道路平坦、车马无阻，向东至荞麦川驿道通乱岭关。当地俗话说："乱岭关、乱岭关，离天三尺三；神仙喷下三股水，富了广灵富浑源。"民国 24 年（1935），该道由山西省政府修建成公路。

第三种为古巡幸道。其一为祀北岳恒山巡幸道。夏禹之时，禹考察山川河流，自冀州"始及摄往巡狩，度弱水登钟山遂得灵宝真文，封之北岳"。公元前 11 世纪，周成王巡狩北岳。北魏泰常八年（423）春，明元帝拓跋嗣由平城"南巡恒岳"。北魏太平四年（443）太武帝拓跋焘"如恒山之阳"（《资治通鉴》卷九·宋纪一）。其二为温泉巡幸道，即通往浑源汤头温泉的古道。北魏兴光元年（454）冬十一月，文成帝拓跋濬巡幸温泉宫。其三为南巡道。神瑞元年（414），"魏主嗣如繁畤（位于今浑源北 10 公里处）"；太安三年（457）"魏主畋于崞山"。此后，郦道元随北魏孝文帝出巡，溯㶟水之源即走此道。巡幸道虽有其名，但也必经于驿道或是要道，故此三者并无明确界限。

第五节　革命遗址

新民书店　位于永安镇西大街石桥南巷口处，建筑占地面积 54 平方米，是浑源县第一个党支部所在地。现书店旧址已毁，20 世纪中后期在旧址处新建二层楼房，其一楼现为恒吉利便利店。

王庄堡抗日游击队驻地旧址　位于王庄堡镇王庄堡村，占地面积 150 平方米，原房主为本村王进明，1937年9月29日八路军115师杨成武独立团下辖游击队司令部曾驻扎于此院内。1939年王庄堡特大洪水将房屋冲毁，现住房为之后新建。

黄崖村中共浑源县委、县抗日政府驻地旧址　位于官儿乡黄崖村，建筑占地面积150平方米。原建筑被日军放火烧毁，现旧址处为村民赵亮的房屋。

中共浑源县委、县抗日政府驻地旧址　位于官儿乡土岭村，建筑占地面积150平方米，原房主为全印祥。现旧址经所住居民修缮，虽有部分改变，但原貌大体尚存。

下观音堂村中共浑源县委、县抗日政府驻地旧址　位于官儿乡下观音堂村，建筑占地面积300多平方米，原住户为米霞林。1940年，原建筑除厕所和大门楼外其余皆被日军烧毁，土改后有五户村民在此重新盖了房屋，现在仅存大门楼。

凌云口村浑源县抗日政府驻地及执法营营部旧址　位于裴村乡凌云口村南左岐山院和村西王祥虎院，占地面积300平方米。1938年3月17日，于寿康领导的浑源县抗日政府机关在执法营的保护下从南山土岭村迁至凌云口村。政府机关设在左岐山院内，执法营营部设在王祥虎院，下属3个连队分别驻在其他村民院内。抗日县政府驻地左岐山院被日军烧为灰烬，现只留房屋残基。执法营营部所在地王祥虎院后分给村民郝维林居住，院内原状基本改变。

蔡沟村浑源县动委会驻地旧址　位于官儿乡蔡沟村孙永强院，占地面积130平方米。该遗址因年久失修加上住户外出打工闲置多年，房屋已很破旧，院内杂草丛生，房瓦脱落。

老马窑修械所遗址　位于大仁庄乡老马窑村北3500米的黄沙沟里，占地面积100平方米。于1941年2月由浑源县五区区长康世安（县委委员）在县委的安排下，在老马窑村北的沟里所盖，为简易房，用于作战器械的修理维护，名"修械所"，后于1943年春因被寒风岭据点日伪军发现后撤销。由于年代久远，无人居住以及维修，简易房大部分已坍塌。

泰安岭村中共浑源县委、县政府驻地遗址　位于王庄堡镇泰安岭村西南，占地面积300平方米。1944年间，中共浑源县委、抗日县政府曾在王庄堡镇泰安岭村的饮牛沟内崖边窑洞里办公居住。因无人居住，年久失修，窑洞大部分已坍塌，个别洞口已塌封。

大磁窑村后方战地医院旧址　位于青磁窑镇大磁窑村，占地面积1300平方米。现旧址房基保存尚好，仅门楼和房瓦有破损。

东辛庄村中共北岳一地委召开"土改"会议遗址　位于永安镇东辛庄村教堂，现仅存房基。

抢风岭侵华日军据点遗址　位于千佛岭乡小道沟村、向阳村西北约620米的抢风岭上。遗址海拔1740米，现存碉堡和营房基地，平面呈长方形，东西长39米，南北宽28米，占地面积约1092平方米。抢风岭侵华日军据点遗址，是抗日战争时期日军侵华的实物见证。

小辛庄伏击战遗址 位于西坊城镇小辛庄村南的土岗上,至今八路军埋伏的土岗尚存,周边为农田。

下疃据点围歼战遗址 位于裴村乡下疃村东南,其中下疃据点设在下疃村南约100米处的地主院内,中华人民共和国成立后下疃村在原遗址处建大队和供销社,原遗址无存。

金峰店战斗遗址 位于千佛岭乡金峰店村西,一直用于农业生产。

南坡头歼灭战遗址 位于王庄堡镇南坡头村村南,遗址上的据点已毁,现四周已新建有民房,中间一块开阔地。

荆庄伏击战遗址 位于东坊城乡荆庄村东,该遗址现为农田。

贾庄惨案遗址 位于西留乡贾庄村中,东西长200米,南北宽100米,分布面积约2万平方米。据1999年版《浑源县志》记载,1948年1月中旬,应县乔匪军80余人偷袭西窑村,抢夺人民的土改胜利果实,被击溃;25日,大同守备指挥部总指挥于镇河听信谣言说其母棺木被破坏,派部和应县乔匪在贾庄村屠杀村干部和土改积极分子25人,被称为"贾庄惨案"。

唐庄惨案遗址 位于永安镇唐庄村中。东西长200米,南北宽100米,分布面积约2万平方米。据1999年版《浑源县志》记载,1938年2月10日,约300名侵华日军从县城出动将唐庄村包围,共残杀干部群众127名。中华人民共和国成立后村民在村东修建纪念碑一座,后年久坍塌。2008年4月2日,在村南翠屏山下建亭立碑纪念。

卷 三 文物藏品

浑源的文物藏品分库藏、馆藏（包括海外）、属地存放三种形式，其余古玩器具民间多有所藏。藏品内容丰富、种类繁多，其中不乏珍品，如牺尊、彩陶器等。但可惜的是，有很多珍贵的文物在 20 世纪初流失于海外，这其中就包括李峪青铜器。自 20 世纪后期，随着经济的发展，人们收藏的热度不断加强，有较大一部分具有地方文化研究价值的典型作品被以各种形式传至域外，如碑石、书画、典籍、联匾、陶瓷器具等。这些藏品是浑源地区在一定历史时期的文化符号，也是浑源走过数千年历史轨迹的实物见证，其中体现的不仅是它们的文物价值和历史价值，更重要的是其所具有的一种人文情怀，而这种情怀就是民族精神。

第一章　青铜器

　　浑源青铜器多出土于李峪村东周墓及麻庄汉墓，其他墓葬虽亦有出土，但以李峪村的青铜器数量最多、价值最高。李峪大墓出土的器具类型有兵器、饮器、酒器以及铜镜、带钩等，大部为礼器（彝器），据对其器型及纹饰分析，这些器物具有春秋晚期晋国和燕国的特征。民国初年，由于时局动荡加上村民的愚昧，大部分李峪青铜器或损毁佚失或流散海外。其时法国古董商王涅克曾估算，被破坏的青铜器达 70% 左右。现据上海博物馆青铜部主任周亚统计，目前有图可查的器具约 58 件，已知器名者计 40 件。其中上海博物馆现藏 11 件，法国吉美博物馆藏 15 件，中国国家博物馆藏 1 件，台北故宫博物院藏 3 件，美国华盛顿弗利尔美术馆藏 2 件，美国纽约大都会博物馆藏 1 件，美国铁路大亨查尔斯·朗·弗利尔私人藏 2 件，德国科隆东亚艺术博物馆藏 1 件，法国古董商王涅克档案照片注明器皿 4 件（现下落不明）。

　　另据浑源县青年研究者刘涛（广西民族大学研究生）2021 年考证，目前有图可查的器具、碎片约 90 件，其中完整器物分藏世界各地。除周亚统计已知器名者之外，刘涛补录有故宫博物院藏 1 件，辽宁省博物馆藏 1 件，山西博物院藏 1 件，美国旧金山亚洲艺术博物馆藏 1 件，英国大英博物馆藏 1 件，日本藤井有邻馆藏 2 件，瑞典远东博物馆藏 2 件，大同市博物馆藏 7 件。据此，目前所记已知器名者共计 56 件。

　　浑源李峪青铜器集文化、科学和艺术于一体，自其出土以来国内外学者对它的关注和研究便始终没有停止。1932 年，浑源学者麻国华撰写有关于李峪青铜器的著作《古物记》《古物状况表》《浑源出土古物图说》；1936 年 6 月荣媛发表有《浑源出土古物》；日本学者梅原末治于 1936 年 3 月著有《战国式铜器的研究》（标为"在山西省太原府某所"

的李峪器共有18器）；古文字学家商承祚所著有《浑源彝器图》；时伯齐于1936年撰有《山西浑源出土古铜器图考》以及容庚编著的《商周彝器通考》等。1951年4月5日，我国现代著名考古学家、清华大学教授陈梦家在给文物界泰斗徐森玉（上海博物馆第一任馆长）的书信中说："尊处所得李峪铜器，与梅原书对，知所获均属佳品（壶对最重要），惟其中'猎豆'，不见梅原书中（《战国式铜器的研究》）。又该批铜器中，有一铜兽，亦是要紧之物，倘能罗致到，最属理想矣。晚对李峪留在太原之一批铜器关心已久，今因先生大力，得以归公，实一大功德也。"著名学者、收藏家郑振铎认为，这批浑源系统的铜器是足以代表北方系的艺术的。著名青铜器专家、故宫博物院研究员杜迺松曾指出："浑源出土的狩猎纹豆，通体饰满了用红铜镶嵌的狩猎纹饰，画面丰富生动，是一幅写实的狩猎场面。"

新中国成立以后，关于李峪青铜器的研究著述更是百花齐放、成绩斐然。浑源文化学者李跃山先生曾亲赴北京、上海、台北等地对现存李峪青铜器进行实物查证，取得了许多翔实而珍贵的资料，经对李峪青铜器的历史、现状、文化以及科学价值等进行了综合深入分析研究后，于2009年出版有《光耀满乾坤——李峪青铜器解读》一书。

第一节　饮食器

牺尊　1923年（民国12年）出土于李峪村，属盛酒、温酒器，该器型在国内所有出土青铜器中独一无二。该器高33.7厘米、长58.7厘米，重10.76公斤，双目圆突、盘角弭耳，鼻有拘环，圆足。面部、颈部、腰身等部位饰有龙蛇纹组成的兽面纹，其中颈部和锅形器上饰有虎、犀、象等动物纹饰，此外环、角亦饰有纹饰。器形整体呈水牛状，腹中空，颈、背、尾部各开有子母口圆孔一个，中间一孔套有一个锅形器并置盖，可以取出，口直径15厘米，现器形盖及尾巴缺失（据传尊盖仍藏于法国私人收藏家手中）。该器物现藏于上海

牺尊

博物馆，为该馆镇馆之宝。2004年12月，在中法文化交流年活动中，上海博物馆收藏的"牺尊"（代表黄河文化）、法国博物馆收藏的"象尊"（代表长江文化）作为两馆镇馆之宝，在中、法两国分别巡展达4个月之久，其间法国总统希拉克亲自撰文给予了高度评价。

鸟兽龙纹壶　1923年出土于李峪村，为春秋晚期物品，可盛酒，现存于上海博物馆，

共两件。一壶高 44.2 厘米，口径 16.5 厘米，重 6.82 公斤；另一壶高 44.3 厘米，口径 16.6 厘米，重 6.05 公斤。二壶形制、纹饰完全相同，其器口外侈、长颈略有内束，腹部圆鼓，高圈足外侈，台面较高。通体浮雕有带状纹饰，层次分明。纹饰共分四层，前三层纹饰相同，其中第二道倒置，饰有兽体、人面、鸟尾怪兽纹；第四道饰兽面蟠龙纹，与牺尊兽面纹相同，其下部环饰水鸟一周，生动自然，圈足则饰贝纹及绹纹。在四层纹饰交界之处又饰有虎、豹、牛、犀等动物浮雕 51 个，做食人吞兽状。龙纹壶壶盖及双耳据调查已流失海外，不知所踪，壶颈两侧还保留有双耳铸接的痕迹。此二壶与牺尊为同一组酒器中的两件。

环耳鼎　《北岳恒山志》记为锥斗鼎，麻国华先生称为"锥斗"，商承祚先生称为"素锜"。该器为烹煮器，1923 年出土于李峪村，造型奇特。高 17 厘米，口径 8.5 厘米，腹径 12 厘米，重 0.6 公斤。锥形三足外撇，鼎主体呈罐状，肩置环形双耳，口沿外敞，圆盖有钮，中部穿孔，通体素面圆光无纹饰，现藏于上海博物馆。

蟠蛇纹鼎　烹煮器，1923 年出土于李峪村，现藏于上海博物馆，也称为"交龙纹鼎"。该器高 18.9 厘米，口径 17.5 厘米，重 2.5 公斤。附耳、款足，通体浑圆，圆盖中央置连环钮，三面分置卧虎 3 只。盖、耳、腹部皆饰蟠蛇纹（旧称"蟠虺纹"），精美细腻，繁复且不失规整。商承祚先生曾称为"虺纹鼎"，现据马今洪先生判断当为晋器。

镶嵌龙纹鼎　烹煮器，1923 年出土于李峪村，现藏于上海博物馆，具典型燕器风格。高 17.5 厘米，口纵 15.3 厘米，口横 13 厘米，重 1.41 公斤。圆盖，中央置连环钮，三面分置仰首兽头（或为鹿、麋），绿松石为眼。器口作椭圆形，鼎腹呈圆底锅形，腰部置双环耳，三蹄足细长。盖、器腰部以红铜细丝镶嵌盘曲蟠龙纹，间饰绿松石为龙眼。三蹄足头部为兽头状，亦绿松石为眼。此器工艺极精巧，麻国华先生称"嵌石鼎"，商承祚先生称"鐈鼎"。该器出土时同器形有二，另一件藏于德国库隆东方美术馆。

镶嵌狩猎纹豆　食器，1923 年出土于李峪村，现藏于上海博物馆。通高 20.7 厘米，口径 17.5 厘米，重 1.8 公斤。器盖扣合通体呈扁球状，盖顶部置圆形捉手，柱柄圈足，腰肩部分置环耳。通体镶嵌有经延展后捶打镶嵌于器身的红铜质狩猎纹饰，或投矛、或弯弓、或奔逐，造型各异、形象逼真。

双龙络纹罍　1923 年出土于李峪村，酒器，现藏于上海博物馆，共两件。通高 28.3 厘米，口径 19 厘米，腹径 33 厘米，底径 15 厘米，重 4.87 公斤。宽折沿，圆肩，鼓腹，平底。肩至腹部饰绳络纹，共三横列，十八格栏，呈绳编网格状，格内饰双龙纹。上海博物馆青铜器部研究员马今洪先生认为该器形为晋国器皿。

镶嵌兽纹敦　也有学者称"错红铜兽纹豆"，盛食器，1923 年出土于李峪村，现藏于上海博物馆。器高 16 厘米，口横 12 厘米，口纵 13.5 厘米，重 0.9 公斤。器口微敛，器盖形制类于镶嵌龙纹鼎，中央置圆形环钮，盖周围边缘均匀分置鸟首型饰物共三个，曲颈平视，重心略微后倾，细部雕琢精美绝伦，造型夸张奇特。在口沿下的两侧各设有环耳一枚，腹部下承内束高台状圈足。器身及器盖饰错红铜走兽纹，此器形纹饰仅以铜丝线盘桓勾勒出兽形之轮廓，具轻灵之感，双耳及圈足亦嵌有几何纹或兽纹。马今洪等专家认为其具有燕器典型特征。

镶嵌鸟兽纹壶 于1923年出土于李峪村，原藏于上海博物馆，后于1959年调拨给当时的中国历史博物馆（即中国国家博物馆）收藏。该器也称为"嵌赤铜鸟兽纹铜壶"，盛酒水器，高32厘米。该壶侈口，窄颈，鼓腹，圈足，附器盖，器盖及器颈各置有两个带环铜耳。整器纹饰简洁朴素，仅器盖和铜耳上有部分纹饰，壶颈有两行鸟形花纹，上腹有两行兽形图案，其余皆为素面。其中壶颈与壶腹的鸟、兽形图案皆以红铜镶嵌而成。颈部为红铜延展锤击而成，腹部为细铜丝盘曲镶嵌而成，当具燕器特征。

鸟兽龙纹壶 1923年出土于李峪村，现藏于台北故宫博物院（编号48）。该器器形及纹饰与中国国家博物馆所藏镶嵌鸟兽纹壶形制相同。

镶嵌狩猎纹豆 1923年出土于李峪村，现藏于台北故宫博物院（编号49）。该器与上海馆藏之器形一致。

四虎蟠龙纹豆 食器，1923年出土于李峪村，现藏于上海博物馆，具晋器风格。出土时同器形有二，另一件现藏于美国纽约大都会博物馆。该器曾为法国古董商王涅克所藏，其时底部已经缺失，后辗转存于国内。残豆高15.6厘米，于20世纪80年代按照美国所藏器形进行修复。现器高26.4厘米，口径18.6厘米，重2.38公斤。器盖扣合呈扁球状，盖顶设圈形大捉手。腹部较深，下接圆柱形高柄。颈部饰三角云雷纹，盖缘和器腹有交龙纹，器盖各饰一周卷龙纹。在柄部的底座还饰有蟠龙纹，纹饰精美。腹外壁分别设四只猛虎作攀爬状，虎嘴衔口沿，具观望之感，十分生动。

鸟兽龙纹壶

蟠螭纹鬲鼎 1923年出土于李峪村，现藏于台北故宫博物院（编号47）。圆盖、鼓腹、三圆足粗壮，沿嵌双耳。盖之周围均匀分立环钮三个，腹部分两层饰有蟠龙纹饰，盖亦饰花纹。

镶嵌狩猎纹豆

鬲 1975年出土于李峪村，高8.7厘米，口径12.4厘米，现藏于大同市博物馆。

簋 1975年出土于李峪村，高10.8厘米，口径17厘米，现藏于大同市博物馆。

豆 高10.7厘米，口径13厘米。为1975年李峪村村民王润明捐献，现藏于大同市博物馆。

鼎　1975年8月经考古挖掘出土于李峪村，残二足，高21.5厘米，口径18.6厘米，现藏于大同市博物馆。

豆　1975年出土于李峪村，高18.1厘米，口径16.2厘米，现藏于大同市博物馆。

匜　1975年经考古挖掘出土于李峪村，共两件，现藏于大同市博物馆。

尊　1973年3月出土于麻庄汉墓，现藏于大同市博物馆。

壶　1975年经考古挖掘出土于李峪村，现藏于大同市博物馆。

盘　1975年经考古挖掘出土于李峪村，现藏于大同市博物馆。

尊　高31厘米，口径10.5厘米，腹径20厘米，双环，绳纹，重2.5公斤，现藏于县文物局。

铜盘　口径35厘米，高11厘米，双耳，重2.7公斤，现藏于县文物局。

铜盘　1973年3月出土于麻庄汉墓，现藏于大同市博物馆。该器口沿直径32.8厘米，绘有精致彩绘图案，口沿饰有贝纹；腹壁饰龙、鱼、龟等，造型生动；盘底绘蟠龙戏水纹，沿外壁饰浪花纹，用色达60多种，为铜器彩绘之珍。

浑源李峪出土器物统计表

表3-1（刘涛供稿）

编号	图片	名称	数量	尺寸重量	发现时间	现藏地	著录者及年代
食器							
1		鸭钮盖鼎	1件	高16.7厘米	1923年	Musée Guimet 吉美国立亚洲艺术博物馆	Albert Koop 1924 Alfred Salmony 1926 D'Ardenne de Tizac 1926 Osvald Siren 1929 滨田耕作 1930 梅原末治 1933 Georges Salles 1934 Rene Grousset 1934 Madeleine David 1935 高去寻 1935 商承祚 1936 梅原末治 1936 容庚 1941 郑振铎 1951 吉美 1975 Jean-Paul Desroches 1985 李夏廷 2009 李夏廷 2019

续　表

编号	图片	名称	数量	尺寸重量	发现时间	现藏地	著录者及年代
2		椭方形蟠螭纹鼎	1件	高16厘米，长25厘米	1923年	Musée Guimet 吉美国立亚洲艺术博物馆	D'Ardenne de Tizac 1926 Alfred Salmony 1926 Osvald Siren 1929 滨田耕作 1930 梅原末治 1933 Georges Salles 1934 Madeleine David 1935 Royal 1936 高去寻 1935 梅原末治 1936 商承祚 1936 小沼胜卫 1938 容庚 1941 郑振铎 1951 William Watson 1961 国立故宫 1985 李夏廷 2009 李夏廷 2019
3		镶嵌龙纹鼎	1件	高12.9厘米	1923年	Museum F.Ostasiatische Kunst 科隆东亚艺术博物馆	Alfred Salmony 1926 梅原末治 1933 高去寻 1935 商承祚 1936 梅原末治 1936 容庚 1941 Fischer Frieda 1942
4		蟠蛇纹鼎	1件	高18.9厘米，口径17.5厘米，重2.5千克	1923年	上海博物馆	Georges Salles 1934 麻席珍 1935 高去寻 1935 商承祚 1936 上海博物馆 1964 林巳奈夫 1976 陶正刚 1983 Jean-Paul Desroches 1985 全集 1997 马今洪 2004 陈佩芬 2004 上海博物馆 2004 李夏廷 2009 李夏廷 2019 大同市博物馆 2019

编号	图片	名称	数量	尺寸重量	发现时间	现藏地	著录者及年代
5		镶嵌龙纹鼎	1件	高17.5厘米，口横13厘米，口纵15.3厘米，重1.41千克	1923年	上海博物馆	Georges Salles　1934 麻席珍　1935 高去寻　1935 商承祚　1936 梅原末治　1936 上海博物馆　1964 陶正刚　1983 Jean-Paul Desroches 1985 全集　1997 马今洪　2004 上海博物馆　2004 陈佩芬　2004 大同市博物馆　2019
6		蟠螭花朵纹鬲鼎	1件	高29.7厘米，口径19.8厘米，重1.8千克	1923年	不详	麻席珍　1935 高去寻　1935 商承祚　1936 梅原末治　1936 李夏廷　2009
7		虺文鼎	1件	高9.1厘米，口径10.4厘米，重0.6千克	1923年	不详	麻席珍　1935 高去寻　1935 商承祚　1936 梅原末治　1936
8		蟠虺纹青铜鼎	1件	高20厘米，口径20厘米	1975年	大同市博物馆	陶正刚　1983 王利民　2016 大同市博物馆　2019 刘思琪　2020
9		四虎蟠龙纹豆（经修补后）	1件	高26.4厘米，口径18.6厘米，重2.38千克	1923年	上海博物馆	Georges Salles　1934 麻席珍　1935 高去寻　1935 商承祚　1936 梅原末治　1936 郑振铎　1951 陶正刚　1983 全集　1997 马今洪　2004 陈佩芬　2004 李夏廷　2009 李夏廷　2019 大同市博物馆　2019

编号	图片	名称	数量	尺寸重量	发现时间	现藏地	著录者及年代
10		四虎蟠龙纹豆	1件	高 26.6 厘米，宽 23.5 厘米	1923 年	Metropolitan Museum of Art 纽约大都会艺术博物馆	Osvald Siren 1929 高去寻 1935 梅原末治 1936 容庚 1941 考古所 1962 李夏廷 2000 陈梦家 2017
11		镶嵌狩猎纹豆	1件	高 20.7 厘米，口径 17.5 厘米，重 1.8 千克	1923 年	上海博物馆	麻席珍 1935 高去寻 1935 商承祚 1936 梅原末治 1936 上海博物馆 1964 中国 1976 香港 1983 陶正刚 1983 Jean-Paul Desroches 1985 李学勤 1986 林巳奈夫 1989 全集 1997 Jeannine Auboyer 1998 故宫 1999 马今洪 2004 陈佩芬 2004 上海博物馆 2004 李夏廷 2009
12		夔文豆	1件	通高 19.8 厘米，口径 18.7 厘米，重 1.88 千克	1923 年	不详	Georges Salles 1934 麻席珍 1935 高去寻 1935 商承祚 1936 梅原末治 1936 Jean-Paul Desroches 1985
13		青铜豆	1件	残高 17.5 厘米，口径 17.5 厘米	1963 年征集	不详	张颔 1982 陶正刚 1983

编号	图片	名称	数量	尺寸重量	发现时间	现藏地	著录者及年代
14		蟠虺纹青铜豆	1件	高20厘米，口径17.5厘米	1975年	大同市博物馆	王利民 2016 大同市博物馆 2019 刘思琪 2020
15		镶嵌兽纹敦	1件	高16厘米，口横12厘米，口纵13.5厘米，底横8.2厘米，底纵9.6厘米，重0.9千克	1923年	上海博物馆	Georges Salles 1934 麻席珍 1935 高去寻 1935 商承祚 1936 梅原末治 1936 上海博物馆 1964 陶正刚 1983 Jean-Paul Desroches 1985 全集 1997 马今洪 2004 陈佩芬 2004 上海博物馆 2004 大同市博物馆 2019
16		蟠螭鸭钮纹敦	1件	高15.3厘米，宽16.4厘米，重1.05千克	1923年	Freer Gallery of Art 弗利尔美术馆	Alfred Salmony 1926 D'Ardenne de Tizac 1926 梅原末治 1933 高去寻 1935 梅原末治 1936 商承祚 1936 容庚 1941 郑振铎 1950 郑振铎 1951 William Watson 1962 Thomas Lawton 1982 史岩 1983 全集 1997 李夏廷 2001 李夏廷 2009 陈梦家 2017 李夏廷 2019

续　表

编号	图片	名称	数量	尺寸重量	发现时间	现藏地	著录者及年代
17		青铜双身簋形器	1件	高18厘米，长25厘米	1923年	Musée Guimet 吉美国立亚洲艺术博物馆	D'Ardenne de Tizac 1926 Alfred Salmony 1926 梅原末治 1933 Georges Salles 1934 高去寻 1935 商承祚 1936 梅原末治 1936 容庚 1941 Jean-Paul Desroches 1985
18		青铜簋	1件	高7.9厘米，口径19.8厘米，重1.17千克	1923年	不详	麻席珍 1935 高去寻 1935 商承祚 1936 梅原末治 1936
19		青铜簋	1件	通高16.4厘米，口径11.5厘米，深17.4厘米	1963年征集	不详	张颔 1982 陶正刚 1983 李夏廷 2009 李夏廷 2019
20	（缺）	青铜簋型器	1件	高11厘米，口径13厘米，深11.2厘米	1975年	不详	陶正刚 1983
21		青铜簋	1件	不详	20世纪60年代征集	山西博物院	李夏廷 1991
22		蟠螭纹甑	1件	高17.5厘米，直径27.4厘米	1923年	Musée Guimet 吉美国立亚洲艺术博物馆	Alfred Salmony 1926 Georges Salles 1934 Madeleine David 1935 梅原末治 1936 陈梦家 1946 Jean-Paul Desroches 1985 李夏廷 2009

编号	图片	名称	数量	尺寸重量	发现时间	现藏地	著录者及年代
23		蟠螭纹瓮	1件	高 24.6 厘米，腹径 25.6 厘米，口径 13 厘米，重 3.77 千克	1923 年	不详	麻席珍 1935 高去寻 1935 商承祚 1936 梅原末治 1936 李夏廷 2009
24	（缺）	铜鬲（已残碎）	1件	不详	1975 年	不详	陶正刚 1983
25		錡	1件	通高 15.5 厘米，口径 8.3 厘米，重 0.84 千克	1923 年	上海博物馆	梅原末治 1933 高去寻 1935 商承祚 1936 Jean-Paul Desroches 1985 马今洪 2004 陈佩芬 2004 大同市博物馆 2019
26		錡	1件	通高 14.7 厘米	1923 年	Musée Guimet 吉美国立亚洲艺术博物馆	Georges Salles 1934 麻席珍 1935 商承祚 1936 梅原末治 1936 容庚 1941 郑振铎 1951
27		动物纹匕	1件	长 23.2 厘米	1923 年	不详	D'Ardenne de Tizac 1926 高去寻 1935 梅原末治 1936 李夏廷 2009 李夏廷 2019
28		虎纹匕	1件	高 7.4 厘米	1923 年	不详	D'Ardenne de Tizac 1926 高去寻 1935 梅原末治 1936 李夏廷 2009

续　表

编号	图片	名称	数量	尺寸重量	发现时间	现藏地	著录者及年代
29		鱼鼎匕	1件	长 18.87 厘米	1923 年	辽宁省博物馆	D'Ardenne de Tizac 1926 刘体智 1935 梅原末治 1936 容庚 1941 辽宁省博物馆 1983 李学勤 1986 考古研究所 2007 吴镇烽 2012 单育辰 2015 辽宁省博物馆 2021
酒器							
30		青铜络纹提梁壶	1件	高 37 厘米，宽 22 厘米	1923 年	Musée Guimet 吉美国立亚洲艺术博物馆	梅原末治 1933 Georges Salles 1934 Madeleine David 1935 高去寻 1935 梅原末治 1936 小沼胜卫 1938 容庚 1941 郑振铎 1951 Jean-Paul Desroches 1985
31		鸟兽龙纹壶	1件	高 44.3 厘米，口径 16.6 厘米，底径 19 厘米，重 6.05 千克	1923 年	上海博物馆	Georges Salles 1934 麻席珍 1935 高去寻 1935 商承祚 1936 梅原末治 1936 容庚 1941 马承源 1960 上海博物馆 1964 林巳奈夫 1976 陶正刚 1983 史岩 1983 Jean-Paul Desroches 1985 全集 1995 马今洪 2004 陈佩芬 2004 杜乃松 2008 李夏廷 2009 美术全集 2010 李夏廷 2019 大同市博物馆 2019

编号	图片	名称	数量	尺寸重量	发现时间	现藏地	著录者及年代
32		鸟兽龙纹壶	1件	高44.2厘米，口径16.5厘米，底径19厘米，重6.82千克	1923年	上海博物馆	梅原末治 1936 马今洪 2004 陈佩芬 2004 大同市博物馆 2019
33		青铜络纹壶	1件	不详	1923年	Musée Guimet 吉美国立亚洲艺术博物馆	梅原末治 1936
34		青铜壶	1件	高31厘米，口径10.3厘米	1975年	浑源县文管所	王利民 2016 山西省文物局 2019 大同博物馆 2019
35		镶嵌鸟兽纹壶	1件	高32.8厘米，口径10.3厘米，重3.31千克	1923年	原藏上海博物馆，1959年调拨国家博物馆	麻席珍 1935 高去寻 1935 商承祚 1936 陶正刚 1983 全集 1997
36		铜壶	1件	高32.5厘米，腹径19.8厘米，口径10.6厘米，足径12.6厘米，重3.6千克	1923年	不详	麻席珍 1935 高去寻 1935 商承祚 1936 梅原末治 1936 Jean-Paul Desroches 1985

续　表

编号	图片	名称	数量	尺寸重量	发现时间	现藏地	著录者及年代
37		铜壶	1件	高20.3厘米	1923年	不详	Georges Salles 1934 高去寻 1935 商承祚 1936 梅原末治 1936 Jean-Paul Desroches 1985
38		铜壶	1件	不详	1923年	不详	梅原末治 1936 李夏廷 1991
39		铜壶	1件	不详	1923年	不详	梅原末治 1936 李夏廷 1991
40		牺尊	1件	高33.7厘米，长58.7厘米，重10.76千克	1923年	上海博物馆	Georges Salles 1934 麻席珍 1935 高去寻 1935 商承祚 1936 梅原末治 1936 容庚 1941 Bernhard Karlgen 1941 郑振铎 1950 郑振铎 1951 上海博物馆 1964 林巳奈夫 1976 马承源 1982 陶正刚 1983 史岩 1983 Jean-Paul Desroches 1985 周亚 1987 Bagley Robert W 1995 全集 1997 马今洪 2004 陈佩芬 2004 李夏廷 2009 大同市博物馆 2019

编号	图片	名称	数量	尺寸重量	发现时间	现藏地	著录者及年代
41		蟠螭纹罍	1件	高 28.3 厘米，口径 19.2 厘米，底径 14.7 厘米，重 6.04 千克	1923 年	上海博物馆	马今洪 2004 陈佩芬 2004 大同市博物馆 2019
42		蟠螭纹罍	1件	高 29 厘米，口径 18.9 厘米，底径 15.2 厘米，重 6.21 千克	1923 年	上海博物馆	Georges Salles 1934 麻席珍 1935 高去寻 1935 商承祚 1936 梅原末治 1936 陶正刚 1983 Jean–Paul Desroches 1985 Milan 1988 Jeannine Auboyer 1998 马今洪 2004 陈佩芬 2004 上海博物馆 2004 李夏廷 2009 大同市博物馆 2019
水器							
43		兽足龟鱼纹盘	1件	直径 45 厘米，高 13.3 厘米	1923 年	Musée Guimet 吉美国立亚洲艺术博物馆	Georges Salles 1934 高去寻 1935 Royal 1936 梅原末治 1936 李夏廷 2001 李夏廷 2009
44		蟠螭动物纹盘圈足	1件	通高 9.14 厘米，口径 18.1 厘米	1923 年	不详	麻席珍 1935 高去寻 1935 商承祚 1936 梅原末治 1936 李夏廷 2009
45		蟠螭动物纹盘	1件	不详	1923 年	不详	D'Ardenne de Tizac 1926 梅原末治 1933 Madeleine David 1935 高去寻 1935 商承祚 1936 梅原末治 1936 郑振铎 1951 李夏廷 2009

续 表

编号	图片	名称	数量	尺寸重量	发现时间	现藏地	著录者及年代
46		铜盘	1件	高 11.5 厘米，直径 25 厘米	1975 年	不详	李夏廷 1991
47	（缺）	盘	1件	直径 35 厘米，高 11.5 厘米	1975 年	不详	陶正刚 1983
48		鸟盖匜	1件	高 17.3 厘米	1923 年	The Museum of Fujii Yurinkan 藤井齐成会有邻馆	藤井善助 1929 香取秀真 1932 梅原末治 1936 滨田耕作 1939 容庚 1935 容庚 1941 藤井有邻馆 1975 李夏廷 2009 李夏廷 2019
49		蟠螭纹匜	1件	高 14 厘米，长 25 厘米	1923 年	Musée Guimet 吉美国立亚洲艺术博物馆	Alfred Salmony 1926 D'Ardenne de Tizac 1926 Georges Salles 1934 Madeleine David 1935 高去寻 1935 梅原末治 1936 小沼胜卫 1938 容庚 1941 Jean-Paul Desroches 1985 李夏廷 2009
50	（缺）	匜	1件	不详	1975 年	不详	陶正刚 1983
				车马器			
51		车軎	1件	不详	1923 年	Musée Guimet 吉美国立亚洲艺术博物馆	高去寻 1935 梅原末治 1936

编号	图片	名称	数量	尺寸重量	发现时间	现藏地	著录者及年代
52		车軎	1件	不详	1923年	Musée Guimet 吉美国立亚洲艺术博物馆	高去寻 1935 梅原末治 1936
53		马衔	3件	不详	1923年	不详	高去寻 1935 梅原末治 1936
54		马衔	1件	不详	1923年	不详	麻席珍 1935 商承祚 1936
55		马衔	2件	长22厘米	1963年征集	不详	张颔 1982
56		马镳	1件	长15厘米	1923年	Östasiatiska Museet 瑞典远东博物馆	梅原末治 1936
57		马镳	1件	不详	1923年	Östasiatiska Museet 瑞典远东博物馆	梅原末治 1936
58		矩	1件	高4厘米	1923年	Museum F.Ostasiatische Kunst 科隆东亚艺术博物馆	梅原末治 1936
59		车马器	1件	不详	1923年	不详	梅原末治 1936

续　表

编号	图片	名称	数量	尺寸重量	发现时间	现藏地	著录者及年代
兵器							
60		少虡剑（正反面）	1件	长 55 厘米	1923 年	Freer Gallery of Art 弗利尔美术馆	郭沫若 1935 梅原末治 1936 Thomas Lawton 1982 吴镇烽 2012
61		少虡剑（正反面）	1件	长 54 厘米，宽 5 厘米，重 0.88 千克	1923 年	故宫博物院	于省吾 1957 严一萍 1983 杨伯达 1994 集成 1994 国家文物局 1995 全集 1997 故宫 1999 王献唐 2004 集成 2007 杜乃松 2008 故宫 2010 美术全集 2010 吴镇烽 2012
62		少虡剑	1件	长 53.5 厘米	1923 年	Musée Guimet 吉美国立亚洲艺术博物馆	Royal 1936 梅原末治 1936 Alain Thote 1997 吴镇烽 2012
63		少虡剑（正反面）	1件	长 55 厘米	1923 年	中国国家博物馆	全集 1997 吴镇烽 2012

编号	图片	名称	数量	尺寸重量	发现时间	现藏地	著录者及年代
64		青铜剑	1件	通长 51.3 厘米，茎长 11.6 厘米	1963 年征集	不详	张颔 1982
65	（缺）	青铜剑	1件	通长 55.5 厘米，茎长 9 厘米	1975 年	不详	陶正刚 1983
66		青铜铍	1件	长 26.7 厘米，茎长 5 厘米，宽 3.5 厘米	1975 年	大同市博物馆	王利民 2016 大同市博物馆 2019 刘思琪 2020
67		青铜戈	1件	援长 12 厘米，胡残长 6 厘米，内长 6.8 厘米	1963 年征集	不详	张颔 1982
68		青铜戈	1件	援长 12.6 厘米，胡长 10 厘米，内长 17 厘米	1963 年征集	不详	张颔 1982
69		青铜戈	1件	内长 7.4 厘米，援长 14 厘米，胡长 12 厘米	1975 年	大同市博物馆	大同市博物馆 2019 刘思琪 2020
70		青铜戈	1件	内长 7.4 厘米，援长 14 厘米，胡长 12 厘米	1975 年	大同市博物馆	大同市博物馆 2019 刘思琪 2020

续　表

编号	图片	名称	数量	尺寸重量	发现时间	现藏地	著录者及年代
71		箭镞	1件	不详	1923年	不详	梅原末治 1936
生活用具							
72		铜盘	1件	不详	1923年	不详	李夏廷 1991
73		带钩	1件	不详	1923年	不详	梅原末治 1936
74		带钩	1件	不详	1923年	不详	梅原末治 1936
75		带钩	1件	长6.3厘米	1975年	大同市博物馆	大同市博物馆 2019 刘思琪 2020
76		鎏金青铜牛镇	1件	长12.5厘米，高5.3厘米	1923年	Musée Guimet 吉美国立亚洲艺术博物馆	Alfred Salmony 1926 Osvald Siren 1929 支那 1941 吉美博物馆 1975 史岩 1983 Delacour Catherine 2004 林树中 2006
77	（缺）	铜削	1件	不详	1963年征集	不详	长甘 1981

编号	图片	名称	数量	尺寸重量	发现时间	现藏地	著录者及年代
78		铜削	1件	长18厘米	1975年	不详	李夏廷 1991
79	（缺）	铜削	1件	长8.4厘米	1975年	不详	陶正刚 1983
80	（缺）	铜刀	1件	不详	1975年	不详	陶正刚 1983
杂器							
81		铜牺牲	1件	高11.8厘米，长20.5厘米，腹部宽20厘米，重1173克	1923年	Freer Gallery of Art 弗利尔美术馆	Alfred Salmony 1926 Georges Salles 1934 高去寻 1935 梅原末治 1936 Thomas Lawton 1982 国立故宫 1985 Jean–Paul Desroches 1985 李夏廷 2001 林树中 2006 李夏廷 2009 陈梦家 2017 王全玉 2019 李建深 2021
82		铜牺牲	1件	高11.8厘米，长19.5厘米，腹部宽20厘米，重1095克	1923年	The British Museum 大英博物馆	Alfred Salmony 1925 Osvald Siren 1929 Georges Salles 1934 Rene Grousset 1934 高去寻 1935 麻席珍 1935 Royal 1936 商承祚 1936 梅原末治 1936 郑振铎 1950 郑振铎 1951 Jean–Paul Desroches 1985 Jessica Rawson 1992 王全玉 2019 李建深 2021

续 表

编号	图片	名称	数量	尺寸重量	发现时间	现藏地	著录者及年代
83		铜牺牲	1件	不详	1923年	The Museum of Fujii Yurinkan 藤井齐成会有邻馆	藤井善助 1929 梅原末治 1936 藤井有邻馆 1975 史岩 1983 李建深 2021
84		铜牺牲	1件	长20.5厘米，腹部宽19.5厘米，重1183克	1923年	Asian Art Museum of San Francisco 旧金山亚洲艺术博物馆	Avery Brundage 1974 李建深 2021
青铜器碎片							
85		蟠螭动物纹盘碎片	4件	不详	1923年	Musée Guimet 吉美国立亚洲艺术博物馆	梅原末治 1936
86		青铜器碎片	1件	长16厘米，重164.5克	1923年	Östasiatiska Museet 瑞典远东博物馆	科隆 1926 瑞典 1934 高去寻 1935
87		青铜器碎片	4件	不详	1923年	不详	梅原末治 1936 李夏廷 2009
88		蟠螭动物纹盘碎片	2件	长7.5厘米，宽4.8厘米	1923年	Museum F.Ostasiatische Kunst 科隆东亚艺术博物馆	不详
89		蟠螭动物纹盘碎片	1件	宽6厘米	1923年	Museum F.Ostasiatische Kunst 科隆东亚艺术博物馆	不详

编号	图片	名称	数量	尺寸重量	发现时间	现藏地	著录者及年代
90		蟠螭花朵纹鬲鼎盖碎片	1件	长14.5厘米	1923年	不详	瑞典 1934 高去寻 1935 梅原末治 1936 李夏廷 2009
91		青铜器碎片	1件	不详	1923年	不详	梅原末治 1936
92		鸟兽龙纹壶盖	1件	不详	1923年	不详	梅原末治 1936 马今洪 2004 李夏廷 2009
93		青铜器碎片	1件	高7.3厘米	1923年	Östasiatiska Museet 瑞典远东博物馆	瑞典 1934 高去寻 1935 梅原末治 1936
94		青铜器碎片	1件	不详	1923年	不详	梅原末治 1936
95		鸟兽龙纹壶耳	1件	长12厘米	1923年	Museum F.Ostasiatische Kunst 科隆东亚艺术博物馆	Alfred Salmony 1926 Osvald Siren 1929 高去寻 1935 梅原末治 1936 李夏廷 2009
96		鸟兽龙纹壶耳	1件	长10厘米，重89.8克	1923年	Östasiatiska Museet 瑞典远东博物馆	不详
97		青铜器碎片	1件	不详	1923年	不详	梅原末治 1936

续表

编号	图片	名称	数量	尺寸重量	发现时间	现藏地	著录者及年代
98		青铜器碎片	1件	长6.5厘米	1923年	Museum F.Ostasiatische Kunst 科隆东亚艺术博物馆	不详
99		青铜器碎片	1件	长6厘米，重82.6克	1923年	Östasiatiska Museet 瑞典远东博物馆	Osvald Siren 1929 瑞典 1934 高去寻 1935
100		残铜提梁	1件	不详	1923年	不详	梅原末治 1936
101	（缺）	残铜饰	2件	不详	1975年	不详	陶正刚 1983
102	（缺）	小铜片	4件	不详	1975年	不详	陶正刚 1983
其他出土物							
103		骨哨	4件	不详	1923年	不详	梅原末治 1936
104		贝币	4件	不详	1923年	不详	梅原末治 1936

编号	图片	名称	数量	尺寸重量	发现时间	现藏地	著录者及年代
105		陶器碎片	1件	不详	1923年	不详	梅原末治 1936
106		玉饰	2件	不详	1923年	不详	梅原末治 1936
107		金泡	1件	不详	1923年	不详	梅原末治 1936
108		残耳杯	1件	不详	1923年	不详	梅原末治 1936
109		绿松石串珠	41颗	不详	1975年	大同市博物馆	王利民 2016 大同市博物馆 2019
110		石环	1件	直径2.8厘米，孔径1.3厘米	1975年	大同市博物馆	大同市博物馆 2019
111		石环	1件	直径1.8厘米，孔径0.7厘米	1975年	大同市博物馆	大同市博物馆 2019
112	（缺）	蚌片	1件	不详	1975年	不详	陶正刚 1983
113	（缺）	骨笄	1件	长11厘米	1978年	不详	陶正刚 1983

续　表

编号	图片	名称	数量	尺寸重量	发现时间	现藏地	著录者及年代
				存疑待考器物			
114		鼎	1件	高 24 厘米，直径 28.5 厘米	传 1923 年	Musée Guimet 吉美国立亚洲艺术博物馆	不详
115		战国错金银饕餮纹铺首	1件	长 33 厘米，宽 19.5 厘米	传 1923 年	虞坚收藏	程婧华 2020
116		镂空雕蟠虺纹金剑柄	1件	长 5.75 厘米	传 1923 年	The British Museum 大英博物馆	Albert Koop 1924 Royal 1936 William Watson 1961 黄翠梅 2007
117		少虡剑	1件	长 55.88 厘米，宽 5.08 厘米，厚 3.81 厘米	传 1923 年	The Nelson–atkins Museum of art 纳尔逊——阿特金斯艺术博物馆	不详

（刘涛注：据李跃山《光耀满乾坤：李峪青铜器解读》著录，台北故宫博物院收藏有浑源李峪出土的青铜鼎、青铜豆、青铜壶各一件，瑞典国立博物馆东洋美术部收藏青铜鼎一件，由于信息缺失，因此暂不收入。）

浑源李峪青铜器民国时期报刊登录内容一览表

表 3-2（刘涛供稿）

	时间	内容
《新晨报》	1928 年 11 月 4 日第 11 版	古铜器出口案详志 上月法代办请求山西当局，以时局安定，浑源古物可运至北平，此案在民国十四年三月十二日，前外部准法国函称，法商葛杨等于十三年十二月，曾与山西浑源县官绅订立约据，以价洋五万元，购买该县李峪村起获之古铜器三十五件，约期以本年四月底为限，过期无效。本年一月间，该商派人接收该器时，竟有华人通同绅士李书勋，意图藏匿真器，易以赝品，违约诈骗。后经本使馆电准山西阎督办于二月二日复电，称此案前据浑源县人民援引保存古物条例，呈控到署，业饬该县妥为保管，本公使甚为诧异，应请严加注意，非在本月内办决不可等语，并附抄浑源官绅售卖古铜器原函及阎督办复电二件到部，当经外部于三月二十五日，以此事既经地方官绅与订约据，嗣又反悔，究竟有无诈骗情形，该项古铜器应否准该法商等照原订合同购买之处，电达晋省，迅为查核见后，并于四月一日，因法馆催询晋浑源绅士擅卖古物引起纠纷。
《华北日报》	1932 年 4 月 11 日第 3 版	中央社太原通讯，山西浑源县李峪村有高某者，以务农为业，去年由租种地内发现古物三十六件，被该县警佐及绅士等迫交县府，假名参考，运回城内。嗣有法人某氏愿出洋五万元购买，经高某阻拦未能成为事实。近闻该县人又欲将该古物出售于某大贾，据云售价二十五万元，以五万元归县府，并选定委员九人专司其事。正在银物交换之际，县中异言纷纷轰动全城，咸云该古物共卖洋人八十万元，外传二十五万者，少数人欲中饱该款，县绅等又复召开大会，议论群分该款，但丝毫未提及发现人。高某自知反抗无力，遂缮呈该县县府，请予主持公道。惟迄今多日，尚未见批示，据高某对人云，爱家必先爱国，目下值此外侮方殷之际，情愿将此巨款捐助政府，以救济前方将士，县府若再坐视不理，决即向省府及中央请愿云。
《新天津》	1932 年 4 月 29 日第 9 版	浑源周代铜器又将发生纠葛，古玩商将强行攫取。浑源通信，客岁浑源居民于深山中发现铜牛一具，最为珍贵，旋经官署侦知，没收为官有，存教育局内，拟出售作教育经费。消息传出，平津一带中外古玩商人，咸趋之若鹜，最初为法国人以四万八千元买妥，经地方人反对作罢。继又为北平古玩商张某所垂涎，多方疏通，复增至九万八千元买妥，价款在北平中国银行拨兑。方拟起运，又因某绅以保全古物为词，力持反对，又复作罢。近闻古玩商不甘损失，运动某有力者将强行攫取云。（闰五）

续　表

	时间	内容
《新天津画报》	1935 年 5 月 19 日第 2 版	介绍晋北浑源县一批古物（九） 晋北浑源县，数年前发现古物一大批，价值二十余万元，现已运平储藏待售，觅得该批古物照相投刊本画，并将经过概述如左：浑源县城西南里峪村外有一土崖，民国十二年坍塌，露一小孔，村人时闻孔内风声，嗡嗡作响，群疑有异，不敢发掘。又经若干时日，孔内露一铜质牛头，村人始聚而挖掘，遂掘出铜牛、铜瓶、铜盆等成物共十八样，其余零星碎物尚多。该县政府闻悉后，用洋一百余元购去，陈列于县图书馆内。十三年，该县旅省学生向县政府要求津贴，绅商开会拟将此项古物拍卖作为学生津贴基金，该县有教会牧师，系英人，出款五万元购买，但该牧师以款项甚巨，当即致电英国汇款来并，交款提物。是时适田应璜之妻物故，名流要人前往致祭，咸闻有此古物，群往观览，当考出该项古物系周朝以上之物，纹非蝌蚪，纯属结绳，其名来源有二，一系金时高永国任该县节度使时，迭与宋朝鏖战，年老病死，该物系殉葬高公者。一说系秦始皇之长子扶苏，殁于浑源，该项古物为殉葬扶苏者。二说何者可靠，迄今尚未证明，但咸认此物价值连城，不愿售与英人。该英人以价已议定，坚不退让，双方争持之际，适晋军与国民军发生冲突，此事遂致搁浅。该英人亦于此时病殁，事遂作罢。彼时田应璜之子田景孚，用洋五万元购归私有，运往该县保存。此款系由浑源县财政局过空账一笔，未出现款。及晋国两军息战后，经县人将原物追回，组织委员会保存拍卖，由张玉学经手，以价洋九万八千元，售与外来古玩商。经县人高五则发觉报告，风潮因之突起，将原物再行追回，县绅估定最低价额为五十万元，所得之款，作创办浑源高级中学校基金。此项古物，遂由该县中学校长李伯宇，率领学生，运至李宅，李来省接洽，以洋二十万零一千元卖与孙卢两姓。孙卢由福泰银号作保，向此间中国银行贷款二十万元成交。当将此物运平出售，闻迄今尚未售出。福泰银号代孙卢两人向中国银行付息，因款多息巨，该银号无法支付，因之亏累，现已倒闭云。
《北晨画刊》	1934 年第 1 卷第 8 期	牺尊
《北晨画刊》	1934 年第 2 卷第 1 期	浑源县李家村出土古物之二（照片，此略）
《北晨画刊》	1934 年第 2 卷第 2 期	浑源县李家村出土古物之三（照片，此略）
《北晨画刊》	1934 年第 2 卷第 3 期	浑源县李家村出地古物之四（照片，此略）
《北晨画刊》	1934 年第 2 卷第 5 期	浑源县李家村出土古物之五（照片，此略）

	时间	内容
《北晨画刊》	1934 年第 2 卷第 6 期	浑源县李家村出土古物之六（照片，此略）
《北晨画刊》	1934 年第 2 卷第 7 期	浑源县李家村出土古物之七（照片，此略）
《北晨画刊》	1934 年第 2 卷第 8 期	浑源县李家村出土古物之八（照片，此略）
《北晨画刊》	1934 年第 2 卷第 10 期	浑源县李家村出土古物之九（照片，此略）
《北晨画刊》	1934 年第 2 卷第 13 期	浑源县李家村出土古物之十一（照片，此略）
《北晨画刊》	1934 年第 3 卷第 1 期	浑源县李家村出土古物之十二（照片，此略）
《北晨画刊》	1934 年第 3 卷第 2 期	浑源县李家村出土古物之十三（照片，此略）
《北晨画刊》	1934 年第 3 卷第 3 期	浑源县李家村出土古物之十四（照片，此略）
《北晨画刊》	1934 年第 3 卷第 6 期	浑源县李家村出土古物之十五（照片，此略）
《北晨画刊》	1935 年第 3 卷第 8 期	浑源县李家村出土古物之十六（照片，此略）
《北晨画刊》	1935 年第 3 卷第 9 期	浑源县李家村出土古物之十七（照片，此略）
《北晨画刊》	1935 年第 3 卷第 10 期	浑源县李家村出土古物之十八（照片，此略）
《西北春秋》	1934 年第 1 期封 2 页	浑源出土古物之（一）（照片略） 此物名牺尊，祭器也。上雕为云雷纹，约春秋时代物，于民国十二年在山西浑源县李峪口村附近出土。同时出土者共有十九宗三十六件，牺尊为其一。工精器巨，前所未见。一时轰动中外考古学界。外人久欲以重资购得。十八年后，行政院暨教育内政两部，曾送山西省政府督责地方保管，现闻此物已抵押于天津某银行，借款二十万一千元，物存东交民巷某银行库房。此片系故宫博物馆马院长叔平赠予本刊者。其余各片容当逐期发表，以供考古学家之研究焉！ 器名尊，云雷纹（制五识）。
《西北春秋》	1934 年第 2 期封 2 页	浑源出土古物专页 罍 回文（照片略） 罍 回文（照片略）

续　表

	时间	内容
《西北春秋》	1934 年第 3 期封 2 页	浑源出土古物专页 鼎 云雷纹（照片略） 象尊 回纹（照片略）
《西北春秋》	1934 年第 4 期封 2 页	浑源出土古物专页 鼎 无花纹（照片略） 敦 回纹（照片略）
《中央日报》	1934 年 9 月 12 日	浑源六郎城又发现周代以前古物，金鼎王帽等价值颇巨。本社五日太原专电，浑源属六郎城发现古物，经乡人掘出宝剑二口、金鼎一只、王帽一顶、香炉一只，均系周代以前古物，价值颇巨。查该处民国十四年曾发现周鼎金牛等物，售洋二十余万元，此次发现，为周代前物，价当益巨。
《读书杂志》	1933 年（第 3 卷，16 页）	山西出土秦式铜鼎
《益世报》（北京）	1935 年 5 月 22 日第 8 版	晋浑源县三代古物将属故宫博物院。山西浑源县前发现三代古物壶鐏等古器三十余件，均为稀世之品，顷已为某考古学家以巨资购存，一部保管古物人士以该项古物，与我国古代文化有关，由私人保存易于散失，刻正建议政府，以原价购存以保国粹，闻将由故宫博物院方面接洽购存云。
《益世报》（北京）	1935 年 5 月 25 日第 3 版	晋省浑源古物将收归国有，免沦于外人，三代珍品一览。本市消息，山西浑源县发现之三代古铜祭器，均为稀世之品，兹据调查，此物系于民国九年间，在晋北浑源县之恒山地方发现，当时由该县绅商学各界，联合组有古物处理会，拟将此项古物变价，得资兴办地方公益事项，中外古玩商贩，闻风前往争购者，不下数十人，该古物处理会，因恐该项古物入于商贩之手，流入外国，故迄今未售出。直至民国二十年间，有国内某考古学家前往鉴定此项古物，确为三代之祭器，与吾国古代文化有极大关系，遂纠资数十万元，购买保藏。现在此项古物仍在考古学家保藏中。现有一部人士，对于此项古物，以为应由政府购收国有，藉供国人共同研究，以保国粹，而免落于外人之手。闻现某考古学家方面，亦颇愿割爱云。
《益世报》（北京）	1935 年 5 月 26 日第 4 版	保委会调查浑源古物，滕固昨离平赴晋。本市消息，晋北浑发现三代铜器后，中央鉴于此项古物与吾国古代文化有极大关系，行政院特派古物保委会常委滕固，赴晋调查办理，藤于日前由京抵平，昨晨会同平办事处代表，搭乘平包通车离平，赴大同视察云冈石佛，然后赴浑源进行调查云。
《河北第一博物院半月刊》	1932 年第 17 期第 4 版	古物消息：民国十一年间，山西浑源县恒麓西北村民穆某，赴田耕作，掘得古铜器数十件，经县绅迫其交出者十六件，即分藏各绅家中。去冬复由本县旅外同学联名迫出，由各社团选出委员九人，办理善后，现正议保管法云。（据《北平晨报》）

	时间	内容
《河北第一博物院半月刊》	1934 年第 60 期第 4 版	古物消息：山西浑源属六郎城，乡人掘出宝剑二口，金鼎王帽香炉各一。该处民国十四年，曾发现周鼎金牛等物。（据本年一月六日《北平晨报》）
《京报》（北京）	1935 年 5 月 17 日第 6 版	古物保管委员会彻查浑源古物，商周青铜器共三十六件，恐将沦落于外商之手，该县绅董即遴选代表来平陈述经过。 山西浑源县发现商周古物，近经该县绅商起而力争，其事始传于外，初以该项古物为有力者购去，行将沦落于外商之手，于是古物保管委员会北平办事处亦有所闻，曾由该县董探询真相，经过情形颇为曲折。兹探志始末如次。 私售古物，真相一般。 先是民国十二年旧历正月十三日晚间，有浑源县西南十五里东峪村乡民高凤山，于其田内发现古物，遂尽力发掘，除金珠等物以外，尽系古代铜器。高凤山以一农人，初不知其为值钱古物，遂随时分散殆尽，仅留其易出售者藏之。旋有铜器一事，为一于姓购去，因此轰动，其闻浑源县长谢恩承闻知此事，即饬县衙警士佐成伟赴去东峪村调查，除高凤山收存不计外，大小共得三十六件。暂时陈列于县立图书馆。至民国十三四年间，平津古玩商得讯，复经估价，有法国商人，拟以四万元成交，旋以阎冯之役，因以搁浅。此时一般金石家，尚不能断为何代古物。至民国十五年，县绅某，以四万元购去，但款项则当时只付了一小部分，约定民国十八年付清。讵次年该士绅即行故世，其子继承产业，款项即行停付，直至民国二十一年，始由县中绅董交涉，将原物取出，由一麻姓鉴定，系商周时代之祭器，价值甚巨。旋又有北平古物商愿出十万元购买未果，于是经该县绅学各界，议定非出价五十万元，绝不脱手，以致有人出价至三十万元，亦未成议，辗转至今，酿成重大纠纷。
《京报》（北京）	1935 年 5 月 22 日第 6 版	拟请政府保藏，将由故宫购存。山西浑源县前发现三代古物壶尊等古器三十余件，均为稀世之品，顷已为某考古学家以巨资购存。一部保管古物人士，以该项古物，与我古代文化有关，由私人保存易于散失，刻正建议政府，以原价由政府购存以保国粹，闻将由故宫博物院方面接洽购存云。
《京报》（北京）	1935 年 8 月 26 日第 6 版	浑源县盗卖古物案，孙齐昨呈内政部。山西浑源县士绅代表孙齐自来平后，连日向各关系方面，呈诉该县劣绅袁兴华、李镜寰，盗卖该县官绅保管之商周古铜器三十六件，请求查追，用惩贪劣。昨日孙氏复代表高政山具文呈请内政部，拟请将该项古物运至中央保管委员会陈列云。

续 表

	时间	内容
《监政周刊》	1935 年第 114 期 4～5 页	浑源古物 山西，在过去文化史上，占有极重要的地位，古器物古迹未被发现者，恐怕不在少数罢。如民国十五年清华大学研究院在夏县西阴村灰土岭的发掘，发现新石器时代的遗址，遗物有石器、骨器、彩陶等，最重要的有猪骨及蚕茧。民国十九年、二十年，万泉县两次的发掘，都发现许多遗物。凡此种种，有关于文献者至巨。这只就公共机关已经报告者而论，至那些无意的发现与盗掘者，更是社会上时常流行的谈助。我们当然无从来论述了。民国九年浑源恒山之麓，发现三代的古铜祭器，计有十九种（《北平晨报》发行的《北晨画刊》曾登载照片多种），共器三十六件，都是国内出土的稀有的珍品，当时该县绅士曾组织保管委会，拟高价出售，得资兴办地方各种公益事业，其中情节，复杂万分，据说此项古物，除一部分由某考古学家购买外，一部分在该县保藏。据报载，近来中央拟备价购藏，并派员和关系方面接洽。这些古物，是考古学与其他百般研究者的无上宝库，识者类能道之，无庸笔者缕述，而且保藏此项古物者，都是该县明达之士，对于这国内稀有的瑰宝，在最近的将来，当有一个完满的解决。此外，那些尚未发现的，应如何探访，已经发现的，应如何保存，关于这，虽然中央有详密的规定，但我希望山西人自己起来，以精密的考古学的方法作大规模的发掘，使三代文化的光，重现于今日。前述历次的发掘，都有极丰富的收获，若是大规模的发掘，我以为那成绩是不可计量的。 由浑源古物想到发掘古迹，故缕述感想所及如上，希有识之士，共起图之。（平）
《燕京学报》	1935 年第 17 期 196～199 页	二十四年（二十三年十二月至二十四年五月）国内学术界消息：（甲）学术机关消息：1. 浑源出土古器
《益世报》（北京）	1935 年 8 月 26 日第 3 版	浑源县古物，孙齐昨呈内政部请归中保会陈列。本市消息，山西浑源县士绅代表孙齐，自来平后，连日向各关系方面呈诉该县劣绅袁兴华、李镜寰，盗卖该县官绅保管之商周古铜器三十六件，请求查追，用惩贪劣。昨日孙氏复代表高政山具文呈请内政部，拟请将该项古物运至中央保管委员会陈列云。
《燕京学报》	1937 年第 21 期 217 页	附图李峪村壶
《史学》（北京）	1935 年第 1 期	（一）浑源出土之古物 罍 回纹（照片略） 敦 回纹（照片略） 牺牲尊 云雷纹（照片略） （二）浑源出土之古物 鼎 云雷纹（照片略） 尊 云雷纹（照片略） 鼎 回纹（照片略）

	时间	内容
《艺林月刊》	1935 年第 67 期 16 页	艺苑珍闻：浑源县古物出土，曾经刊载，此项古物有尊罍鼎彝豆洗胆壶鍪斗等，共三十六件，已为某考古学家集资购存，地方人士主张由政府收买，以免流落外人之手，但县政府无此巨款，而上级政府又无此闲情逸致，恐不易见诸事实也。
《京报》（北京）	1935 年 7 月 25 日第 6 版	山西浑源古物呈请收归国有，发觉人高政山呈古物保委会。 山西浑源县士绅盗卖古物，事为发觉人高政山出而阻止，告发李镜寰父子与山西绥靖公署并派有代表一度来平向古物保管委员会北平办事处陈述经过，已见本报。兹高政山等，为保全国宝，毋令流入外洋计，拟请将所掘得古物三十六件，收归国有，特由高政山其名，呈请中央古物保委会委托在平代表代为呈递，愿呈摘录于后。
《申报》	1935 年 5 月 17 日第 8 页	山西发现商周古物，有被贪官劣绅私卖之。北平通讯：山西浑源县日前发现商周古物。
《时事月报》	1935 年第 13 卷第 1 期 154 ～ 154 页	浑源县出土古物下落 山西浑源县于民国九年在恒山发现古物，当时该县乡绅等，曾组古物处置会，拟高价出售，中外古物商人风闻前往购置，颇不乏人，最近曾有一度私售之谣传。兹调查，是项古物，于民国二十年经某考古学家鉴定其为三代以上之祭器，后该考古学家即以数十万元购藏，现拟出售于政府云。
《同钟》	1935 年第 1 卷第 12 期 28 ～ 31 页	浑源县之现况与前途　孟浩彝
《天风报》	1935 年 5 月 26 日	浑源古物，有人主张由政府收藏 北平通信：山西浑源县出土之三代古铜祭器，计有十九种，并底盖零物等共三十六件，均为稀世珍品，自将有私售外人之传说，一般学术界莫不表示惋惜，兹据调查，此项古物系于民国九年在浑源恒山发现，当时该县乡绅各界曾组古物处置会，拟高价出售，得资兴办地方公益事项，迄未售出。近有人主张此项古物为我国国宝，应有政府出价购藏，以供国人研究，关系方面以此项办法尚属可行，正在研究商洽中云。
《申报》（上海版）	1947 年 4 月 18 日第 24845 号	古物外流偷运出国换外汇，文化浩劫古董商到处搜罗
《大公报》（天津版）	1932 年 3 月 20 日	大批古物，再私运出口，望负有文化责者注意。国闻社云，民国十一年前后，山西浑源县发现大批周代铜器，精美绝伦，且有错金之文字，在学术上及美术上皆有重大价值。忽忽十年，国人几于忘却，闻此大批古物为某有力者所收，最近与一专做外洋买卖之某古玩商人勾结，秘密运至天津，议价数十万，日前由平绥路转丰台运津站，旋为某国领事馆具名提去，将设法秘运出口。陕西省政府铜器数百件，自民十九年无形销灭后，此为第二批文化之损失，较之金银损失，尤为重大，亟望负有文化责任者，加以注意焉。

续　表

	时间	内容
《大公报》（天津版）	1935 年 5 月 17 日	北平通信：山西浑源县东峪村乡民高凤山发现商周古物，近经该县绅商纷起力争，其事始传于外，初以该项古物为有力者夺去，行将沦落于外商之手。事被中央古物保管委员会闻知，特函该县绅董探询真相、经过情形。
《大公报》（天津版）	1935 年 5 月 25 日	北平通信：山西浑源县出土之三代古铜祭器，计有十九种，并底盖零物等共三十六件，均为稀世珍品，本报于本月十七日曾刊有私售古物巨案消息。此项古物有即将私售外人之传说，珍品流落国外，一般学术界莫不表示惋惜。
《大公报》（天津版）	1935 年 5 月 27 日	晋省浑源县新出土之珍贵古物：夔龙牺尊、素圆鼎、夔龙壶尊
《大公报》（天津版）	1935 年 7 月 25 日	北平通信：山西浑源县士绅盗卖古物事，为发觉人高政山出面阻止，派有代表来平，向古物保管委员会北平办事处陈诉经过。兹高政山以盗卖人李镜寰父子等，倡言杀害，希图灭迹，为保存国宝，毋令流失外洋计、拟请将古物收归国有。
《时兆月报》	1935 年第 30 卷第 7 期，32 ～ 33 页	山西发现商周古物。山西浑源县，前发现商周古物，近有为人卖给外商之讯。先是民国十二年旧历正月十三日晚间，有浑源县西南十五里东峪村乡民高凤山，于其山田内，发现古物，遂经历发掘，除金珠等物外，尽系古代铜器，高凤山以一农人，初不知此为值钱古物，遂时分散殆尽，仅留其易于出售者藏之。旋有铜器一事，为一于姓购去，因此轰动。其时浑源县长谢恩承，闻知此事，即饬县衙警士佐成伟，赴东峪调查，除高凤山收存不计外，大小共得三十六件，暂时陈列于县立图书馆内。至民国十三四年间，平津古物商得讯，纷往估价，有法国商人拟以四万元成交。旋以阎冯之役，因以搁置，此时一般金石家尚不能断为何代古物。民国十五年，县绅某以四万元购去，但款项则只付了一小部分，约定至民国十八年归清，讵次年该士绅即行故世，其子继承产业，款项即行停付。直至民国二十一年，始由县中绅董交涉，将原物取出，由一麻姓鉴定，系商周时代之祭器，价值甚巨。旋又有北平古玩商，愿出十万元购置未果。于是经该县绅学各界议定，非出价五十万元者，绝不脱手，以致有人出价至三十万元，亦未成议。现古物保管委员会，正在注意此事之进展，因闻该项古物，有运赴太原且有被人出卖之说，一面浑源县绅，正向各方呼吁中。

	时间	内容
《浙江省立图书馆月刊》	1932 年第 1 卷第 2 期，85 页	山西古物私运出境 民国十一年前后，山西浑源县发现大批周代铜器，精美绝伦，且有错金之文字，在学术上及美术上皆有重大价值。忽忽十年，国人几于忘却。闻此大批古物为某有力者所收，最近与一专做外洋买卖之某古玩商人勾结，秘密运至天津，议价数十万元，日前由平绥路转丰台运津站，旋于某国领事馆具名提出，将设法秘运出口。陕西省政府铜器数百件，自民十九年无形消灭后，此为第二批文化之损失，较之金银损失，尤为重大，亟望负有文化责任者，加以注意焉。
Weekly News《英语周刊》	1934 年新第 71 期，1438～1439 页	Relics of Pre-chow Dynasty Found by Shansi Farmer 山西农民发现周代以前之古器 Beiping January 5.-（Reuter）-Pre-Chow dynasty relics have been discovered at yunyuanhsien,in shansi,according to Chinese telegraphic advices from Taiyuan.The relics consist of a jade hat,a gold ting or tripod,an incense burner,and two swords.The finds,made by a farmer,have created widespread interest in the district.It is expected that they will throw a very illuminating light on the civilization of China more than two throusand years ago.In 1919 a Chow tripod and several other ancient relics were unearthed in the sanme district and were later sold for two hundred thousand dollars. 路透社一月七日北平电，据太原电信，山西浑源县发现周代前之古物。该古物为碧玉帽一顶，金鼎一，香炉一，剑两柄，为一农民所发现。此事现已遍传，为全县人民所注意，众料其物在我国二千余年前之文化上大有发明。1919 年，有一周鼎及古物数件，亦在该县出土，后来售得二十万元云。

第二节　兵器　杂项器

一、兵器

铜戈　长 21.5 厘米，残为二节。1975 年刘克文上交，现藏于大同市博物馆。

铜戈　长 18.9 厘米，1975 年刘克文上交，现藏于大同市博物馆。

铜戈　共 3 件，1975 年 8 月李峪大墓考古所获，现存于大同市博物馆。

铜剑　长 26.6 厘米，残为二节。1975 年刘克文上交，现藏于大同市博物馆。

元代浑源窑瓷炮弹

铜刀　残长 15.5 厘米，1975 年刘克文上交，现藏于大同市博物馆。

铜剑　其一完整无损，长 55.5 厘米，宽 4.7 厘米；其二残长 21.5 厘米，现藏于县文物局。

瓷炮弹　直径 5 至 8 厘米不等，藏于民间。

二、杂项器

香炉鼎　高 43 厘米，长 25.5 厘米，宽 18 厘米，长方形，口沿部饰双耳，现藏于县文物局。

四神铜炉　1973 年 3 月出土于麻庄汉墓，现藏于大同市博物馆，共两件。通高 9.8 厘米，长 27.7 厘米，炉身镂空铸有青龙、白虎、朱雀、玄武四兽。下施方座，由四个力士承托，一侧有上弯把手，炉上置有铜耳环。

铜龟锁　1973 年出土于麻庄汉墓，现藏于大同市博物馆，共四件。长 9 厘米，宽 6 厘米，高 5.8 厘米，呈椭圆状，龟形铜质，龟身上嵌有虎斑贝壳，嵌时壳内充填有铅锡等物。贝壳呈灰白色及淡黄色，间有褐色或黑褐色斑点，如虎豹斑纹一般，色泽如新。

铜镜　1983 年出土于荆庄，直径 17.5 厘米，呈花瓣形，背铸铭文"湖州石家"，现藏于县文物局。

铜镜　直径 14 厘米，1983 年收回，现藏于县文物局。

北岳大帝印　北岳恒山之神印玺，铜质，长宽各为 9.2 厘米，1966 年印玺交由县委统战部保管。中华民国 18 年（1929）由商务印书馆出版的《中国名胜·恒山》画册描述："印用铜铸，周围有二十四金星，印面中央亦嵌金。背负龟钮，龙头、龙尾、龙爪。印文三行，为'北岳恒山安天太尊元圣帝宝'十二字。此印在前清时，大同府属各州县每年轮番典守，今由浑源县知事藏之。"该铜印印体为长方体，一侧亦刻有文字："大清雍正元年（1723）八月吉旦，白云观监院杨来春敬造。"《北岳全图碑》钤有此印。

北岳大帝印玺

三清殿之印　木质，长方体，面长、宽各 10.5 厘米，高 3 厘米，篆书"北岳翠屏山三清宝殿之印"，现为民间所藏。

铜钩　长 6 厘米，1975 年刘克文上交，现藏于大同市博物馆。

铜马嚼环　两个，现藏于县文物局。

蚌片　共 1 件，1975 年出土于李峪大墓，现存于大同市博物馆。

残铜饰　共 2 件，1975 年出土于李峪大墓，现存于大同市博物馆。

铜片　共 4 件，1975 年出土于李峪大墓，现存于大同市博物馆。

铜削 共 1 件，1978 年出土于李峪大墓，现存于大同市博物馆。

第三节　流散器具

匜 1923 年出土于浑源李峪村，现藏于法国吉美博物馆。

甀 1923 年出土于浑源李峪村，现藏于法国吉美博物馆。

鼎 1923 年出土于浑源李峪村，共两件，现藏于法国吉美博物馆。

剑 1923 年出土于浑源李峪村，剑身錾铭文，剑格饰绿松石，剑首饰玉石，现藏于法国吉美博物馆。

壶 1923 年出土于浑源李峪村，该器共三件，现藏于法国吉美博物馆。

盖鼎

锜 1923 年出土于浑源李峪村，现藏于法国吉美博物馆。

甫 1923 年出土于浑源李峪村，该器共两件，现藏于法国吉美博物馆。

盘 1923 年出土于浑源李峪村，该器残缺一部，现藏于法国吉美博物馆。

四足方甗 1923 年出土于浑源李峪村，现藏于法国吉美博物馆。

素面双身簋 1923 年出土于浑源李峪村，现藏于法国吉美博物馆。

绳络纹提梁壶 1923 年出土于浑源李峪村，现藏于法国吉美博物馆。

交龙纹敦 1923 年出土于浑源李峪村，现藏于美国华盛顿弗利尔美术馆。

龙纹壶 1923 年出土于浑源李峪村，现藏于美国华盛顿弗利尔美术馆。

四虎蟠龙纹豆 1923 年出土于浑源李峪村，现藏于美国纽约大都会博物馆。

夔纹簋 1923 年出土于浑源李峪村，由美国铁路大亨查尔斯·郎·佛利尔私人收藏。

绳络纹提梁壶

错金嵌绿松石铜剑 1923 年出土于浑源李峪村，由美国铁路大亨查尔斯·郎·佛利尔私人收藏。

镶嵌龙纹鼎 1923 年出土于浑源李峪村，现藏于德国科隆东方美术馆。

马车残件 1923 年出土于浑源李峪村，20 世纪初曾由法国古董商王涅克私人收藏，现下落不明。

马衔 1923 年出土于浑源李峪村，20 世纪初曾由法国古董商王涅克私人收藏，现下落不明。

　　牛犊型器　麻国华先生称其为"小牺尊"，商承祚先生称"羊形器足"，后有学者称为"犊形器"，1923 年出土于浑源李峪村。

　　据麻国华先生所记：该器出土时共有四个，仅余其二。留下的一对中，一个尚完整，另一个缺前足，身高 3.4 寸，长 6.3 寸，重各 1.1 公斤。其时背上皆负有瓠芦，一背上贮绿粉，一背上贮绿水，出土时松软如泥，均已毁弃。其形似獐，鼠头兔尾、牛蹄竖耳、翻唇，双眼急瞪如豆，通体双勾团花纹。紫质铜，青绿色，间或有朱红之色，身有白斑点，背上有明显的缺损痕迹。20 世纪初曾由法国古董商王涅克私人收藏，现下落不明。（参见《麻氏族谱》）

　　铜镲　镲体铸"浑源金泉观"字样，直径约 40 厘米，流入省外私人所藏。

第二章　其他藏品

本章内容主要包括铁器、陶瓷器、石器、书画及古钱币，其中大部分流失于民间，其余藏于文物部门。这些器具无论从其用途、工艺等方面都反映了浑源当时的文化发展状况，所蕴含历史信息丰富。如本地商铺所发行的票据、本地工匠所造的法器和陶瓷器等，工艺精良，具有很高的研究价值。在石器方面，由于远古浑源境内海洋生物及古人类聚居处较多，因此石器及化石在 20 世纪民间时有发现，村人不识，多丢弃损毁，无法计数。

第一节　铁器　陶瓷器

一、铁器

罄　原为县城南宫八蜡庙法器，生铁质，现存于三清殿，由道士所藏（2017 年考察获知）。该器直径 19 厘米，厚 1 厘米，高 22 厘米，胸围 101 厘米，重约 10 公斤。法罄周围铸有正书铭文，内容为："经理人等光绪二十八年（1902）四月造，南宫八蜡神位前。"

罄　明万历年间铸，生铁质，直径 45 厘米，存恒宗殿。

八蜡庙法罄

香炉 祭祀岳神之用，生铁质，口径151厘米，高127厘米，现存于恒宗殿，明弘治十六年（1503）制。

铁钟 现存于南榆林乡二岭村龙王庙，该庙原有大钟毁于20世纪60年代，现有钟原为全家嘴村龙神庙、财神庙、老爷庙（三庙一体）之物，后为乡学校计时所用。庙宇重建后，善众集资新购电铃与校方交换悬于山门内。该钟为生铁质，铸于清咸丰十年（1860）七月，为神溪村牛悦及其子牛治国、牛护国所铸，炉名"永兴炉"，重约80公斤。该钟胸径约60厘米，钟沿直径68厘米，高80厘米，钟沿为八瓣状，一瓣残损，每瓣饰葵花及八卦图案，钟颈部周饰回字纹，腰饰波浪纹，钟体刻有"多金风调雨顺，亘古一人锡我"，其余为捐资人姓名。

云板 生铁质，原悬挂于恒宗殿檐下，元代泰定元年（1324）铸，云板正面铭文为"长生保命天尊，泰定元年三月日祁彦举成造"，反面铭文为"大同路浑源州岳神山龙泉观住持山主充和希真大师侯志忠……"

韦驮像 铸于明代，生铁质，重85公斤，存悬空寺三佛殿。

醮盒 生铁质，明弘治十六年（1503）铸，高170厘米，直径152厘米，镇大同御马监陆开、弟锦衣卫指挥陆玉及长男陆永、次男陆宣等施，存恒宗殿前。

恒宗殿云板

二、陶瓷器

彩绘陶壶 1973年3月出土于麻庄汉墓，共9件，现藏于大同市博物馆。器形形制基本相同，皆圆口、斜直口、短颈、鼓腹，腹上有对称的铺首衔环。壶面涂黑，用白、绿、朱色作齿纹和云气纹图案，纹饰与马王堆一号汉墓的彩绘陶钫相近。

花瓷盒 瓷质，1985年出土于荆庄，现由县文物部门收藏。该器为辽代作品，器高10厘米，底径17.5厘米，口径33厘米。

刻花小碟 瓷质，1985年出土于荆庄，现由县文物部门收藏。辽代作品，器高4厘米，口径10.2厘米。

瓷瓶 1989年出土于荆庄，辽代古物，现由县文物部门收藏。该器高28.5厘米，底径8.5厘米，口径7.5厘米，腹径17.5厘米。

水缸 白瓷质，1985年出土于荆庄，现由县文物部门收藏。辽代作品，器高73厘米，底径 22 厘米，口径 44 厘米，腹径 64 厘米。

瓷缸 1　1985 年由文物部门回收，现由县文物部门收藏。辽代作品，器高 24 厘米，底径 14 厘米，口径 10 厘米，腹径 24 厘米。

瓷缸 2　1985 年由文物部门回收，现由县文物部门收藏，辽代作品，现存两个。器高 24 厘米，底径 10 厘米，口径 12.5 厘米，腹径 25 厘米，咖啡色，有刻花。

笔筒　器高 19 厘米，口径 10 厘米，白瓷质，施黄釉，辽代浑源窑烧造，现由县文物部门收藏。

琉璃鼎　器高 68 厘米，底径 45 厘米，口径 58 厘米，制作年代为明弘治十六年（1503），现由县文物部门收藏。

黑釉罐　罐口径 10.6 厘米、腹径 21.3 厘米、底径 12.3 厘米，通高 25.3 厘米，现由县文物部门收藏。

黑陶罐　2018 年出土于三岭村西辽代墓葬，现由县文物部门收藏。

瓷碗　2018 年出土于三岭村西辽代墓葬，胎体施白釉，现由县文物部门收藏。

彩陶提梁壶　施五彩釉，壶体绘云纹、菊花图案，提梁缺失，壶口沿稍有残，现藏于县文物部门。

1978 年 5 月，在李峪大墓考古中，考古人员还发掘出大量的陶罐、陶鬲、钵、盆等彩陶器皿，现皆收藏于大同市博物馆。

辽代浑源窑笔筒

彩釉瓷壶

第二节　钱币　书画

一、钱币

浑源在古代曾为贸易重镇，不乏豪商巨贾，故地下钱币窖藏时有出土。现藏于县文物部门的古钱币主要为方孔圆钱，据年号分类多达数十种，以北宋、清两朝数量最多，汉唐、辽金次之。另有少量刀币，长 13.6 厘米，多为燕明刀，年代为战国中后期。2002 年 5 月 20 日晚，县城红牌楼巷工地施工时挖出数万枚古钱币，共获古钱币 1.534 万枚，重约 65 公斤。据鉴定，钱币主要为宋代熙宁、元祐、景德、元符、崇宁、淳化年间的方孔圆钱，绝大多数为宋钱，最晚年代为北宋后期徽宗、哲宗时期，此外还有较少数的唐代开元以及其他时期的钱币。其时浑源属辽国所辖，位于宋、辽边境处，1999 年版《浑源县志》载："宋（辽、金）时期，浑源境内是辽（金）和南北宋贸易的集散地……就是在以战对峙时，老百姓也不间断商贸往来。"此钱窖或为宋辽时期民间商人遗存。

二、书画文房

四条屏画作　共四幅，每幅长 3.45 米，宽 1.55 米，所绘内容为青龙、白虎、朱雀、玄武四象，创作年代及作者不详，破损较重。原藏于恒山藏经楼，现由县文物部门收藏。

松鹤图　原藏恒山藏经楼，现由县文物部门藏。该图长 1.3 米，宽 70 厘米，局部有残损。题款："丙子夏日龙泉观试笔，园清大□擎正，周□祥。"

北岳全图　工笔山水彩画，以石青色为主色调，笔法流畅自然，画面总体布局与《北岳全图》碑所刻大体相当，图中所绘殿宇无名称，无祥云环绕，所绘部分内容与碑刻全图有所不同，款识为"北岳全图中华民国二十一年岁次壬申冠县岳济泰峻峰敬题"，题头钤印为岳峻峰（碑刻为岳济泰），无北岳恒山大帝印章，现藏于大同市民间。

黄花图　水墨大写意作品，内容为淡彩菊花，作者陈芝。作品功力较浅，成于民国 4 年（1915）。整体状况较完整，画面漫漶不清，长约 1.3 米，宽约 0.8 米，款识题"独爱黄花瘦偏香岁次乙卯摹仿恒山张道人画法"，现民间收藏。

汉砚、汉墨　1973 年在文物部门探掘麻庄汉墓时出土，现藏于大同市博物馆。砚、墨均置于木匣之内，尚存有墨痕，其中墨呈半圆锥体，长 2.5 厘米；砚台共有 3 块，其两块为长方形，皆长 16.8 厘米、宽 6 厘米、厚 0.3 厘米；另一块呈圆形，直径 2.8 厘米，材质均为青灰色页岩。

第三节　石器　化石

一、石器

石斧　表面光滑，磨有锋刃，长约 10～12 厘米，共 4 枚，形制大体相同，现藏于县文物部门。其中一枚为郭家庄村民薄兴旺于 1981 年 9 月 21 日耕地时掘出。

石环　残石环一截，豆绿色，弧长 5.5 厘米。断面呈长方形，内呈凸弧形，长 1.3 厘米，一面宽 0.8 厘米，一面宽 0.5 厘米。1984 年夏张剑扬获于李峪坡彩陶文化遗址渠畔。

石棺　20 世纪 90 年代出土于裴村乡，共两具，形制相当，棺体由整料青砂岩凿刻而成，棺盖呈拱形，现存于栗毓美墓。其一通长 0.79 米，大头宽 0.63 米，小头宽 0.42 米；大头端面刻石门，中悬石锁，二长袖妇人掩面而泣。其二通长 0.76 米，大头宽 0.63 米，小头宽 0.42 米；小头端面刻石门，二仆妇侍立左右。二棺板面均厚 0.23 米，棺盖顶部饰花叶

辽金石棺

纹饰，棺体四方分刻青龙、白虎、朱雀、玄武，造型生动、刻工精湛。

石凿 砂岩材质，表面光滑，一端磨有锋刃，通体圆柱形，长14厘米，直径3厘米，现藏于民间。

二、化石

动物化石 1957年出土于李峪彩陶文化遗址，现藏于大同市博物馆，共4件，所属为何种动物尚未知。

元代石棺铭文

牛角化石 1970年夏出土于驼峰村南之浑河岸边，现藏于大同市博物馆。双角及头盖骨完整相连，双角弧长168厘米，双角之间弦长78厘米，角粗39厘米。

牛角化石

恒山植物化石

蛤蚌化石 1957年出土于李峪彩陶文化遗址，现藏于大同市博物馆。

恒山植物化石 出土于恒山一带，民间藏品。

附：革命文物及民间收藏

浑源革命文物现存较少，部分收藏于大同市博物馆，其余散落，通常为武器及构件、勋章、笔记等。张剑扬《北岳恒山志》记载有医疗器械13件，《临阵秘典》一册，其中两件器具后经鉴定曾为白求恩大夫所用之物。

浑源民间收藏古亦有之，但通常所藏种类和数量有限，此行业在改革开放之后逐渐兴起，如20世纪80年代初的集邮热。进入21世纪，收藏领域逐步拓展，一些近现代物品成为收藏的目标，现收藏领域主要为钱币、打火机、杂项古董、火花、烟盒、奇石、酒瓶、古旧书籍等，多为投资较小、便于采集、流通面广的类别。贵重物品的收集极少，如玉石器、名贵木器、陶瓷器、青铜器、名家字画等。现在，参与人数较多的领域为古旧书、古钱币及杂项收藏，邮票收藏在浑源热度呈下降趋势。奇石收藏出现较晚，最早收藏者为浑源恒山电厂职工杨杰，1999 年退休后热衷于奇石收藏，共有藏品 2000 余种，2004 年在"大同云冈·恒山旅游节"中展出了以"恒山奇石"为主题的恒山奇石展。2015 年 6 月 21 日，浑源奇石协会成立，藏品种类有玉器、水晶、肉石、陨石、蜡石、玛瑙、彩韵石、古生物化石等。

卷 四

碑碣与石刻砖雕

碑碣和砖石雕刻是记录历史的重要形式，用以纪事颂德、抒发情感，或碑记、或碑颂，抑或墓碑及装饰。在浑源现存碑石中，寺庙碑、墓碑数量较多，其余为记事碑及诗碣。在墓碑中，以栗毓美墓碑最具价值。在寺庙碑中，因北岳还祀之故，清朝最高统治者历年皆遣使奉祀并立碑以记，故在所立碑石中等级最高，为国家层面的历史遗存，如"化垂悠久"碑。又因北岳之名，摩崖石刻文化遗存丰富，是为深厚文化的又一体现。本卷所录碑刻内容，在《三晋石刻大全·大同市浑源县卷》的基础上，又新增补了部分之前未录入的碑刻，并对其中个别错误进行了勘正；在摩崖石刻的记录中，同样对于旧志中脱于史实的问题予以更正，数百年之误遂止于此（参见《校勘与专题考》）。砖石题刻在本县所存较少，主要见于庙堂、坟墓及民居，其中永安寺与州文庙砖刻最具价值。新中国成立后的碑碣和砖石作品，本志不作载录。

第一章　碑　碣

浑源历史悠久、文化厚重，其中尤以北岳恒山文化为代表。在这样的历史环境中，浑源无论从军事、商贸、人物、建筑等方面都显著优于其他区域，这些领域的历史都能在现存碑记中找到其历史痕迹。本章所记碑碣包括墓葬碑、寺庙碑以及记事碑，其中不乏珍贵的碑记，如"化垂悠久"碑、"壮观"碑等。在实际调查过程中，有个别碑记的情况在第二、三次全国文物普查中所载略有出入，除特别标注说明之外，其余皆为第三次普查数据标准。

第一节　墓葬碑

大元正议大夫浙西道宣慰使兼行工部事浑源孙公先茔碑铭石碑存于西留村孙家坟，正议大夫浙西道宣慰使兼行工部事孙公亮立石，承务郎利器库提点孙男谐摹勒，云中刘昇、宋福刊。此碑以孙公亮的名义而立，但据落款而言，此碑应有原碑，后由公亮之孙孙谐重新刻石，内容新增其祖父孙公亮及父、叔辈事宜，所立碑距孙威去世已有 82 年。该碑体用青石料，高 2.13 米，宽 1.22 米，厚 0.28 米，螭首龟趺，碑体下部及碑面稍有残破，但内容基本完整，于元泰定初年（1326 年前后）立于西留孙家坟。

碑阳内容为孙谐对其曾祖父孙威、祖父孙公亮、父亲孙拱的功劳官职扼要叙述，并对孙氏世系五代关系做了说明，最后对父辈孙拱、孙撒、孙振，对自己和同辈孙谦、孙谊的官职做简要介绍。碑阴为"孙氏宗族世谱"，碑首刻"孙氏宗族世谱"，内容为孙氏历代谱世情况。

大元故正议大夫浙西道宣慰使赠资德大夫中书右丞上护军神川郡公谥正宪孙公之墓

孙公亮之墓碑，元至大四年（1311）立于孙家坟。碑体高1.63米，宽1.15米，厚0.23米，青石材质，集贤大学士、荣禄大夫李谦书丹。该碑碑阴文字风化严重，多无法辨识。

大元浙西道宣慰使行工部事孙公碑铭　位于孙公亮墓碑一侧，青石材质，残高0.90米，宽0.23米，集贤殿大学士李谦书，元至大四年（1311）立。内容为："大元浙西道宣慰使行工部事孙公碑铭。"

孙公亮墓志　现存于西留村孙家坟，青石质，右下部残缺，残损面积约占总体之1/4有余。残高1米，宽0.82米，厚0.18米。铭文大意为二十四日孙公亮归葬于西留村，终年84岁，送葬者五六千人。之后对其家人进行了介绍，其中有其妻梁氏、长子孙拱、次子孙撒、三子孙振、长女师姑儿、次女金璋、三女素哥、四女安童；孙子为孙诏、孙谐、孙谊；孙女为秀春、玉真、保哥；曾孙女为伴孙。

孙四翁墓碣碑铭　为孙公亮弟孙公信之墓碑铭，其子孙抑、孙揆于元泰定元年（1324）十月立于西留孙家坟。将仕佐郎大同路儒学教授王导义撰文，中奉大夫、河东山西道宣慰使朱賮书丹；朝列大夫、河东山西道宣慰副使孙谐篆额，石匠萧德明。碑体为圆首，青石质，通高1.42米，宽0.8米，厚0.26米，中部有纵向裂纹，个别文字缺失，但字迹清晰可辨。碑文为对孙公信本人及家人的情况记载。

"上天眷命"碑　该碑为元朝仁宗皇帝对孙拱及其夫人郝氏的御封碑，于皇庆元年（1312）三月立于西留孙家坟。碑体圆首方趺，青石材质，通体高1.83米，宽0.94米，厚0.21米，已断为两截，文字基本可以辨识。

元成宗御祀神道碑铭　该碑系孙诏奉旨为孙拱所立，所记内容为孙拱生平事迹。碑面有较为严重风化，字迹大多仍可以辨识，青石材质，通体高2.63米，宽1.28米，厚0.36米，元延祐六年（1319）立于西留孙家坟。

大元故大中大夫益都路总管兼府尹本路诸军奥鲁总管管内劝农事赠正奉大夫大司农上护军追封神川郡公谥文庄孙公神道碑铭　孙拱之墓碑，现存于西留孙家坟，碑额无，碑座埋于地下。该石碑为青石材质，高2.63米，宽1.28米，厚0.36米，碑体内容基本完整。由集贤大学士、荣禄大夫李谦撰文；翰林学士承旨荣禄大夫、兼修国史刘赓书；集贤大学士、荣禄大夫、太子宾客郭贯篆额。记述的是孙拱及其祖孙威的事迹，立于元大德十年（1306）。

大元故保定等路军器人匠提举孙君墓碑有序　该碑为孙谐为其大哥孙谦所立，其大意为孙谦为元朝廷所做贡献之事，于延祐六年（1319）九月立于西留孙家坟。其碑为青石材质，螭首龟趺，做工考究且保存完好。碑通体高3.39米，宽1.22米，厚0.26米，其中碑额高1.18米。碑文由翰林待制朝散大夫、国史院编修赵穆篆额；翰林侍读学士通奉大夫、同修国史元明善撰文；翰林直学士中宪大夫、同修国史王纬书丹，现存内容基本齐全。

河东山西道宣慰副使孙公墓碑　系孙谐墓碑，元元统三年（1335）立于西留孙家坟。该石碑已断为两截，右下部及右上部各残缺一块，碑首及碑座不知所踪。碑体青石材质，高1.48米，宽1米，厚0.22米，有正议大夫礼部尚书监字样，其余内容不详。

大元故武略将军武备寺丞孙公神道碑铭　孙撒之墓碑，现存于西留孙家坟。立于元至大三年（1310），石碑青石质，碑体文字内容基本完好。通体高1.68米，宽0.83米，厚0.28米，螭首龟趺。碑趺和碑额于2012年挖掘出土。碑文由翰林侍讲学士少中大夫郝采麟撰文，嘉议大夫江西湖东道肃政廉访使刘藻书丹，中奉大夫金江浙等处行中书省事浙东道宣慰使周锴撰文，孙谊立石。内容为孙谊对其父、祖辈事迹的记载。其中碑额高0.88米，宽0.98米，厚0.28米，上篆书"武备孙公神道碑铭"，浙东道宣慰使周锴篆书。

故权千户孙君墓碣　该碑系孙谅、孙谭为其父孙抚所立之碑。孙抚侄孙谐为之篆额，云州路儒学学正姚匡弼撰文，中奉大夫河东山西道宣慰使朱赍书丹。该碑圆首，青石质，高1.5米，宽0.86米，厚0.25米，额篆书"故权千户孙君墓碣"。碑面虽有风化但文字基本清晰可辨，于元泰定元年（1324）十月立于西留孙家坟。

善士孙君墓碣　为孙抚三弟孙挥之墓碑，其子孙证、孙近于元泰定元年（1324年）十月在其父去世10年后立于西留孙家坟。碑体为青石材质，圆首方趺，通体高1.48米，宽0.91米，厚0.22米，额篆书"善士孙君墓碣"。碑座高0.47米，长1.12米，厚0.6米。由孙谐篆额，云州路儒学学正姚匡弼撰文，中奉大夫河东山西道宣慰使朱赍书丹。保存较为完整，文字稍有残损但清晰可辨。碑文记载的是孙挥事迹以及家庭情况的简介。

神川郡善士孙公墓碑　为孙钧、孙铢、孙钜、孙铚于元天历三年（1330）为其父孙证所立墓碑。碑体上部残损，碑额及碑座缺失，青石材质，残高1.62米，宽0.95米，厚0.22米，篆书书体，石匠王通甫刊。字迹虽有漫漶之处但尚可辨识。

玄德真人墓碑　现存于恒山仙人坟处，元至正三年（1343）恒山道众为玄德真人立。碑体高0.9米，宽0.58米，厚0.11米，青石材质，圭首方趺。碑阳刻回字纹边，多有风化。碑阴额部题"本宗道众"，内容为道众名讳，风化较为严重，字迹较难辨识。

大明儒林郎同知磁州李公墓碑　现存于城东武村东山李家老坟，立于明嘉靖二十四年（1545）秋八月。碑高1.56米，宽0.76米，厚0.18米，白青石材质，圆首云纹，边框饰缠枝花纹，保存完好，由其子李尧年撰书，石匠王景玉镌。碑阴为对李公（名万，字本一，号惠山，浑源人）及家人的介绍，上部侵蚀严重。

大明迪功郎鳌屋县丞李公墓　现存于城东武村东山李家老坟，立于明万历二十三年（1595）五月。碑高1.96米，宽0.82米，厚0.2米，白青石材质，圆首饰云纹，边框饰缠枝花纹，风化侵蚀较重。碑阴大意为对其本人及家人的介绍，由其子李维屏、李维翰立。

李公墓碑　现存于城东武村东山李家老坟，立于明万历四十六年（1618）。碑体上部大部缺失，残高0.79米，宽0.65米，厚0.17米，青石材质，边框饰缠枝花纹，碑体斑驳，风化侵蚀较重，其子李必大等立。

皇清诰封征仕郎原江西广信府安义县县丞廷琢穆公墓志铭　现存于李峪村穆家坟，立于清乾隆十一年（1746）六月。高 1.98 米，宽 0.7 米，厚 0.18 米，砂岩质，圆首，边框饰缠枝纹。额正书"墓志"二字，两侧饰云纹。碑体风化侵蚀严重，碑面斑驳不清，多文字不识。内容为墓主人生平以及家人的情况介绍。山东道御史张考撰文，总兵官李如柏书丹。

皇清敕授征仕郎原任江西广信府玉山县左堂人龙穆公碑序　现存于李峪村穆家坟，立于清乾隆四十二年（1777）四月。高 1.35 米，宽 0.64 米，厚 0.16 米。圆首，青石质，边框饰缠枝、波浪纹。碑文由候选知县张国玺撰，候选训导张象高书丹。该碑额部基本缺失，碑面风化较重，部分字迹不识。序文大意为对墓主人及家人的介绍。

穆公碑记　现存于李峪村穆家坟，立于清嘉庆二年（1797）七月。高 1.28 米，宽 0.56米，厚 0.15 米。平首青石质，边框饰回字纹。额正书"碑记"二字，两侧饰云图纹。阳面碑文为墓主人及立碑者姓名，碑阴为墓主人碑铭，碑文由董世荫撰，常山仲书丹。石碑风化侵蚀较重，碑面多有剥落残损，个别文字不识。

穆俊举合葬碑　现存于李峪村穆家祠堂，碑体倒伏，立碑时间不详。高 1.33 米，宽0.62 米，厚 0.14 米。圆首，青石质，趺座缺失，为穆俊举与夫人张氏、黄氏合葬墓碑。

郭玉佩墓碑　现存于蔡村镇尧村郭家老坟，立于清嘉庆八年（1803）五月。圆首方趺，青石质，减笔回字纹边框，额正书"追远"二字。碑高 1.53 米，宽 0.5 米，厚 0.16 米。石碑主人为郭玉佩及其妻子赵氏，其子郭仓正、郭仓全立碑。碑阴为所葬者之碑铭，正中书"碑阴"，纹饰与碑阳相同，石碑现存状况较好。

郭士英马氏墓碑　现存于蔡村镇尧村郭家老坟，立于清嘉庆十九年（1814）闰二月。圆首，大理石质，减笔回字纹边框，额正书"万古流芳"，饰云图纹。碑高 1.38 米，宽 0.58米，厚 0.18 米。该碑为郭琌（疑为继子）为其父母所立之碑。碑面风化较重且有人为刻损痕迹，个别文字缺失。

修职郎郭士伟及夫人合葬墓碑　现存于蔡村镇尧村郭家老坟，立于清咸丰二年（1852）八月中旬。圆首方趺，青石质，边框饰花卉纹，额正书"皇清"字。碑高 1.53 米，宽 0.67 米，厚 0.18 米。墓碑所刻内容为墓主人郭士伟及其妻子李氏之墓志，由其子郭恒德立碑。石碑现存状况较好。

武略骑尉郭士俊及夫人合葬墓碑　现存于蔡村镇尧村郭家老坟，立于清咸丰二年（1852）九月。圆首方趺，青石质，边框饰花卉纹。碑高 1.23 米，宽 0.61 米，厚 0.14 米。墓碑刻墓主人郭士俊及其妻子安氏、孟氏名讳，由其子郭增立碑。石碑现存状况较好。

武德骑尉郭增及孺人墓碑　现存于蔡村镇尧村郭家老坟，立于清光绪十八年（1892）五月。圆首，大理石质，边框饰回字纹。碑高 1.1 米，宽 0.48 米，厚 0.14 米，为墓主人郭增夫妇合葬墓碑，其子郭文耀、郭文忠、郭文炳、郭文庆立碑。石碑碑体基本完整，碑面风化侵蚀较重，局部文字剥落。

武德骑尉郭文忠及夫人冯氏麻氏墓志碑　现存于蔡村镇尧村郭家老坟，立于清宣统三年（1911）十二月。圆首，大理石质，边框饰减笔回字纹。碑高 1.04 米，宽 0.52 米，厚 0.18 米，为墓主人郭文忠及夫人冯氏、麻氏合葬墓碑。石碑碑体基本完整，碑面风化侵蚀较重，局部文字人为破坏。

常安世碑　立于清光绪元年（1875）冬，现存于文家庄常家老坟。碑高 1.35 米，宽 0.62 米，厚 0.25 米，额高 0.73 米，砂石质，螭首方趺。碑首高浮雕饰"云龙"，边框饰花卉纹，为乾隆丙午（1786）科举人、敕授文林郎、蒲州府教授、奉直大夫常安世（号康侯）及裴氏、王氏、武氏三位宜人合葬墓，碑阴素面，碑体保存完整。

常辅世碑　立于清光绪四年（1878）正月，现存于文家庄常家老坟。碑体高 1.3 米，宽 0.58 米，厚 0.17 米，青石质，圆首方趺。边框饰回字纹，为诰授修职郎、乡饮介宾、增广生常辅世（字次侯）及徐氏、张氏二孺人合葬墓，碑阴素面，碑体保存完整。

常山凤碑　立于清光绪元年（1875）冬，现存于文家庄常家老坟。碑体高 1.51 米，宽 0.62 米，厚 0.22 米；碑首高 0.7 米，砂石质，螭首方趺。碑首高浮雕饰"双龙拱日"，边框饰花卉纹，为赐进士出身、钦加知州衔、奉直大夫常山凤（号云溪）及王氏、任氏二位宜人合葬墓，碑阴素面，碑体保存完整。

常山仪碑　立于清同治十二年（1873）冬，现存于文家庄常家老坟。碑高 1.3 米，宽 0.57 米，厚 0.20 米，砂石质，圆首方趺，边框饰螺纹。为赐封奉直大夫常山仪（字用羽，号朝阳）及于氏、王氏二位宜人合葬墓，碑阴素面，碑体保存完整。

后土碑　立于清光绪元年（1875）冬，现存于文家庄常家老坟。碑体高 1.35 米，宽 0.61 米，厚 0.22 米；碑首高 0.68 米，砂石质，螭首方趺，碑首浮雕刻"双龙拱日"，边框饰花卉纹。碑首刻"辛乙山向"，碑体阴刻"本山司土神位"，碑阴素面，碑体保存完整。碑体周围散落原石碑楼构件，刻工精美。

文步云碑　立于清光绪七年（1881）九月，现存于文家庄文氏老坟。碑体下部埋于土中，砂石质，螭首。出落部分碑体高 1.03 米，宽 0.68.5 米，厚 0.2 米，碑首高 0.65 米，碑首高浮雕饰"双龙拱日"，刻"永言孝思"；边框饰花卉纹，碑阴素面，为皇清待赠文步云及尚氏、白氏二位夫人合葬墓，由其子文华章、文显章及孙文长春等立，碑体保存完整。

恩旨碑　立于清道光二十年（1840）二月，现存于栗毓美墓墓园外西侧碑亭，称"恩旨碑"。高 2.65 米，宽 1.14 米，厚 0.38 米，汉白玉质，螭首龟趺，碑身两侧饰高浮雕游龙。碑额高 1 米，长 1.25 米，厚 0.5 米，额篆"纶音"二字；底座高 0.75 米，长 1.21 米。协办大学士、吏部尚书汤金钊书丹。石碑除趺座"赑屃"头部缺失外其余皆保存较完整。

内容为道光皇帝对栗公的不幸殉职深感惋惜，对其功绩做出了极高的评价，特恩赏其太子太保衔，按总督规格赐恤。

栗恭勤公神道碑铭　现存于栗毓美墓墓区外东侧碑亭，立于清道光二十年（1840），称"神道碑"。高2.34米，宽1.17米，厚0.36米，汉白玉质，螭首龟趺，碑身两侧饰高浮雕游龙。碑额高1.2米，长1.25米，厚0.5米，正中篆"栗公神道碑铭"，予告大学士阮元书；底座高0.75米，长1.29米，宽0.52米。该碑由翰林院侍读学士彭邦畤撰文，户部尚书祁寯藻书丹。碑阳正书刻"皇清诰授光禄大夫兵部侍郎兼都察院右副督御史总督河南山东河道提督军务晋赠太子太保谥恭勤栗公神道"，碑阴为栗公碑铭。石碑基本保存完整。

御制祭文　现存于栗毓美墓区内东侧碑亭，立于清道光二十年（1840）三月，名"谥法碑"。碑高2.74米，宽1.17米，厚0.40米，汉白玉质，螭首龟趺，碑身两侧饰高浮雕游龙。碑额高1.29米，长1.28米，厚0.58米，正中篆"御制碑文"；底座高0.67米，长1.31米，宽0.54米。由候选州同许瀚书丹，祭文大意为对栗公的为人、功绩等做了总结。石碑基本保存完整。

皇帝遣大同府理事同知兴龄谕祭于晋赠太子太保衔原任河东河道总督栗毓美之碑　现存于栗毓美墓墓区内西侧碑亭，立于清道光二十年（1840）十一月，名"谕祭碑"。高2.7米，宽1.16米，厚0.4米，汉白玉质，螭首龟趺，碑身两侧饰高浮雕游龙。碑额高1.29米，长1.28米，厚0.58米，正中篆"御制碑文"。底座高0.66米，长1.29米，宽0.58米。碑文由两广总督祁贡亲撰，内容为皇帝遣大同府同知兴龄向栗毓美进行御祭，极尽褒奖之词。石碑基本保存完整。

新阡祔葬条说　现存于栗毓美墓，立于清道光二十三年（1843）七月。高2.2米，宽0.84米，厚0.24米。汉白玉质，圆首方趺，边框饰回字纹。碑阳所刻内容为栗氏坟谱，其中额部刻绘坟茔排列方位图，下部为埋葬之法。碑阴为栗公墓所有建筑、用地情况明细以及埋葬之法要旨，额饰云纹。该碑由栗公次子栗燿撰文并书丹，长子栗烜记。石碑保存基本完整。

后土之神碑　现存于栗毓美墓墓丘东侧，立于清道光二十四年（1844）。高2.2米，宽0.85米，后0.26米，汉白玉质，圆首方趺，碑额正中篆书"后土之神"。底座高0.57米，长1.22米，厚0.58米。石碑基本保存完整。

栗恭勤公偕吴夫人合葬墓碑　现存于栗公墓前，立于清咸丰元年（1851）三月。碑高1.72米，宽0.82米，厚0.27米，汉白玉质，螭首方趺。额高0.89米，宽0.42米；座高0.44米，宽0.64米，长1.22米，正面高浮雕饰"双龙拱日"，背面高浮雕饰"狮子拱绣球"。碑阳边框饰缠枝纹，上刻"皇清光禄大夫太子太保东河总督栗恭勤公诰封夫人晋封一品夫人吴夫人合葬墓"；碑阴边框饰回字纹，内容为栗公夫妇生卒时间及子孙名讳。该碑原深埋于地下，2006 年栗毓美墓工程其间出土，保存完整。

栗毓美祀祖碑 原砌于恒荫东坡涵洞，现存文庙。高 1.25 米，宽 0.6 米，厚 0.25 米，圆首石灰岩质，趺座缺失，碑阴素面无纹饰，为时任河南布政使栗毓美为其五世祖栗有库所立之碑。碑体边框饰回字纹，上刻"皇清诰赠资政大夫始祖考栗公讳有库妣杨氏神位"，立于清道光十三年（1833）六月。碑体现保存完整，碑面斑驳，除墓主人名讳残损外，其他文字皆可辨识。

栗渥碑 立碑时间不详，现存于栗毓美墓区。碑体仅残存一部，其余缺失，残高 0.55 米，宽 0.86 米，厚 0.22 米，汉白玉质，为栗毓美兄弟五人为其父栗渥所立之碑，碑阴素面。

兰州知府栗焜墓碑 现存于栗毓美墓，立于清光绪三十年（1904）七月。高 1.48 米，宽 0.7 米，厚 0.19 米。汉白玉质，螭首方趺，边框饰缠枝纹，篆额"荣锡千秋"，趺座为莲台式，为栗焜夫妇合葬墓碑。该碑阴面破损严重，文字基本无法辨认。

朝议大夫栗国华及夫人合葬墓碑 现存于栗毓美墓，立于清光绪三十三年（1907）七月，为栗国华夫妇合葬墓碑。高 1.13 米，宽 0.53 米，厚 0.18 米。汉白玉质，螭首方趺，边框饰缠枝纹，隶额"其昌百世"，浮雕拱日缠尾双龙。该碑趺座有缺损，其余保存基本完整。碑阳为墓主人夫妇职衔及名讳；阴为墓主人生卒时间及子孙名讳，由其长子栗恩浩立石。

湖北布政使司栗燿与孙夫人合葬墓碑 现存于栗毓美墓，立于中华民国 7 年（1918），为栗燿夫妇合葬墓碑。碑高 1.35 米，宽 0.65 米，厚 0.28 米，汉白玉质，螭首方趺。额正书"报本追远"，高 0.63 米，宽 0.72 米，厚 0.37 米。碑阳边框饰"万字不到头"纹，间有"寿"字纹；碑阴饰回形纹。碑体文字为墓主人夫妇职衔、名讳、生卒时间，由其子栗国贤、栗国良及孙辈等立石。石碑保存基本完整。

中宪大夫栗国贤与田、白夫人合葬墓碑 现存于栗毓美墓，立于中华民国 10 年（1921）三月，为栗国贤夫妇合葬墓碑。碑高 1.36 米，宽 0.65 米，厚 0.25 米，汉白玉质，螭首方趺。碑阳边框饰缠枝纹，额正书"报本追远"；碑阴饰"万字不到头"及回形纹，额正书"五世其昌"。趺座饰浮雕莲花波浪图案，高 0.44 米，长 0.8 米，宽 60 厘米。碑体文字为墓主人夫妇职衔、名讳、生卒时间，由其子栗恩藻、栗恩鸿、栗恩诏及孙辈立石。石

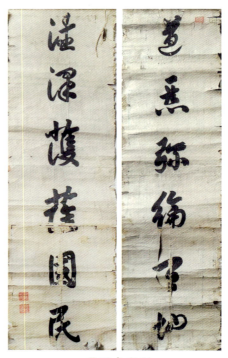

栗国良书联

碑保存基本完整。

朝议大夫栗国良与张夫人合葬墓碑 现存于栗毓美墓，立于中华民国10年（1921）四月，为栗国良夫妇合葬墓碑。碑高1.26米，宽0.6米，厚0.23米，汉白玉质，碑阳边框饰折枝纹，碑阴饰"万字不到头"及回字纹。跌座高0.44米，长0.8米，宽0.6米。碑体文字为墓主人夫妇职衔、名讳、生卒时间，由其子栗恩福、栗恩寿及孙辈立石。石碑碑额及右上部缺失。

奉政大夫栗恩浩与姚夫人合葬墓碑 现存于栗毓美墓，立于中华民国10年（1921）六月，为栗恩浩夫妇合葬墓碑。碑高1.18米，宽0.58米，厚0.17米，汉白玉质，圆首方跌，边框饰缠枝纹。跌座高0.42米，长0.69米，宽0.42米。碑体文字为墓主人夫妇职衔、名讳、生卒时间，由其子栗逎恭、栗逎庄、栗逎容、栗逎敬、栗逎端及孙辈等立石。石碑保存基本完整。

修职郎栗恩源与夫人合葬墓碑 现存于栗毓美墓，立于中华民国10年（1921）六月，为栗恩源及夫人任氏、任氏、任氏、程氏合葬墓碑。碑高1.16米，宽0.57米，厚0.18米，汉白玉质，圆首方跌，边框饰缠枝纹。跌座高0.41米，长0.69米，宽0.56米。碑体文字为墓主人夫妇职衔、名讳、生卒时间，由过继子栗逎恭立石。石碑保存基本完整。

苏皖候补府经历栗恩鸿与程夫人合葬墓碑 现存于栗毓美墓，立于中华民国10年（1921）五月，为栗恩浩夫妇合葬墓碑。碑高1.27米，宽0.51米，厚0.13米，汉白玉质，圆首方跌，边框饰缠枝纹。碑体文字为墓主人夫妇职衔、名讳、生卒时间，由其子栗逎宜、栗逎盈、栗逎巽、栗逎宸及孙辈立石。石碑右下侧缺损。

清四品封衔例贡生薛于唐先生墓志铭 现存于栗毓美墓西南墙角下，立于中华民国5年（1916）。高0.61米，宽0.41米，厚0.08米，青石质。记载的是墓主人的生平及家庭情况，墓主人姓薛名贵，字于唐。铭文由其婿清史馆名誉撰修官学部七品小京官、拔贡郭象生撰文，附生王国珍书丹。

无名碑 碑体斜断为两截，现存于栗毓美墓区。碑体残高0.79米，宽0.77米，厚0.25米，汉白玉质，碑首跌座缺失，边框饰回型纹，碑体倒伏，碑阴文字不识。碑文由时任浑源知县李兆麟撰写，（姻弟）岁贡生常颖章书丹。该碑疑为张官所立之碑。

黄启元夫妇墓碑 现存于城西黄家老坟，立于清嘉庆十年（1805）九月上旬。碑体上下部皆有残损，残高1.05米，宽0.62米，厚0.13米，青石质。碑文为黄德深、黄德溥为其父黄启元、母刘氏所立之碑。碑文显示黄启元为宣武大夫、四品衔，年龄较大，生前曾五世同堂，子孙较多。

显考碑铭并序 现存于城西黄家老坟，立于清道光五年（1825）二月。该碑从碑首处断为两截，风化较重，部分文字不识。高1.18米，宽0.6米，厚0.15米，圆首，青石质，饰减笔回字纹。额饰云图纹，正书"没世不忘"。碑文内容为墓主人的碑序及碑铭。

黄万清墓志　现存于城西黄家老坟，立于清咸丰五年（1855）正月。该碑残损严重，碑体上下各缺少一部。残碑高 0.94 米，宽 0.63 米，厚 0.14 米，青石质，饰减笔回字纹。为墓主人及其赵氏、张氏、穆氏夫人合葬墓碑，其子黄连台、黄文台、黄元台，孙黄智承、黄振业，曾孙黄守□等立。

　　黄老府君及夫人墓碑　现存于城西黄家老坟，立于清光绪九年（1883）五月。该碑残损严重，碑体中间断裂，左侧及下部缺失大部。残碑高 1.1 米，宽 0.55 米，厚 0.12 米，青石质，饰减笔回字纹。为墓主人黄尔毅与耿氏夫人合葬墓碑。

　　荣赠介宾曾祖翟士珠孺人徐氏陈氏墓铭　现存于许村翟家老坟，立于清道光六年（1826）正月。碑高 1.35 米，宽 0.61 米，厚 0.29 米，圆首，青石质，边框饰莲花纹。碑体风化侵蚀严重，碑阳两侧饰云图纹，正书"皇清"，碑文为翟士珠及其徐、陈夫人名讳。碑阴额饰云纹，正书"水源木本"，边框饰回字纹，碑体风化严重，碑铭局部文字不识。

　　蛇山墓志铭　现存神溪村南蛇山古墓，立于清道光元年（1821），为圆首，青石质，通高 0.86 米，宽 0.38 米，厚 0.12 米。碑文楷书"皇清例赠修职郎显考太学年耀西孙太君墓志铭……大清道光元年（1821 年）岁次辛巳十二月朔月榖旦立。"

　　修职郎王溥安人张氏之墓　立于清道光二十年（1840）五月，原立于西留村王家老坟，现存于西留村古戏台院内。高 1.38 米，宽 0.61 米，厚 0.16 米，圆首，青石质，饰减笔回字纹。碑额高 0.73 米，宽 0.73 米，厚 0.2 米，额饰双龙纹。碑文由景山官学教习常山凤撰。碑体风化较重，局部文字模糊不识。

　　王元憬及夫人郝氏墓志碑　现存于西留村王家老坟，立于清光绪二十六年（1900）夏。碑高 1.48 米，宽 0.58 米，厚 0.18 米，圆首，青石质，边框饰减笔回形纹，额绘游云纹。碑体断为两段，边缘有残损。为王元憬及夫人郝氏合葬墓碑。

　　张清元碑　现存于州衙，立于清光绪十五年（1889）。碑体断为三截，损毁严重，高度不识，宽 0.74 米，厚 0.23 米，方跌青石质，边框饰减笔回字纹，为张清元及夫人程氏、穆氏所立合葬墓碑。张清元卒于清咸丰九年（1859），其好友时任大学士祁寯藻为其撰写墓志铭，铭文笔力遒健、极尽褒扬之词。墓铭现下落不明，民间存有拓本，精装为帖。

　　张观岳碑　现存于州衙，立于清宣统三年（1911）。碑体断为两截，残高 2.2 米，宽 0.69 米，厚 0.23 米，螭首方跌青石质，边框饰回形纹，为张观岳及夫人穆氏合葬墓碑。张观岳，号伯菘，张清元之子，恩赏优贡生入国子监。

　　赵老先生德泽碑亭　位于永安镇永兴社区南关街西侧，南关街 69 号民居南侧。坐西朝东，东西长 2.26 米，南北宽 2.26 米，占地面积约 5.11 平方米，为军机章京赵国良为其父赵子青（名廷选）所立德泽碑。封土夷平，地表现仅存碑亭。碑亭为石砌仿木结构，所用材料质地不一，有石灰岩（青石）、花岗岩、砂岩。碑体呈正四棱柱体，青石质，螭首龟趺，边长 0.6 米，通高 2.16 米。四面刻碑文，额皆饰"双龙拱日"，与边框纹饰俱采用高浮雕手法，刻工精湛，趺座龟首缺失。

东侧碑额正书"皇清"，边框饰云龙纹，碑文正书"皇清诰授中宪晋赠通议大夫子青赵老先生德泽碑"，右侧边框残损，两侧立柱由钦加内阁中书衔拣选知县张官篆联，联文暂不识。

南侧碑额正书"世受皇恩"，边框饰缠枝纹，尤以左侧残损较重，碑文正书"世受皇恩……大清光绪三十一年岁在旃蒙大荒落陬月穀旦"。两侧立柱联文："东国人伦真不朽，北方学者莫或先。"撰联者不详。

西侧碑额正书"龙章宠锡"，边框饰云头万字纹，两侧上部全部人为砸损，碑文为亲友名录。两侧立柱田应璜题联文："是何旷世逸才祇今大茂风云犹余奇气，我易北边侠者此后平原肝胆更向谁人。"

北侧碑额正书"鸿恩三锡"，边框饰缠枝纹，右上部及左侧人为砸损，碑文为对赵老先生的赞颂之词。由钦加内阁中书衔屯留县教谕田应璜撰文，赐进士出身理藩院尚书衔绥远城将军贻□谷篆额，钦加内阁中书衔拣选知县张官书丹。两侧立柱李景泉撰联文："好义急公誉合乡党，尊贤乐善庆流子孙。"

该碑亭是浑源县保存较好的一座清代石砌碑亭，研究价值较大。

圆寂大禅师照立墓志　现存于西留古戏台，立于清光绪十四年（1888）十二月。高 1.28 米，宽 0.53 米，厚 0.15 米。青石质，圆首，边框饰回字纹。碑阳所刻内容为照立和尚的墓志，对其为人做事进行了褒扬。石碑保存状况较好。

温天佑及夫人墓志碑　现存于上祝安村温家老坟，立于清光绪二十一年（1895）三月。碑高 1.2 米，宽 0.5 米，厚 0.14 米，圆首，青石质，饰缠枝纹。为墓主人温天佑及其妻子兰氏、王氏合葬墓碑。碑体现存状况较好，碑面有风化剥落之处，局部款识不详。该墓主人户数人口较多，碑文显示曾五世同堂。

穆维岐墓志　现存于永安寺，立于清光绪三十一年（1905）七月。高 1.14 米，宽 0.5 米，厚 0.13 米，青石质，饰鸟兽纹，纹饰精美。内容为墓主人生平以及家人的情况介绍。碑体残损严重，中部有裂纹，底端部分碑体损毁，以至包括落款在内的较多文字缺失。

左彭龄墓碑记　现存于裴村乡凌云口村村南路旁，碑体倒伏，仅见碑阳文字。该碑螭首（与碑体分离），刻"双龙拱日"，刻工精湛。碑体为青石质，碑额约 20 厘米处斜断开为两部分，边框饰莲花纹等纹饰，趺座未见。碑首高 0.85 米，碑体长 1.9 米，宽 0.75 米，厚 0.17 米，碑体上书"敕授登仕郎军功议叙从九品左翁彭龄公神位"。

程兆元及夫人墓碑记　现砌于南榆林乡毕村田间渠沟，立于清代，具体年代暂不详。圆首，青石质，碑高 1.05 米，宽 0.4 米，厚度暂不详，为修职郎拔贡程兆元及孺人葛氏合葬墓碑。碑面风化侵蚀较重，局部文字剥落。

无名碑 现砌于毕村东田间渠沟，立于清代，具体年代暂不详。该碑青石质，边框饰缠枝纹，碑体有残损。残高 0.88 米，宽 0.57 米，厚度暂不详。碑面风化侵蚀较重，局部文字剥落，碑文由郡廪生侯赟元撰，张□仁书丹。墓主人名讳暂无考，据残存碑文可知，该碑为夫妇合葬墓碑。其家庭人口较多，曾五世同堂。

特任内务部部长浑源田君墓志铭 原存于海村田家老坟，立于中华民国 16 年（1927）二月十九日，现佚失，仅存铭文影印件。铭文由辽阳袁金铠撰，吉林成多禄书丹，长白金梁篆盖。

田汝弼墓碑 墓碑主人为海村田应璜长子田汝弼。该碑已断为两部分，方首，石灰岩质，碑体表面破损较重，局部文字无法辨识。上部残长 0.7 米，宽 0.65 米，下部残长 1.2 米。碑阳边框饰波浪纹，额正书"荣膺公葬"，碑文为"故产业部□田公讳汝弼字景傅之墓蒙古自治邦政府故田产业部长公葬委员会立"。碑阴边框饰回字纹，碑文为《田公景傅墓记》，记述了田汝弼家世及其人生履历。碑文中关于墓主人卒年缺失，但据残存文字推知，墓主人生于光绪十二年（1886）十一月初一，殁于 1944 年，享年 59 岁（虚岁），灵归浑源故里。

三等义赈奖章乡举人大宾左公墓志铭 墓志铭主人名左养增，字端颐，浑源凌云口乡绅，卒年 84 岁。该墓铭由时任山西高级法院院长田汝翼篆盖，屯留李箴撰文，国民政府内政部次长五台赵丕廉校阅，铜山张伯英（近代书法家、诗人）书丹。铭文作者李箴与左公之子左吉轩同为浑源海村田应璜门下。墓铭立于民国 17 年（1928）十月，现下落不明，仅余拓片大部，长约 0.6 米，高约 0.65 米。其中正文末端铭文有缺失，盖篆为"三等义赈奖章乡举□大宾左公□□□"。铭文对墓主人极尽褒扬之词，文采出众，书迹极佳，是研究民国时期浑源历史人物的珍贵资料。

李和碑 现存于吴城乡香水寺李氏家族墓地，立于民国 18 年（1929）四月。高 1.77 米，宽 0.61 米，厚 0.22 米，青石质，圆首方趺，边框饰缠枝纹，碑体现存完整。碑阳镌刻□授文林郎李翁讳和之墓，孙廷相、廷懋及曾孙允文、丕文立，碑阴素面无文字。

后土碑 现存于吴城乡香水寺李氏家族墓地，高 1.36 米，宽 0.64 米，厚 0.18 米，青石质，圆首方趺，边框饰缠枝纹，碑体现存完整。碑阳镌刻艮山坤向，本山后土神位。碑阴素面。

第二节　寺庙碑

北岳神公昭感碑 现存于恒山真武庙，立于明成化七年（1471），风化较为严重。碑体高 2.02 米，宽 0.99 米，厚 0.33 米；碑额高 0.53 米，蟠龙环绕，碑体边缘刻饰缠枝纹，汉白玉材质，工艺精湛。由奉议大夫同知大同府事徐禄篆额，赐进士承直郎大同府判鲍克宽书丹，赐甲申进士出身浙松杨□□撰文。内容大意为感召北岳大帝的灵光显应，其边疆之平定、万民之福泽等无不与之有关。浑源知州关宗立石，刘江镌。

祈雨有感碑记 现存于恒山真武庙，立于明成化十五年（1479）六月。碑体高 1.64 米，宽 0.9 米，厚 0.32 米，碑额雕二龙戏珠，碑体边缘饰缠枝纹，汉白玉材质，刻工精湛。碑阳由代府右长史奉议大夫尹纶撰文，代府伴读石璇书丹，浑源知州冯珪立石。碑阴文字系凤阳怡庵道人书。碑刻内容大意为明成化十四年春夏季，浑源久旱数月。逢钦差巡抚李敏巡视至此，遂设供在恒山祈雨，果连降雨三日。众官员及民众无不欣喜，次年刻碑纪念。碑体右下部残损，总体保存较好，文字清晰可辨。

祈雨碑记 现存于恒山恒宗殿，立于明万历四十五年（1617）。碑体高 0.78 米，宽 0.32 米，厚 0.11 米，青石材质，圆首。杜守清撰文，王洞宏书丹，周洞江立石。大意记载的是明万历四十五年浑源大旱，大同兵备道长官遣云州毛化麟代职前往北岳恒山神位处祈雨，以济万民。后果得大雨，遂立石以记。

御祭北岳恒山之神碑 现存于恒山恒宗殿西侧，立于清顺治十八年（1661），仅余上部一段且有残损，其他部位不知所踪。残碑高 0.64 米，宽 0.88 米，厚 0.21 米，砂石质，边框饰缠枝纹。据残余字迹意思大约是顺治帝派遣工部右侍郎前往恒山祭祀。

皇帝遣内阁四品侍读学士王国昌致祭北岳恒山之神碑 该石碑现存于恒山恒宗殿下，立于清康熙二十七年（1688）十二月，圆首方趺。碑额饰双龙云纹，篆"御祭碑文"四字，高 0.34 米，长 0.82 米，宽 0.56 米。碑体高 1.63 米，宽 0.74 米，厚 0.21 米，边框饰缠枝花纹，青石材质。碑体保存完整，中间有裂纹，下部较大面积剥落，文字尚可辨识。碑文大意为皇帝派遣王国昌对恒山之神举行祭祀之礼并宣读祭文。其中司香帛祝文者为太常寺笔帖式冯世泰，陪祭官为大同府中路通判叶九思，勒石者为浑源知州张应薇。

皇帝遣户部右侍郎贝和诺致祭北岳恒山之神碑 现存于恒山崇灵门侧，立于清康熙三十六年（1697）八月。高 1.7 米，宽 0.68 米，厚 0.21 米，圆首方趺。碑额刻绘双龙云图纹，边框饰缠枝花纹，青石材质。大意为康熙皇帝遣使向北岳之神致祭，感念神祇对大清国的庇佑。石碑保存尚好，碑体表面多有斑驳脱落。司香帛、祝文太常寺七品笔帖式拉答，陪祀官大同知府加三级叶九思，勒石为浑源知州加四级王国辅。

皇帝遣内阁侍读学士加六级卢起隆致祭于北岳恒山之神碑 现存于恒山崇灵门侧，立于清康熙四十二年（1703）四月。高 1.78 米，宽 0.82 米，厚 0.22 米，圆首方趺，边框饰缠枝花纹，青石材质。其中碑额刻绘双龙云图纹，高 0.89 米，宽 0.93 米。碑体保存较好。大意为皇帝感念恒山之神的庇佑，遣使前往恒山进行祭祀。主祭官金启复，司香帛、祝文太常寺笔帖式郭俊，陪祀官大同知府加三级叶九思，勒石为浑源知州刘显功。

皇帝遣太常寺卿加五级李敏启致祭于北岳恒山之神碑 石碑现存于恒山崇灵门侧，立于清康熙五十二年（1713）闰五月。高 1.83 米，宽 0.96 米，厚 0.22 米，圆首方趺，边框饰缠枝花纹，青石材质，其中碑额刻绘双龙云图纹。碑体保存尚可，碑面多有剥落。

大意为皇帝感念恒山之神的庇佑，遣使李敏启前往恒山进行祭祀。主祭官七品笔帖式众神保，陪祀官大同知府加二级记录六次洪璟，勒石为浑源知州加一级马象观。

皇帝遣国子监祭酒李周望致祭于北岳恒山之神碑　现存于恒山会仙府，立于清康熙五十八年（1719）二月。高 2.07 米，宽 0.92 米，厚 0.23 米，圆首方趺，边框饰缠枝花纹，青石材质，其中碑额刻绘双龙云图纹。石碑主体保存较好，碑面有残损剥落。大意为皇帝感念恒山之神的庇佑，遣使李周望等前往恒山祭祀。主祭官笔帖式加一级白素，陪祀官大同知府加二级记录五次栾廷芳，浑源知州郑占春勒石。

皇帝遣都察院右副督御史伊特海致祭于北岳恒山之神碑　现存于恒山会仙府，立于清雍正元年（1723）正月。碑高 1.78 米，宽 0.86 米，厚 0.3 米，圆首方趺，边框饰缠枝花纹，青石材质。其中碑额刻绘双龙云图纹，正书"祭文"二字。碑体左下侧边缘处缺损，碑面剥落较重。碑文为蒙汉双文字记载，大意为皇帝感念恒山之神的庇佑，遣使伊特海等前往恒山致祭。主祭官太常寺七品笔帖式加一级齐轼、都察院笔帖式永寿，浑源知州刘毓岩勒石。

皇帝遣日讲起居注官翰林院侍讲学士龚渤致祭于北岳恒山之神碑　现存于恒山恒宗殿，立于清乾隆十四年（1749）五月。碑高 1.6 米，宽 0.74 米，厚 0.26 米，圆首方趺，边框饰缠枝花纹，细砂岩材质。碑额刻绘云图纹，正书"御祭文"三字。石碑大体保持完整，落款处局部模糊不清，文字无法辨识。大意为皇帝感念恒山之神的庇佑，遣使龚渤等前往恒山致祭。司香帛官、祝文太常寺笔帖式德昌，陪祀官大同知府朱汝珩、□□□，勒石为浑源知州张树玉。

皇帝遣詹事府詹事兼翰林院侍读学士苏楞煊致祭于北岳恒山之神碑　该碑立于清乾隆十七年（1752）正月，现存于恒山崇灵门处。碑高 1.7 米，宽 0.6 米，厚 0.2 米，圆首方趺，边框饰缠枝花纹，细砂岩材质。其中碑额刻绘云图纹，正书"御祭文"三字。碑座高 0.23 米，宽 0.64 米，厚 0.53 米。石碑基本保存完整，右下角局部文字无法辨识。大意为皇帝感念恒山之神的庇佑，遣使苏楞煊等前往恒山致祭。司香帛官太常寺笔帖式苏楞额，陪祀官大同知府朱汝珩，浑源知州龙云斐勒石。

皇帝遣詹事府詹事兼翰林院侍读学士温敏致祭于北岳恒山之神碑　该碑立于清乾隆二十年（1755）七月，现存于恒山崇灵门处。碑高 2.10 米，宽 0.79 米，厚 0.2 米，圆首方趺，边框饰"绝不断"花纹，青石材质。其中碑额刻绘云龙图纹，正书"御祭文"三字；碑座高 0.23 米，宽 0.64 米，厚 0.53 米。石碑保存欠佳，多边角处有残缺，碑面局部剥落。大意为皇帝感念恒山之神的庇佑，遣使温敏等前往恒山致祭。司香帛官太常寺笔帖式齐拉浑，陪祀官大同知府李果，浑源知州龙云斐勒石。

御祭碑文　现存于恒山会仙府旁，立于清嘉庆元年（1796）三月。碑体已断为两段，仅余上部碑体。残存碑体高 1.04 米，宽 0.67 米，厚 0.17 米。圆首砂岩质，边框饰缠枝纹。额正书"御祭文"三字，两侧饰双龙云纹。由太原镇总兵官德龄主祭，其余人等不详。大意为皇帝遣德龄前来恒山向恒山之神祭祀，以庇佑国泰民安。

祀岳碑 现存于恒山苦甜井旁，立于清嘉庆十四年（1809）六月。高 1.48 米，宽 0.6 米，厚 0.17 米。平首青石质，边框饰回字纹。浑源知州广阿□存礼撰文并书丹。碑体现已断为两段，左上角缺失，部分文字残缺。碑文大意为新任知州上任浑源，知恒山位于浑源，且历朝官民皆奉祀有加，遂专程前来祭拜。在感叹前任功绩的同时也甚幸自己能够任职浑源，为此知州亲自撰祭祀辞以求岳神之庇佑。

御祭碑文 现存于恒山会仙府，立于清嘉庆十四年（1809）四月十二日。碑体下部缺失，仅余上部碑体。残存碑体高 1.16 米，宽 0.66 米，厚 0.19 米。圆首砂岩质，边框饰缠枝纹。额正书"御祭碑文"，两侧饰双龙云纹。由詹事府少詹事梁上国主祭，其余陪祀人等不详。大意为皇帝遣梁上国祭祀恒山之神，以求国泰民安、江山永固。

皇帝遣太仆寺少卿罗志信致祭于北岳恒山之神碑 该碑立于清乾隆二十七年（1762）正月，现存于恒山崇灵门处。碑高 1.37 米，宽 0.59 米，厚 0.22 米，圆首方跌，边框饰花纹，玄武岩材质。碑额刻绘云龙图纹，正书"御祭文"三字；碑座高 0.34 米，长 0.82 米，宽 0.56 米。石碑保存尚可，碑面局部剥落。大意为皇帝感念恒山之神的庇佑，遣使罗志信等前往恒山致祭。司香帛官太常寺笔帖式哥拉浑，陪祀官大同知府嘉祥，勒石为浑源知州桂敬顺。

皇帝遣太常寺少卿桂龄致祭于北岳恒山之神碑 该碑立于清嘉庆二十四年（1819）四月，现存于恒山崇灵门处。碑高 1.74 米，宽 0.65 米，厚 0.14 米，圆首方跌，减笔回字纹边框，青石材质。其中碑额刻绘云龙图纹，正书"御祭文"三字；碑座高 0.4 米，宽 0.54 米，长 0.73 米。碑额多斑驳脱落，碑体右侧有纵向裂纹。大意为皇帝感念恒山之神的庇佑，遣使桂龄等前往恒山致祭。捧香帛官笔帖式清瑞，陪祀官雁平兵备道世宁、大同知府富伦布、浑源知州孙大山、怀仁知县贾亮采勒石。

皇帝遣大同镇总兵官刘国庆致祭于北岳恒山之神碑 该碑立于清道光九年（1829）正月，现存于恒山恒宗殿处。碑高 1.41 米，宽 0.61 米，厚 0.17 米，圆首，青石质，边框饰缠枝纹。石碑基本保存完整，中、下部有裂纹。大意为皇帝感念恒山之神的庇佑，遣使刘国庆等前往恒山致祭。主祭官刘国庆，陪祀官大同知府崔永昭，勒石浑源知州王志敬。

皇帝遣山西太原镇总兵官台费音致祭于北岳恒山之神碑 该碑立于清道光十六年（1836）正月，现存于恒山恒宗殿处。碑高 1.48 米，宽 0.59 米，厚 0.2 米，圆首方跌，青石质。边框饰缠枝纹，额正书"御祭"二字。石碑基本保存完整，局部有剥落。大意为皇帝感念恒山之神的庇佑，遣使台费音等前往恒山致祭。主祭官台费音，陪祀官浑源知州方熙，勒石浑源城守备庆禄。

皇帝遣大同镇总兵积庆致祭于北岳恒山之神碑　立于清道光二十六年（1846），现存于恒山恒宗殿处。碑高 1.43 米，宽 0.63 米，厚 0.18 米，圆首方趺，青石质，边框饰回字纹。额正书"御祭"二字，两侧饰云龙纹。石碑基本保存完整，局部有剥落。大意为皇帝感念恒山之神的庇佑，特遣使积庆等前往恒山致祭。主祭官积庆，陪祀官大同知府双宝，勒石浑源知州王乃械、浑源守备苏明阿。

　　皇帝遣山西太原镇总兵乌勒欣泰致祭于北岳恒山之神碑　该碑立于清道光三十年（1850）四月，现存于恒山恒宗殿处。碑高 1.4 米，宽 0.61 米，厚 0.14 米，圆首方趺，青石质。边框饰缠枝纹，额正书"御祭"二字。石碑正中斜断为两段，局部有剥落，个别文字缺失。大意为皇帝感念恒山之神的庇佑，特遣使乌勒欣泰等前往恒山致祭。主祭官乌勒欣泰，陪祀官大同知府恭善，勒石浑源知州王乃械、浑源守备岳□。

　　皇帝遣山西太原镇总兵乌勒欣泰致祭于北岳之神碑　该碑立于清咸丰二年（1852）九月初七，现存于恒山崇灵门处。碑高 1.43 米，宽 0.73 米，厚 0.15 米，圆首方趺，青石质。边框饰减笔回字纹，额正书"御祭"二字。石碑表面部分磨损脱落，额部边缘稍缺损，个别文字缺失。大意为皇帝感念恒山之神的庇佑，特遣使乌勒欣泰等前往恒山致祭。主祭官乌勒欣泰，陪祀官大同知府万济，勒石浑源知州程国观、守备卢全麟。

　　皇帝遣大同镇总兵庆德致祭于北岳恒山之神碑　该碑立于清咸丰十年（1860）五月，现存于恒山崇灵门处。碑高 1.51 米，宽 0.64 米，厚 0.13 米，圆首方趺，青石质。边框饰回字纹，额正书"御祭"二字。石碑碑面多有斑驳剥落，右上角稍残损。大意为皇帝感念恒山之神的庇佑，特遣使庆德等前往恒山致祭。主祭官庆德，陪祭官大同知府李汝霖，勒石浑源知州李守清。

　　致祭恒山碑文　现存于恒山崇灵门处，立于清同治四年（1865）八月。高 1.56 米，宽 0.66 米，厚 0.21 米，圆首方趺，青石质，边框饰回字纹，额正书"御祭"二字。碑面稍有斑驳剥落，总体保存较好。记载的是曾国藩攻克南京，取得了对太平军征讨的胜利。为此皇帝特派遣大同镇总兵庆德及大同知府李汝霖等为使者前往恒山向恒山之神致祭。主祭官庆德，陪祭官李汝霖，大同府儒学廪膳生郑连科书丹，浑源州蔡森撰文。

　　御祭碑　现存于恒山会仙府，立于清同治七年（1868）五月十一日。碑体断为两部，其中上部缺失，仅存下部碑体。残高 0.81 米，宽 0.69 米，厚 0.18 米，砂岩质，边框饰缠枝纹。石碑碑面部分风化剥落。根据款识内容，碑文大意为皇帝遣使祭祀恒山之神，其中主祭司香帛者为太常寺笔帖式普喜，陪祀官为大同知府朱汝珩、浑源知州张树玉。

　　皇帝遣大同总兵马升致祭于北岳之神碑　该碑立于清光绪元年（1875）七月，现存于恒山恒宗殿处。碑高 1.6 米，宽 0.6 米，厚 0.18 米，圆首方趺，青石质。边框饰回字纹，额正书"御祭"二字。碑面多有斑驳剥落，左部边缘稍残损。大意为皇帝感念恒山之神的庇佑，特遣使马升等前往恒山致祭。主祭官马升，陪祀官大同知府左儁，浑源知州贺澍恩立。

皇帝遣山西太原镇总兵署理大同镇总兵官林成兴致祭于北岳之神碑　该碑立于清光绪十六年（1890）十月，现存于恒山恒宗殿下。碑高 1.54 米，宽 0.62 米，厚 0.21 米，圆首方趺，青石质，边框饰减笔回字纹，额正书"御祭碑文"。石碑表面磨损脱落较重，个别文字缺失。大意为皇帝感念恒山之神的庇佑，特遣使林成兴等前往恒山致祭。主祭官林成兴，陪祀官大同知府国钧，浑源知州□□、守备景新、学正王锦江、训导张文铭、王庄堡巡检沈福同、州吏目孔广赍等立石。

皇帝遣总兵署理山西大同镇总兵官刚勇巴图鲁沈玉贵致祭于北岳之神碑　该碑立于清光绪二十一年（1895）五月，现存于恒山恒宗殿下。碑高 1.57 米，宽 0.67 米，厚 0.21 米，圆首方趺，青石质。边框饰减笔回字纹，额正书"御祭"二字。石碑表面部分磨损脱落，额部右角稍缺损，个别文字缺失。大意为皇帝感念恒山之神的庇佑，特遣使沈玉贵等前往恒山致祭。主祭官沈玉贵，陪祀官大同知府国钧，浑源知州□志□、守备景新、学正任毓林、训导张文铭、王庄堡巡检沈福同、州吏目孔广赍等立石。

皇帝遣大同镇总兵官孔庆瑭致祭于北岳之神碑　该碑立于清光绪三十一年（1905）二月，现存于恒山恒宗殿下。碑高 1.34 米，宽 0.55 米，厚 0.18 米，圆首方趺，青石质，边框饰减笔回字纹，额正书"御祭"二字。石碑保存较好，表面部分磨损脱落。大意为皇帝感念恒山之神的庇佑，特遣使孔庆瑭等前往恒山致祭。承祭官孔庆瑭，陪祭官大同知府刘瀛，浑源知州杨洪勋、学正张裕、训导张文铭、王庄堡巡检王希濂、州吏目刘竹云等立石。

岳灵示晋而胜致祭恒山之碑　该碑立于中华民国 22 年（1933）六月，现存于恒山崇灵门侧。碑高 1.32 米，宽 0.6 米，厚 0.16 米，圆首方趺，青石质，边框饰蕉叶纹，额正书"万古流芳"。石碑碑体保存较好，表面较大面积磨损脱落，部分文字无法辨识。碑文由赵国良撰，优廪生吴姿书丹。大意为在 1926 年北伐战争时期，浑源为国民军所围困，后兵祸解除。民众感念北岳之神的庇佑，遂登恒山致祭并勒石以记。

壮观碑　现存两块，其一 1984 年发现于浑源中学煤堆之中。碑体裂为四块，中部有较大残缺，字迹不完整但尚清晰，据传毁于 20 世纪 60 年代。石碑圆首，趺座缺失，高约 0.5 米，宽约 0.4 米，厚约 0.1 米，正面为"壮观"二字，无镌刻时间。背面阴刻内容有"孝宗皇帝圣断已经通行，钦尊……"等字样，明孝宗时所刻，据传原立于"太白祠"内。经专家论证，其上所书"壮观"与隋唐书体不符，具明清之味。其二为现存于大同华严寺"壮观"碑，高 2.35 米，宽 0.86 米，厚 0.24 米，一说为由断碑复拓而制，但对其用笔以及笔画细部结构进行分析后更似为后人临写，时间当为明孝宗以后所为。

另，《山东通志》载，金乡县也发现有李白"壮观"碑一通，碑背题刻有："贺知章为任城令，与太白友善，过城镇有所观览，书此二字。"

悬空寺记 刻于金大定十六年（1176），现存于大雄宝殿右上崖体间。高 0.51 米，宽 0.61 米，文字内容基本完整，头陀僧行□立石。大意为作者于金大定十六年农历九月十一日与友人游悬空寺，盛赞悬空寺之胜景，并为寺院住持二僧之禅法所钦佩，并作诗以抒胸臆。原碣文无标题，此标题系后人所加。此碣文录于《辽金元石刻文献全编》。

释迦宗从之图 立于悬空寺千手观音殿下，高 0.7 米，宽 0.57 米，青石材质，为比丘尼善慈立，韩巨书丹，浑源李峪村韩松刊，文字基本完整。内容为介绍佛经上佛陀成佛前的故事以及儒释道三教教主的家族简史。

磁窑口重修悬空寺山门碑记 现嵌于悬空寺山门墙体内，高 0.54 米，宽 0.63 米，青石质，四周饰云图纹，立于明万历三十二年（1604）四月。内容为重修悬空寺山门的参与人姓名，碑碣稍有残破。

重修悬空寺碑文 现存于悬空寺碑亭内，立于清同治三年（1864）九月。碑高 1.59 米，宽 0.69 米，厚 0.16 米，青石质，边框饰花卉纹饰。圆首方跌，额绘云纹，正书"永垂不朽"。该石碑保存较好，碑面稍有剥落。前浑源知州李静清捐修，举人王尊贤撰文，大同府生员白学诗书丹。碑文记述了从清咸丰九年秋直至同治三年陆续对悬空寺的修复过程，其中不仅介绍了部分维修匠人，而且还较详细地介绍了维修时的操作技艺，这对于研究悬空寺在古代如何进行维修具有宝贵的研究价值。

大清同治三年重修复上布施芳名碑 现存于悬空寺碑亭内，立于清同治三年（1864）。碑高 1.41 米，宽 0.6 米，厚 0.19 米，青石质，边框饰花纹。圆首，额绘云纹，正书"重捐芳名"。该石碑保存较好，碑面稍有剥落。碑文记载的是重修悬空寺时捐款人及店铺的名号，其中店铺地区涉及忻州、平遥以及浑源城乡多地，捐款人中读书人较多。

重修大墙耳楼碑记 现存于悬空寺碑亭内，立于清乾隆十二年（1747）九月。碑高 1.59 米，宽 0.69 米，厚 0.18 米，青石质，边框饰波浪纹饰。圆首方跌，额首雕双龙，篆"重修碑记"。该石碑残损较重，左右端各有缺失，边框亦有残破，多处碑面剥落，较多文字无法辨识。碑文由郡学生张志文书，刘琦正撰，黄肇统篆。大意为悬空寺大墙及耳楼、塑像等自明万历四年（1576）重修后，现已残破不堪，由本州信士孟文达、黄图恒、熊钊等组织进行重修，工期为孟春至季秋。寺院原有明代铜铸佛像和法器若干，多有遗失。该工程得到了知州张树玉、都司官保、儒学学正王先第等官员的大力支持，碑文有明确记载。

旧碑记 该碑立于清乾隆十二年（1747）十月，现存于悬空寺。高 0.93 米，宽 0.74 米，厚 0.19 米。圆首，饰云纹，边框饰波浪纹，碑体表面多有剥落之处，部分文字无法辨识。大意为州人杨永正等保存下了万历十八年（1590）的石碑文字，在悬空寺重修大墙其间刻碑以记。碑文还对修寺院信士孟文达、黄图恒、熊钊的家属和募捐到的资金数量以及工匠工钱等做了记载。

悬空寺布施碑志　立于清同治五年（1866），现存于悬空寺碑亭。碑高2.04米，宽0.66米，厚0.16米，青石质，边框饰回字纹，圭首方趺，额正书"悬空寺布施碑志"。石碑主体完整，碑面局部剥落，个别文字无法辨识。碑文记录的是重修悬空寺时捐钱款人及商铺字号的名称及捐款数额，参与者众多。

大辽国应州彰国军浑源县永固山寺创建碑　石碑现存于永固寺，已断为两段，文字多有缺损。碑体圆首，青石材质，高1.8米，宽0.68米，厚0.2米，蔚州进士贾渊撰文。大意为记述了寺院的地理位置、建寺情况以及和尚与其资助者杨承演的家事等。

大金国应州浑源县上盘铺十方宝兴禅院殿记铭　石碑现位于大磁窑原小学校院内，立于金明昌七年（1196）。青石质，平首无座，缠枝边，下部残缺。残碑高0.93米，宽0.75米，厚0.14米，进士武进义撰文。正面为记铭，背面为善众名录等。

悟常公法师身后作斋记　石碑现位于大磁窑原小学校院内，立于金泰和五年（1205）。青石质，方形，缠枝边，右上部残缺。残碑高0.74米，宽0.64米，厚0.12米，进士张革撰文。正面为记铭，背面为善众施舍名录等，大意为本院僧人悟常法师在71岁高龄时安排施舍事宜。

重修古北岳庙碑　石碑现存于恒宗殿，圆首龟趺，碑额双雕蟠龙环绕。碑体高1.71米，宽0.87米，厚0.31米，立于明洪武十三年（1380），由浑源知州□□济撰文并书丹。现存碑体下部内容较为模糊，部分文字缺损难辨。

浑源州重修北岳庙记　现存于恒山真武庙，立于明成化五年（1469）八月。碑额为双龙戏珠，碑体边缘刻缠枝纹，汉白玉材质，刻工技艺精湛。碑体通高2.2米，宽0.9米，厚0.27米，由时任通议大夫、太常寺卿兼翰林院侍读学士刘翊撰文，总体保存较为完整。

浑源古北岳飞石窟记　碑记存于恒山寝宫还元洞前，圆首、饰以云头回字纹，碑体边缘饰缠枝纹，青石材质，高1.53米，宽0.75米，厚0.2米，立于明弘治七年（1494）九月。由赐进士出身、大同府知府间钲撰文，昭武将军山西行都司都指挥张永篆额，奉直大夫、浑源知州董锡书丹。大意为恒山自古即被封为北岳，因宋辽相争而暂移祀于曲阳。为使恒山继续成为万人敬仰的圣地，大同巡抚间钲遂命董锡等对恒山进行建设，其间董锡派人专程赴曲阳实地查看"安王石"。碑体基本保存完好，字体稍有风化剥落。

竭诚趋谒北岳大帝碑　现存于恒山恒宗殿下，立于明嘉靖二十五年（1546）八月初十。碑体高1.95米，宽0.87米，厚0.21米，圆首，青石材质，都指挥金事宿州沈一元书丹。大意为沈一元率领手下军官拜谒恒山大帝后决定对恒山部分建筑进行维修，遂留碑记事。碑体落款部分文字剥落较为严重，总体保持尚好。

"达观"碑　现存于恒山寝宫东侧，立于明万历十八年（1590）。碑体高1.87米，宽1米，厚0.23米，砂石材质，稍有破损，上书"达观"二字，落款字迹不清。工楷榜书，庄重雄浑，梅友松题写，江右道陈忠言书丹。

北岳庙新贮道大藏经记　现存于恒山恒宗殿，立于明万历二十七年（1599）八月。碑体高 1.82 米，宽 0.81 米，厚 0.16 米，圆首方趺，青石质。其碑额饰双龙云纹，高 0.31 米，宽 0.82 米。碑体边饰缠枝纹，书法端庄俊秀，刻工精湛，局部有残损。大意为万历皇帝为祈得神明庇佑，遣使往恒山寝宫藏大藏经的事迹。浑源州学正薛郡撰文，训导张文翼书，浑源知州刘承勋等立石。

北岳庙昭感碑记　现存于恒山飞石窟，立于明万历三十二年（1604）七月，郡人李阳生撰文。碑体通高 1.13 米，宽 0.59 米，厚 0.13 米，青石材质，圭首碑型。其碑额两侧饰云团纹，额正书"碑记"二字，四周饰缠枝纹。内容为北岳大帝的颂德之词，碑体表面破损较重，多字迹无法辨识。

恒山庙烛会碑　嵌于飞石窟东崖间，立于明万历四十四年（1616）。浑源知州张述龄撰文，吏目张德、李镇书丹，龚维宁、王贵刊。大意为北岳恒山改祀曲阳后，文人墨客很少前来赏咏，但浑源当地在四月初八恒山大帝圣诞其间却十分热闹、隆重，张述龄遂撰书立石，一则记述其事，再则祈求神明庇佑地方民众。碑碣大体完好，碑面稍有残破。

五岳真行图碑　原碑立于明崇祯年间（约 1637 年），已失。如今之碑为今人仿制，存于恒山崇灵门。圆首方趺，青石材质。高 1.53 米，宽 0.8 米，厚 0.18 米。

"介石"碑　位于恒山崇灵门侧，刻于明弘治八年四月。碑体左下角残缺一块，通高约 0.95 米，宽 0.7 米，青石质，浑源知州董锡书。正楷榜书，刚劲有力，刻工精湛。据《恒山志》载，该石碑原立于虎风口处。20 世纪末发现于崇灵门一带。

北岳恒山庙记　现存于恒山崇灵门东侧，立于清顺治十八年（1661）九月。碑高 2.34 米，宽 0.84 米，厚 0.25 米，砂岩材质，圆首方趺，边框饰缠枝花纹。底座高 0.4 米，长 0.96 米，宽 0.4 米。石碑由浑源知州张崇德立石，粤东冯敏昌书丹。内容为由张崇德撰文的《北岳恒山庙记》一篇，其下部为学正张启松所题诗文《谒北岳祠》一首，诗文俱佳。其中《谒北岳祠》曾于顺治十二年夏题于会仙府御碑亭内。该碑碑体保存完整，碑面斑驳有划痕，个别文字缺失。

化垂悠久　存于恒山会仙府东侧御碑亭内，立于清康熙初年（1666 年前后），为清康熙皇帝御书。御碑圆首方趺，其中碑额高 0.82 米，宽 0.92 米，阴刻双龙，正中刻康熙帝宝玺。碑体高 2.54 米，宽 0.88 米，厚 0.26 米，额正书"化垂悠久"四字。碑座呈方形，四周雕莲台状，高 0.56 米，宽 0.60 米，长 0.97 米。碑体保存完整，为恒山最具有代表性的石碑。

恒山永革陋规碑记　现存于恒山寝宫，立于清康熙六年（1667）八月。碑高 0.56 米，长 0.94 米，浑源知州邓源瀛立。大意为民众祭祀恒山大帝不惜耗费巨资，造成了严重的浪费，而神灵并不能真正地享用这些，这只是人们的心意罢了。现在恒山真正需要的是那些已经颓废的殿宇得到修复，于是知州下令所供之物不得浪费，所集善款、物资等须统一安排使用。

永革陋规碑记　现存于恒山苦甜井处，立于清康熙二十年（1681）。碑高 1.4 米，宽 0.63 米，厚 0.2 米，青石质。额正书"永革陋规"，绘云团纹，边框饰缠枝花纹，知州叶九思镌石，保存较好。

重修恒山十王庙记　该碑现存于恒山白虚观，清康熙十三年（1674）九月立。高 1.60 米，宽 0.72 米，厚 0.19 米，圆首，碑额饰双龙云纹，正中篆额"重修十王殿记"，边框为缠枝花纹，青石材质。赐进士云中守虞山孙鲁撰文，大同府推官马隆登镌石。碑体保存基本完整，局部稍有脱落。大意为教化民众而对十王庙进行重修。

创建羽化堂记　现存于恒山舍身崖羽化堂，立于清康熙十六年（1677）五月。高 1.53 米，宽 0.7 米，厚 0.19 米，圆首，青石材质。碑额饰云纹，正中篆额"创建羽化堂记"。碑体边框饰缠枝花纹，由直奉大夫浑源知州事宣成义、吏目王再祥、大同灵丘路浑源守府张进奎、巡检沈禧立。碑体右下角稍有脱落，整体基本完好。大意为介绍重修羽化堂的过程，言语多教人为善，安身做人。

进蜡会引碑　立于清康熙二十一年（1682）八月，现存于恒山寝宫窗台墙壁间。碑碣高 0.55 米，长 0.92 米，边框饰缠枝纹，所刻内容记载的是康熙二十一年四月朔日向恒山大帝进献香烛等物的善众芳名，书写人张大谐，石匠杨有才。

重修恒山岳庙碑记　立于清康熙二十四年（1685），现存于恒山恒宗殿，浑源知州张应薇撰文并勒石。碑体圆首方跌，高 1.87 米，宽 0.78 米，厚 0.2 米，青石材质，边框饰缠枝花纹，碑体表面有残损，上部有裂纹。碑文大意为知州张应薇上任后组织对恒山各建筑进行修复，三月始备料，六月初三至八月初竣工，历时 5 个月，正式施工时间 3 个月。所用工匠共计 90 人，涉及重修的殿宇主要包括贞元殿、寝宫、马神殿及牌楼、龙王庙、真武殿、纯阳殿、文昌庙等十余处殿阁，还新建了一些民用建筑等。从其建筑数量及时间来看，这次恒山复建工程可谓浩大，其中所动用的人力和财力是相当可观的。在生产力低下的古代，当时的 90 位工匠皆可谓能工巧匠。

重修北岳恒山庙记　现存于恒山崇灵门处，立于清嘉庆二十四年（1819）四月。高 1.83 米，宽 0.65 米，厚 0.14 米，圆首，青石质，碑额正书"重修碑记"，边框饰缠枝花纹。浑源知州孙大山撰文。碑体保存基本完整，局部稍有脱落。大意为知州孙大山于 1815 年就任浑源知州以来始终专事其政，适逢本年皇帝值 60 大寿，令大臣礼于方岳。知州登恒山后看到寺庙多有残破之处，便组织士民出资出力进行维修。

布施碑　现存于恒山崇灵门处，约立于清道光七年（1827）。高 2.06 米，宽 0.7 米，厚 0.19 米，圆首，青石质，碑额正书"永久"，边框饰纹。碑体保存基本完整，风化剥落较重，多处字迹无法辨识。碑文所记内容全部为捐资者姓名、商铺名号以及捐资数额，其他皆无。

重修北岳恒庙记 现存于恒山崇灵门处，立于清道光七年（1827）九月。高 1.53 米，宽 0.71 米，厚 0.17 米，圆首，青石质，边框饰缠枝纹。碑额刻云龙纹饰，高 0.72 米，宽 0.73 米，姚克□撰文并书丹。碑体保存基本完整，局部稍有脱落。大意为浑源知州王志敬等捐资对恒山庙进行修建，工时约 1 年。

重修北岳恒山绅士行户布施碑记 现存于恒山恒宗殿处，立于清道光初年。高 2.22 米，宽 0.75 米，厚 0.16 米，圆首，青石质，碑额正书"永垂不朽"，边框饰缠枝花纹。碑体保存基本完整，局部有脱落，部分文字无法辨识。所载内容为善众和买卖字号的名字以及其所捐款的数额，所捐款额用于重修北岳庙。这次捐资范围广泛，涉及全县城乡多个领域，如典当行、缸房行、杂行等，字号总数达 200 余家。其中大同府、蔚州、忻州也有多家字号参与捐资。

北岳立庙以祀 现存于恒山苦甜井东侧，立于清同治十二年（1873）八月。高 1.55 米，宽 0.66 米，厚 0.2 米，平首方趺，边框饰回字纹。碑体保存较差，碑面多有脱落，个别文字无法辨识。所载内容为浑源知州孔广培对恒山朝殿、白虎殿、会仙府、九天宫、寝宫、文昌阁等进行重修的过程以及参与者姓名。工程始于同治十年（1871）夏末，竣工于同治十二年中秋，历时 2 年余，工程浩大。碑石由修职郎候选训导李戴恩撰文，儒学郭优行、廪膳生员高日午书丹。

捐资芳名碑 现存于恒山苦甜井处，立于清光绪二年（1876）六月。高 1.56 米，宽 0.66 米，厚 0.16 米，圆首，边框饰荷花纹，额正书"捐资芳名"。碑体保存较差，碑面多有脱落，局部文字无法辨识。碑阳所载内容为维修恒山恒宗殿时各村所捐银钱数额及开销明细，碑阴为具体捐款人姓名，涉及官、儒、商、民。

建庙布施碑 现存于北岳恒山，立于清光绪七年（1881）。圆首，青石质，高 1.22 米，宽 0.57 米，厚 0.14 米，边框饰回字、花卉纹。额绘云龙纹，正书"永垂不朽"。碑体保存基本完整，碑面风化侵蚀较重，表面斑驳不清，诸多文字脱落，碑文辨识困难。所载内容为修建恒山庙捐资的买卖字号名称及信士姓名。

重修碑记 现存于北岳恒山，立于中华民国 25 年（1936）。圆首，青石质，高 1.32 米，宽 0.6 米，厚 0.15 米，边框饰减笔回字纹，额正书"重修碑记"。碑体保存基本完整，碑面有较大面积风化侵蚀，部分文字无法辨识。碑文为重修恒山庙宇捐款的商铺以及个人的名称、姓名和数额。

捐资芳名碑 现存于北岳恒山，立碑时间不详。圆首，青石质，高 1.29 米，宽 0.56 米，厚 0.15 米，边框饰缠枝纹。碑体保存基本完整，碑面有较大面积风化侵蚀，部分文字无法辨识。碑文为重修恒山庙宇捐款者的姓名和捐款数额，人数较多。

圣施地碑记 石碑现存于永安寺传法正宗殿西北一侧。青石质，长方形。碑通体高

0.4米，宽0.64米，厚0.1米。上部风化严重，字迹无法识辨。碑文记述某寺院施地及铸钟、挖水井等事。石碑立于金大定元年（1224）。

大永安禅寺铭 刊立于永安寺东垛殿窗台间，高0.67米，宽0.87米，碑体残断，破损较严重。记载的是归云禅师及其重孙西庵法师与高定后代关于永安寺修建的一些事情。西严撰文，永安寺监寺文兴及浑源州牧杜让立石，刘异刊。

永安寺置造供器记 现镶嵌于永安寺传法正宗殿西垛殿窗台间，立于清康熙二十六年（1687）六月初十。碑碣高0.62米，长0.83米，边框饰波浪纹饰，浑源城守府徐超及其妻萧氏等立。碑碣大意为永安寺重修之后，殿内缺乏祭祀用的供器，于是全城官员、具功名者及德高望重者便共同捐施打造所用器具，共得87斛，大小共32件，后面内容为捐施者名单。碑碣部分风化剥落，个别文字已无法辨识。

修建城隍庙开销碑记 石碑立于清同治五年（1866），现存于永安寺。高1.40米，宽0.59米，厚0.16米，圆首，青石质，边框饰回字纹。额正书"永垂不朽"，饰云图纹。碑体保存基本完整，局部有脱落。所载内容为重修城隍庙时所有花费清单，由贡生张青彦书丹，石匠李凤鸣刊。

重修圆觉寺碑记 立于清道光二十五年（1845）六月，现存于圆觉寺。高1.38米，宽0.65米，厚0.22米，圆首，青石质，额阴刻云纹，边框饰回字纹。大意为新任浑源知州组织各界人士捐善款对圆觉寺进行维修，从4月备料直至9月完工，其间新建了一些新的建筑及塑像，最后对"圆觉"一词做了个人解释。碑文由廪生刘必莲撰，碑体表面剥损较重，多字迹无法辨识。

城内各乡众善士捐建碑 现存于恒山恒宗殿下，据考约立于清道光末年。高1.60米，宽0.67米，厚0.2米，圆首方趺，边框饰回字纹。碑体保存基本完整，碑面局部脱落，部分文字无法辨识。碑文所载内容为捐资修建恒山庙宇善众芳名，约700人。

北岳全图碑 现存于恒山会仙府，立于中华民国21年（1932）四月。碑体通高1.91米，宽0.77米，厚0.17米，圆首方趺，青石质。碑阳为北岳全图，耿建瀛绘图，左士玉刻石。碑阴为《补绘北岳全图记》，由浑源知县董垚撰文，浑源人赵国良书丹，左士金刻石。碑文大意为知县董垚（襄汾县人，1929年始任浑源县县长）及陆军营长岳济泰（字峻峰，山东冠县人，1931年始驻防浑源）等畅游恒山，皆以恒山无图而遗憾，后二人终决意组织完成恒山图的绘制。全图在绘制的过程中，得到了浑源名流张裕昭、麻席珍、张甲动、张甲龄、于镇华等人的大力支持。碑体保存完整，图画绘制精美，碑阴书法堪称一流，具有重要的史料价值。

重修恒岳行宫碑记 现存于城内北岳行宫，立于清同治六年（1867）九月。石碑圆首、青砂石质，高1.8米，宽0.72米，厚0.22米，边框饰回字纹。浑源州正堂孔庆德等立。碑文介绍的是重修北岳行宫的过程以及组织参与者的姓名。该石碑材质较差，故风化侵蚀严重，碑文多有剥落，较多字迹无法辨识。

贞元会纪事碑　现存于北岳行宫，立于清光绪八年（1882）七月。石碑圆首，青石质，高 1.4 米，宽 0.63 米，厚 0.18 米，边框饰回字纹。正中篆额"永垂不朽"。内容为光绪七年闰七月，浑源贺尔峰组织成立了恒山维修及祭祀"基金会"，共筹得款项 4400 吊。时有郑介山于光绪八年七月向恒山修建"基金会"借钱 1000 吊，经经理人等商议后决定立碑以记。碑体保存一般，碑面多侵蚀风化。

贞元胜会碑记　现存于北岳行宫，立于清光绪十二年（1886）。石碑圆首，青石质，高 1.4 米，宽 0.63 米，厚 0.18 米，边框饰缠枝纹，额正书"贞元胜会"。碑文由浑源知州贺澍恩撰，高□□书丹。记述的是贺知州自同治十三年（1874）上任以来为民所想，于光绪五年（1879）筹资创建了贞元会，目的是为了修建恒山、保护林木等。碑体保存基本完整，碑面风化、磨损剥落严重，多字迹无法辨识。

重修白龙祠记　该碑现存于恒荫白龙王堂，立于清康熙十四年（1675）五月。石碑圆首方趺，青石质，高 1.63 米，宽 0.8 米，厚 0.2 米，边框饰缠枝花纹。碑额两侧阴刻双龙云纹，正中篆额"重修白龙祠记"。碑文由庠生闫佳凤撰，题额由王家宾篆，浑源知州宣成义等立。所载大意为道士卫清泉于康熙十三年（1674）春季组织州人对白龙祠进行修建，至次年夏竣工。主要维修项目有墙体、大殿、净室（居所）、钟鼓楼、大门以及石阶等，后附参与者芳名录约 200 人。石碑保存状况不佳，边框有残缺，碑面多斑驳脱落，较多文字不识。

白龙王堂焚修之资碑记　现存于恒荫白龙王堂，立于清乾隆初年。石碑圆首，青石质，高 1.7 米，宽 0.73 米，厚 0.18 米，边框饰缠枝纹。碑面风化侵蚀严重，碑阳文字不识，碑阴额正书"碑阴"。内容为重修白龙王堂的捐资人名单以及所捐财物情况，但碑面剥落面积近 50%，诸多文字无法辨识。

重建白龙神祠碑记　现存于恒荫白龙王堂，立于清乾隆十九年（1754）九月。石碑圆首，青石质，高 1.6 米，宽 0.73 米，厚 0.18 米，边框饰莲花纹。额正书"重建白龙祠记"，两侧饰云图纹。廪生王锡桓撰文，庠生熊絃绊书丹，浑源知州龙云斐、浑源城都府苏朗阿等立石。记述的是白龙王堂历朝修建情况以及本次修建的背景与过程，本次修建历时 1 年，耗银 300 余两。碑体尚完整，碑面剥损严重，多字迹无法辨识。

重修白龙王堂各庙新建魁星楼碑志　现存于恒荫白龙王堂，立于清道光三十年（1850）八月。石碑圆首，青石质，高 1.34 米，宽 0.61 米，厚 0.15 米，边框饰"梅兰竹菊"并间有莲纹。碑额刻"双龙拱日"纹，正书"万古流芳"。碑体保存基本完整，碑额风化侵蚀较重，纹饰不清。碑文由候选布经历刘廷英撰，书吏禹九州书丹，山东青州府同知方熙（原浑源知州）、浑源知州王乃械等立。所载内容为白龙王堂始建于明万历乙卯年（1615），后历康熙、乾隆年重修。道光四年（1824）由崞县郑品捐资又重修，道光三十年经前任方知州组织再次修葺。

重修白龙王堂各庙碑志 现存于白龙王堂，立于中华民国 5 年（1916）。碑体高 1.18 米，宽 0.53 米，厚 0.14 米，圆首，青石质。碑阳边框饰缠枝纹，额正书"永垂不朽"；碑阴边框饰减笔回字纹，额正书"流芳百代"。碑文由杨泽撰并书丹，记载的是白龙王堂历次修建的年代以及当前重修的一些情况。碑阴为捐资人芳名录及消费情况。碑体较完整，碑面风化侵蚀较重，部分文字无法辨识。

重修罗汉寺圣像碑记 现存于金龙峡罗汉洞内，立于清康熙三十九年（1700）十月。石碑圆首，青石质，高 1.31 米，宽 0.56 米，厚 0.16 米，边框饰卷草纹。额正书"碑记"，两侧饰云图纹。石碑现状较为完整，碑面个别文字斑驳难识。该碑由寺僧海殿师徒及周边村民捐资而立，所载内容为寺庙维修过程的记录。

重修罗汉洞碑记 现存于金龙峡罗汉洞内，立于清乾隆六十年（1795）十月。石碑圆首，青石质，高 1.52 米，宽 0.73 米，厚 0.18 米，边框饰回字纹。额正书"万世流芳"，两侧饰云图纹。石碑破损严重，碑面风化斑驳，布施者姓名多残缺、模糊无法辨识。立碑者浑源知州宣枋、儒学副堂李养本、守府双德等。所刻内容为重修罗汉洞时的捐资者芳名，范围涉及州城以及罗汉洞周边的数个村庄。

重修罗汉洞碑记 现存于金龙峡罗汉洞内，立于清道光二十八年（1848）九月二十四日。石碑圆首，青石质，高 1.27 米，宽 0.6 米，厚 0.16 米，边框饰减笔回字纹。额正书"万古流芳"，两侧饰云图纹。石碑碑体有裂纹，碑面多风蚀剥落。碑阳碑文由山长举人河曲黄锦撰，所载内容为罗汉洞寺庙经焦明月等于道光二十七年（1847）至二十八年三月募化重修一新。有曾于浑源州讲学举人黄锦两次途经后赞叹其变化巨大，寺庙住持遂请黄举人撰文以记。碑阴额正书"捐资姓氏"，绘云图纹，碑文为修建寺庙芳名录。

重修三清殿文昌魁星朱衣阁纯阳宫白衣殿碑志 现存于三清殿，立于清光绪十六年（1890）七月。石碑圆首，青石质，高 0.92 米，宽 0.5 米，厚 0.12 米，边框饰回字纹，额正书"万古流芳"。石碑碑体保存完整，个别文字稍有残损。生员梁蓬山撰文并书丹。碑文所载大意为三清殿各庙宇年代久远，于康熙七年（1668）、道光二十九年（1849）曾增修。同治年由浑源李知州将文昌、魁星、朱衣神像迁入城东书院，庙宇逐渐颓废。光绪己丑年（1889）孟秋州人在旧址重修新建这些庙宇，至次年七月竣工，立碑以记。

重修马王庙碑志 现存于王千庄马王庙，立于清同治十三年（1874）腊月。碑体高 1.08 米，宽 0.47 米，厚 0.12 米。圆首，青石质，边框饰缠枝纹。额饰双龙云图纹，正书"永垂不朽"。碑文由庠生崔毓秀撰并书丹。所记内容为重修马王庙的过程，其间庙宇规模有所扩大。碑体右下部残缺一部，其余保存尚可。

重建茶庵记 现存于东坊城乡大板沟关帝庙，立于清乾隆四十七年（1782）七月。

石碑圆首，青石质，高 1.35 米，宽 0.55 米，厚 0.16 米，边框饰回字纹。额正书"建庙碑记"，两侧饰"双龙拱日"云纹。记载的为原浑源知州今升刑部直隶司员外郎严庆云途经该庙，见庙宇颓废，为方便山路行人停歇，遂组织对寺院进行重修。新址距旧址约 500 米，建有正殿、东西厢房、钟鼓二楼等。此外还考虑到看庙者生计问题，特辟出官地一处。此次工程工期为从乾隆四十年（1775）至四十一年竣工，共耗钱 145.6 万。碑文由严庆云撰，郡人常安世、王者相书丹。碑体保存完整，下部风化侵蚀较重，局部文字脱落。

用垂悠久碑　现存于东坊城乡大板沟关帝庙，立于清道光初年。碑体高 1.28 米，宽 0.56 米，厚 0.14 米。圆首方趺，青石质，边框饰缠枝纹。额饰云图纹，正书"用垂悠久"。内容为修建关帝庙时的捐资捐地情况，其中有原浑源知州严庆云捐银 4 两，州吏目捐银 2 两等。碑体基本完整，碑面风化严重。

万古留名布施碑　现存于东坊城乡大板沟关帝庙，立于清光绪初年。碑体高 1.24 米，宽 0.52 米，厚 0.11 米。圆首，砂岩质，边框饰回字纹。额正书"万古留名"。该碑内容为重修关帝庙善众芳名录，碑体基本完整，边缘有残损，碑面风化较重，部分文字不识。

重修碑志　现存于东坊城乡大板沟关帝庙，立于清光绪初年。碑体高 1.48 米，宽 0.6 米，厚 0.12 米。圆首，青石质，边框饰回字纹。额饰云图纹，正书"重修碑志"。记载的是寺庙所拥有的林地以及善众捐献情况。碑体断为三部分，中部有裂纹，右下角缺损一部，部分内容缺失。

重修碑记　现存于东坊城乡大板沟关帝庙，立于清光绪七年（1881）六月。圆首，青石质，高 1.25 米，宽 0.56 米，厚 0.11 米，边框饰枝叶纹。额绘云纹，正书"完善同归"。碑石风化侵蚀严重，表面斑驳不清，诸多文字脱落，碑文辨识困难。寺院庙宇建筑较多，村人经募化捐资后于同治九年（1870）开始进行复建。

重修碑记　现存于张庄村关帝庙，立于清乾隆三十九年（1774）六月。石碑圆首，青石质，高 1.56 米，宽 0.6 米，厚 0.18 米，边框饰缠枝纹。额正书"永垂悠久"，两侧饰云纹。石碑残损严重，碑面斑驳，较大面积文字缺失。碑文记载的是重修张庄村关帝庙的过程，其中浑源知州严庆云捐银 5 两……

重修龙山寺碑　现存于荆庄大云寺，立于清康熙三十二年（1693）九月。石碑圆首方趺，青石质，高 1.65 米，宽 0.68 米，厚 0.18 米，边框饰缠枝花纹。碑额两侧阴刻双龙云纹，正中篆额"重修龙山寺记"。国学选拔贡生王家宾为石碑撰文并书丹。碑文介绍了寺院的历史和建筑布局，后因建筑凋残而进行重修，以碑记之。该石碑损毁严重，其中左侧圆弧缺口、左下部缺失大部、右下角残缺且碑文多剥落处，多字迹无法辨识。

重修大云寺记　现存于荆庄大云寺，立于清光绪六年（1880）九月。石碑圆首，青石质，高 1.45 米，宽 0.66 米，厚 0.19 米，边框饰荷花纹，正中篆额"极乐世界"。王子奇撰文，王九州书丹。石碑碑额及左上部较大面积残缺，碑面斑驳，个别文字缺失。碑文记载的是重修大云寺以及众善众、工匠的姓名。

大云寺议定条规碑记 现存于荆庄大云寺，立于约清光绪末年，实为公示碑。石碑圆首，青石质，高 1.48 米，宽 0.56 米，厚 0.17 米，边框饰回字纹，额正书"万善同归"。石碑破损严重，碑体有断纹两处，右上部残缺，碑面斑驳，个别文字缺失。碑文为村人对大云寺僧人所立的规定以及对大云寺所属地产进行了重新认定。该认定经浑源知州（张姓）裁定后重新颁发了地契等凭据。

重修大云寺禅堂并改良庙规记 现存于荆庄大云寺，约立于清宣统元年（1909）。石碑圆首，青石质，高 1.62 米，宽 0.6 米，厚 0.18 米，边框饰回字、寿字及花卉纹，额正书"永垂不朽"。本村优廪生郭金堂撰文，童生徐百川书丹。石碑破损严重，碑体断为三块，左上部缺损，碑面斑驳，个别文字缺失。碑文一是对佛教的源流做了简述，再则是因大云寺僧人借村民多迷信神佛寺僧，遂将民众的向善敬仰作为了敛财牟利的工具，借口重修庙宇禅堂等而连年引起与民众的争讼，此民众革新了庙规，立碑为记。

千古龙山大云禅寺记 现存于龙山大云寺（上寺）新建庙宇前，该碑为青石质，圆首，趺座缺失，碑体斜断为两部分且左下部残缺，今人以混凝土粘接，甚粗糙。碑额正书"华严碑记"，刻双龙纹，边框饰缠枝纹。碑体通高 1.35 米，宽 0.63 米，厚 0.11 米，除断裂处文字缺失较多之外，下部漫漶严重，多文字难以辨识。碑文楷书"千古龙山大云禅寺记……万历二十二年（1594）岁次。"大意为州城西关黄姓者捐资重修大云寺的过程。

大云寺题记碑 现存于龙山大云寺（上寺）遗址处，青石质，圆首，长 0.37 米，宽 0.22 米。碑文楷书"龙山寺，万历三十七年（1609）吉日。"碑文漫漶不清，多有文字缺失。

龙山大云寺造像碑 位于龙山大云寺，石碑为六棱形，已残缺，青石质，残高 0.31 米，直径约 0.46 米，每面宽 0.18 米。棱形碑六面均刻浮雕佛像一尊，具有辽代造像风格。

龙山寺碑 现存于东坊城乡寺洼村，碑体素面无纹饰，通高 0.64 米，宽 0.61 米，厚 0.15 米。碑体残破，文字难识。（据 1987 年 10 月"二普"资料）

重修龙山大云兴隆禅寺记 现存于裴村乡下疃村兴隆寺遗址内，立于明成化七年（1471）九月初十。碑额为蟠龙首，刻双龙拱日，边框饰缠枝花纹，龟趺。碑体高 1.98 米，宽 0.88 米，厚 0.3 米，青石材质。其中碑额高 0.9 米，宽 0.93 米，厚 0.34 米。额篆书"大云兴隆寺记"，所载内容大意为重修该寺院的过程，计修天王殿两间、伽蓝殿两间、龙王殿三间、禅室十三间等，由浑源知州关宗撰文，州儒学冯俊书丹，州吏目陈仪篆额，河津人薛晋绒刊，碑阴为布施者芳名录。碑体保存欠佳，字迹多有残损。

按：地理位置及碑体尺寸与 1987 年 9 月"二普"资料略有出入，"二普"资料记为：位于十仪号乡马家嘴村西 2.5 公里处，通长 2.4 米，宽 0.88 米，厚度为 0.25 米。其间或有搬移，不可得详。

重修灯山楼兼补庙宇创造古桥序　立于清乾隆四十三年（1778），现存于神溪律吕神祠。碑高 1.27 米，宽 0.55 米，厚 0.19 米，圆首，青石质，边框饰缠枝花纹，趺座失。碑额缺损，碑体风化侵蚀较重，部分文字无法辨识。碑文记载的是对神溪村灯山楼以及庙宇、桥梁的修复介绍。庠生敖和世撰文、敖济世书丹。

重修律吕庙墙房院碑文序　现存于神溪律吕神祠，立于约清乾隆四十八年（1783）冬。石碑圆首，青石质，高 1.48 米，宽 0.66 米，厚 0.19 米，边框饰缠枝纹。额正书"万古流芳"，两侧饰云龙纹。庠生敖和世撰文，住持济世书丹。石碑斜断为两段，碑面风化侵蚀较重，其中断裂处及下部文字缺失较多。碑文内容为捐资者芳名录。

重修律吕神祠暨戏楼碑记　现存于神溪律吕神祠，立于中华民国 14 年（1925）。碑体断为三部分，残高 0.77 米，宽 0.59 米，厚 0.14 米，圆首，青石质，边框饰缠枝纹，额正书"永垂不朽"，绘云龙纹。碑文记载的是重建律吕神祠的过程，历时数月竣工。碑面风化严重，大部字迹模糊难识。

监立施地捐资碑记　现存于青磁窑镇黄土坡村三官庙，立于清乾隆四十四年（1779）。石碑圆首，青石质，高 1.2 米，宽 0.51 米，厚 0.17 米，边框饰缠枝纹。额正书"用垂悠久"，两侧饰云图纹。石碑破损严重，下部残缺，碑面斑驳，个别文字缺失，碑文由本郡增广生陈昌言撰文并书丹。记载的是维修三官庙时捐地捐资的具体情况。

买地布施碑记　现存于青磁窑镇黄土坡村外，立于清乾隆五十四年（1789）八月。石碑圆首，砂岩质，高 1.34 米，宽 0.63 米，厚 0.16 米，边框饰缠枝纹，额正书"万世流芳"。石碑风化侵蚀严重，碑面斑驳不清，大部文字无法辨识。所载大意为布施寺院而购买土地的情况以及布施人芳名等。

重修龙神庙碑记　现存于黄土坡村龙神庙旧址处，立于清乾隆五十八年（1793）八月。石碑圆首，青石质，高 1.48 米，宽 0.8 米，厚 0.18 米，边框饰缠枝纹。额正书"重修碑记"，两侧饰云图纹。石碑风化侵蚀较重，碑面斑驳，个别文字缺失。碑文由本郡李守身撰。记载的是维修龙神庙时捐地捐资的具体情况。

重修文昌阁碑记　现存于黄土坡村文昌阁遗址，立于清嘉庆三年（1798）五月。石碑圆首，青石质，高 1.52 米，宽 0.58 米，厚 0.22 米，减笔回字纹边框。碑额绘云纹，正书阴刻"碑记"。由武村庠生李□奎撰文并书丹。碑面风化侵蚀十分严重，较多字迹无法辨识。记载的是黄土坡文昌阁的修建时间（1795—1798）以及捐资人花名。

创修三官庙碑记　现存于黄土坡村三官庙，立于清嘉庆三年（1798）六月。石碑圆首，青石质，高 1.58 米，宽 0.64 米，厚 0.2 米，缠枝纹边框。碑额绘云纹，正书阴刻"永垂百世"。碑文由李廷玺撰书。该碑风化侵蚀严重，碑面文字斑驳难识，大意为村民集资创建三官庙的过程以及捐资捐地的记录。

创建观音殿魁星楼碑记　现存于黄土坡村东观音殿遗址，立于清道光三年（1823）

十月。碑体高 1.55 米，宽 0.62 米，厚 0.16 米。圆首，青石质，边框饰缠枝纹，额正书"用垂久远"，东尾毛村儒学增生李祯撰文并书丹。碑体保存完整，碑面风化侵蚀严重，文字斑驳不清难以辨识，部分文字缺失。记载的是黄土坡村从道光三年六月至九月新建了观音殿和魁星楼的过程以及捐资情况。

布施碑 现存于黄土坡村三官庙遗址，立于清同治二年（1863）。碑体高 1.32 米，宽 0.63 米，厚 0.18 米。圆首，青石质，边框饰回字纹，额正书"碑志"，饰云图纹。碑体保存完整，碑面部分风化剥落，部分文字缺失。碑文内容为修建寺庙店铺及善众芳名录，参与者较多。

重修马王庙等碑记 现存于大磁窑村马王庙，立于清咸丰四年（1854）五月。碑体高 1.3 米，宽 0.68 米，厚 0.16 米。圆首，青石质，边框饰缠枝纹。额正书"万古流芳"，饰云纹。廪庠生员穆培春撰文并书丹。碑体基本保存完整，碑面及右侧风化侵蚀，部分文字缺失。记载的是村人捐资对马王庙、五谷庙、奶奶庙等进行修建，工期由当年春三月至秋七月止。

重修关帝庙钟鼓楼并彩画庙宇碑记 现存于大磁窑村关帝庙，立于清光绪五年（1879）七月。碑体高 1.24 米，宽 0.6 米，厚 0.2 米。圆首，青石质，边框饰缠枝纹，额正书"万古流芳"，庠生穆维岐撰文并书丹。碑体基本保存完整，碑面风化侵蚀较重，文字斑驳，个别文字缺失。碑文所载大意为该村关帝庙日久失修，村人组织对其钟鼓楼等进行重修，并对建筑等做了彩绘。

龙王庙布施碑 现存于青磁窑镇下英沟村东 0.5 公里，该碑通高 2 米，宽 0.6 米，厚 0.15 米，素面无纹饰，内容为善众在龙王庙所上布施情况，立碑年代为清道光年间。（据"二普"资料）

浑源州千佛洞志 现存于千佛岭，立于明嘉靖十年（1531）。圆首，青石质，碑额双钩正书"皇帝万岁"四字，碑身通体高 1.94 米，宽 0.57 米，厚 0.2 米，边饰缠枝纹，永安寺僧正恺撰文并书丹，大意为永安寺僧正恺修建千佛岭寺院的一些内容。碑体破损严重，右边残缺一角。

重修孙膑寨玄都观碑记 石碑现存于千佛岭孙膑寨，碑体高 1.85 米，宽 0.75 米，厚 0.14 米，于明万历二十三年（1595）立，杨大库撰文并书丹。内容为重修玄都观的一些相关记述，碑体基本完整，碑体文字破损较重。

舍地碑记 现存于千佛岭板方寺内，立于明天启六年（1626）五月。高 0.79 米，宽 0.61 米，厚 0.13 米，圭首，青石质，碑额正书"舍地碑记"，边框饰有花纹。雷守海、李大孜立石，石匠杨善。碑体保存现状一般。碑文所载为金峰店等村人捐地给碧峰寺、千佛寺僧人，用于其生活。

板方寺房地产碑铭 立于清乾隆初年，现存于千佛岭板方寺内。碑体高 1.14 米，宽

0.51 米，厚 0.16 米，圆首，青石质，额正书"流芳"二字，四周饰缠枝纹。石碑左下部残缺，碑面风化侵蚀严重，字迹无法辨识。碑文内容为房地产契约，大意为有村人将土地房屋卖于板方寺，立契并刻碑为记。书契人侯贽清，说合人辛□元、田生□、白□□。

板方寺重修碑记　立于清乾隆二十四年（1759）八月，现存于千佛岭板方寺内。碑体高 1.47 米，宽 0.64 米，厚 0.18 米，青石制成，圭首，额正书"重修"二字，四周饰缠枝纹。石碑左上部残缺，碑面斑驳，部分文字无法辨识。碑文记载了板方寺的历史、环境以及本次修复的情况和参与者。这次重修工程量较大。住持僧人照福、照禄及徒弟普德、普徧立石。

重修碑记　现存于千佛岭板方寺，立于清乾隆五十一年（1786）七月。圆首，青石材质，额正书"万古"二字。高 1.5 米，宽 0.64 米，厚 0.19 米，灵邑廪生李蔚世撰文，僧照寿书丹。碑体风化侵蚀较重，多处文字无法辨识。碑文记载的是对板方寺的修建情况以及布施芳名，寺院重修历时数月竣工，工程量较大。

重修千佛洞寺碑记　现存于千佛岭千佛寺，立于清乾隆三十八年（1773）六月。圆首刻双龙纹，边框饰缠枝纹，青石质。高 1.45 米，宽 0.69 米，厚 0.21 米。碑石风化较重，碑文斑驳不清，多处文字无法辨识。浑源知州严庆云、王家庄堡巡司尉良佐、王家庄堡庠生杨克巇撰书。大意为重修寺院历时近 1 年，之后又对寺院的土地及林产四至进行了说明。

重修千佛洞碑记　现存于千佛岭千佛寺内，立于清嘉庆六年（1801）。圆首，青石质，高 1.5 米，宽 0.54 米，厚 0.17 米。碑额正书"永垂攸久"，浑郡庠生张灵光撰文。碑石风化严重，诸多文字脱落，碑文辨识困难。大意为千佛寺禅室以及钟鼓楼等业已残破不堪，有三村之善士捐资对其进行修建。

重修黑石寺碑序　现存于千佛岭乡北堡村西 500 米黑石寺遗址，立于清嘉庆十四年（1809）。圆首，大理石质，高 1.58 米，宽 0.84 米，厚 0.19 米。碑额正书"万古不朽"，边框饰缠枝纹。碑阳为重修寺院时周边村落善众捐资情况，碑阴为善众芳名。碑阳额部较大面积缺损，因风化磨损严重，碑阳下部及碑阴文字多有不识。

重修黑石寺碑记　现存于千佛岭乡北堡村西 500 米黑石寺遗址，立于清咸丰八年（1858）。圆首，青石质，高 1.15 米，宽 0.55 米，厚 0.14 米，素面无纹饰。碑阳为重修寺院时周边村落善众捐资情况，碑阴为善众芳名，碑体现状较残。（据"二普"资料）

重修千佛洞观音阁钟鼓楼并南北庙碑记　现存于千佛岭千佛寺内，立于清道光七年（1827）十月。圆首，青石质，高 1.52 米，宽 0.67 米，厚 0.19 米，边框饰减笔回字纹。额正书"万古迹"，浑源州庠生梅□□撰文并书丹。碑石风化侵蚀严重，表面斑驳不清，诸多文字脱落，碑文辨识困难。大意为千佛寺禅室以及钟鼓楼等业已残破不堪，有三村之善士捐资对其进行修建；作为浑源州"十大寺"之一的千佛洞自嘉庆十八年（1813）重修以来至今十余年未曾修葺，现有寺院住持与金锋店、龙咀、杨家庄的诸多信士共同捐资对寺院进行了修建。

关帝庙建修碑记　现存于千佛岭板方寺内，立于清道光十一年（1831）十月。圆首，青石质，高1.68米，宽0.65米，厚0.18米，边框饰回字纹，额正书"万古"二字。白羊村贡生李梓年撰文，王庄堡儒生陈文魁书丹。碑体风化侵蚀严重，脱落面积较大，部分文字已无法辨识。碑文所记内容为重修板方寺之关帝庙的过程和所用钱物明细等。

修缮千佛寺捐资芳名碑　现存于千佛岭千佛寺内，立于清光绪六年（1880）十月。圆首方跌，青石质，高1.12米，宽0.66米，厚0.16米，边框饰回字纹及花卉纹。额正书"青天白日"。碑体保存较完整，碑面风化侵蚀严重，碑面斑驳不清，个别文字不识。所载内容为浑源阮知州及以下官员、儒生等社会名流的捐资名录。

盖闻重修千佛洞碑志　现存于千佛岭千佛寺，立于清光绪七年（1881）十月。石碑圆首，青石质，高1.38米，宽0.66米，厚0.19米，边框饰宝瓶莲花纹，正中篆额"万善同归"，住持僧净禄、真琦及弟子立。碑文记载的是重修千佛洞时捐资官民之芳名以及捐资数额。该碑保存一般，风化侵蚀较重，碑面多字迹无法辨识。

碑记"万善同归"　现存于千佛岭千佛寺，立于清光绪二十一年（1895）十月。石碑圆首，青石质，高1.12米，宽0.68米，厚0.14米，边框饰缠枝纹。额正书"碑记万善同归"。岁贡李凤楼、耆宾李荣阳书丹。碑文为对修建千佛寺的记载，碑体磨损较重，多字迹无法辨识。

温泉碑　位于浑源王庄堡汤头温泉殿宇遗址处，立于明隆庆元年（1567）十二月初八，现已断为两截且残缺处较多。下部残碑高0.59米，宽0.55米，厚0.12米；上部残碑高0.61米，宽0.56米，厚0.12米。青石材质。石碑由浑源知州颜守贤以及赵廷佩、王世钦立，石匠杨世耕。碑文大意为对温泉及温泉宫的介绍以及重新修复情况。

创建圣母行宫楼记　现存于云峰寺大雄宝殿前，立于明万历七年（1579）夏月。高0.55米，宽0.85米，厚0.08米，青石质，蔚萝郡人贾世崇书。碑碣破损严重，多处不可辨识。

碑记　现存于云峰寺大雄宝殿，明万历十三年（1585）立。石碑圆首方跌，高0.96米，宽0.42米，厚0.1米，青石质，四周饰缠枝纹，雁道委振武卫官管平刑中军事朱印撰题。大意为将辛苦劳作的戍边将士的辛劳及名讳刻在风景秀丽的寺院之内以为纪念。石碑部分字体剥落，保存一般。

重修云峰寺碑记　现存于云峰寺大殿，立于清乾隆四十七年（1782）八月。高1.52米，宽0.68米，厚0.2米。圭首青石材质，额正书"永垂不朽"四字，边框饰回字纹。庠生冯焕撰文，僧演宗书丹。碑文对云峰寺的景观进行了描述，自明万历朝后一直未曾修葺，今由众僧及信士共同捐资进行修建，工程历时数月。碑体风化较重，文字多斑驳难识。

德建碑　现存于云峰寺，立于清道光二十年（1840）七月，白有成撰书。碑高 1 米，宽 0.56 米，厚 0.17 米。圆首云纹，青石质，边框饰减笔回字纹，碑额正中正书"德建"二字。碑体保存基本完整，碑面左部及右下部剥落严重，部分文字无法辨识。碑文内容为云峰寺所有的僧产明细，包括房产、土地、金钱等，其时住持和尚名"普证"。

重修云峰寺二旗碑序　现存于云峰寺，立于清同治六年（1867）五月，千佛洞僧人净僮撰书。碑高 1.38 米，宽 0.68 米，厚 0.2 米。圆首云纹，青石质，边框饰莲花纹，碑额上篆"寿"字纹，下正书"永垂不朽"。碑体边框有残损，碑面风化侵蚀较重，较多文字无法辨识。记载的是住持和尚对准提、真武两座庙宇进行修复的过程，包括庙宇情况和布施情况。

重修云峰寺碑志　现存于云峰寺，立于中华民国 7 年（1918）八月。碑高 1.4 米，宽 0.66 米，厚 0.18 米。圆首方趺，青石质，边框饰"梅兰竹菊"和"暗八仙"纹，间有"十字纹""米字纹""山文甲"等纹饰。碑额边缘饰双龙云纹，额正书"万善同归"，两侧饰日月云纹。该碑纹饰精美，碑体保存基本完整，局部风化剥落。所载内容为寺院重修情况以及布施人姓名。

重修乱岭关林泉寺记　石碑于明嘉靖十三年（1534）九月初九立于沙圪坨镇乱岭关林泉寺。碑高 1.42 米，宽 0.65 米，厚 0.18 米，青石材质，圆首方趺，四周边框饰缠枝花纹。其中碑额正书"重修林泉寺记"，两侧及顶部饰云图花纹；碑座长 1.02 米，宽 0.52 米，高 0.2 米。碑文大意为重修大殿并塑像等事宜，李东阳书丹。碑体风化严重，多有缺损。

重修乱岭关林泉寺　现存于乱岭关林泉寺，立于清嘉庆九年（1804）。石碑高 1.33 米，宽 0.65 米，厚 0.16 米，圆首，青石质，边框饰回字纹，底部饰莲瓣纹。额绘云龙纹，正书"重修碑记"。内容为对林泉寺二郎庙过殿进行了修复，并新建了马王庙以及影碑两面，之后所列为募得的钱款数额及工匠姓名。碑体保存较完整，碑面风化斑驳，文字尚可辨识。

东岩刹修建碑记　现存于沙圪坨镇永固山东岩寺内，立于明天启四年（1624），右上部残缺。残碑高 1.03 米，宽 0.69 米，厚 0.2 米，青石材质，平首。奉政大夫周柘撰文，大意为对寺庙修建的一些记载。

移造乐楼起建灶房碑记　立于清乾隆三十七年（1772）七月，现存于沙圪坨镇英庄村（古称"莺架庄"）龙王庙。圆首方趺，青石质。额首绘云纹，正书"重修"二字。碑体高 1.17 米，宽 0.54 米，厚 0.17 米，边框饰缠枝纹。武村生员李廷玺撰文，贡生冯辂书丹。碑文大意为对莺架庄旧友乐楼进行迁址重建以及布施情况。碑体状况较好，部分文字脱落。

塔儿村创建关帝庙文昌魁星观音五谷马王庙记 现存于沙圪坨镇塔村关帝庙，立于清嘉庆十九年（1814）二月。碑体高 1.37 米，宽 0.64 米，厚 0.14 米。圆首方趺，青石质，边框饰回字纹。额饰云图纹，正书"永垂不朽"。底座长 0.73 米，宽 0.43 米，厚 0.28 米，浑源州许村儒学生员郭恒瑞撰文并书丹。碑文记述的是塔村从嘉庆十八年开始组织新建寺庙，至次年建成，共计建寺庙 6 座。碑体保存较完整，碑面风化剥落较重，局部字迹无法辨识。

创建三圣祠并重修钟鼓楼戏房马厩碑志 现存于沙圪坨镇杨庄村三圣祠，立于清同治二年（1863）夏。碑体高 1.49 米，宽 0.66 米，厚 0.13 米。圆首方趺，青石质，边框饰缠枝纹，底边饰波浪纹。额正书"千古写昭"，饰"双龙拱日"，额高 0.63 米，宽 0.7 米，厚 0.17 米。儒生熊耳源撰文，生员熊守龄书丹。碑体基本保存完整，局部文字风化不清，难以辨识，碑面有人为刻画"□大院"字样。

重修创修□□碑志 现存于沙圪坨镇杨庄村三圣寺，立于清光绪五年（1879）九月。碑体高 1.66 米，宽 0.7 米，厚 0.18 米。圭首，青石质，边框饰枝叶纹。额饰云图纹，正书"万古流芳"。本村附贡生陈玉寿撰文。该碑碑体正中断为两段，碑面风化侵蚀严重，部分文字缺失。内容为对旧有寺庙进行重修并创建了新的建筑。

重修神山寨庙宇碑记 现存于沙圪坨村以东法相寺，该寺现称"圣佛寺"。碑体高 1.53 米，宽 0.63 米，厚 0.15 米，圆首方趺，青石质，立于清嘉庆十九年（1814）七月。碑阳边框饰花朵纹，底边饰波浪纹，额绘双龙拱日云纹，额正书"重修碑记"；碑阴额正书"万古流芳"，绘双狮纹饰，内容为布施者及捐资情况。贡生修职郎候选教谕刘士珍撰文并书丹，住持名"玄杞"，徒孙名"清宽"。该碑碑额右侧及碑体左下部各有残缺，中有裂纹，下端局部风化较重。碑阳碑文大意为重修神山庙的过程和捐资情况。

四乡众善□捐□□碑记 现存于沙圪坨村以东法相寺，高 1.41 米，宽 0.63 米，厚 0.15 米，碑体风化严重，立碑年代模糊不清，约为清代。该碑圆首方趺，额正书"用垂悠久"，碑阴额正书"百年不朽"，碑体两侧均为上布施者的村名以及姓名、捐资情况等。

重修香岩寺记 现存于吴城乡香水寺村北香岩寺遗址处，立于明正德十五年（1520）。石碑高 1.53 米，宽 0.66 米，厚 0.20 米，边框饰缠枝花纹，青石材质。碑首及趺座缺失，其碑首疑为螭龙首。广灵县明宗室王子耆学道人撰文，沙门宗莲撰额并书丹，僧人道禅立，大意为香岩寺的重修经历过程，碑面漫漶严重，文字较难辨识。碑阴为功德名录，边框饰缠枝纹，风化漫漶严重，碑首有开山历代祖师诸位、释迦佛、文殊、普贤、地藏、关帝、十殿阎罗名号及大同指挥，滕云陈氏，潞城王府等字样，书丹技法粗劣。

按："二普"对此碑记已有记载，因碑体倒伏无法探知碑阳文字，仅记录有碑阴部分内容，且测量数据失真。

所记载内容为：香水寺石碑，位于浑源吴城乡香水村西北，圆首，高 1.7 米，宽 0.5 米，厚 0.15 米，素面无纹饰，立碑年代不详，文字内容记有"开山历代祖师诸位……"

赞经文 现存于黄花滩朝阳寺遗址，立于明万历三十年（1602）。碑高 1.5 米，宽 0.64 米，厚 0.24 米。圆首方趺，额正书"碑文"，周饰云纹，边框饰缠枝花纹，青石材质，已断为两截且风化严重，多字迹无法辨识。主体内容为重修圣母娘娘庙及塑像出资、出力的善男信女名录，其中有李氏施舍土地一分有余。

重修大石堂寺碑记 现存于黄花滩朝阳寺遗址，立于清雍正十一年（1733）九月。碑高 1.18 米，宽 0.7 米，厚 0.17 米，圆首，青石材质。额正书"永锡元和"，周饰云纹，边框饰缠枝花纹，底部残缺一部且风化严重，个别字迹无法辨识。内容为大石堂寺维修的过程，碑文为本郡举人白贲所撰。

整创重修碑文 现存于黄花滩朝阳寺遗址，立于清咸丰十一年（1861）冬。碑高 1.36 米，宽 0.65 米，厚 0.18 米。圆首，青石质，额正书"永垂不朽"，周饰云龙纹，边框饰缠枝花纹。碑体已断为三部分，且风化严重，较多字迹缺失。碑文由浑源州国学生员许国宾撰，浑源州国学生员许国祯、大同府附生员许国英书丹。碑文记载朝阳寺始建于明隆庆三年（1569）仲夏，之后万历三十年（1602）、清雍正十一年（1733）皆有重修，其间嘉庆五、六年（1800 年至 1801 年）间五月初一始有庙会。直至咸丰十年（1860）五月初一后，善众有意重修，知州李镜清大力支持，捐施者甚多。此次重修因工程量大，历时 1 年有余。其中仅知州李镜清和州守府岳科每人捐银就达 33 两之多。其间新建戏台 1 座，其余所修如正殿、配殿、眼光、二郎、神棚、律吕等庙达 10 余处。

重修怀仁固碑记 该碑立于清雍正八年（1730）九月，现存于浑源西坊城镇怀仁固须弥寺内。高 1.08 米，宽 0.56 米，厚 0.17 米，边框饰缠枝花纹。圆首，饰云团纹，额正书"用垂悠久"，阴刻。碑体残损较重，多有文字斑驳不清。大意为有应县袁成芳与浑源王弼议定重修怀仁固寺庙，五月始至八月竣工，工程难度很大。

重修怀仁固须弥寺碑志 立于清光绪十年（1884）九月，现存于浑源西坊城镇怀仁固须弥寺内。

建修文昌奎星朱衣阁钟鼓楼南北禅房碑序 现存于西坊城村文殊寺（也称东庙），立于清道光二十年（1840）九月。碑高 1.53 米，宽 0.65 米，厚 0.24 米，圭首方趺，青石质，边框饰莲、梅花纹，纹饰精美。碑额刻双龙纹，饰缠枝纹，正书题"绵远后世"，庠生王敦伦书丹。碑阴额正书"永垂不朽"，饰双龙拱日纹饰，边框饰回字纹，内容为捐资人及捐资情况。碑文大意为村中组织在原三官庙前新建庙宇以及禅房的过程，石碑保存较好。

重修菩□三官真武新建牛马王财福祠序 现存于西坊城村文殊寺，碑体高 1.75 米，宽 0.69 米，厚 0.18 米，圆首方趺，青石质，立于清同治元年（1862）仲春。碑阳额正书"流芳"二字，边框饰缠枝纹，纹饰精美，碑文由庠生张从达撰书，廪生张海观书丹。碑阴为张从达所撰之文以及捐资情况。碑体整体保存完整，碑阳序文前一部分文字脱落，无法辨识。

重修关帝庙碑记 现存于西坊城镇涧村关帝庙，立于清乾隆四十七年（1782）八月。石碑圆首方趺，青石质，高1.55米，宽0.77米，厚0.25米，边框饰回字纹，额正书"碑记"二字。石碑下部残损，碑面风化斑驳，局部文字难识。碑文由庠生王德化撰，大意为村人为求关帝庇佑，遂捐资对关帝庙进行重修。

关帝庙重建碑记 现存于西坊城镇涧村关帝庙，立于清同治二年（1863）二月。高1.72米，宽0.65米，厚0.19米，圆首，青石质，四周饰缠枝花纹。额绘云纹，正书"万代流芳"。碑体保存基本完整，表面局部剥落，部分字迹无法辨识。碑文由李震亨撰，庠生王受福书丹。内容为重修该庙的过程，共得捐资400余两，工程量较大。工程始于咸丰辛酉年（1861）春，竣工于同治壬午年（1862）中秋。

重修财神庙记 现存于裴村乡西辛庄财神庙，立于清光绪六年（1880）九月。圆首，青石质，高1.23米，宽0.59米，厚0.17米，边框饰花卉纹。额正书"盛事流传"，庠生张运庚撰文，业儒张运亨书丹。碑体基本保存完整，碑面局部风化剥落，个别文字不识。大意为村人为祈求财神庇佑遂对旧有财神庙进行修复，历经两年建成，包括正殿、戏台等建筑。

重修西岩寺碑记 现存于沙圪坨镇英庄村西岩寺，立于清乾隆二十六年（1761）九月。高1.48米，宽0.66米，厚0.19米，青石质，圆首方趺，四周饰缠枝花纹。碑体表面斑驳，但字迹基本可以辨识，总体状况尚好。碑文大意为西岩寺历经一道一僧的修复终于大成，工期为乾隆十四年（1749）三月至乾隆二十六年（1761年）九月，历时12年。

重修观音殿碑记 现存于尧村观音殿内，立于清乾隆五十八年（1793）四月。石碑圆首方趺，青石质，高1.27米，宽0.6米，厚0.16米，减笔回字纹边框，底纹饰海水波浪纹，碑额绘云纹，正书阴刻"万古流芳"。底座高0.36米，宽0.68米，厚0.4米。碑文由生员刘汉屏撰书，刘守中书丹。碑文大意为因寺庙年久失修，乡人遂募资进行了维修。碑体中间裂开两段，部分文字缺失。

重修龙神庙碑志 现存于西留村村西古戏台，立于清道光三十年（1850）八月。碑体高1.65米，宽0.66米，厚0.17米。圆首，青石质，边框饰缠枝纹、回字纹，额正书"永垂悠久"。碑体断为两段，碑面风化侵蚀较重，部分文字无法辨识。大意为驼疃村（西留村旧称）村小力弱，无力兴建多个庙宇。于是民众在集资对龙神庙旧址的复建之时，连同关帝、五谷神、财神、福神一并供奉在庙中，以减少开支。碑文由增生田卜庆撰并书丹，住持僧庞起龙勒石。

重修关帝庙碑记 该碑立于清康熙四十三年（1704）十月，现存于城北三岭村关帝庙。高 1.4 米，宽 0.67 米，厚 0.2 米，圆首方趺，青石质。碑额刻双龙云纹，正书"重修碑记"，边框饰缠枝花纹。候选训导李永馥撰文并书丹，碑体保存完整，但下端漫漶不清，文字较难辨识，碑阴素面无字。大意为浑源庠生李仙桂募资重修关帝庙的过程，该庙 25 年前为其父所建。

重修碑记　现存于三岭关帝庙，立于清乾隆六十年（1795）十一月。碑体高 1.52 米，宽 0.66 米，厚 0.14 米。圆首，青石质，边框饰回字纹，额正书"永垂悠久"。碑体斜断为两段，碑面风化侵蚀较重，部分文字辨识困难，碑阴为捐资人姓名。该碑由浑源前任知州黄昭、浑源知州宣枋、州儒学正堂姚振祖等立，郡增广生李庄撰文，其侄李长善书丹。碑文大意为现任知州宣枋接受原任知州黄昭的建议对该村关帝庙进行修建，一是可以让民众观瞻，二是可以为路人提供一个休息的地方，工程从乾隆五十八年（1793）至乾隆五十九年（1794）竣工。

重修三岭关帝庙　立于清咸丰元年（1851）六月，现存于三岭村关帝庙。高 1.65 米，宽 0.69 米，厚 0.18 米，青石质，螭首方趺（碑首与碑体现分离），额正书"以垂永久"并饰双龙拱日纹，浑源州儒学文生李熙撰文并书丹。碑体倒伏，碑阴仅可探知为布施人姓名，其余内容暂不识。石碑现状较好，文字清晰可辨。大意为介绍了三岭关帝庙历次维修过程，现又于道光二十五年（1845）始修至咸丰元年完工，共计 6 年。碑体下部风化侵蚀较重，较多文字无法辨识。

重修三岭关帝庙碑记　现存于三岭关帝庙，立于清乾隆五十八年（1793）。碑体高 1.55 米，宽 0.67 米，厚 0.11 米。方首青石质，边框饰缠枝纹，碑阳额正书"流芳百世"，绘云纹，内容为多地大小官员名讳，碑阴为捐资（地）者姓名及募捐情况。碑体两面风化侵蚀严重，近 1/2 文字脱落，加之碑体半倒伏状，碑文情况不识。

重修碑记　现存于三岭村关帝庙，清代石碑，高 1.67 米，宽 0.67 米，厚 0.18 米，圆首方趺，额正书"万善同归"并饰双龙纹，边框饰减笔回字纹，碑体与趺座分离，下部部分内容遮挡，立碑年代暂不识，内容为布施人及捐资情况。碑阴额正书"重修碑记"，素面无纹饰，内容亦为捐资情况。该碑碑体基本保存完整，残损文字较少。

万寿同归碑记　现存于二岭村关帝庙，立于清光绪十六年（1890）九月。碑体高 1.07 米，宽 0.53 米，厚 0.17 米。圆首方趺（趺座新配设），青石质，边框饰回字纹，额正书"万寿同归"。碑体基本完整，碑面虽风化侵蚀较重，但文字大都可以辨识。碑文由南水头李实严撰文并书丹，大意为二岭村原无庙宇，村人苦于无庙可祭，遂捐资新建寺庙殿宇。主要有牛马王庙、关帝庙、龙王庙等及其他附属设施，工程浩大，数月完工。村人捐资、捐物、捐地者积极踊跃。碑阴为捐资善众名录。

二岭村增建五谷财福神娘娘诸庙记　现存于二岭村关帝庙，立于中华民国 23 年（1934）冬。碑体风化严重，漶漫不清，碑额顶部大部缺失，右边框亦有一部残损，碑文斑驳不清，多字迹无法辨识。残高 1.22 米，宽 0.55 米，厚 0.19 米，圆首方趺，石灰岩质，边框饰回字纹。大意为二岭村原无五谷神庙、财神庙、福神庙以及娘娘庙，村民须前往数里之遥的上韩村祭祀。为解决村民跋涉之苦，其村长便组织募捐进行以上几座庙宇的创建。经数月竣工，于夏历九月十一日请戏开光。碑文由本郡孙谦撰文并书丹，捐资善众芳名列于其后。碑阴素面无字。

不愁不恩碑记　现存于二岭村关帝庙，立于清咸丰五年（1855）□月冬日。碑体高1.2 米，宽 0.55 米，厚 0.18 米。圆首方趺，石灰岩质，边框饰回字纹，额正书"不愁不恩"。碑体基本完整，碑面风化侵蚀严重，文字大都难以辨识，碑文由李□善撰文并书丹，碑阴素面无字。

重修云岩寺碑记　现存于南榆林乡西岩寺村云岩寺遗址，上部及左下部残缺严重，无法获知立碑人及时间，据推测约为明成化年所立。石碑为青石质，残高 0.72 米，宽 0.4米，厚 0.12 米，边框饰缠枝纹。残余碑文为对云岩寺的介绍。

增修云岩禅寺　位于南榆林乡西岩寺村云岩寺遗址，立于明弘治元年（1488）。高1.94 米，宽 0.81 米，厚 0.33 米，砂岩材质，圭首方趺，边框饰有花纹。碑阳面保存基本完好，所载大意为寺院修建的过程。碑阴风化脱落较重，较难辨识，为募捐者芳名录，涉及浑源州军政官员及乡村善众 300 余人。

西岩寺重修碑记　位于南榆林乡西岩寺村西北 1.5 公里，石碑通长 2 米，宽 0.7 米，厚 0.25 米，圆首，素面无纹饰，所载内容为整个寺院的维修过程，立碑年代为明弘治元年（1488），保存现状较好。（据"二普"资料）

重修兴国寺碑记　现存于南榆林乡殿山兴国寺遗址处，碑刻为螭首，青石质（螭首已毁），通高 2.5 米，宽 1 米，厚 0.26 米。碑文正面楷书"重修兴国寺记大明万历二年岁次"，背面楷书"万善同归，大同城乐昌王府、广灵王府辅国将军、昌化王长府奉国将军、乐昌王府镇国将军"。

龙神庙关帝庙白衣殿鹿鸣山崇福寺三官庙财神庙城神庙重修碑记　现存于王庄堡崇福寺，高 1.26 米，宽 0.66 米，厚 0.18 米，青石质。圭首，边框饰缠枝纹，额正书"万古流芳"。王庄堡儒生陈际泰撰文，其子陈谦书丹。该碑立于清同治十三年（1874）九月，石碑碑面风化侵蚀较重，局部文字无法辨识。碑文记述的是从同治六年开始便陆续对王庄堡各寺庙进行维修，陆续进行约 7 年方完成。

重修上塔圪枝村各庙碑记　该碑立于清光绪三十一年（1905）十月，现存于上塔圪枝村关帝庙。高 1.86 米，宽 0.68 米，厚 0.2 米，青石质。圭首方趺，边框饰莲花，额正书"不朽"二字，饰云龙纹。王庄堡监生杨国恩撰文并书丹。石碑碑体保存状况较好，碑面多斑驳。碑文记载的是上塔圪枝村对旧有的几座寺庙进行修复的情况介绍以及善众布施情况明细。

改建庙碑序 现存于西留乡上祝安村龙神庙，立于清光绪四年（1878）八月。碑体高 1.68 米，宽 0.65 米，厚 0.16 米。圆首，青石质，边框饰缠枝纹。额绘莲花波浪纹，正书"万古流芳"。碑文由儒生张学程撰并书丹。碑体由中部断为两段，碑面风化侵蚀较重，部分文字无法辨识。碑文记载的是上祝安村龙王庙不知建于何年，本朝（清朝）又历经几次重修。分别是道光二十八年（1848）、同治十二年（1873）、同治十三年（1874）。其中同治十三年新增了三官庙、五谷神庙、鼓楼、禅室、修乐室等，两次维修皆为三月动工九月竣工。

后土神碑 现存于县第一招待所院内，立于清光绪九年（1883）五月。碑体之下部断裂分离为两块，断开部占总面积的约 1/5。残高 1.02 米，宽 0.47 米，厚 0.17 米，圆首，青石质。碑阳正书"后土神位"，额正书"子午山向"，碑阴素面无字。

五道庙重修碑记 立于康熙五十年（1711）六月，现存于县城益民街五道庙。碑体嵌于倒座房墙体，圆首，石灰岩质，整体完整，但因所处环境密闭潮湿而导致下部漫漶不清，大多文字无法辨识。碑体出露通长 1.24 米，宽 0.6 米，碑首饰云图文，边框饰缠枝花卉纹。内容为由州城有声望者组织重修神庙的过程，组织者及工匠姓名列于其后。

2017 年，神庙现居户主长兄黄翁（时年 80 岁）曾抄录碑刻全文，可见其时文字尚清晰可辨。2020 年 3 月 27 日，编著者及晋宏志、王剑华于黄翁处求得其文，现录于下，以为传承：

五道庙何为而建也，说者以为护一方而镇五路之街而建也。路之南对冲金龙口，而有五道庙也，创于康熙三十年岁次辛酉，以备香火，盖僧舍以供扫除，因此益民巷立碑□文也。及树□载，风雨摧残，墙墉壁零，记补葺之功，又不得不累我绅公也。绅记然自任为功，庀材因地增益，不月余而告竣，全将所修花用供记贞珉，以为永远云。重修大清康熙五十年岁次辛卯六月吉旦。

集仙观重修碑记 现存于五峰观，碑体青石质，圆首，碑文楷书"重修碑记，我郡东南炭峙峪五峰山集仙观古庙数座……增生李尚文撰文并书，大清乾隆十六年（1751）岁次辛未立秋一日壬子毂旦立"。

重修双松寺正殿下庙文昌阁山门岳楼西墙戏房碑记 该碑现存于许村双松寺，立于光绪二十年（1894）五月，圆首，青石质，长 1.68 米，宽 0.69 米，厚 0.26 米，边框饰缠枝纹。石碑曾作为村内水井基石使用，碑额被凿出一半圆形豁口，碑体稍有残损，局部文字无法辨识。碑额正书"万善同归"，州优廪生常颖章撰文并书丹。碑文大意为双松寺在本朝（清朝）经历了多次重修，此次又因山墙倒塌而众人捐资对其重修，项目涉及正殿下庙文昌阁、山门以及壁画的彩绘、佛像的装金等。碑阴文字因碑体倒伏暂不详。

改建圣母庙记 现存于永安镇顾册村普济寺内，仅存碑体上半部。残碑圆首，青石质，高 0.97 米，宽 0.74 米，厚 0.18 米。额篆书"改建圣母庙记"，两侧饰双龙拱日，边框饰花叶纹，间有法器纹饰。该碑立于康熙十九年（1680）九月，由浑源知州宣成义及州守、儒学等官员组织所立，书丹及撰文者不详。残碑风化严重，碑阳局部文字剥落，碑阴额篆"捐资姓氏"。

王氏创修家庙碑记　该碑现存于西坊城村王氏家庙，碑体残断为两截，下部分损毁缺失，所余碑文文字残损较重，但大意可辨。该碑残高1.35米，宽0.55米，厚0.19米，圆首，青石质，趺座（当为方趺）缺失。碑阳额绘云图纹及太极图，正书"流芳百世"，边框饰缠枝纹，立于清道光三十年（1850）九月。碑文大意为西坊城、麻庄以及怀仁县庙巷王氏为铭记先祖功德而创立本族家庙，对家庙的建筑情况进行了记载，该工程于道光二十七年（1847）竣工。

碑志　现存于王庄堡村，立于清光绪元年（1875）九月。碑体圆首，石灰岩质，趺座缺失，高约1.2米，宽约0.65米，四周文饰不清，似"暗八仙"纹，额正书"碑志"，边饰回字纹、云图纹。碑体主体完整，因材质原因，碑阳多斑驳之处，尤以边框严重，部分文字缺失但大意可辨。碑文由本村儒生陈际泰撰文并书丹，记载的是本村人张姓者组织对关帝庙、城神庙、火神庙进行重修的过程。碑阴依墙，内容暂不识。

窑神、马王庙移修碑志　现存于州衙，立于清光绪六年（1881）季秋下旬。碑体斜断为三部分，圆首，石灰岩质，趺座缺失，高1.2米，宽0.55米，厚0.12米，边框饰云图纹，碑阳文字较清晰，部分文字缺失但大意可辨。碑文大意为对原窑神、马王庙进行迁址移修的过程，由经理人刘纪及住持僧宝凤等立，庠生白熙泰撰文并书丹。

穆氏宗祠碑记1　现存于东坊城乡李峪村穆氏祠堂，石碑嵌于祠堂前廊东墙壁内，碑阴情况不详，约立于清光绪年间。碑体圆首，青石质，碑额正书阴刻"绳其祖武"，边框饰回字纹，高1.11米，宽0.56米，部分文字人为凿损，其余较清晰，大意可辨。大意为祠堂订辑家谱后，恐之后复行废弛，遂立碑志为记。穆氏十九世孙，戊辰科举人、五台县训导□□撰文。

穆氏宗祠碑记2　现存于东坊城乡李峪村穆氏祠堂，石碑倒伏，碑阴情况不详，立于民国25年（1936）五月。碑体圭首，青石质，碑额正书阴刻"绳其祖武"，边框饰龟背纹、"卍字"纹及暗八仙纹，高1.89米，宽0.7米，厚0.16米，右上部文字磨损严重，无法辨识。大意为穆氏先祖四如公自明初从介休张兰镇宦游山西后的经历。穆氏十七世孙、生员穆振波撰文，穆连帅书丹，监察员穆振岐、穆玉瑞，经理人穆振魏等。

穆氏宗祠碑记3　现存于东坊城乡李峪村穆氏祠堂，石碑倒伏，碑阴情况不详。碑体圆首，青石质，趺座缺失，碑额正书阴刻"绵远"，碑文行书"承先启后"，每字高0.24米，边框饰回字纹，高1.52米，宽0.62米，厚0.19米，碑面磨损较重，但文字可辨。

经幢铭文　现存于永安镇许村双松寺，立于清初。经幢为正四棱柱体，青石质，高0.62米，宽0.32米，破损较重，边缘多残缺，表面斑驳不清，所刻内容为佛教经文，诸多文字无法辨识。

五方德道行雨龙王神碑　该碑为经幢式，现存于神溪律吕神祠，立于明天启三年（1623）十月，青石材质，幢体顶部缺失，据传原有石质香炉，四兽环卧。现存石幢风化较为严重，局部剥落，幢体通高 1.44 米，皆高浮雕装饰，造型精美、工艺精湛。其中幢顶呈六棱体，单面长 0.32 米，棱雕竹节纹，底部以莲台相托；六面分别雕刻虎、兔、龙等兽，疑为十二生肖之一部。幢身呈四面八棱体，各面宽 0.165 米，内容分为碑名、神位、组织者及工匠等，其中一面刻"天地三界十方万灵真宰"；侧棱各面宽 0.06 米，阴刻云龙纹。基座六棱，棱饰竹节，面饰菊花等，以六座脚相托，其型风化不可辨识。神祠内现存有石质莲台一座，上下凿圆孔，疑为石幢顶部构件。

律吕神祠石幢

正实公寿塔　八棱柱石幢，原立于圆觉寺，现由省外私人所藏，石灰岩质，尺寸数据不详。石幢伞盖及底座缺失，仅存幢体，局部文字有缺失，题首文字篆书，内容为："诵慧大师，浑源州僧，正实公寿塔。"所见部分主体内容为四字骈体文，赞誉了圆觉寺僧诵慧大师德行广博，不畏辛劳而光耀佛庭。该石幢立于元代至元三十一年（1294）仲春二月十六日，立石人为诵慧大师弟子僧慧开、慧口。

永安寺经幢　八棱柱石幢，青石质，原址不详，现存于永安寺。石幢长 0.94 米，宽 0.25 米，边框饰花纹，立于清嘉庆五年（1800）七月，因倒伏仅局部文字可见，内容为敕封武信郎任启文、庠生任倬及众生员名讳。

武村白衣寺（西庙）经幢　八棱经幢，高 53 厘米，直径 35 厘米，青石质，上刻《宗圣陀罗尼经》。

第三节　记事碑

大成门上梁文　该碑现存于县文庙西墙边，高 0.57 米，宽 0.63 米，厚 0.17 米，青石质，任义撰文。立于明弘治十一年（1498）十一月，保存基本完好。

神川先进登科记　碑体长方形，高 0.45 米，宽 0.67 米，厚 0.17 米，现存于浑源文庙西院墙下，青石材质，断为两段，少有破损，内容基本完整。所记载内容为从金天会二年（1124）至正大六年（1229）间浑源高中进士之名录，石匠郭贤刊。

按：该碑记前言由张郁撰写。张郁，号东林子老人，又号神溪道人，另撰有《追封夫子大成记》碑文。

王庄堡南城门门洞西壁碑记　现嵌于王庄堡南城墙门洞西壁间，刻立于明万历三十二年（1604）六月。高 0.75 米，长 1.56 米，碑面剥落严重。记载大意为重修王庄堡城堡的工程项目、效果等事宜。

宝平旋碑　据 1987 年"二普"资料所记，该碑原位于吴城乡西河沟村寡妇桥处，碑面刻"宝平旋"，右上刻"万历四十三年（1615）"，右下刻"能坊施匹姚章口将庄功德主赵女将"。石碑佚失，其他信息暂无考。

圣用北岳玄芝碑记　碑碣于明代嘉靖四十五年（1566）镌刻于恒山飞石窟崖体间。高 0.56 米，宽 0.65 米。所述内容为嘉靖皇帝在恒山采摘灵芝的过程，由时任大同府通判宋茝撰文并书丹。碑碣虽有风化但字迹尚清晰完整。

甘泉碑　现存于恒山酒厂院内，立于明万历五年（1577），镌刻"北岳甘泉"，碑阴录《甘泉诗》："鳅生坐井欲观天，谁传循良有孟坚。脊土已看成乐土，苦泉宁不变甘泉。若教酿酒堪称圣，纵使箪瓢亦自贤。寄与观风行部者，民谣吏治一时传。"作者明万历年山西按察使郭显忠。该处有水井一口，水井水质甘洌清纯，浑源美酒即用此水。明代举人王汝浃撰有《甘泉记》一文，见于乾隆《浑源州志》。

复还天巧洞记　现存于恒山还元洞口一侧，明代万历六年（1578）夏月立。高 1.85 米，宽 0.8 米，厚 0.19 米，首圆方趺。碑额饰双龙云头纹，篆书"复还天巧洞记"，碑体边缘饰缠枝纹，青石材质，巡按监察御史新安黄应坤撰文。内容为黄应坤登恒山入还元洞，对其成于天巧十分惊叹，以为神工，故撰文以记。石碑所处位置人迹少至且无风雨侵蚀，保存完好。

还元洞记　现存于还元洞口侧，立于明万历六年（1578）四月。高 1.88 米，宽 0.78 米，厚 0.18 米，圆首方趺，顶端饰双龙云头纹，碑体边缘饰缠枝纹，青石材质，篆额"还元洞记"，为明代郑洛撰文并书丹。碑刻保存完整，书法造诣深厚。大意为郑洛登临还元洞后，感慨大自然之鬼斧神工，对自然宇宙法则乃至道法、人性做一番评说。

修理山岭道路碑志　立于清雍正十年（1732），现存于城北三岭村。碑高 1.46 米，宽 0.62 米，厚 0.2 米，圆首方趺，青石质，边框饰波浪纹。碑阳额绘云纹，行书"用垂悠久"，碑阴额正书"碑阴"。碑体风化侵蚀严重，尤其下部大面积碑面剥落，多文字无法辨识，残损面积近碑体面积 2/3。大意为三岭路段破损难行，大同知府王口途经后遂与浑源知州凌世升商议并即组织进行维修，其中所捐项目包括钱款、土地、房屋等。

修建浑源州城墙碑记　该碑立于清乾隆三十二年（1767）六月，现存于永安寺。高 0.66 米，长 1.58 米，厚 0.21 米，青石材质，边框绘纹饰。内容为修建浑源州城墙时工程的详细情况。

重修乐楼碑记　清乾隆三十二年（1767）七月立于西顺街古戏台一侧，现存于西顺街一住户门前。碑体高 1.35 米，宽 0.7 米。平首，青石材质，四周饰缠枝纹。碑体边缘破损较重，碑面局部风化剥落，部分文字无法辨识。碑文由廪生谢绪安撰，徐□珠书丹。大意为乐楼位于交通要冲，地处繁华。现破旧无色，与周边环境不相协调，于是众人便捐资进行修复。工期从乾隆二十七年（1762）至二十八年。

　　朱休度黄照恒山庙堪舆形势碑　现嵌于恒山会仙府东墙，刻立于清乾隆五十五年（1790）。高 0.62 米，宽 0.76 米。由广灵县知县朱休度题，浑源知州黄照书丹。碑碣保存完好，大意为二人同登恒山，就恒山之势、之形、之水进行评说。

　　善施碑记　现存于西坊城村文殊寺，立于清道光元年（1821）十一月十八日。碑体高 1.43 米，宽 0.73 米，厚 0.23 米。圆首，趺座缺失，青石材质，四周饰减笔回字纹，碑阳额正书"碑记"二字，碑阴为捐资情况。碑体现存完整，局部有风化剥落，部分文字无法辨识。其撰文者为丁郁文，书丹者孙光先，皆廪生；兴词人王治世、马相。碑文大意为该村有土场、牧场和讲道渠，属于公用场地。后被村人辛居正私下出售，影响了其他人的生产和生活。众人将其告至官府后，知州孙大山对该案件进行了裁断。为了警示他人不再做出损害乡里之事，村人遂立碑以记。

　　文庙补栽树木记　立于清道光十五年（1835）三月，现存于县城文庙西院墙处。碑高 0.54 米，宽 0.66 米，厚 0.17 米。边框饰回字纹，青石材质，浑源州学训导王恩荣撰书，程世香书丹。碑碣保存基本完好，内容为王恩荣年逾八旬，拜谒文庙后效仿方友山在任之时于文庙院内栽种树木（16 株）的做法，既可使殿堂更显恢宏，又可寓意树人育才。为将此事的意义使世人所知，立碑以记。

　　谨叙好善乐施两次救荒赈济碑志　现存于栗毓美墓，立于清道光十七年（1837）七月。高 1.5 米，宽 0.7 米，厚 0.23 米，方首，青石质，趺座缺失，边框饰回字纹，贡生李时瑜、戴世撰文并书丹。碑阳所载大意为从道光十二年（1832）至十七年，浑源灾患频发，州中官吏及各商号、富庶人家皆捐献粮款数次，其中包括远在河南任职的栗毓美及其兄弟亲友。施粥的粥场直至道光十七年（1837）五月初二方撤销，每日饥民达 6000 余。石碑碑面磨损较重，较多文字无法辨识，碑阴为施舍人和字号的姓名及名称。

　　立合同碑志　立于清咸丰元年（1851）五月，现存于沙圪坨镇杨庄村三圣祠。石碑圆首，青石质，边框饰回字纹，额饰"双鹿寿字纹"，正书"永垂不朽"。碑体基本保存完整，碑面风化侵蚀较重，多剥落之处，个别文字无法识别。内容为因乡约不公而导致了村中对官草的上缴以及其他费用的分摊进行重新分配，遂立碑为志。

　　好义碑　现存于西留乡上祝安村新建戏台，立于清咸丰七年（1857）八月。碑体高 1.65 米，宽 0.64 米，厚 0.17 米，四周饰减笔回字纹，圆首，青石质。该碑保存状况较好。碑文由大同府儒学生员白学诗撰，浑源州儒学生员李映棠书。内容为登仕佐郎张超世因行事于民有益，故村人为其立"好义碑"以示表彰。

尊断勒碑 现存于原黄花滩乡陡咀烈士陵园，立于清同治五年（1866）七月。碑体高1.14米，宽0.54米，厚0.16米，四周饰减笔回字纹。圭首，青石质，额正书"尊断勒碑"，边饰云图纹。碑体现存完整，局部有风化剥落，部分文字无法辨识。碑文由浑源知州孔□□勒石，石匠曹占鳌镌。记录的是石嘴村人日常所用之泉水位于黄花滩村白永和的田地里，后被白阻拦不准取用，村人告发后官府做出了裁断。

纪事碑 现存于县城基督堂（洋堂），立于清光绪二十七年（1901）十二月。碑体高1.72米，宽0.68米，厚0.22米，四周饰缠枝纹，青石质。碑体残损严重，碑面磨损剥落，中部及右下部许多字迹无法辨识。记载的是因民众祈雨与教堂发生冲突，众民遂将教堂拆毁。知州赖庆荣对此下令，之后如遇大旱只准许独自祈祷，不得聚众抬神祈雨。

李明泰碑楼 现存于千佛岭乡小道沟村，约刻立于清代。碑楼内立招魂碑一块，碑首缺失，据碑体形制，当为螭首。碑体砂石质，边框浮雕云龙纹，趺座及部分碑体埋于地下，出露地面部分高1.03米，宽0.78米，厚0.18米。该碑为李瑞、李瑛、李琳（岁贡生）为其父母招魂所立之碑。其父李明泰，号视远，奉政大夫，同知衔，元配冯氏、继配冯氏。碑阴正楷榜书"招魂立"，字高0.3米，宽0.3米，边框浮雕缠枝纹。

碑楼砂石质，整体损毁，地面石构件散乱可见；现残存方形石柱三根，另一石柱断为三截；石柱高2米，宽0.28米，厚0.28米。碑楼坐南朝北，北部柱体阴刻楷书对联，上联为"白马素车往日音容犹入梦"，下联为"晚萱慈竹斯时风木亦招魂"，每字宽、高皆9厘米。墓区北端有青石柱础两个，外圆内方，直径0.5米，内方长0.27米，宽0.21米。

义昭遐迩 现立于千佛岭乡小道沟村，无立碑时间，约为清代。石碑方首龟趺，青石质，边框浮雕云龙纹，高1.77米，宽0.7米，厚0.2米。碑阳楷书"义昭遐迩"，为村乡绅亲友为感念李明泰的义行而立碑铭记，碑阴素面。据该村老者李永明（时年75岁）讲述，他少年时曾见此碑碑阴原有文字，内容为捐碑者姓名，人物众多，后被磨平。

重修叹士峪石坝碑记 石碑现存于王千庄村龙泉寺，立于清宣统三年（1911）。高1.53米，宽0.68米，厚0.19米，圆首，青石质，边框饰有回字纹，额正书"万古流芳"。石碑碑体残损严重，左上部残缺一角，碑体开裂，下部一处剥落面积较大，较多文字无法辨识。大意为王千庄村等村与武村因河流堤坝的修筑而引发多次官讼。碑文由沈维翰、栗恩湛撰书。

大磁窑村初等小学堂捐款碑记 现存于大磁窑小学堂旧址，立于清宣统三年（1911）四月。碑体高0.93米，宽0.75米，厚0.14米，四周饰"万"字回形纹，圆首，青石质，额正书"斯文在兹"，边饰云图纹。碑体残损，有缺口，局部文字缺失。碑文由优附生穆郇撰并书丹。记载的是为大磁窑村新建小学堂捐资的情况。

重修垛口石桥碑记 现存于西留村垛河口旧石桥南坡，立于中华民国4年（1915）。

碑体破损面积较大，左上部及下部缺失，约占总面积的 1/3，残存部分文字多有缺失。现存碑体残高 1.68 米，宽 0.76 米，厚 0.14 米。周饰缠枝纹，圭首，趺座现已缺失，青石质，庠生刘桢撰文并书丹。大意为该村埭河口石桥年久失修，出行不便，各村遂捐资进行复建。碑阴额正书"□垂不朽"，碑文镌刻捐资情况，边框饰回字纹。

礼部钦依出榜晓示郡邑学校生员碑 现存于文庙，立碑时间不详。碑体高 0.74 米，宽 1.54 米，厚 0.13 米，边框饰缠枝纹，左侧正书"右榜谕众通知"。碑体保存基本完整，个别文字缺失。碑文由优附生穆郇撰并书丹。记载的是礼部为整肃全国学校学风、端正生员及家人品行而颁布的条例，类似于现在的学校个人行为规范，共计 13 条，涉及言行、孝悌、尊师、申诉等。

不准再行考试碑记 现存于永安寺，年代不详。高 0.82 米，宽 0.35 米，厚 0.15 米，青石质。碑体额部、左侧及下部残损。大意为朝廷决定对考试旧例进行改革，即巡按御史、布政司、按察司不得再对儒生进行复考。

直奉战争阵亡将士碑记 碑记原在浑源第一中学礼堂前，作水渠盖板之用，学校改建后遗失，或就地掩埋。据知情者言，碑阴刻阵亡将士名录，碑刻其他信息不详。

部分暂佚失碑记及谥议补录（据弘治版《浑源州志》）：

1.《雷氏退藏老人铭》，王迁撰文。王迁，元代大同路儒学教授。

2.《正议大夫浙西道宣慰使兼行工部尚书孙公神道墓铭并序》，王恽撰文。王恽，元代翰林学士，学者、诗人、政治家。

3.《保定等路军器人匠提举孙君墓碑有序》，元明善撰文。元明善，元代文学家、诗人、政治家，与张养浩、曹元用并称为"三俊"。

4.《陕西布政司左布政使致仕孙公墓志铭》，周经撰文。周经，明代曾任吏部右侍郎、礼部尚书等职。孙公，即孙逢吉，长子孙聪，次子孙明，周经为孙逢吉连襟。

5.《宁海州知州郭公墓志铭》，耿裕撰文。耿裕，明代礼部尚书，太子太保衔。

6.《上纂修郡志书》，常兰、辛岚、赵景和等撰文，皆本州庠生。

7.《浑源张侯德政感神记》，程泓撰文。程泓，河北阜城人，明代浑源州学正。

8.《威谥议》，蒋汝砺撰文。蒋汝砺，元代太常博士。

9.《大中大夫益都路总管兼府尹本路诸军奥鲁管管内劝农事孙拱谥议》，蒋汝砺撰文。

10.《正议大夫浙西道宣慰兼行工部尚书孙公亮谥议》，蒋汝砺撰文。

第二章　石刻砖雕

　　石刻砖雕是附属文物的一种，能够从侧面反映出题写者的思想内涵，亦可直观地感受到古代雕刻艺术的魅力，这些历史遗存在很大程度上丰富并增强了主体文化的内在价值。和国内其他地方类似，浑源的石刻遗存多出现于宗教活动区域及墓葬，民间则多见以砖刻，创作年代主要为辽、金、明、清、民国时期。在这些遗存中，以恒山摩崖石刻存量最多，其中不乏精品；但就艺术程度而言，当以栗毓美墓汉白玉石刻为最。恒山石刻部分在旧志及其他资料中虽有载录，但所记简略，且部分内容失真，故此本志编撰者在经实地勘察后，对照旧志及《三晋石刻大全·浑源县卷》，将现存石刻重新修订并载录。

第一节　摩崖石刻

　　壮观　原有题刻时间不详，1989年6月，悬空寺崖下"壮观"二字重新镌刻。1995年，为突出李白游悬空寺之文化韵味，景区管理部门从大同华严寺"壮观"碑拓印字迹后镌刻并放大于悬空寺下巨石间，取代了原有小型"壮观"摩崖书迹。

　　按："壮"字多写一点，一说为李白醉书误题，二说李白认为悬空寺太壮观了，于是便又多加一点，表示比壮观尤甚。实则此为古人在书法中常用的一种书写形式，属"破体字"或"异体字"一类，或加笔，或缺笔，后逐渐成为有些书家的一种书写习惯，如欧阳询在《九成宫醴泉铭》中就有"玉砌接于土阶，茅茨续于琼室"，其中"土"字与"壮"字皆为末笔加点于同一位置，故在书法领域中，加点或不加点都被视为正确的书写方式，称"泻意未尽，以点补之"。诸如此类末笔可以加点的字形很多，如笔、怜、拜、神、处等等，古代书家在碑帖里面运用得很多，楷、行、草皆有。

奇观　立于悬空寺东南峡谷以西山崖间，字体高 1.5 米，宽 0.74 米，正书书体，明代甘肃巡抚陈棐书丹。

按：按大字湾"恒宗"左侧小"恒宗"落款判断，陈棐游恒山的时间为明嘉靖三十五年（1556），故判断恒山与悬空寺关于陈棐的题刻当属同一时期作品。

悬空寺　位于悬空寺以南岩壁间，刻于明成化二十一年（1485）春。高 0.5 米，通长 1.6 米，正楷书体，为大同知府张昇所题，除落款有风化脱落之外，主体部分保存完整。

公输天巧　位于悬空寺两楼栈道侧石壁间，刻于明万历二十三年（1595）。通高 1.4 米，宽 0.35 米，由山西巡抚房守壬题。落款风化较重，主体保存较好。书体正楷，笔力刚劲秀美，柔中有刚。

腾云皈梦　位于悬空寺南侧崖壁间，刻于明崇祯六年（1633）。高约 0.7 米，长 2 米，正楷书体，浑源知州熊山题，字迹风化较为严重。

名利心灰　位于悬空寺南侧崖壁间，刻于明崇祯七年（1634）。高 0.4 米，长 1.9 米，正书书体，浑源知州熊山题，字迹风化较重。

玄空岩　位于悬空寺南侧崖壁间，明代文冈陈棐书丹。石刻高约 1.60 米，宽 0.8 米，篆书书体，字迹风化较重。

玄空阁　位于悬空寺南侧崖壁间，明代文冈陈棐书丹。石刻高约 1.30 米，宽 0.65 米，正楷书体，保存完整。

云边觉岸　刻于悬空寺东南河谷间的一块巨石之上，该石原为水库淤泥所覆盖，上面遍生柳树，2003 年悬空寺景区建设过程中始重见天日，原不为人所知。四字横列，正楷书体，高 0.85 米，总宽度 2.7 米，其左侧下方落款为"宣慰使孙公□（字体残缺，疑为"坟"字）在浑源州西二十五里昼锦山之阳"，无款识，现存字体清晰完好。

云阁虹桥　位于悬空寺南部崖壁间，风化严重，仅残留"云阁"二字，正楷书体。

空中见佛　现位于悬空寺南侧崖壁，高 0.9 米，宽 0.8 米，正楷书体，戊申定化书，具体书丹时间不详，此外其上部另独立镌有"悬"字。字体所在岩体为沉积岩，风化破碎较重，款识尤甚。

空中色相　位于悬空寺顶部崖壁，高 0.3 米，长 1.5 米，正楷书体，书丹不详，保存较好。

清气　位于云阁虹桥遗迹以西、磁峡北岩间，为明代礼部尚书、诗人、书法家吴宽题书，现保存状况完整。题刻年代约为明成化年间或弘治初期。乾隆《恒山志》赞曰："书极佳。"

岳宗　现存于千佛岭，镌刻于一巨大山石之上，立于明成化二十一年（1485），工楷书体，高 0.8 米，宽 1.54 米，右上角残缺一角。系大同府知府张昇题书，浑源知州杨健立石。

琴棋台棋盘　位于恒山会仙府西崖台间，面积约 2.5 平方米。石台间刻有象棋盘一副，长 0.75 米，宽 0.66 米，约 0.5 平方米，不知凿于何年，现存图案较模糊。乾隆《恒山志》载琴棋台上原有石棋。

天下名山　位于恒山会仙府崖壁，刻于明万历十年（1582）八月。高约 2.1 米，宽 1.6 米，楷体榜书，御史贾应元书丹。落款有风化，总体保存完整。

云中胜览　位于恒山会仙府崖壁，高约 0.5 米，通长约 2.1 米，楷体，现状较好。乾隆《恒山志》载："云中胜览，会仙府北岩，名失。"

天开神秀　位于恒山会仙府崖壁，"云中胜览"题刻之下部，刻于明万历六年（1578）四月。高 0.70 米，长 2.6 米，楷体榜书，黄铨书丹。该题刻稍有风化，基本完整。

地辟恒宗　现存于会仙府崖壁"天开神秀"题刻下部，与"云中胜览"合为一组，书丹纪年不详。高 0.6 米，长 1.8 米，正楷书体，保存较好。

壁立万仞　位于恒山会仙府崖壁间，刻于明万历十年（1582），兵备参政梅友松题。高 1.8 米，宽 2.2 米，楷体榜书，笔力遒劲，落款有风化，主体完整。据"二普"资料，该石刻被列为省级文物保护单位。

昆仑首派　位于恒山会仙府崖壁间，刻于明万历十四年（1586）。高 2 米，宽 1.85 米，由监察御史太和孙念贤题立。字体为正楷榜书，"昆仑"二字风化残缺各一部，落款亦有剥落。乾隆《恒山志·迹志》载此题刻为辽邬定言书，当误。（参见"校勘与专题考"）

石壁凌云　位于恒山会仙府崖壁间，刻于明万历十年（1582）。高约 1.8 米，宽 0.9 米，楷书，江西郑行解书丹，基本完整。

灵山耸秀　位于恒山会仙府崖壁，刻于明万历十三年（1585）。高约 2 米，宽 1.9 米，正楷榜书，吴门徐申书，保存基本完好。

万木阴森　位于恒山会仙府崖壁，由明代蔡元德书。高约 1.8 米，长 2.4 米，正楷榜书，风化较重，有字体脱落。

复还天巧　位于恒山还元洞口上岩壁间，刻于明万历五年（1577）。高 0.63 米，通长 1.55 米，巡按监察御史新安黄应坤题，工楷书体。题刻位于背阴处，保存基本完好。

洞口　刻于明万历五年（1577），位于还元洞口之上。高 0.53 米，通长 0.86 米，未署名，书体为工楷，保存完整。

还元洞　位于"复还天巧"题刻之上，刻于明万历六年（1578）正月。高 0.54 米，通长 1.36 米，未署名，书体为工楷，保存完整。

夕阳返照　位于恒山会仙府东面山崖间，题刻于明万历十年（1582）。总高 1.4 米，宽 1.15 米，正楷书体，监生陈忠言题写。

按：乾隆版《恒山志》载夕阳岭在会仙府乃是讹传，概当指此处。

苍翠常新　于明万历四十五年（1617）刻于恒山会仙府东崖间，高 0.75 米，宽 0.92

米，正楷榜书，风化较重，落款字迹残损，方绍文书。

白云灵穴　位于恒山紫芝峪东侧栈云岗崖壁上，出云洞旁，刻于明万历十年（1582）。高2.7米，宽0.8米，浑源州事王元题写，落款有风化，主体完好，正楷榜书。

古今胜概　位于恒山寝宫大殿旁，明代吴人王献臣（字敬止，号槐雨，苏州人，弘治年监察御史，拙政园主人）题书，知州陈梁勒石，楷体，该题刻成于明弘治六年（1493）至正德元年（1506）之间，保存完整。乾隆版《恒山志》载："明王易知书。""易知"是否为王献臣诸如别号之类的称呼待考。

千岩竞秀、万壑争流　位于寝宫和朝殿间山径的一侧，明代监察御史王献臣书，知州陈梁勒石。题刻通高2.1米，宽1.4米，正楷榜书，保存完整，与"古今胜概"题刻为同期作品。

太白遗迹　原镌于罗汉洞以北石崖上，明代监察御史王献臣书，建水库后不知所踪，其左近为李牧祠。

琴棋台　现题于恒山"琴棋台"棋盘之上，刻于明洪武十三年（1380）七月望日。高0.8米，长2米，为龙虎将军周立（山西行都指挥使正使）赴任第七年后所题，保存现状较好。题写背景为龙虎将军、副使王候约于洪武十二年祈祷恒山之神并重修北岳祠。

虎风口　位于恒山步云路悬根松东侧崖体间，刻于明成化十三年（1477）。高0.6米，通长1.1米，楷体，大同知府张昇题。该题刻所处石崖为石灰岩体，易受侵蚀，但字迹尚存。

恒宗　位于恒山大字岭崖体间，刻于明成化二十年（1484）。据载，"恒宗"二字成书于成化十三年（1477）。该题刻通高15米，宽8米，正楷书体，为中国最大的古代摩崖石刻，保存完整。其上方题篆书"大明"，右侧题款为"中顺大夫大同知府汤阴张昇敬书"，左侧款为"成化甲辰仲春之吉刊志"。据《人民日报（海外版）》（1986年11月22日）报道，该题刻为"中国最大的石刻字"。巨书"恒宗"左侧亦有隶书小"恒宗"二字，其右款为"嘉靖丙辰春二月"，左款为"提学副使陈棐书"。

玄岳　位于恒山步云路舍身崖下岩壁间，刻于明成化二十年（1484）。高1.6米，长2.25米，主体为篆书书体，亦为大同知府张昇所题，保存较好。

会仙府　位于恒山会仙府主殿上方，楷体，刻于明弘治七年（1494）。高0.65米，通长1.6米，保存完整。

第一峰　位于恒山会仙府崖壁，刻于明天启六年（1626）七月。高0.41米，长1.4米，楷体，武胤书丹，风化较重。

天地大观　位于恒山会仙府崖壁，刻于明天启七年（1627）八月。高2.2米，宽2.1米，楷体，兵备参议蒋锡侯书丹，落款有风化，主体完整，字体雄浑饱满。据"二普"资料，该石刻被列为省级文物保护单位。

　　绝地通天　位于恒山会仙府崖壁，刻于崇祯元年（1628）。高约 1.9 米，宽 1.7 米，楷体，王象书丹，笔力遒劲。主体完整，落款风化较重。

　　雄秀　位于恒山会仙府崖壁，刻于清光绪十一年（1885）。高 0.8 米，宽 1.45 米，楷体，孔安国题。落款有风化，主体完整，字体雄浑饱满。

　　吴耐庵题刻　位于恒宗峰下岩体，刻于明嘉靖二十年（1541）。为洛阳吴耐庵游恒山后所题。总高 1.3 米，宽 0.45 米，楷体，笔画清秀，保存完好。

　　一德峰　位于恒山梳妆楼后崖壁，刻于明嘉靖三十二年（1553）二月。通高 3.2 米，宽 1.4 米，楷体。雄浑端庄，颇具气势，为陕西按察司副使文冈陈棐题，落款有风化剥落。

　　拱辰　位于恒山飞石窟岩壁间，刻于明嘉靖三十五年（1556）。高 2.5 米，宽 1.85 米，楷体，文冈陈棐题，保存较好。

　　悟道遗踪　位于恒山琴棋台上崖壁，刻于明万历三十五年（1607）。高 0.66 米，长 2.2 米，都门胡从化奉旨钦祭虔写，楷体，风化较重。

　　云中胜迹　位于恒山寝宫外崖壁，刻于明万历四十四年（1616）。高 1.8 米，通长 1.6 米，雁门前锋官崔一元书，楷体，保存较好。

　　灵宫显应　位于恒山飞石窟岩壁，刻于明万历四十五年（1617）孟秋。通高 0.6 米，宽 0.58 米，雁门前锋官崔一元书，楷体，保存较好。

　　路接天衢　位于恒山飞石窟岩壁，刻于明万历四十五年（1617）孟秋。通高 0.95 米，宽 0.6 米，雁门前锋官崔一元书，楷体，保存较好。

　　天台境界　位于恒山飞石窟岩壁，刻于明万历四十五年（1617）孟秋。通高 1.3 米，宽 0.72 米，北楼城防百刊刘安书，楷体，主体保存较好，落款有风化。

　　峻极于天　位于飞石窟外崖壁间，题刻于明万历年间，详细时间及书丹者暂不详。高约 1.3 米，宽约 1.2 米，正楷书体。

　　果老仙踪　位于恒山通玄谷，刻于明万历四十七年（1619）夏日。高约 1.05 米，宽 1 米，邢其任书。隶体，保存基本完整。

　　耸翠流丹　题刻于恒山寝宫东部崖壁间，年代为清乾隆三十九年（1774）。高 0.67 米，通长 1.58 米，楷体榜书，现存状况较好，为雁平使者锦洛题书。

　　起建禅窑岩题刻　位于千佛岭碧峰寺（后寺）西崖碧峰洞洞壁右侧。题刻高 1.5 米，宽 0.15 米，楷体，所题内容为"大康三年起建禅窑岩记"，残损严重，字迹模糊难辨。

　　清气台　镌刻于千佛岭千佛塔下山崖间，明末（约 1641 年）遗迹。高 0.67 米，长 1.7 米，无落款，现状尚好。

　　常乐我净　位于千佛洞西侧岩壁，约为明代，书丹者不详。高 0.6 米，宽 2 米，字迹完整。

　　孔广陶题刻　镌刻于飞石窟北崖间，刻于清同治十年（1871）四月，隶书题刻，内容为"同治辛未四月南海孔广陶题名",保存较完整。

圆浑雄厚 镌刻于恒山会仙府西侧崖间,刻于民国24年(1935)仲夏。通高1.15米,宽0.8米,正书书体,由海城陈兴亚(奉系、国民军将领)题写,保存完整。

莫德惠题刻 位于恒山会仙府崖壁,高0.3余米,宽约0.15米,镌刻于民国24年(1935)仲夏,正书书体。内容为:中华民国廿四年仲夏长白莫德惠(政治家,国民政府考试院院长)率子松森、侄松涛,同海城陈兴亚、李孟兴、李明森、北镇萧桐年来游。

大恒以宁 现存于恒山通玄谷东侧崖壁间,镌刻于民国24年(1935)仲夏。高约0.4米,长2米,正书书体,保存较好,南开学生莫松森(莫德惠之子)书。

金龙口 现存于恒山悬根松南崖壁,纪年不详。高0.58米,长1.35米,厚0.15米,正书书体,局部风化剥落。

名齐四岳 现存于恒山会仙府崖壁间,确切纪年不详。通高2.3米,宽2.1米,正书书体,都御使贾应元书,风化较重。

按:据《兵部左侍郎贾应元墓志铭》所载,贾应元1575年曾任山西按察司副使,后于明万历九年(1581年,辛巳年)升副都御史,次年任兵部右侍郎,不久转左侍郎,万历十一年(1583)被免职,可知该题刻应在1581—1582年其间。

瞻天仰圣 现存于恒山会仙府崖壁,纪年不详。高1.98米,长1.6米,正书书体,无款识,风化较重。

仙山显岳 现存于恒山通玄谷东崖壁,书丹者及时间不详。高0.8米,宽0.84米,正书书体,风化较重。

玉泉寺界石 位于玉泉寺遗迹以东岩石间,正书书体,无款识,纪年不详。

松屏耸翠 现存于恒山会仙府东崖壁间,戴沂题书,书丹年代不详。高0.7米,长1.5米,正书书体,局部风化剥落。

玄岳 现存于恒山玄岳峰,书丹纪年不详。高0.95米,长1.7米,正书书体,风化较重。

飞石遗踪 现存于恒山飞石窟崖壁间,御史黄应坤书丹,题刻于明万历五年(1577)。高0.6米,长1.75米,行书书体,局部风化剥落。

按:乾隆版《恒山志》记载该题刻为"八分书"体,名失。此载与现存题刻字体有出入,或另有"八分书"之"飞石遗踪"题刻则不得而知。(参见"校勘与专题考")

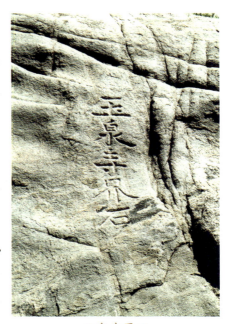

玉泉寺界石

洞门春晓　现存于恒山飞石窟左侧崖壁，纪年不详。高 0.58 米，长 1.35 米，厚 0.15 米，正书书体，局部风化剥落，为明代吴云所题。

振衣台　镌刻于恒山恒宗殿振衣台崖壁间，高约 1.5 米，宽约 0.5 米，书丹年代暂不详，风化较重。

淮阴遗事　位于神溪村凤凰山南侧崖壁间，书者及纪年不详。

凤凰山　原镌于神溪村凤凰东北山阳崖壁间，21 世纪因开山而毁，书者及纪年不详。

鹿鸣晨瑞　位于王庄堡鹿鸣山奶奶庙以南 30 米处石壁之上，正书书体，高、宽约 30 厘米，现状较完整，无款识。

神乳泉　位于沙圪坨镇赤泥泉村东北 2600 米处山崖石洞（永固寺）西侧，正书书体，字高约 8 厘米。

第二节　诗碣　塔铭

《登恒十韵》诗碑　诗碑现存于恒宗殿，青石质，圆首缠枝边，碑体通高 1.15 米，宽 0.56 米，厚 0.15 米，间有裂纹两道，破损较为严重，碑额篆"最上头"三字，宾山居士王勋竹篆额并书丹。

《谒北岳》诗碑　现存于恒山梳妆楼，立于明正德元年（1506）三月。高 1.45 米，宽 0.69 米，厚 0.18 米，圆首方趺，青石质，乔宇撰书。诗碣字迹清晰，保存较完好。

《曾登泰山复游恒岳赋》诗刻　镌刻于恒山恒宗峰崖间，高约 1.2 米，宽约 0.65 米，正书书体，录七言诗一首，诗书俱佳。石刻所在岩体风化较重，表面斑驳不堪，字迹笔画多有剥落。

按：据考，作者为明正德年间大同知府鲍继文，题刻确切书丹时间不详，系其任职大同知府时所题，时间范围为正德八年至十五年（1513—1520）之间。

《登恒山四首夜登悬空寺一首》诗碣　刻于明正德十四年（1519），现存于恒山庙。高 0.48 米，宽 0.78 米，右上部及左上角有残缺，文字部分有脱落。

明代郑洛恒山诗碣

《登恒山用前人韵》诗碑　立于明万历七年（1579），现存于恒山接官厅后。高 0.55 米，宽 0.96 米，厚 0.15 米，青石质，遂城范溪郑洛题。右下部字体风化较重，斑驳缺损。

《恒山诗》碣　镌刻于明正统九年（1444），位于恒山寝宫后西北方向崖壁间。高 0.36 米，长 0.48 米。由于风化严重，字迹模糊，勉强可以辨识，为胡汝楫题。

《恒岳路草》诗碑　诗碑现存于恒山恒宗殿，立于明天启五年（1625）。高 0.78 米，长 1.56 米，厚 0.16 米，青石材质。序言记共诗 20 首，实 19 首。诗碑破损较严重，碑版内容多有脱落，作者不详。

《恒山二首》诗碣　位于恒山飞石窟东壁间，刻于明天启七年（1627），录有诗作两首。高 0.57 米，宽 0.6 米，天中汪裕题，保存较好。

《谒北岳次韵》　现存于恒山寝宫梳妆楼墙体间（神像之后），立于明嘉靖二十七年（1548）前后。高 0.65 米，长 0.8 米，四周砖雕镶边，内饰缠枝纹，保存基本完整，仅一字残缺，由任丘谢淮题，共录诗四首。

《孟秋登恒山》　位于恒山梳妆楼南墙墙体，明嘉靖二十九年（1550）镌刻。高 0.66 米，长 0.95 米，青石材质，绘缠枝纹砖饰边框，保存完整，落款为"嘉靖庚戌新安梅林胡宗宪题"。

《迎神词送神词碑》　刻于明崇祯年间，现嵌于恒山会仙府门外墙体。高 0.51 米，长 0.66 米，边框饰缠枝纹，环洲吴充题。碑碣保存较好，稍有破损，可谓佳作。

《颂岳》诗碑　立于清康熙五十七年（1718），现存于恒山恒宗大殿处，录诗一首，草书题刻。该碑圆首方跌，玄武岩材质，四周饰缠枝花纹。碑额阴刻云团纹，正中篆刻"西北元功"四字；底座高 0.24 米，长 0.47 米，宽 0.6 米；碑身及碑额通高 1.19 米，宽 0.58 米，厚 0.23 米。题诗人为候补内阁中书王先声，其子吏部题名截取知县王勋书，杨玉春镌。诗云："东岱大夫之松，西华仙人之掌；南衡龙书蛇篆，北恒金鸡玉羊。"诗碑中部有裂纹，总体保存尚可。

《陪祀恒山》诗碣　现存于会仙府门庭北墙，立于清康熙二十九年（1690）。碣高 0.48 米，宽 0.66 米，饰波浪纹饰，叶九思题，共录诗两首——《陪祀恒山》《再游恒山》。碑碣风化严重，字迹多斑驳难辨。

《登岳一首同黄正夫刺史作》诗碣　现存于恒山会仙府西墙壁，立于清乾隆五十五年（1790），录诗一首。诗碣高 0.65 米，宽 0.89 米，题书者为广灵县知县朱休度，其诗文及书法造诣颇深。诗碣保存良好。

《恒山诗》碑　现嵌于恒山会仙府西墙，立于清嘉庆二十四年（1819）四月。高 0.71 米，宽 0.95 米，题书者为上海人，名失。诗碑共录其诗 11 首，有局部风化剥落，包括作者姓名。

《恒岳诗》碣　现嵌于恒山会仙府东墙体，立于清嘉庆二十四年（1819）十二月，共录诗二首。诗碣高 0.42 米，宽 0.42 米，由清代著名书画家汤贻汾撰书并书丹。诗碣保存良好。

《登北岳式章》 位于恒山飞石窟孔广陶题刻旁，隶书书体，落款为中石叠山人李宗枢识，录诗一首，保存基本完整。

《早过悬空寺》诗碣 诗碣镌刻于悬空寺千手观音殿下面的石壁之上，时间为明万历四年（1576）。高 0.52 米，宽 0.89 米，四边饰缠枝边，整体端庄秀美。遂成范溪郑洛题，保存基本完整。

《雨中过悬空寺》碑 于明天启初年镶嵌于悬空寺碑亭东壁，高 0.69 米，长 1.15 米，四周饰缠枝纹，关中李采题。工楷题刻，诗文俊美脱俗。诗碑存于楼阁之内，保存完整。另，在悬空寺"公输天巧"题刻下部有该诗草书题刻，书法造诣深厚且刻工精湛，风化较重。

《登悬空寺》诗碣 诗碣共录诗二首，镌刻于明天启初年，现存于悬空寺门洞正面岩体间。高 0.62 米，长 1.02 米，天雄刘遵宪题，保存完整。

《悬空寺》诗碣 现存于悬空寺，年代为明崇祯七年（1634）二月。高 0.54 米，长 1.25 米，浑源知州熊山题。诗碣破损严重，很多字迹无法辨识。

《登北岳恒山有感》诗碣 镌刻于恒山会仙府一带，年代不详。高 0.58 米，长 0.47 米，青石质，录诗一首，麓泉题。该诗碣风化较重，表面斑驳。

《圆觉寺塔体碣》 碣体高 0.56 米，宽 0.32 米，明成化五年（1469）二月镌刻于圆觉寺塔体之上，内容为浑源知州关宗及地方官员等重修寺塔的名单记录，周瑀刻石，碣体稍有残损。

第三节　石窟寺与造像

千佛岭石窟 位于千佛岭乡龙咀村西南约 3000 米千佛岭顶天然巨石之上。石窟坐北朝南，东西长 7.98 米，南北宽 7.02 米，占地面积约 56 平方米。峭石南壁开凿石窟 3 座，开凿年代不详，现存造像具有辽代风格，2011 年 11 月被公布为市级文物保护单位。其中 1 号窟称"千佛洞"，内径约 2.39 米，高约 2.5 米。洞内石

千佛岭石窟造像

壁刻佛像三尊，均高约 1.27 米，宽 1.04 米。佛像周边刻满 5 厘米高小佛像 500 余尊。2 号窟位于 1 号窟西侧，称"十佛洞"。内径约 2.04 米，高约 1.12 米。洞内壁刻有佛像 10 尊，风化剥蚀严重，面目无法辨识。3 号窟位于 2 号窟下，称"主持洞"，为僧人修行场所，内径约 1.5 米，高 1.2 米。峭石西侧岩壁上存明代摩崖题记"常乐我净"。峭石东侧岩壁上存辽代风格摩崖造像 3 尊，峭石南侧存明代天启六年（1626）碑刻 1 通。

悬空寺摩崖像　见卷一、第一章、第四节悬空寺部分。

灵鹫岩摩崖造像　位于青磁窑镇黄土坡村东北 400 米处灵鹫岩峭壁上，确切建造年代不详。造像位于东西长约 10 米、南北宽约 50 米的天然山崖上，分布面积约 500 平方米。现存摩崖造像 3 尊，坐西朝东，距地面高约 1.2 米。造像高约 2.2 米，宽约 1.7 米，容貌丑陋，下颌原留有胡须，结跏趺坐。右侧一尊造像左边刻有题记，字迹模糊。三尊造像中，南边佛陀眼部有裂隙，崖壁渗水恰好从石佛的眼里流出，故此佛又称为"滴泪佛"。由辽宁美术出版社出版的《美术大观》对该崖造像有登载，见于 2013 年第 7 期。

1987 年 10 月"二普"考察结果：灵鹫岩石窟，位于大磁窑镇黄土坡村与三玉门村之间，坐西朝东。一窟高 2.23 米，宽 1.5 米；二窟高 2.3 米，宽 1.6 米；三窟高 2.23 米，宽 1.44 米，共三窟三像。所刻造像为三世佛，结跏趺坐，各做手势，龛外呈方形，内做龛顶，宽 1.8 米左右。其中中龛刻"中磁窑施主崔公政吏王氏"；北龛刻"施主上盘铺郝岩长，男郝洪祐，明昌五年（1194）五月归政重建"；南龛刻"施主□□郝□□□□□"。原有窟内建三间殿，长约 7.5 米，宽 4.5 米，窟顶椽眼 0.35 米见方。

按：据任继愈主编的《中国佛教史》中载，山西沁县南涅水石塔中的北齐佛龛中，有下颌留须佛像。浑源灵鹫岩石窟寺造像亦具早期佛教雕刻风格，疑为南北朝或唐代遗物。

寺洼石雕造像　存于东坊城乡寺洼村，平面呈八角形，高 0.3 米，直径 0.46 米，所刻造像内容为释迦佛、文殊、普贤菩萨像等，无文字内容，年代不详，较残。（据"二普"资料）

第四节　砖石题刻

罗汉洞石刻楹联　现存于悬空寺南侧罗汉洞，明洪武三年（1370）所刻。高 1.3 米，宽 0.72 米，厚 0.14 米，青石材质，隶书题刻。上联为"南罗汉北悬空二寺盘数岭"，下联为"左恒山右翠屏两山夹二溪"，为张思叡摹古。

文庙石刻联　现存于文庙后院西墙下，据考约镌刻于清道光初年，青石质。高 1.55 米，宽 0.32 米，行书书体，保存较好。内容为"至乐无声唯孝悌，太羹有味是诗书"。

麻家大院石联　现存于麻家大院绣楼西侧墙体，通高 2.2 米，宽 0.36 米，行书书体，内容为"处世无如为善好，传家惟有读书高"。

栗氏佳城石匾　"栗氏佳城"，镌刻于清道光二十年（1840），现存于栗毓美墓南启门门额之上。字体高 0.27 米，通宽 1.2 米，边框饰飞龙云纹，匾额保存完好。

栗毓美墓棂星门石联　于清道光二十年（1840）雕于栗毓美墓汉白玉棂星门正中立柱之上。柱高 1.95 米，宽 0.3 米，正书撰联。正面内容为"伟绩著宣防传列名臣瑶阙星辉分昂毕；巍阶尊保傅神安永宅玉华云气护松楸"。正中额题"宫太保河东河道总督栗恭勤公茔"；两侧额题"崇祀名宦""崇祀乡贤"。背面横联内容亦为"宫太保河东河道总督栗恭勤公茔"，两侧刻栗公生卒时间及家人名讳。石联保存完整。

上韩村文昌阁石匾　现存于上韩村文昌阁阳面，立于清道光二十六年（1846）五月。高 0.45 米，宽 0.98 米，保存较好，文字清晰，作者不详。内容为正书"云路"二字，款识为"创建门洞"。

上韩村文昌阁石匾　现存于上韩村文昌阁阴面，立于清道光二十六年（1846）五月。高 0.5 米，宽 1.02 米，保存较好，文字清晰，作者不详，内容为正书"龙门"二字。与"云路"额当同为修此阁楼时所刻。

石刻牌楼联　现存于杨庄村南陈家老坟，立于清光绪初年。石联镌刻于坟旁石柱间，柱高 1.82 米，宽 0.18 米。联文为"水出于源自源渊而分枝分派，人本乎祖由祖宗以生子生孙"。石柱额饰云纹，边框饰绳纹，保存尚可，局部有剥落。

穆维岐牌楼联匾　原为穆维岐坟墓牌楼构件，牌楼损毁后，残存联柱三根，其一断为两截，现存于永安寺。石柱联皆砂石质，长两米余，皆倒伏，多有残损，下部文字暂不可识。三联上部内容分别为"庆流子孙尧尊贤乐善自宜兰玉同步"（隶书）；"公真作善先声虽今玉树长埋尤堪着想"（楷书）；"我□边侠者以后平原肝胆更向谁人"（行书）。匾额为石灰岩质，篆书"志洁行芳"，长 0.48 米，高 0.34 米，厚 0.2 米，周围饰寿字、回字纹，现状较好。

基督教礼拜堂门额题刻　镌刻于原南顺街基督堂门额，西侧门匾上刻"礼拜堂"；东侧门匾高 0.67 米，宽 1.7 米，上刻"礼拜堂，中华民国五年，救主 1916"。

晴远楼砖雕楹联　镌刻于县城西关晴远楼，为晚清作品，保存状况完好。联额隶书"晴远楼"，高 0.42 米，宽 1.4 米；联体高 2 米，宽 0.3 米，联文为"晓风吹开一天云雾，夜月照澈万里江山"，行楷书体。

"英烈迹"　原镶嵌于县城西关烈士塔门额，刻于 1950 年 7 月，2007 年移至二岭村新烈士陵园。高 0.5 米，长 1.94 米，汉白玉质，正书书体。浑源人李天池书，左士金刻。

重修王庄堡砖记　据该砖记载，明万历二十八年（1600），王庄堡堡城重修。该砖额题"浑源城"三字，长 35 厘米，宽 16.5 厘米，厚 5 厘米。所记内容为："□□□□赵国□司修王家庄堡，官军二百员……交界宽二丈二尺……高三丈，六月二十一日起至七月二十日修完，官墙交官，李升、王大秀。万历二十八年七月二十五日，置立界"。砖记系修城工匠所刻，笔法粗糙，砖体现已断为两截，砖面局部文字划损脱落，现存于民间。

"**庄严**"　刻于永安寺大殿明间、次间两端砖墙,阴刻,字均高3.76米,各宽2.5米、2.75米,款识为"太原龙山段士达",其引首章呈椭圆形,刻"古雅绝伦";压角章刻两方,一为"段士达印",高18.5厘米,宽19厘米;二为"龙山月溪",高18厘米,宽18厘米。

"**法相**"　位于永安寺倒座戏台两侧墙体,高2.55米,宽2.75米,阴刻。原已残损的"法"字毁于2000年前后,现仅存"相"字,落款为"张煖书",压角章两方,一枚阴刻"张煖之印",二为阳刻"□□",印章均高为16厘米,宽17厘米。

"**虎啸龙吟**"　刻于永安寺大殿后墙两侧,阴刻,高度分为3.78米、3.84米、3.72米、3.62米;宽度分为3.02米、3.01米、2.83米、3.41米。引首章呈树叶状,刻异体字"克己",次行阴刻"大清乾隆上章困敦终皋五月";落款为"张煖书";压角章两枚,一为阴刻"张煖之印",二为阳刻篆书"明□",印章均高为17厘米,宽为18厘米。

"**忠孝节义**"　镌刻于城内文庙大成殿殿外后壁,正书书体,高2米,刻于清道光三年(1823),鄱阳蔚彭龄题书。

第五节　古树名木

古树名木是森林资源中的瑰宝,是自然界和前人留下的珍贵遗产。浑源地处黄土高原的边缘地带,境内地形地貌多样,自然环境差异较大,为古树的生长营造了良好的环境。每一株古树都是历史生动的记载,因此保护好古树名木不仅是保护生态环境,同时也是传承历史、保护我们的精神家园。

浑源古树种类主要有油松、云杉、榆树、槐树、柳树等,多集中在恒山主峰阳坡,树龄百年以上的共有2500余株,其中有名号古松15株,如悬根松。其余古树分布于乡村,20世纪中后期多遭砍伐。各地关于古树名木保护等级标准不一,通常凡树龄在100年以上的树木即为古树,千年以上树龄为特级或一级保护,树龄在500年以上为一级保护,树龄在300年至500年间为二级保护,树龄在100至300年间为三级保护;在恒山古树中,被列为特级保护的为恒山悬根松。名木指珍贵稀有或者具有重要历史、文化和科研价值及纪念意义的树木,通常不受树龄限制,均按国家一级古树保护,浑源名木有恒山豹榆,经林业部门专家鉴定,属我国稀有树种,为恒山独有。2001年,为使古树名木得以保护,文物部门对县域范围内

白羊村古柳

的保护对象进行了统计。至9月，恒山古树名木建档工作完成，豹榆、千年古松等40多棵珍稀树木挂上保护牌，部分设立围栏。2010年前后，受虫害和持续高温气候影响，恒山千年古松"四大夫松"陆续枯死。

浑源县古树名木保护一览表（一）

表4-1

名称	学名	雅号	科属	年代	生长状况			生长区域	备注
					树高（m）	胸围（m）	树冠（m）		
悬根松			松	唐宋	16.44	2.54	18.8×14.6	虎风口旁	特级保护
将军松	Pinustab1aegoymiscarr		松	唐宋	15.69	2.86	19×17.6	真武庙北侧	一级保护，枯死
御史松	Pinustab1aegoymiscarr		松	唐宋	15.69	2.88	18×15.5	真武庙南侧	一级保护，枯死
仙子松			松	唐宋	15.63	2.42	22.4×18.2	大字湾以西，旧索道下站东	一级保护，枯死
学士松			松	唐宋	15.66	2.22	16.4×4.5	大字湾西，旧索道下站东	一级保护，枯死
迎宾松	Pinustab1aegoymiscarr		松	唐宋	14.81	3.26	18×16	停旨岭村西南红石梁	一级保护
迎宾双松	Pinustab1aegoymiscarr		松	唐宋	14.67	3.18	21×18	停旨岭村西南红石梁	一级保护
送客松		盘龙松	松	唐宋	15.28	2.55	21×6.8	停车场南，停旨岭高阜	一级保护
连理松			松	唐宋	15.65	2.6	13.6×9.8	虎风口下方	二级保护

名称	学名	雅号	科属	年代	生长状况			生长区域	备注
					树高（m）	胸围（m）	树冠（m）		
元灵古松			松	元	17.94	2.75	13.5×15.6	青龙殿前	二级保护
抱崖悬松			松	明	14.65	2.85	16×15.5	抱榆沟南崖边处	二级保护
悬空松			松	明	15.65	3.14	14.5×12.6	虎风口下	二级保护
望岳松			松	唐宋	13.65	2.10	20.4×13.8	悬根松北下方	二级保护
同根松			松	唐宋	15.63	2.24		虎风口下	一级保护
双离树			榆	明	17.86	3.16	6×4	崇棂门以东	二级保护

浑源县古树名木保护一览表（二）

表4-2

序号	树种	科属	保护等级	树龄	胸径（cm）	生长地址
1	云杉	松科云杉属	二级	约300年	30	沙圪坨镇水沟村北
2	旱柳	杨柳科柳属	三级	约200年	68	南榆林乡二岭村西北
3	杨树	杨柳科柳属	三级	约100年	102	南榆林乡二岭村东
4	旱柳	杨柳科柳属	一级	约1000年	210	吴城乡香水寺村
5	油松	松科松属	一级	约500年	68	原黄花滩乡昆仑崖村
6	油松	松科松属	一级	约500年	87	官儿乡穆家庄村南坡

续　表

序号	树种	科属	保护等级	树龄	胸径（cm）	生长地址
7	油松	松科松属	一级	约500年	72	官儿乡穆家庄村南坡
8	柳树	杨柳科柳属	三级	约100年	12	官儿乡穆家庄村南坡
9	杨树	杨柳科柳属	三级	约100年	88	永安镇王千庄村
10	旱柳	杨柳科柳属	三级	约150年	75	永安镇王千庄村
11	榆树	榆科榆属	一级	约500年	144	西坊城镇南阳庄村北
12	榆树	榆科榆属	三级	约100年	46	西坊城镇圪坨村
13	旱柳	杨柳科柳属	三级	约150年	87	西坊城镇小辛庄村
14	白榆	榆科榆属	一级	约500年	45	浑源县恒山
15	春榆	榆科榆属	一级	约500年	45	浑源县恒山
16	春榆	榆科榆属	一级	约500年	48	浑源县恒山
17	春榆	榆科榆属	一级	约500年	50	浑源县恒山
18	白榆	榆科榆属	一级	约500年	45	浑源县恒山
19	白榆	榆科榆属	一级	约500年	45	浑源县恒山
20	白榆	榆科榆属	一级	约500年	42	浑源县恒山
21	白榆	榆科榆属	一级	约500年	44	浑源县恒山
22	油松	松科松属	一级	约600年	43	浑源县恒山
23	云杉	松科云杉属	一级	约500年	46	浑源县恒山
24	云杉	松科云杉属	一级	约550年	40	浑源县恒山
25	云杉	松科云杉属	一级	约550年	43	浑源县恒山

序号	树种	科属	保护等级	树龄	胸径（cm）	生长地址
26	云杉	松科云杉属	一级	约550年	45	浑源县恒山
27	云杉	松科云杉属	一级	约500年	30	浑源县恒山
28	云杉	松科云杉属	一级	约550年	35	浑源县恒山
29	油松	松科松属	二级	约300年	35	浑源县恒山
30	油松古树群	松科松属	二级	约350年	25	浑源县恒山
31	油松古树群	松科松属	二级	约200年	22	浑源县恒山

附：其他古树补录

二岭村古槐　位于南榆林乡二岭村中部，东临关帝庙。高10余米，胸径约40厘米，树龄约200年，生长良好。

东岭霞客松　位于裴村乡东岭村，高约8米，胸径约30厘米，树龄不详。

以下所记为"二普"调查之部分古树，调查时间1987年9—10月。

南阳庄古柳　位于西坊城镇南阳庄村，树高25米，底部周长6米，树冠如巨伞状，枝叶茂密，据说有千年之久，其时生长良好。

凌云口古松　位于裴村乡凌云口村，树高25米，根部周长2.72米，枝叶茂密，顶部稍平，树根较细，树腰较粗壮，约为宋代古松，其时生长良好。

香水寺古柳　位于吴城乡香水寺村中，高20余米，直径约1.5米，枝叶繁茂。

王庄堡古柳　位于王庄堡镇白羊村，树高约25米，底部周长5.4米，树根裸露，树冠硕大茂盛，传说有千年之树龄，其时生长良好。

香水寺古柳

卷四　碑碣与石刻砖雕

　　西湾村古榆　位于王庄堡镇西湾村，树高约25米，底部周长4.1米，树根裸露，树冠硕大茂盛，传说有千年之树龄，其时生长良好。

　　西湾村古松　位于王庄堡镇西湾村，树高约20米，底部周长1.28米，枝叶茂盛，峻拔挺秀，约600年之树龄，其时生长良好。

　　后庄子古松　位于后庄子村龙王庙，径围1.2米，高8米，树龄不详。

　　小辛庄巨柳　位于小辛庄村西，根部周长5.4米，约20米高，村人称树龄200年以上。

卷 五 机构与事业

自晚清以来，历朝中国政府对于文物的保护与管理是非常重视的。如光绪三十二年（1906）就曾颁布有《保护古物推广办法》，在之后的北洋政府及国民政府时期，也都就文物保护采取过不同的措施。其中在1930年，南京政府即颁布了我国历史上第一部关于文物保护的法律——《文物保存法》。进入社会主义新中国以后，对于文物的保护与研究更是被列为国家重要工作任务之一。

　　在浑源，中华人民共和国成立后的30年间并未设立正式的文保机构，其管理职能完全归于县文化部门。直到1980年，浑源始正式成立了专门的文物管理机构。在之后的探索实践中，机构的完善、职能的优化、措施的加强以及科学利用等方面，都迈上新的历史台阶。如今，部分文物单位业已成为弘扬中华文化的窗口，一大批研究成果得到社会的广泛关注，这些成就为浑源未来文旅事业的发展奠定了坚实的基础。

第一章　管理机构

浑源县文物管理机构的设置始于改革开放之后，这标志着浑源文物保护工作步入了正轨。就是从这一时期开始，本县部分文物单位纳入了政府保护范围，如悬空寺、恒山古建筑群以及城关部分古建筑。随着改革开放的不断深入，国家对文物保护的力度不断加强，如《文物保护法》的出台等，从 1978 年设置机构开始，至今已近半个世纪，其间的管理机构不断得到了完善，职能更加明确。

第一节　机构沿革

1978 年，恒山文物管理所成立，隶属于县文化局，所长张儒山。

1982 年 9 月至 1984 年 2 月，所长张剑扬。

1984 年 2 月至 1987 年 10 月，所长张恭，副所长李建业、孙仪。

1987 年 10 月至 1995 年，所长李增福，副所长李建业、孙仪。其间 1992 年 12 月恒山文物管理所由浑源县文化局分出，并入恒山风景名胜区管理局，李建业、孙仪不再担任副所长。

1995 年 3 月，恒山文物管理所升格为浑源县文物管理局，与恒山管理局合署办公，至 1998 年 5 月，局长由李增福担任，未配置副职。1998 年 5 月至 2002 年 12 月，由孙海川兼任。2002 年 12 月至 2019 年 2 月，郝维和任文物局局长。

从 1992 年 12 月至 2005 年 8 月，文物局隶属关系由恒管委（其间恒山管理局）变更为浑源县人民政府，属政府办事机构。

2006 年 10 月 10 日，由大同市编制委员会正式批准单独设置县文物局，为浑源县政府直属全额拨款事业单位，正科级建制，主管全县文物管理和保护工作。核定编制 12 名，其中科级领导职数 1 正 2 副，总工程师 1 名，之后恒管委不再挂浑源县文物局牌子。

2008 年 11 月，县文物局正式独立办公，原恒管委文物管理科 7 人划归文物局。文物局下设办公室、文物管理科、执法督察科。局长郝维和，副局长王元、史学武，总工程师李鹏鸣。全局干部职工 11 人，其中本科学历 4 人、专科学历 5 人、高中学历 2 人。隶属文化局时办公场所在浑源县旧文化局办公（永安寺）；隶属恒管委其间乃至单设后在恒管委办公楼办公，2004 年因恒管委旧楼改造随同管委会机关在永安寺文物管理所办公近一年。2019 年 2 月，整合原文化局（版权局）、旅游发展委员会、文物局行政职能，成立县文化和旅游局（加挂县文物局牌子），程广德任局长，郝维和（负责文物工作）、徐启、高仙海、常志孝、薛卫军任副局长；2020 年，段治国接任局长；2021 年，晋洪涛接任局长。2019 年 9 月，成立浑源县文物保护研究中心，正科建制，1 正 1 副；2021 年 8 月，调整为浑源县文物保护研究中心（加挂浑源古城保护中心牌子），正科级建制，领导职数 1 正 3 副，主任杨毅，副主任史学武、贺智权、王琳娜，内设机构 10 个。

第二节　下属机构

2008 年 11 月，浑源县文物局成立 6 个文物管理所，副科级建制，承担文物管理、文物安全、消防安全、游客安全和县文物局交办的其他各项工作。自县文物保护研究中心成立后，皆调整为内设机构。

1. 永安寺文物管理所，核定财政拨款事业编制 8 名。

2. 栗毓美墓文物管理所，核定财政拨款事业编制 8 名。

3. 大云寺文物管理所，核定财政拨款事业编制 8 名。

4. 文庙文物管理所，核定财政拨款事业编制为 6 名。

5. 圆觉寺文物管理所，核定财政拨款事业编制 6 名。

6. 律吕神祠文物管理所，核定财政拨款事业编制 6 名。

文物局下属文物管理所领导名录

表 5-1

单　位	姓　名	任职时间
永安寺文物管理所	王雯霞	2016 年 12 月
栗毓美墓文物管理所	薄海龙	2017 年 6 月
大云寺文物管理所	靳　俊	2014 年 2 月
	林　青	2017 年 6 月

续 表

单　位	姓　名	任职时间
文庙文物管理所	薛丽娟	2014 年 2 月
	李　翔	2017 年 6 月
圆觉寺文物管理所	郭玉玲	2014 年 2 月
	仝云岗	2017 年 6 月
	贺智权	2020 年 6 月
律吕神祠文物管理所	勾建伟	2014 年 2 月
	李　杰	2017 年 6 月

第二章　文物管理

文物管理是整个文物保护工作的关键环节，这其中包括对文物及文物单位的档案管理、人员管理、经营管理、安全管理、普法宣传等。自文保机构成立以来，对于文物管理的认识和力度逐步加强，现已基本实现了信息化管理。在普法宣传中，有更多的民众树立了"热爱家乡、保护文物、传承文化"的意识。在旅游业不断发展的今天，浑源作为文物大县，有多处国保级单位已经进入旅游市场，如悬空寺、恒山古建筑群、栗毓美墓等。此外，在已经启动的"文明守望"工程中，一些古建筑得到很好的保护与利用。在这一过程中，由于科学地处理好了文物保护与经营二者的关系，因此这些原本沉寂的文物变得鲜活起来，为浑源县域经济的发展做出了贡献。

第一节　经营管理

文物单位的保护管理与市场经营是互有矛盾的，对文物保护单位仅一味进行保护而不加以利用则文物毫无意义可言，但只讲利用而不注意保护则将对文物造成严重的破坏。全县文物保护单位现正式开展市场经营的有悬空寺、永安寺、恒山古建筑群、栗毓美墓、云峰寺5处。其中除云峰寺外，其余4处由恒管委经营管理，县文物部门负责对古建筑的修缮及研究等工作。

文物古建筑经营与管理立足于《中华人民共和国文物保护法》《山西省文物保护实施办法》《全国重点文物保护单位保护编制规划要求》《中华人民共和国文物保护法实施条例》《文物拍摄管理暂行办法》以及《恒山风景名胜区保护条例》等有关法律法规的要求来进行。其中悬空寺于1978年由山西省人民政府及国家有关部门批准对外开放，

1980 年正式接待中外游客，现行门票价格 120 元—130 元（淡旺季）；永安寺经修复后于 2005 年 5 月 28 日正式对外开放，现行门票价格 20 元；栗毓美墓正式开放于 1995 年 6 月 1 日，现行门票价格 20 元；恒山古建筑群的经营管理始于 1981 年，初期并未形成真正意义上的开放，1985 年后方面向国内游客，开放程度很低且游客量较少，现行门票价格 55 元。以 20 世纪 80 年代初为例：1980 年悬空寺、恒山景区全年游客量为 5 万人次，其中外宾 500 人；1981 年游客量为 7.08 万人次，外宾 800 人；1982 年游客量为 9.12 万人次，外宾 1200 人；1983 年游客量为 10.42 万人次，外宾 4200 人。进入 21 世纪后，前来几处文物景点观光的游客量涨幅较大，旅游收入不断提高，文物保护工作开展有序。

2007 年，县文物局被山西省文物局评为"文物保护工程管理先进单位"。

2007 年，县文物局被山西省文物局评为"文物安全先进单位"。

2008 年，浑源县被山西省文物局评为"山西省文物普查先进县"。

2008 年，浑源县文物普查队被山西省文物局评为"山西省优秀普查队"。

2009 年，县文物局被山西省文物局评为"文物安全先进单位"。

2009 年 2 月，县文物局在山西省第三次全国文物普查工作中被山西省文物局评为 2008 年度"先进单位"。

2010 年 6 月，浑源县在山西省第三次全国文物普查实地调查阶段被山西省第三次全国文物普查领导小组评为"先进县"。

2011 年，浑源县被山西省文物局评为"全省文物工作先进县"。

2011 年 7 月，浑源县党支部被中共浑源县委评为"先进基层党组织"。

2012 年，浑源县被山西省文物局评为"全省文物执法安全工作先进县"。

2013 年，浑源县再次被山西省文物局表彰为"文物保护先进县"。

2013 年 2 月，浑源县被山西省文物局评为 2012 年度全省"文物执法安全工作先进县"。

2014 年，浑源县被山西省文物局评为"全省文物工作先进县"。

第二节　档案管理

档案管理是文物保护工作的重要环节。从 1998 年至 2002 年，对全县文物所有情况进行了全面普查并建档，其中包括历次各级文保单位的申报资料，使浑源境内的文保单位基本达到了"四有"（有文物保护标志牌、有保护范围和建设控制地带、有记录档案、有管理机构或管理人员）。国保单位悬空寺于 2001 年 4 月完成了"四有"档案建档工作，共绘制图纸 62 幅，石碑拓片 10 张，照片 200 余张。

文物档案分为纸质档案和电子档案两种。其中纸质档案包括历次文物普查（调查）后的各类文物的原始文字记录、照片、拓片、数据表格等。电子档案则涵盖了纸质档案，一是具有备份的作用，二是在具体操作过程中更加方便快捷，便于对文物进行核查和整理。对于文物档案的管理设有专门的档案室并配备专人管理。按照文物藏品管理的有关规定开展库存文物建档工作。全部库藏文物都按照《山西省文物收藏单位藏品总登记账》《山西省文物收藏单位藏品分类账》以及《文物藏品入库凭证》所列事项逐一登记填写，然后建立电子档案。

第三节　文物执法

文物管理机构在执法过程中以《中华人民共和国文物保护法》《中华人民共和国文物保护法实施条例》《文物保护单位执法巡查办法》《中华人民共和国文物保护法实施细则》等法律法规为依据，组织相关人员每年分别对荆庄大云寺、李峪东湾青铜器遗址、落子洼长城、恒山庙群、永安寺、圆觉寺、栗毓美墓、律吕神祠、千佛岭段长城、青磁窑古长城、悬空寺、州衙、文庙、麻家大院、东坊城段长城、界庄遗址、裴村段长城、孙公亮家族墓、神溪关帝庙、王庄堡长城等文物保护单位进行定期和非定期安全执法巡查，巡查内容包括：

1. 安全责任制和组织机构建设情况；

2. 安全管理制度制定和落实情况；

3. 人员管理、安全培训值班情况；

4. 安全实施设备和消防通道运行管理情况；

5. 用火、用电、用油、用气管理情况；

6. 安全巡查、检查及隐患整改情况；

7. 应急预案制定及演练情况；

8. 安全档案建立情况；

9. 周边环境易燃物整治情况；

10. 清明节、"五一"假期等传统节假日其间焚香烧纸的管控情况。

在巡查、督察工作结束后及时以书面形式向被检查单位作意见反馈。反馈意见中明确指出存在的问题、违反的相关规定，并提出整改要求。对在安全执法巡查中发现的一般问题，要求被检查单位当场立即整改；对在安全执法巡查中发现不能立即整改解决的问题，要求被检查单位在规定期限内整改并将整改结果进行上报；对在安全执法巡查中发现的较大的安全隐患，要迅速上报县、市文物局及县、市政府进行及时修复。截至2021年底，浑源县未发生重特大文物安全事故。

第三章　文物保护

浑源是山西省文物大县，地上地下文物资源众多，所占比例居于全省前列。通过几次不同规模的全国性文物普查，浑源文物的底数得以明晰，为今后的文物定级、划界与维修奠定了基础。从成立文保机构至今，浑源县有大量的文物得到了及时的维修与保护，如悬空寺、永安寺、恒山古建筑群、栗毓美墓、荆庄大云寺、西留古戏台、麻家大院、白龙王堂、律吕神祠、文庙、州衙、圆觉寺等。在其中的一些国保级单位中，设置有消防水源并实现了无死角监控。按照属地管理的原则，对分布于各乡镇的文物古迹，由县文物部门和乡政府协调进行管理，责成专人进行巡护。

第一节　保护历程

一、新中国成立至改革开放初期

新中国成立以前，时局动荡，列强大肆掠我文物，毁我古迹，文物保护工作困难重重。在浑源，一些爱国人士曾对文物保护做出了一定的贡献，如麻席珍、商承祚等。

1950 年，中央人民政府政务院颁布了禁止珍贵文物出口、保护古建筑、考古发掘、搜集革命文物等一系列的指示、命令和办法，明确指出文物保护工作是"今后经常的文化建设工作之一"，之后全国各级分别成立了相应的文物管理机构，隶属文化部门，其间随着全国第一次实施大规模的考古研究开始，浑源的文物保护工作方正式得以展开。之后于 1957 年 5 月，有恒山古建筑群、悬空寺、圆觉寺砖塔、永安寺、麻庄汉墓群和栗毓美墓被山西省人民委员会公布为省级文物保护单位；同年秋，山西省和雁北地区文物部门又组织专家组对恒山文物情况进行了首次全面普查。1952 年 3 月，山西省人民政府文物管理委员会（简称"文管会"）成立；20 世纪 60 年代，全县文物保护工作受到影响，基本处于停顿状态；1973 年春及 1975 年夏，省、地区文物部门分别对麻庄汉墓群以及李峪东周大墓进行了考古研究；1979 年 11 月，文管会撤销，成立山西省文物局，雁北地区则相应地成立了文物工作站。浑源正式的文物管理工作机构（即恒山文物管理所，今县文物局前身）成立于 1978 年，隶属于县文化局。之前并未设置有专门的管理机构，1949 年至 1952 年的文物管理工作由县民众教育馆兼管；1953 年至 1976 年由县文化馆兼管；1976 年至 1978 年属文化局直接管理。

二、改革开放至当前时期

这一时期对文物的保护意识和力度有了更进一步的加强，其中包括政策和法律法规的制定与完善、宣传力度、规范化建设、保护范围划定、保护措施、责任意识等，这些环节对文物保护是否取得成功具有重大意义。文物作为人类在发展历史上遗留下来的珍贵财富，它们具有不可再生性。浑源历届政府不断加大文物保护的力度，采取多种措施，在新的历史时期内取得了丰硕的保护成果，使得这些珍贵而又脆弱的历史遗存得以永久流传。其中从 1982 年至今，完成了对恒山主景区（悬空寺）所有古建筑的修缮和复建。从 2009 年 3 月开始，实施了历史文化街区的复建工程。该街区位于古城之内，涉及文庙、州衙、圆觉寺、麻家大院及钟楼北巷临街店面等，占地面积 93.147 亩，截至"十二五"规划后期已部分完成。"十二五"期间，分别完成了全国第三次不可移动文物普查和全国第一次可移动文物普查，其中在第三次文物普查中对不可移动文物濒危情况进行了彻底调查摸底。

第二节　古建维修

《中华人民共和国文物保护法》第 21 条规定："对文物保护单位进行修缮，应当根据文物保护单位的级别报相应的文物行政部门批准；对未核定为文物保护单位的不可移动文物进行修缮，应当报登记的县级人民政府文物行政部门批准。文物保护单位的修缮、迁移、重建，由取得文物保护工程资质证书的单位承担。"因此对于不可移动文物进行修缮、保养、迁移，必须严格遵守《文物保护法》相关规定。对文物保护单位实施修复保护工程的总目标，就是要真实全面地保存并延续现存古迹文物的历史信息，尽全力保存一切可以保存的古代遗存实物，努力保存其全部价值，同时科学修复与修缮由于自然力和人为原因造成的文物古迹的各类损伤与残坏。对已毁部分，在考据确切的情况下，依原貌予以修复。但实施过程中，所有工程措施均须遵循不改变原状的原则与"四保持"原则，务求做到"修旧如旧"或"修旧如故"。

恒山古建筑群修复工程　恒山古建筑群自明代以来曾进行过几次不同规模的维修，涉及恒山各主要殿宇，所载主要见于碑记。现有记载的大致为洪武十三年（1380）、成化五年（1469）、康熙十三年（1674）、康熙二十四年（1685）、嘉庆二十四年（1819）、道光初年及七年（1827）、同治十三年（1874）、光绪二年（1876）、光绪七年（1881）、民国25年（1936）、1982年（徐明祥修十王殿），其余捐款修殿虽有，但缺乏记载（20世纪80年代维修恒山时，曾有部分古碑或毁坏、或砌为基石）。恒山古建筑群数百年来历经风雨侵蚀，自明代以来虽有修缮，但至清末之后由于时局动荡，恒山香火时断时续，殿宇无力加固，残破不堪。1982年，为保护这些珍贵的历史文物，省文物局古建所拨出专款，组织专业技术人员在恒山进行了为期三个月的实地勘测，绘制出恒山朝殿、崇灵门、寝宫、梳妆楼等四组有代表性的古建修缮蓝图。其中参与测绘和现场指导的工程技术人员有柴泽俊、赵达、李有成、张畅耕等。1984年，县委、县政府决定对恒山建筑群进行维修，其间省文物局为恒山拨修缮款30万元。该工程由县文化局负责实施，时任局长冯淑丽负责全面工作，副局长张恭（兼文管所所长）负责具体指挥工作，其他参与建设者有李增福、牛福州、张剑扬等；参与建设的木匠有孟祖敬、麻有等，泥水匠有张永等。由于缺乏维修经验，不敢贸然进行，经反复研究论证后，决定先选择其结构有代表性的小型目标工程作为练兵项目，为修复主体工程积累经验，逐步由小到大、由易到难地铺开恒山古建筑群的修缮工程。施工之时，恒山无电、无水、道路不畅，工程所用一砖一木全部由人力和畜力运输，历尽艰险。练兵项目包括会仙府、玉皇阁、御碑亭、御马殿及"人天北柱"牌楼。

会仙府——为了保护殿内塑像，该工程依原结构进行落架大修。大殿门窗全部更新，对严重毁坏的24尊八洞神仙进行了修补，殿顶青布瓦换为琉璃瓦。玉皇阁仅对望板、瓦当、接板等部分损坏构件予以修葺。御碑亭仅更换了外檐柱、老角梁和小窗，屋顶由布瓦改为黄色琉璃瓦。同期还在会仙府西侧盖了硬山瓦房3间，供住庙道人居住。1986年，对会仙府建筑群进行了简单的油漆彩绘；1987年，用毛石铺院并砌筑了台阶。

御马殿——该工程于1984年全部落架重修，历时3月余。由于当时工匠缺乏古建维修经验，故特聘水磨疃村曾修缮过古寺庙的八旬老匠人马二顺对施工木工进行指导。1987年，本县匠人对牌楼进行了试验性彩绘；其间御马殿殿顶青布瓦更换为黄绿间色琉璃瓦盖顶。

寝宫——1984年进行落架大修，1985年秋整修了台阶。其中梳妆楼于1984年依蓝图全部更新，屋顶新覆盖了黄绿相间琉璃瓦，1987年彩绘。后土娘娘庙更换了望板、瓦当，1987年彩绘。大王庙垂花门楼据传原造型为牌楼，但无史料记载，于1987年自行设计为一殿一卷式垂花门楼，绿色琉璃瓦覆盖，1989年彩绘。

朝殿——1985年，省文物局拨款40万元，4月开始施工。过程中对原大殿前所立悬山式无斗拱小木建牌楼（南天门）拆除，更换了老旧的架梁、檐柱以及殿前98级台阶等，至9月底大殿木构架正式落成。次年殿顶配设黄色琉璃瓦和脊兽等构件。

青龙、白虎殿——1985 年，重砌了马蹄形台基，浇灌成圈梁，将原有前出廊后封裹檐硬山式改为歇山式建筑。

崇灵门——修建于 1985 年，施工时院落普遍下挖 50 厘米，台阶南移 3 米，青布瓦改换成黄色琉璃瓦，1989 年彩绘。

钟鼓楼——1987 年由省旅游局拨款 30 万元进行复修。

藏经楼和更衣楼——1986 年落架大修，1990 年殿顶新换青布瓦。

十王殿（含东西曹官殿）——1986 年 5 月依照原结构落架大修，门楼于 1988 年由六柱悬山式改为两柱扁担式垂花门。

紫微阁、接官亭——1983 年续盖单坡房两间，1989 年彩绘。

九天宫等——1987 年省旅游局拨款 30 万元对九天宫落架大修，大殿建筑形制为面阔 5 间，进深 3 间，前出廊，左右三面施单抄下昂，五铺作斗拱歇山式，绿琉璃瓦覆盖。后 1988 年善士集资塑像，1989 年彩绘。

1986 年至 1987 年，对龙王庙、灵宫庙、文昌庙、关帝庙、纯阳宫进行整修，其中龙王庙工程量较小，关帝庙则改为小木式歇山顶建筑，殿顶皆绿琉璃瓦覆盖。纯阳宫于 1986 年 5 月落架大修，殿顶改换为深蓝色琉璃瓦脊，1989 年善士集资塑像 5 尊。

魁星阁——俗称"凤阁楼"，1988 年由省旅游局拨款 27 万元落架大修，由单檐无斗拱变为四铺作斗拱的重檐攒尖式建筑，楼顶孔雀蓝琉璃瓦覆盖。1993 年春，阁内新雕塑汉白玉魁星神像 1 尊。

接官厅——修建于 1993 年，原四合院改建为二层木质阁楼式。

玄井亭——于 1999 年由浑源人关军出资 3 万元复建，次年彩绘。

1993 年，整修了接官厅、会仙府、寝宫、吕祖庙主殿等；油漆彩绘包括恒山大殿等古建筑共 7 处；完成了恒山全部古建筑的围墙喷红及所有摩崖题刻描红。

2002 年至 2011 年，共完成恒山古建修复投资 704 万元，具体工程项目为：

1. 投资 646.2 万元，完成了会仙府、朝殿、崇灵门、九天宫、寝宫、龙王庙、关帝庙、牌楼等多处古建庙群的屋顶维修、复古彩绘工程；

2. 投资 30 万元，完成了山神庙修复工程；

3. 投资 10 万元，完成了恒山主峰标志碑立碑工程；

4. 投资 7.8 万元，完成了庙群大部分游览路段护坝的石头砌筑工程及太乙殿落石滑坡隐患防护工程。

其中 2002 年姑嫂崖古建筑恢复、扩建主体工程，九天宫配殿及钟、鼓楼彩绘，阁道祠、山神庙、疮神庙彩绘油饰工程共投资 50 余万元；九天宫主殿、会仙府全组、寝宫、接官厅、十王殿全组瓦顶揭顶修缮工程投资 20 多万元。2007 年，会仙府主殿、寝宫山门、龙泉观、龙王庙、马神殿、管理用房等屋顶琉璃瓦近 500 平方米全面更换，投资 10 余万元。此外，对恒宗殿内倾斜的两尊泥塑神像以及殿前四副楹联进行了维修保护。2011年，完成了恒山天峰岭景区古建筑群彩绘保护修复工程。该工程投资258.15万元，对古建筑群彩绘的表面污垢进行清除，局部回贴加固，酥粉部位的渗透加固，残损或残缺部位的加固和补彩，残断部分的复位及加固，木骨架、框架的更换或加固，空胀部位的灌浆回贴加固，金层脱落部位的处理，对现代临时性的不当彩绘部位进行清除及修复，颜料层层状剥落处理，彩塑颜料层整体封护等工程。

从2009年至2010年，完成了用于恒山文物保护的配套工程。一是恒山古建筑群消防工程，包括消防水池新建、消防管道铺设及电力设施系统、自动报警系统的安装；二是恒山古建筑群安全技术防范工程，完成了总控室和景区重点节点监控电视（15台）、电脑（3台）、录像机（5台）、对讲机（10部）、活动摄像头（15个）、固定摄像头（16个）、报警器（38个）以及其他设施设备的安装配套，从而将恒山景区各处的珍贵文化遗产纳入了科学防范、实时监控、程控管理的范围之内。

悬空寺维修保护工程　悬空寺的维修工程自明代以来亦有几次，见于记载的大致有乾隆十二年（1747）、同治三年（1864），其他时期或有维修而暂未见记载，余则见于新中国成立后。

1966年，省文物管理委员会拨款0.7万元加固了悬空寺基座。

1974年夏（一说为1973年），悬空寺山门鼓楼东南部顶角被岩石砸毁，其间木栈道因日久而残损，亦需维修，县文化部门遂将此事上报至山西省文物局（悬空寺时为省保单位）。1975年春，省文物局下拨维修经费5万元，工程由时任县文教局副局长张立功负责实施，技术指导为省文物局古建所工程师孟凡新（其间兼任应县木塔维修技术指导）。经磋商后，决定先行对鼓楼进行维修，栈道由于技术难度较大而暂时搁置。鼓楼工程从4月开始筹备，至5月19日正式开工，历时近三个月。其间，国家文物局总工程师齐英涛（负责应县木塔维修）受邀前来进行技术指导。实地勘测后，提出了维修建议，确定栈道除地板塌损外，其余悬臂梁等亦需搭架全部更换，同时指出经费远不足以维修。7月23日，省文物局电报中提出仅拆除真武阁，木栈道可以不修。接电文之后，张立功会同县工程队木匠张万贵共同商拟出新的维修方案，即采取"无架式维修法"（也称为"吊架式"，即将施工者以钢索悬吊于栈道之下进行作业），悬臂梁的更换则采取单根相隔抽换的方式进行。7月26日，栈道下方真武庙开始拆除。8月1日，更换悬臂梁工程开始。木栈道原有单悬臂梁5根，后增至6根，并将原有之单梁改换为双梁，皆为方木。

原5根单梁插孔深度为：第一根50厘米；第二根37厘米；第三根40厘米；第四根36厘米；第五根30厘米。

新6根双梁规格为：口径20×20厘米；上梁长2.6米，下梁长1.9米。

插孔深度为：第 1、2、5、6 根均插入 1 米；第 3、4 根由于上面置有真武阁，承重较大，故插入深度为 1.2 米。

为了使悬梁更加稳固，每根悬梁入口处都增设有木楔，使之与崖体结合得更加牢固。出于悬空寺在旅游高峰季游人登临通畅及安全因素的考虑，在悬空寺最北端新增悬空观景台一处，为砖混结构。最初设计方案为在该处设立一架伸缩悬梯，其下方再开凿一条人工栈道，使之成为悬空寺游客之出口，使悬空寺由单口循环绕行变为双口循环。该方案经专家论证后认为切实可行，但最终未得实施。由于新修的栈道安全稳固，出于多余的缘故遂将原有的立柱拆除，但给人的视觉上悬空寺之悬空感有所下降，之后遂又在原来的基础上增添了木柱，悬空之感顿显，其所增设的立柱成了真正的辅助设施。

悬空寺鼓楼及栈道维修工程于 10 月份全面完工，共耗资 4 万余元。后省文物局局长李增永专程前来视察，对悬空寺维修工程给予了高度评价。

1979 年，悬空寺进行彩绘，共投资 5 万元，1980 年冬完工。

1983 年至 1984 年，省文物局拨专款 36.5 万元对悬空寺下方危岩进行改造处理，同时在栈道下方增修石阶旅游步道一条，缓解了悬空寺登游的压力，工程由云冈石窟文管所副所长谢廷凡负责并技术指导，监工穆大明、张立功、张剑扬。1993 年，悬空寺屋顶瓦件更换及危岩处理工程完成，将原青布瓦改换为黄绿琉璃瓦，同时还对悬空寺的屋顶和楼板进行了修缮，国家和省拨专款共 20 万元。2002 年，完成了悬空寺消防水源建设工程，总投资 50 万元；此外还投资 100 万元安装了悬空寺安全技术防范系统。这两项工程在全省文物"金铠甲"工程评比中受到省文物局的表彰，被评为全省"文物安全达标单位"。

2013 年，为消除悬空寺上方天沟存在的安全隐患，由省文物局投资对该处进行改造。项目共投入资金 41.06 万元，包括对 214 米长的天沟进行落石和渣土清理工作、修复天沟旧坝和新砌石坝 98 立方米、沿悬空寺入口部分道路建设安全通道（封闭连廊）等工程。

1975 年悬空寺维修用料表

表 5-2

名称	数量	单位	规格
青砖	400	块	
瓦钉	200	枚	
兽钉	6	枚	60 厘米
兽钉	4	枚	50 厘米
筒瓦	600	块	

名称	数量	单位	规格
板瓦	900	块	
猫头	100	块	
滴水	100	块	
木材	18	根	

文庙修复工程　自中华人民共和国成立以来，浑源州文庙陆续为浑源中学、完小、工读中学、浑源二中等多所学校占据。2008 年 12 月，浑源二中整体搬迁；2009 年 3 月 20 日，文庙修复工程全面展开。以南北中轴线依次修复了戟门、东西廊庑、大成殿、明伦堂、敬一亭、尊经阁、东院东、西房等建筑。2010 年修复了尊经阁，对大成殿进行

文庙修复工程

了屋顶琉璃瓦、明台的修复以及木装修。2011 年，县文物局向省文物局争取到文庙建设资金 100 万元和消防水源工程资金 60 万元，之后县财政又下拨消防水源配套资金 22.13 万元，于 9 月 20 日正式开工。修建地下 200 立方米的蓄水池一座、30 平方米的泵房一座，铺设水源管道 380 米，安装了机房配电柜和柴油发电机，新建消防水源井坑 17 座，动用土方量 1800 多立方米。2012 年拆除原有校舍两排 20 间，拆除锅炉房、伙房 10 间，拆除进修校旧校舍 22 间，拆除文庙前院西侧居民房 24 间，共计 1400 多平方米，修复了棂星门两侧的东西配房 4 间。2014 年进行文昌阁复建工程，该项工程预算投资 150 万元，占地面积近 100 平方米，建筑规格为二层式阁楼。

州衙修复工程　作为浑源历史文化街区建设工程的一部分，从 2008 年夏秋实施全面搬迁。工程自 2009 年 3 月 20 日开始实施，以中轴线南北依次修复了大门、仪门、警示亭、大堂、宅门、二堂、内署、内宅门、客厅、望云楼、六部、州城、钱谷、刑名师爷、东西厢房以及吏舍、吏宅、男女囚牢等建筑。

2010 年，对去年完成主体工程的大门、仪门、警示亭、大堂、宅门、二堂、内署、内宅门、客厅、望云楼、六部、州城、钱谷、刑名师爷、东西厢房进行木装修、地面铺墁和做旧彩绘，完成了吏舍、吏宅、男女囚牢的主体工程，修复建设了瓒侯祠、书院、武备、戏台、土地祠，砌筑了部分围墙，对州衙内的环境进行了初步整治。

2012年，修复州丞和主簿两处建筑10间，砌筑州衙北围墙和西围墙300多米，动用土石方450立方米，清除废渣1100立方米；建设州衙内的办公用房和旅游专用厕所10间，开挖基础450立方米；铺设甬道1000平方米；拉黄土回填草坪地150立方米；铺设下水道300米；拆除马号院旧房5间80平方米。

2013年，完成了州衙土地祠南房、西游廊、门楼及院内环境整治和地面铺墁。对州衙内宅院和二堂院内进行地面铺墁1000多平方米，完成建设投资350万元。当年还进行了州衙消防水源建设工程，该工程于2012年编制了工程建设文本，并经过了省、市文物局专家的评审，由省文物局投资200万元，从2013年8月25日正式开工，完成了200立方米的蓄水池、泵房和管道铺设等工程项目。

2014年5月，投资200万元对州衙大堂、仪门、南监牢、狱神庙、典史等五处院落进行了路面硬化和铺墁，铺墁面积2000平方米，砌筑了1000平方米的院落草坪，对大堂院内的变压器进行了移位隐蔽和相应的管沟变线。

圆觉寺修复工程 工程从2009年4月10日全面铺开，修复了山门、中殿、东西配殿等建筑，次年完成了做旧彩绘。2012年6月初，县文物局拟定的《圆觉寺消防水源工程方案》得到省文物局专家论证通过，共投资74万元，2013年建设完成。2012年拆除原永安中心校办公用房20余间，修复了圆觉寺一进院东、西碑廊各5间及东、西两侧掖门、钟楼、鼓楼。2013年建成150立方米蓄水池一座及机房配套设施和管道工程，到10月份全部竣工。2014年完成消防水源建设，投资60万元，此外还完成了院面方砖铺设和砖塔及东围墙的修葺，其余部分待拆迁后完成。

麻家大院修复工程 工程从2008年9月实施搬迁、修缮，先后完成了中院三进院落及西跨院后院土木工程、彩绘等。2010年对麻家大院进行绿化美化。

历史街区临街店面修复工程 《浑源县历史文化街区保护规划》属于《浑源历史名城保护规划》的深化规划项目。按照规划设计，临街店面工程作为历史街区旅游必经之路的明清商业街区，规划设计修复建设明清时仿古四合院8处。该项工程从2009年4月份对现有63户居民进行了整体搬迁，修复建设四合院6处。在2009年工程基础上，2010年对部分临街店面院落进行了修缮。

律吕神祠修复工程 1993年10月，由市县建设及文物部门划定保护范围为现在的祠院内，控制建设地带四至为东、西、南、北各距祠边墙50米。

2006年，县文物局对屋面局部漏雨严重的地方进行了抢救性加固防漏措施。2007年，山西省古建筑保护研究所针对律吕神祠的修复撰写了勘测报告并进行规划设计，次年6月开始对律吕神祠进行全面修复，施工单位为山西省隰县古建筑有限公司。此项工程是恒山大旅游神溪湿地度假区的重要组成部分，由山西省古建筑研究所进行规划设计，对神祠大殿、钟鼓楼、仪门、五龙壁、小影壁、西大门、天台、瑶台、观景亭、碑廊及四周护坡、四周围墙、院面铺设、环境绿化等进行了修复，其间还修复了神溪村内的关帝庙和古戏台两组建筑，总投资约 400 万元。2010 年对神祠墙体护坡工程进行了加固处理和绿化美化，同年，市文物局专家组进行了工程检查验收。

白龙王堂修复工程 2007 年，聘请省文物古建筑保护研究所对原有建筑进行规划设计，建设项目包括龙王殿、献殿、东西配殿、左右经堂、龙王殿东西耳房、东西碑廊、东西大门、翼形踏步、龙王洞、观景水池等，建筑面积 570 平方米，总投资 444.16 万元。该项工程从 2008 年 5 月开始修复，其间在主体工程完成后，对龙王殿等主要殿宇进行了塑像，并规划设计了配套的伙房、卫生间、消防水池等附属建筑。2009 年，复建工程告竣。

荆庄大云寺保护工程 2005 年，投资 50 多万元对大雄宝殿进行落架维修，由山西省古建筑研究所具体实施，10 月底竣工。2006 年，投资 91 万元，完成了大云寺消防系统建设工程；新建 200 立方米地下蓄水池一座，新打配套自备深井一眼，新架专用供电线路 1500 米，变压器一台，发电机一套，红外报警控制系统一套，于 10 月底工程全部竣工。2009 年 8 月，新砌院墙 725 立方米，平整硬化地面 1800 平方米。（参见第四章"文物普查与科学研究"）

永安寺修复工程 1999 年至 2000 年，国家文物局对永安寺修复工程累计共投资 315 万元，所完成工程内容为各殿宇的建筑主体。2002 年 10 月，天王殿、山门、戏台、小便门修复竣工，同期国家文物局文研所壁画专家对殿内壁画、彩画进行清洗和封护，均恢复了原状。2002 年投资 30 万元完成了永安寺消防水源工程和自动报警系统。2004 年永安寺第三期修缮工程完工，寺院基本恢复历史原貌，工程总投资 600 万元。恒管委负责施工的第三期工程共投资 300 万元，2003 年 8 月开始到 2004 年 11 月结束。（参见第四章"文物普查与科学研究"）

永安寺安全技防建设工程 该工程于 2012 年编制完成工程建设文本，经省、市文物局专家的评审后由省文物局投资 70 万元，2013 年 9 月初正式开工。工程配置机房一座，铺设完成了配套管线和高清摄像设备等，实现了寺院监控无死角。

西留古戏台修复工程 西留古戏台作为浑源县的一处较早期的乐楼，因多年失修已近濒危。该项工程计划投资 48.96 万元，实际到位资金 30 万元，工期为 2013 年 7 月初至 9 月底。

栗毓美墓改造工程 1987 年曾进行小规模维修，包括地面清理、围墙修葺等。1993 年，恒山管理局成立城关管理所，负责对栗公墓进行保护和管理；秋，在清理墓园时，于栗墓西北角地下 1 米处发现墓区全图碑。同年，山西省文物局、山西省建设厅公布栗公墓保护范围和建筑控制地带。

1994 年，5 户原住户完成了搬迁，工程正式展开。至 1995 年，先后完成了坟丘汉白玉围基、过厅、垂花门、墓园大门、延泽桥、墓冢围栏、围墙等工程，其间管理局动员干部职工义务劳动清理墓园过厅、后门、神道杂物杂草以及院落积土，使之恢复了旧貌。1996年至1997年，修复了御祭碑亭和谥法碑亭，2000年春完成了碑亭彩绘。2003年至2004年，先后完成了栗墓东西配殿复建、彩绘及绿化工程（植草坪3000平方米），总投资100余万元。2005年恢复祭厅和两个碑亭。

2006年至2007年，恒管委以"抢救险情、综合整治、修旧如旧、彻底修缮"为原则，投资350多万元，委托山西省古建所实施整体修缮。主要工程内容有：主体建筑永怀堂（并塑像）、垂花门（2座）、砖雕仿古影壁墙（2座）、前院东西配房（各5间）、山门外御碑亭（2座）的复建，以上各建筑包括仪门的全面彩绘；拆除了园内所有违章建筑包括原管理用房6间，复建了原墓园附属护墓小院（西配院）各类用房16间300多平方米，配套了供暖供水系统和水冲旅游厕所；铺装墓前甬道2500平方米，园内道路2000平方米，栽植各种树木近万株，种植草坪7800平方米。在抢救性发掘中，出土并修复重要碑刻7通，整理了大批原墓园汉白玉构件。2014年，投资114万元建设消防水源工程，包括100立方米蓄水池、建设泵房、消火栓及消防配套设施等。

2016年以来其他文物修缮工程。

2016年，投入资金40万元对王庄堡堡门进行了修缮。投资14.58万元实施悬空寺抢险修复工程，主要维修悬空寺鼓楼屋顶损坏部分及其他屋顶损坏琉璃瓦。

2017年，投资30万元完成了荆庄戏台修缮工程。完成恒山庙群龙王庙屋面维护工程，包括补换损坏瓦件及屋面勾缝等，完成投资4.9974万元。

2018年，投资550万元完成悬空寺彩画、油饰保护修复工程。投资378.45万元实施恒山古建筑群安防项目。投资350万元实施恒山庙群寝宫周边危岩体抢险加固工程，完成治理恒山庙群寝宫周边危岩体约2450平方米。对恒山庙群牌楼、崇灵门、青龙殿、白虎殿、二郎庙的屋顶进行清理杂草、补换损坏瓦件及瓦面勾缝等，投资39.77万元。投资30.40万元对悬空寺、恒山庙群、栗毓美墓、永安寺48通石碑进行了保护。

2019年，对泉头龙王庙（投入78万元）、荆庄龙王庙（投入40万元）、李千庄龙王庙（投入100万元）、裴村龙王庙（投入29.08万元）分别进行了修缮。实施恒山古建筑群安防工程，计划投资378.45万元。

2020年，分别完成了大石头巷10号门楼（投资13万元）、西辛庄龙王庙戏台（投资29.9万元）、州衙书院屋顶（投资12万元）修缮工程；其间永安寺前广场、牌楼及鼓楼修缮工程开工建设，总投资1255万元。投资12.23万元，完成恒山真武庙牌楼南侧古松挡土墙加固工程。

2021年，完成了皇叔洼神庙、杨庄神庙、西辛庄龙王庙戏台保护修缮工程；此外，涧村关帝庙（投资61.46万元）、北紫峰关帝庙（投资72.79万元）、州衙屋顶及围墙（投资 59 万元）等修缮工程开工建设。

第三节　法制建设与宣传

自新中国成立后，国家出台了一系列关于文物保护的相关规定，但由于历史原因，浑源在中华人民共和国成立后的 30 年里基本未真正将文物保护纳入法制化轨道。1978 年，虽然成立了文物保护管理机构，但文保力度有限。直至 1982 年 11 月 19 日《中华人民共和国文物保护法》（当前版本为 2013 年 6 月 29 日第十二届全国人民代表大会常务委员会第三次会议修改）颁布实施以来，浑源的文物保护正式步入法制化。之后，文化部及国家文物局依据《文物保护法》，单独或联合有关部委又出台了多部关于文物保护的相关行政法规。实用于浑源文物保护的法规主要有：《古建筑消防管理规则》《田野考古工作规程（试行）》《文物保护工程管理办法》《文物行政处罚程序暂行规定》《文物保护工程勘察设计资质管理办法（试行）》《文物保护工程施工资质管理办法》《文物保护行业标准管理办法（试行）》《全国重点文物保护单位保护编制规划要求》《中华人民共和国文物保护法实施条例》《文物拍摄管理暂行办法》《关于使用文物古迹拍摄电影、电视故事片的暂行规定》等数十条。为进一步推动山西全省的文物保护工作，省文物局亦出台了多部相关文物保护的法规和规范性文件，如：《山西省文物建筑构件保护管理办法》《山西省文物保护实施办法》《山西省治安管理处罚裁量标准》《山西省文物保护科学和技术研究课题评审程序规定》《山西省实施〈中华人民共和国文物保护法〉办法》等，涉及文物考古、管理、文物鉴定、工程建设等领域。

县文物管理机构在分署与合署办公其间，专门行使文物保护的机构为县文物管理所和文物管理科。2008 年 11 月，县文物局单独设立后，专门设立了用于文物保护的内设机构——文物管理科和执法督察科，主要负责全县的文物保护、文物勘测、文物鉴定、文物维修以及文物执法监督等项工作。在制度建设方面相应地制定了《文物工作管理制度》《消防管理制度》《岗位责任制》《巡查岗位职责》《工作人员守则》等专项制度。《文物保护法》修订之后，县文物部门采取在每年的"10·28""12·4"主题日及旅游黄金周其间进行普法宣传。

第四节　相关保护措施

自 1993 年，陆续对全县"国保"单位进行保护范围和建设控制地带的划定并立碑。2014 年，完成了对市、县级文物保护单位的保护范围和建设控制地带划定工作。其间对县老城内保存较完好的明清古民居四合院进行甄别和筛选，确定对 14 处四合院作为第一批保护对象进行挂牌保护。

按照分级、分片管理的原则，确定了文管部门职责范围、划定管辖区域、明确责任分工。建立并完善安全制度和应急预案，定期由分管领导带队组织全体人员对各文物保护单位进行安全检查，并对所涉乡镇文保员进行监管。在永安寺、恒山古建筑群和悬空寺等重要文物保护单位专门设置高清监控系统，不留死角，全方位、全天候地对文物的安全进行监测。通过"人防""技防"和"犬防"相结合的办法，使各文物点始终保持24小时不脱监控。重点其间安全排查包括文物单位的用火用电、私搭乱建、违规架线、焚香烧纸、隔离带设置以及易燃物处理等。

按照上级对文物保护的要求，从2001年开始，对全县可移动文物设置"三铁一警"（铁门、铁窗、铁柜、报警器），并由专人看守，严格按照入库管理制度执行操作。对二级以上珍贵文物，经整理后寄存于上级文物部门，委托管理保护。对古建筑和野外文物，采取划定保护范围、明确责任单位和责任人，建档签状与切块包干的办法。各重点保护单位添置配齐了安全消防器械，夜间巡逻人员配备有"高光巡逻灯"和橡胶警棍等设备。其中永安寺、文庙、悬空寺、大云寺、恒山古建筑群等地完成了消防水源工程；荆庄大云寺专门配备了变压器、发电机以及红外报警控制系统；恒山古建筑群配备了监控电视、电脑、录像机、对讲机、活动摄像头、固定摄像头、报警器等，使整个恒山古建筑群都纳入了科学防范、适时监控、程控管理的范围之内。此外恒山庙群还建设完成了消防生态提水工程和安全监控无线网络系统。

2002年9月15日，恒山悬空寺投资100万元安装完成了8个电视组成的电视墙，1台监控主机，1台全方位显示器，双监探测器、被动红外探测器15个，烟感探测器7个，门磁开关7对，于2003年3月20日经公安部验收合格后投入使用至今。

2012年8月，县文物局组织文物科工作人员，对县级文物保护单位孙家坟较有价值的石碑文字进行拓片，共拓碑9通，拓片30余幅。2013年5月，对栗毓美墓、孙家坟和大磁窑学校遗存的石碑文字进行了拓片。其间对历史文化街区各文物点院内进行环境整治，共清理建筑垃圾80多吨，清理院内杂草10多吨，雇用挖掘机、压路机10多个台班，院内硬化2万多平方米，铺设石屑120多立方米，制作展板140多平方米，砌筑、整理围墙30多米。2011年，投资13.03万元完成了古树名木保护工程。

在浑源第三次全国文物普查其间，对于新发现的重要文物遗存，及时将数据资料上报至国家、省、市文物主管部门，并建议公布为文物保护单位予以保护。对发现的诸多具有较高价值的不可移动文物，将其及时融入抢救和保护中。其中对一些有较高科学、历史和文化价值的且保存较为完整的文物进行了筛选并论证，如原省保单位文庙、圆觉寺和县保单位律吕神祠上报至国家文物局待专家进一步论证其是否提升保护规格。其间县保单位千佛塔、麻家大院申报为市级文保单位；栗家府、田应璜故居、兴国寺遗址、孙公亮墓、神溪关帝庙、云峰寺申报为县级文保单位。普查其间为了保护新发现的不可移动文物，文物部门将普查数据通过大同市文物局向浑源各乡镇政府下发《第三次全国文物普查不可移动文物乡镇文物点清单》，以行政措施使地方政府重视并对文物进行保护。

此外，县政府对县域内部分不可移动文物按年度拨专款并派专人进行保护。如对濒于消失的西留孙公亮墓、李峪青铜器遗址拨专款 2 万元，派文管员 4 名进行保护。根据省文物局安排部署，至 2021 年，全县在古长城以及重点文保单位配置文物保护员共 84 名，负责对所属区域进行文物安全巡查。

浑源县重点文物古建筑保护维修工程情况表

表 5-3

单位名称	保护级别	年代	维修年代	维修项目	备注
悬空寺	国家级	北魏	1966—1993	勘测和测绘基座、修复鼓楼、栈道、彩绘、殿顶琉璃铺装、木地板更换	由国家和省文物局、省文管会拨款以及恒山管理局自筹等，施工单位浑源县工程公司
永安寺	国家级	元代	20 世纪 80 年代末—1998	勘测测绘	由国家、省文物局以及浑源县政府共同投资建设，施工单位为省古建所、山西丹宇建筑公司、省地质工程设计院
			1999—2004	传法正宗殿梁架整修、壁画保护加固、山门和天王殿落架维修；小便门、八字墙和倒座戏台修复；东西配殿、垛殿及围墙、地面的修复；掖门及僧舍、钟鼓楼等修复	
大云寺大雄宝殿	国家级	金代	2002—2005	测绘勘测、木基层更换、梁架维修、瓦件和脊饰件补齐、彩画和壁画的修复、明台和月台的修整	国家文物局拨款，施工单位为省古建保护工程有限公司
栗毓美墓	国家级	清代	2003—2004	墓丘围栏、东西配殿的修复及彩绘	委托省古建所进行修缮
			2006—2007	永怀堂、垂花门、影壁墙、御碑亭、东西配房、彩绘等	
文庙	国家级	金代前	2009—2014	戟门、东西廊庑、大成殿、明伦堂、敬一亭、尊经阁、东院东西房修复等；大成殿屋顶琉璃瓦、明台修复和木装修；文昌阁、棂星门两侧配房修复等	省文物局投资，省古建所等负责施工
圆觉寺	国家级	元代	2009—2012	山门、中殿、东西配殿彩绘、东西两侧掖门、钟楼、鼓楼修复	省文物局投资建设
律吕神祠	国家级	元至清	2008—2010	大殿、钟鼓楼、仪门、五龙壁、小影壁、西大门、天台、瑶台、观景亭、碑廊修复及四周护坡、四周围墙、院面铺设、环境绿化等	省文物局投资建设

续　表

单位名称	保护级别	年代	维修年代	维修项目	备注
恒山古建筑群	省级	明、清	1982—1990	测绘勘测、会仙府落架大修和彩画、玉皇阁和御碑亭修复、御马殿和寝宫建筑群维修并彩绘；贞元殿、青龙殿、白虎殿、崇灵门、藏经楼、振衣楼、十王殿、九天宫、纯阳宫、魁星阁的落架大修以及103级台阶的铺设；关帝庙的复建以及望岳亭和龙凤亭的新建	其间工程投资建设由省文物局、省古建所、省旅游局陆续进行；九天宫塑像由善众集资进行
			1998—2014	恒山庙群、白龙王堂及岳门湾等古建筑复建	各级投资或自筹
麻家大院	省级	清代	2008—2010	中院三进院落及西跨院后院土木工程、彩绘等	国家投资
州衙	县级	清代	2009—2014	大门、仪门、警示亭、大堂、宅门、二堂、内署、内宅门、客厅、望云楼、六部、州城、钱谷、刑名师爷、狱神庙、东西厢房以及吏舍、吏宅、男女囚牢等建筑的复建	省文物局投资并建设
云峰寺	县级	明、清	1987—2006	勘测设计和主殿、配殿、山门、彩塑的复建；标志碑、牌楼、大佛山、圣水龙潭、停车场、庙宇、102级石阶、步云桥、玫瑰谷、百合园、仿古山门的建设	由信士和大同市天赐山旅游开发公司投资建设
北岳行宫	省级	明代	20世纪80年代中后期开始建设	主殿、天王殿、西配殿、东跨院以及九天宫及东、西配殿的复建和彩塑等	民间集资建设
三清殿	县级	金、元	1997—2013（关帝殿仍在建）	对主殿、魁星阁、文昌庙、吕祖庙、奶奶庙、灵官庙、东禅房等进行了修复并塑像；新建了伙房两间和蓄水池并修建了道路	民间集资建设
神溪关帝庙	县级	清代	2008—2010	对古建筑进行了修复	省文物局投资并建设
西留古戏台	省级	明代	2013.7—2013.9	主体落架大修并做旧处理、基座加固复建	国家投资并建设
白龙王堂	省级（恒山古建筑之一部）	明代	1986	主殿、倒坐房等	民间集资
			2008	恢复白龙王堂的龙王殿、献殿、东西配殿、龙王殿东西耳房、东西大门、龙王洞，在龙王殿进行了塑像，并规划设计了配套的伙房、卫生间、消防水池等建筑群	省古建所规划并建设

第四章　文物普查与科学研究

第一节　全国文物普查

自新中国成立以来，全国性文物普查共开展了三次，其中第一、二次于 20 世纪中后期进行，第三次始于 2007 年。前两次组织开展的普查处于特殊的背景之下，文物保护管理工作历经了从无到有、从弱到强的发展期和过渡期。过程中普查人员采取边发现、边保护、边学习、边提高的办法，在时间、精力、财力、物力等方面都不能保证全方位普查工作的开展。其间存在有很多困难，如普查技术手段和设备、普查人员专业能力和技术等方面，均无法使普查工作达到应有的深度、广度和高度。此外，当时在全国尚未形成统一的调查规范和标准，也没有统一的标准时间点和数据统计、成果汇总标准等。2007 年，在总结前两次普查经验的基础上，国家投入大量的人力物力开展了规模空前的第三次全国文物普查工作，共历时 5 年，主要调查对象为不可移动文物，包括古遗址、古墓葬、古建筑、石窟寺和石刻、近现代重要史迹及代表性建筑等 6 大类 59 个小类，浑源亦成绩斐然。

一、第一次全国文物普查

1956 年，新中国开始了第一次全国文物普查工作，以山西省为试点省份，之后逐步推广到全国各省区。但由于受人力、物力和财力的限制，该次普查深度不够，规模很小，所取得的成绩也是有限的，普查之后全国各省、市、自治区统计文物数量仅 7000 余处。1961 年 3 月 4 日，国务院发布了《文物保护暂行条例》，正式规定全国重点文物保护单位、省（自治区、直辖市）级文物保护单位、县（市）级文物保护单位三级保护管理体制。同日公布的 180 处第一批全国重点文物保护单位即以第一次全国普查作为依据而确定。其时，浑源县按照国家文化事业管理局和山西省文化局的指示精神，从文化部门抽调人员组成了文物普查工作队，在浑源县同时开展了文物普查工作，仅登记不可移动文物 1 处（麻庄汉墓群）。

二、第二次全国文物普查

第二次全国文物普查始于 1981 年，至 1989 年结束。此次普查虽有诸多不尽人意之处，但其普查成果已远超第一次之结果。1981 年，按照国务院（国发〔1981〕9 号）《国务院转批国家文物局关于加强文物工作的请示报告》以及国家文物事业管理局《关于加强文物工作的请示报告的通知》文件精神，在全国范围内再一次开展了大规模的文物普查工作。时至 1987 年，山西省文物局和文化厅下发通知，要求全省各地（市）开始进行全面文物普查。为了掌握全县的文物数量和全市 20 世纪 60 年代文物毁坏情况，县文物管理部门随即进行了组织筹备。但由于浑源文物保护工作处于起步阶段，各方面条件尚不完备，经研究后决定成立普查队，由常学文等负责并实施此次普查任务，各有关单位和乡镇给予配合。由此，浑源第二次全国文物普查工作正式展开。

普查过程中采取了走访群众和实地调查、逐项登记、拍片照相等方式，共行程 2500 余公里，涉及乡镇 28 个，村庄 489 个。其中对乡干部、村干部、农民召开调查会 27 次，参加座谈会 3000 余人次，个别访问 1000 余人次，获得资料 220 份，照片 227 张。其中古建筑共 203 处，包括佛寺 3 处，庙堂 133 处，乐楼 67 座，烽火台 37 处；石刻共 24 件，包括石狮、石羊、石马、石雕像、华表、经藏等；古窑址 2 处；革命纪念建筑物 1 处；壁画 1102 平方米；古树 7 棵；古墓葬 3 处；古遗址 18 处；石窟寺 1 处；碑碣 94 通。

三、第三次全国文物普查

准备阶段 自改革开放以来，我国经济发展迅猛，文化认知和理念也随之发生了巨大的变化，文化传承与传播已上升到了一个新的历史高度。表现为对文化内涵有了更深入的理解，对文物的旧有理念逐步转变为文化遗产概念，并且还产生了许多新型的文物类别。据前两次文物普查不完全统计，浑源境内有各类文物遗存 25 处，其中全国重点文物保护单位 4 处，省级文物遗存 6 处，县级文物保护单位 15 处。

进入 21 世纪，在文化发展的全新背景之下，第一、二次全国文物普查以及其他调查工作形成的成果已经越来越难以准确反映浑源县文物资源和文物保存的实际状况，大规模城市改造和新农村建设的开展对已知的和未知的文物形成的保护压力越来越大，文化遗产保护理念的发展也越来越扩大了文物保护的范畴。因此在新的历史时期中，进行一次更加系统、更加科学的调查是国家文物保护工作的迫切需要。根据《国家"十一五"时期文化发展规划纲要》，国务院决定从 2007 年 4 月至 2011 年 12 月进行第三次全国文物普查，历时近 5 年。这次文物普查是国务院首次统一部署的文物保护基础性工程，是一次重大的国情国力调查，是加强和改善文化遗产保护的重要基础性工作，是各级人民政府落实文物保护责任的一项巨大的文化遗产保护工程。这次文物普查覆盖全国，规模巨大，文物理念新，技术含量高，政策性强，涉及面广，工作环节连续，时间节点明确，对各级政府、文物行政部门和文物工作者都是一次严峻的考验。山西省委、省政府高度重视文化遗产的保护事业和第三次全国文物普查工作，把文物资源的保护、传承和利用作为重要省情来认识和把握。

第三次全国文物普查工作启动以后，浑源县委、县政府立即采取行动、精心组织、详密部署，全力以赴地开展了全省第三次全国文物普查准备试点、实地调查和成果汇总等各阶段工作。在省、市文物部门和"三普办"的支持和帮助下，以"传承浑源历史、展示古城文明"为目标，本着全面、科学、代表、真实的原则开展了浑源县第三次全国文物普查工作。2007年12月6日，浑源成立了"第三次全国文物普查领导组"。2008年8月20日，召开了"浑源县第三次全国文物普查工作动员大会"，成立了浑源"三普"调查组，配合市"三普"工作队开展工作。

按照全省"三普"队伍组建形式，大同市采取以市为主、县区配合、省里指导的原则组建了"三普"普查队伍。全市共设文物普查队4个，其中第二普查队负责浑源普查工作。2008年8月29日，浑源县普查队正式成立，并进驻浑源县开始第三次全国文物普查。

大同市普查队组成人员：

刘俊喜（市考古所所长、普查队队长）

尹　刚（市考古所副所长、浑源普查组组长）

高　松（市考古所文博馆员、浑源普查组成员）

刘鹏飞（市考古所技术员、浑源普查组成员）

邢志磊（市考古所技术员、浑源普查组成员）

张国权（市考古所技术员、浑源普查组成员）

浑源县普查队组成人员：

郝维和（浑源县文物局局长、"三普"办主任）

史学武（浑源县文物局副局长、普查组成员）

常学文（浑源县普查组成员）

戴宗德（浑源县普查组成员）

薄　兴（浑源县普查组成员）

郝庆和（浑源县普查组成员）

其间，大同市政府为确保市辖各县区第三次全国文物普查工作按时、保质、保量完成任务，于2008年11月14日由大同市政府副市长郝月生与浑源县政府"三普"领导组组长孙海川签订了《大同市第三次全国文物普查目标责任书》，要求各县区将文物普查专项经费纳入其年度财政预算并保证按年度拨付到位，同时要求各县区做好实地调查、资料上报和宣传工作，各县区政府要将文物普查工作纳入年度目标考核中，对文物普查工作中涌现出的先进集体、先进个人给予表彰和奖励，对于普查工作领导组织不力，经费不落实，质量不达标的单位和个人给予通报批评。根据市委、市政府的部署，浑源县政府办公室下达了《关于成立浑源县第三次全国文物普查领导组的通知》（浑政办发〔2007〕84 号）。领导组组长孙海川（县长助理，分管文物），副组长睢东（政府办副主任）、郝维和（县文物局局长）。成员单位由县发改局、科教局、民政局、财政局、国土局、住建局、卫生局、统计局、恒管委、人武部、房管局、国资中心等部门负责人组成。领导组下设"三普"办公室，三普办设在县文物局，办公室主任由县文物局局长郝维和兼任。

工作阶段　浑源县第三次文物普查野外实地调查从 2008 年 8 月 29 日市普查队进驻浑源县开始，到 2009 年 12 月完成，分三个阶段进行。实地调查质量控制按照《第三次文物普查实施方案及相关标准、规法》《第三次文物普查工作手册》要求并结合培训开展工作。

第一阶段（2008 年 8 月 29 日—2009 年 8 月 30 日）为野外调查阶段。主要任务是实地开展文物调查和信息数据登录、建档、抽查、复核工作，按月上报普查电子数据、资料和普查进展情况。

第二阶段（2009 年 9 月 1 日—2009 年 9 月 30 日）为"回头看"阶段。主要任务是查漏补遗，再次调查。

第三阶段（2009 年 10 月 1 日—2009 年 11 月 14 日）为整理材料阶段。主要任务是进行调查资料的整理、汇总、上报。县文物普查工作领导小组办公室负责普查数据和相关资料的整合与汇总，并上报市文物普查工作领导小组办公室。

在调查其间，工作组对"三普"基本单元实地文物调查阶段验收工作中普查数据进行了反复审核并整改，这是今后开展保护工作以及进行研究的重要依据，记录如下：

1. 连续年代应用"至"表示，如"元至清"。

2. 恒山建筑群中以单体建筑名称命名的组群建筑，在单体建筑名称后加"组群建筑"。

3. "殿山兴国寺遗址"改称为"殿山兴国寺"，归古建筑类；"唐庄惨案纪念碑"改为"唐庄惨案遗址"，纪念碑为附属物。

4. "毕村礼堂旧址"屋顶全毁，堂内辟为耕地，建议不收录。

5. 凡画面有杂物、遮挡物的照片，适时进行了补拍。

6. 全县 18 个乡镇、315 个行政村中，有文物点的行政村共有 147 个，另有 16 个行政村有长城遗迹，其余 152 个行政村为无文物点的"盲点村"，约占总数的 48%。

普查成果　2008 年 8 月 29 日至 2009 年 12 月 31 日，浑源县第三次文物普查野外调查工作全部完成。在这次野外调查中，全县共涉及调查对象总量494处，登记调查对象总量488处，复查115处，新发现373处，消失总量6处。在普查结束后，将所有结果进行了集中整理，完成了信息管理系统建设、文物分布电子地图编制以及文物分布名录排列。

1. 整体规模。在488处调查对象中，古遗址119处，古墓葬35处，古建筑299处，石窟寺及石刻2处，近现代重要史迹及代表性建筑33处。

调查中共编制图纸1362张，照片2212幅，标本112件。其中永安镇图纸437张、照片715幅、标本7件；东坊城乡图纸59张、照片103幅、标本17件；裴村乡图纸24张、照片28幅；西坊城镇图纸34张、照片67幅；西留乡图纸88张、照片163幅、标本13件；驼峰乡图纸40张、照片65幅；南榆林乡图纸60张、照片113幅、标本4件；蔡村镇图纸89张、照片112幅、标本24件；下韩乡图纸118张、照片154幅；吴城乡图纸41张、照片52幅、标本3件；沙圪坨镇图纸64张、照片106幅、标本12件；原大仁庄乡图纸3张、照片5幅；原黄花滩乡图纸18张、照片42幅；原大磁窑镇图纸77张、照片138幅、标本4件；青磁窑镇图纸25张、照片49幅、标本14件；千佛岭乡图纸84张、照片147幅；官儿乡图纸18张、照片19幅；王庄堡镇图纸83张、照片134幅、标本14件。

2. 分类数字。在野外调查复查的不可移动文物中，古遗址51处，古墓葬8处，古建筑51处，石窟寺及石刻1处，近现代重要史迹及代表性建筑4处。

在野外调查新发现的不可移动文物中，古遗址69处，古墓葬27处，古建筑248处，石窟寺及石刻1处，近现代重要史迹及代表性建筑28处。与"三普"之前的普查相比较，文物总量增加了367处，其中古遗址增加72处，古墓葬增加25处，古建筑增加241处，近现代重要史迹及代表性建筑增加29处。

在这次野外普查的488处文物对象中从年代、保护级别以及所有权等方面均有所变化。其中按照年代来看，旧石器时代有1处，新石器时代9处，东周时代2处，汉代11处，南北朝时1处，唐代3处，宋辽金代8处，元代4处，明代87处，清代329处，民国时15处，中华人民共和国成立后17处，待定的1处；在对象保护级别上，全国重点文物保护单位4处，省级文物保护单位6处，县级文物保护单位15处，尚未核定保护单位的463处；在调查对象所有权上分，国家所有的222处，占调查对象总量的45.49%；集体所有的138处，占调查对象总量的28.28%；个人所有的127处，占调查对象总量的26.01%；情况不明的1处，占调查对象总量的0.2%。

3. 文本整理。按照省、市"三普办"的要求，编制完成了浑源县第三次全国文物普查实地调查阶段资料一套共10个单本。分为：《综合资料汇编》《简报汇编》《媒体报道资料选编》《普查成果名录》《不可移动文物登记表选编》《实地调查登录阶段业务工作总结》《实地调查登录阶段初验报告》《以"三普"成果打造"历史文化名城"》专题文章、《队员手记选编》《文物集萃》。

4.档案建立。此次共编制完成《浑源县第三次全国文物普查不可移动文物普查成果名录》电子文本3套，纸质文本1套。

5.分布名录。共普查不可移动文物488处，其中县城90处，永安镇58处，东坊城乡21处，裴村乡8处，西坊城镇14处，西留乡30处，驼峰乡14处，南榆林乡24处，蔡村镇31处，下韩乡40处，吴城乡15处，沙圪坨镇28处，原大仁庄乡1处，原黄花滩乡6处，大磁窑乡22处，青磁窑镇9处，千佛岭乡34处，官儿乡6处，王庄堡镇37处。

6.质量分析。从浑源县第三次全国文物普查文物的整体现状保存情况来看，分为好、较好、一般、较差、差五个类型。其中，保存状况好的7处，占调查对象总量的1.43%；保存状况较好的250处，占调查对象总量的51.23%；保存状况一般的186处，占调查对象总量的38.11%；保存状况较差的38处，占调查对象总量的7.79%；保存状况差的7处，占调查对象总量的1.43%。（见调查表十）

7.个人荣誉。2008及2009年，浑源县文物普查队队长尹刚，被山西省文物局评为"山西省优秀文物普查队员"。2009年，在国家文物局组织的第三次全国文物普查征文活动中，浑源县文物普查队队长尹刚撰写的《"三普"日记之大石头岭遇险》获"优秀征文奖"。

附：部分"三普"队员工作手记

2008年10月28日，黄家坡村。该村位于浑河盆地东南部边缘，处于南高北低的依山黄土坡地上，沟壑纵横形成的一道道南北向狭长台地。据资料记载，黄家坡遗址为新石器、汉代文化遗存，面积约15万平方米。考察队在区域内发现了新石器时期的房屋遗址、龙山时期的夹砂陶片以及汉代绳纹灰陶等。

2008年12月13日，成立了以大同市全国第三次文物普查二队第一组、浑源县文物局、西留乡政府和当地文保员等共计12人组成的市、县、乡联合普查队对西留村进行重点调查。西留遗址属于新石器时期龙山文化遗存。《文物地图集》上登记为位于西留村西北约150米，北高南低的坡地上，面积2万多平方米。考察队在村北发现新石器时期的夹砂灰陶片标本。经GPS测点计算，西留遗址现存面积近2万平方米。文化层清晰，陶器标本丰富。在遗址调查过程中，发现原村中关帝庙门前石狮一对，20世纪60年代庙院拆毁，村民将石狮搬到家里砌在院墙之内。

2009年5月17日，向阳村。该村整体为一庞大院落，均青石碹砌窑房，块石垒墙连成一体。依据墙上漫漶不清的残体字迹及现存相对完整的建筑形态，判定该处为农业学大寨时期的代表性作品。

2009年8月6日，马家滩，兴隆寺（下寺）。村庄已经废弃，村东侧有一座烽火台，整个台体大致为长方形，南北长东西窄，大约有3×4平方米见方。寺院遗址位于村西北侧约 600 米处，遗址是一个 20×30 米的台地，地表现存一座石碑，考察队将碑文进行了抄录并在遗址处进行了 GPS 测点及照相等工作。

浑源县第三次全国文物普查调查对象总量统计表（计算单位：处）

表 5-4

乡镇	调查对象总量	登记对象			消失文物总量
		总量	复查	新发现	
合计	494	488	115	373	6
永安镇	148	148	17	131	
东坊城乡	22	21	10	11	1
裴村乡	8	8	2	6	
西坊城镇	14	14	3	11	
西留乡	31	30	8	22	1
驼峰乡	14	14	1	13	
南榆林乡	25	24	7	17	1
蔡村镇	31	31	2	29	
下韩乡	40	40	2	38	
吴城乡	15	15	4	11	
沙圪坨镇	28	28	7	21	
原大仁庄乡	1	1		1	
原黄花滩乡	6	6	2	4	
原大磁窑镇	22	22	16	6	
原青磁窑镇	9	9	4	5	
千佛岭乡	35	34	11	23	1
官儿乡	6	6	3	3	
王庄堡镇	39	37	16	21	2

浑源县第三次全国文物普查前后分类对比统计表（计算单位：处）

表 5-5

类别	"三普"前			"三普"后		
	复查登记	登记消失	合计	登记总量	增加量	减少量
古遗址	50		50	122	72	

续　表

类　别	"三普"前			"三普"后		
	复查登记	登记消失	合计	登记总量	增加量	减少量
古墓葬	8	2	10	35	25	
古建筑	52	3	55	296	241	
石窟寺及石刻	1	1	2	2		
近现代重要史迹及代表性建筑	4		4	33	29	
其　他						
合　计	115	6	121	488	367	

浑源县第三次全国文物普查调查对象年代分类统计表（计算单位：处）

表 5-6

统计年代	合计	古遗址	古墓葬	古建筑	石窟寺及石刻	近现代重要史迹及代表性建筑	其他
旧石器时代	1	1					
新石器时代	9	9					
夏							
商							
西周							
东周	2	1	1				
秦							
汉	11	5	6				
三国							
晋							
南北朝	1	1					
隋							
唐	3	2		1			
五代							
宋辽金	8	4		2	2		
元	4	2	1	1			

统计年代	合计	古遗址	古墓葬	古建筑	石窟寺及石刻	近现代重要史迹及代表性建筑	其他
明	87	68	3	16			
清	329	25	24	279		1	
中华民国	15					15	
中华人民共和国	17					17	
待定	1	1					
总计	488	119	35	299	2	33	

浑源县第三次全国文物普查调查对象保护级别分类统计表（计算单位：处）

表 5-7

级　别	合　计	古遗址	古墓葬	古建筑	石窟寺及石刻	近现代重要史迹及代表性建筑	其　他
合计	488	119	35	299	2	33	
全国重点文物保护单位	4		1	3			
省级文物保护单位	17	5	1	11			
市、县级文物保护单位	7	1		5		1	
尚未核定为保护单位	460	113	33	280	2	32	

浑源县第三次全国文物普查调查对象保护级别分乡镇分类统计表（计算单位：处）

表 5-8

乡镇	级别	古遗址	古墓葬	古建筑	石窟寺及遗址	近现代	其他	合计	国保	省保	市县保	保护单位合计
永安镇	登记量	10	5	124		9		148				
	国保		1	2					3			11
	省保			3						3		
	市县保			4		1					5	
东坊城乡	登记量	8	2	9		2		21				
	国保			1					1			

续　表

乡镇	级别	古遗址	古墓葬	古建筑	石窟寺及遗址	近现代	其他	合计	国保	省保	市县保	保护单位合计
东坊城乡	省保											2
	市县保	1									1	
裴村乡	登记量	1	1	3		3		8				
	国保											
	省保											
	市县保											
西坊城镇	登记量	4		9		1		14				
	国保											
	省保											
	市县保											
西留乡	登记量	5	4	19		2		30				
	国保											
	省保											
	市县保			1							1	
驼峰乡	登记量	1	2	10		1		14				
	国保											
	省保											
	市县保											
	登记量	12		12				24				
	国保											
	省保											
	市县保											
蔡村镇	登记量	8	5	17		1		31				
	国保											
	省保											
	市县保											

乡镇	级别	古遗址	古墓葬	古建筑	石窟寺及遗址	近现代	其他	合计	国保	省保	市县保	保护单位合计
下韩乡	登记量	1	1	31		7		40				1
	国保											
	省保		1							1		
	市县保											
吴城乡	登记量	3	1	10		1		15				
	国保											
	省保											
	市县保											
沙圪坨镇	登记量	17	2	9				28				
	国保											
	省保											
	市县保											
原大仁庄乡	登记量	1						1				
	国保											
	省保											
	市县保											
原黄花滩乡	登记量	3	2			1		6				
	国保											
	省保											
	市县保											
原大磁窑镇	登记量	2		19	1			22				11
	国保											
	省保			11						11		
	市县保											
原青磁窑镇	登记量	7	1	1				9				2
	国保											
	省保	2								2		

续 表

乡镇	级别	古遗址	古墓葬	古建筑	石窟寺及遗址	近现代	其他	合计	国保	省保	市县保	保护单位合计
原青磁窑镇	市县保											2
千佛岭乡	登记量	13	5	11	1	4		34				
	国保											
	省保											
	市县保											
官儿乡	登记量	1	1	3		1		6				
	国保											
	省保											
	市县保											
王庄堡镇	登记量	22	3	12				37				
	国保											
	省保											
	市县保											
全县合计		119	35	299	2	33		488	4	17	7	28

第二节　全国第一次可移动文物普查

按照国务院和国家文物局的指示精神，2013年在全国范围内开展首次可移动文物的普查工作。县文物局按照省、市文物局的工作安排部署，组建了可移动文物普查工作领导组，组长由分管副县长谢志海担任，成员涉及浑源县宗教、史志、科教、文卫等相关部门以及18个乡镇。县文物局局长郝维和任常务副组长，办公室设在文物局。普查队队员从8月开始参加大同市普查学习培训，至2013年9月1日正式开始进入第一阶段，开展宣传发动、登记表发放以及回收等项工作，对全县235个单位和18个乡镇的下辖单位进行了摸底调查，完成调查率100%。2014年先后入户调查全县272个单位，并填写了相应的国家单位可移动文物调查表。在这次普查中，共普查文物系统可移动文物126件／套，普查恒管委可移动文物142件／套，普查浑源县档案局革命历史纸质档案照片160件／套，完成登录离线平台324件／套。2016年，本次可移动文物普查工作结束。经过专家组鉴定，有346件（套）物品被认定为文物，经拍照、建档、归类、信息完善等程序后，信息资料按要求全部录入国家可移动文物管理系统平台。

第三节　考古勘测

从 1949 年 5 月 24 日起至 1950 年 12 月 24 日其间，新中国出台了一系列关于文物保护的命令和办法。在这样的背景之下，由中央人民政府文化部及文物局组织成立了雁北文物勘察团。该勘察团是新中国成立后的首次规模较大的实地文物调查研究工作团体，共 16 人组成。分考古和古建 2 个小组，自 1950 年 7 月 21 至 8 月 31 日，考古勘测计 40 天时间。以雁北为主，古建组方面主要选大同、应县、浑源为主，另外还涉及五台、太原晋祠、正定古城等地的建筑。从中华人民共和国成立至今，考古所涉及的领域包括古墓葬、古磁窑遗址、古人类遗址、古长城、烽墩、堡寨等。

勘察团由原中央文化部文物局博物馆处处长裴文中先生任团长，清华大学营建系的刘致平（梁思成学生，兼任古建组组长）和国文系教授陈梦家任勘察团副团长（兼任考古组组长）。赵正之（梁思成学生，北大工学院副教授）、莫宗江（梁思成助手，清华大学营造系）任古建组副组长，组员为清华大学营建系朱畅中、汪国瑜、胡允敬等；北京大学文科研究所研究员阎文儒、北京历史博物馆傅振伦任考古组副组长，组员为宿白（北京大学文科研究所）、王逊（清华大学文物馆）。此外还有北大工学院的李承祚、故宫博物馆的张广泉等。勘察团任务结束后编辑出版有《雁北文物勘察团报告》，报告中有宿白撰写的《浑源古建筑调查简报》和裴文中撰写的《浑源县李峪村庙坡之彩陶文化遗址》，收录于考古组《简报》之中，成为研究雁北文物的重要参考资料之一。这次雁北古建勘察为中华人民共和国成立后古建维修首选的考古试点项目，从此便拉开了新中国成立之后古建修缮的序幕。在之后的不同时期，浑源还进行过多次规模不等的考古勘测，成绩斐然。

毕村汉墓考古　也记为麻庄汉墓。1973 年 3 月，毕村农民在村东平整土地时，挖开了一个墓室，内有大量随葬品。之后县里将这一情况上报省有关部门，随后山西省政府和雁北地区文物主管部门立即组织派员进行勘查。后经上级有关部门批准，首先对已挖开的墓室进行清理，同时又挖开了一座封土较大的墓丘。据当时参加挖掘的沈振中、邓秀林、张畅耕等专家介绍，所挖这座汉墓为西汉中期（前 150 年左右）地方官员夫妇合葬木椁墓。墓室呈南北向，墓底至地表 9 米多，墓室正南有长 20 多米，宽 3 米的斜坡墓道，椁室东西两壁和北壁均用 40 厘米的方木垒砌，椁盖用三块边长为 24 厘米的方木拼合而成，椁外四周墓坑用沙子、卵石掺和夯筑，土质坚硬，椁室内南北分布放着两具木棺。棺盖黑底、朱绘，施以云气纹。其中的锯齿纹和飞禽怪兽等组成的图案很有艺术价值，棺椁所用之料皆采伐于北岳恒山之古松，质地坚硬、油脂光滑、香气逼人，虽历经 2000 多年，而破损无几。

棺椁内随葬品很多，共出土各种铜器、陶器、铁器、漆器、玛瑙、丝织品 173 件，还有不少文物由于木棺已塌顶，以及泥水淤积严重等原因而无法挖掘。在椁内两棺之间，发现了一个小木匣，木匣内藏有两台各长 16.8 厘米、宽 6 厘米、厚 3 厘米的石砚，并伴有一台直径 2.8 厘米圆形石砚，均为青灰色页岩加工磨制而成。长形石砚内的斑斑墨迹依稀可见。砚台边还放着一块略呈半圆锥形，长 2.5 厘米的墨丸。在此之前，我国在望都一号汉墓、洛阳烧沟汉墓、武威磨咀子东汉墓都曾有砚台和墨的出土，但像毕村古墓中的墨砚同时出土，在我国实为罕见，为研究我国汉初文化提供了重要资料。在椁内两棺之间，还发现了形状相同的铜龟锁四件。龟锁全长 9 厘米，宽 6 厘米，通高 5.8 厘米，呈椭圆形。通体龟形，铜铸龟身，背上嵌有虎斑宝贝。贝壳灰白色或淡黄色，上面有许多大小不同的褐色和黑褐色斑点，却似虎豹身上的斑点。由于壳面壳珐琅质的保护，镶嵌时壳内又充填了铅锡杂物，虽经长期水浸土压，光泽如故。在椁内两棺之间，还有四神铜炉两件，通长 27.7 厘米，通高 9.8 厘米，炉身镂空铸有青龙、白虎、朱雀、玄武。下施方座，由四个力士承托，一侧有上弯的把手，炉上置有铜耳环，似为酒器。

棺内出土的器物中还有彩绘铜盘一件，铜温酒樽一件。其中彩绘铜盘口径 32.8 厘米，盘上有精致的彩绘图案。口沿上绘有贝纹，腹壁所绘龙、龟、蛇相互追逐；盘底彩绘龙戏水，外壁绘浪花，用色达 60 多种，为铜器彩绘之精品。棺内还有彩绘陶钫 9 件，系泥质灰陶，壶面涂有黑色，用白、绿、朱色作齿纹和云气纹图案，纹节同马王堆一号汉墓彩绘陶钫相近。

毕村汉墓文物的出土，引起国内外有关方面的高度重视，国家文物局之后派人专门采访，在《文物》杂志上曾作专题刊登。此批出土文物大部分现藏于大同市博物馆。

李峪东周古墓考古 李峪东周古墓出土的青铜器造型优美，花纹精巧，享誉海内外。20 世纪中后期山西省考古研究所对其余几处墓葬又进行了数次探掘，据其考古年代分为 1 ～ 3 号墓。

1 号墓葬：1975 年夏，古墓墓室由于受雨水冲刷被当地群众发现，勘察人员赶到现场时已面目全非。该墓葬位于 2 号墓葬的西南部，相距约 2 米的断崖边。出土铜器有 6 件，其中鬲、匜、簋形器各 1 件（藏于大同市博物馆）；壶、盘、剑各 1 件（现藏于浑源县文物局）。

2 号墓葬：1975 年 8 月 29 日，据群众反映，在墓葬处的田野之间发现有古墓，在雨季被雨水冲刷出来的陪葬器物共计 17 件（现藏大同博物馆），分别为铜鼎 1 件、铜盖豆 1 件、铜戈 2 件、簋形器 1 件、匜 1 件、鬲、剑 1 件，其余为蚌片 1 件、铜刀 1 件、残铜饰 2 件、小铜片 4 件。经考古人员现场勘测，该墓的墓室已被雨水冲毁，仅存东北部一角，墓室结构及陪葬物、尸骨等无从考证，本次现场勘测时获得春秋晚期青铜戈一件。

3 号墓葬：考古时间为 1978 年 5 月，参与考古人员有陶正刚、马刚、海金录以及浑源文化馆张灿如，考古过程中进行了少量的钻探和试掘工作。该墓葬距地表30厘米，墓室为土圹竖穴，口大底小，呈仰斗状。墓口东西长5米，南北长3.7米，深3米。墓底东西长3.3米，南北宽2.3米。因墓室建筑在沙土上，边框倒塌十分严重，故墓室口与底相差很大。方向为75°，填土为黄褐色花土，含有细砂颗粒，土质松软，夯土层不明显。墓口北部被一北魏墓打破，在地表土下60厘米深，两墓圹才区分清楚。该墓墓圹整齐、清晰。葬具为一棺一椁并已糟朽成灰，形制皆为东大西小，呈梯形。其中椁长2.1米，宽1.4米；棺长2米，宽0.8米，厚0.1米。棺内置女性尸骨1具，头东足西，葬式为俯身直肢葬。头部放置骨笄一枚，腿部放置铜削一件。在棺椁外有一具未成年殉葬人的骸骨，葬式亦为俯身直肢葬，无随身葬器。此次考古发掘中还出土了大量的石斧、陶罐、陶鬲、钵、盆等彩陶皿器。

专家通过以上出土器物得出结论：远在春秋时期，这个山坡曾是一个大墓区，奴隶主在此埋葬时陪葬有大量的青铜器及其他器物，为我们今天研究人类的进化、社会的发展提供了重要的资料。该墓葬于1982年被公布为县级文物保护单位。

古磁窑遗址考古　1977年，故宫博物院的几位陶瓷考古专家在河南省采集唐代陶瓷产品时，一个偶然的机会从中国各省分布详细地图上发现了几乎连在一起的大磁窑、大磁窑铺、青磁窑、古磁窑这些地名，之后他们赶到古磁窑村开始进行现场考查，在该村发现了古代瓷器遗址。除采集到宋、元时代的大量瓷片外，还发现了部分唐代陶瓷碎片，对研究我国唐、宋、元、明等代陶瓷器有着重要的价值。在这大量陶瓷片中，尤以宋代瓷片为佳，无论瓷质，还是工艺同北宋徽宗时闻名中外的四大官窑可相媲美。从这些瓷片来看，既受当时中原陶瓷的影响，又有着塞上陶瓷的明显特点。据考古专家断言，在金、元两代时，恒山脚下的陶瓷业是相当发达的，为金、元两代官用和民用瓷器的重要产地之一。

城东清代墓葬勘察　1992年夏，经群众反映，在县城以东电业局附近发现一座古墓葬。经县文物部门现场勘察，该墓葬形制为棺椁葬式，夫妻合葬墓，砖碹墓室，棺前蓝漆金字如新，上书其名讳及官职，经鉴定为清代官员古墓，随葬品已遭哄抢，墓坑之后回填。

民国墓葬勘察　1994年8月，在天峰北路道路改造施工过程中，发现民国古墓一座，市县文物部门共同展开了勘测。该墓葬为砖碹墓，棺木完整，顶部现一盗洞，墓主人为男性，无功名，棺前书其名讳，当为民国商贾富户之墓。现场提取戒指、烟袋等随葬品后，墓坑回填。

横山古墓考古　1996年7月，浑源西留村东北角、横山脚下发现了一处古墓葬，呈塔形，距地面4米，底部为圆形，上口为方形，石砌，底大顶小。墓壁用石灰泥抹平，八幅壁画中，有龙、麒麟、坐在椅上的夫人、手执羽扇的侍女、蒙古包式的建筑等。同时还出土有千年灯、经卷、竹筒、陶瓷之类文物。

界庄瓷窑考古 1997 年 10 月，山西省考古研究所对界庄唐代窑址进行了钻探和试掘。方位位于窑址堆积最丰富的沟壑上，试掘探方为 4 米 ×4 米。第 3 层出土有大量的瓷片及少量绳纹陶片，主要器物有碗、钵、罐、瓶、枕、盏托、壶及三叉形支具，其余土层仅见黄土及杂物，瓷器的釉色有青、白、黑、三彩四种。其中青瓷在出土器物中约占四分之一，白瓷约占出土器物的四分之一，黑瓷约占出土器物的三分之一。其余为绞胎器、三彩器、素烧器、工具等。

唐代瓷窑考古 1998 年，山西省考古队在浑源县城以南约 8 公里处发现了两处唐代陶瓷窑址，引起了陶瓷学界的高度关注。唐代是浑源窑的创始阶段，浑源窑由唐代始，历辽、金、元、明、清各代，直至近现代仍在烧制陶瓷，在长城中段一带享有盛誉，在晋北已知的 24 处古代瓷窑中属于领军窑口，其土生土长的工艺风格极具艺术魅力。中国古陶瓷学会理事孟耀虎先生用"乌黑如漆、匀净细腻"来形容浑源窑的黑瓷，并指出这是刻意配制的。因此在学术上，浑源窑也证实了黑瓷并不属于青瓷序列，而是晋北瓷窑的又一杰作。

经考古鉴定，唐代浑源窑的器型有碗、罐、钵、执壶、杯、瓶、炉、缸等。其釉色有白釉、黄釉、青釉、酱釉、茶叶末釉、绞胎等，釉面光亮润泽。胎多呈浅黄色，少数呈灰色。灰色胎质，胎较致密，不施化妆土，多施青釉、酱釉、茶叶末釉。浅黄色胎质较粗，有黑色杂质，且有小出气孔，施化妆土，有黄釉和透明釉两种。

其中白釉碗为饮食器，内满釉外半釉，平底，微内凹的"饼"形实足，足端外侧斜削一刀，大者直径达 9 厘米。圆口，亦有口唇宽厚者，先将口沿外卷，后拉坯成型，截面中央能见孔隙。洁白釉，也有泛灰、泛黄的，施化妆土。胎质疏松，气孔多，有黄白胎和灰白胎两种，比较厚重粗糙，内底均见 3 个支钉痕。

酱釉敛口钵为灰胎，胎质坚硬，芝麻酱釉外施半釉内满釉，饼形实足，底足较矮。俯视口沿宽平厚实，系口沿外卷后再拉坯成唇口，故口唇凸起如环，但无颈，俊秀雅气，应属中高档产品。同类器还有白釉黄白胎、茶叶末釉和十分光亮润泽的黑釉、黑褐釉，有的窑温欠缺导致釉成灰色，茶叶末釉气泡普遍较多。莹润的黑釉气泡很小，说明其烧制技艺已达成熟。

研磨盘，茶叶末釉，灰色胎，做工精细。

茶叶末釉盏，盏腹浅而巧小，玉璧底，底中心挖有小底，有施釉和不施釉两种，器壁斜直，与深腹平底大碗的造型不同。这种盏有内外青釉、内外白釉或黑釉、内白釉外黑釉或茶叶末釉、内白外青釉、内白外芝麻酱釉多种。小盏产量似乎很大，与茶托配套，反映了当地的饮茶风气直追江南。陶瓷界对里白外黑的盏给予了很高评价，是独具特色的产品。与灰白、黄白的器皿相比白度最高，比例协调，断面丝光度高，釉厚处呈浅绿色，气泡有明显定窑风格，是最精致的。只是这类细白瓷数量很少，陶瓷专著都没有提到过。经与辽金元白瓷相比较，其胎釉是一脉相承的。

绞胎碗由赭红胎与白胎相绞，施淡黄釉，釉水莹润，花纹美丽。器型还有枕、盏托；釉色还有青釉。

窑具为三叉片状支垫器的三个顶端各有一个锥形支钉，有的尖细，有的呈乳钉形，顶尖与碗的内底相支，以此法叠烧，相支处留下了三个支钉痕，三叉背有的与另一碗底相粘，因此废弃窑具很多。线轴状器为横向支撑物。

界庄古瓷窑遗址考古 1999 年 7 月 12 日，山西省考古所对界庄古瓷窑遗址进行为期两个月的考古挖掘，发现瓷库 7 座。界庄磁窑遗址考古发掘被列为当年全国文物考古十大成果之一。

浑源唐墓考古 2010 年 10 月 11 日，县城东关小学对面廉租房建设工地在施工现场发现一处古墓葬。经大同市古建研究所技术人员同县文物局工作人员现场进行抢救性挖掘后认定该墓葬为唐代墓葬，墓主人具有一定身份，已遭盗掘。其形制为长方形斜坡墓道单室砖券墓，由墓道、墓门、甬道和墓室四部分组成，坐北朝南方向，方向为 172°，墓地距地表 4.34 米。墓室平面呈圆形，穹隆顶。经现场整理，残余随葬物品仅为铜饰 1 件、铁牌 1 块、枭首陶壶 1 件、彩绘陶罐 1 件，墓志 1 块。

三岭辽代古墓 2018 年 6 月 4 日，有村民反映在南榆林乡三岭村以西发现一处古墓，经市考古研究所及县文物部门现场勘测认定为辽代墓葬，已遭盗掘。该墓葬墓坑为圆形，坑径约 3.2 米，深 2.1 米，通体原生石料錾成。墓床坐北朝南，呈不规则形，高约 0.45 米，最长 2.4 米，最宽 1.4 米。坑壁及墓床皆由白膏泥涂抹，之上绘有反映墓主人生前生活场景的壁画，上部脱落严重，内容可见人物、大门、桌子、骆驼、马匹等。此次挖掘共发现陶罐 1 个，瓷碗 1 个，瓷碗残片若干，汉五铢钱 1 枚，开元通宝 1 枚，淳化元宝 1 枚，咸平元宝 1 枚。壁画脱落部分由市考古研究所运往大同作进一步研究。

第四节 科学研究

一、研究成果精选

浑源自开展文物保护与研究工作以来，许多文物专家以自己的严谨作风和敬业精神，对浑源的文物勘察与研究付出了大量的心血。除实地现场勘测、考察外，还对文物做了进一步的分析探究，编撰出许多具有重要科学研究价值的论文及专著。如 1950 年裴文中《浑源县李峪村庙坡之彩陶文化遗址》及宿白《浑源古建筑调查简报》；1992 年山西老一辈陶瓷专家水既生《浑源窑青地白花和褐地白花陶瓷》；1998 年，任志录、孟耀虎《浑源古磁窑有重要发现》；2000 年任志录《山西浑源窑的考古成就》；2006 年孟耀虎《山西浑源窑新发现的镶嵌青瓷》；2002 年常学文、荀建《浑源悬空寺修缮保护工程》等；

2009 年李跃山编撰《光耀满乾坤——李峪青铜器解读》等。

现将重要论文载录如下。

对山西浑源县界庄磁窑的考古调查

李知宴

一、地理位置和窑址范围

界庄窑在浑源县青磁窑公社，浑源县西南，距县城 20 公里地，在磁窑镇的西南约 2.5 公里。窑址在界庄村东北边的一个山坡上，刁窝峪河顺坡由东北向西南流过。第一层台地是耕地，瓷片散落较多，第二层台地也是耕地，除瓷片堆积以外，在东西二百米的范围里发现烧窑时遗留的红烧土层、灰墙、窑具、半成品、碎瓷片和歪扭变形的废品顺坡堆积。已露出红烧土，即可能是窑炉遗迹的有七处。第三层台地，露出遗迹的地点有八处。第四层台地有五处，第五层台地已经到山坡较高的地方了，表土没有被农民开垦，窑址遗迹暴露不多，但能看到时断时续的红烧土。

暴露得比较清楚的窑炉遗迹，炉口残高 134 厘米，底宽 140 厘米，窑门朝南，与北方筑窑的普遍规律一致。窑炉顶上泥土堆积厚达 65 ～ 125 厘米不等。

根据瓷片散落的范围了解该窑址堆积范围，东西 200、南 150 米左右，在遗址旁边流过的刁窝峪河现在流水很小，从开阔的河床以及流水冲刷的痕迹分析，古代刁窝峪河水源丰富。在它的西北方 20 公里就是浑源河，浑源河流入华北重要河流桑干河，这样就把浑源、大同、北京、丰州、宁夏、甘肃（甘州）、太原等重要交通和贸易都会联系起来。作为制瓷手工业作坊的用水、运输条件都十分优良。磁窑镇一带瓷土、耐火土、煤都取之不尽。以磁窑镇为中心，沿刁窝峪河一带形成了陶瓷手工业发展的重要条件。这就是界庄窑在长达几个世纪里能发展的客观条件。

界庄窑是浑源县范围里古代陶瓷手工业体系中的一处窑址，它的北边还有古磁窑，这是一处唐代瓷窑窑址的地名，生产白瓷。还有青磁窑、尹家坝、大磁窑等地也有瓷窑遗址。界庄窑反映了浑源陶瓷在一定历史时期的发展情况，即陶瓷生产的品种、工艺特点、艺术成就。以及与周围地区即河北、河南、内蒙古、东北等地区陶瓷生产的联系。这个一定历史时期就是指辽金元时期，从这次调查的资料部分地反映出辽金元陶瓷的艺术风格。

二、品种与特征

（一）细白瓷器

该窑细白瓷器产量很小，调查采集的标本有：碗、盘、碟、枕、印模等类。

造型特征

罐　没有发现可以复原的罐片，只发现罐的腹部有一定弧度的碎片，厚度只有

0.6 ～ 0.8 厘米，形体比较小。

碗　根据造型特点可以分为八种式样。Ⅰ式：腹体比较深，胎厚为 0.4 ～ 0.5 厘米。圈足上宽下窄成梯形。Ⅱ式：腹体比较平坦，圈足上下较粗，中部较细，内部用印模印出菊瓣和缠枝花卉。Ⅲ式：腹体较深，胎体比较厚。Ⅳ式：圈足比较高，也是上下较宽，中部较细，碗内壁用印模印出菊瓣，缠枝花卉，但印得很浅，花纹细部不够清晰。Ⅴ式：是一种坦腹的折腰碗。Ⅵ式：碗体很小，内壁印重叠菊瓣纹。Ⅶ式：腹体很浅，圈足较宽而浅。Ⅷ式：圈足高，足沿略为收敛，碗壁相当厚。小碟类不能复原，看不出造型结构，从略。

枕　只见两种式样，但碎片均不能复原。Ⅰ式：方形枕，只剩下侧面的一小碎块，胎厚只有 0.4 ～ 0.6 厘米，棱角地方厚度达 1.5 厘米。Ⅱ式：也是方形枕，厚度为 4 厘米，边棱厚度为 1.2 厘米，装饰有二方连续的卷草纹。

印模　圆形，花纹雕刻精细。窑具还有覆烧白瓷的支圈。

胎质很像定窑作品中的中档产品，小件细白瓷精巧作品胎壁最薄的地方只有 0.3 厘米，工艺比较细致，胎壁厚薄安排比较协调。胎泥炼制比较细，大多数作品用放大镜观察颗粒比较细而均匀，一般没有夹粗砂粒的现象，很少见到有明显的气孔或胎体断裂的现象。尽管是在窑址里采集的废弃的碎片，但没有见到歪扭变形的现象，成型都比较规整。这种现象说明原料中瘠性成分比较多，在窑里受高温焙烧不容易变形。但是瘠性原料多的瓷土松散性较大，不易成型，它要求原料选择要精，粉碎和淘洗都比较严格。从细白瓷的成品看没有变形和极少起泡的现象，说明粉碎、捏练、陈腐等工序做得都比较好，有的碎片打碎后露出的新茬有丝绸的光泽，表明烧结良好。

胎体颜色白度不高，一部分作品胎体白中发灰，一部分颜色泛黄，像定窑那样纯白的作品几乎没有见到。

界庄窑白瓷是用陶车，即辘轳成型，根据结构和纹理分析制作相当规整。口沿、底部和圈足切削得很整齐，说明成型工艺要求是严格的。陶瓷生产中常见的变形、下塌、窑裂的现象极少，各部比例匀称，镟坯时也没有颤动不平和跳刀的现象。留在坯体表面的同心圆的纹理相当均匀，很少有因为镟削不净粘上砂粒或泥渣的现象，坯体里壁修饰比较光平，上釉后很光滑，一些粗大的作品从器物外表留下的小裂纹看没有严格的修坯和补水等工序。因为坯体在阴干过程中，由于泥料中水分的逸出，表面出现细微裂纹，在露胎和釉层覆盖的部分都能见到。

釉色白度不高，和胎体的颜色一致，有的泛黄，有的泛青，质地比较细腻，施釉比较匀，有定窑白瓷釉色的特点，但没有定瓷的积釉、流釉（泪痕）的现象。有一部分作品胎面加有白净的化妆土，釉色显得白净。有的作品由于釉层较厚或火烟关系，白釉中泛出铁褐色。

为了美化该窑的细白瓷，采用施化妆土、印花、贴花和雕塑等装饰手段。

化妆土是用洁白的瓷土精制而成，质地细腻，可以掩盖胎面的杂色，提高白度，使玻璃釉面光亮洁净。

印花花纹刻在印模上，刻得很浅，像唐宋时期的线刻，花纹内容有团菊、缠枝花卉和重叠的圆弧形花瓣。

贴花，将装饰花纹刻在印模上，烧成硬质模具，将瓷泥塞入印模印成纹样，沾上配成的泥浆粘贴在坯体表面。

雕塑，只在一些枕类作品的边棱雕塑成竹节的效果。

装烧工艺，用正烧法，大小相套，每件器物之间安上垫饼，根据坯件的大小厚薄垫饼配置有大有小，有多有少。值得注意的是垫饼采用精细的瓷泥作的，这样可以保证坯件在窑里焙烧时膨胀收缩都和坯件一致，减少因两者不一致而导致变形，这种工艺在南宋时期的龙泉窑也有。装烧坯件的窑具是匣钵，界庄窑的匣钵是圆形的，有的比较宽矮，有的比较大而深，底部有透气孔，有的外壁还刻有花纹，刻上"烧成金"的文字。匣钵是用耐火泥制作，里面夹杂有粗大的砂粒。

（二）粗白瓷器

数量很大是该窑的特点，主要产品有碟、碗、瓶、罐、缸、瓮、器盖、枕、群羊等。

造型特征

罐　共有八种式样。Ⅰ式：为双耳小罐，直口平唇，颈部很短，耳与口沿平，耳用一小泥条捏成，小平底。Ⅱ式：形体很小，侈口圆唇，没有耳，颈部缩得只有一条线，腹体矮而扁，圈足小而浅。Ⅲ式：口微敛，平唇，颈部较厚，口沿比较厚，腹部比较薄，颈与肩安复式双耳，双耳宽肥。Ⅳ式：敛口，唇沿较圆，颈厚而长，双耳比较瘦长。Ⅴ式：敛口，颈厚，中间略曲，唇沿呈外高里窄的斜坡状。Ⅵ式：敛口，平唇，复式双耳制作不规整，向一侧倾斜。Ⅶ式：瓜体罐，侈口，唇部顶端呈尖锐状，中部两侧鼓出，颈短略瘦，腹壁做成瓜体形，里壁用刻划和剔花的技法做出牡丹花卉装饰。Ⅷ式：只拾到一个残片，形制看不清楚，耳作成绳索状。

瓶　有两种式样。Ⅰ式：葫芦形瓶，直口尖唇，上部胎壁很薄，颈部很短，下腹体逐渐加厚。Ⅱ式：长颈瓶，颈部细长，腹部成圆球形，圈足，足心略为下突。

缸　有两种式样。Ⅰ式：胎式厚重，大口，口沿微敛，口沿突出两道脊楞，腹壁微曲。Ⅱ式：胎体也比较厚重，唇沿外翻，剖面像半个如意头，束颈，上腹微曲，外壁用划花、刻花、剔花技法做出装饰。

瓮　有两种式样。Ⅰ式：敛口，尖唇，唇沿外卷，上腹鼓出，胎壁不甚厚，以划花技艺做出装饰。Ⅱ式：敛口，唇沿向里卷，束颈，肩腹丰满，胎壁比较厚，以划花和剔花技法作装饰。

碗　有七种式样。Ⅰ式：形体小，腹壁平坦，圈足很小。Ⅱ式：腹体较深，沿唇以下微微凹入，平底，底心微微下突，胎体比较厚实。Ⅲ式：形体较大，深腹，胎壁较薄，底部厚，厚薄相差三倍。Ⅳ式：侈口，圆唇，腹体平坦，内壁中腹以下至碗心作划花。Ⅴ式：唇沿略为外折，腹深而直。Ⅵ式：侈口，唇缘外折而尖，腹壁微曲，圈足宽厚。Ⅶ式：腹体比较宽而深，平底，与南方宋元时期流行的墩子式碗相似，圈足宽矮。Ⅷ式：折腰碗，下腹壁平坦，在近中部处折上，胎体洁白，施青褐色釉，碗底剔刻出一朵牡丹花。

盆　折沿，唇沿上端勾进，比较尖，曲腹平底。

器盖　有三种式样。

小碟　碎片太小，不能复原。

群羊　在圆形饼上站立四只羊，三只并排而立，中间一头形体高大，似为母羊，旁边两头幼羊，前面横站一头幼羊，似乎是最小的。羊的形象，头朝下，尾宽肥，回头侧视，幼稚可爱，用手捏成。

幼童　脸圆扁平，颧骨较高，两手高举，身躯短，不合比例。

枕　枕面成椭圆形。

碗、罐、瓶等作品，胎体坚硬，原料没有经过仔细加工，颗粒不细匀，偶尔能看到一些白色或褐色细砂，气孔多，有一定吸水性，有一些不规则的裂隙。颜色为白色但都不纯正，有的泛灰，有的灰黄，只有个别作品比较细白。缸、盆、瓮等一类巨型器物，胎体很粗糙，含杂质多。原料没有经过加工，所以能成型并具有一定的稳定性，主要靠胎体的厚重，有一些粗大的砂岩和石英颗粒，可能是加进去的，以增加胎体的抗变形性能。它们的胎色都不白，一般为灰色或灰褐色，缸、瓮一类大件作品有的烧不透，在卷沿或接近底部最厚的地方成黄红色陶土颜色。

罐、瓶、碗、器盖等类作品是轮制成型，胎面有明显的轮旋纹理，由于胎体比较粗，纹理不够细密，有的也不连续。巨型缸、瓮一类作品是用泥条盘筑成型，当地现在一些生产队办的制缸作坊还用此法制作。可能形体太大，陶车承担不了这样大的重荷，只能用此种古老的方法成型，做好以后用刮泥板修坯。碗类的圈足用刀锥出，器物的耳等附件，一些粗犷的艺术形象如群羊、人物等则用手捏成型。

粗白瓷器胎面加化妆土，有的施得很厚，将粗糙的胎面紧紧裹住，罐、瓶一类作品施在上半部，下半部不施，也不上釉，露出粗糙的胎面。这一部分作品之所以被称为白瓷，很重要的因素是靠化妆土将釉层衬白的。刻划和剔地，粗白瓷比细白瓷更普遍使用刻划和剔地手段。划花就是线刻，用尖锐的工具在胎面刻出花纹。剔地是将花纹周围的化妆土，胎表面和釉层剔掉。露出深色粗糙胎泥层，洁白的花卉被胎色衬托得色调对比强烈，漂亮鲜艳。花卉及花纹有牡丹花、莲瓣、弦纹、回纹等。群羊雕塑上有黑褐色斑块。有两块碗的碎片在白釉里出现黑色花卉，具有磁州窑瓷器的装饰风格。

釉质和釉色，都是玻璃质釉，质粗，透明度不好，有的作品釉层施得较厚，比较光亮，不少的作品釉层施得较薄，光泽度不好，色不白。施釉的方法一般是用蘸釉和浇釉两种。罐、瓶、碗等一类作品是蘸釉，大缸大瓮一类作品是用浇釉法，施得不均匀，有的作品釉层出现麻癞现象。

装烧工艺，粗白瓷似乎不用匣钵，没有发现瓷器与匣钵粘在一起的废品，只发现很多大小规格不同的支烧窑具，碗类作品用小垫饼支垫起来，一般是在碗心垫三五个不等。而大缸、大瓮一类作品用耐火泥支垫起来。烧成情况基本上是好的，胎体坚硬，釉光也亮，有一些作品烧结不好，釉面发涩，没有烧熟。

（三）青瓷

青瓷比例很小，只有罐、瓶等类作品，在调查中没有发现可以复原的作品，可以看出形状的还有碗和枕类作品。碗有葵口碗、折沿深腹圈足碗和浅腹碗等几种式样。有一件折腰碗，用划花、剔花技法做出牡丹花纹。枕类为手捏成型，多边形，装饰有印花和贴花两类，有的青瓷片还有划花装饰。

釉质和釉色，质地比粗白瓷的釉细，玻璃质较强，釉层开片，施得比较厚，釉色有青绿色、黄绿色、灰绿色和褐绿色等种。其中褐绿色青釉质量较差，上这类釉的作品的胎体也很粗糙。枕类作品釉色比较淡，也很光亮。有的缸类作品外壁施青釉，里壁施黑釉，为了使青釉明净漂亮，有的作品在胎体上也施一层化妆土。有的属于烧窑出现污染现象，颜色不漂亮。

（四）黄釉瓷器

数量极少，这次只采集到四个残片，一个是复式双耳罐，与粗白瓷 V 双耳罐相同，胎体粗，釉下也有化妆土护胎，釉色黄中泛青，不很亮，器物里壁釉成铁红色。薄胎小碗一个，胎体只有 0.2～0.3 厘米厚，胎质致密，烧结很好，与细白瓷接近，胎色灰白色，釉层很薄，釉色黄中带褐，凡黄瓷的釉面都没有光亮。呈色剂主要是铁，用氧化焰烧成，底足露胎的部分也是淡黄色。

（五）黄釉陶器

采集到两片低温釉陶的作品，类似辽三彩，但比辽三彩坚硬粗糙，一个是碗的残片，厚胎，黄白色，釉层作土黄色，还有一片黄白色粗胎，施酱红色釉。

（六）钧瓷

这次调查采集到 17 个标本，器形都是碗类，有大小不同的规格，质量有高有低。

胎质和胎色。可分为三种，第一，灰褐胎，坚硬致密，与河南金代钧窑窑址的胎体不相上下，这是质量最好的一类。第二，黄褐胎，比较粗，有较多的气孔，像细砂岩一样。第三种，相当坚硬，在放大镜下能看到许多蜂窝状孔隙和断裂，颜色不匀，有淡黄色、灰色和灰褐色的。胎体的厚度 0.3～0.5 厘米不等。这些情况的出现不是配方的不同，而是泥土的加工程度的不同以及焙烧中出现的现象。

釉质和釉色。第一类，天蓝色乳浊状釉，厚 0.1 厘米，釉面比较光平，釉层里有许多白色气泡，在釉面有许多棕眼，它的周围有成乳絮状的蓝色物质，这就使得釉面显示出天蓝色和礼花状白斑。第二，灰青釉，是普通青釉，颜色不正，成灰青色，釉层里有丝絮状乳白色或蓝色的条纹，釉面很光亮。釉层比较薄，釉层只有 0.05 厘米。第三，乳白釉，釉面不光亮，釉层较厚，一般为 0.1～0.6 厘米不等。釉面气孔较大，最大的气孔达 0.3 厘米，釉质成胶体状，流动的痕迹清晰，釉层里有很细的蓝色物质，导致乳白釉发蓝。第四，在天蓝色的釉层里出现淡淡的紫褐色晕圈，釉光也比较明亮，釉层 0.05～0.3 厘米不等。用蘸釉法上釉，里外壁满施，有的作品在近圈足处漏釉，出现铁褐色胎色。钧瓷的釉和胎体密合得比较好，有一道洁白的密合层。

装烧都用匣钵，匣钵成漏斗状，一件坯件装一个匣钵。匣钵是用黄褐色耐火土制作，掺有许多粗大的砂粒，由于釉的流动性大，在积釉很厚的地方往往和匣钵粘住而报废。

（七）黑瓷

产量仅次于白瓷，有瓶、罐、碗、器座、灯、器盖等。

瓶　有五种式样。Ⅰ式：为小口细颈瓶，卷沿尖唇，胎体薄。Ⅱ式：侈口瓶，胎体比Ⅰ式厚。Ⅲ式：敛口瓶，平唇，短颈斜肩。Ⅳ式：小口，唇面倾斜，上腹丰满。Ⅴ式：鸡腿瓶。

罐　有四种式样。Ⅰ式：口沿略为外移，束颈，腹部和口沿相差不大。Ⅱ式：直口，颈内收。Ⅲ式：腹壁微曲，底上凹成卧足。Ⅳ式：腹壁厚而较深。

盘　一种。平底盘。

碗　有两种式样。

器盖　有三种式样。

枕　有三种式样。Ⅰ式：为椭圆形枕。Ⅱ式：为多边形枕。Ⅲ式：为虎形枕。都没有发现完整的器物。

灯　有一种形式。

器座　圆形厚而浅。

工具　一种六角形的制瓷托坯辘轳车轴上的轮箍，垫烧支具。

胎质和胎色，黑瓷胎体较粗，可分为三类：第一，白胎，白中发灰，坚硬，成型稳定性良好，碗、瓶一类作品属这类胎体，胎泥里含有极细砂粒，颜色不纯，有空隙。第二类，也是白胎，白中泛黄，比上类粗，有的作品像细棒子面似的，原料没有经过细致淘洗。第三类，缸胎，粗厚笨重，颜色发褐，这样的作品常常烧不透。

成型工艺，主要是手制和轮制两种。

釉质釉色，第一类细腻明亮，光润漆黑像一面镜子，施釉也比较均匀，部分作品在造型弧度最大的地方，即釉色薄到可以露胎的地方成淡褐色，说明高质量的黑釉与含铁分量、釉层的厚度、烧成气氛有直接的关系。第二类，釉层也比较凝厚，质粗，黑中发绿，釉面不光亮，有点像茶叶末的颜色。第三类，颜色发褐，有点像放时间长了的芝麻酱颜色。

黑瓷流行剔花装饰，黑白对比强烈。

三、几点认识

1. 界庄窑是浑源窑系中的一个窑。浑源在地理上属于辽的势力范围。根据过去调查发现唐代窑址，在刁窝峪河谷的上沿，到辽统治时代这里出现一个瓷窑镇。《浑源县志》说："天赞初与王郁略地燕赵，破磁窑镇。"天赞是公元922至925年。浑源瓷窑镇又叫瓷窑沟就是指这一带地方，这一带有45公里地的范围，分布着许多窑址，属于辽金元时期的。

关于界庄窑的生产时代，从作品的特征分析，它开始生产的时间应该是辽的晚期，下限应该迟到元代。根据是：第一，细白瓷有明显的定窑风格，其造型和装饰花纹受定窑影响，如果不是从窑址采集，一定会定为河北曲阳涧磁村的产品。定窑生产最发达，对周围各窑影响最大的时期是北宋。根据定窑花纹的编年研究，界庄窑白瓷上组织细密像织锦一样的印花和印花模子与之对照，它应该是北宋晚期的作品。第二，该窑大量生产黑瓷，其划花、刻花、剔花装饰和山西等地辽墓或辽代遗址中出土的黑釉剔花瓶相似，从制作技法到花纹内容都一样。在调查山阴辽雁门塞遗址，发现了辽三彩的标本，同时采集到不少白瓷、黑瓷标本，这些标本和界庄窑作风相似。第三，界庄窑生产发达的时间可能是金代。界庄窑的钧瓷，根据特点和河南禹县、鲁山等窑址里钧瓷相比颜色单调，质地不细，和禹县神垕杨家湾等金元时期窑址里作品一致。黑瓷中的鸡腿瓶，下腹较瘦，和山西侯马金董海墓北壁雕砖上的酒瓶相似。该窑还出土一件黑釉多边形枕，上面的贴花人物形象和山西稷山青龙寺金墓雕砖上的人物形象一致。青釉剔花碗上的牡丹花也和侯马金墓中雕砖戏台上的牡丹花一样。第四，一些酱褐釉瓷器和粗白瓷器物底部出现乳状突起，或将这些乳状突起的尖部在镟坯时剔掉，圈足镟挖不整齐，在接近圈足的部分出现一些漏釉的块斑，这些现象就是元瓷的共同特征，南方的龙泉、景德镇湖田窑和北方的磁州窑、耀州窑等均是这样。元代以后的作品尚未见到。

2. 根据窑址的现场调查和当地告之，沿刁窝峪河谷两岸45公里范围，瓷窑很多，距离瓷窑镇和交通线较远的地方，如河谷上沿地势较高的地方发现唐代窑址，规模小，作坊遗址极少，辽金元等时代较晚的窑址则多发现在距集镇较近，交通比较方便的地方，这说明浑源窑系有优良的发展瓷器生产的条件，随着陶瓷业的发展开辟作坊不但注意原料，还注意集市和交通，即生产和销售的联系。瓷窑沟窑址随时代的不同而移向集镇，交通线上的情况，对研究封建时代陶瓷手工业作坊布局提供了有价值的资料。

3. 浑源地处雁北，属辽政权控制的范围，从界庄窑看与宋政权控制区陶瓷工艺关系密切。首先是受定窑的影响，尽管宋辽在这一带战争频繁，但陶瓷生产的民间往来、工艺交流、商品交换等活动一直没有间断过。金元时期，浑源与河南、河北、东北地区都在金政权下，界庄窑和北方各窑关系更紧密，生产的粗白瓷、黑瓷划花、剔花、贴花、钧瓷等有许多共同点。比如钧瓷发源于河南禹县一带，北宋官办窑场在八卦洞，其他地方极少，到金元时期钧瓷发展到河南、河北、山西等广大地区，在河南的禹县刘家门、神里，鲁山县的段店，郏县等均有发现，山西临汾、河北隆化也有生产。界庄窑是其中一个。与东北辽瓷工艺有相似之点，如剔花、白釉为土黄色不光亮的特点，茶叶末颜色鸡腿瓶等。

4. 界庄窑的工艺风格，主要是适应民间生活需要的民窑系统，细白瓷尽管受定瓷的影响，却没有采用定瓷的覆烧工艺，仍然采用唐代以来的小垫饼支烧的工艺，尤其大量生产的粗白瓷如双耳罐一类作品唐瓷作风更明显，正如《山西通志》卷四十七《物产》条上指出山西地区生产的瓷器："有黑、白两种，府州骨出，凡盘、盂器用骨极朴素，有唐魏之遗风。"其黑瓷和白釉黑花瓷属于北方磁州窑体系，纹饰简朴，讲究色调对比强烈，从器物群来看只是没有辽宁、吉林等地辽瓷中草原民族用具，如皮囊壶等类作品，其工艺风格和中原地区陶瓷联系更密切。这说明对我国北方重要的辽金元陶瓷体系有进行分区研究的必要。

（李知宴，中国国家博物馆原研究员、中国古陶瓷学会副会长）

山西浑源毕村西汉木椁墓

张畅耕

1973 年 3 月，浑源县毕村大队的社员在村东南汉墓群附近取土，发现一些文物。山西省文物工作委员会、雁北地区及浑源县文化局闻讯后派人共同进行了勘查。勘查后，经批准对墓群北边的四座汉墓中原封土最大者进行发掘（编为 M1）；对已挖开墓室者进行了清理（编为 M2）。发掘工作至 5 月结束。现将 M1 及 M2 两墓情况，简报如下：

一、墓葬形制

M1 为带斜坡墓道的长方形土圹竖穴木椁墓，南北向，北偏东 9 度。封土早已平掉，据群众回忆，高度近 6 米，底径长约 40 米。封土下就是墓坑和墓室。墓室南部正中有斜坡墓道。墓道未全部发掘，经铲探，现存墓道长 23 米、宽 2.85 米。南端距现地表 1.5 米，北端与墓室同深。

墓口平面呈"中"字形，长 9.24 米，中间宽 4.74 米，前后窄长部分宽 3.28 ～ 3.68 米。由墓口向下至 3.65 米处，发现中间两侧墓壁留有弧形生土二层台，台宽 62 ～ 64 厘米。二层台内边以下，东西墓壁微有斜度，略呈仰斗状。至深 7.25 米处，发现东、西、北三面墓壁凹进 20～25 厘米，形成南北长 8.85 米、东西宽 3.53 米的墓室。现地表至墓底深 9.35 米。墓坑内原坑土回填并经夯筑，夯层厚 20～30 厘米。木椁室位于墓室正中，四周填有沙子和卵石，沙子层厚 20～25 厘米。椁盖以上有混合夯土三层，系用黄土、沙子和卵石掺和夯筑，共厚 90 厘米，土质坚硬。

葬具与葬式。椁室已坍塌，椁盖、木棺和铺地板都叠压在一起。椁盖用三十二块 24 厘米的方木，南北排列，方木之间未发现榫卯等痕迹。椁盖长 8.65 米、宽 3.08 米，已被压弯，横木两头仍搭在椁壁上。椁室的东西两壁均用 40 厘米的方木垒砌，长 8.65 米，中间无吻接迹象。其一头开榫，与椁室北壁横木卯吻合。榫卯已朽，残痕 6～8 厘米。北壁也是用 40 厘米的方木垒砌的。南端东西椁壁间置木门框，宽 2.27 米、高 1.7 米、厚 10 厘米。门用六块长方木板拼合而成。门外用两块方木交互斜插，并用一根圆木支顶。椁室上边覆盖苇席，椁底板用 10 厘米厚的方木南北排列。木椁用材皆为杆木，经计算，棺椁共用成材 16 立方米。

椁室内靠东侧有木棺两具，南北分放。因长期渗水，椁内有 60 厘米厚的淤土，两棺是否原来的位置不详。北棺距北壁 80 厘米，棺盖、侧板、底板已散乱，依残迹棺长 2.1 米、宽 1.18 米，高度不明。棺盖黑地朱绘，施云气纹、锯齿纹和飞廉怪兽组成的几何形图案。棺内朱漆，有人骨架一具，头北足南。头骨尚存残片数片，其余已成碎末。南棺近椁室门，棺木朽甚，依残迹，棺长 2.1 米、宽 1.13 米。人骨架已朽，亦为头北足南。残头骨口部发现一枚红玛瑙珠。除此，未发现其他遗物。

M2 位于 M1 东北约 150 米，社员已取出铜器十余件，这次做了清理工作。封土堆大部平掉，据群众回忆并依残迹判断，高约 3 米，为土圹竖穴木椁墓，东西向，北偏东 90 度，墓口长 6 米、宽 2.8 米，墓底长 5.9 米、宽 2.7 米，地表至墓底深 8.5 米，土圹四壁垂直。椁室四壁紧贴土圹，椁盖坍塌。南北两壁椁板朽甚，原结构与高度不明。现存椁盖板六块，板两端已朽，板缝之间未发现榫卯痕迹，全长 2.61 米，板厚 10 厘米。依土圹上的板灰痕迹，椁室原高约 1.55 米。

椁室西南侧有木棺一具，距西壁 20 厘米，已朽坍。棺盖系用两块木板拼合，板缝之间有三个细腰骑缝榫嵌入，榫长 8 厘米、两端宽 3 厘米、两腰宽 1 厘米。棺长 2.1 米，宽 72 厘米，通高 74 厘米。棺上覆盖的丝物，已成残片。人骨架一具已朽，男性，长 1.84 米，为仰身直肢葬，头东足西。头骨内牙齿尚完整，磨损程度不大。口中含红色玛瑙珠两枚。其额骨上横列五条银丝，下有布纹，可能是冑上的饰物。在朽骨中发现许多碎铁片，尸骨下亦有很多铜钱一般大小的铁片，出土时已碎成粒状。推知，埋葬时死者尚着铁甲，其长度不明。

二、随葬器物

M1 由于木椁塌顶和渗水严重，随葬器物压碎很多，仅能看出大体部位。属于生活用具的铜器，如灯、薰炉、博山炉、铜甒、铜铞、提梁卣、铜壶，大件多放在漆棺的北端，小件置于南端。石砚、墨丸、嵌贝铜龟、漆器分布在椁室中部东侧。大量漆器已经残毁。从碎漆片、银扣和铜铺首等部件来看，尚可识别者有奁、圆盒、耳杯等。彩绘陶壶原放在椁室北端西侧，后被淤到漆棺之上。弩和铁器置于两棺西侧。铁器除刀、箭镞外，均残蚀严重。M2 也因渗水腐蚀，棺椁槽朽，部分随葬品也被压坏。除两件漆器外，其余随葬品物都是素面铜器。两墓的随葬器物都比较丰富，有铜器、陶器、铁器、漆器、铅器、玛瑙、丝织品、粮食等，共达一百七十三件。现择要介绍如下：

砚及墨丸（M1） 出于两棺之间的木匣内。木匣已朽蚀，残痕上有丝织物，厚度不明。内置长方形与圆形石板砚，均为青灰色页岩加工磨制。长方形石板砚犹满存墨痕。过去有人认为这种石板是黛板，尚待研究。墨丸出土于砚的右后方，略呈半圆锥体。我国用墨历史悠久，这次墨丸和砚同时出土，是较少见的。它为《望都一号幕（壁画）报告》中，主簿画像前的汉代墨丸提供了实物资料；为《洛阳烧沟汉墓》的"长方形石板调色器"、《武威磨咀子东汉墓》的"漆匣石砚"进一步提供了研究线索。

嵌贝铜龟（镇）（M1） 四件。出于两棺之间，形制相同，有三件已淤至底板下边的垫木沟内。椭圆状，通体龟形，铜铸龟身，背上嵌有虎斑宝贝。贝壳灰白色或淡黄色，上面有许多大小不同的褐色或黑褐色斑点，很像虎豹身上的斑点。由于壳面珐琅质的保护，镶嵌时壳内又填充了铅锡杂物，虽经长期水浸土压，光泽如故。

四个一组的兽形镇器，在汉墓中多见。如 M2 出有铜虎镇四个，满城刘胜墓出有鎏金铜豹镇四个。铜镇嵌贝者，还见有羊镇（见《阳高古城堡汉墓调查略报》），鹿镇（《右玉威远汉墓》，报告待整理）。

四神铜炉（M1） 两件。形制相同，均出于两棺之间。炉身镂空铸有青龙、白虎、朱雀、玄武。下施方座，由四个力士承托，一侧有上弯的把手，把手面上有"开"与"山βB"铭记。紧靠四神铜炉，出有铜耳杯两件，铜勺一件。耳杯上有"开"与"S"铭记，将杯置于炉上，大小吻合，由此可证铜耳杯为炉身器。

已见的带杯铜炉，如称"平安侯家染炉"（失杯，见容庚《汉金文录》卷四第二十页）、"山都梧"（杯炉并存，见《陶斋吉金录》），其器形都与 M1 出土的不尽相同。陈梦家编《海外中国铜器图录》中载有美国芝加哥博物馆展出的一对杯炉并存者，则与 M1 的铜炉器形相同。该器"以侏儒为足，器身四面透空作龙、鸟、虎、龟形，有柄可执。其上所置为鏊"。陈氏定为"烹饪器、炉及鏊"。按陈梦家引颜师古《急就篇》注："鏊似釜而反唇"，误认杯为鏊，已经商承祚在《长沙出土楚国漆器图录》中指正。现根据 M1 墓葬的历史环境，墓主身份，以及耳杯、铜勺与铜炉同时出土来分析，这类铜炉似为酒器。铜勺为挹酒器者，如《东汉宴饮图像砖》中就有形象例证。把铜炉作为烹饪器看待，是值得商榷的。

　　彩绘铜盘（M1）　一件。出于漆棺前，铜盘上有精致的彩绘图案。口沿部分，在两道弦纹中，绘贝纹一圈。腹壁绘龙、龟、鱼逐游。盘底绘蟠龙戏水，盘之外壁绘浪花。这件彩盘用色达六种之多，为铜器彩画的珍品。从汉墓已见的彩绘陶盘来看，此物可能是作为殉葬明器而着彩的。

　　铜温酒樽（M1）　一件。出于椁室中部东侧。内装铜耳杯十件，保存完整。此器与1962年右玉县大川村出土的西汉和平三年造的"胡傅铜温酒樽"相似。但胡傅樽中未见耳杯，此器附有耳杯，是温酒樽的又一有力佐证。《广州市龙生冈43号东汉木椁墓》（《考古学报》1957年1期），曾出有"陶提筒"一件，盖上有墨书"藏酒十石令兴寿至三百岁"十一字。该筒造型与温酒樽同，亦为明器。M1铜温酒樽内盛的铜耳杯甚小，长只3.5厘米，看来，其与同墓出土的小铜壶、小马衔等均属明器。

　　六博筹（M1）　铅质，长23厘米、宽0.6厘米、厚0.15厘米。原裹有漆皮。这类铅条状物，在阳高古城村汉墓中也曾发现而不明用途。我们认为，它可能是汉代的六博筹。

　　弩（M1）　两件。均腐朽严重，依弩机大小可分二式。Ⅰ式郭长13.3厘米，出于南棺西侧。其南端下部有托架状残铁痕迹。弩之西侧，有铁镞十枚，整齐排列，上面有丝织物痕迹，似装于箙内。Ⅱ式弩机郭长13.2厘米，出于漆画棺两侧。弩把残痕上裹有漆皮，上有黑地朱绘勾云纹，弩全长不明。弩之西侧，亦有铁镞一组，装于箙内，箙只遗痕迹和铜扣。铁镞有铲形、山形、三棱形三种。M2也出弩两件，在棺的北侧一前一后放置，仅存弩机与部分铁镞。弩机郭长13.3厘米，形制与M1的Ⅰ式弩机相同，保存完整。铁镞也装在箙内，箙只遗丝织残痕。两墓四弩均未见铭刻文字。

　　彩绘陶壶（M1）　九件。泥质灰陶，火候较高，皆施彩绘。均为明器。部分壶中有黍、豆、谷等。从器形、纹饰可分为二式。Ⅰ式壶四件，皆圆口、斜直领、短颈、鼓腹、圈足、腹上有对称的铺首衔环。轮制壶盖，圆形，铺首模印，顶部隆起，子母口。壶面涂黑，用白、绿、朱色作齿纹和云气纹图案。口沿部分，绘贝纹一圈，颈部、腹部绘齿纹缀以云气纹。各部均以白色带纹分界。壶盖的花纹和色彩与壶身略同。Ⅱ式壶五件。皆圆口、微敞、长颈、鼓腹、圆足、无铺首。壶盖圆形，顶部隆起，子母口。壶面涂蓝，用红、白二色作画。其中两件，其颈部绘齿纹，缀以圆点，似变形日字。腹部卷云纹中绘有人身兽首怪兽。另三件，颈部绘齿纹，缀为细月，似变形"月"字。腹部绘卷云纹。彩绘陶壶的纹饰，与马王堆一号汉墓的彩绘陶钫相近。

　　三、结语

　　墓葬所在地为西汉雁门郡崞县境内。如今，崞县古城的绝大部分已为砂石掩没，城内屡见汉代陶片，较多的是雁北汉城常见的格纹板瓦残片。

　　毕村西汉墓在汉代古城附近，有封土，竖穴土圹，木椁，随葬品也丰富。M1出土鼎一对与弩，为西汉中期习见。应是驻县官吏的夫妇合葬墓。

M2 随葬物中的素面铜器釜、甑、洗、钫、灯、筒形器、薰炉、刷把等，也是西汉中期所常见。从随葬双弩身着铁甲来看，死者应是武职官吏。

秦汉时期，我国已经建立了多民族的统一的中央集权的封建国家。今雁北地区是西汉雁门郡的大部和代郡一部分，为我国匈奴族与汉族的接壤地区之一。古代通往塞外的中路经过这里。两汉四百年中，驻戍官吏死后，有的就埋葬在郡县附近，所以雁北地区汉代官吏墓葬比较多。

毕村两墓的发掘表明，汉代的厚葬风气，在北方驻县官吏中同样盛行。棺椁方面大体仍维持战国、秦以来的传统，但内涵变了。随葬物主要是日常用品，并出现了精美的明器和工艺品。那些来自外地，甚至南方边远地区的工艺品，如精巧的弩机、镂空四神铜炉、嵌贝铜龟镇、墨丸和精美的漆棺画，都在一定程度上反映了当时的工艺水平。

（本文原载于《文物》1980 年第 6 期，作者张畅耕，文物专家，曾任雁北文物站站长，山西省考古学会常务理事，山西省文物鉴定委员会委员等职。本文图略）

圆觉寺勘查报告

宿　白

一、沿革

圆觉寺在永安寺西南，二寺当中仅仅隔着一排民宅，规模比永安寺小三分之二，俗名叫"小寺"。它的创建，据顺治《浑源州志·卷上》说是金正隆三年（1158 年）："圆觉寺，在州治东，金正隆三年僧玄真建。"但是，大殿前的释迦塔上却有"天会"年间（1129—1137 年，宿白按年代推测，约早于正隆三年二十多年）的刻字。顺治《浑源州志·卷下》也说这塔是玄真建："释迦砖塔，在城内圆觉寺，金时僧玄真建。"那么，玄真修寺至少要在修塔以后二十年。寺塔兴建的时间距离这么久，实在不近情理，因之，我疑心圆觉寺原是旧寺，或已荒凉，正隆三年玄真又把它重建或大加修葺一番罢了。玄真以后一直到明初，寺里的情况，我们无记录可凭，但塔砖上有明昌、中统、大德、大定、至正、至元（明昌、中统、大德、大定、至正、至元均为金元时期的年号）等时期游人的刻字，可以推测当时寺院并未颓废。后来，明成化五年（1469），地方官吏知浑源州事关宗修葺了一次寺庙，在塔上嵌了一方石刻：

奉训大夫知浑源州事南宫关宗

吏目曹州李昉

儒学学正济南于璧

训导庆阳刘端

化主道士段广张汉升龚礼张通

成化伍年二月初十日重修舍人周瑀刻

顺治州志卷上对这事也有记载："圆觉寺……释迦砖塔一座，成化初重修。"此后，万历四年又重修砖塔，有重修释伽塔石刻，也嵌在塔上，文字已大半剥落。满清入关，姜瓖、方应祥反抗失败之后，僧正司由永安寺迁来。顺治州志卷上："圆觉寺……今（顺治）僧正司在焉。"这足以说明圆觉寺并未遭受多大损坏，至少要比永安寺整齐得多。顺治以后，塔砖上有康熙、嘉庆、咸丰等时的刻字，咸丰时刻字中并且有重修字样："大清咸丰九年八月十七日重修此……"这种重修，恐怕不过是刷一次粉，补几块砖瓦而已。到了民国，据当地人说，奉直军阀打仗时，寺内驻扎军队，大肆破坏；日本人入侵，又把大殿、配殿、山门等全部拆毁。现在只剩下一座砖塔，孤单单地耸立在高低不平的废墟上。

二、释迦塔

塔平面作等边八角形，密檐九层，方向和磁针所指一致。全部砖砌，无梯级可登。

1. 基台

明代重修时，在原来基台外面，又砌了一圈上石下砖的新基石。现在这新基石虽然有的部分倾倒，但里边旧日的样子却已经看不清楚了。

2. 基座

基座除叠涩部分外，完全模仿木建筑。我们把它分成四个部分：

下部壶门式束腰　基台上，设壶门式束腰一道，每面壶门二，门内嵌卧兽或狮面砖，二壶门间和转角处都置一炉科，两侧出镌花翼形拱，科上承替木以托枋子式平砖一行。全部手法和房山云居寺北塔、北镇崇兴寺东塔相似，但在雕刻的技法上，显得柔弱。

叠涩部分　枋式平砖上，置仰莲砖一行，叠涩平砖四行，覆莲砖一行，肚砖一行，平砖一行。

上部壶门式束腰　平砖一行上，又是壶门式束腰一道，每面壶门二，门内外都嵌浮雕乐舞人砖，乐舞人姿态、演奏各不相同，详如下表：

圆觉寺砖塔壶门乐舞人造型一览表

右侧壶门			左侧壶门			壶门 方向
壶门左侧	壶门内	壶门右侧	壶门左侧	壶门内	壶门右侧	
一龙，首右向	一女人作长袖舞	一男人作舞状	一男人作舞状	一女人作舞状	一龙，首右向	南面
一男人双手捧物作供养状	一女人奏八弦颈琵琶	一武士双手向左伸	一武士双手上举	一女人奏排箫	一男人作绳索舞	西南面

右侧壶门			左侧壶门			壶门　方向
壶门左侧	壶门内	壶门右侧	壶门左侧	壶门内	壶门右侧	方向
卷草花纹	一女人击编钟	一男人双手抱一物	一男人一手捧物，一手执物	一女人双手捧一乐器，作吹奏状	卷草花纹	西面
一男人扛伞盖，作前进状	一女人一手举一物，似宝瓶，坐莲花上	一男人扛伞盖，作前进状	一男人双手捧花朵	一女人吹竖笛，坐莲花上	一男人有鬏，作长袖舞	西北面
一女人着披巾，动作不可辨	一女人座莲花上，双手执槌，击一蹲踞须弥座上的石狮	一男人肩上立一小儿，小儿举双手	一男人双手捧盒状物	一女人奏横笛	一男人着宽袖衣，正面立	北面
卷草花纹	一女人弹琴，坐莲花上	一男人左手执物下垂	一男人一手捧花朵	一女人击羯鼓，鼓下有座，两侧有环	卷草花纹	东北面
一男人着三角帽，双手击拍板	一女人击腰鼓	一男人奏四梁方形琵琶	一男人着三角帽，击羯鼓	一女人双手击拍板，坐莲花上	一男人有鬏，作长袖舞	东面
一伽陵频伽捧物作供养状	一女人奏八梁曲颈琵琶	一男人扛伞盖，左向立	一男人扛物，右向立	一女人作吹奏状，乐器不可辨	一伽陵频伽捧物作供养状	东南面

壶门中间的柱子砖，镌作宝瓶形。转角处柱子砖，浮雕力士作用肩或背承托普拍方状。此上部壶门式束腰的全部手法和易县观音寺塔、北镇崇兴寺东塔相似，但线条比较柔弱。

平坐斗拱　普拍方出头处垂直截去。枋上施转角铺作两朵，补间铺作一朵，都是五铺作单拱。补间铺作出华拱两跳，上跳华拱承替木，泥道拱比令拱长，泥道拱所承的柱面方上隐出慢拱，此隐出慢拱与转角铺作的隐出慢拱相交在散斗上，成为鸳鸯交手拱。转角铺作是四十五度斜拱，也是上跳跳头承替木。拱眼壁嵌梯形镌花砖。全部手法大体上和北京西山灵光寺残塔、林东上京南塔、锦州广济寺塔、辽阳白塔相似，至于华拱上承替木这简洁作法，除了上面四塔外，又见于林东上京北塔和宁城大名城大塔上，在木建筑中，如易县开元寺观音殿、正定开元寺钟楼和已毁了的大同下华严寺海会殿等小型建筑物里，也都有和它相似的结构。刘士能先生在《河北省西部古建筑调查记略》中推测说："我很怀疑此种方式，系当时简单建筑惯用的方法。"

3. 第一层

平坐斗拱　替木上施平砖二行，上面就是塔的第一层。全部模仿木建筑。正南、正北、正东、正西辟门；西南、西北、东南、东北辟窗；正南门内为塔心内室。

柱枋　辽金砖塔多用圆柱，唯此塔和房山云居寺北塔、涿州普寿寺塔用八角柱。柱两侧施搏柱，柱下有八角柱础，上刻雕花覆盆，柱上置不出头阑额。门两侧砌出腰串，高二层砖，腰串延至侧面就是直棂窗的窗台。

门　正方向的四面各辟门，除南门设真门外，其余都是假门。无论真门、假门的上面，都有券作圆拱门样，券两侧砌出"券足"，下迄平座上。假门券下的半圆形，用砖阻砌，下施蘭额，两端和"券足"相交。蘭额下为门额，两侧为立株。门额上置扁平门簪二枚，门簪样式和北京天宁寺塔、房山云居寺北塔、易县泰宁寺舍利塔、宁城大名镇半截塔、白塔子白塔、朝阳凤凰山大塔、南塔相似，数目也相同。簪下为抱框，框下为下槛，下槛两侧各施门砧。抱框内门二扇，每扇各铺门钉四行，每行四枚。这种门钉制度，渊源很早，登封唐净慈师塔，就是此制。在辽金塔群中，过去只有易县泰宁寺舍利塔、登封少林寺海公禅师塔二例。东西二门，扇正中设门环，样式极为简单。北门左扇中部偏下浮雕一妇人做掩门状，妇人垂双髻、穿宽袖衫、百褶裙，和四川南溪李庄、宜宾旧州坝两处宋墓上所刻的大致相近；这种题材，在宋人绘画中，也可找到，邓椿《画继卷十·杂说论近》："画院界作最工，专以新意相尚。尝有一轴，甚可爱玩。书一庑廊，金碧煌耀，朱门半开，一宫女露半身于户外，以箕贮果皮，作弃掷状。"

大概是宋代极为流行的手法。至于这里施用在塔上，和四川雕刻在墓室中，用意完全相同。门上券面嵌雕花砖，砖上的文饰和北镇崇兴寺东塔相近。但南北二门的券面砖，浮雕双龙双凤，砖色也比较青白，可能是明代重修时所更换。

小龛　在门券上设小龛，四注顶，顶尖置宝珠，角檐上翘，形制简朴。龛内嵌一坐佛，券上施佛龛，是当时砖塔塔壁上堆雕佛像的简单化。

窗　方向斜的四面各设假窗，窗上下施横枋各二层，窗外为圆稷抱框，窗为破子棂，棂数九。这种形制，在现存遗物中，由西安唐香积寺塔开始，到了辽金，更为流行。

第一层檐斗拱　每面普拍方上施转角铺作二朵，补间铺作一朵，都是五铺作单拱。补间铺作：泥道拱比瓜子拱、令拱略长。泥道拱所承的柱头方上隐出慢拱，此隐出慢拱与转角铺作的隐出慢拱相接，成为鸳鸯交手拱。第二跳华拱上施耍头与令拱相交，转角铺作为四十五度斜拱，拱眼壁嵌梯形镂花砖。全部做法和朝阳黄花堂塔、北镇崇兴寺东塔除补间铺作数目不同外，大体相似。铺作上承撩檐枋二层，枋上承檐椽、飞檐椽，檐椽、飞檐椽都有很缓和的卷杀。角梁稍稍外出，梁端原悬铃，已脱失。檐椽角梁上铺瓦，瓦为近代物。

刻字　每面砖壁在距离平座约一人左右高的部位上，刻有很多笔画粗细不同的题字，我和傅维本、阎述祖二先生把凡有年代的都摘录下来，现在按方向和顺序抄在下面：

南　面："嘉靖二十二年五月初一日，信士刘天□亡妻李氏男□忠发心重建"
　　　　"天会十□□十一月□□"

"正德□□年四月二十一日,云中卫后所百户□□□"

"天会三年三月初二日来到此间蔚州……"

西南面:嵌"万历丙子重修释迦塔"刻石,文字剥蚀,大半不可辨识。

刻石,在万历刻石的右侧,文字全部剥落。

西　面:"至正二十六年七月十四日……"

"康熙三十八年正月吉日……"

西北面:"明昌三年……"

"大德五年四月初三到此……"

"正德三年二月初七日忻州生员田宝王□来此"

"大定二十八年七月十二日……"

"□嘉庆十二年六月初八日第王祖入休"

北　面:"大清咸丰九年八月十七旬重修此……"

"嘉靖二年六月初十日"

"大同府浑源州□村里人殷廷……"

东　面:"西京……州"

"中统五年……"

东南面:"至正陆年陆月二十九日张梦祥闲游到此"

"至元贰拾柒年伍月初五日□□□到此"

嵌成化五年石刻,见前引。

塔心内室　正南券门为塔心内室,平面八角,正中置须弥座,上塑释迦,虽历经重修,但原来的姿态,还未尽失。壁上仿木建筑,雕出斗、拱、枋,这雕出的斗、拱、枋的排列,是在约三公尺高的壁上刻枋二层,其上转角处各施四铺作斗拱一朵,跳头上置耍头、令拱,耍头上置齐心斗和令拱端的散料上承平棊枋。二铺作间的平棊枋下置散斗一枚。令拱长度比泥道拱短,这和塔外面的作法相同。平棊枋上覆穹窿顶。壁、斗、拱、枋、顶全施彩画,彩色尚新,是清代作品。室外券下原设木门,已脱失。

4.第二层至八层

第二层以上,相距甚近,塔身和外轮线急剧上收,无 Entasis,所以显得极笨硬,不用说跟不上密檐塔老祖宗登封嵩岳寺塔的抛物线,就连和它同时的砖塔也比它来得自然。

第二层　它的高度,虽比第一层低矮,但又比第三至八层稍高。八角各设短柱,柱上施叠涩,再上为檐椽、飞檐椽、檐瓦,檐椽、飞檐椽都有卷杀。檐瓦大部,都是近代重修时所更换。角梁上悬铃,有的已脱失。

第三至八层　这四层的角度大略相等,每层都是叠涩上施带有卷杀的檐椽、飞檐椽,再加铺瓦。角梁上悬铃。

5. 第九层

特别升高，在第八层檐瓦上施低平基座，座上施枭混，再上每面正中和转角处，各有窗形孔，上施内向叠涩、菱角牙子。再上又施叠涩，叠涩上为檐，檐上铺瓦，角悬铃。这种上层突然升高的做法，和金大定十一年所修的涞水西冈塔相同。

6. 刹

下设叠涩基座，上为仰莲式受花，再上为覆钵、相轮、宝盖、圆光、宝盖、宝珠，最上立"翔凤"，首西向，极为特殊。最下层宝盖垂铁链八条，下系在第八层的角檐上。

7. 直文（纹）砖

塔正东面平座和全部基座中间的叠涩部分，都已坍破，因此，可以看到砖面上的花文，是辽、金、元三代所流行的直文。这种直文砖在东北、华北分布极广，就这次在雁北的经历，大同、山阴、应县、浑源等处几乎随地都有。此塔所用的直文砖是一面捺文，捺文面在上，和东北辽塔的用法，恰恰相反。

8. 白灰

两砖之间涂白灰。我国建筑使用白灰，似由辽金始。东北、华北一带的辽金砖塔和东北的辽、金砖墓，都用白灰保固。但是现存的辽、金木建的砖砌部分，却又只是"叠砖"，或砖间抹泥。那么白灰的初期应用，或者是仅施在容易圮陷（如地下墓室）、容易坍倒（如耸立的高塔）的建筑中。等到元、明以来，才渐次发展到全部砖建上去。

9. 年代

辽、金砖塔，最难分辨。但此塔基座上的一切雕饰，如壸门、人物、花饰、斗拱的样式，都比东北、华北一带标准辽塔的手法，显然柔弱纤巧；而辽塔基座中常见的雄壮狮面，这里已经减少，并且图案化。辽塔第一层壁上的繁缛堆雕，也完全取消；至于第二层较高和第九层突然升起，都为辽塔所未见，却部分地和金塔相似；而北门扇上所镌的"妇人掩门"，更显然是新由赵宋传入的题材。此外，辽塔收进，比较缓和，辽末金初，才发生了急剧上收的现象，易县圣塔院塔便是一例；密檐辽塔多是十三层，到了金代，可能受宋人影响，渐渐减为九层，正定临济寺清塔即是一例。因此，这座释伽塔的年代，县志上说是金建，大致可信。而塔上刻字，自金天会以后，几乎每朝都有，但绝无辽刻，这也足以暗示它的最早年限。

三、寺的残迹

圆觉寺的现况，虽然坍废，但依照废墟的方位，再和乾隆浑源州志卷一的圆觉寺图对比一下，还不难知道它的大概。最先引我们注意的，是寺中的平面配置。

1. 平面配置

山门后，正中是释伽塔，塔后是正殿，塔两侧是东西配殿，正殿西有跨院。按六朝佛寺平面，一如云冈第一、二、三十九窟所示，塔的地位，是全部建置的中心。《洛阳伽蓝记·卷一》所记的永宁寺："永宁寺，熙平元年灵太后胡氏所立也……中有九层浮图一所……浮图北有佛殿一所。"《律相感通传》所记的荆州河东寺："荆州河东寺……寺甚大……住万僧……自晋、宋、齐、梁、陈代，僧徒常有数万人。……殿前塔，宋谯王义季所造。"都是如此。至于现存的部分宝物或遗迹，如登封嵩岳寺和近年日本人在朝鲜平壤、抚余二地发现的高句丽时代、百济时代的废寺址，以及日本依照飞鸟时代旧式所重建的大阪四天王寺等，也都是浮图位于山门、佛殿中间。因此，我们知道这时的佛寺配置在原则上，都还未完全忘掉印度的方法。到了唐代，道宣所著的关中创立戒坛图经，几（乎）把殿塔倒置，不过旧时典型不能一时尽除。尤其是在距离当时东亚文化中心——长安比较远的区域：所以朝鲜在新罗统一以后所建的大寺如兴轮、皇龙、芬皇等寺，据发掘的结果，知道还是塔在殿前；日本平安时期的奈良生寺也是如此；在国内七七事变前，中国营造学社梁思成、刘士能二先生发现应县佛宫寺和涿州普寿寺的二座辽塔都是塔在殿前；抗战期中，日本人田边宝造、竹岛卓一测量辽庆州城遗址，发现白塔子白塔也如此制，日本人村田治郎调查东北砖塔，又发现沈阳广祐寺和辽阳广祐寺的二座金塔也用此法，这回，我们勘察圆觉寺知道寺塔的布置也沿旧制。又应县佛宫寺东侧净土寺，寺山门后，立高幢式石塔一座，据塔铭所记，知此塔原是辽重熙九年所立的佛顶尊胜陀罗尼经幢，金皇统或大定年间，改建为舍利塔，仍置殿前。金人还知道古法当是渊源契丹，契丹则上承北魏，所以一直没有受到隋唐以来的中原影响，"礼失求诸野"，这倒是一个好例证。

2. 正殿

正殿的位置，现在是一抔泥土。据老乡们传说："小寺比大寺盖得早。"想都是指正殿而言，同时乾隆州志卷一圆觉寺图上所画的正殿，歇山顶，外檐远翘，斗拱雄大疏朗。因此，抗战期中日本人给毁了的这座正殿，可能还是金代木构。

3. 遗物

石佛　在塔的西南土冈上，有一座头臂都断了的石佛，衣纹流畅有劲，石质也很白细，在辽金造像中，是很难得的上品。

木雕天王像　现存永安寺东配殿，约四尺高，面貌和善，很像韦驮。雕工柔美，大概是明代作品。

壁画　我们在相当正殿北壁的地方，看到一些带色的泥土，顺便挖了一下，才确定它是残碎的壁画。残画下部，线条道劲。可惜因为时间仓促，未能把这工作稍稍扩大。

雕像　塔后殿前残碎的雕砖很多，我们拾回三块：回纹砖缘和卷花纹砖都是深雕，朴拙有力；另一块是浅雕，好像是券面砖的尾部，手法比较细致。由花纹和雕法上看，可能都是明以前的作品。

瓷片　我们在殿的废墟上，拾得瓷片很多，其中有宋粉定器口，宋白釉瓷片，辽棕色花纹白釉露胎瓷片，辽印花瓷片，元琉璃瓦片等。

钱币　在废墟东侧拾得"嘉定通宝"一枚。

四、今后的保存

圆觉寺的情况，大概如上所述。现在值得保存的，恐怕只是释伽塔和残石佛、木雕天王像了。残石佛已嘱县政府掘出，暂放在文化馆里；木雕大王像在永安寺，现况还好。释伽塔虽已经残破，但是并未倾斜，只要稍事修补：刹上添装避雷针，以免雷电；塔心内室外安设木门，以免冲入雨水，并可保护塑像和壁画；砖瓦脱落处，重修嵌补；檐上杂草，随时拔除；并且禁止游人随便攀登。这样，不仅会延长塔的寿命，而且也会增加塔的壮观！

（作者宿白（1922—2018），辽宁沈阳人，1944年毕业于北京大学史学系，著名考古学家、北京大学教授。本文图略）

牺尊与上海博物馆收藏的李峪村青铜器考察

马今洪

李峪村位于山西浑源县城西南。1923年，村民在掘土时发现一批青铜器，这就是著名的李峪村青铜器（又称"浑源彝器"）。根据裴文中先生《浑源县李峪村庙坡之彩陶文化遗址》（《裴文中史前考古学论文集》，1987年文物出版社出版）记述："据云，铜器在地下排列于一堆，曾有粗大之木梁共生。"如此说，李峪村青铜器当出于墓葬。这批青铜器造型优美，工艺精巧别致，纹饰具有独特的精美风格，出土后即引起了世人的瞩目，随着时光的流逝，这批瑰丽的青铜器大部分流散于海外，国内仅存少数为上海博物馆所收藏。20世纪60年代后，李峪村又零星出土了一些青铜器，经过两次考古勘察，证实出土青铜器的庙坡有东周时期的墓地（长甘《浑源彝器拾遗》，《山西文物》1982年第1期；山西省考古研究所《山西浑源李峪村东周墓》，《考古》1983年第8期）。

上海博物馆曾收藏的李峪村青铜器共12件，收录于《浑源彝器图》中，即《浑源彝器图》第5、6、8、11、15、16、18、19、21、23页收录之器。其中的1件镶嵌鸟兽纹壶，1959年调拨给中国历史博物馆（此器即《考古》1983年第8期图版伍），现馆藏有11件，周亚先生在1997年曾著文《"浑源彝器"话今昔》论述。

在上海博物馆所藏的这些青铜器中，有一件堪称古代艺术瑰宝的青铜器，它高33.7、长58.7厘米，作水牛形，牛腹中空，牛颈和背脊上有三孔，中间一孔套有一个锅形器，可以取出。牛背上的三个孔穴原来应当有盖，但已经缺失，牛尾也只留下一个不规则的窟窿。从其特殊的结构分析，它可能是一件温酒器：牛背上的锅形器可以盛酒，空穴注水装于牛腹用来温酒。此器形态稳重，虽然四足矮短，但牛首上充满张力的双角、圆瞪的双目保持了真实感。这种器物在青铜器发展中可谓是"前无古人，后无来者"，至今在考古学上并没有发现其来龙去脉，从外观上观察其造型与牺尊近似。

牺尊的名称最早出现于《诗经·鲁颂·閟宫》中的"白牡骍刚，牺尊将将"。或称之为兽形尊，与鸟形尊统称为鸟兽尊，这是一种盛酒之器，主要用于古代祭祀礼仪。《周礼·春官·司尊彝》所载"六尊六彝"中就有牺尊，并具体记载了牺尊在祭祀中的用途。牺尊造型一般为背上设口、腹中空可用于盛酒。从结构与功能看，此器与仅有盛酒功能的牺尊是有所不同的，应该是另一种器类，但在考古和文献中均未有合适的名称取代之，姑且沿用旧称名之为牺尊。而此件牺尊集盛酒、温酒为一体，为目前发现的青铜器中的唯一。

以牛的造型设计为青铜器外形，出现在商代晚期。湖南衡阳出土的凤纹牺觥（《中国青铜器全集》4，图版87，文物出版社）。美国哈佛大学艺术博物馆所藏的牺觥，中空，前端有流口，盖为牛首形，四足为牛蹄（《中国青铜器全集》4，图版89）。西周时期也有牛形青铜器出现，中空，背上开口，伸舌作流（《中国青铜器全集》5，图版165）。李峪村牺尊承袭了这些牛形青铜器的传统，体现出造型设计与实用性完美融于一体的风格。

此尊纹饰华丽繁缛，牛首、颈、身、腿等部位装饰以盘绕回旋的龙蛇纹组成的兽面纹，仔细察之为兽面衔两蟠龙，蟠龙的上半身从兽面的头顶伸出，后半身被兽面的双角钩住并向两边延伸。在牛颈及锅形器上饰有虎、犀等小动物的浮雕，形态生动，铸作精美。

20世纪60年代山西侯马曾发现铸铜遗址，在晋国晚期都城新田的所在地范围内，为晋国铸铜遗址。遗址出土了数万块铸造青铜器的残陶范，在这些陶范残片中，二件编号为ⅡT81H126：55.ⅡT81H126：56的兽面纹范（《侯马铸铜遗址》238页，文物出版社），其纹饰结构与牺尊的兽面纹完全相同，这表明牺尊属于晋国青铜器。

牺尊纹饰反映了春秋晚期的青铜器铸造技术有了新的改进，牺尊颈部、腹部、腿部等部位精细的纹饰多出自一母模的翻印，按地位的不同，纹饰或全部、或局部、或倒置。这种印模法制造陶范的纹饰，在侯马铸铜遗址中也有反映，一块母模在陶范需要纹饰的部位连续压印花纹，亦可以移用他器，有事半功倍之效。

这件牺尊的牛鼻上穿有一环，说明了至少在春秋时期，已经开始使用穿鼻的方法来驯牛了。中国牛的驯化可以追溯到新石器时代，在距今6000年左右的浙江河姆渡文化就已饲养家牛，这一遗址出土了较完整的水牛头骨16个（《河姆渡新石器时代遗址考古发掘报告》上册，文物出版社）。但中国畜力耕作始于何时，学术界历来说法不一，一般认为春秋时期确有牛耕，而且牛耕起源于春秋之前（梁家勉《中国农业科学技术史稿》103页，农业出版社）。随着家牛役用的发展，牛鼻环出现了，牛鼻环在当时称"棬"，《吕氏春秋·重己》："使五尺竖子引其棬，而牛恣所以之顺也。"牺尊上的鼻环正反映了这一历史状况，这是研究中国牲畜驯化史的一件宝贵的实物资料。

上海博物馆所藏李峪村青铜器中还有一对鸟兽龙纹壶，其纹饰结构与牺尊基本相同，当为同一组酒器中的两件。高 44.3 厘米，口径 16.6 厘米。侈口，束颈，鼓腹，圈足。周身满布花纹，从口沿开始至底装饰四道宽带状的纹饰，前三道是蟠龙和人首、兽体、鸟尾的怪兽相互缠绕的形象，其中第二道的纹饰倒置；第四道是兽面衔两蟠龙，相对展开，蟠龙尾与另一组龙尾相纠缠，与牺尊的兽面纹相同。怪兽的人首造型，与故宫博物院所藏的龟鱼纹方盘上的鸟身人像类似（《中国青铜器全集》8，图版 91）。在纹饰带的间隔处，装饰了三圈浮雕写实动物，有牛、犀牛、虎、豹等，大多作踞伏状，或虎豹噬人、食野豕，或牛践踏蛇，或犀牛食兽，凡 50 余只，每只兽不盈 3 厘米，形象生动，刻画细致入微。腹下饰一周伫立的大雁，昂首曲颈，姿态优雅可爱。圈足装饰有贝纹和绚纹。美国弗利尔美术馆也藏有一件传为李峪村出土的龙纹壶，造型与鸟兽龙纹壶相同，腹部有一圈纹饰亦为兽面衔两蟠龙（《浑源彝器拾遗》，图版 64）。此壶的造型与大英博物馆藏的赵孟介壶相似，赵孟介壶铭文记载了公元前 482 年晋、吴黄池之会，时代在春秋末期，腹部装饰有兽面衔两蟠龙纹饰（容庚《商周彝器通考》器 743，哈佛燕京学社）。鸟兽龙纹壶的时代应当在春秋晚期。鸟兽龙纹壶的壶盖与双耳均已缺失，颈部两侧还保存了双耳的铸接痕迹。从赵孟介壶等器的形制推测，原当有一浅盘形盖，盖上有一圈莲瓣形或一周外侈的圈边，双耳作立体的龙形或虎形。《战国式铜器的研究》图版 22-1 著录了一个浑源出土的残壶盖，盖作浅盘形，盖边装饰一圈浮雕的小动物，与鸟兽龙纹壶所饰相同，盖面还有一周透雕蟠龙纹的圈边；此书图版 22-3 还著录一件回首曲体卷尾的立体龙形饰件，从形制看，它们可能就是鸟兽龙纹壶的盖和耳。

蟠蛇纹鼎，高 18.9 厘米，口径 17.5 厘米。造型浑圆，附耳，款足。盖面中央为环组套铸一环，周围等分设置三只卧虎。全器装饰排列整齐、细密精致的蟠蛇纹。这种款式的鼎又称鬲鼎，洛阳中州路西工段出土一件编号为 M2717:102 的鼎，造型与之相类似，腹较深，腹底分档，三足粗矮，盖亦设有环组套环以及立体卧兽。M2717 的时代为战国初期（《洛阳中州路（西工段）》，科学出版社）。山西太原金胜村出土的龙纹鼎也有相似的造型，共 5 件（M251:613，616.585.568.569），大小相次，纹饰相同，圆腹微鼓，短蹄足，盖面装饰有卧牛（《中国青铜器全集》8，图版 26）。上海博物馆的这件蟠蛇纹鼎，盖面、腹部装饰蛇纹，蟠蛇纹又称蟠虺纹，每组纹饰由两条相交的蛇纹组成一个方块。山西太原金胜村 M251 出土的一件铜舟（M251:563）上的纹饰，其结构与之完全相同（《太原晋国赵卿墓》73 页，文物出版社）。M251 的时代为战国时期，具体年代约在公元前 475—前 450 年左右。由此蟠蛇纹鼎的时代可以定在春秋战国之际。根据其形制与纹饰观察，属于当时晋风格的青铜器。

双龙络纹罍，上海博物馆藏有两件。高 28.3 厘米，口径 19 厘米。宽折沿，直颈，圆肩，鼓腹，平底。自肩至腹部饰绳络纹，共有 3 横列，18 格栏，内饰精细的双龙纹，蟠绕在一起，整个纹饰都以排列整齐的小圆点为地纹。此罍最为引人注目之处是网住器身的络纹。青铜器上的络纹仿自于陶器的结绳提举方法，一般以两根并连的绳索交织而成套结，连成网格状，大多装饰于酒器及水器的表面，没有什么实用意义，是一种简洁、美观的装饰手法，盛行于春秋、战国之际。造型与金胜村 M251 出土的罍（《中国青铜器全集》8，图版 49）、长治分水岭春秋晚期 M270 出土的络纹罍形似（《长治分水岭 269.270 号东周墓》，《考古学报》1974 年第 2 期），M270：13 腹部所饰的方格状络纹与上海博物馆罍相近。双龙络纹罍为春秋晚期的晋器。

四虎蟠龙纹豆，同出共两件，另一件造型、纹饰与之完全相同，现藏美国纽约大都会博物馆。原柄缺失，后配瓦棱纹足，残高 15.6 厘米，20 世纪 80 年代重新按照大都会博物馆所藏配足，修复后高为 26.4 厘米。盖与豆盘扣合后呈扁球形，盖上有圆形的大捉手，可以盛物。豆盘外壁四等分各置一个攀爬状的猛虎。《左传·僖公二十八年》载晋、楚城濮之战，有晋军“以虎皮蒙于马”的记述，虎在春秋时期的晋地应当是比较常见的动物，因此，虎的形象在当时晋国青铜器上出现很多。前述牺尊、鸟兽龙纹虎、蟠蛇纹鼎和此豆上均装饰有立体虎纹，侯马陶范中也有栩栩如生的虎纹造型。

镶嵌狩猎纹豆，高 20.7 厘米，口径 17.5 厘米。盖有圆形捉手，圆腹圆底，柄比较粗矮。周体饰狩猎纹，以红铜镶嵌。盖、器各饰狩猎图案两组，几个猎手或张弓射箭，或持矛投刺，在激烈的追逐下，成群的禽兽四处奔命，有的已身中数箭。画面具体生动地描绘了古代贵族狩猎的情形，为青铜镶嵌工艺的精品。这种人物画像纹饰出现于春秋晚期以后，初步摆脱了规律化的对称图案，构图自由，线条流畅，为汉代画像艺术的发展奠定了基础。从春秋晚期开始，镶嵌工艺经常运用在青铜器上。铸作青铜器时，预先留出纹饰空间，将预留处底子凿糙，填入红铜图形，利用红铜的延展性，加以适当的槌打，使之与器壁紧密地结合。此豆造型与金胜村 M251 出土的蟠蛇纹豆相同（《中国青铜器全集》8，图版 40），一般认为属于晋地青铜器。河北平山出土一件宴乐狩猎纹豆，纹饰也用红铜镶嵌而成。从形制、纹饰以及工艺技法看，也与此豆相似（《中国青铜器全集》9，图版 153）。

镶嵌龙纹鼎，高 17.5 厘米。平盖折沿，上立三个鹿首，中央设圆组套环，腹呈椭圆形，两侧有扁环耳，圜底，下承细长兽蹄形足。盖及腹部饰红铜丝勾勒的兽纹，分为相互连接的上下两排，兽首似龙，尾内卷，足上部饰兽面纹。特别是兽纹均以精细的绿松石作为兽目，颇具画龙点睛的效果。器物造型精巧、别致。此鼎的形制见于河北中北部及西部太行山一带，如通县中赵甫出土的鼎，河北阳原九沟村出土的鼎，三河双村出土的鼎（《中国青铜器全集》9，图版 105.106.107）。这些鼎带有燕国地域色彩，为典型的燕式鼎，其时代为春秋晚期到战国早期。

镶嵌兽纹敦，高 16 厘米。盖顶有环耳，周围设三个立体鸟首，深腹呈椭圆形，两边各有扁环耳，圈足外撇，足边较厚。盖和器腹饰红铜镶嵌的虎形兽纹，双耳与圈足上也分别用红铜镶嵌出几何纹和兽纹。相同的器形在贾各庄、阳原九沟村、大唐回村均有出土（《中国青铜器全集》9，图版 101.102.103），和上述镶嵌龙纹鼎相同，均为燕器。

环耳鼎，高 15.5 厘米。《彝器图》称为素锜，共收入两件，上海博物馆所藏是其中的一件。圆罐形腹，外撇的三锥形足，肩两侧设置环耳，盖中央有环钮。此器是李峪村青铜器中最有特色的器物之一。此器造型与内蒙古宁城南山根 M101 出土的Ⅲ式鼎近似（《宁城南山根的石椁墓》，《考古学报》1973 年第 2 期），皆为环耳、圆底，锥足的形制见于宁城小黑石沟出土的兽头形双耳鬲（《中国青铜器全集》15，图版 188）。有学者曾指出，此形鼎与北京延庆军都山山戎墓地出土的"三足陶罐"形近（李夏廷《浑源彝器研究》，《文物》1992 年第 10 期）。而宁城南山根、小黑石沟所出器物属于山戎文化。因此上海博物馆所藏的环耳鼎，具有北方青铜文化因素（郭素新等《源远流长的北方民族青铜文化》，《中国青铜器全集》15）。

由于李峪村青铜器是在偶然的情况下发现的，加之器物又失散于世界各地，数量、器型等情况不详，给研究工作带来了很大的困难。就其时代和文化属性而言，出现了多种推测。晋国说——商承祚先生在《浑源彝器图》的序言中认为是晋器；燕国说——认为李峪村青铜器中的一部分从器形到纹饰都和河北部分地区出土的青铜器有很多相似之处，这些文化现象说明李峪村青铜器与燕文化是一致的，它是燕国的历史文物，其时代从春秋中晚期到战国中晚期（《山西浑源李峪村东周墓》，《考古》1983 年第 8 期）。赵国说——认为李峪村青铜器虽有一些与燕国所出相似，北方的特点并不突出，基本是晋的传统，由此推断李峪村墓葬群可能是代国被灭后的战国赵人之墓（李学勤《东周与秦代文明》，60 页）；代国说——认为李峪村青铜器从考古学分期看应为春秋末期，亦即不晚于公元前 475 年赵灭代之时，从时间上看其国别非代莫属了，从文化内涵分析，也说明应为代国器（赵化成《东周燕代青铜容器的初步分析》，《考古与文物》1993 年第 2 期）。还有一种观点认为墓葬中晋、燕、北方系铜器共存，但墓主为代国人，其时代为春秋晚期（李夏廷《浑源彝器研究》，《文物》1992 年第 10 期）。就目前所知的李峪村青铜器而言，考古资料以及学术界的研究表明，它们的形制、纹饰大多具有春秋晚期的时代特征，其文化属性则包涵了晋、燕、山戎的因素。至于代器说，春秋晚期浑源在代国范围内，从时间与空间上来看，这批青铜器随葬时应当为代国所有。当我们将李峪村青铜器看作一定时期的物质文化遗存时，关注点还在于其文化属性上，这些晋器、燕器、山戎器通过不同的途经输入代国，形成了不同风格特征的青铜器共存的现象。

（本资料由上海博物馆青铜器部研究员马今洪先生整理）

浑源永安寺传法正宗殿元代殿基做法探查及其保护补强技术措施优选

吴 锐

永安寺位于山西省浑源县城内东北隅，俗称"大寺"。此寺始建于金代，后被火灾焚毁，元朝初年重建。寺宇坐北朝南，占地面积6400余平方米，寺内传法正宗殿为元延祐二年（1315）遗构，山门、天王殿、东西配殿、东西耳殿等均为明清时期重建。该寺1986年公布为山西省重点文物保护单位，2001年公布为第五批全国重点文物保护单位。

传法正宗殿是永安寺的主殿，位于寺内中央，建造于高大的台基之上，殿前月台宽阔，殿身面阔五间，进深三间，单檐庑殿式屋顶。此殿虽为元代建筑，但其梁架构造与细部做法体现了许多宋、金建筑的传统规制，气势古朴壮观，堪称瑰宝。由于年久失修，至20世纪末，殿宇残坏严重，主要表现为：殿基下沉、台帮外鼓、柱网倾斜、梁架走闪、墙壁裂缝、壁画起甲、屋盖漏雨、彩画脱色等，亟待维修保护。为实施这一文物保护工程，1993年、1998年山西省古建筑保护研究所曾两次派员进行前期勘察测绘与方案设计工作。1999年3月，维修保护方案经上级文物主管部门批准付诸实施。

传法正宗殿殿宇基础保护加固项目是永安寺修缮保护工程的重要内容，本文拟以此殿修缮保护工程实施过程中，基础加固方案的优选改进及其实施过程为例，说明我国古代木构建筑的地下结构部分——殿宇基础发生险情后，只要想方设法积极努力，始终本着保护文物建筑的历史真实性和科学价值不受损坏的原则运筹决策，基础实物及其历史信息是可以得到妥善保护的，基础的受力状态及其丧失了的安全度也是可以得到有效补偿的。

一、大殿结构形式与整体变形状况

永安寺传法正宗殿为单檐庑殿顶建筑，殿身面阔五间：明间宽5.99米，两次间各宽4.74米，两梢间各宽5.03米，通面阔25.53米。进深三间：明间宽5.21米，两次间各宽4.95米，通进深15.11米。大殿主台基宽29.67米，深19.79米，总面积587.2平方米。主台基前沿高1.5米，后沿高1.2米，外观呈前高后低状。殿前月台宽22.6米，深8.21米，月台面积185.6平方米。该殿梁架为四椽栿对后乳栿，用三柱式，当心间顶部设楼阁式藻井，其余部位为砌上露明造做法。殿内柱网布置用减柱造法，施有直径42厘米的檐柱16根，直径63厘米的后槽金柱4根，合计20根主柱。此外，施工过程中发现，殿宇墙体内部还有直径13～19厘米的柱间小撑柱（暗柱）21根。殿身除前檐明间及两次间设隔扇门、后檐明间设板门外，其余部位均砌造厚1米左右的檐墙。墙外皮通身砌顺砖，墙心用土坯砌造，内壁抹棉花砂泥绘制壁画。

据测算，大殿屋盖总重量约为550吨，屋盖重量主要靠上述20根主立柱和21根柱间暗撑柱支撑。经现场实测，大殿各主柱基础存在明显不均匀沉降，柱底最大沉降量差高达 17 厘米，并有多块柱顶石被压裂。由于柱基不均匀沉降和其他外力作用，殿宇构架出现了：柱子倾斜（东次间金柱柱头向西倾斜 35 厘米）、梁栿拔榫（明间西四椽栿尾拔榫 14 厘米）、屋架位移（整体向西北方向明显位移）、墙壁裂缝等险情。

二、大殿地基土岩土工程特征

为准确了解该殿台基及下部基础的岩土类型和地层结构，查明柱基下沉原因，1999年山西省地质工程勘察院对永安寺大殿的殿基场地土、柱间垫层土和柱下垫层土实施了岩土工程勘察（详勘）。

由此得知：

（1）殿基场地土由素填土组成，成分以粉土为主，内含砖屑、煤屑和少量灰渣。为非自重湿陷场地，湿陷等级 I 级（轻微）。

（2）台基内部（台心）柱间垫层土主要由素填土垫层和砖石炉渣垫层组成，其成分以粉土为主，内含碎砖瓦石、煤屑、瓷片及数层炉渣垫层等，其地基承载力特征值为80kpa。

（3）殿身 20 根木柱的柱下垫层土，则以素土垫层和碎砖、瓦砾、瓷片、炉渣垫层隔层夯筑，且较为密实，地基承载力特征值为 250kpa。

经统计分析，该殿柱下垫层土的干密度平均为 1.4g/cm³，压缩系数平均为0.296mpa−1，压缩模量平均为 27.22mpa。计算该层压实系数为 0.864。计算结果表明：大殿柱下垫层土具有中高压缩性，并且没有完全压实，（经计算完全压实后，最大干密度应达到 1.62g/cm³，压实系数应达到 0.94 ～ 0.97），这是造成柱基下沉的主要原因。经初步计算，大殿各柱传给柱础的荷载平均约为 250KN，这说明就现状而言，总体上看柱子基础应力平衡状态的安全系数很小，但不小于 1。此外，各柱柱顶石荷载不同，大小不一，也是造成基础不均匀下沉的重要原因。

为避免大殿柱基今后继续产生不均匀沉降，勘测结论认为应对大殿柱下垫层土（即柱基）进行必要的补强或加固处理，借以提高其安全度。

三、大殿元代基础做法探查

永安寺大殿的元代基础距勘察时已有 685 年的历史，具有重要的文物价值，特别是科技史价值。为了查明该殿主台基内部柱间垫层土和柱下垫层土的具体构造及做法，勘察过程中，曾在殿内布设了三个柱间垫层土探井和一个柱下垫层土探井，前者探查深度2.2 米，后者探查深度 1.8 米。现以探井 1（T1）与探井 3（T3）为例，将探查所见择要简述如下：

1. 柱下垫层土做法

探井 1（编号 T1）紧依前檐东平柱柱础石后侧下挖，探井井口 0.7×1.6 米，横向布置，掘至深 1.65 米时见到天然场地土（粉土）。从探井剖面上共见到 11 层人工垫土层，垫层分三类：第一类是素土煤屑间以少量白色炭灰的垫层，层厚 10 ～ 30 厘米不等；第二类是碎砖瓦炉渣间以少量白色炭灰块、煤矸石块垫层，层厚一般为 6 厘米左右，其中有一层厚度为 15 厘米（瓦渣层）。第三类是在第一类垫层的基础上掺以较多碎砖块、碎瓷片等骨料，层厚 30 厘米左右。

在明间东平柱柱础石下的夯筑基础中，共用了碎砖瓦炉渣垫层 4 层，其上下间以素土、煤屑、白色炭灰垫层。

2. 柱间垫层土做法

探井 3（编号 T3）位于殿内东次间金柱与后檐柱之间，井口 0.7×1.4 米，横向布置，掘至深 1.75 米时见到天然场地土（粉土）。

从探井剖面上共见到 6 层人工垫土层。垫土分为三类：第一类是素土碎砖间以瓷片、石块的垫层，层厚 1 米左右，位于台基上部；第二类是炉渣碎砖垫层，偶见碎瓦及碎瓷片，层厚 20 厘米左右；第三类是纯炉渣垫层，位于台基下部，层厚仅 6 厘米左右，与素土垫层隔层填筑。

综上所述，永安寺传法正宗殿元代基础做法的特点是：在柱础石下部筑有由素土、煤屑、少量白色炭灰垫层和碎砖瓦、炉渣、灰块垫层隔层筑打，层位分明的类礅墩式柱基，其夯筑密实度较强；而在柱下基础之外的部位则是以素土、碎砖、间以瓷片、石块垫层和纯炉渣垫层隔层铺筑，且垫层厚度的随意性较强的垫土台心，其夯筑密实度较差。

四、大殿基础加固方案的讨论

对于永安寺大殿基础的加固处理，从勘测设计阶段到施工保护阶段，曾经提出并研讨过多种方案，可概括为如下三种类型：

1. 整体置换法

其方法是清除 16 根檐柱下的原有夯土基础，而代之以高 1.12 米、宽深各 0.84 米的独立砖砌礅墩基础；清除殿内金柱柱下原有夯土基础，代之以高 1.35 米、宽深各 0.96 米的砖砌基础，并用厚 0.6 米的砖墙将其相互连接起来，构成条形联合基础，用新筑砖基础承受大殿上部荷载。这是原定交付使用的施工设计方案。

2. 中心挤密法

其思路是：在柱基中心深度 2 米范围内采用直径 20 厘米左右的钢管夯入柱下垫层土，钢管中心用混凝土灌实。由此起到对柱基垫层土的挤密作用，从而提高柱基的承载力。

3. 周边围固法

设计方案是在柱基周围采用洛阳铲掏孔法，插打 2 ～ 3 排小直径灰土桩（直径 15 ～ 20 厘米），桩体材料用 3:7 灰土填制夯实。加固的目的是借助灰土桩的围固和挤密作用，使柱子下部原有基础的安全度得到修复补偿和适度强化，进而有效提高其承载力。

上述中心挤密方案和周边围固方案是施工时，我们对原定设计方案提出质疑并经过进一步勘察研究后提出的技术改进方案。

五、大殿基础加固方案的优选

众所周知，对于中国古代建筑而言，由于外部环境变化、自身结构变形等原因而需要对地基或基础的薄弱环节实施加固补强的事例屡见不鲜，但必须清醒地认识到：对于历经数百年考验而保存至今的古建筑来说，扰动建筑物的柱基土，就是对经过几个世纪而达到的柱基土应力平衡状态的扰动，置换建筑物的柱基土就是对柱下原有基础的破坏。因此，轻率地重新设计建造文物建筑的基础，改变基础与上部荷载的静力传递和应力平衡状态，这不仅是危险的，也是违背我国文物古迹保护法规要求的。基于这种认识，永安寺大殿原定置换法基础修缮加固设计方案在施工过程中被我们据理提出否定。

经认真分析，我们认为对于采用中心挤密法加固基础的方案来说，也有两条明显的不足之处：一是在柱基中心打入钢桩会造成柱下夯土基础的破坏，违反文物保护原则；二是永安寺大殿属局部落架的挑顶修缮工程，檐墙现状保护，大部分柱子原位不动，因此要在所有柱础石下部打入钢桩，方案无法实施，也会对殿内壁画造成震动和破坏。

而对于周边围固法加固基础的方案来说，虽然不可避免地需要将一定数量的灰土桩贯入原有台基和地基之内，这是出于无奈，但有如下几条可取的优点：其一，它着眼于采用人工微振施工技术手段，提高现存柱基土的承载能力，着眼于对柱基土的安全度进行有效的修复和补偿，又尽量严格保证原有柱基土不受破坏；其二，此方案最大限度地尊重了元代匠师在高大殿宇基础建造技术方面的智慧和创造，并力求达到保护补强、修旧如旧的工程目的；其三，在大殿台基上，沿柱基和檐墙的外围打入小直径灰土侧围挤密桩群，虽然会在台心和台明柱间土中加入一些附加设施，但对大殿基础的关键部位——柱下垫层土（即类磉墩式柱下夯土基础）是不会造成损害的，在这方面可以说是尽量保存了其历史真实性；其四，永安寺檐墙内壁保存有 275 平方米壁画（含拱眼壁画），梁栿之上还有 1892 平方米彩画。采用洛阳铲成孔，用人工方法筑打灰土桩，所产生的振动小、噪声小，施工操作比较方便，有利于保证附属文物的安全；其五，灰土桩共三排，包括内、外两排垂直桩和中间一排斜桩，垂直桩主要起提高柱基土持力层的承载力、扩大其安全系数的作用，并达到桩土共同受力承担上部荷载的目的，斜柱重在强化柱基土下卧层的承载力。可见，此方案以其加固目标明确、设计原则合理、技术措施可靠、便于施工操作为其显著特征。

经过认真论证，报请审批，最终决定对永安寺传发正宗殿基础险情采用"小直径密排灰土侧围桩加固技术"方案实施维修保护。

六、大殿基础保护补强方案的实施

为了确保工程质量，施工单位专门现场考察并编制了施工方案，明确了各项质量保证措施和质量检测标准。施工任务于 2000 年 6 月 22 日至 7 月 14 日完成，历时 23 天。

经过质量检测，灰土桩平均干容重为 1.553g/cm³，满足 1.55g/cm³ 的设计要求；桩体压实系数为 0.9706，满足 0.97 的设计要求。施工中未造成对大殿壁画、彩画及建筑物的任何损害，各柱基础的安全度得到了有效的修复和补偿。

七、工程效果与质量回访

永安寺传法正宗殿基础保护补强工程竣工至今 6 年多来，经过长期四季气温变化，冬冻春融及殿身荷载考验，未发现任何工程质量问题。多次工程质量回访检测结论认为：该工程设计有据、方案合理、技术可靠、质量优良，符合国家文物古迹保护法规要求，工程效果令人满意。

八、工程经验与启示

从文物古迹保护工程行业管理的需要看，勘察设计单位提交的工程设计文件和工程施工单位提交的工程施工方案，均应组织相关专业的专家评审委员会评审论证，当确认其不仅符合文物保护原则，而且完善合理、科学可靠后才能批准付诸实施，在这方面今后还应强化管理，力避不成熟方案交付使用。

从文物古迹保护工程技术手段的发展看，对于文物古迹的基础修缮加固问题，过去在保存并延续其实物遗存的历史信息和文物价值问题上坚持原则是不够的。至今，在我国出版的各类文物建筑修缮工程文献资料中，尚可见到：木结构文物建筑原来的灰土基础或素土碎砖瓦渣基础往往被改为"水泥砂浆砌条石磉墩""基础已全部重筑"等新型结构。而对于文物古迹来说，"基础也是文物"，这早已是学术常识，对此当倍加重视。

从文物古迹保护工程施工管理的未来看，由于科学研究工作必须贯穿于文物保护工程施工的全过程，许多有价值的信息资料需要工程主持人在施工过程中凭借其知识底蕴和独有的慧眼来辨识和破译（这种机会往往稍纵即逝，不可复得），而所采取的工程技术措施又必须适应施工中依据新发现的资料所形成的研究成果。由此可见，文物保护工程施工负责人（或项目负责人）所承担的职责和所起到的作用不可忽视。为此，建议有关方面尽快制订文物古迹修缮保护工程项目负责人资格培训和在职培训计划，并应积极努力为逐渐过渡到实行国家注册管理制度打下良好的基础。

（本文系山西省古建筑保护研究所副所长兼总工程师、研究馆员吴锐先生所撰，曾收录于《山西文物建筑保护五十年·初编》）

浑源永安寺壁画彩画保护技术及相关问题研究

吴锐　郑军

一、工程项目概况

全国重点文物保护单位——浑源永安寺坐落于浑源县城东北的鼓楼北巷。原称大永安禅寺，俗称"大寺"。该寺坐北朝南，三进院落，占地面积 6000 余平方米，是浑源县境内规模最大的佛寺遗存。据史籍记载，永安寺始建于金代，不久毁于火灾，元初开始复兴再建。在其现存的寺庙建筑中，除寺内主殿传法正宗殿的主体结构仍为元延祐二年（1315）时的原构外，山门、天王殿、东西垛殿、东西配殿、碑廊、屋舍以及钟鼓二楼（仅存基址）等均为明清时期的遗迹。

长期以来，除永安寺建筑文物因价值斐然而广受重视外，伴随着这一古代建筑组群所保存着的明清时期巨幅壁画与殿堂彩画亦闻名遐迩，备受珍视。

为使永安寺文物建筑长存于世，1999年3月起，在国家文物局、山西省文物局、大同市文物局、浑源县文物局的共同主持下拉开了历时5年的永安寺全面保护与科学维修工程的帷幕。永安寺壁画、彩画保护项目就是这一整体保护工程的重要组成部分。此工程于2000年6月在现场详细勘察调研的基础上编制了维修保护方案，其保护对象涉及永安寺传法正宗殿与天王殿的275平方米古代壁画及传法正宗殿、山门、天王殿的1892平方米梁栿彩画。工程实施方案报经国家文物局和省文物局批准后，2001年6月付诸实施，2002年9月工程圆满竣工，取得了令人满意的保护效果。

本工程的建设单位是山西省恒山风景名胜区管理委员会与浑源县文物局；保护方案编制与技术指导单位是中国文物研究所；工程施工单位是山西省古建筑保护研究所与山西丹宇古建筑艺术有限公司；工程监理与质量监督任务由本工程相关单位专家、领导、技术人员共同组成的"浑源永安寺修缮保护工程质量监督管理委员会"承担。工程成果由浑源县文物局与山西省古建筑保护研究所共同验收。2002年11月5日专家验收组形成的《浑源永安寺传法正宗殿壁画、彩画保护及山门、天王殿、八字墙等修缮保护工程验收意见书》，对本工程给予了充分肯定与高度评价，认为在许多方面具有借鉴意义，建议在全省同类工程中予以推广。

总结经验，发现不足，为今后的同类文物保护工程提供实例参考，也是本文写作的初衷，借此机会诚恳地希望诸位专家和同行批评指教，以利于今后工作的进一步提高。以下分别叙述之。

二、壁画彩画保存现状及主要病害原因分析

1. 壁画彩画保存现状

（1）壁画保存现状。本保护项目涉及的壁画仅为永安寺传法正宗殿和天王殿的壁画。传法正宗殿的室内四壁及拱眼壁内外表面均绘有壁画，面积共计275平方米。其中东、西、南三壁绘有儒释道神鬼人物124组，共824身，依身份按照上、中、下三列排列。每一组由一人执幡，上书该组神佛鬼怪的名称；下角榜题上书写供养人名。北壁绘十大明王，胯下神兽由鬼卒牵挽。内檐小拱眼壁墨画宝珠云纹等图像；大拱眼壁则画各式墨龙戏珠。外檐小拱眼壁残存几何图案和彩色线条，大拱眼壁可见墨龙和彩画佛像。天王殿仅东山面室内残存壁画，其面积为4.56平方米。

传法正宗殿四壁壁画的制作是在土坯墙体表面制作一层厚约 2～5 厘米的粗地仗，主要成分为黏土和麦秸。在粗地仗上制作一层细地仗，主要成分为黏土、麦草、麻纤维和麻纸。在细地仗表面施白粉层为底色，在其上起稿作画。

（2）彩画保存现状。本保护项目涉及的彩画为永安寺传法正宗殿、山门和天王殿的彩画。传法正宗殿内外檐上架建筑构件表面保存有总面积 1892 平方米的明代旋子彩画，图案华丽，种类繁多，是我国彩画史上极为珍贵的实物遗存。山门彩画仅存西次间和西梢间阑额和普拍枋外檐总面积 6 平方米的彩画。天王殿现存彩画包括外檐前檐和后檐东西梢间的阑额和普拍枋，挑檐桁，内外檐的外拽枋及正心枋，共 70 攒的斗拱，24 块拱眼壁的内外两侧，和 4 块角料斗拱的拱眼壁的内外两侧等总面积 126.85 平方米的彩画。

彩画的绘制为常见的无地仗做法。首先将木材表面用腻子处理平整，然后施彩作画。

2. 主要病害及原因分析

（1）壁画的主要病害及原因。传法正宗殿壁画的病害主要源于建筑结构问题、人为因素和自然因素以及壁画的制作技术。

与结构有关的病害主要为裂缝，分布在东、西两壁，呈从上到下的纵向裂纹，与柱子所在的位置相对应，个别裂缝最宽处达 4 厘米，且已造成壁画局部脱落。极个别部分有空鼓现象，但由于壁画地仗本身很坚固，无脱落的问题。屋顶漏雨不仅冲刷壁画，造成颜料层污染、脱落，而且是造成酥碱的原因之一。

人为因素造成的病害主要是水泥的使用。20 世纪 60 年代，大殿用作仓库时将神台表面改为水泥台面，水泥的使用带入了大量可溶性盐分，由于屋顶漏水，雨水活化了盐分，使之通过毛细作用上升到壁画地仗中，造成酥碱。酥碱发生的部位与漏雨的位置相同，证实了这种推断。用作裂缝和壁画地仗脱落的修补材料的水泥砂浆不仅没有起到修补的作用，而且自身开裂、脱落，并带下少量壁画材料。人为破坏还体现在对壁画形象有意识的破坏，如凿毁画像的脸部；在画面上涂写白色字迹、烟熏污染。另外，在壁画上还发现了木钉。

自然因素造成的病害主要是画面有多年的积尘固结在表面，在一定程度上遮盖了壁画的原貌。同时，鸟类的蹬踏和排泄物对壁画造成一定破坏。

此外，壁画的制作技术也是病害产生的原因之一。就传法正宗殿壁画而言，主要有三种类型，第一种是壁画中几乎所有深蓝色部分都存在着起甲、龟裂的现象，这与蓝色颜料的使用有关。通过现场显微观察发现，蓝色颜料似为石青。石青是一种粒度决定颜色的深浅的颜料，粒度越大，颜色越深。作画时因为颜料粒度较大，所以用胶的量也要相应增大。但随着时间推移，大量的胶结物所形成的膜老化收缩、变脆，使蓝色部分出现起甲、龟裂、脱落，个别部分脱落时甚至将地仗也黏下一层。第二种是某种特定红色颜料的粉化脱落则是由于绘制该颜料时用胶量过小，随着胶结物的老化，胶结材料无法固着颜料，导致颜料层粉化脱落。第三种是壁画的另一主要病害——画层脱落似也与制作技术有关。这种现象主要发生在有较厚的白粉底层的部分。当地长期以来广泛采用滑石粉作为白色颜料和粉刷墙壁的涂料，观察中发现颜料层脱落处露出的白粉底层表面十分细腻光滑，且存在着粉化现象。因此，可以推断，制作壁画时也有可能使用了滑石粉作为白粉底层。由于这层底层的粉化，使表面的颜料层无法附着，因此产生脱落现象。

天王殿壁画的病害原因主要是由于结构沉降造成壁画右下角脱落，左下角向外歪闪，并产生裂缝，即将脱落。壁画表面除积尘污染壁画外，屋顶施工时泥水的洒落也造成了污染。壁画表面有轻微的粉化现象。

（2）彩画的主要病害及原因。传法正宗殿内檐彩画的病害主要为起甲、龟裂、脱落、粉化和变色五种类型，是自然老化所致。内檐彩画明间东、西梁四椽栿起甲严重，部分脱落；鸟粪污染彩画是内檐彩画的又一主要病害；翅膀扑扇造成起甲画层脱落；漏雨造成雨水对彩画的冲刷，导致颜色脱落、画面污染；木材开裂造成彩画随之撕拉开裂；长年积尘在一定程度上遮盖了彩画的原貌。

传法正宗殿外檐彩画自然老化非常严重，造成严重的起甲、龟裂、变色和脱落，加之长年积尘，大部分原貌已无法辨认。特别是大殿西北方向由于是迎风面，彩画层大量脱落，所剩无几。彩画变色主要集中在特定的颜色范围，如绿色。通过观察，发现彩画颜料采用的是矿物颜料，稳定性较好，因此颜料本身无变色现象。变色现象的发生伴随灰尘的富集，其原因似为绿色部位颜料层中含有大量的胶结材料，这些有机材料黏结大量灰尘于表面，造成变色。同时，这些有机材料的老化同样是变色的原因之一。造成彩画损坏的自然因素还有木材本身的裂缝（撕裂、劈裂等）致使彩画随之开裂。彩画损坏的人为因素主要是钉钉子和白灰涂刷表面所致，以及缺乏维修保养，后期施工将部分彩画遮盖等。此外，在木构件上安装铁活对彩画造成了损害，人为刻画也在一定程度上破坏了彩画。

山门及天王殿外檐彩画的病害与传法正宗殿彩画的病害类同，描述分析从略。

三、壁画彩画保护工程设计原则与保护程序

1. 壁画彩画保护工程设计原则

《永安寺壁画和彩画的保护方案》在调研编制过程中，始终以《中华人民共和国文物保护法》和《中华人民共和国文物保护法实施细则》为依据，贯彻了《中国文物古迹保护准则》的精神，参考了《威尼斯宪章》《奈良文件》和其他相关国际、国内文物古迹保护宪章和公约。其设计原则包括：就地保护、消除病因、原状保护、可逆性和可再处理性以及最低程度介入原则。材料的选择遵循和谐性和兼容性的原则。要求建立完整的保护档案并遵循科学的保护程序。

（1）就地保护原则。该殿因基础下沉、构架歪闪、墙体沿山柱位置出现通体裂缝。

为了全力实现就地保护壁画又要拨正加固殿宇构架体系的工程目标，制定了外墙掏槽施工方案，从而达到"纠偏不落架，墙体修复不揭画"的综合修缮技术。

就壁画而言，现场勘察发现虽然壁画局部空鼓，但一方面因空鼓面积小，另一方面壁画本身质地较好，并无大面积脱落的隐患，因此决定不揭取。就梁架彩画而言，就地保护也是唯一的可行办法。

（2）消除病因原则。除自然老化外，壁画和彩画的主要病因是结构不稳定和漏雨。通过建筑保护措施能够消除这些病因，就能达到有效保护的目的。鸟类的出现对壁画和彩画造成很大的破坏。待壁画和彩画在保护处理后增加一些防止鸟类进入殿内以及防止鸟类在梁架间筑巢的措施是十分必要的。

（3）原状保护原则。永安寺的壁画和彩画是古代艺术家的杰作，其真实性和完整性是其价值所在。本次保护处理时不考虑对壁画和彩画补画、重画事项，以保持其真实性和完整性。考虑到壁画的美学价值，脱落部分可以用与壁画地仗质地颜色相近的材料填补。

（4）可逆性和可再处理性原则。所有的保护处理不追求一劳永逸，而尽量做到可逆。在达不到完全可逆的情况下做到本次保护处理不妨碍以后的处理，从而为未来的保护保留余地。

（5）最低程度介入原则。对壁画和彩画仅作必需的保护处理，将处理范围和程度降到最低，从而最大限度地减少对原作的干扰。例如，现场勘察发现虽然壁画局部空鼓，但并无安全之虞，且因对建筑本体保护时已经消除了病因，因此决定对此病害暂不作处理，只做定期监测，确定其是否继续发展，以便采取相应措施。

（6）材料的选择遵循和谐性和兼容性原则，从而使介入的保护材料的物化性能尽量接近原作，达到两者的完美结合。

（7）建立完整的保护档案旨在为保护处理结果的评价提供依据；也有助于对壁画和彩画状况的监测；为壁画和彩画的研究，以及未来的保护提供翔实的资料。

（8）保护处理遵循科学的保护程序原则，从而使保护处理工作循序渐进，稳妥有效。

2. 壁画、彩画保护处理程序

（1）壁画的保护与修补程序

壁画的保护处理主要有表面积尘的清除、人为涂写字迹的清除、裂缝和地仗脱落部分的修补、起甲的部位处理以及壁画、彩画表面封护等。

表面积尘的清除：用橡皮擦轻轻擦除壁画表面积尘。

人为涂写字迹的清除：首先用手术刀将字迹尽量削薄、刮除，然后用橡皮擦擦除残余的字迹。

裂缝和地仗脱落部分的修补：用手术刀剔除裂缝和地仗脱落处的水泥填补块，然后用素泥进行修补。对于已酥碱的地仗，如果表面颜料层已经脱落，则用软毛刷将表面松散部分扫除。因这部分材料富含可溶性盐分，将其清除在很大程度上消除了酥碱继续发展的隐患。

起甲部位的处理：首先用注射器在甲片背后注射3%的聚乙烯醇缩丁醛的乙醇溶液以加固甲片，防止其在软化处理时破碎。待干后用湿棉球轻轻擦拭甲片表面以清除表面污物并溶出一定量的胶结材料，降低甲片因胶结材料造成的张力，使其"软化"。待甲片干燥后再次在甲片背后注射3%的聚乙烯醇缩丁醛的乙醇溶液，并用脱脂棉将其推回原位贴牢。

壁画表面封护：在进行完以上步骤后壁画表面遍喷一层2%的聚乙烯醇缩丁醛的乙醇溶液进行封护。封护的同时也加固了酥碱和粉化的部分。如上所述，目前出现的酥碱问题是由于神台改为水泥台面加上漏雨的共同作用造成的。由于永安寺壁画所处的环境十分干燥，并且壁画部分不存在毛细水上升将有害盐分带到壁画中造成酥碱的问题，因此，大殿维修后只要保持干燥，应该不会再次出现酥碱问题。

（2）彩画的保护与处理程序

内檐彩画的保护主要包括回贴起甲，鸟粪的清除，雨水造成的污染物的清除和彩画表面封护。外檐彩画的保护主要包括灰尘的清除，老化产物的清除，回贴起甲和表面封护。具体做法见相应的工作规范，兹从略。

四、施工管理质量保证体系及其规范规程的编订与执行

1.施工管理质量保证体系

高标准的施工质量不仅是保护方案得以妥善实施的重要条件，更是壁画和彩画价值得以长久保存的根本。为此，本项目建立了一套科学的综合施工质量保障体系。

该体系从施工人员的筛选、技术岗位培训与考核、工作规范规程的制定、现场监督和监理分期质量验收等方面严格把关，以确保实现工程目标。

（1）施工人员的筛选组队。施工人员的素质是施工质量得以保障的根本。因此为选择施工人员制定了如下标准：施工人员必须责任心强，严守纪律，具有一定专业知识水平，渴望学习掌握新知识和新技术，心灵手巧，对传统壁画和彩画的制作工艺有一定的认识。

人员选定后，要求施工单位在本项目完成之前不得更换人员，因为一旦更换人员，就要对新人选再次进行技术培训。同时施工人员之间的默契配合对保证施工质量十分重要，而这种配合需要经过一段时间才能重新建立，这样就会在一定程度上影响施工的质量。

施工单位按照上述要求选派了一支年纪轻，技术好的施工队伍。6名技工平均年龄23岁左右，有3至6年从事彩画施工与绘制的实践经验。

（2）施工人员的岗位技术培训与考核。对施工队伍进行技术培训是确保施工质量的又一有效措施。施工人员在没有经过岗位技术培训、没有经过专业考试合格前是不允许接触壁画彩画文物保护工作的。

首先对施工人员讲解了最基本的文物保护原则和注意事项，对保护处理所涉及的每一项技术进行了讲解培训，包括电脑及相应的软件、打印机、扫描仪、摄影器材的使用，现状记录的方法、溶液的配制，壁画、彩画保护工具的使用，每一种病害的保护处理技法。最后，对每一名施工人员进行了技术考试。

为使施工人员熟悉对各种病害的处理，选择东西配殿和垛殿残存彩画作为实践场所，进行处理，直到方法熟练，技术过硬，考试合格。由于这些彩画的制作方法与病害产生的机理与将要处理的传法正宗殿彩画相同，实践证明这种实验练习对施工质量的保证十分有益。

在处理壁画病害的培训中，由于没有练习对象，在配殿墙壁上制作了模拟病害，供施工人员练习，直到方法熟练，技术过硬，考试合格。在下达施工任务时，特别强调如果遇到技术培训和工作规范以外的问题时须立即停止施工，待技术指导人员到场后解决。

考虑到施工人员虽然经过严格培训并通过了考试，但大都未曾进行过壁画、彩画的保护工作，为稳妥起见，彩画保护的第一阶段选择了西梢内檐。该处彩面重要性较明间和次间彩画低，且病害种类齐全。由技术指导亲自带领施工人员对每一种病害进行保护处理，直到每一名施工人员都能够独立操作，并达到设计标准。外檐彩画和壁画的保护采用同样的方法。另外，每次下达任务时，技术指导和施工人员对将要处理的每一部分进行现场讨论，确保施工人员充分了解各个部分的处理方法和技术要求。

（3）工程现场的监督与监理。在施工过程中，施工监理人员始终按照工作规范规定的各项内容负责现场监督抽检，从而保证了施工过程中的质量控制，使本工程达到了原定质量目标。

（4）分期质量的检查与验收。为了适应文物保护工程要把科学研究与技术改进贯穿于施工全过程的工程特点，面对永安寺壁画、彩画保护对象，我们根据其保存特征与质地状况，事先将其分成了若干个工程阶段，施工过程中对每一个阶段进行了分期质量验收。工作方案规定：只有在该段的施工质量达标后才可进行下一阶段的施工。这个措施有利于及时分析发现问题及时研究解决问题，不仅可保证每一部分工程的质量都能达标，同时可有效避免将上一阶段的问题或不足带到下一个阶段而没有及时扭转的现象出现。

（5）施工安全规章制度。为确保施工人员和文物的安全，事先对施工人员进行了施工安全教育，并制定了《彩画保护施工安全条例》，还特意对施工人员进行了施工安全考试。壁画保护的施工安全参照了《彩画保护施工安全条例》。

（6）施工现场的科学管理。

2. 工作规范的编订与执行

为保证施工质量，针对每一项施工中涉及的专门技术制订了工作规范，每一名施工人员人手一册，作为工作指导。技术指导事先还为施工人员详细讲解了工作规范，从而使他们能够充分领会工作程序和质量要求，并要求他们严格按照工作规范条款进行保护处理。本项目实施前，主要制订了如下工作规范与规程，并在实践过程中执行了这些规范、规程，同时作了必要补充与修订。

五、对本工程相关问题的理论思考与对策分析

1. 关于壁画彩画材料的机理分析及其选择

（1）彩画老化产物的清除采用了敷贴的方法，这在国内并不多见。这种方法的优点是通过将浸有溶液的载体敷贴在彩画表面，从而保持溶液停留在老化产物表面，使其有充分时间与老化产物反应，达到有控制地清除老化产物的目的。敷贴载体的性质对清污效果至关重要。载体选择有三个最主要的条件，其中首要条件是载体的表现性质，即不与敷贴对象和溶液反应，且不带入不利成分（如颜料或可溶性盐分）。其次，由于清污过程是载体和敷贴对象争夺溶液最终达到平衡的过程，载体的选择必须考虑清污对象的毛细性质（争夺溶液的能力）。再次，由于敷贴载体在完成清污工作后将被清除，其清除的难易程度对载体的选择也很重要。对于木结构彩画的清污，国际上有两类主要载体：纤维类和胶体载体。纤维类载体是通过调节纤维长度达到理想的毛细性质。纤维越短，载体保持溶液的能力越强，但残存载体的清除工作越难；纤维越长，保持溶液的能力越弱，但残存载体较易清除。胶体载体能使溶液最大限度地保持在表面。由于木材具有很强的夺取溶液的能力，一般情况下采用胶体作为载体。但是，对于永安寺彩画的清污，由于胶体的清除非常困难，而残存的胶体对彩画的长久保存不利，因此只能选择纤维类载体。

国内当时普遍采用脱脂棉作为载体，但一方面成本高，另一方面使用不便。特别是大面积敷贴彩画表面时，由于脱脂棉纤维很长，不利于保持溶液，使上面的溶液容易流到下面，造成上面过干，下面过湿，清污效果不均衡，脱脂棉打湿后纤维纠缠在一起，很难在彩画表面形成厚度均匀的敷贴层。

在充分考虑了上述因素的基础上，参考了国内外有关资料，决定采用 Arboce1 作为清污载体。Arboce1 是一种纯净的木材纤维，其成分与脱脂棉相近，但纤维较短，有利于保持溶液，克服了上面过干，下面过湿的问题，达到了均衡的清污效果。同时由于纤维比较短，不会纠缠在一起，应用时十分便利。Arboce1 有一系列产品，纤维长度各异，作为载体保持溶液的能力也各不相同。通过一系列选择试验最终决定选择了Arboce1BC1000，这种型号具有最佳的纤维长度。采用这种敷贴载体清除外檐彩画的老化产物效果好、效率高，十分理想。本项目引进了 Arboce1BC1000 木材纤维用于清除外

檐彩画老化产物的载体，不仅在山西，而且在全国尚属首次。

（2）壁画补泥材料的选择应符合和谐性和兼容性原则。和谐性和兼容性是指壁画保护材料与壁画原材料的性质相同或相近，介入材料和原材料和谐、兼容。材料的不均匀性和不兼容性是壁画病害产生的主要内因。壁画所处的环境因素经常改变，如果介入材料与壁画原材料性质相差很大，则对环境因素改变的反应差别也就很大，这样就会在介入材料和原材料之间的界面上产生应力。例如，如果补泥的密度与原地仗相差很远，则两者对于震动的反应相差很大，每次震动就会在新旧材料的界面处产生应力。当这种应力大到足以破坏它们之间的结合力时就会产生断裂。另外，黏土随湿度的增加而膨胀，随湿度的降低而收缩。浑源县降水主要集中在短暂的夏季，湿度变化频繁，如果补泥对湿度变化的反应与地仗差异很大，则将在界面处会产生应力，成为断裂的原因之一。

为使补泥与原地仗物化性质和谐且兼容，对原地仗的物化性质应有充分的了解。本工程实施过程中首先对壁画地仗的残片进行了粒度分析和有机添加物的分析。同时，对永安寺周围常用取土地点的黏土以及建筑维修过程中淘汰的原墙体土坯进行了采样分析，发现土坯的粒度与壁画地仗的粒度最吻合。可以推断，壁画墙体土坯和地仗的取土来自同一地点。因此决定采用淘汰下来的原墙体的土坯作为壁画补泥的基本材料。由于这些残损土坯含有大量可溶性盐分，直接使用将会给壁画带来酥碱的隐患。为此，将收集的土坯碾碎后用蒸馏水反复漂洗 4～5 遍以清除可溶性盐分，晾干备用。对壁画地仗的分析发现粗地仗和细地仗的有机添加材料种类不同、比例各异。粗地仗中含有 3.7% 的麦秸，而细地仗中则含有更高比例的麦秸、麻纤维和麻纸。与原材料相似的麦秸和麻纤维相对容易找到，但麻纸则比较难找。为此，对浑源县及附近的市场进行了全面普查，最终找到了与原材料极为相似的麻纸。据说这种纸的做法已经延续了上百年，材料和工艺始终没有改变。在选定所有材料的基础上，地仗补泥是严格按照原地仗的比例制备的。

在此基础上，正式修补壁画残破部位的地仗前，还针对许多配方不尽相同的地杖模拟进行了其色泽、质感、黏结情况、裂纹情况等感观指标的优选评定，这都为画面修补的具体实施提供了良好条件。

（3）封护材料的合理选择与应用。如前所述，本文认为对于古代壁画彩画封护材料的选择应遵循以下原则：可逆性和可再处理性，相似性和兼容性，不改变文物物质的化学性质，介入材料应作为牺牲材料，不含有害成分，抗生物侵害。作为封护材料，其光学性质对封护结果十分重要。浑源县光照充分，紫外线强度较高，对封护材料的抗紫外线老化能力要求较高。另外，浑源县特定的气候条件对封护材料的玻璃化温度的要求十分苛刻。该县冬季漫长寒冷，年平均气温仅为 6.2℃，所选择的封护材料的玻璃化温度应适应这种气候。玻璃化温度过高，则封护材料在低温环境下变脆，很小的外力就能够使其破碎。而浑源县季风强，风沙大，对玻璃化温度高的封护材料破坏力很强。玻璃化温度过低，则封护材料会软化而固着尘土，造成表面污染。

在充分考虑以上因素的前提条件下初选了几种封护材料，包括 Para1oidB72 的丙酮溶液、明胶的水溶液、聚乙烯醇缩丁醛的乙醇溶液等，进行了一系列不同材料和浓度的对比试验，最终选择了 2% 的聚乙烯醇缩丁醛的乙醇溶液。这种高分子有机材料具有出色的耐老化和光学性质，使用时不需介入水分，从而避免激活壁画中的可溶性盐分，溶液易于配置和使用，价格低廉。聚乙烯醇缩丁醛作为壁画和彩画的封护材料，在山西古代壁画彩画保护工程应用尚属首次。

2. 保护工程应合理兼顾壁画彩画的文物价值、观感效果与内在质量

（1）对永安寺壁画缺损部位的修补不仅是防止壁画已破损边缘继续扩大蔓延的有效手段，同时也是保护其观感效果与美学价值的手段之一。为保持壁画的原真性，对壁画缺损部位不进行补画是目前学术界广泛接受的保护原则之一。但壁画是艺术品，修补时应该考虑其美学价值。如何在达到保护目的的同时又照顾到壁画的美学价值，国际上最常见的做法有两种：一种是对修补部位全色，即用水彩或其他可逆性颜料将修补部分晕染成与周边壁画和谐的色调，避免远看时修补部分"跳"出来（这里讲的对修补部分全色不是补画，而是使色调和谐）。另一种方法就是用彩色泥修补，将素泥加入颜色，使其颜色与周围壁画和谐，然后用这种颜色的泥修补缺损部位。本项目原设计采用的是前一种方法，但经过反复测试，认为后者综合效果更好。实际操作中，还进行了适当"作旧"，目的是使补泥的色调具有一定的沧桑感。为避免补泥的部分"跳"出来，在修补完成但补泥未干之前将表面处理成"麻"面，从而降低其"抢眼"程度。通过这种处理取得了良好的效果。

（2）永安寺传法正宗殿明间梁架中的楼阁式藻井是异常珍贵的元代小木作艺术精品。由于人为原因，该藻井的 65 块彩画天花盖板，在维修时已有 49 块缺失不存，呈现出破败不堪的现象，本次维修保护时，基于不仅要最大限度地保护其全部文物价值，而且要科学有据地恢复其艺术观感效果和结构安全质量的文物保护理念，对照正方形、长方形、三角形等不同造型规格与不同彩画纹样的天花盖板，精心绘制了修复设计图纸。研究并采用传统技法和传统材料按照传统纹样与传统色调，修复补配了所有缺损盖板，从而使殿内藻井恢复了原来的造型面貌，再现了应有的艺术美感。

3. 建立健全工程技术档案，走可持续保护之路

完整的保护档案为客观地评价保护处理成果提供了依据。保护项目的实施为研究壁画、彩画提供了难得的机会。特别是一般情况下观测不到的部位由于有了脚手架，可以得到仔细观察。利用这次难得的机会进行全面的档案记录可以为以后的研究提供珍贵的资料。另外，全面的档案记录是对文物状况进行监测的基础。全面的档案记录不仅服务于这个保护项目，同时也为今后的科学保护工作保存了一套完整的资料。我们认为看似

与以前的做法只是量的差别，但反映出了保护观念上质的不同，其要点是：不刻意追求一劳永逸的做法，而是在有效保护过程中尽量少地干涉文物本体，尽量多地给以后的可持续保护提供准确信息。因此为后人保留完整的保护资料变得十分重要。然而在本项目实施过程中，建立完整的保护档案，对壁画、彩画进行保护处理前后的状况记录，以及全面记录保护过程对于施工队伍来说是一个全新的挑战。记录要使用电脑、打印机、扫描仪、摄影器材等，这些对施工人员来说都是首次接触，困难程度可想而知，但最主要的问题不是出在技术上，而是出在观念上。此次项目要求的是全面的档案记录，因此所投入的人力物力较多。虽然这种做法现在已经很普遍，但在当时接受起来克服了许多困难。

4. 在文物保护工程实践过程中，既要十分重视多种保护方案的科学比选，还必须十分重视保护方案技术线路的创新研究与方案改进

这一认识使永安寺大殿 100 余平方米拱眼壁画的修缮保护颇受其益。永安寺大殿的拱眼壁是土坯立砌为心，正反两面抹泥而成的壁面。由于年久失修，拱眼壁画存在两类问题：一是竖立砌造的拱眼壁心原有黏接层老化松散，土坯墙局部剥落，难以久存，个别部位的画面地仗也呈现剥落现象；二是拱眼壁画画面广泛存在着与前述大殿壁画类似的各类病害，急需保护加固。

按照原定设计方案，这 100 多平方米的拱眼壁画将采用"揭取加固""去除壁心""把土坯置换为木框"的措施进行修理保护。本次施工过程中经多专业代表反复研究，决定优化原有方案，设计拟定了一套拱眼壁画整体卸装夹具，从而使拱眼壁画得以原状拆卸，搬运至壁画保护棚进行整体原状加固保护。在此过程中，经反复试验筛选还设计确定了科学可行的由特选黏土、细沙土、熟桐油、石灰膏等多种材料配制而成的混合黏合剂，用以黏接加固拱眼壁画立砌土坯。在模拟实验时，经拉拔试验、挑动破坏等多种试验证明其质量安全可靠。付诸实施后，拱眼壁画逐一原位归安，达到了令人满意的维修保护效果。在此基础上，采用本文所述方法对拱眼壁画画面进行了污物清理与画面封护，取得了良好效果。

六、小结

本项目遵照《中华人民共和国文物保护法》和《中华人民共和国文物保护法实施细则》，充分贯彻了《中国文物古迹保护准则》的精神，实行了就地保护、消除病因、原状保护、可逆性和可再处理性以及最低程度介入、材料选择的和谐性和兼容性的原则。工程相关保护修理工作都是按照科学的保护程序进行的。

本项目建立了完整的壁画、彩画保护电子档案，为客观评估保护结果，壁画和彩画的长期监测以及今后的永久保护提供了可靠依据，为壁画和彩画的系统研究提供了珍贵的历史资料，这在山西文物保护史上具有创新性。本工程使用数码相机建立工程技术档案，极大地提高了工作质量和效率并降低了成本。

本项目创立了一个完善的行之有效的质量保证体系，特别是一整套工作规范的制定有助于工程质量的保证和工程目标的实现。

本项目在科学研究的基础上进行了合理的材料选择，聚乙烯醇缩丁醛首次引进山西进行壁画彩画保护工作，而用 Arboce1 BC 1000 作为彩画清污载体的工程实例在我国为首例。

本项目实施过程中，我们特意培养了一批山西本地的青年壁画、彩画保护人员，从观念上和技术上武装了他们。相信这支队伍将会对山西的壁画、彩画保护事业作出新的贡献。

此外，本项目也存在一些可以改进的地方，例如壁画和彩画的勘察设计应在建筑项目设计阶段进行，通过双方设计人员的充分沟通，一些壁画、彩画保护的问题能够借助建筑手段更好地解决。虽然保护方案中对建议壁画和彩画的颜料进行分析检测，但这项工作因各种原因没能进行。

（本文曾刊登于《文物保护工程典型案例》（第二辑）之《山西专辑》。郑军，中国古迹遗址保护协会秘书处处长，为中国文物研究所原研究员）

山西大同浑源唐墓发掘简报

李　晔

2010 年 10 月 11 日，在浑源县的一处廉租房建设工地，发现古代墓葬 1 座。接到浑源县文物局的报告后，我所即派专业技术人员前往进行抢救性发掘。墓葬已遭到破坏。现将这次发掘情况简报如下。

一、墓葬位置

浑源县位于大同市东南，墓葬位于浑源县城东北隅，GPS 点坐标为北纬 39°42′12.1″，东经 113°42′00.2″，西距栗毓美墓约 100 米，南距浑源中学约 800 米，海拔 1102 米。

二、墓葬形制

该墓为长方形斜坡墓道单室砖券墓，由墓道、墓门、甬道和墓室四部分组成，坐北朝南，方向 172 度，墓底距现地表深 4.34 米，所用砖为灰色长方形单面绳纹砖，长 34 厘米、宽 16 厘米、厚 6 厘米。

墓道　位于甬道南部，与墓室在一条直线上，开口距现地表深 30 厘米，因建筑占压，墓道只发掘靠近墓门一少段，平面呈长方形，长 8.73 米、口宽 1.56 米，北端距现地表深 4.34 米。两立壁较平整，未见工具痕迹，坡度 28 度。墓道回填黄褐色五花土。

墓门　位于甬道南端，墓门之上砖砌双层墓门楼，用白灰膏涂平并绘制壁画，白灰层厚 0.2 厘米。墓门底部纵铺四砖两层为门基。墓道两端竖砖砌立颊，平铺 3 层砖砌门额，两端夹于立颊内。砖间用黄泥黏合。门额砌出三枚砖雕门簪，两侧门簪为四瓣花形，中央雕成八瓣花形。门楼中心开券顶墓门。立颊、门额涂红，门心涂白灰泥。券门上部以红色绘门框装饰，上部一条短竖向红线直抵八瓣花门簪，门框两端则绘成涡卷纹。门额之上再砌小门楼。小门楼两侧门砧之上砌立颊，门额搭于立颊之上，有上下额，额面砌出两个四瓣花门簪。门砧夹地栿，上开两扇长方形板门。门楼均施红彩。小门楼外侧两端以红彩绘倚柱，柱头之上砖砌出栌斗与替木，亦涂红色。立颊与倚柱间错缝平铺10层砖，外涂白灰泥，绘有黑色花纹，已剥落不清。小门楼之上承以撩檐槫，槫上砌出断面方形的檐橼，上列覆盖弧形滴水与筒瓦九垄。滴水面刻画联珠与三角两层装饰，筒瓦则用砖磨制成半圆形。底宽1.56米，通高2.59米，券门高1.46米，条砖封门。

封门　中央券门外以砖封门。丁砖斜向错缝横砌出22层菱角牙子，上部随券顶收分，顶部横铺二砖，封实券门。封门高1.5米，宽88厘米，厚34厘米。

甬道　位于墓道与墓室之间，与墓室相通。平面呈长方形，底部比墓门低两层砖，左右墙体采用顺砖错缝横砌的筑法，砌至1米处以丁砖错缝横砌起券至顶部，单层拱形券顶。甬道内已被淤土填满，底部仅在入口处横铺二块砖，余未见铺地砖。长86厘米，宽64厘米，高1.46米。墓圹墓室构造上，先挖土圹，在圹内砌砖室。土圹呈圆形，四壁平直，直径4米。

墓室　平面呈圆形，砌筑于圆形土圹内，内径3米，高3.28米。四壁墙体采用两层丁砖错缝横砌和一层丁砖竖砌相间的筑法，砌至1.74米处以丁砖错缝横砌起券，向内叠涩内收，聚成穹隆顶。从甬道进入墓室，仅有略比甬道宽的80厘米的空间，其余被凹字形砖床占满。墓室底部未见铺地砖。

墓室壁面为砖雕影作仿木结构。以砖雕影作的六根立柱将周壁分为六幅空间，其中墓门及左右侧为一幅。立柱用三块砖并列竖砌，中间突出，两侧略低，抹角六棱，在部分影作砖雕表面或立壁上涂抹白灰层，之上涂彩作画。或直接在影作砖雕上涂彩。壁面自上而下分为三层。上层是穹隆顶的星宿图，顶部全施黑彩，之上用白色圆点表示星宿，部分被泥水冲刷，模糊不清。并在穹隆底部的东壁和西壁相对之处绘有大的白圆盘，盘内施黑彩图案，已冲刷模糊，以示太阳和月亮。第二层是仿木结构的梁架影作砖雕。与上层相隔三层砖，一层白色，二层红色。墓壁砖砌六根立柱之上砌柱头铺作六朵，各倚柱间砌门窗及家具浮雕。补间铺作六朵，柱头铺作用砖砌出一斗三升泥道拱上承替木，下部栌斗直接放置于柱头之上不用普拍枋。北壁大开间内有三个补间铺作，其间还有两两一组的花形板。建筑构件多外表涂白色，用红线勾轮廓，而一斗三升的泥道拱则直接用红彩绘制。

墓壁的六幅画面各砖砌门窗或家具，涂以红彩。北壁大开间内砖砌一门二窗，正中两扇红漆大门，门额上砌出二枚花形门簪，排黑色乳钉，门中心雕出长锁。两侧为大型砖雕方格窗。四层丁砖相隔横铺出三个空白带，带内以截面为方形的砖相隔形成二十一个小方格窗户。

相连的西壁画面内砖雕一个衣架，W 形搭脑两端出头较长，立柱间设柱枨，与立柱相交之处砌出方形，再往南的画面内雕直棂窗与小门，窗设直棂五条，位置较高。小门于其南，从砖床部雕起，有上额、门额、立颊、双扇板门，上额突出，额面砌出二个花形门簪。南面为墓门，两侧涂白灰泥，施黑彩，剥落已尽。

与北壁相连的东壁画面内雕灯檠与开字形桌子。灯座泥漫不清，檠上出三枝，置平行的三灯盏，中间略大。桌面较大，立柱间置柱枨。接下来的画面雕椅子和小门，小门与西壁的小门相对。

三、葬具与人骨

葬具有砖床，平面呈凹字形，几乎占据整个墓室。中部东西长 3 米，高 36 厘米，上部平铺墓砖一层，砖床内用五花土和筑墓的半砖回填。砖床高出甬道地面 36 厘米，与甬道相连处的三个立壁各砌出壶门 2 个。

墓室中部有人骨架 2 副，已散乱。从残存头骨和肢骨判断为一男一女，应为夫妇合葬墓。二骨周围不见朽木痕迹，亦无铁钉，可以推测原本无棺，直接葬于砖床之上。

四、随葬器物

墓葬被盗掘，仅于砖床人骨旁出土铜饰件 1 件、铁牌 1 块，砖床西部置枭首陶壶 1 件、彩绘陶罐 1 件，另在墓道填土中发现墓志 1 块，共 5 件器物。

彩绘枭首壶 1 件，标本 M1：3。泥质灰陶，由枭首壶与喇叭形器座组成，通高 43.2 厘米。枭首，细长颈，鼓腹，平底。腹部和颈部上绘红色花朵纹。置于喇叭形器座内，器座敞口，斜直壁，圈足外撇。外壁红彩绘花瓣带，足底部捏花边一周。出土时与器座分离。口径 8.8 厘米，腹径 28 厘米，底径 12 厘米，高 40.8 厘米。器座口径 22 厘米，底径 16 厘米，高 10 厘米。

彩绘罐 1 件，标本 M1：4。泥质灰陶。由三部分组成，上有盖，下有器座。盖呈覆盆形，宝珠钮。盖平面饰花边一周，器身彩绘云纹图案；中部为罐身，敞口，圆唇，短颈，上腹鼓，平底。腹上部红彩绘莲瓣带，腹下部红彩绘花瓣带，足底部捏花边一周。器物通高 48 厘米。盖平面直径 20.8 厘米，高 10 厘米，罐最大腹径 32 厘米，底径 16 厘米。器座口径 22.8 厘米，底径 18.4 厘米，高 12 厘米。

铜钗 1 件，标本 M1：1。铜质，锻造，先把一根圆形铜条中部錾扁，剪成桃形图案，再弯成"U"形。钗柄截面圆柱，钗头呈圆锥状，通长 13 厘米。

铁牌 1 块，标本 M1：2。出土于墓室砖床人骨旁，铁质，平面呈长方形，铁锈严重，长 22 厘米，宽 8 厘米。

墓志 1 合，出土于墓门前西侧的墓道填土中，砖制。由志盖和志组成，上下扣合。盖呈盝顶式，压有绳纹。所书文漫漶不清，无法辨识。志背面饰绳纹，长 33 厘米，宽

31 厘米，厚 12 厘米。

五、墓地属性

这座墓葬因建筑占压，周边文物钻探难以进行，早年被盗，又加之渗水严重扰乱，虽出土墓志，惜文字全无，不可断其年代与墓主。

此墓葬形制是长斜坡墓道单室砖券圆形墓，为晚唐、辽初大同地区之流行墓型。唐代开国后直到贞观年间才大破突厥，收得北方，而大同地区有大量归降唐朝的突厥部落，并由突厥首领担任当地都督府都督。受草原游牧民族生活起居的毡帐的影响，墓葬中出现了圆形墓。1987 年大同市振华南街还曾发掘过一座十分罕见的唐末天祐年间（904—907）平面圆形大型砖雕墓（资料尚未发表）。大同市辽代军节度使许从赟夫妇壁画墓、大同机车厂辽代壁画墓、西三环棚户区等墓葬均为圆形墓。此墓与河北蔚县出土的晚唐墓相类，不论是墓型、还是仿木结构的影作砖雕，均极其相似。出土器物彩绘罐与枭首壶的装饰性虽不及蔚县唐墓复杂，但其器型与彩绘纹样亦为同地区唐墓常见，是北方唐墓中十分重要的明器。墓葬中人骨旁的长方形铁片，亦是同地区唐墓所见之物，据宿白先生考证，为墓中镇压之用，也是唐宋墓葬中常用之物。

在墓门墙与墓室的影作彩绘中，柱头铺作的栌斗直接放置于柱头上而不用普拍枋，这与现存的唐代和五代的一些建筑实物是一致的，是隋唐五代木构建筑的典型作法。墓壁以六根立柱分隔，顶部绘星宿图，周壁上端与墓门绘建筑斗拱等梁架结构，下层柱间各面绘板门、直棂窗，或是衣架、灯檠等，为大同地区辽早期墓葬系列特征，但浑源此墓相比辽早期墓葬更为简单，所以笔者以为该墓为唐晚期墓葬。

此墓的墓室砌法，由一单室结构通过建筑形式表现为多室，因而是经过规划和设计的。从它的形制以及出土的枭首壶来判断，与晚唐、五代时的器物造型一致，笔者认为该墓应为唐代晚期和辽代早期，且为当地富裕百姓之家。它既受北方契丹文化的影响，又受到中原文化的浸染，加之本地区丧葬习俗和传统模式的制约，与上京、中京、西京的契丹墓葬大致相同。

六、结语

浑源县坐落于晋东北，南屏恒山、北枕浑河，山河雄峻，地形险要，它地处雁门关外，是汉族与北方少数民族接触最频繁的地区。秦属雁门郡，西汉属恒山郡，北魏为京畿地，自从五代后唐的石敬瑭将燕云十六州割让给契丹后，县随州归辽属西京道大同府。但这里人们的生活方式"仍用唐制"，唐晚期风格的随葬品一直延续到辽代早期。随着近年来城市改造项目的不断增加，大批唐宋时期的墓葬会越来越多地展现在考古工作者面前。

（李晔，大同市考古研究所文物专家，本文原载于《文物世界》2011 年第 5 期。本文图略）

浑源永安寺修缮保护工程始末

吴锐　孙海川　郝维和

永安寺坐落于浑源县鼓楼北巷，俗称"大寺"。该寺坐北朝南，三进院落，东西宽52米，南北深124米，占地面积6448平方米，为浑源县境内现存规模最大、文物遗存最为丰富的古代寺庙建筑群。1986年8月公布为第二批省级重点文物保护单位，2001年6月为第五批全国重点文物保护单位。现由山西省恒山风景名胜区管理委员会及浑源县文物局保护管理。

据《寰宇通志》《大永安禅寺铭》等史籍和碑碣记载，永安寺始建于金代，不久毁于火焚。元代初年起，当地达官高定与寺僧合力重建山门、佛殿、方丈院等，庙貌开始复兴。至元二十六年（1289）时，建成了山门，购置了佛藏，呈现出"三门华丽，藏教焕然，成一时之壮观"的景象。元延祐二年（1315）高定之孙高璞又捐资在寺中央重建了主殿——传法正宗殿。明、清两代该寺屡有修葺与补建，寺庙建筑渐至完备。

永安寺是一座文物类别丰富，文物价值甚高的历史文化遗产。寺内传法正宗殿为元延祐二年时的原构，此殿面宽五间，进深三间，单檐庑殿式屋顶，造型古朴，气势庄严，独具风采；殿内明间顶部的元代天宫楼阁式藻井，构造奇特，工艺严谨，难能可贵；绘于殿宇内壁的170余平方米巨幅明代重彩工笔水陆画，笔力遒劲，内涵深刻，享誉中外；殿宇构架上的近2000平方米明代梁栿彩画，用色清新，构图秀美，不可多得；殿顶清代乾隆二十六年（1761）烧造的五彩琉璃脊瓦件，塑工精美，色泽如新。永安寺内现存的山门、天王殿、东西配殿、东西垛殿等，虽为明清时期的建筑文物，但其结构、造型、色彩、样式均别具特色，亦被视为精美杰作。

由于永安寺经历了700余年的自然风雨和时间考验，20世纪60年代时期又曾遭到局部人为破坏，加之近百年来缺乏定期维护与保养，至20世纪末，寺内文物已出现多种残损险情，亟待维修保护。经勘查，其存在的问题可概括为：建筑构架歪闪，基础不均匀下沉，墙体裂缝或倾倒，墙面剥蚀风化，斗拱局部折断，椽飞望板腐朽，屋顶坍塌漏雨，壁画污染损坏（其画面外部表现为：起甲、龟裂、划伤、老化、污染、褪色等；其内部结构表现为：墙体倾斜裂缝、墙皮局部剥离脱落等），彩画剥蚀褪色（主要表现为：脱皮、起甲、龟裂、褪色、鸟粪污染、雨水冲刷等）。部分建筑坍毁（如：钟鼓楼、中院碑廊、前院僧舍等），寺内景观破坏（20世纪60年代以后寺内已累计添建民房18间，原有古树名木也已砍伐无存），寺院地面损坏，寺周外围环境混乱等。

为妥善保护永安寺文物建筑，20世纪80年代末至90年代初，山西省古建筑保护研究所会同大同市文物局和浑源县文物局曾经多次组织专业技术人员对永安寺进行前期勘察测绘，并进行过一些局部支顶与抢险保护工作。90年代中后期浑源永安寺现状勘测与修缮保护工程设计方案经国家文物局和山西省文物局核准实施。1999年3月，山西省文物局发布了《关于下达永安寺维修任务的通知》，自此永安寺全面保护与科学维修工程拉开了帷幕。这次永安寺维修保护工程的主要项目包括：山门天王殿落架维修工程；东西配殿、东西垛殿现状维修工程；钟鼓楼、碑廊、戏台、寺前僧舍建筑修复工程；寺庙内外环境整治工程等。永安寺消防、技防工程也是此次大修保护工程的重要内容。

根据永安寺文物建筑的保存状况，永安寺全面维修保护工程分三个阶段组织实施，自1999年8月正式开工，至2004年11月全面竣工，前后历时五年。在此期间，国家文物局、山西省文物局、浑源县地方政府累计投资人民币359万元。

创建文物保护精品工程是本次永安寺大修保护工程的努力目标。工程伊始，在省文物局的指导下，由建设单位、设计单位、施工单位的领导、专家和现场管理技术人员共同组建了"浑源永安寺修缮保护工程质量监督管理委员会"，常驻工地，联席办公，制订规程，精心监管，力求实现工程目标，工程质量广受专家好评。

总结5年工程实践经验，这项文物保护工程在质量管理、进度管理、资金管理方面体现了"三明确、四订立、五落实"的管理特色。

三明确——明确文物安全防护要求；明确文物保护技术方案；明确工程质量监管职责。

四订立——订立工程进度与组织管理计划；订立专项工程做法与技术操作细则；订立工程内在构造质量与外在观感质量目标；订立事先技术交底，事中定期巡查，事后总结验收制度。

五落实——通过例会部署落实工程质量、进度、资金管理控制指标；注重邀请多学科同行专家研究落实疑难问题解决方案；严格工程质量监管程序，认真落实分部分项验收制度；定期质量回访，落实细微不足的有效整改，创建优质工程；勇于技术创新，不断修改完善原有设计文件，把调查研究之风落实在修缮保护工程全过程。

永安寺文物建筑类别多样，涉及的工程技术问题复杂，通过多学科专业技术人员携手合作、联合攻关，在工程实践中取得了四项建筑考古新发现和五项工程技术创新成果，博得了工程验收组专家的好评。

四项考古新发现：

一是经局部探查，掌握了永安寺元代传法正宗殿碎石瓦碴基础的工程做法，并撰写论文公之于世，丰富了中国建筑技术史的相关实例。

二是在传法正宗殿殿内藻井小木作斗拱中，发现了晋北地区的早期"上昂"结构类型，这是中国考古建筑史上的罕见实例。

三是施工中首次发现了元代建筑传法正宗殿庑殿顶正脊"推山"时假厝设置的技术做法，为研究宋元以来当地宫殿建筑"推山"规制和古建筑造型艺术创作设计理论找到了珍贵实例。

四是全面掌握了永安寺大殿的木结构榫卯结构技术，为深入开展中国建筑史的相关研究积累了第一手资料。

五项技术创新内容：

一是采用"灰土挤密桩"技术对永安寺大殿基础进行了加固补强，殿宇基础实物及其历史信息得到了全面保护，元代基础自身丧失了的安全度也得到了有效补偿与恢复。

二是采用"结构纠偏不落架，墙体修复不揭画"的综合修缮技术，既消除了永安寺传法正宗殿原有结构险情，又使殿内275平方米壁画（含100平方米拱眼壁画）得到原位、原状妥善保存。

三是走多学科合作之路，首次引进我省世界领先的"聚乙烯醇缩丁醛"等古代壁画、彩画封护剂，运用先进科技手段，同时结合我国传统的壁画彩画绘制、补残工艺对殿内275平方米壁画和1892平方米梁架彩画进行了全面清污与科学封护（局部进行了补残与修复）。

四是采用"二次施釉"技术对传法正宗殿顶脱釉严重而胎质尚基本完好的琉璃瓦件进行回炉复烧，使原计划替换废弃的300余块古代琉璃瓦件得到保护，延年益寿，长期使用。

五是采用传统的"摹拓拷贝"技术修复传法正宗殿内藻井盖板51块，达到了"修旧如旧"的工程目标。同时原大摹绘了大殿彩画图样数百平方米，并采用传统方法绘制成1:10画稿长期保存、日常展示及科学研究使用。

永安寺维修保护工程不仅是"十五"期间国家文物局和山西省文物局确定的重点文物保护工程之一，也是浑源县现代文物保护史上最重要的大型文物保护工程。施工其间，国家文物局原局长张文彬带领中科院、中国工程院院士一行7人前来现场视察指导工作；国家文物局原副局长郑欣淼、国家文物局文物保护司领导杨志军、晋宏逵、许言先生曾经现场视察，并给予多方指导与帮助；中国文物研究所指派文物保护专家郑军先生协助完成壁画、彩画保护项目；山西省文物局局领导，文物处、安全督察处等处室领导，曾经多次给予指导帮助；省文物局古建专家组数次组队深入现场检查指导工作，参加工程验收。总之，本工程倾注了许多领导、专家和诸位工匠们的心血与贡献。

永安寺维修保护工程全面竣工迄今已有2年多时间，工程竣工时，专家验收组验收结论认为：这项工程在工程设计、施工管理、科学研究等方面具有许多创新内容与较高科技含量，在同类文物保护工程项目中，有些方面达到了省内乃至国内先进水平，具有较强的推广和示范意义。目前全面反映浑源永安寺修缮保护工程技术内容的专著——《浑源永安寺修缮工程技术报告》正在编撰之中。

人们欣喜地看到：全面整修后的永安寺，不仅殿宇更加巍峨壮观，格局更加整齐完备，环境更加古朴典雅，而且新近完成的消防、技防、安防工程也为这处珍贵文物长久保存提供了更加有力的技术保障。

建设单位：山西省恒山风景名胜区管理委员会

浑源县文物局

勘测设计：山西省古建筑保护研究所（总体主持）

中国文物研究所（壁画与彩画保护）

山西省地质工程勘察设计研究院（地质工程勘察）

施工单位：山西省古建筑保护研究所（总体主持）

山西丹宇古建筑艺术有限公司（壁画彩画保护）

山西省地质工程勘察设计研究院（基础加固）

（本文曾收录于《山西文物建筑保护五十年·初编》。孙海川，浑源恒山管委会原主任）

浑源悬空寺修缮保护工程始末

常学文

中国古代建筑形制多样，类型繁多，造型优美，个性突出。我国是一个多民族国家，地域辽阔，南北建造风格各异，各地形成了建筑风格、营造手法的多样化。

悬空寺是古建筑艺术杰作之一，它建在山崖峭壁上，以奇、巧、险的建筑特色享誉世界。据清乾隆《浑源州志》记载：悬空寺创建于北魏后期（471—523），位于浑源县城南 3.5 公里恒山金龙峡的半崖峭壁间，为恒山十八景之首。整体建筑面对恒山主峰，背倚翠屏山，坐西向东，上载危岩，下临深谷，楼阁悬空，结构奇巧。唐、金、元、明、清均有维修、扩建。寺庙群占地面积 343.83 平方米，建筑面积 599.06 平方米。

悬空寺建筑充分利用力学原理，半插飞梁，巧借岩石，构造合理，别具匠心，是我国悬空建筑中的精品，具有较高的科学和艺术价值，1965 年公布为山西省重点文物保护单位。1982 年 2 月公布为第二批全国重点文物保护单位。现属山西省恒山风景名胜区管理委员会管辖。

一、悬空寺建筑形制与现状（略，见本书第一卷第一章第五节）

二、悬空寺现状、保护、维修

悬空寺历经几百年的风雨侵蚀，多少年来无系统规模的维护修缮，寺内碑记载明万历三十二年（1604）重修悬空寺山门；清乾隆十二年（1747）重修大墙耳楼；清同治三年（1864）重修悬空寺。新中国成立后寺院保存完好，至 20 世纪 60 年代前由僧人保护管理。1973 年春天，受自然界的影响，悬空寺顶部落下风化石，将寺院鼓楼屋檐以上构架部分全部砸毁。其余建筑构件榫卯或脱榫或断裂，寺内两个楼阁相连木栈道的木构件多已风化劈裂损坏，悬臂梁也糟朽，险情十分严重。1975 年 3 月份，由国家文物局和山西省文物局组织有关专家对悬空寺进行了实地勘测、测绘，并制订了维修方案。随即拨款 5 万元，对悬空寺鼓楼和栈道进行了维修。于 1975 年 5 月 19 日开工，9 月 19 日竣工。维修保护由县文化局管理。1978 年成立县文物管理所，对悬空寺保护管理。同年省文物局拨款 11 万元，对悬空寺各殿宇的彩绘进行了保护与修复。1992 年国家文物局专家组组长罗哲文来悬空寺考察时，发现寺内屋顶的布瓦有三种规格，部分屋面亦存有琉璃瓦，经过专家研讨，决定恢复琉璃瓦屋面。1993 年 4 月，恒山管理局自筹资金，投资 13 万元，对悬空寺各殿屋顶进行琉璃铺装，并更换木地板，年底竣工。

三、维修工程思路

文物是不可再生资源，在维修过程中严格遵守《中华人民共和国文物保护法》不改变文物原有历史风貌的原则，用传统工艺技法，更换构件要尽可能保留有历史信息的原始构件，坚决避免破坏性的保护。工程中的主要维修人员在施工前对所要维修筑物进行全面了解认识，要认真吃透，随时检点维修后的构件是否与原有构件吻合，不妥之处及时调整改进。新补配的构件规格、质地及工艺做法尽量与原构件的风格相协调，力求达到修旧如旧的效果。

四、维修保护主要技术措施

1. 鼓楼：在修复过程中，按照原有尺寸，对梁架、檐椽、飞椽、望板、连檐、瓦口等构件进行重新制作，屋面瓦件、脊饰件补配时，原有 30% 的旧存构件继续使用，并依据残损构件形制复原补配完整。

2. 栈道：悬空寺栈道悬臂梁糟朽严重，其上的龙骨、木板构件多数朽蚀劈裂、折断、移位等，无法承受荷载。在维修过程中，精选东北落叶松，按原尺寸 20×20 厘米叠双层，上层长 2.6 米，下层 1.9 米，施两道铁箍紧固，加强稳固。栈道从南至北，1、6、7 号悬臂梁插入山体石窟内 1 米深，2、4、5、6 号悬臂梁插入山体内 1.2 米深，悬臂梁上铺木板厚 5 厘米，共计 21 平方米，在栈道边缘再施栏板、望柱，以增强栈道整体稳固性，同时也起到了围护作用。

3. 更换屋面琉璃瓦件：首先搭设外檐保护脚手架，对施工人员进行安全教育，制订相关的规章制度，严格管理，杜绝安全隐患。依原屋面上的脊饰吻兽、瓦件的规格，定制琉璃瓦件，选用 20×12 厘米规格的筒瓦，20×18 厘米规格的板瓦，屋面共计 195 平方米。按照古建传统的施工做法进行铺装。达到了古建筑通用验收标准。

4. 彩绘：按照古建筑彩绘常规技法，对该工程做法实施，各殿所有旧图案不同角度的拍摄照片存入档案，用清水对原有图案清洗后，用刀片清理掉污染物，依照旧存图案复制出样本。然后用木条塞好大裂缝，做三道灰猪血腻子地杖，干后分别两次用一号砂布磨光，最后用传统颜色复原彩画画面，达到保持原有风貌效果。

几年来，悬空寺几次维修中，技术人员和施工人员尽心尽力，努力按照文物建筑修缮的规范要求进行施工，确保达到优良工程，整修后的悬空寺重现光彩，瞩目凝视，如一幅镶嵌在翠屏峰万仞峭壁间的大浮雕。

（常学文，浑源县文物局文物科原科长，本文曾刊登于《山西文物建筑保护五十年·初编》）

浑源荆庄大云寺大雄宝殿修缮保护工程始末

常学文　荀建

大云寺，原名"大云禅寺"，位于山西省浑源县西南 10 公里的东坊城乡荆庄村西，据清乾隆癸未年《浑源州志》记载："大云禅寺有二，一在西南四十里龙山，为上院，一在城西荆家庄，为下院，胥元魏时建"，由此可见，荆庄大云寺始建于北魏，历史甚为久远。荆庄大云寺在志书上仅提上述一句。通过对现存遗物、遗迹的勘测分析和当地老者对大云寺的回忆，大云寺原是一组完整的古建筑群，中轴线有山门、过殿、大雄宝殿、后殿，两侧面有钟鼓楼、配殿、厢房，经历代屡修扩建，建成了坐北朝南，南北长 65 米，东西宽 30 米，总占地面积 1950 平方米，由于年久失修加之自然与人为的破坏，寺内其他建筑先后被毁，现仅幸存大雄宝殿一座，金代建筑。现存建筑出现了构架倾闪，屋椽折断，屋面坍塌漏雨，构件糟朽，不均衡沉降等险情。

1996 年，山西省政府公布为省级重点文物保护单位；2001 年，公布为全国重点文物保护单位；2002 年 4 月由山西省古建筑保护研究所组织专业技术人员赴实地勘测并制订出详尽的维修设计方案；2004 年，经国家文物局批准实施维修，并下拨 50 万元维修专项经费。该项工程 2005 年 5 月动工，同年 10 月如期圆满竣工。现就大云寺大雄宝殿的维修过程概述于下。

一、大雄宝殿的建筑形制与保存现状

大云寺大雄宝殿是寺内中轴线上唯一幸存的佛殿。面宽三间，进深四椽，四椽袱通檐用二柱。檐下斗拱四铺作，单檐歇山顶。

1. 平面：大殿台基长方形，前檐设宽大月台，均以条砖砌筑。台明、月台台面条砖铺墁，殿内地面方砖铺墁。由于现存院面高于台基，大部台明、月台埋于地下 200 毫米。台基、月台台帮均为砖砌，四周竖立条砖压檐，台面条砖墁，规格不一，杂乱无序，高低不平，台帮砖面亦有酥碱脱皮。台明前后出檐不同，前出檐 1.28 米，后出檐 1.67 米，两山出檐 1.37 米。通面宽 12.86 米，通进深 10.83 米。月台面宽 11.20 米，进深 4.75 米，柱底开间总面宽 10.12 米，其中明间 3.56 米，次间 3.28 米，山间总进深 7.88 米，每间 3.94 米。总建筑面积 191.7 平方米。

2. 柱子：大殿用柱共 10 根，均为木质，直柱造。其中前后檐柱各 4 根，两山各设中柱 1 根。角柱升起 0.09 米，向殿内双向侧角各 0.05 米。平柱高 3.38 米，角柱高 3.47 米，底径 0.33 米，头径 0.3 米，柱头卷刹圆润规制。柱头施以阑额、普拍枋，阑普出头 0.4 米，柱础石质素平无饰。大殿用柱全部包镶于墙内，前檐平柱柱脚基本良好，西南角柱柱脚靠外墙部分较为完好，但靠内墙部分却严重腐朽。腐朽深度约为 0.01 米（柱径之 1/3），东山墙中柱柱脚严重腐朽，朽深已及柱心。

所有柱子柱头沉降尺寸为：后檐西角柱 −370 毫米，后檐西平柱 −400 毫米，后檐东平柱 −385 毫米，后檐东角柱 −305 毫米，西山柱 −235 毫米，东山柱 −125 毫米，前檐西角柱 −70 毫米，前檐西平柱 −20 毫米，前檐东平柱 ±0，前檐东角柱 ±0。通过现状分析，柱头下沉，柱子腐朽、基础下沉，是造成大殿的梁架后倾、墙体开裂变形、屋顶破碎的直接原因。

3. 梁架：殿内四椽栿通达前后，两端承挑撩檐槫，梁背置高大隐刻驼峰两枚，隐刻驼峰纵向以襻间枋稳固，其上置交栿头以承平梁。平梁两端承平槫，中置合㭼，立蜀柱以承脊槫。蜀柱柱头上横向施叉手，纵向施顺脊串加以稳固，以增加脊槫的稳定性。

殿顶举折：殿顶总举高 2.7 米，与前后撩檐槫中距（8.48 米）的比为 1:3.14。其中，檐部架 4.8 举，顶部 8.3 举。

翼角升起：由于檐步架平缓，加之角梁后尾插入平架交栿斗下皮，形成了角梁近乎为平置，故翼角升起显著，整个立面效果，给人以振翅欲飞之感。整个梁架构件保存尚好，由于殿顶整体向后倾斜，使后檐槫均向外滚动，后檐西次间脊槫和平槫亦略有滚动，后檐西次间撩檐槫、仔角梁均严重腐朽，梁架位移变形。

4. 斗拱：斗拱共 3 种，即柱头、补间、转角铺作。其中转角铺作四朵；柱头铺作六朵，补间铺作十一朵（前檐明间补间铺作为两朵，其余每间补间铺作为一朵）。斗拱共 21 朵。斗拱四铺作单拱造（慢拱隐刻）外出单抄。里转五铺作，双抄，第一跳设翼形拱。要头蚂蚱形，后尾为楷头。撑头不出头，后尾蚂蚱式。横向施单材，纵向用足材。柱头铺作头里转为压跳，四椽栿头为要头，不设翼形拱。转角铺作泥道拱列抄头，正心枋列要头 45° 出角华拱、角要头。明间、次间平槫枋与襻间枋之间，脊与顺脊串之间均置散斗，组成襻间斗拱。拱枋用材高 18 厘米，厚 12 厘米，高 8 厘米，第一跳长 38 厘米，第二跳长 32 厘米。斗拱现状残损较多，部分拱枋劈裂折断。

5. 殿顶：殿顶施布圆椽，檐头叠加飞椽，椽径 120 毫米，飞高 80 毫米，椽飞之上铺设木制望板，然后抹泥覆瓦。屋顶筒板布瓦覆盖，垂脊戗脊为青灰布雕花脊筒，又脊为砖条脊，正脊和各种脊饰均缺失。现状屋面瓦件松散脱节，严重漏雨，后檐头起伏不平部分坍塌。

6. 彩画壁画：殿内外梁架斗拱，均施彩绘，技法为雅伍墨线旋子彩画，大殿彩画施于殿内外梁架、槫枋、斗拱、阑额等木构件上，主要病害有地杖龟裂、空鼓、颜色老化、脱落、积尘、鸟粪污染和殿内漏雨造成的斑迹。外檐构件长期遭受风雨侵蚀，表层几乎全部脱落。殿内四壁绘有壁画，绘制技法为工笔重彩，沥粉贴金。所绘内容"十大明王"，为明代作品。

壁画具体分布位置及绘画面积为：东西两壁满绘壁画，画面高 3.1 米，长 7.2 米，面积 44.64 平方米，南北两壁因明间开设前后门不施壁画外，两次间均绘有壁画，南壁两次间画面高 3.1 米，长 3 米，面积 18.6 平方米，北壁东次间画面高 3.1 米，长 3.36 米，面积 10.4 平方米，西次间墙体塌落，后人补砌，壁画无存。殿内壁画面积为 73.6 平方米。墙体长期受潮、开裂、变形造成壁画空鼓脱落，人为的因素造成壁画大面积的白灰泥喷涂覆盖和熏污。

附属文物：乾隆三十三年（1768）《重修龙山碑记》残碑 1 通。

二、维修工程概述

1. 梁架的歪闪纠偏，糟朽柱子的墩接。由于殿宇的四周柱子都被墙体包裹，柱子根部糟朽非常严重，墙体受挤压而外倾导致柱子倾斜，总体趋向后檐西北角柱子。柱子墩接采用东北落叶松十字抄手榫并灌注环氧树脂外裹铁箍束紧。确定了柱头的高度及四角的升起高度后检修斗拱的残损并加固残损构件。补配缺失的小斗、翼形拱、不能继用的间枋等。最后调整大木构架的水平及举架尺寸。

2. 木基层的更换：由于屋面木基层均出现严重的糟朽现象，因此此次的修缮修复过程中对檐椽、飞椽、望板、连檐、瓦口等构件依图纸要求进行了重新制作。

3. 屋面瓦件、脊饰件的补配。人为及自然因素的破坏使屋面的瓦件、脊饰件等约50% 不能继用，依据旧存的形制复原补配了缺失部分的构件，重新维修了建筑屋面；严格按古建筑维修技术工程，新做苫背三层。①护板灰：主要起防水防潮、保护望板作用；②灰泥背：材料体积比等于白灰：纯黄土 =1:3，加适量麦秸；③青灰背：灰泥背干到适当后，上抹青灰背，当各道泥背全干透后，按古建传统"压肩"做法，先扣瓦后筑脊。

4. 彩画与壁画的清污、保护与修复。墙体的外倾，柱子的变形导致墙体出现多处的裂缝及里墙壁画墙皮的空鼓。里墙壁画及梁架上彩绘也被人为喷涂了白灰泥。故此次修复过程壁画、彩画的清洗修复保护工程任务巨大，调集了优秀的专业施工技师运用传统做法对西墙里皮的壁画进行了揭取修复，对后檐前檐东山墙里皮的壁画则运用先进的科技手段对局部进行了原位维修保护，最终达到了预期的维修保护效果。

5. 台明及月台的整修。由于墙体外倾严重，20 世纪 80 年代在台明上砌筑厚 1 米的毛石护墙，台明也被护墙覆盖，在拆除护墙后经测量发现大殿的台明四周平出皆不相同（现场挖掘发现，两山的台明都向里收缩），经双方技术人员商定依后檐台明平出尺寸校正两山台明平出。月台、踏步、散水依据图纸设计要求复原。

大云寺大殿的维修保护工程。虽然殿宇不大，但科学性很强，涉及的项目较广，用材品种较多，规格较杂，技术性很强。建设单位、设计单位、施工单位的领导、技术人员一起制定规程，按照有关文物法规的建筑修缮规范要求进行，文明施工、收集资料、记录存档，达到优良工程。

整修后的大雄宝殿彩绘壁画重现光彩，月台及地面光洁整齐，主体构架受力更加稳定，外观显古朴雄伟。

建设单位：山西省恒山名胜风景区管理委员会、山西省浑源县文物局

勘测设计：山西省古建筑保护研究所

施工单位：山西省古建筑保护工程有限公司

（本文曾刊于《山西文物建筑保护五十年·初编》，由常学文、荀建执笔。荀建，山西省古建筑集团有限公司副董事长）

北岳恒山元灵宫
常学文

北岳恒山位于浑源县境内，与东岳泰山、西岳华山、南岳衡山、中岳嵩山并称五岳，齐名天下。北岳恒山历史悠久，文化灿烂，风光壮美，素有"人天北柱，绝塞名山"之誉。恒山，亦名常山，别名大茂山，《水经注》称玄岳。主峰天峰岭海拔2017.8米（现测绘为2016.1米），高为五岳之冠。

元灵宫是恒山主庙，亦名贞元殿，因位于恒山恒宗峰南岩峭壁下，又名恒宗殿，建于明弘治十四年（1502）。坐北向南，居高临下，冠于诸庙观之首。中轴线上设有崇灵门、朝殿，两侧为青龙、白虎殿。

崇灵门位于朝殿前方，面阔三间，单檐悬山顶，中柱设板门三合，无门钉，门簪四个，刻花四瓣，斗拱五踩双下昂，耍头蚂蚱形与云形，柱础石为素面古镜式，柱头卷刹甚缓，类似梭柱之制。额枋、平板枋用材较大，出头砍成楷头形。正面厢拱、瓜拱、万拱均看面砍斜，昂嘴较肥似经后人修补。梁架砍削规整，梁与梁之间用驼峰相承。斗拱与柱高之比1:3.7，柱径与柱高之比1:7.1，梁断面为5:4。

朝殿是元灵宫的正殿，又是恒山庙宇群的主殿。总建筑面积281.9平方米，面阔五间，进深三间，前设副阶，单檐歇山顶，花琉璃脊兽，绿琉璃瓦盖顶，砖砌檐墙，柱础石为自然石料略作加工后使用，显得粗糙、简单，殿身四周施檐柱22根，东北角为抹棱柱，余皆圆形。侧脚升起不明显，殿内无柱，彻上明柱造，柱间用额枋、平板枋联结。转角处砍成楷头形。四根七架梁后尾置于后檐柱头，前端插入老檐柱内。前设副阶，挑尖梁对七架梁。山面耍头后尾搭于七架梁之背，上施蜀柱，隔架承托五架梁，五架梁之上用同样手法承三架梁，上为儒柱、叉手托脊桁。斗拱五踩双下昂，补间斗拱皆两攒，梢间为明间之半，无补间斗拱。昂嘴琴面，弧线显著。正面厢拱、瓜拱、万拱看面砍斜，耍

头蚂蚱形，衬头枋伸出作云形、卷草雕饰。角科施大斗三枚，由昂之上置平盘斗，托把臂厢拱，由昂后尾插入老檐柱内，老角梁后尾插入老檐柱内，上施仔角梁，无递角梁、隐角梁，柱头设正心枋两层，山面增设压槽枋。各拱拱头皆卷刹无瓣，呈抛物线型。斗拱与柱高之比 1：5.4，柱径与柱高之比 1：10，前后撩檐桁与总举架之比 1：3。梁断面之比 5：4。

屋顶举折前坡较缓，后坡陡峻，前檐装修，明、次间各置六抹头隔扇，棂条疏朗，窗格略大，裙板、涤环板刻有简单大方的壶门花纹，抹头、边挺看面为单混起双线，尽间隔窗置于槛墙之上。

殿内设 9 尊塑像，正中设神龛，内塑"北岳安天玄圣大帝"像。两侧稍前有文臣 4 尊、卫士 4 尊，是北岳大帝的"侍从"。

东西青龙、白虎配殿各五间，单檐硬山顶，为民国初年遗物。崇灵门与朝殿之间设 103 级石阶相通，宏伟古朴的朝殿坐落于石阶之上，冠于全宫。

寝宫为元灵宫之配宫，位于元灵宫东南约 100 米处，建于一个巨大的天然崩石凹壑之中，东、南、北三面绝壁峭崖，西面开阔。中间空地约近 200 平方米，如同一座宽敞的庭院，据《恒山志》载："弘治十四年……改古庙为寝宫。然结构窈窕，殊类化工。"

寝宫，坐东向西，重檐歇山顶，顶部原为铁瓦方心。铁瓦铭有"大明嘉靖九年铸造"，黄琉璃脊兽，绿琉璃瓦剪边。平面近似方形。三面设廊。正脊紧贴山体，为一面建筑，梁后尾插入石崖之内。殿内山崖为一自然石窟。"岳神"夫妇垂脚坐于石窟之内，窟口设神龛。

檐柱用挑尖梁联结。后尾插入老檐柱。额枋、平板枋伸出呈耍头。老檐柱直承大梁，梁断面 5：4。柱头科下檐四踩单下昂，上檐五踩双下昂，补间明间两朵，余皆无。厢拱、万拱、瓜拱看面砍斜，耍头蚂蚱形。角科平面施大斗两个，正心枋两层。各拱头卷刹无瓣。屋顶举架较急。明间置六抹头隔扇，施棂形窗。尽间直棂窗置于槛墙之上。

梳妆楼位于寝宫前南侧，二者相距约 10 米。坐南向北，重檐歇山，筒板灰瓦布顶。由于紧靠山崖，顶部后视为悬山，前视为歇山。平面正方形，建筑高宽之比亦近似方形。四根永定柱贯通上下。下面东、西、北三面置八根檐柱。用挑尖梁与永定柱相连。上层檐柱用骑心卯口叉于下层挑尖梁之背。后永定柱比前永定柱高 1.5 厘米，后柱上端置脊桁，前柱上端置金桁，两柱间用方材联结，伸出后柱挑承后柱后檐撩檐桁。整座建筑不施斗拱。虽为重檐，结构却简单，当为民国初年遗物。

恒山建筑多为小巧玲珑的宫观，其建于苍松翠柏、奇花异草之中，以崎岖的道路相通。游人步其间，祥云缭绕脚下，古树丛丛，庙宇林立，确有"仙府"之态。古代建筑师们利用恒山的自然地理环境，创造出不同的组群建筑，点缀于恒山顶上。元灵宫一组建筑，在布局上讲究了中轴线和左右对称，既有气势又有层次，显得古朴稳重。再加上 103 级台阶的衬托，使朝殿显得更加宏伟高大。寝宫、梳妆楼一组建筑则使用了高低、大小、方向等若干对比手法，颇有亦庄亦谐风范。

恒山现存建筑，施用地方手法较多，如在翼角处理上，老角梁后尾插入老檐柱内，翼角椽紧贴老角梁向上铺钉，边角归正，使屋顶平面形成一个优美的凹形曲线，苫背时在凹坑内填充木质材料以减轻重量，这种做法一直沿用至今。同时也保留了一些早期的建筑手法，如檐柱近似梭柱等特点。

（本文曾刊登于《文物世界》2004 年第 2 期）

唐代浑源窑珍品——黄釉执壶

马锦龙　秦宏伟

唐代浑源窑是山西较为重要的一处窑址，有古磁窑和界庄两处窑区。两窑相距约 2.5 公里，烧造器物相似，白瓷、黑瓷、青瓷的烧造水平较高，颜色釉器更是出类拔萃。《中国陶瓷史》第五章第四节中谈到浑窑的黄釉瓷器。《中国古窑址调查发掘报告集》里，冯先铭先生有专门的浑源窑调查简报。两处的报告没有提到唐代的黄釉瓷器。《中国古窑址调查发掘报告集》里，冯先铭先生有专门的浑源窑调查简报。两处的报道都没有提到唐代的另一处窑址——界庄窑。1997 年，山西省考古研究所对浑源窑进行了全面调查，《考古》2002 年 4 期发表了浑源界庄唐代浑源窑的报告，这样，我们对唐代浑源窑才有了一个全面的了解。

最新的资料表明，唐代浑源窑烧造的三彩、黄釉、绿釉、青釉等陶瓷器是一种烧造工艺较高的器物。从目前的发现看，颜色釉中，器型最大的当数黄釉器物。有藏家收藏了一件可以确认唐代浑源窑的黄釉陶执壶，器型高大，是同时期其他窑址所不见的。此器物出自古磁窑唐代遗址中，虽然有损，也属难得，它给我们提供了一个确切的实物标本。

黄釉执壶高 34.4 厘米，最大腹径 16.6 厘米。圆唇，喇叭口，溜肩，深腹，平底，肩部有小短直流。与流相对器物另一侧为三泥条组成的把手。之间有对称双泥条系堆贴在颈肩部。肩部为单向平刃刀刻出的饰纹，肩部以下通体饰折刃刀刻出的席纹。肩部及腹部有三组凹弦划破席纹，将器物几乎均等地划为四部分。器物不施化妆土，通体施黄釉，平底边缘也粘有部分釉水。黄釉清亮娇嫩，呈色纯正，釉层较厚，玻璃质感强。内颈部以下无釉，拉痕清晰。厚 0.5 厘米，呈黄白色，露胎部分为浅砖红色。

浑源窑烧造黄釉器物在很多年前已经已被人们所知，但它的面貌并不清楚。《中国陶瓷史》中谈到的浑源窑黄釉器也是黄褐釉的席纹小罐。到目前为止，包括山西省考古研究所藏标本中，除罐壶以外，还没有发现其他器物。因此，这件完整的执壶对研究浑源窑黄釉器物尤显重要。

烧造黄釉器物的窑址还有安徽省淮南市寿州窑、萧县白土窑，河南省密县窑、鹤壁窑、陕西省铜川市玉华宫窑，河北省曲阳县定窑、临城县邢窑，湖南省长沙窑等。寿州窑黄釉器物因唐人陆羽在《茶经》中有"寿州瓷黄"而较有名。从目前的考古发现看，其他窑口烧造的黄釉器物也各有特点，有的质量上乘。寿州窑执壶胎体厚重粗糙且施有化妆土，执壶器表都是素面的。河南、河北窑口生产的执壶多数施化妆土，施席纹。浑源窑执壶不施化妆土，但有席纹装饰。从现在资料看，器表有无席纹可能是南方和北方黄釉器物的区别。浑源窑执壶不施化妆土，又有别于北方其他窑口，况且烧成温度高，没有其他窑口的脱釉现象。郏县窑执壶矮胖浑圆，大方古朴。曲阳窑执壶则略修长，俏而显秀。浑源窑执壶有大、小两种，皆比例适中，浑圆中显出挺拔，秀气中显露着古朴。

（本资料由马锦龙、秦宏伟所撰，曾刊登于《文物世界》2004 年第 1 期）

山西浑源磁窑考古

任志录

浑源窑位于山西省浑源县城以南约 8 公里处。地域上从大磁（瓷）窑、青磁（瓷）窑、界庄到古磁（瓷）窑，绵延约 5 公里，时间上从唐代到元代一直烧造瓷器，是山西省境内历史悠久、规模较大的一处古磁窑遗址。50 年代以来，先后有国内外许多古陶瓷专家不断到浑源窑考察，并取得丰硕成果。但由于当时条件所限，始终没有弄清楚浑源古磁窑的历史全貌，没有揭开它古老而神秘的面纱。1997 年，山西省考古研究所重新对浑源窑进行调查并发掘，证明浑源窑从唐代一直到元代一直烧造，其中古磁窑和界庄大水床属于唐代窑址，青磁窑属于金代到元初窑址，大磁窑属于元代窑址。1999 年又对磁窑进行了较大规模的发掘，发掘面积约 500 平方米，共发现窑炉 6 处，保存较完好者 4 处，发现窖泥、练泥、制坯、烘烤工作作坊两处。发现大量匣钵、窑柱、垫饼、模范等烧窑和装饰工具，发现大量各种类型的陶瓷标本。

这次发现的标本丰富多彩，唐代有青瓷、白瓷、黑瓷、绞胎。器形有罐、执壶、碗。罐有黑釉、青釉小罐，有黑釉双系小罐。罐上装饰一般为席纹、水波纹等。碗以玉璧底为主，有一种外黑里白釉碗，别具特色。金代主要有白瓷、黑瓷、青瓷、酱釉瓷，而以青瓷为主，占总量的 1/3，其中白瓷、黑瓷的烧造水平很高。浑源窑是中国青瓷烧造最北方的一个窑口。

浑源窑的白瓷分为粗、细两种。粗瓷器物多为大缸、大小罐，釉色白中泛黄或泛青。一般是先施化妆土再上釉，胎质较粗，以灰白为主。细瓷器物有碗、盘、壶、注子、枕；俑类有马、犬、鸟、骑马人物、骑鸟人物、佛、菩萨，还有象棋子及各种玩具等。细白瓷一般不施化妆土上釉，釉质洁白细腻，釉面平静光滑，胎质很细，胎色细白。除素面外，装饰有印花和剔刻花。黑瓷釉亮光泽，釉质较厚，色泽纯正，器物以罐、碗、枕为主。

胎有粗细两种，胎色灰白，装饰以剔花刻花为主。青瓷是该窑的主要特征，烧造量也最大，因此此地被称为"青磁窑"。青瓷器形主要有各种类型的碗、盘、枕，以细瓷为主，釉质细腻，釉面平静滋润，胎色以白为主，也有灰胎，装饰以素面为主，少数为剔花、刻花。青瓷中一个主要装饰特色，也是浑源窑在中国瓷器烧造上独具特色的装饰，是镶嵌瓷。其制作方法是胎上画出花的范文，然后再在范文内填上白色化妆土。剔除范文外多余的化妆土后，施青釉入火烧成。由于胚体的青灰和化妆土的纯白呈色不同，就形成了青地白花的效果，颇为美观别致。装饰题材主要有牡丹、菊花、禽鸟、婴戏纹、网格纹、米字点。边饰有双线纹、回纹、白粗线包边等。

　　浑源窑位于山西省北部，所烧造的黑釉瓷和刻花、剔花的装饰，完全是山西雁北（即雁门关以北）的地方特色，与周围怀仁窑、大同窑、天镇窑、河曲窑的釉色和装饰基本一致，浑源窑青瓷的刻花、剔花也与此同出一辙，这是该地区内各窑相互影响的结果。浑源窑烧造的白釉细白瓷及其印花装饰，与山西本省的平定窑、盂县窑、介休窑、霍县窑等及河北省的定窑、井陉窑等基本一致，同时与内蒙古的赤峰、北京的龙泉务等窑口辽代烧造的细白瓷及其装饰的风格基本一致。青瓷的烧造在南方从东汉时代即在浙江上虞、余姚一代开始烧造，发展成以后的越窑青瓷。这种青瓷以后在南方各地都有烧造，在唐代及其以前形成南方瓷器的主要特色。从北宋开始，这种青瓷开始在河南省的汝州、宝丰、临汝等地，及陕西省的耀州等地烧造，北方的这些青瓷特征都是青釉灰胎，釉下刻花装饰，浑源窑的青瓷在釉色上与这些青瓷大同小异，装饰上却大不相同。首先它没有上述窑口的釉下刻花，而是釉上剔花，间或刻花或釉下剔花，而上述窑却完全没有这些装饰；其次，也更为重要的是浑源窑的镶嵌瓷装饰独具风格，为其他窑所不及。镶嵌瓷过去一直被认为是朝鲜的民族特色，称为高丽镶嵌瓷，从 12 世纪中叶开始烧造，相当于中国金代中期。高丽的镶嵌瓷有线镶嵌、面镶嵌、逆镶嵌三种，在青瓷和砂器上镶嵌，但最初以青瓷线镶嵌为主，也称为青瓷镶嵌。浑源镶嵌青瓷的出现说明了中国不晚于 12 世纪中叶就有镶嵌瓷，虽然发现品种较少，但已经完全反映出其基本面貌。

　　浑源窑在金代烧造规模较大，在国内外有一定影响，过去以黑釉剔花广为人知。新的发现表明浑源窑品种丰富多彩，还有高质量的白瓷和青瓷，更有镶嵌青瓷，表明中国在较早时期也生产这个品种。同时提出了一个新的课题，中国镶嵌瓷和高丽镶嵌瓷两者的渊源关系如何？浑源窑新的发现不但对于了解中国北方瓷器烧造的面貌及其相互关系提供了实物依据，而且为探讨镶嵌瓷的起源，研究中国北方与高丽的文化交流提供了弥足珍贵的新资料。

　　（任志录，山西省考古研究所副研究员）

山西浑源县界庄唐代瓷窑考古调查

孟耀虎　任志录

浑源瓷窑于 20 世纪 70 年代被发现。1977 年，冯先铭先生曾前往调查，1982 年，李知宴先生再次在此做考察。两次调查，收获都较大，然而两次调查都未涉及界庄唐代窑址。冯先生报告中的唐代资料出自古磁窑，李先生文章中的界庄窑实际上就是金代盛烧并以之为村名的青磁窑。1997 年，山西省考古研究所对浑源古瓷窑进行了全面调查，并对界庄唐代窑址和青磁窑遗址进行小规模的试掘，获取了一批新资料，为研究浑源瓷窑提供了重要线索。

界庄地属青磁窑镇，位于浑源县城东南 24 公里处，北距古磁窑 3 公里，西距青磁窑 2.5 公里。界庄唐代窑址地处界庄村西南一个叫"大水床"的山坳中，地势东北高，西南低。窑区所倚即为坩土坡，南侧至西南有一沟壑，沟内有泉水常流。

一、地层堆积情况

界庄唐代窑址面积不大，长约 150、宽 100 米。地表散见不多的三叉支具、碎小瓷片等。1997 年 4 月调查时，一处民房施工中挖出了一批瓷器，同年 10 月，我们对窑址进行了钻探和试掘。

从钻探情况看，窑址中部自北向南有一条沟壑，这是窑址堆积最丰富的地区。这次钻探没发现有窑炉和作坊遗址。我们选择在窑址堆积最丰富的沟壑上试掘 4 米 ×4 米的探方一个。探方地层简单，现将此探方北壁剖面的地层关系简述如下。

第 1 层：耕土层。灰褐色土。厚 0.3～0.32 米。

第 2 层：扰土层。黄褐色沙质土，土质较软。厚 0.4～0.8 米。

第 3 层：灰色土。厚 0.5～0.7 米。此层内出土有大量的瓷片及少量绳纹陶片，主要器物有碗、钵、罐、瓶、枕、盏托、壶及三叉形支具。

第 4 层：黄灰色土。厚约 0.5 米。此层包含物极少。

第 5 层：冶炼废渣层。厚约 0.8 米，没有其他夹杂物。

二、出土器物

界庄瓷窑出土器物分陶器和瓷器两类。器形有碗、钵、执壶、罐、瓶、盒、炉、杯、盏、托、器盖、枕、雕塑、铃等。瓷器的釉色有青、白、黑、三彩四种。

（一）青瓷

青瓷在出土器物中约占四分之一。器形有碗、钵、执壶、盏托、铃。青瓷的釉青中泛黄，个别呈黄色。碗类器物中部分为外青釉内白釉。

直腹钵　C:1，侈口，圆唇，直腹，饼足。腹部有弦纹。内外施青釉，唇口部刮釉有芒，外腹施釉不及底。胎质坚硬，呈灰色，杂小砂粒。口径 12.4、腹径 12、高 8.4 厘米。

敛口钵　C:2，唇口内敛，鼓腹，饼足。肩腹部饰席纹。釉为内满釉、外半釉。胎呈黄白色，杂有砂粒。口径 10、腹径 14.8、高 7.6 厘米。

碗　敞口，分二型。

A 型：弧腹。外青釉，内挂化妆土，施白釉。分二式。

Ⅰ式：C:3，圆唇，饼足。足部粘连有三叉支具。灰胎，杂有砂粒。口径 14、足径 6.4、高 4 厘米。

Ⅱ式：T1③：8，尖唇，宽环足。黄白胎。口径 12.8、足径 6、高 3.6 厘米。

B 型：斜腹，宽环足。黄白胎。分二式。

Ⅰ式：T1③：1，尖唇。内挂化妆土，施白釉。口径 12.8、足径 5、高 3.7 厘米。

Ⅱ式：T1③：5，圆唇，腹微弧，足底外侧斜削。器外施釉不及底。口径 15.6、足径 6.4、高 4.8 厘米。

盖托　T1②：10，残。托盘为斜腹，托口为尖唇，宽环足。施化妆土，内满釉，外半釉。灰胎坚硬、略粗。足径 5.6、残高 2.3 厘米。

执壶　T1①：4，口外侈，有錾。青黄釉，黄白胎。残高 4.4 厘米。T1②：5，圆肩，深腹，短流。肩部有三周弦纹，器身饰席纹。黄白胎。残高 6 厘米。

铃　T1①：2，圆球形，中空，顶部有钮，铃中腹以下有开缝。腹部有两周弦纹。钮和器身上半部施釉。直径 3.2、高 4.2 厘米。

（二）白瓷

白瓷约占出土器物的四分之一。器形有碗、钵、炉、器盖、执壶、杯等。白瓷中的白釉多泛灰，施化妆土。

敛口钵　口内敛，鼓腹，饼足。器外施釉至腹部。分二式。

Ⅰ式：T1②：12，最大腹径在肩部以下。口径 12、足径 7.2、高 8.1 厘米。

Ⅱ式：T1①：5，最大腹径在肩部。口径 10.8、残高 6 厘米。

碗　圆唇，敞口。分三型。

A 型：T1③：1，曲腹，璧足。器外施釉不及底。黄白胎。口径 12.8、足径 6.8、高 3.6 厘米。

B 型：T1①：7，微弧腹，饼足，足外侧斜削。器外施半釉。黄白胎。口径 12.8、足径 6.4、高 3.6 厘米。

C 型：敞口，弧腹，宽环足。施釉至底，足心亦施釉。分二式。

Ⅰ式：T1③：6，尖唇。白胎细密坚硬，白中泛灰。口径 14、足径 6.5、高 4 厘米。

Ⅱ式：T1①：10，圆唇。青灰胎坚硬。口径 14.8、足径 8、高 4.4 厘米。

炉　三足，平底。满釉，器外施釉不及底。T1③：27，三兽足，黄白胎坚硬。残高 4 厘米。T1②：4，三象征性兽足，青灰胎。残高 4 厘米。

器盖 分二型。

A 型：盖面突起，出沿，子口内敛。盖面施釉。分二式。

Ⅰ式：T1②：11，平出沿，平顶上有圆钮。口径 6.4、高 4.2 厘米。

Ⅱ式：T1③：13，沿下倾，顶残。口径 10、残高 3.4 厘米。

B 型：T1①：6，直壁，斜肩，盖顶下塌。釉层匀净。白胎坚细泛灰。直径 6.2、高 2 厘米。

执壶 T1②：13，高领，圆肩，颈下有流，颈肩部有錾。青灰胎。残高 8 厘米。

杯 T1①：3，侈口，圆卷唇，曲腹。唇部刮釉，外施釉至下腹。口径 8.2、残高 4.4 厘米。

（三）黑瓷

黑瓷约占出土器物的三分之一。器形有碗、钵、盆、盏、瓶、罐、执壶、盂、盘等，黑釉分纯黑、黑中泛黄、黑中泛紫等几种。另有一种酱色、黑色相融杂的釉色也归入黑釉瓷中。

碗、盆类器物部分为外黑内白。

钵 卷沿，鼓腹，璧足。器外施釉，口唇部及器内不施釉。分二式。

Ⅰ式：T1③：10，尖唇，腹微鼓。外施半釉。黄白胎。口径 19.8、足径 9.2、高 8.4 厘米。

Ⅱ式：C：4，圆唇，腹较Ⅰ式鼓。外施满釉，足心施釉。黄白胎。口径 18.2、足径 8.6、高 8 厘米。

碗 圆唇，敞口。分三型。

A 型：T1②：3，斜腹，宽环足。内挂化妆土，施白釉，器外及足心施黑釉。黄白胎。口径 14、足径 6.2、高 3.6 厘米。

B 型：弧腹，宽环足。内施白釉，外施满釉，足心施釉。白胎泛黄。T1①：8，口径 12.8、足径 6.4、高 4 厘米。C：5，口径 13.2、足径 5.6、高 3.8 厘米。

C 型：曲腹。白胎泛黄。T1③：4，外施黑釉，内施白釉，外唇下部不施釉。口径 18.8、足径 8.4、高 6 厘米。T1①：11，内外施黑釉。口径 19.2、足径 10、高 6.4 厘米。

盏 圆唇，腹微弧，平底。内施满釉，外施半釉，唇部刮釉。黄白胎。T1①：9，底微内凹。口径 13、底径 5.2、高 3.6 厘米。T1③：2，口径 12、底径 5.2、高 3.6 厘米。

罐 C：6，侈口，圆唇，束颈，圆肩，深腹，平底。肩部有两个对称泥条系。紫黑釉，内施满釉，外施半釉。胎呈浅灰色，杂有气孔、砂粒。口径 9.5、底径 9.2、高 18.1 厘米。

瓶 分二型。

A 型：盘口，束颈，圆肩，深腹，平底。外施半釉。C：7，胎呈浅灰色。口径 5.3、底径 6.4、高 15.6 厘米。T1③：11，茶叶末釉，黄白胎。足径 4、残高 8 厘米。

B 型：T1①：13，深腹，平底。外施半釉。青灰胎。足径 6.8、残高 10.5 厘米。

执壶 分二型。

A 型：C:9，体矮扁，短流上翘。黄白胎略粗。

B 型：C:8，圆唇，喇叭口，短直流，圆肩，深腹，双泥条形把手附于颈侧和肩部。紫、黑釉相杂。胎呈青色，杂有气孔及小砂粒。口径 7.8、残高 14 厘米。

研磨盘 圆唇，敛口，浅腹，宽环底。器内无釉，划网纹，同心圆圈线在每个网格中又向内戳起毛边以利研磨。T1②：2，器内有同心圆网纹和朵花。黄白胎略粗。口径 13.6、足径 6.8、高 2.8 厘米。T1③：3，浅灰胎。口径 12.4、足径 6.4、高 2.8 厘米。

盂 C:10，小敛口，垂腹，环足。内外皆施半釉。口径 4.8、足径 5.6、高 6.5 厘米。

盆 T1①：12，折沿，弧腹。内施白釉，外施黑釉。黄白胎。口径 33 厘米。

（四）绞胎器

绞胎器为赭色、白色相绞。或施青釉，或素胎。器形有碗、盖托、枕等。

枕 T1③：28，器身残，可看出为雕塑器物。枕面为橘红色、白色相绞的木理绞贴面。枕面以外器身为灰黄胎。残长 11.2、高 4 厘米。

碗 T1③：17，尖唇，敞口，斜腹。通体施青釉。口径 15.8、足径 7.2、高 3.2 厘米。

盖托 T1③：16，整体呈盘式。托口微突，尖唇，环足。通体施青釉。托盘口径 12、足径 6.4、高 2 厘米。

（五）三彩器

出土器物残片可辨认器形有执壶、钵、碗。釉彩主要为赭、绿、黄三种。三彩多施于有席纹装饰的器物上。从一些窑具上流淌的三彩釉看，三彩器烧造时主要使用三叉支具。

（六）素烧器

出土器物中，有一部分为低温素胎器，可能为三彩器素烧件。器形有罐、执壶、雕塑等。

罐 T1②：7，侈口，束颈，圆折肩，肩以下残。颈以下饰席纹，肩部有弦纹一周。白胎泛黄。口径 7、残高 2.4 厘米。

执壶 T1③：15，残存龙首短流，龙口即壶流。器身有席纹。白胎泛黄。残高 5.5 厘米。

雕塑动物 T1③：23，卧式动物的后半部，下有方形底座，黄白胎。

塑像 T1③：24，动物类，手工捏制，黄灰胎。T1③：22，动物类，手工捏制，黄白胎。

（七）工具

主要为支垫具。

杵　整体呈倒蘑菇形。蘑冠残，蒂部突出，中间留有柄孔伸入杵体内，柄孔口小中间大，设计合理。青白缸胎。T1③：25，冠、蒂皆残。残高9厘米。T1③：26，冠顶残。残高9厘米。

盘头　覆盘形，瓷质，无釉。为当时器物成形时使用的一种工具。分二式。

Ⅰ式：T1③：18，平顶，斜腹，口外撇。腹沿部挖出三处凹鏊以便提取。口径20.4、顶径8、高3.2厘米。

Ⅱ式：T1②：1，较Ⅰ式器物矮，底残。口径18.4、高1.7厘米。

三叉支具　分二型。

A型：T1③：20，三叉中心下凹，三足断面呈等腰三角形，等腰内收。三足上粘有青、赭色釉斑，可知是垫烧三彩器时使用。手工捏制。黄白胎。边长8.2、高1.4厘米。

B型：三叉呈片状，三足顶端有三个支钉。分三式。

Ⅰ式：T1③：19，器形小，三足顶端呈锥状。边长5.2、高2厘米。

Ⅱ式：T1①：1，三足顶端呈圆形。三乳形支钉，支钉内侧经整压。边长9、高1.5厘米。

Ⅲ式：T1③：21，三足顶端呈方形，三乳形支钉。边长9.2、高1.6厘米。

三、结语

浑源唐代瓷窑址共有古磁窑村窑和界庄窑两处，古磁窑村窑在烧造时期的规模可能要大于界庄窑。以前瓷窑址调查报告中的浑源唐代窑址即为古磁窑遗址，这座窑址因为受破坏严重，我们已经很难了解到当时的烧造面貌。1997年调查浑源瓷窑时，我们对古磁窑、界庄两处唐代窑址都进行了调查，从可以对比的两地的青瓷、白瓷、黑瓷、三彩器等看，两地在烧造时间、烧造品种、烧造水平上都基本相近，而界庄瓷窑的器物种类相对较丰富。

界庄瓷窑烧造的器物有青瓷、白瓷、黑瓷、三彩器和绞胎器等多种种类。器物底和足都很低矮，足底外侧多数斜削。碗类中的大部分器物在足心施釉，胎体均显厚重。青釉器物釉层匀净，有外青内白和内外皆施青釉两种。白瓷器物在烧造技术上已较为成熟，虽然多数白瓷器胎质白中泛灰或泛黄，但也有部分器物胎质细密，属细胎白瓷。黑瓷器数量略多，黑釉多泛酱紫色，有的器物胎体内的铁元素在高温下析出和釉面相熔的物质，致使黑釉变为紫黑相杂的釉色。三彩器和绞胎陶器是这次调查中的重要发现。调查所得有三彩器残片和带有三彩釉的三叉支具，绞胎器物及绞胎器和三彩器相粘连等的器物。素烧器物占有一定比例，可能为二次上釉的三彩器的素烧坯。绞胎素烧器也有发现，可能绞胎器物也必须经过素烧和釉烧两次入窑方可烧成。

生产唐三彩的窑址有河南巩县窑，陕西铜川黄堡窑、西安窑，河北内丘邢窑，四川邛崃尖山子窑。就目前资料看，浑源界庄瓷窑是唐代烧制三彩器最北部的一个窑址，它的发现为研究存世三彩器提供了新资料。绞胎器和三彩器在窑址中的并存以至烧造技术上的相近，可以想见它们在起源、装饰效果上的诸多共性，二者皆追求繁复、流丽、活泼的艺术效果，诸如条带（或羽毛纹理）、木理、团花等纹饰在两类器物上均有表现，虽技法不同而形式有异，但在匠心上是相通的。目前已知出土三彩器最早的是唐咸亨二年（671）昭陵陪葬的太宗妃燕氏墓和赵王李福墓内出土的罐、盘等，出土绞胎器最早的是唐神龙二年（706）懿德太子李重润墓内出土的骑马俑，二者在时间上相距不远。有人认为绞胎器和瘿器有关，但它们在工艺上没有任何关系，却和绞胎玻璃相似。木理纹是绞胎玻璃和绞胎陶器中最简单和常见的一种装饰手法。绞胎陶器中的团花纹和绞胎玻璃器类似的纹饰中表现"小人糖"式的花纹，即所谓"蜻蜓玉"的制作技术相近；绞胎陶器中的羽毛纹在绞胎玻璃类似的纹饰中是以砂蕊技法做成。5世纪中叶，大月氏人在大同附近曾生产过"五色琉璃"，这种"五色琉璃"也极有可能为绞胎玻璃。北方地区北朝以来一直为胡人所治，隋代立国时间很短，在这样的历史背景下，"大有胡气"的唐代出现极有可能受绞胎玻璃影响而产生的三彩和绞胎陶器是可能的。

界庄唐代瓷窑在文献中没有记载，出土器物也没有刻划纪年及其他能表明烧造历史的资料。从出土器物的特征分析，其时代应在中唐后期至晚唐前期，理由有三点：其一是碗类器物的底足有饼足、璧足和宽环足，而没有晚唐出现并流行于晚唐、五代的窄环形圈足；其二是晚唐流行的花口碗、碟在这里没有见到；其三是黑釉执壶（C:9）和黄堡窑三期后段黑Ⅵd式IZ4:43的同类器物相近，白瓷敛口钵（T1①：5）、黑瓷深腹钵（T1③：10）分别和黄堡窑三、四期之际的黑Ie式ⅣT9⑤：145、青Ⅲd式ⅣT9⑤：16的同类器相近。

（本资料由孟耀虎、任志录执笔，山西省考古研究所马教河绘图，孟耀虎摄影。孟耀虎，山西省文物鉴定站站长，副研究员。本文图略，详见原文）

浑源彝器研究

李夏廷

一

浑源彝器（又称李峪铜器）于1923年偶然发现于山西省浑源县李峪村东南的恒山脚下，有青铜器数十件，大部分流散海外或下落不明，仅少数为上海博物馆收藏。60年代后，李峪村又有铜器零星发现，经考古调查，铜器出土地为一东周墓地。

由于李峪铜器非经科学发掘而得，数量及埋藏情况不详，加之大部分散失，所以几十年来一直缺乏系统的研究。又因制作精湛，风格特殊，对其文化属性就有种种推测，如晋国说、燕国说、赵国说、燕代说等，至于其时代亦众说不一，早可至春秋中期，晚则达战国中晚期。鉴于此，笔者运用考古类型学的方法，试对李峪铜器作一综合研究。

二

既然李峪铜器涉及晋、燕、代、赵，那么讨论对象当不出此范围。

历年晋国铜器出土很多，时代序列基本清楚，本文所选晋器，均出自确属晋国晚期的墓葬（时代限于春秋中晚期至战国早期），另外本文还引用个别洛阳东周墓材料。

燕国铜器出土较少，时代序列尚不很清楚。确属春秋战国之交的燕国墓葬有唐山贾各庄、易县燕下都、涞水永乐村等处。同时期的燕国铜器还散见于河北西部与山西北部交界的当时属北方少数民族的墓葬中，如阳原、行唐、延庆、唐县、新乐、灵寿、平山及山西浑源、原平等地。

代为春秋时北狄国家，其铜器属北方草原青铜文化范畴，本文简称北方系铜器，这一文化分布甚广。值得注意的是北方系铜器墓中常随葬中原地区的铜器，主要是晋器和燕器。河北怀来甘子堡戎狄墓中甚至有遥远的蔡国铜器出土。因此不能将戎狄墓出现的中原铜器与北方系铜器混为一谈。本文所选北方系铜器，时代亦属春秋战国之交。

关于李峪铜器，国内外著述很多，国内著录主要有《浑源彝器图》《浑源彝器拾遗》《山西浑源县李峪村东周墓》；国外著录有日本梅原末治《战国式铜器之研究》（以下简称《彝器图》《拾遗》《东周墓》《研究》）。凡经著录的李峪铜器，已大体包括在上述图录和文章中，计有完整铜器（包括山西省博物馆60年代后征集品1件）81件。其中属于1923年出土者58件，60年代后出土者23件。本文重点对有图像资料的66件加以讨论。

三

盖鼎　5件，其中1件足、盖残缺。A类为晋式，属春秋中晚期至战国早期晋、周地区最常见的鼎式。从器型和纹饰观察，李峪所出3件为春秋晚期，其中A1可早至春秋中晚期之交。B类为燕式，仅见于河北中北部及西部太行山一带，山西目前只李峪出此2件，时代应与李峪晋式鼎相当。

鬲鼎　2件。属春秋晚期，为晋、周地区最常见的鼎式，常与A类盖鼎成套出土，早晚变化为足由高到矮，由尖足到蹄形足。燕地目前尚无此类鼎发现。

簋　4件。A类仅见于李峪，器型介于簋与盖豆之间，是由簋向盖豆演变的一种形态，结合纹饰观察，应属晋器。B类见于唐山贾各庄及河北西部太行山一线，器型除去圈足外与燕式盖鼎极为相似，应为燕器。C类仅见于李峪，其流部酷似河北平山中山王墓所出带流鼎的流部，中原地区不见，应属北方系铜器。

簋形器　3件，1件无图。器腹椭方形，山西原平及内蒙古也有发现，侯马曾有铸造此类器物的东周陶范出土。从器型看，与辉县甲乙墓附耳铜豆和北方系铜器中常见的铜鍑均有相似之处，而纹饰则是春秋晚期晋器常见的勾连云纹。从其出土地点的分布和本身所具有的北方草原文化因素看，应属北方系铜器。至于兼有中原铜器风格，则有可能是受中原地区文化的影响。

盖豆　6件，1件无图，其余5件从形制上看均为晋式，一般认为盖豆与簠有因袭关系，图中2.3除豆柄外，器型极似簠。晋式盖豆早晚变化为豆柄由高变矮，李峪5件均属较早的形制，即春秋中晚期。

壶　9件，1件无图。A类为晋式，其中A9即赵孟介壶，此壶出自辉县（现藏英国），上有记载晋吴黄池之会（前482年）的铭文，器当铸于此后不久。李峪所出A1（原应有盖、耳）与赵孟介壶最为相似，如器下腹的兽带纹等。同样的纹饰还见于侯马陶范和太原金胜村M251，故其时代不会晚于春秋末期。B类3件为燕式，C类4件属北方系铜器。C5与鲜虞秋氏壶相似，这种提梁壶兼有北方系圆壶和中原系圆壶的双重风格，应是不同文化相互融合的产物。

盘　5件。A类三足盘为春秋中晚期至战国早期的晋式盘，其中提梁盘多见于大、中型墓，如太原金胜村M251、山彪镇M1、分水岭M26等。B类圈足盘除李峪1件外，还见于唐山贾各庄、北京延庆、河北新乐、辽阳朝阳等地，应属燕器。C类仅见于李峪，所施蟠螭纹为晋国典型纹样，应属晋器。

匜　3件，1件无图。其中三足匜足部高浮雕兽面纹常见于晋器，腹部蟠螭纹与A3盖鼎、A1簠相同，盖部羽纹则与太原所出子之弄鸟尊和太原金胜村M251所出鸟尊如出一辙；圈足匜腹部所施宽身蟠螭纹及圈足所施辫纹也是晋器典型纹样，应均为晋器。

錡　2件，仅见于李峪。器型与北京延庆军都山山戎墓地所出三足陶罐相似。这种三足陶罐主要分布在辽宁至河北北部一带，"应是山戎文化一定发展阶段的典型器物之一"。另外与内蒙古宁城南山根M101出土的双环耳圜底铜鼎也有相似之处。因此李峪所出二錡应为北方系铜器，时代当在西周至春秋战国之际。

盨　1件。仅见于李峪，方形，四足，器型近似晋式鼎，纹饰与A3盖鼎、A1簠及三足匜完全一样，应为晋器。

罍　2件。《彝器图》称2件完全相同，惜一残。李峪罍与长治分水岭M270∶13罍相似，分水岭M270为春秋中期墓，李峪罍的时代也与此大致相当。目前确属燕国罍的材料还很缺乏，所以难以就李峪罍做最后推断。

甗　1件。因甑、鬲部分别见于不同著录，故不知是否为一套。器型、纹饰均为春秋中晚期至战国早期晋国常见的形制，而与燕国地区的甗大相径庭，应为晋器。

牛尊　1件。饰高浮雕兽带纹，与A1壶、赵孟介壶下腹兽带纹相同，当属晋器，时代应为春秋晚期。

牺　3件。背部有残痕，似原有物与背相接。造型同长治分水岭、山彪镇M1、潞河M7所出相似，应为晋器。

剑　5件，2件无图。其中有铭文者2件，即"吉日剑"（又称少虞剑）。其铭文字体与子之弄鸟尊、智君子鉴相似，均兼有南方吴文字的风格。有铭文的二件为晋器，另一件虽为中原式剑，但产地尚不可知。

戈　4件，2件无图。为春秋中期至战国早期中原地区习见的形制，因不具明显地域特征，无法推断其产地。

车马器　11件。车軎3件、马衔6件、马镳2件。3件车軎有2件相同，施晋国特有的窃曲纹，应为晋器。马衔6件的形制常见于北方草原地区，应为北方系铜器。马镳2件仅见于李峪，造型与北方系铜器中常见的动物形牌饰多有相似，也应为北方系铜器。

削　3件，2件无图。无明显地域特征。

钜　2件。饰晋典型高浮雕动物纹，当为晋器。

匕　2件。造型和纹饰同侯马陶范及晋国铜器纹饰风格一致，为晋器。

饰件　1件。饰晋典型高浮雕动物纹，应为晋器。

通过上述初步分析，将66件有图像者归结为晋器34件（约占50%），燕器7件（约占10%）北方系铜器18件（约占30%），无从确定者7件（约占10%）。这批铜器的时代大致相当于春秋中期到春秋晚期最末一段。

四

李峪铜器中的晋器绝大部分有纹饰。时代较早的A1盖鼎、高鼎、5号盖豆为平雕蟠虺纹，是春秋中期至晚期早一阶段晋器的主要纹饰。

春秋晚期，晋器盛行宽身的各类动物纹饰，如夔龙、凤鸟、蟠螭、窃曲及兽面等，制作技法也由原先的平雕变为浅浮雕和高浮雕，并填以各种繁密精细的地纹，如云纹、雷纹、涡纹、斜线纹、圆点纹、鳞纹、羽纹、贝纹、绚索纹等，还常用写实的浮雕或立雕动物作点缀和附件。这在李峪晋器中时代偏晚的器物上得以充分体现。将侯马晋国晚期铸铜遗址出土陶范纹饰及其他地区出土的晋器纹饰同李峪晋器纹饰比较，可推知李峪晋器的大体时代和产地，此类风格的纹饰绝不见于燕和北方系铜器。

春秋晚期，晋器嵌错纹逐渐普及，到战国早、中期已成为最盛行的纹饰。嵌错纹与铸纹制作方法不同，纹饰内容和风格也大有变化，即由宽身的动物纹变为各种线型构成的变形动物或写实动物纹、几何纹，及表现人类社会的狩猎、攻战、宴乐、采桑纹等。这种风格的纹饰在李峪晋器中仅4号盖豆1件，且属于较早的风格，因此李峪晋器不会晚到战国。

燕国铜器因出土不多，仅以所见材料同晋器粗略比较：1. 晋器施纹面积大，纹饰带宽，燕器纹饰与此相反。2. 晋器纹饰多浮雕，构图复杂，刻画精细，层次丰富，燕器多平雕和单线雕，构图简练明快，朴实自然。3. 晋器多见写实动物造型，燕器多见图案化的抽象动物造型。4. 燕器常见镶绿松石、分格布纹的做法，而晋器不见。可见晋、燕器的纹饰有较大差异。当然也有互相影响和借鉴，如4号盖豆形制为晋式，但纹饰却与 B13 燕式壶相似。另外晋、燕器在器型、纹饰演变上也不同步，如圈足盘在晋国仅见于春秋中期以前，至春秋晚期便为三足盘所取代；而在燕国，圈足盘却一直到战国早期仍在流行。再如四方连续构图的平雕蟠虺纹，在晋国多见于春秋中期，至晚期便为复杂多变的各类动物纹，尤其是宽身的蟠螭纹、夔龙纹、凤鸟纹、窃曲纹、兽面纹所取代，而在燕国，蟠虺纹至少在战国早期仍是铜器的主要纹饰。

北方系铜器因受经济文化等条件制约，一般质朴少纹，就现有材料也难以作更详细的说明。

青铜器的器型、纹饰，是一定时间、一定地域文化的产物，因此在春秋时期各国经济文化相对独立发展的情况下，铜器的制作具有强烈的时代性和区域性。晋器、燕器和北方系铜器是各有所出，不能混淆的。当然也不排除各地铜器有相互仿制、影响的可能。

五

关于李峪墓地的情况，中华人民共和国成立前多为传闻，中华人民共和国成立初虽做过调查，但很不翔实。60 年代以后，曾进行过调查、钻探和试掘，且征集发掘出一批铜器。经调查试掘，初步确定李峪墓地位于恒山脚下的一坡地上，背山面水，范围约350×230 米。1923 年铜器出土地点在坡顶，因山水冲刷露出铜器，"铜器于地下排列于一堆，曾有粗大之一木梁共生"，"地方人士争相掘挖，前后得铜器多件"，且"毁弃散失颇多"。"粗大木梁"应是残存的椁木，可知应有较大的墓葬（数量不详）。60 年代后曾清理墓葬 3 座，其中 1 号墓保存完好，墓为土圹竖穴，内置梯形棺椁各 1，棺内葬 1 俯身女子，仅随葬骨笄、铜削各 1 件，棺椁间有 1 俯身葬儿童，无随葬品。另外两墓的形制因山水冲刷已难分辨，分别有鼎、豆、壶、盘、匜、扁及车马、兵器出土。

根据上述情况并结合李峪铜器分析：1. 墓地的年代约在春秋中期至春秋末期。2. 墓葬中晋、燕、北方系铜器共存，均应为同一墓地的遗物。3. 墓地布局和铜器形制、数量反映出可能有大墓存在，且墓主具有一定的身份。4. 1 号墓为俯身葬，这种葬式有某种原因。

据文献记载，春秋中晚期晋国北部曾有代国，在今山西、河北北部交界处，浑源当时应属代地。公元前 475 年，晋赵襄子"兴兵平代地"。李峪铜器群的时代早于灭代之前，因此应属代国。考古资料表明，占据今天太行山和长城一线当时的戎狄民族，都有不分铜器的种类和来源随葬的习俗，代人自然不会例外。晋、代曾经联姻，关系非比寻常，不仅晋国铜器可通过种种渠道输入代地，而且有迹象表明晋人曾经为代人专门定做过铜器，前文分析的某些不见于晋，但风格特殊的铜器，大概就属这类情况。

若从铜器下限与代灭国时间相近，墓地同时存在非正常葬式这一现象看，墓地有可能是代灭国前的最后一处。1923 年所出铜器数量较大，时代集中，因此极可能是出自一两个大墓，兼之制作精湛，造型奇特，可以推测是最后一位代王或其他贵族的墓地，这些还有待今后进一步的研究。

（李夏廷，山西省考古研究所技术室原主任、研究员，本文图略）

浑源县 1987 年文物普查工作总结
常学文

1987 年，遵照山西省文化厅文物局和雁北地区行署文化局、地区文物站的安排，进行全区文物普查工作并组织文物普查培训会议。结束后县文化局对这次文物普查及时召开文管所、各乡镇文化站辅导员会议，并做了详细的研究和具体部署，为文物普查工作做了充分准备。我作为这次雁北地区文物普查工作人员，负担了这项工作，对全县境内的革命遗址及革命纪念建筑物、古遗址、古墓葬、石窟寺、古建筑、石刻、碑碣、古脊椎动物化石地点、流散文物等等进行了普查。这次普查工作较细，成果可嘉，村村皆到，项项登记，资料齐备，档案健全。通过这次普查，基本上澄清了全县文物的家底，对于今后定计划、定重点、加强文物保护与管理提供了科学的依据。

一、浑源县地处山西北部，地域广阔，美丽富饶，以北岳恒山而驰名中外。县境为浑河流域，北接大同，南倚恒山，扼云中岳道；西接雁门关，与应县接壤；东临倒马关，与两灵（广灵、灵丘）相依。这里山川高深，烟云变幻，物景奇特，文化昌盛，历代名人荟萃，文物古迹十分丰富，为世人所仰望。早在新石器时代，人类就在这里生息，尧舜时地属冀州之域，春秋置恒山之镇，战国时杀代王取其国为赵国地，秦统一天下划为雁门郡，西汉时，置崞县，属恒山郡，后废。据史书记载，当时因避文帝讳改名常山郡，北魏时属京畿内地号神武郡，太和年间魏都南迁，改属恒州。北齐时为恒安镇，隋为雁门郡、平寇县，大业年间，又改为崞县，到了唐代浑源县属应州，辽因旧制，贞祐二年，升为浑源州，设浑源并置司侯司。元属大同路，至元二年，西京大同府浑源州，明代属山西布政司大同府，清袭明制。抗日战争时期，在南北山区建立了抗日根据地，属晋察冀边区，1945 年全县解放。

二、浑源县境辽阔，总面积 1966 平方公里，设乡镇 28 个，自然村 552 个。县境东南北三面环山，著名的北岳恒山位于县城东南，主峰海拔 2016 米，南、北两山之间为浑河谷地，为大同盆地的组成部分。县境山高坡陡，林茂草盛，村庄分散，山路崎岖。如何按上级要求圆满完成文物普查任务？这次普查得到了地县文化局、地区文物站及乡镇干部和农民群众的大力支持，再加上乡镇文化站辅导员的配合，给文物工作奠定了坚实的基础，同时也给普查人员增添了信心和热情。在普查中，采取了走访群众和实地调查、项项登记、拍片照相方式，共行程 2500 余公里，所到乡镇 28 个，村庄 489 个。其中对乡干部、村干部、农民召开调查会 27 次，参加座谈会 3000 余人次，个别访问 1000 余人次，获得资料 220 份，照片 227 张。

三、在此次文物普查中取得了很大的成果，较为重要的发现有：

三玉门灵鹫岩石窟，为辽金雕造，雕主体三尊像，其线条流畅，面目丰满，为金代佛教艺术提供了实物资料。

寺洼村石雕佛像，为辽金时代作品，雕于经藏下部，结跏趺坐莲花台，其手势衣纹流畅，面部自然丰满，是辽金石佛造像中不可多得的佳品。

李峪村青铜器遗址，为春秋战国时的青铜器遗址，出土遗物丰富，有鼎、盘、壶、剑等，为我国研究青铜器文化提供了实物资料。

古磁窑村隋唐陶瓷遗址，对于研究古代陶瓷提供了科学依据。

西河沟村寡妇桥，建于明万历四十三年，石券桥洞，跨度较大，是浑源仅有孤例。

武村家庙，建于清代，四合院形式，均为单檐硬山顶，上部砖雕较好，这种以私人建庙的方式，是浑源仅存最好的一例。还有明代的永安石桥，千年的松树，精巧华丽的古建筑等。

四、文物普查是一件很有意义的工作，不但将全县文物家底摸清、便于保护、利于管理，其次也学到了从未学过的东西，培养了独立工作的能力。由于面广、线长，山区交通不便、时间紧迫，再加上本人业务素质差，与其他兄弟县相比存在很大差距。在某些项目中不同程度地没有彻底完成上级交给的任务，也许有很多的文化遗产及珍贵的文物没有发现，这就意味着这项工作不是结束，而是刚刚开始。

这次文物普查虽然取得了很大的成绩，但我们今后要贯彻好"5·26"通告，认真落实好国务院《关于加强文物工作的通知》（101号文件），执行好《中华人民共和国文物保护法》，把这项工作引向深入，让文物为建设社会主义精神文明发挥更大作用。

（本文撰写于1988年1月28日）

二、相关文物保护调查研究成果

相关文物保护调查研究成果一览表（一）

表 5-9

类型	名称	作者	出版单位	出版时间（刊期）	备注
勘察研究报告	《浑源县李峪村庙坡之彩陶文化遗址》	裴文中	文化部文物局	1951年	收录于《雁北文物勘察团报告》
	《浑源古建筑调查简报》	宿 白	文化部文物局	1951年	收录于《雁北文物勘察团报告》
勘察研究报告	《悬空寺区工程地质勘查报告》	山西省地质工程院	山西人民出版社	1992年	

类型	名称	作者	出版单位	出版时间（刊期）	备注
附属文物研究	乾隆版《恒山志》点校版		山西人民出版社	1986 年	
附属文物研究	《中国美术全集——寺观壁画卷》	金维诺 柴泽俊	人民美术出版社	1988 年	
	《山西寺观壁画》	柴泽俊	文物出版社	1977 年	
	《山西佛寺壁画》	柴泽俊 贺大龙	文物出版社	2006 年	
综合研究	《山西古建筑通览》	李玉明	山西人民出版社	1989 年	
	《雁北古建筑》	曹安吉等	东方出版社	1992 年	
	《浑源出土古物图说》	麻国华		1932 年	
	《浑源彝器图》	商承祚	金陵大学中国文化研究所刊印	1936 年	
	《"浑源彝器"拾遗》	张　颔	中华书局	1995 年 3 月	收录于《张颔学术文集》
	《光耀满乾坤·李峪青铜器解读》	李跃山	三晋出版社	2009 年 7 月	
	《日照香炉·中华古瓷香炉文化记忆》	钱汉东	上海文化出版社	2008 年	宿白题写书名

相关文物保护调查研究成果一览表（二）

表 5-10

刊物名称	类型	作品名称	作者	出版时间（刊期）
《文物》，原名为《文物参考资料》	勘察研究报告	《山西省各地文物古迹勘察报告》		1952 年第 1 期
		《雁北古建筑的勘察》	罗哲文	1953 年第 3 期
	专题研究和介绍	《浑源彝器研究》	李夏廷	1992 年第 10 期
		《山西浑源毕村两汉木椁墓》	张畅耕	1980 年第 6 期
《档案春秋》	综合研究	《牺尊还椟备忘录》	陶喻之	1983 年第 3 期
《东方收藏》	专题研究和介绍	《浑源窑名瓷品赏》	赵炳恩	2012 年第 2 期

续　表

刊物名称	类型	作品名称	作者	出版时间（刊期）
《收藏》	专题研究和介绍	《浑源窑仿钧瓷概说》	张　丽	2009 年第 4 期
		《山西古陶瓷名品十赏》	杜　文	2008 年第 3 期
《考古》	专题研究和介绍	《山西浑源县界庄唐代磁窑》	任志录 孟耀虎	2002 年第 4 期
		《山西浑源界庄窑》	李知宴	1985 年第 10 期
		《山西浑源县李峪村东周墓》	陶正刚	1983 年第 8 期
《艺术品》	专题研究和介绍	《浑源彝器晋地遗风·记上海博物馆藏李峪村出土青铜器》	胡嘉麟	2014 第 6 期
《文物世界》，原名为《文物季刊》	专题研究与介绍	《千年悬空寺》	郝维和	2007 年第 2 期
		《天下奇观悬空寺》	徐香玲	2000 年第 3 期
		《北岳恒山元灵宫》	常学文	2004 年第 2 期
		《唐代浑源窑黄釉执壶赏析》	马锦龙 秦宏伟	2004 年第 1 期
	勘察研究报告	《浑源荆庄大云寺大雄宝殿勘测报告》	常学文 孙书鹏	2004 年第 6 期
		《浑源唐墓发掘报告》	大同市古建所	2011 年第 5 期
	综合研究	《山西浑源窑的考古成就》	任志录	2000 年第 4 期
		《北岳圆觉寺铃鸾风塔研究》	王鹏飞	1992 年
	专题研究与介绍	《山西古代寺观壁画之艺术价值》	柴泽俊	1999 年第 1 期
	附属文物研究	《壁画艺术的圣殿》	郭海燕	2000 年第 3 期
		《山西古代壁画损毁成因及其保护》	王岩松	2003 年第 2 期
《旅游》	专题研究和介绍	《悬空古刹千年绝景》	张剑扬	1981 年
《上海文博丛论》	专题研究和介绍	《牺尊与上海博物馆藏的李峪村青铜器》	马今洪	2004 年第 2 期
《上海文博丛论》	专题研究和介绍	《被遗忘的李峪村》	戴浩石 曹慧中	2004 年第 2 期

续　表

刊物名称	类型	作品名称	作者	出版时间（刊期）
《历史学习》	专题研究和介绍	《牛尊承载的历史信息》	王凤超	2007 年 11 月
《对外传播》	专题研究和介绍	《上海博物馆珍品荟萃》	王汉平	1997 年第 6 期
《文史月刊》	专题研究和介绍	《旅居台湾的甲骨文专家白玉峥》	韩者印	1997 年第 4 期
《鉴赏家》	专题研究和介绍	《"浑源彝器"话今昔》	周　亚	1975 年第 5 辑
《收藏界》	综合研究	《唐三彩新发现浑源窑唐代颜色釉陶器》	孟耀虎	2003 第 8 期
		《雁门关外浑源窑》	钱汉东	2006 年第 4 期
《检查风云》	专题研究和介绍	《山西名窑——浑源窑》	王　鼎 秦宏伟	2010 年第 16 期
《中国历史文物》	综合研究	《浑源窑镶嵌青瓷与朝鲜半岛相关瓷器品种比较研究》	刘　毅	2004 年第 6 期
《故宫博物院院刊》	综合研究	《浑源青磁窑瓷塑举例》	孟耀虎	2011 年第 5 期
《文史月刊》	专题研究和介绍	《清末、民国时期的王庄堡》	任雪峰	2009 年第 8 期
《中国地名》	专题研究和介绍	《中国最奇特的建筑群——山西省浑源县恒山悬空寺》	李江源	2006 年第 6 期
《科学启蒙》	专题研究和介绍	《北岳奇观——悬空寺》	司　徒	1997 年第 2 期
《科学大观园》	专题研究和介绍	《世界一绝悬空寺》	孙建军	2006 年第 1 期
《时代发现》	专题研究和介绍	《世界最奇绝悬空寺庙》	孙　恬	2012 年第 10 期
《世界》	专题研究和介绍	《悬空寺三绝》	丛宪生	2003 年第 1 期
《兰台世界》	综合研究	《悬空寺的巧妙设计理念探究》	李春郁	2014 年第 10 期
《文物保护与考古科学》	综合研究	《从浑源铜器看侯马铸铜作坊》	RobertW. Bag1ey	1998 年第 1 期
《城市建设与商业网点》	综合研究	《试探北岳恒山寝宫梳妆楼的建筑艺术》	高　松	2009 年第 14 期
《文明》	专题研究和介绍	《山西北岳恒山》	韩建军	2008 年第 4 期

续 表

刊物名称	类型	作品名称	作者	出版时间（刊期）
《山西建筑业》	专题研究和介绍	《山西古代建筑精华之十：金碧永安》	郭　斌	2012 年第 11 期
《大同今古》	专题研究和介绍	《闲话"厌胜钱"》	魏　侃　常学文	2008 年第 5 期

三、浑源县各级重点文物保护单位

浑源县各级重点文物保护单位名录

表 5-11

保护级别	编号	类别	文物名称	年代	地理位置	公布时间	公布批次	批准文件及文号	备注
国家级	1	古建筑	悬空寺	北魏、明清	唐庄村南 1500 米金龙峡内	1982 年 2 月	2	国发（1982）34 号	1957 年 5 月 6 日列省保单位，1965 年公布为首批省级文保单位
	2	古建筑	永安寺	元、明清	县城内	2001 年 6 月	5	国发（2001）25 号	1986 年 8 月列第二批省保单位
	3	古建筑	大云寺大雄宝殿	金	荆庄村内	2001 年 6 月	5	国发（2001）25 号	1996 年列第三批省保单位
	4	古墓葬	栗毓美墓	清	县城内	2006 年 5 月	6	国发（2006）19 号	1965 年 8 月列第一批省保单位
	5	古建筑	文庙	明至清	县城内	2013 年 5 月	7	国发（2013）13 号	2004 年 6 月列第四批省保单位
	6	古建筑	圆觉寺	辽	县城内	2013 年 5 月	7	国发（2013）13 号	1986 年 8 月列第二批省保单位

保护级别	编号	类别	文物名称	年代	地理位置	公布时间	公布批次	批准文件及文号	备注
国家级	7	古建筑	律吕神祠	元至清	神溪村	2013年5月	7	国发〔2013〕13号	1982年10月列为县保单位
省级	8	古墓葬	麻庄汉墓群	汉	麻庄村	1965年8月	1	省政发〔1986〕59号	
	9	古建筑	恒山古建筑群	明、清	恒山	1986年8月	2	省政发〔1986〕59号	
	10	古遗址	古瓷窑窑址	唐、金	古瓷窑村	1986年8月	2	省政发〔1986〕59号	
	11	古遗址	界庄窑址	唐、金、元	界庄村	1986年8月	2	省政发〔1986〕59号	
	12	古建筑	麻家大院	清	永安社区孙家巷北侧	2016年6月	5	晋政函〔2016〕67号	2011年10月公布为第三批市保，同政发〔2011〕193号
	13	古建筑	北岳行宫	明	县城南顺街	2016年6月	5	晋政函〔2016〕67号	1982年10月为首批县保，浑政发〔1982〕75号
	14	古建筑	西留龙王庙古戏台	明	西留村	2021年8月	6	晋政函〔2021〕102号	1982年10月首批县保，浑政发〔1982〕75号
	15	古遗址	彩陶遗址	东周	李峪村庙坡	2021年8月	6	晋政函〔2021〕102号	1982年10月首批县保，浑政发〔1982〕75号

续　表

保护级别	编号	类别	文物名称	年代	地理位置	公布时间	公布批次	批准文件及文号	备注
市级	16	石窟寺及石刻	千佛岭石窟	辽	龙咀村西南千佛岭顶	2011年10月	3	同政发（2011）193号	
	17	近现代遗存	下韩完全小学旧址	1946年	下韩村内	2011年10月	3	同政发（2011）193号	
	18	古遗址	金龙峡栈道遗址	北魏、明至清	唐庄村南约1500米	2011年10月	3	同政发（2011）193号	
	19	古遗址	殿山兴国寺遗址	明	东圪坨铺村西殿山顶	2011年10月	3	同政发（2011）193号	2010年10月列二批县级文保单位
	20	古遗址	刘官庄窑址	清	刘官庄村西20米	2011年10月	3	同政发（2011）193号	
县级	21	古建筑	三清殿	明	翠屏山北崖	1982年10月	1	浑政发（1982）75号	
	22	古遗址	崞县古城遗址	汉	麻庄、毕村间	1982年10月	1	浑政发（1982）75号	
	23	近现代遗存	烈士塔	1950年	永安镇	1982年10月	1	浑政发（1982）75号	
	24	古建筑	州衙大堂	清	城内	1982年10月	1	浑政发（1982）85号	
	25	古墓葬	孙公亮家族墓	元	西留村村西	2010年10月	2	浑政发（2010）10号	
	26	古建筑	云峰寺	明、清	郝家湾村村西1200米	2010年10月	2	浑政发（2010）10号	
	27	古建筑	栗家府	清	城内栗家巷北	2010年10月	2	浑政发（2010）10号	
	28	古建筑	田应璜旧居	清	城内唐角巷6号	2010年10月	2	浑政发（2010）10号	
	29	古建筑	神溪关帝庙	清	神溪村内	2010年10月	2	浑政发（2010）10号	

附录

人 物

　　张立功　出生于 1936 年，浑源王庄堡人。1951 年至 1953 年任浑源县政府公务员、文书、人事科科员；1953 年至 1961 年任浑源县人民法院书记员，其间为山西省政法干校学员，空军第四航校三团文书，代青年助理员；1956 年 7 月加入中国共产党。1961 年至 1975 年，任浑源县文化教育局文化工作队队长，"五七"干校学员。1975 年至 1980 年，任浑源县电影管理站站长。1980 年至 1982 年，任浑源县文化局副局长。1982 年至 1999 年（退休）任恒山管理局副局长（正科级）。任职期间还曾兼任全国风景名胜区协会理事、山西日报特约通讯员、雁北日报特约通讯员、省市县摄影协会会员。

　　1977 年始负责对悬空寺（时为省保单位）钟鼓楼及栈道的维修工程，其间提出了很多合理化的建议并在修复过程中得以应用，如吊架、悬臂梁的加固等。另外还提出了一些合乎文物保护以及未来旅游发展的新思路，如悬空寺东段新建平台处增设旅游出口，使悬空寺游客登临单出口改为双出口，可大大减轻悬空寺登临时间以及旅游高峰的拥堵现象。悬空寺栈道维修完成之后，省文物局局长李永增专程前来视察，给予了极高的评价。1984 年赴上海同济大学风景名胜区培训班学习半年，学习完成后于 1985 年遂组织开始对恒山后山旅游步道进行改造，一是完成了步道的改线，二是新建了弓形铁桥及汉白玉八仙桥，之后又完成了恒山三处消防蓄水池的修建工作。此外，在恒山管理局工作期间，还负责了由岳门湾至恒山停车场之间（步云路）的旅游公路改造工程以及悬空寺河道旅游铁索桥架设等工程建设。在同济大学学习期间，参与了五岳年会创办工作，与各与会代表共同商定了年会制度等基础性工作，为之后的五岳共同繁荣打下了基础。（资料由本人提供）

李增福　出生于1940年5月，1959年参加工作，1984年加入中国共产党，高中学历。1959年于县二轻局参加工作，其间在局、五一造纸厂、纺织厂等单位任材料员和出纳员。20世纪60年代被县工业部、支农办公室、县经委借用，赴厂矿、农村工作学习。1970年在县电影队任编辑，1984年调入县文物管理所，1987年—1995年任恒山文物管理所所长。1992年底恒山管理局成立之时，任局党总支副书记。1995—1998年任县文物局局长。

在任职期间，按照全县文物维修的规划大纲，继续组织领导对恒山等文物古建筑的修复工作。从1987年开始，先后组织复建了恒山钟鼓楼、藏经楼、更衣楼、振衣台、重阳宫、九天宫主殿等古建筑。其间在征得山西省文物局同意后新建了接官厅，并对恒山古建筑进行了首次大规模彩绘，使恒山景区的面貌焕然一新，为之后的恒山旅游事业奠定了基础。此外在国家和省文物局专家的指导下，负责组织对悬空寺以及栗毓美墓的围墙、汉白玉拱桥、碑亭、牌坊、过厅等进行重新整修。（资料由本人提供）

孙海川　1955年10月7日出生于四川，中共党员，浑源县下韩乡藏经庄村人。1974年在四川省秀山土家族自治县插队，1976年2月参军，在陆军第149师炮兵指挥连先后任测地班长、文书、排长、连副指导员，1981年2月任连指导员。1986年转业到地方工作，曾先后任浑源县政府办公室副局级秘书，东坊城乡乡长，1993年8月任县委办公室副主任兼政研室主任，1998年3月任恒山管理局局长，1998年5月至2002年12月兼任文物局局长，1999年10月兼旅游局局长，2001年4月任恒山风景名胜区管理委员会主任兼恒山旅游发展总公司经理，2007年5月任县政府党组成员、县长助理，中国风景名胜区协会常务理事，山西省旅游景区协会副会长，大同市第十二届人大代表。2010年始，先后任县政协党组副书记，十二、十三届政协副主席。先后被国家建设部授予"全国风景名胜区工作先进个人"，被《人民日报》授予"中国旅游品牌建设十大杰出人物"，被山西省评为"全省先进文物工作者"，被大同市评为"大同市劳动模范""大同市优秀军转干部"。（资料来源于《浑源县人物志》）

郝维和　生于1962年9月，驼峰乡驼峰村人。1979年在苗圃参加工作，1980年任林业局杨庄造林站站长。1985—1987年在浑源县委党校中专班学习。1987年7月加入中国共产党。1988年6月任西留乡副乡长，1991年3月任风景局副局长，1992年10月任恒山管理局副局长，1999年任恒山管理委员会副主任，2002年任浑源县文物局局长、恒山管理委员会副主任，2019年3月任文旅局副局长。

自任职以来，先后完成了第三次全国文物普查，荆庄大云寺、悬空寺、永安寺、圆觉寺砖塔、文庙的保护规划方案；完成各级古建筑修复工程30余处；全国重点文物保护单位消防、安防工程6处；将县域内334处文物保护单位纳入天眼工程、雪亮工程；组织制定出台了《浑源县社会力量参与文物建筑保护利用暂行办法》，将古城内的69处文物保护单位作为试点，有麻家大院、田应璜故居、王念祖故居、浑源州衙得到认养和托管；2006 年，被省委宣传部、省文物局授予"山西省文物保护模范"荣誉称号。2009 年，在"第三次全国文物普查"中被评为"浑源县模范个人"。（资料来源于文旅局）

常学文　1956 年 10 月出生，籍贯浑源县永安镇，1975 年 1 月参加工作，中共党员，干部，大专学历，文博副研究馆员。先后任恒山管理所所长、永安寺管理所所长以及县文物局文物管理科科长，后供职于恒管委文物科。其家族世代书香，文人辈出，远祖为乾隆年举人常安世、道光年进士常山凤等，祖父为清光绪年间优廪生常颖章，诗文俱佳，现存有恒宗殿长联以及多篇碑文等。

从参加工作开始至 1982 年，在悬空寺从事文物管理，并参与悬空寺维修和彩绘工程；1986 年参与浑源县圆觉寺山门、正殿的重建工作，其间（1984—1986 年）参与恒山古建筑群的维修工作；1987 年独自完成省文物局下达的全县文物普查工作，并获得省文物局荣誉证书，同年，完成了《中国文物地图集》山西分图浑源分册的编撰任务；1988 年到 1989 年，历时两年，主持浑源圆觉寺金代砖塔的维修工作并独自完成了须弥座的砖雕部分（其中有两块复制品由山西省博物馆推荐，在法国作为中国辽金时期仿制文物参加展览），整个维修工程得到国家文物专家柴泽俊的好评；1998 年主持浑源县国保单位永安寺传法正宗殿、天王殿、山门、东西配殿、东西垛殿等建筑的维修工程；2000 年组织第五批国保单位的申报资料，对"永安寺""恒山庙群""栗毓美墓"进行勘测、制图、碑拓片、摄影等工作；2001 年组织悬空寺"四有"档案的整理，受到省文物局的赞扬；2002 年参与浑源县荆庄大云寺修缮工程设计方案的制定，专业负责勘测、设计、制图等工作；2003 年—2005 年主持永安寺钟、鼓楼重建工程和国保单位大云寺落架维修工程，大云寺现已初步竣工。2005 年 6 月份中央电视台 10 套《走近科学》栏目中，常学文作为一个多年的文物工作者，对悬空寺的古建筑力学原理做了详尽的介绍，该片在中央 1 套和 10 套多次播放。2009 年 7 月作为中央 10 套《科技博览》栏目特邀嘉宾就悬空寺《悬在空中的寺庙》做了专题讲座。

多年来，利用工作之余著书论说，先后共发表论文十余篇。其中 2000 年《赏"钱"读史》一文在《山西老年》第十一期发表；2002 年《北宋阔缘小平钱三十品》在《中国文物报》发表；2004 年《北岳恒山元灵宫》在《文物世界》第二期发表。同年，《齐瓦当》一文在《中国文物报》刊登，《浑源荆庄大云寺大雄宝殿勘测报告》在《文物世界》第六期发表。

1988 年被省文物局评为"文物普查先进工作者"，1989 年、1995 年被县委评为"先进工作者"，2000 年被市文物局评为"文物先进工作者"，2006—2008 年被县委、县政府表彰为"先进工作者"。年年受到单位的表彰。2009 年被广灵极乐寺建设大雄宝殿（面积 1872 平方米）聘为甲方技术指导。2009—2010 年浑源州衙古建筑建设为甲方监理。

2007 年取得文博副研究馆员职称，同时被国家文物局、中国文物学会授予中国当代文博专家称号。（资料由本人提供）

孙　仪　1938 年 4 月 2 日出生于湖北省汉口市，浑源永安镇唐家庄人，祖籍辽宁省辽阳市。父亲孙英毕业于黄埔军校第四期，抗战胜利时任陆军少校军医主任，新中国成立后于 1956 年曾工作于浑源县人民医院，次年任职杨庄卫生院（院长），1958 年调入恒山水库卫生院至退休。

新中国成立后，孙仪举家迁居北京市鼓楼西大街。1954 年，孙仪毕业于北京第 22 中学（初中）；1955 年，响应国家号召被派遣至宁夏回族自治区吴忠市金积县任县文化馆负责人，时年 17 岁；1956 年参加农村合作社初级社建设工作，其间赴兰州市学习电台播音主持；1956 年至 1958 年，在金积县任电台播音员，之后还曾担任县小学七年级（戴帽子初中）班主任老师，教习普通话；1962 年，被下放到浑源唐家庄村从事农业生产，其间在村里组织成立了小型剧团；1977 年，参加悬空寺的彩绘工作；1980 年担任全国第二次文物普查浑源普查组组长，其成果直接促进了悬空寺成为国家级文物保护单位；1984 年任县文管所副所长；1988 年 7 月 9 日，任浑源红十字会理事，县七、八、九三届政协委员，1992 年调入恒山管理局工作，2001 年退休；2001 至 2003 年被县政府聘任为恒山旅行社总经理。1988 年 12 月获文博馆员职称，1996 年 4 月被评为文博副研究员；2010 年在中央电视台 10 套《希望英语·大同大不同》栏目中做了讲解。1990 年 4 月，被浑源县公安局评为"消防安全先进个人"；1991 年 3 月，被中共雁北地委、行署授予"两个文明建设先进个人"荣誉称号；1990 年 4 月，获雁北地区红十字会"红会工作和抗震救灾"荣誉表彰；1997 年 5 月，被县委、县政府、县政协评为"优秀提案者"。从事悬空寺导游工作 30 余年，曾为许多党和国家领导人以及著名人物进行过讲解，如华国锋、杨成武、乔石、李瑞环、沈醉、阎肃、李小双等。（资料由本人提供）

校勘与专题考

　　今人引用古代典籍疏于考证，文献之谬误常为所沿用。方志学奠基人、我国清代著名史学家章学诚曾提出：“前志不当，后志改之，宜存互证也。”故在本志撰写过程中，编者本着对史实负责的态度，对参阅的一些前志中所发现的错误或疑点一一进行了反复分析和甄别，将所存疑之部分罗列于附录之中，内容包括错误或存疑所在之处以及依据等，所涉前志等资料包括 1999 年版《浑源县志》、2011 年版《浑源县人物志》、2008 及 2009 年版《北岳恒山志》、乾隆版《恒山志》《四库全书·山西通志》、顺治版《浑源州志》、乾隆版《浑源州志》及译文本、光绪版《浑源州续志》、1984 年版《浑源县地名录》《三晋石刻大全·大同市浑源县卷》《三晋石刻大全·浑源县卷续编》。

1. 辽应历年击鞠时间

　　1999 年版《浑源县志》载：“……辽代应历二年（952）三月庚寅……”2008 及 2009 年版《北岳恒山志》“水文”一节亦载：“……辽代应历二年（952）三月庚寅……”；而《浑源州志》译文版亦为应历二年，以上记载年代与旧志不符。缘译文版出错，新志因之。乾隆版《浑源州志》原文载：“……辽应历三年（953）三月庚寅，如应州击鞠……”对此，《辽史·穆宗本纪》亦有明确记载。

　　（《浑源州志》译文版见第 39 页，1999 年版《浑源县志》见第 64 页，2008 年版《北岳恒山志》见第 22 页，2009 年版《北岳恒山志》见第 22 页）

2. 永固寺创建时间

永固寺位于浑源沙圪坨镇赤泥泉村东北 2600 米处山崖石洞内。顺治、乾隆版《浑源州志》均记为该寺院为金大定年所创，明嘉靖年僧人觉洪增修；第三次全国文普资料记为创建于辽重熙十七年（1048）。该寺庙已毁，遗址上现存《大辽国应州彰国军浑源县永固山寺创建碑记》，碑文大意为赤泥泉村李延煦之第三子 17 岁出家，曾禀业于应县兴福寺，后拜彭城郡睿肩和尚为师，重熙十七年受大戒，而后返乡焚崖爆石修建寺院。

据碑文记载，寺庙创建于辽代重熙十七年之后，为公元 1032—1055 年之间（重熙年间）。而两版《浑源州志》中的金大定年间为公元 1161—1189 年，这与辽重熙年相差约 130 年，此碑记应以为据。以碑记所载，寺院当于辽重熙十七年其受戒之后焚崖爆石实施建寺工程。

（见顺治版《浑源州志·坛埠》、乾隆版《浑源州志》卷八）

3. 孙拱与孙威之关系

《元史·孙威附孙拱传》载："孙威，浑源人……子拱，为监察御史……"乾隆版《浑源州志》载："孙拱，威之子。"《浑源县志》载："孙拱，孙公亮之弟。初授为监察御史。"以上记载均有误。实则孙拱应为孙威之孙，孙公亮之长子。主要根据现存于西留孙家坟元代《孙公亮墓志》《大元正议大夫浙西道宣慰使兼行工部事浑源孙公先茔碑铭》《元成宗御祀神道碑铭》《孙氏世系族谱》等碑刻，2011 年版《浑源县人物志》、张剑扬《北岳恒山志》亦有记载。

（1999 年版《浑源县志》卷二十七第 811 页）

4. 永乐皇帝调安东中屯卫中、前二所驻浑源州及其在位时间

清乾隆《浑源州志·卷四·兵制》记载："明永乐二十九年调安东中屯卫中所、前所官军两千四百四十六员名……"其中关于永乐帝的在位时间及调遣卫所官军时间有误，而该版州志译文本因随旧志亦据旧志而译，见乾隆《浑源州志译文本》第 71 页。关于浑源州卫所官兵的进驻，顺治版《浑源州志》载："中前二所，中所在守府左，前所在守府右，永乐二十年（1422）指挥赵祥建……"依此版州志可见，调安东中屯卫中所、前所官军驻浑源州的时间为永乐二十年。据吉林出版社于 2011 年 5 月出版的第二版《新编现代汉语词典·中国历史纪元简表》（第 1624 页）所记，永乐皇帝在位时间为公元 1403—1424 年，实际在位时间 22 年，而非以上旧志所载的 29 年。

另，乾隆版《浑源州志》卷四及其译文版第 71 页："明朝永乐二十九年……"据 2014 版《新编现代汉语词典》第 1624 页以及其他资料，永乐皇帝在位时间为公元 1403—1424 年，在位时间共 22 年，故旧志当有误。

5. 摩崖题刻之"昆仑首派"

该题刻为明万历十四年（1586）由监察御史太和孙念贤题立，字体为正楷榜书，"昆仑"二字风化残缺各一部，落款亦有剥落，现存于恒山石崖间。乾隆《恒山志·迹志》及《北岳恒山志》(2009年版第126页)载此题刻为辽邬定言书。(2008年版《北岳恒山志》第230页)

6. 摩崖题刻之"飞石遗踪"

乾隆版《恒山志·迹志》载："飞石遗踪，八分书，浮桥岩，名失。"2008年、2009年版《北岳恒山志》则记载为"名失（佚）"。据现存题刻所记，该题刻为明代御史黄应坤题，书体为行书而非八分体。(2008年版《北岳恒山志》第229页，2009年版《北岳恒山志》第126页)

7. 摩崖题刻之"圆浑雄厚"

2008年版《北岳恒山志·金石卷》载："雄浑圆厚，民国24年（1935）仲夏海城陈兴亚题。"2009年版《北岳恒山志·题刻》记载："雄浑圆厚，1936年（民国25年），名佚。"两版《山志》记载皆有误，据现存石刻，所刻内容当为"圆浑雄厚"，镌刻于恒山会仙府西侧崖间，刻于中华民国24年（1935）仲夏。通高115厘米，宽80厘米，正书书体，由海城陈兴亚（奉系、国民军将领）题写，保存完整。(2008年版《北岳恒山志》第230页，2009年版《北岳恒山志》第127页)

8. 奏请重修浑源城时间

1983年版乾隆《浑源州志》译文本及《浑源县志》记载明万历年间侍郎吴兑上疏奏请重修浑源城时间为明万历二十年（1592），而据多版《浑源州志》及翟廷楠《增修砖城记》记载，其奏请时间应为万历二年（1574）。(《浑源县志》见于第25页，《浑源州志》译文本见于第26页)

9. 神川八景之"龙山霁雪""远峪晴云"

1999年版《浑源县志·北岳名胜卷》第624页："神川八景也叫'神州八景'……龙山云雾……篷峪晴云。"第625页"篷峪晴云（即晴谷远峪）"："位于王千庄村东的峪里……如同篷帐蒙盖，但露一缝晴光。"据乾隆《浑源州志》及《浑源州志》译文本勘误表记录，"龙山云雾"应为"龙山霁雪"；"篷峪晴云"应为"远峪晴云"，同时《浑源县志》所描述该景出处或亦有误。

10.《恒麓书院记》之"崇古"

《浑源县志·附录·恒麓书院记》中"崇高"应为"崇古"。系《浑源州志》译文本原错，县志随之。（乾隆《浑源州志》见于卷九，《浑源州志》译文本第226页，《浑源县志》第994页）

11.《甘泉诗》

《浑源县志·附录》，"甘泉寺"应为"甘泉诗"。系《浑源州志》译文本原错，县志随之。（乾隆《浑源州志》卷十，《浑源州志》译文本第281页，《浑源县志》第998页）

12. 凰落岭

《浑源州志》译文本卷二"风落岭"应为"凰落岭"。（乾隆《浑源州志》卷二，《浑源州志》译文本，第36页）

13. 杆树坪与怀仁囵、须弥寺

2009版《北岳恒山志》第79页"大、小峪"中，"在小峪树坪村西"应为"在小峪杆树坪村西"。据雍正八年《重修怀仁固碑记》，怀仁崮原记为怀仁固。据光绪十年《重修怀仁固须弥寺碑记》，弥陀寺应记为须弥寺。

14. 恒宗殿题联

（1）"恒岳万古镇中原"应为"恒山万古镇中原"；"文章六星连北斗""文昌六星联北斗"应为"文曲六星连北斗"。

（2）"万太光芒连北斗"应为"万丈光芒连北极"。

（3）"永奠皇图功巩固"应为"永奠皇图增巩固"。

（2009版《北岳恒山志》卷九第480页；2008版《北岳恒山志》第491页）

15. 刘道宁之籍贯

《北岳恒山志》卷五，第184页，倒数第9行，刘道宁，浑源人。此记载存疑。根据《浑源县人物志》及《甘水仙源录·卷六》之《浑源县真常子刘君道行记》和周永慎编著的2003年版《历代真仙高道传》记载为：云中白登人。其白登当为今阳高县大白登镇，该镇还有村名"小白登"。

（《浑源县人物志》第144页，《历代真仙高道传》第217页）

16. 总真洞考

总真洞，河北阜平县大台乡金龙洞村及浑源青磁窑镇各有一处，同名，皆各称为金龙洞或总真洞，但对于两者确切之所，多部前志与碑记所载有较大出入（阜平之龙洞原属上曲阳地）。其中阜平金龙洞为天然水溶洞，洞体高大宏伟，内部曲折幽深，地下河流湍急宽阔，据探测其长度约 10 公里。而浑源金龙洞虽亦为天然洞穴，但其规模与阜平金龙洞差异很大。

乾隆版《山西通志·山川》载："巅名天峰岭，下建北岳观……东北有紫芝峪，西南有石脂图，又有总真洞、漱涤井（该景暂未见其他记载说明）、还元洞、白龙洞、悬空寺……"据通志介绍景点顺序判断，其中所述总真洞、漱涤井二景观似乎应在恒山天峰岭主景区之内，与石脂图、集仙洞、翠雪亭等相毗邻，但《北岳恒山志·景观》载该洞则位于龙盆峪景区。关于浑源总真洞，2008 年版《北岳恒山志》记载说："据说 7 个山洞，洞洞相通。内通着一个总洞，当地人们亦称金龙洞。"

乾隆版《恒山志》以浑源恒山为正宗，因曲阳之移祀及其衍生事物皆归于北岳恒山之一体，属一脉相承，故编撰《恒山志》之时书中录有许多关于河北曲阳的内容。金代泰和四年（1204）岳安常《大茂山总真洞修殿记》录于《恒山志》之内，清同治版《阜平县志》亦载有此文。

《大茂山总真洞修殿记》记载："自宋守臣薛安抚尝三诣龙祠（唐时建）祈雨，皆得感应，于是表上封为利泽侯，又加封明惠公。迨至本朝，因其旧封而不改。今上即位，复以金龙负符简而投于洞中，严禁樵采，仍封闭洞门，以绝出入。"

若以浑源之总真洞而言，燕云十六州（含浑源）早在后晋清泰五年（938）已被石敬瑭割让与契丹，故此浑源在北宋之时州全境早已属辽国（契丹族）疆域，故此何来宋守臣以及前往祈雨；再者北宋皇帝虽一心欲收复十六州，但却如何去加封一处地处敌国的祠庙。至金灭辽、北宋之后，河北、山西皆归于金国，金章宗方以胜利者的姿态将"金龙负符简"投入洞中，后本朝岳安常在《大茂山总真洞修殿记》中遂将这些历史情况录于碑文之间。而曲阳、阜平地处宋辽边境，属北宋疆域，其境内的金龙洞受宋帝加封方复合逻辑，由此，岳安常所记之总真洞当为阜平之地。

关于大茂山其名及位置，乾隆《恒山志·形志》载："大茂山在阜平县东北七十里，接曲阳界……恒山（移祀后方有之名，非浑源境之北岳恒山正宗）在曲阳县西北百四十里，即旧阜平之大茂山也，自浑源州发脉，由飞狐岭达曲阳。"国家图书馆四大镇馆之宝之《敦煌遗书》对研究我国古代地名、山川及方志学具有极重要的史料价值。据现存敦煌地理文书中《诸道山河地名要略卷第二》（唐宣宗时著名学士韦澳所撰）载："太白山，一名大茂山，在灵丘县南，此（山）有钟乳穴，其深不测。即望穴中乳如悬穗也。"由此可知，灵丘太白山亦名"大茂山"，此说鲜有人知。

另，乾隆版《恒山志》中《大茂山总真洞修殿记》立石时间为"太和四年"，此载错误。"太和"为唐文宗李昂年号，而《大茂山总真洞修殿记》为金代岳安常所作，款识为"泰和四年，岁次甲子冬至日立石"，故此"太和"年号有误。

（2008年版《北岳恒山志》第101页，2009年版《北岳恒山志》第74页，《山西通志》卷二十一）

17. 高氏山与抢风岭

1999年版《浑源县志》记载，浑源翠屏山有《水经注》所载的石铭陉，但与《水经注》《读史方舆纪要》《周职方》等记载不符，该记载源于乾隆《浑源州志》。

该版县志载："位于恒山主峰西侧……山的北腰间有'三清殿'，古有石铭陉……《水经注》说翠屏山'山上有石铭，刻有冀州北界四字'。"此记载表明石铭陉位于恒山西侧之翠屏峰，而以下记载却与之差异很大。其中清顾祖禹《读史方舆纪要》记载说："翠屏山在州南四十里。旧志云，在恒山之南，以秀丽如屏而名。又州东南六十里有孙膑山，上有孙膑寨。山之西麓又有庞涓寨。相距数里，旧尝聚兵守御于此。后人讹以孙膑、庞涓为名也。"《山海经》曰："高氏之山，滱水出焉，东流注于河者也。其水东南流，山上有石铭，题言冀州北界，故世谓之石铭陉也。"《水经注》载："滱水出代郡灵丘县高氏山，即沤夷之水也，出县西北高氏山。"光绪版《山西通志》："与恒岳连脊而南者曰抢风岭，即高氏（是）山也"。《山海经》说："高是之山滋水出焉，而南流注于滹沱；滱水出焉，东流注于河。"另乾隆《浑源州志》载："旧志翠屏山高千余丈，周十里，即高氏山之别名，东南接灵丘县界。"《山西通志》卷二十一说《太平寰宇记》里面记载高氏山地处灵丘县西北；《周职方》记载翠屏山古名高氏山，与抢风岭为连山。《敦煌遗书》之《诸道山河地名要略卷第二》载："石铭陉岭，在灵丘县界，上有石铭题曰：'冀州北界'，故谓之石铭陉也。"

综合以上典籍所载，与浑源有关的翠屏山古今有二。其一为今日恒山西侧之翠屏山；其二，古代典籍所记的灵丘西北高氏山又名翠屏山，古称"高氏山"。据《周职方》所载，该山与浑源境内抢风岭一脉相连，故之后诸如光绪《山西通志》等典籍载浑源抢风岭亦称为"高氏山"。另，恒山主峰以西一带河流皆为西北流向，之后始蜿蜒汇入东流之海河。若以浑源州城南7里翠屏山为高氏山、为滱水出，其流向亦为西北方，而如《山海经》等资料所记为南方流向。

按《四库全书·山西通志》、乾隆《浑源州志》等史料载，"翠屏山在州南七里，高二里……一名高氏山，一名石铭陉"，此翠屏山所指当为现在的翠屏山，与《水经注》《山海经》等所载不符。由此推测《四库全书·山西通志》及《浑源州志》对翠屏山的记载一则有误，二则浑源翠屏山或确实亦曾名"高氏山"（未见文字记载），而灵丘"高氏山"

实亦名"翠屏山"（见于记载），两山皆具两名。另，在日本昭和九年三月二十日发行的《山西省及绥远省东南部地图》中，翠屏山亦被标注为高氏山，且位于抢风岭处。

抢风岭，光绪《山西通志》与《浑源州志》两版志书所载不一，其一为"抢风岭"，二为"枪风岭"。其中通志载："与恒岳连脊而南者曰抢风岭"，州志则载："唐河三源，翠屏山滗水，枪风岭东呕夷河……""抢"，古意有二，一为碰撞之意，二有逆、反向之意，元明之前无"抢夺"之意。岭名其源无可考证，若以碰撞之意而命名，则亦可记作"枪"；但若为逆风向之意而命名，则州志所载有误，当为"抢"。本志记为"抢风岭"（参见 1983 年版《古汉语常用字字典》第 197 页）

18. 南宫龙王庙实名考

2009 年版《北岳恒山志》第 86 页记载，北岳行宫东配殿（过殿角门东侧）为龙王庙，塑像已毁。此载有误，该庙实为八蜡（音"zhà"）祠，当地讹称"八叉庙"，宣枋《重修恒岳行宫记》（见光绪版《浑源州续志·艺文上》）及翠屏山三清殿所藏法磬亦有记载，所奉之八蜡神为除虫减灾的八位神祇。宣枋记"正殿至山门与门外之枋则增而高大之，东偏为八蜡祠，并置更衣所，西为禅房……"法磬铸刻为"南宫八蜡神位前，经理人等，光绪二十八年（1902）四月造"。

《说文解字今释》（见于第 1916 页）标注其读音为"zhà"和"qù"，解释为："蜡，蝇蛆也。"《周礼》有："蜡氏掌除骴。"《新编现代汉语词典》同样显示"蜡"字有两个读音，一是音"là"，释义为动植物或矿物质产生的油脂以及颜色、蜡台等，非特指虫类，第 694 页；二是音"zhà"，释义为古代年终为报答众神而举行的祭祀，第 1509 页。《礼记·郊特牲》记有"天子大蜡八。伊耆氏始为蜡。蜡也者，索也，岁十二月，合聚万物而索飨之也"。

古代天子蜡祭以及腊祭皆为十二月举行，原为两个祭祀活动，后合二为一。各地八蜡庙祭祀时间不一，乾隆《淮安府志·淮安府坛庙》记载其祭祀时间为腊月上戊日，而光绪《邢台县志》则记载："八蜡庙旧在北门内……每岁春秋仲月上戊日致祭。"浑源致祭时间暂无考。另，顾册村原建有八蜡庙。

19. 浑源知州刘岩任职时间

《浑源县人物志》所载刘岩为明嘉靖二十六年（1547）前后任职，而立于明嘉靖二十五年（1546）之《竭诚趋谒北岳大帝碑》表明，刘岩任职时间可以确定至少为嘉靖二十五年或以前。（《浑源县人物志》第 24 页）

20. 悬空寺木栈道之维修时间

《北岳恒山志》记载该工程的时间为1978年夏开工，1999年版《浑源县志》记载的开工时间为1980年开始修缮。据工程负责人张立功2016年7月7日及18日所提供资料，其确切时间应为1975年5月19日开工，10月份全部完工，工程内容包括木栈道、鼓楼修复以及构建新观景台。

（2008年版《北岳恒山志》第562页，2009年版《北岳恒山志》第220页，1999年版《浑源县志》第656页）

21. 勒马关帝庙

乾隆版《浑源州志》译文本第169页：西面是勒马庙，明末，本州人谢作麟建立。其中关于勒马庙的介绍不在乾隆版《浑源州志》原文之中，而在顺治版《浑源州志·封建志·坛埠》中。

22. 崞县之源

尽管"县"之起始早于秦之郡县制，但秦代是将"郡县"确立为地方政权之肇始。1999年版《浑源县志》中所载的崞县始置于赵武灵王时期虽在典籍中并未见有确切记载，但起码可知，秦时既定郡县之制，浑源所在疆域必归属于秦代某县所辖。由此，浑源置县之始虽暂无可考证，但起码在秦代归于某县是无疑的，而非万历、顺治版《浑源州志》所载崞县更名于西汉。据后晓荣、严耕望、谭其骧等学者研究显示，秦代沿袭赵国旧制，雁门郡置17县，有据可考之县名为善无（郡之治所，今右玉县西北）、平城、马邑、新城、楼烦、沃阳、繁畤、崞县、汪陶、埒县，计10县；代郡可考县名11个，为代县、当城、延陵、新平舒、平邑、东安阳、原阳、卤城、班氏、参合、高柳（参见《秦代政区地理》《秦汉地方行政制度》《中国历史地图集·秦代》）。故1999年版《浑源县志》记载崞县之名始于战国时期的赵国之说是有可能的，但目前并无确切之据可依，是为重要之参考。纵观现存明清版《浑源州志》、光绪《山西通志》，其中万历、顺治版州志记载崞县改名于西汉；乾隆版州志并未明确始置年代，仅将前版所记进行记录；光绪版《山西通志》则称"汉置崞县"。现较多浑源研究者沿袭清代州志，认为崞县之名始于西汉，当有误。按照现有依据，本志将浑源境内始置崞县的时代确定于秦。

关于秦朝各县的总数目，清末学者杨守敬认为大体约"八九百"。到近代之后，有台湾学者严耕望考证后推测约有1000个左右（《秦汉地方行政制度》）。依据文献、考古资料及前代学者的整理，当前可考的秦朝县数为756县，待考县数有23个。战国乃至秦汉时期，对行政区划的沿袭是非常普遍的。严耕望在《秦汉地方行政制度》中将《汉书·高祖纪》（云中、雁门、代郡共辖53县）、《史记·周勃世家》（雁门辖17县，云中

辖 12 县，代郡 9 县。严耕望标注代郡可能为 19 县。）所涉及雁门、代郡、云中等八郡
所辖之县进行了综合分析梳理，表明："又此八郡皆承秦置之而未大变动者，则当秦之世，
此诸郡辖县虽未必与此全同，要亦相去不远也。然此八郡者皆边防重地，秦汉相承置郡
特密。"

23. 廓州

《浑源州志》及《浑源县志》记载浑源在东魏时期改称为"廓州"存疑。《魏书·地
形志·第五》载："廓州，武定元年（543）置。治肆州敷城界郭城。领郡三：广安郡，
武定元年置。永定郡，武定元年置。建安郡，武定元年置。"

24. 律吕神及神祠的创建原因

关于律吕神祠的由来众说纷纭。2009 版《北岳恒山志》记载律吕神为音乐女神；
2008 版《北岳恒山志》中，关于律吕女神说法则有四：其一，律吕神为音乐女神；其二，
律吕女神是北魏惠太后的化身；其三，律吕女神是"水母娘娘"；其四，源于传说，见
于乾隆《浑源州志》等。虽有多家之说，但其所依所据仍显牵强、缥缈。今有以下新考，
或为补正。

律吕，有六阴六阳之分，合称为"律"。"律"者法也，"吕"者助也，其本义源于
古代天文学，用于判定节气农时，也可理解为大自然的规律和法则，后有引申及应用，
如音律、律衡、律度、法律、纪律、戒律、规律等。在《千字文》中，有"闰余成岁，
律吕调阳"，此句即指其为四时节气及物候变化的规律。律吕以三分损益之法求得，曾
运用于音乐、度量衡、中医及测候（即"候气"，用于观测四季变化）之术等。由于音
乐与人类精神需求的关系远远密切于对其他方面的应用，所以在实际社会生活中，尤其
是现代社会，人们往往认为律吕只是作为调定音律的一种方法，而忽略了它的本义及其
他应用领域。律吕的核心要义在于"调"，如东方持国天王，以琵琶之音而寓意四时阴
阳变化。在科技不发达的中国古代，黎民百姓以农事为本，一年之丰有赖于风调雨顺，
欲求"五谷丰登"，则需"律吕相调"。由此，对于这一过程、结果的期望与崇拜的理念
逐渐萌发，进而借用这种测定四时阴阳变化之法以求天助，律吕之神便应运而生，其实
质不过是对于此类不可操控的自然变化的一种精神寄托。在古代民间，神庙多绘壁画，
内容主要反映奉祀对象的职能或事迹，如关帝庙等。而律吕神祠内所绘壁画主题，与所
有龙神庙一致，皆反映出云布雨、雷公电母、风调雨顺之类，因而此神当属司风唤雨的
气象之神（水神，居于水晶宫，亦作水精宫）无疑，而非音乐之神，更非女神。

关于律吕神的性别，当地一说为申公豹所化，二为少女坐化，但俱为传说。若根据
神祠所塑男女造像各一，并以"律"之本义来进行解释，即此神应为六律（阳律）六吕（阴

律）相调所托，幻化以阴阳二气调节四时风云。其男身寓为"律"，女身寓为"吕"，合称"律吕之神"，当为正解。河北省蔚县有暖泉镇西古堡村（传为律吕神娘家），当地称浑源律吕神祠为"雹神庙"（国内雹神奉祀对象不一）。在浑源民间，对于此类气象神灵的祭祀有诸多讲究，如在律吕神祠、龙王庙等神庙中，忌供奉白面馒头（造型与冰雹相似），仅可供奉米面馍馍（米之形态似春雨绵绵），故此这样的民间传统实则也是律吕神祠建造缘由的又一佐证。

在古今，凡在民间所崇拜的诸多神众中，其实用性是最为根本的，无不与社会生产生活息息相关，如河神、财神、门神等等，因此创建的初衷应属于世俗之需，而并非对音乐艺术的追崇，毕竟"民以食为天""靠天吃饭"是古代农耕民众所赖以依存的。浑源其他村落奉祀律吕神亦应与之同意。

关于律吕神的产生时间，元代麻治在《重修律吕神庙记》中记载说："长老相传创于元魏（北魏），修于季唐（晚唐）。"明万历《续道藏》中收录的《新刻出像增补搜神记·卷二》中，亦载始建于北魏。若依此载，律吕起码在北魏即被神化并建祠奉祀。

（2008 版《北岳恒山志》第 224 页，2009 版《北岳恒山志》第 192 页）

按：据传律吕神为河北省蔚县暖泉镇西古堡村人氏，至今故居仍存。家族院落有东西两处，皆三进院。2018 年冬，该村僧人释义霖曾讲述，律吕神娘家姓董，其父名董汝翠（1592—1652），富甲一方且乐善好施，人称"董大斋""董老爷"。董汝翠膝下育有一子四女，子名董玉，其中一女许配于浑源神溪村，嫁妆曾存于恒山大殿，有"西古堡"题记。暖泉村今有地藏寺一座，原为神庙，传为董汝翠为律吕神陪嫁所建。

25. "三楼、十八台"

旧时，浑源县城内曾有"三楼""十八台"之说，但说法不一。其中"三楼"据《北岳恒山志》（2009 年版）以及 1986 年《浑源县文化志（初稿）》记载，分别为城隍庙、财神庙、观音庵（俗称'姑子庵'）。但另据 2018 年 5 月，古城居民杨瑞明先生（时年85 岁）介绍，过去的"三楼"为城隍庙（位于西顺小学附近）、财神庙（现电影院）、鲁班庙（体育场内）。

关于"十八台"之说，在旧时，浑源十八条主街各建有神庙，同时搭建戏台 18 座，俗称"十八台"。据杨瑞明先生口述，"十八台"为：关帝庙（4 座）、龙王庙（2 座）、南北马王庙（2 座）、奶奶庙（2 座）、三官庙（1 座）、河神庙（1 座）、火神庙（1 座）、真武庙（1 座）、鲁班庙（1 座）、观音庙（1 座）、老君庙（1 座）、狱神庙（1 座）。而据1986 年《浑源县文化志（初稿）》记载，"十八台"分别为：当巷街老爷庙、三官庙，道巷街河神庙，南门瓮圈老爷庙、三官庙、老君庙，西门瓮圈老爷庙、北顺街龙王庙、南顺街龙王庙（俗称'龙亭'）、南关街奶奶庙、余井街千手观音庙、东关街奶奶庙、城内火神庙、鲁班庙、永安寺、南马王庙、北马王庙、土地祠。（2009 年版《北岳恒山志》第 187 页）（1986 年《浑源县文化志》初稿第 43 页）

另：民国时浑源从州衙起步至不同的村落，其距离有"三里村""七里村""十里村"之说，为大致距离。其中"三里村"为东坊城、张庄、顾册；"七里村"为郝家寨、土桥铺、神溪、丰台铺、石庄、海村、东辛庄；"十里村"为许村、武村、花疃、王千庄、郭家庄、下韩村、蔡村、东留村、沙岭铺、尧村。（杨瑞明先生叙述）

26. 神德湖

关于神德湖的确切位置现有所载并不详明，其一为"御洪海"说。据村里长者讲述，20 世纪初此段并无湖泊，当时"御洪海"的位置全部为河滩，该池塘为中华人民共和国成立后圈建而成，建设时有工匠名于宏海，建池时将其名字刻画于池边水泥壁上，该池渐由此而得名。其二为"小海"说。"小海"位于律吕神祠南侧，面积约 50 平方米，砌甃石条硕大整齐，年代久远，其下清泉涌溢，终年不竭。据长者回忆，由于在 20 世纪前期的时段并无"御洪海"，律吕神祠旁仅有"小海"，"小海"即为神德湖。《山西通志·山川》记载说："神溪泉旁有暖泉，胥西南流，一名神德湖。"《说文解字今释》对"湖"的解释为："大陂也。从水，胡声。扬州浸，有五湖。浸，川泽所仰以灌溉也。"注释中对"大陂"的释义引用了《段注》的解释："阜部曰：'陂，一曰池也。'然则大陂谓大池也……"

综合以上，此池塘为"神德湖"的说法似较"御洪海"说更为可信，但也不能排除原神德湖为洪水淹没而成为河道的可能，因为历史上的浑河水量是非常充沛的，这或可解释为古代的神德湖曾被河流所淹没，其位置即在"御洪海"之处。（见《说文解字今释》第 1558 页）

27. 蔡村在明清时期所设置的堡垒名称

蔡村在明清时期曾设置军事堡垒，称"蔡村堡"。2016 年版《浑源县志》蔡村镇记载为："蔡村，《浑源州志》称蔡村壁。"（见于第 36 页）1984 年版《浑源县地名录》记载："蔡村，《浑源州志》称蔡村壁。"（见于第 53 页）而清乾隆《浑源州志·卷二·城池》及其译文本皆记载为蔡村堡，故《浑源县志》及《浑源县地名录》所载当有误。

28. 浑源"十大寺"说

浑源旧有"十大寺"之说，出处及起于何年均无考。据《浑源县志史料·浑源县著名古迹登记表》所言，其"十大寺"为：双松寺、柏山寺（现名"龙泉寺"）、大云寺、千佛寺、碧谷寺、云峰寺、兴国寺、上佛寺（位于上达圪枝）、宝峰寺、崇福寺，其定义主要为规模较大。实则与之规模相当的庙宇还有很多，但未入"十大"之列，如五峰观、姜女庙等 30 余处。

"十大寺"之称由来已久，如今一无口头相传，二则缺少文字记载，《浑源县志史料》虽有说明，但与碑记所载仍有出入，故仅做参考。现有最早确切文字记载见于清乾隆二十四年（1759 年）的《板方寺重修碑记》。碑文记载该寺院始建于明洪武二年（1369），后遭焚毁，后屡有重修。《碑记》载："……与千佛洞上下参差相依，亦浑十大寺者耳。"另据乾隆初年的《板方寺房地产碑铭》记载，乾隆年间该寺院寺僧还从村人手中购得大量田地房产，说明当时寺院香火是比较兴旺的。

上述"十大寺"中双松寺始建于北魏，或于辽重熙年重修，乾隆版《浑源州志·州志图》有"观音寺双松图"。柏山寺，在乾隆版《浑源州志·寺观》载有二，一在州东南十里柏山，一在王千庄，建筑年代俱不详。大云寺，始建于北魏，金大定六年（1166）重建，历代重修。千佛寺，始建于唐代，或明代重建。碧谷寺，建筑年代不详，顺治、乾隆版《浑源州志》均仅载"在城南"；《浑源县地名录》载："碧谷寺，位于中庄铺人民公社（今千佛岭乡）境内，寺已破，无人看管。"云峰寺，始建于北魏或唐代（尚未定论），明代重建（据"第三次文物普查"）。兴国寺，始建于唐代，明万历年重修。上佛寺，除《浑源县志史料》有载之外，其他资料尚未见记载，建筑年代不详。宝峰寺，建于元代，后有重修，《浑源州志》有载。崇福寺，顺治版《浑源州志》记载其始建于北魏。

以上《浑源县志史料》所列"十大寺"中除上佛寺无任何记录外，其余寺院或明确了建筑年代，或见于州志。据这些寺院包括板方寺、千佛洞（寺）在内的建筑年代以及碑记资料综合推断，"十大寺"之说起码源于明万历至清乾隆年之间，"十大寺"之称一直延续到清末民初。在"十大寺"中除千佛洞和板方寺见于《板方寺重修碑记》之外，还有其他寺院（亦含千佛洞）也见于碑记。如清道光七年（1827）《重修千佛洞观音阁钟鼓楼并南北庙碑记》记载说："□□浑郡志书所载，每云千夫□□，如□□等□宝峰寺固十大寺之数也，至于城南□孤峪创建千佛洞一所，亦何年□列十大寺之数哉……"清道光二十九年（1849）《重修碑序记》记载："浑郡十大寺之数，城南有一碧谷寺，自古以来创建……"；清光绪二十一年（1895）《万善同归碑记》记载："浑郡之千佛寺，十大寺之一，第其来久矣……"

据碑记所载内容，《浑源县志史料》中的"十大寺"只有千佛洞（寺）、碧谷寺、宝峰寺见于文字，而本属"十大寺"之一的板方寺却并未列入其中，故该史料所记尚有出入。此外，史料中的"十大寺"之数均为城外乡村寺庙，而州城方圆内的永安寺、圆觉寺乃至悬空寺等具未入列，原因不详。再者，《浑源县志史料》中的"十大寺"中柏山寺有二，大云寺有二，千佛寺亦有二，不知《史料》所指为何，存疑。

另，浑源东坊城村原有古寺名"三元宫"，供奉五谷神、龙王等，约 1958 年拆毁。

据村庄长者讲述，该寺院为浑源"十大寺院"之一。

（参见《浑源县志史料汇编·四》第 217 页）

29. "束水"之误

清光绪《浑源州续志·卷六·人物政事》载有林则徐为栗毓美所撰墓志铭，其中有"以堤束水，土功乃其根本"一句，"束"字当为刊印之误，应为"束"字。《说文解字今释》（第 942 页）注释为："束，木芒也，象形，凡束之属皆从束，读若刺。"林则徐之语出自明末治河专家潘季驯所创"束水攻沙"之法，其"束"意为"控制"或"约束"，而与树之芒刺无关。

30. 三岭关帝庙创建年代

南榆林乡三岭村同名《重修关帝庙碑记》现存两通，其一为康熙四十三年（1704）十月所立。据碑文所载，该神庙于康熙十八年（1679）由庠生李永新创建，后于康熙四十三年初次重建并增修。但《三晋石刻大全·浑源县卷续编》简介中描述："三岭关帝庙……始建年代虽无明确记载，但从传统戏曲《走雪山》中可以断定为明朝中期前所构。"此段描述后续佐证仅为传说，断言不实，其下正文实有碑记明确记载："康熙十八年间有庠生李永新目击斯区，恻然动念，奋然募众捐资起建关帝庙一座，岿然屹立可观。"此外，《三晋石刻大全·大同市浑源县卷续编》中所载此碑记内容与《三晋石刻大全·大同市浑源县卷》内容重复（第 118 页），但二者对碑体尺寸数据不同。经实地再次测量，两组数据皆误，实际数据见本志碑刻一章。

31.《重修神山寨庙宇碑记》

《三晋石刻大全·大同市浑源县卷》中关于《重修神山寨庙宇碑记》所在地及碑体情况描述与事实不符。其一为碑刻存放地点，《三晋石刻大全·大同市浑源县卷》载："清嘉庆十九年七月立于神山寨龙神庙，现存白龙王堂庙内。"但据本志著者实地查访，该碑记实存于沙圪坨村法相寺内，两地相距甚远，绝无移动之可能。其二，石刻大全中对该碑体的尺寸以及面貌描述皆有出入，参见本志卷四"碑碣"一章。

32. 汉末及曹魏之崞县

东汉末年，群雄并举，天下大乱，北方游牧民族乘虚而入，侵袭汉地。有《通典》载："汉末匈奴侵边，自定襄以西，尽云中、雁门之间遂空。"其间，曹氏专权，置天下为九州，重新对全国行政区域进行划分。在《三国志·武帝纪》中记载："（建安）十八年（213）春正月……诏书并十四州，复为九州。"《晋书·地理志》亦载："灵帝末，羌胡大扰……

建安十八年，省入冀州。"由此，在汉灵帝后，崞县即并入冀州。但现存明万历，清顺治、乾隆版《浑源州志》及1999年版《浑源县志》皆载崞县于东汉末废。若依地方志所载，崞县当在并入冀州后被裁撤，但此载所出暂无考，仅见于地方志，存疑。

此外，崞县之名在以上各版州志记载中，有曹魏再立崞县，此载当为至魏文帝黄初元年（220）之时，因北方地区动荡不安，部分地区为鲜卑等据，曹丕遂一改九州制度，暂弃陉北，重新在陉南设立并州。《晋书·地理志》中载："魏黄初元年，复置并州，陉岭以北尽弃之。"《三国郡县表附考证》之"考证"中亦载："黄初元年复置并州……于是弃雁门郡之阴陶等十一城（含崞县）于陉北。"至曹丕平定北方后，原汉并州雁门郡14县改置为11县，崞县即在其中，仍属并州雁门郡。在《三国郡县表附考证》中记载说，时曹魏并州雁门郡共置11县，故此时所置之崞县当为黄初时弃崞县后复置。

（参见《读史方舆纪要》《晋书·地理志》《四库全书·山西通志》《二十五史补编·三国郡县表附考证》；明万历，清顺治、乾隆版《浑源州志》，1999年版《浑源县志·卷一》第二页）

33. 崞山县

据1999年版《浑源县志》载，崞山县在北魏登国二年由崞县（县志所指此崞县为今浑源古城洼，实于西晋已南迁）所改称，但暂未见更加充分证据说明，仅见《魏书·地形志》载有在东魏孝静帝天平二年（535），复置恒州，辖8郡14县。其中繁畤郡领崞山、繁畤二县。但其时恒州为寄置，位于陉南，故崞山县当为迁往陉南的崞县改称而得名。

34. 恒山崩

历史上的恒山多有崩塌，在几个版本的《恒山（岳）志》和《浑源州（县）志》以及其他一些史料记载中，对于"恒山崩"记载有多条，其中乾隆版《浑源州志》载录有3次：

汉殇帝延平元年（106）正月壬辰日，河东恒山崩（《五行志》）；

北魏宣武帝景明元年（500）十一月丁巳日，恒山崩（《灵征志》）；

北魏宣武帝正始元年（504）十一月癸亥日，恒山崩（《灵征志》）。

乾隆二十八年癸未重镌本《恒山志》、顺治《恒岳志》、1982年《浑源史料》等记录恒山崩6次：

汉殇帝延平元年（106），恒山崩，时邓太后专政。秋七月，帝崩无嗣；

晋怀帝永嘉四年（310，西晋）秋八月，恒山崩，水溢出；

晋安帝义熙五年（409，东晋）春三月，恒山崩；

北魏天赐六年（409）春三月，恒山崩（《魏史》）。

北魏宣武帝景明四年（503）冬十一月，恒山崩（《魏史》）；

北魏宣武帝景明五年（504）冬十一月，恒山崩。

1999 年版《浑源县志》对恒山崩的记载次数是最多的，共 12 次：

东汉殇帝延平元年（106）正月壬辰日，河东恒山崩塌。是年五月壬辰日，恒山又崩；

东汉殇帝延平二年（107）正月壬辰日，恒山崩；

晋怀帝永嘉四年（310，西晋）秋八月，恒山崩，水溢出；

东晋元帝大兴四年（321）八月，常山崩，水出盈溢，大木倾拔；

晋安帝义熙五年（409，东晋）春三月，恒山崩；

北魏道武帝天赐六年（409）春三月，恒山崩；

北魏宣武帝景明元年（500）十一月丁巳日，恒山崩塌；

北魏宣武帝景明二年（501）十一月丁巳日，恒山又崩；

北魏宣武帝景明四年（503）十一月，恒山崩；

北魏宣武帝景明五年（504）十一月，恒山崩；

北魏宣武帝正始元年（505）十一月，恒山崩；

北魏宣武帝永平四年（511）庚戌日，恒山发生地震，有隆隆声。

在浑源关于"恒山崩"的古今史料中，就其所载而言，其中之误载仍沿袭至今，本志经查证共有 6 处之多，当以补正。其一，"汉殇帝延平元年（106）正月壬辰日，河东恒山崩"中，据《后汉书·五行志十六》中载，当为五月壬辰日，而非正月，乾隆《浑源州志·祥异》及其 1983 年点校本亦为正月，今人韩者印先生在《历代"恒山崩"考略》中曾进行过说明。其二，在浑源现有史料中（包括州志、山志、县志及文史资料等），皆记载汉殇帝延平元年的那次河东山崩即为"恒山崩"，当误。如在 1999 年版《浑源县志》中，甚至将此误记录为两次不同的"恒山崩"："是年五月壬辰日，恒山又崩"。又如韩者印在《历代"恒山崩"考略》中认为可信之"恒山崩"为 5 次，但若据本志所推则为 4 次。关于"河东"之地域所属无须考证，因自汉唐以来，河东之区域当属今运城一带，即今山西西南部地区。《续汉书·五行志》《后汉纪》皆载作"河东恒山"，当误，而后世因之。《后汉书·五行志十六》载为"垣山"而非"恒山"，史学家周天游在其《后汉纪校注》（1987 年版）中，对于河东"恒山"和"垣山"进行了翔实的注释："洪亮吉以为恒山在上曲阳（其时恒山已移祀于上曲阳），不属河东，应如殇纪作'垣山'为是。"其三，乾隆《恒山志》、顺治《恒岳志》、1982 年《浑源史料》等资料中，共记录恒山崩 6 次。其中在北魏天赐六年春三月的恒山崩中，与晋安帝义熙五年的恒山崩当为同一次恒山崩，为同一事件的两个朝代的分别记录，故实为 5 次"恒山崩"。其四，在 1999 年版《浑源县志》记载中，北魏宣武帝景明五年和北魏宣武帝正始元年的"恒山崩"所载当为史籍重复记载，因景明五年正月即正始元年之开始。其五，《浑源县志》载："北魏道武帝天赐元年（409）春三月，恒山崩。"其中天赐元年应为天赐六年，见于乾隆重镌本《恒山志·事志》："天赐六年（409）春三月，恒山崩……"其他资料见于《浑源县文史资料》第二辑 49 页、《浑源县志史料汇编》第四册 111 页。其六，《浑源县志》第 92 页记载："北魏宣武帝正始元年（505 年）11 月，恒山崩。"但据 2014 版《新编现代汉语词典》第 1621 页，其中正始元年应始于公元 504 年。

此外，史书记载的其他"恒山崩"应包含其他地质灾害。当然，典籍中记载的"恒山崩"实际包括的是浑源恒山与河北大茂山，应按照两地分别祀岳的历史去进行区别认识，因为古今典籍并没有明确这一点，记载笼统，而石家庄封龙山是否也包括在内暂无考证。

造成恒山山体崩塌的因素是多种的，在自然过程当中，气流、温度、湿度等都会对山体结构造成很大的影响，如遇地震或阴雨则极易发生崩塌。从古及今，在恒山发生的山体崩塌现象其实早已不是用数字就能够表明的了。1982 年 8 月 1 日，恒山南侧的大磁窑村的擦板沟和黄鼬沟之间的山坡发生了大面积的滑坡，山体巨大岩石塌陷，总面积达0.225 平方公里。1992 年 4 月 18 日 13 点 48 分，悬空寺山顶部发生山体岩石垮塌，总量10 余立方米。1995 年夏秋之际，由于连绵的阴雨，恒山恒宗殿崇灵门外院下面的山体垮塌，范围达千余平方米。2015 年夏，悬空寺顶部岩石再度坍塌，寺院部分建筑结构受损。

（参见《后汉书·五行志十六》《后汉纪·孝殇皇帝纪第十五》、顺治版《恒岳志·上卷·事纪》、乾隆版《浑源州志·卷七·祥异》及 1983 年译文本第 158 页、2016 年再版《浑源县志》第 91 页）

35. 永安寺创建时间

乾隆《浑源州志》卷八载："永安寺在州东，元延祐三年都元帅高定建……"卷九桂敬顺在《重修永安寺碑记》亦引记为元延祐初年所建。在以上记录中，关于永安寺的创建时间当疏于严谨。今有元代至元三十一年（1294）《大永安禅寺铭》碑记载说："大永安寺者，古之道场，经烽火后，僧亡寺废……"又明代《寰宇通志》卷八十一载："永安寺，浑源州治东北，金建。"由此可知，永安寺当于金代毁于战火，大蒙古国初（约窝阔台汗后期），由高定及其子高仲栋等邀请归云禅师（1187—1246）进行重建，历时数载。按桂知州碑记所载，永安寺建于延祐三年系州人所言，桂知州及修志者并未对此做深入考究，遂依其言录于州志并做碑记。然《大永安禅寺铭》之至元为元代之始，且碑铭对于寺院之兴废、重建者及建设过程所载明确，加之《寰宇通志》为其佐证，故此乾隆州志所载当误。按雪庵大师所题"传法正宗之殿"匾额所记，延祐二年为大雄宝殿创建时间，而非州志所载寺院创建于延祐三年。另，按 1950 年宿白先生《永安寺勘查报告》所述，永安寺重建于元初，但其时归云禅师已圆寂近 30 年，故此，归云禅师主持重建永安寺时间当为大蒙古国时期，而非元初。

36. "神川"与"神州"

浑源在古代也称作"神川"，其名源于"八水浑流"。金贞祐二年（1214），县晋为州，故之后也简称为"浑州""浑郡"。在元代至元三十一年（1294）的《大永安禅寺铭》中记载，浑源也曾被称作"神州"。碑记载："有奉训杜侯任之神州……"可见在元代浑源实有此别称，但此类用法古代如常，此神州之名非华夏之"神州"，因该县升州而已。

37. 李彝墓

乾隆《浑源州志》及 1983 年译文本记载明代布政使李彝墓位于城东北 2 里；2008 年和 2009 年版《北岳恒山志》则载该墓位于城东北 1.5 公里顾册村附近，以上四部史籍所载均与实际不符。据现场考证，该墓位于县城东北武村西南，距县城约 4 公里。

（乾隆《浑源州志·坟墓》、2016 年再版《浑源县志》第 637 页、2008 年版《北岳恒山志》第 143 页、2009 年版《北岳恒山志》第 121 页）

38. 云峰寺创建与重修

在现有资料中，关于云峰寺的历史信息是非常有限的，明代王潃初（《山阴县志》记作王浚初）所作《天赐禅林记》及《三晋石刻大全·浑源县卷》的碑记中略有记载。在这些资料中，最早记录天赐沟寺院信息的为明万历七年（1579）《创建圣母行宫楼记》，之后又有万历十三年（1585）《碑记》及乾隆、同治年重修碑记。在这些记载中，将其中存在的两个问题罗列于下，以备核查。

一是寺院创建时间。在《创建圣母行宫楼记》中可知，时称"天寺沟"的这条山沟风景秀丽，是僧徒修行的地方。在此碑记中，僧人法华在"而大殿光景全全，文非余偈"的情况下又创建了圣母行宫楼，作为他选择"天寺沟"修行的第一大宏愿。有僧当有殿宇，虽碑记中并未载有寺院的名称，但也由此可知，寺院的创建时间当为万历朝之前；但是否为传说中的北魏或唐建，待考。

二是乾隆四十七年（1782）《重修云峰寺碑记》中所载的"□万历在位雁门道奉敕委武卫中军监修庙宇，绘像神尊"与万历十三年（1585）《碑记》所载有所出入。在万历《碑记》中，碑记题写者为"雁道委振武卫官管平刑中军事朱印"，在乾隆碑记中虽未明确姓名，但可推断为同一人物；诚然，若另有同为中军之职的武官奉敕前来修建则另当别论了。在此碑记中，时任雁门道振武卫平刑岭关（平型关）守备的朱印率部修建边城，历时三年；在万历十三年竣工后偶然来到云峰寺，为寺院清凉幽静所吸引，赞叹之余遂题文并刻石作记。依此而见，万历十三年该寺院并未进行重建。在以下几个方面可说明其中的一些问题：其一，若据乾隆碑载，朱印作为正五品戍边武将，如何能受皇帝敕命，率各州县千队长及囚徒前来为一处乡野寺院进行建设，而若擅离职守前来建寺则更无可能；其次，修建寺院为土木工程，怎有万历碑中"石砌砖包"之说；其三，既是耗时三年而成，工程必浩大非常，然而云峰小寺又因何会受皇家重视如此大兴土木呢？其四，若是皇家敕命，再以朱印之品级，在浩大的工程结束之际，于勒石之中如何未见有浑源任何官吏参与的记载？因此综合以上分析，乾隆碑记所载当有误，而这也正是万历碑名为"碑记"，而非"重修碑记"的原因所在了，万历碑当为即兴所刻，碑中诗文已有说明。

39. 天下第一宫碑记

碑刻立于北岳行宫。关于此碑刻在《三晋石刻大全·浑源县卷》及 2008、2009 年版《北岳恒山志》略有记录。据查，此碑系 20 世纪 90 年代末，由伪道士（本名王明信，河北人）在住持其间所刻，碑文内容为"天下第一宫"，落款为贞观年并具印一方，遍观古今碑刻均无此格式，实为臆造。碑体为黑麻岩材质，此坯料原弃置于县城州衙西侧巷口。

（2008 年版《北岳恒山志》第 240 页、2009 年版《北岳恒山志》第 135 页、《三晋石刻大全·浑源县卷》第 5 页）

40. 唐中书令郝杰

关于中书令郝杰的籍贯，浑源文史研究者李向奎在《唐中书令郝杰籍贯任期考》一文中给予指出。按乾隆《浑源州志》，浑源有唐代进士郝杰。该志载："郝杰，中书令，《通志》（雍正《山西通志》）崞县人。"雍正《山西通志·人物》载："郝杰，字处俊，崞县人，贞观中进士，高宗时擢东台侍郎。"按李向奎考证，今察此二志皆存误载。

其一，关于郝杰之名。在《旧唐书》《新唐书》中，仅载为郝处俊，并无郝杰其人，郝杰见于以上二志，其出处不知为何，《唐中书令郝杰籍贯任期考》中疑为与其弟郝处杰之名相混。另，在唐代，郝氏宰相仅记载有郝处俊一人。其二，关于郝处俊之籍贯。《旧唐书》《新唐书》皆记载，郝处俊为安州安陆（今湖北安陆市）人。而雍正《山西通志》则载："郝杰，字处俊，崞县人……"若依此载，郝处俊则为原平崞阳镇人氏，因早在隋大业二年（606），崞县已建置于原平崞阳镇，而非浑源。郝处俊为崞县人氏出处亦无可考，当为《通志》误载。此载之误亦误导今原平学界，有考证郝杰为原平上社人氏，不知出处为何？继雍正后，在乾隆年编撰《浑源州志》之时，依据前朝《通志》所载，仍一贯认为其中崞县即指浑源县；故此，遂有在《浑源州志》中认定郝杰（郝处俊）

为浑源人氏之误。综合其因皆为《通志》之误所发，《州志》因之而再误至今。

（见雍正《山西通志·人物》、乾隆《浑源州志·科目》《旧唐书·郝处俊传》《新唐书·郝处俊传》）

41. 刘从禹中进士时间

《浑源县人物志》记载刘从禹中进士时间为金正大七年（1230）。据元至大三年（1310）《神川先进登科记》载，刘从禹得中进士时间为正大六年（1229）三月二十五日。

（2011 年版《浑源县人物志》第 8 页，《三晋石刻大全·浑源县卷》第 22 页）

42. 荆藩葛相国

1999 年版《浑源县志·卷二十一》"北岳名胜"篇关于云峰寺记载说："明代一个叫葛荆藩的相国为寺题写匾额'天赐禅林'。"此载当为对本意的误读。其出处见于明代万历年间王濬初《天赐禅林记》，文中描述："荆藩葛相国颜之曰'天赐禅林'……果上人名兴，其徒智林，相国登荫，典客瑛……"显而易见，葛姓相国实名当为"葛登荫"而非葛荆藩。

在明代，"荆藩"特指荆王朱瞻堈一系。在朱谋㙔（明朝宗室）所著《藩献记·卷三·荆藩》中载："（荆）宪王初封建昌，正统中改封蕲州（今湖北省蕲春县）。""藩"，即指藩王、藩国，"荆"则指封地。据《天赐禅林记》成文时间以及荆藩王袭爵年代分析，时任藩王或为第九代定王朱由樊（又作朱由橬）。

葛相国，生平暂无考。据王濬初《天赐禅林记》撰写年代推知，疑为长史胡文光（从四品）之续任，但其任左、右长史信息不明，官阶依制或为正五品。

43. 悬空寺与崇虚寺

悬空寺创建于何时说法不一，至今并无确切定论。《嘉庆重修一统志》记载说悬空寺初创于北魏，兴盛于元代；《佛教年表》中记载建于北魏宣武帝景明元年（500），但未知其出处，其余如《云中郡志》《浑源州志》等典籍亦载有北魏之说。乾隆《恒山志》则曾有建于南宋之传说，但坦言并无考证。而《续太平广记》中又言："汉武时，于壁上凿孔，横攒巨木为基，因而重叠，架楼三座，锯丽巍峨，上接于天，下不在地，所谓'空中楼阁'。复覆以岩唇，雨日不及。历代及嘉靖间重修，真天下大巧而异观也。"若据此一说，古寺西汉之时已然建成。

但在 20 世纪 90 年代前后，市、县学界又有悬空寺为北魏太和十五年（491）初创之说。这一说法也没有更为确切的考证，却至今仍为书刊、网络、导游讲解等引用，令不明就里之人盲从笃信。此说源于《魏书·释老志二》所载天师道场（又称"玄都坛""大道坛"）之首次迁建（道坛共历经三次迁建，第二次为太和十七年迁于洛阳，第三次为东魏天平初年迁于邺城），但几经考证，实为张冠李戴、臆测谬断。该志载："太和十五年秋，诏曰：夫至道无形，虚寂为主。自有汉以来，置立坛祠。先朝以其至顺可归，用立寺宇。昔京城之内，屋舍尚稀，今者里宅栉比，人神猥凑，非所以祗崇至法，清净神道。可移于桑干之阴，岳山之阳，永置其所。给户五十，以供斋祀之用，仍名崇虚寺。可召诸州隐士，员满九十人。"

之所以有悬空寺为崇虚寺之说，是缘于考证者以"北魏"和"桑干之阴，岳山之阳"等为关键切入点，并以此为据，推断悬空寺即为迁建之后的寇谦之道坛，而并未从其他历史记载以及两地地望等方面进行深入查证，从而导致了错误的判断。实则"桑干之阴，岳山之阳"在诏书中本为含糊之言，并未明确确切迁建地址，仅为概说。其一，中国古代以山南水北为阳。如果岳山即指恒山，而桑干又位于恒岳之北，那么其位置又怎能既为桑干之阴，又为岳山之阳？即迁建后的大道坛怎会既处于恒山之阴，又处于恒山之阳？此为南辕北辙。其二，悬空寺位于恒山之西，而并非以南，何来恒山之阳一说。其三，如北魏之时其所指岳山并非单指恒山主峰，如广义恒山山脉的话，那么符合道坛迁建的地方又有几何？其四，玄都坛既为皇家道坛，其行祀规模必然较大，但悬空寺之形制规模与其实际功用并不相匹配。除却参与行祀之人，仅道坛定额人员即有 90 人之众，而悬空寺又能容纳几人？

清光绪《山西通志》卷五十七《古迹考八》载："崇虚寺，在大同县南三里，始光初（424 年为始光元年）建。"文字之后又有标注说："始光初，嵩山道士寇谦之奉道书献阙，遂起天师道场于代都东南，显扬其法，宣布天下。真君三年，从谦之请，亲备法驾诣道坛受符录。自是，每践位初必受符录以为故事。太和十五年（491）八月，以京城里宅栉比，人神猥凑，非所以祗崇至法，诏起道坛于都南桑干之阴，仍名崇虚寺。"此载一是表明了大道坛迁建后的确切位置；二是解释了崇虚寺的来龙去脉，进而厘清了其与悬空寺的关系；三是表明了孝文帝并未按照"岳山之阳"进行迁建；四是迁建后道坛的规模较小，八月即告完工，并无凿壁建寺之举。

自孝文帝迁建道坛之后，关于这一事件在现有的记载中，皆仅体现"桑干之阴"，而对"岳山之阳"则不予提及，如宋代《册府元龟·帝王部》及《资治通鉴·齐记》均记载为——永明九年（491）八月戊戌，移道坛于桑干之阴，改曰崇虚寺（通鉴注云：此即寇谦之道坛也）。这也从另一个侧面反映出了迁建后的地址与"岳山之阳"并无瓜葛。但即是如此，"桑干之阴"的记载亦与今日之地望相左。缘由是迁建后的崇虚寺旧址位于今桑干之阳，而非史籍中的"桑干之阴"，此中缘由或因河道改向而成，仅为猜测，终无定论。

大事记

1932 年

夏，浑源城外出土新生代第四纪黄土期安氏鸵鸟蛋一枚，曾藏于民国女子师范学院，后转藏于北平师范大学。据民国时期《科学时报》张仙洲撰文，该蛋壳面虽稍有斑蚀，但颜色光泽，均属完好，颇足珍贵。

1949 年

5 月

24 日，国家出台了对文物保护的一系列命令和办法。在这样的背景之下，由中央人民政府文化部及文物局组织成立了雁北文物勘察团。

1950 年

春天，下韩乡麻庄村民王尚贤之父在古城洼耕地时挖出一个铜镲，直径 1.5 米。

7 月

21 日，由中央人民政府文化部及文物局负责正式成立雁北文物勘察团。该勘察团是新中国成立以来第一次组织的规模较大的关于历史文化遗产实地调查研究的工作团队。成员共 16 人，团长裴文中（国家文物局博物馆处处长），副团长刘致平（清华大学营建系教授）、陈梦家（清华大学国文系教授）。分两个组：考古组组长陈梦家，副组长傅振伦（北京历史博物馆设计员）、阎文儒（北京大学文科研究所研究员），组员王逊（在清华大学文物馆工作）、宿白（在北京大学文学研究所工作）；古建组组长刘致平，副组长赵正之（北京市文物整理委员会）、莫宗江（清华大学营建系副教授），组员朱畅中、胡允敬、汪国瑜（三人均为清华大学营建系教师）。总务王守中、王树林（二人均在文物局总务科工作）。

19 日至 25 日，文化部文物局雁北文物勘察团考察恒山庙、悬空寺、永安寺、圆觉寺塔和李峪青铜器遗址。

是年，裴文中撰写的《浑源县李峪村庙坡之彩陶文化遗址》和宿白撰写的《浑源古建筑调查简报》皆收录于《雁北文物勘察团报告》。

1956 年

是年，浑源县按照国家文化事业管理局和山西省文化局的指示精神，从文化部门抽调人员组成文物普查工作队，在浑源县开展了新中国成立以来的第一次全国文物大普查工作。本次普查以山西省为试点，之后推广到全国各地。

1957 年

5 月

27 日，浑源县人民委员会转发省人民委员会通知，把恒山建筑群、悬空寺、圆觉寺砖塔、永安寺、栗毓美墓、麻庄汉墓群列为省级文物保护单位。

是年秋，山西省和雁北地区文物部门组织专家组对恒山文物情况进行了首次全面普查。

1958 年

经水电部批准，恒山水库修建工程正式开工，施工队伍 2500 多人。

是年夏，因修建恒山水库，将位于水库西北岸的罗汉寺、位于水库东岸岳门湾的北岳山门及三元宫、北岳牌坊等古建筑拆毁。

中秋节，水电部副部长钱正英视察建设中的恒山水库工地，决定把恒山水库作为水电部科学院、设计院的"试验田"。

1959 年

10 月

24 日，水电部北京勘察设计院的苏联专家洛斯特米扬·那廖托夫，在水电部勘察设计院夏广逊、浑源县委第一书记任寿增等陪同下，视察恒山水库建设工地。

1960 年

1 月

2 日，时任共青团中央第一书记胡耀邦，在晋北地委书记王铭三、团省委书记王晋、团地委书记马清彬等陪同下，下午 5 时视察恒山水库工地，并登游悬空寺。

31 日，中共中央书记处书记、华北局第一书记李雪峰在晋北地委书记王铭三陪同下游览了悬空寺。

1962 年

2 月

雁北文化局印发山西省文物管理委员会杨陌公先生写的《恒山观察记》。

5 月

11 日，农历四月八，恒山庙会。3 天里，物资交流销售总值就达 2.6 万多元。

1965 年

8 月，麻庄汉墓群被被公布为首批省级文物保护单位。

1966 年

8 月

永安寺传法殿内的塑像三世佛和珍塑悬空寺飞天以及天王殿、门殿等泥塑被捣毁。

是年，恒山白龙王堂、停旨岭村北真武庙等道观被拆毁一空。

1967 年

秋，浑源县饮食服务公司新建澡堂，利用砖塔塔心内室，改建成水塔，砖塔基座砖层皆遭侵蚀。

是年，牛头化石出土于驼峰乡浑河岸边。

1969 年

栗毓美墓先后被化工厂、配件厂、药材公司、气象站等单位占用，汉白玉桥、汉白玉祭厅及碑亭被拆毁，很多碑碣失落，墓地遭到严重破坏。

1973 年

3 月

省、地文物部门对毕村、麻庄汉墓群

进行试挖，挖掘墓丘两座，出土各种珍贵文物 173 件。

夏秋，省文物局拨专款，由县文化局负责施工，对悬空寺连接南北两楼的木制栈道及下面支撑的柱子全部进行了更换，并对全寺的悬梯、回廊及楼板大部分进行了更换。

11 月

28 日，浑源县革命委员会转发省革委《关于进一步加强文物保护管理的通知》。

1975 年

7 月

1 日，浑源县革命委员会转发县文化局《关于保护悬空寺安全的请示报告》，禁止任何单位和个人在恒山、翠屏山北坡和唐峪内至下盘铺一段放炮炸石。

夏，麻庄村一汉代古墓由于受雨水冲刷被当地群众发现。

8 月

29 日，据群众反映，在麻庄汉墓所处的田野间发现有古墓，在雨季被雨水冲刷出来的陪葬器物共计 17 件。

1976 年

3 月

19 日，县革委发出成立浑源县悬空寺文物保管所的通知。

1977 年

夏，故宫博物院陶瓷考古专家冯先铭等到恒山古瓷窑址考察，除采集到宋、元时代的大量瓷片外，还发现了部分唐代陶瓷碎片。

8 月

11 日，浑源县革委报省文物工作委员会《关于重点维修恒山庙宇的请示报告》。

1978 年

5 月

陶正刚、马刚、海金录以及浑源文化馆张灿如等考古人员对麻庄东周大墓进行考古勘察，过程中进行了少量的钻探和试掘工作。

是年，省文物局拨款，由浑源县文化局主持重修悬空寺栈道，历时一年。

1979 年

2 月

26 日，浑源县革委向省革委报《关于重点维修北岳恒山庙宇的第三次请示报告》。

5 月

9 日，经省人民政府决定，悬空寺对外旅游开放。

夏秋，省文物局拨款，由县文化局主持彩绘悬空寺。

10 月

13 日，县革委向省革委报《关于重点维修北岳恒山庙宇的第四次请示报告》。

1980 年

8 月

17 日，国家文物局局长任质斌在省文物局副局长李正荣、地区文物站站长张畅耕、副县长李一衡等陪同下检查悬空寺文物保管工作，同意将悬空寺列为全国重点文物保护单位。

9 月

1 日，为加强恒山及全县范围内文物古迹的保护管理工作，根据上级有关部门指示，浑源县人民政府决定成立恒山文物管理所，统一管理以恒山和悬空寺为重点的全县的文物古迹保护管理工作。张儒山任所长。

是年，恒山文物管理所组织专人对浑源全县和恒山景区内的文物古迹进行全面普查，对 20 多处古建筑、古遗址、古墓葬进行了详细登记。

冬，悬空寺彩绘完工。

1981 年

4 月

7 日，浑源县人民政府报省政府《关于抢修北岳恒山庙宇的第五次请示报告》。经省人民政府决定，于 1982 年拨专款 24 万元，用以抢修主庙恒宗殿。

8 月

30 日，恒山文物管理所向省文物局和国家文物局送审《悬空寺围岩加固工程施工方案》的请示，经国家文物局局长任质斌批准，拨专款 11 万元。

1982 年

2 月

23 日，国务院公布第二批全国重点文物保护单位名单，悬空寺被列为全国重点文物保护单位。河北省曲阳县北岳庙亦被列为全国重点文物保护单位。

3 月

浑源人民县政府报省政府《关于抢修北岳恒山庙宇的第六次请示》。

夏，道士徐明祥主持修葺恒山十王殿。

7 月

中旬，距恒山主峰西 70 里应县镇子梁村王新文从地下挖出一根象牙化石，长 2 米，直径 25 厘米，重 72 公斤。

8 月

15 日，浑源县文化局报国家文物局《关于永安寺、圆觉寺砖塔、栗毓美墓 3 处省级文物保护单位被占用情况及今后意见的报告》。

10 月

9 日，中共山西省委第一书记霍士廉，在省委秘书长张长珍陪同下，检查恒山文物古迹破坏情况。之后，为恒山拨款 60 万元。

16 日，浑源县人民政府公布县级文物保护单位名单，共 12 处：北岳行宫、孔庙、州衙大堂、大云寺大殿、律吕神祠、三清殿、西留村明代古戏台、古瓷窑遗址、古长城遗址、穆桂英点将台、汉崞县古城遗址、烈士纪念塔。

是年，省文物局古建所拨专款组织专业技术人员在恒山进行为期 3 个月的实测，绘制出了恒山朝殿、崇灵门、寝宫、梳妆楼等 4 组有代表性的古建筑的修缮蓝图。

1983 年

1 月

25 日，分管文物工作的山西省副省长赵军在县委书记王善等陪同下检查恒山修建工作，对维修恒宗殿做了具体研究。

4 月

29 日，浑源刘思恭献铁真武像 1 尊，铜菩萨 2 尊，铜佛 1 尊，泥塑弥勒佛 4 尊。

5 月

占用圆觉寺砖塔的澡堂搬迁。

是月，恒山文管所向省文物局报《关于大云寺主殿墙壁危塌的紧急报告》。

1984 年

12 月

10 日，恒山风景区管理处改称恒山风景管理局。

是年，省文物局为恒山拨款 30 万元用于古建修缮。

是年，县文化局、恒山文物管理所重修马神殿、牌楼、寝宫、梳妆楼、会仙府、玉皇阁。其中对马神殿牌楼的修缮中，县文管所特聘水磨疃村修缮过古寺庙的八旬老匠人马二顺对施工匠人进行现场指导。

1985 年

1 月

30 日上午 9 时 30 分，时任中共中央政治局常委、国务院总理的赵紫阳在山西省省长王森浩、雁北地委书记白兴华等陪同下登悬空寺、恒山。

3 月

11 日，浑源县人民政府任命穆大明为恒山风景区管理局局长。

是月，恒宗殿、藏经楼、更衣楼、青龙殿、白虎殿修复工程开工。当年 12 月完工。

是月，原籍浑源县城关镇新华村、在内蒙古呼和浩特市工作的崔有，为修复北岳恒山捐款 2 万元。

是月，恒山脚下荆庄村发现一批瓷器，有盆、碟、碗、瓶等，均为白色，制作精细。经文物部门鉴定，为辽代稀有珍贵瓷器。

4 月

12 日，吉林省人大常委会主任（山西省委原副书记）王大任在山西省委副书记

李修仁和雁北地委书记白兴华的陪同下游览悬空寺。

是月，恒山崇灵门、二郎庙、十王殿、恒宗殿 98 级踏步维修工程开工。

9 月

12 日，在北京召开的河流泥沙国际学术讨论会于 16 日移至浑源结束，来自美国、苏联、加拿大、德意志联邦共和国等国家的 6 位专家、教授，讨论了恒山水库处理泥沙的科研工作，对水库用洪运沙的处理方法很感兴趣，认为对世界具有普遍的意义。

夏秋，县文化局、恒山文物管理所重修恒宗殿、青龙殿、白虎殿、崇灵门。当年完工。

1986 年

1 月

乾隆版《恒山志》点校本由山西人民出版社出版。

5 月

21 日，李跃山撰写的《北岳恒山大规模整修古建筑》被中央人民广播电台采用。

6 月

5 日，为纪念明代大旅行家徐霞客，恒山文物管理所投资 15 万元开工兴建霞客亭。12 月竣工。

8 月

1 日，意大利考古专家尼诺偕同妻子、女儿游览恒山悬空寺。题词为：悬空寺它象征的一切，体现了中华民族伟大的文化成就，是中国人民智慧的杰出体现。

8 日，山西省人民政府公布山西省第二批文物保护单位名单，永安寺、圆觉寺

砖塔、古瓷窑遗址、界庄瓷窑遗址和天峰岭古建筑群入列其中。

10月

1日至17日，美国水保泥沙考察小组一行2人，在国家水电部水电科学院姜乃森、周志德的陪同下考察雁北地区，其间参观恒山悬空寺、恒山水库等。

9月

18日，永安寺、圆觉寺砖塔、古瓷磁窑遗址、界庄磁窑遗址及恒山古建筑群被列为省级文物保护单位。

12月

《恒山风景名胜区总体规划》由上海同济大学编制完成。

是年，修复纯阳宫、龙王庙。

是年，恒山会仙府建筑群完成了简单彩绘。

1987年

4月

1日，恒山九天宫正殿和关帝庙维修工程开工，于同年12月竣工，总投资40万元。

5月

1日，恒宗殿钟鼓楼落架维修工程开工。投资18万元，10月竣工。

6月

5日至7日，山西省人民政府在浑源召开第一次恒山风景区工作会议，副省长白清才、省政府秘书长李玉明及省旅游局、建设厅、林业厅、水利厅、文物局等省直厅局领导参加会议。

7月

中旬，恒山遭受冰雹及暴雨袭击，五峰观地区受灾最为严重。

12月

14日，"浑源县恒山建设委员会"成立，隶属县人民政府领导，为县人民政府的工作机构，负责统筹、协调、规划、指导景区建设、管理等有关工作。

24日，余增耀任恒山风景区管理局局长。

是年，妙静法师传法于云峰寺，筹资在悬崖绝壁间修复云峰寺主殿和配殿，其后又有王艳芬等善众进行了后续修缮。工匠有青磁窑村木匠张成等。

是年，按照国家文物事业管理局《关于加强文物工作的请示报告的通知》精神，浑源县文物管理部门组成专业调查队，在全县范围内开展了第二次全国文物普查工作。此次普查共登记各类古建筑共203处、石刻24件、古窑址2处、革命纪念建筑物1处、壁画1102平方米、古树7棵、古墓葬3处、古遗址18处、石窟寺1处、碑碣94通。

1988年

4月

8日，恒山魁星阁落架维修工程开工。投资15万元，于12月竣工。

15日，恒山悬空寺更换琉璃瓦、铺设楼板工程开工。总投资30万元，于11月竣工。

5月

1日，恒宗殿钟鼓楼落架维修工程开工。总投资18万元，10月竣工。

6月

5日，恒山天峰岭庙群区第一期彩绘

工程开工，对恒山天峰岭庙群大小庙宇 20 余处进行了彩绘，投资 20 万元，于 11 月竣工。

1989 年

6 月

5 日，恒山悬空寺霞客亭重建工程开工，总投资 15 万元，12 月竣工，其间重新镌刻李白"壮观"二字。

8 月

3 日，中共浑源县委、县政府为纪念浑源第一任县委书记穆岳烈士牺牲 45 周年，在县城烈士塔举行揭碑仪式。穆岳烈士的女儿穆玉芬、天津市人大常委会副主任李中垣、雁北地委书记徐生岚、行署专员王善及浑源县五大班子领导等出席。县城实验小学改名为"穆岳小学"。

9 月

在县文化局、恒山文管所主持下重修了圆觉寺砖塔，重建了圆觉寺大门和大殿，总投资 20 万元，11 月完工。

1990 年

7 月

11 日，县城内"观音殿"在住庙尼姑妙善的主持下修葺一新。

1991 年

11 月

18 日，浑源县人民政府就恒山景区开发两个新项目，请求山西省人民政府召开第二次恒山工作会议，并提请会议研究解决第一次恒山工作会议所遗留问题（一是恒山后山景区建设，二是三清殿景点的开发和建设）。

1992 年

7 月

山西省地质工程勘察院编写完成《悬空寺区工程地质勘查报告》。

11 月

19 日，经中共浑源县委常委会会议研究决定，撤销恒山风景管理局，成立浑源县恒山管理局。将民族宗教事务科、外事办公室和恒山文物管理所保留牌子与职能，并入浑源县恒山管理局，属内设机构。

24 日，副县长杨晋龙兼任恒山管理局第一局长，余增耀为局长，副局长为杨连奎（兼外事办公室主任）、李文、冯广业（兼民族宗教事务科科长）、张立功、李增福、孙怀祖、郝维和。

是年，太原工业大学李世温教授带领课题组在恒山悬空寺做动力特性实验，并在第三届全国地震工程会议上做《浑源悬空寺北殿的动力特性及抗震问题》的报告。

是年，山西老一辈陶瓷专家水既生撰写了《浑源窑青地白花和褐地白花陶瓷》一文。

1993 年

3 月

1 日，恒山天峰岭接官厅重建工程开工。投资 60 万元，10 月竣工。

20 日，浑源县人民政府举办恒山洞穴探险活动。探险队由上海同济大学、山西大学生物系、山西省旅游局、山西省建设厅、山西省文物局、山西晚报社、恒山管理局等单位派人组成，探险活动历时 10 天，发现恒山有开发价值的天然洞穴 15 处。

4 月

6 日，恒山山门重建工程开工。投资 40 万元，次年 11 月竣工落成。

是月，恒山庙群区石碑整理结束，恒山碑林初步形成。

6 月

恒山庙群区所有庙宇墙壁全部进行喷红，天峰岭景区所有摩崖石刻进行描红，总投资 10 万元，8 月结束。

10 月

大同市建设局、大同市文物局，浑源县建设局、浑源县文管所对律吕神祠保护范围进行划定。控制建设地带四至为东、西、南、北各距祠边墙 50 米。

1994 年

4 月

由山西省文物局组织召开的恒山悬空寺危岩处理科研研讨会在大同市召开，省文物局局长张希舜亲临会议指导。

6 月

18 日，由山西省旅游局、山西省文物局、山西电视台联合组织的全省文物古迹旅游景点摄制组拍摄恒山景观。

12 月

五岳真形图碑制作完成并安放于恒山崇灵门西侧。

是年夏，栗毓美墓东侧公路在筑路过程中发现一座民国时期墓葬，市、县文物局考古人员进行了探查，后回填。

是年，山西省文物局、山西省建设厅联合划定恒山悬空寺保护范围和建设控制地带，并设立了标志碑，建立了档案。

1995 年

6 月

1 日，栗毓美墓对游人开放。

8 月

31 日至 9 月 10 日，恒山地区遭受罕见雨灾，全县共倒塌房屋 3 万余间，造成直接经济损失 5 亿元左右。恒山会仙府院裂缝达 35 厘米，外围护坡明显变形，下方的接官亭、十王殿、马神殿、牌楼和办公区等建筑受到威胁。崇灵门西侧护坡滑坡 500 余立方米，苦甜井、碑亭被滑坡泥石埋没，接官亭外檐明柱被砸断，崇灵门面临严重险情。此外会仙府上方掉落巨石一块约 1 立方米，会仙府主殿前檐受损。

是月，某日晚间 10 点多，悬空寺原派出所门对面的房屋墙面上，有白色荧光出现，呈正方形，面积约 9 平方米，距地面约 1 米，呈静止状态，停留时间约 1 分钟左右，后消失。

9 月

民营企业家关军重修玄井亭。

12 月

15 日，山西省文物局、山西省建设厅公布恒山栗毓美墓和永安寺保护范围及建设控制地带。

1996 年

7 月

是月，浑源西留村东北角、横山脚下发现了一个古墓葬，出土有随葬品。

9 月

中秋节后，悬空寺索桥西端又有亮光出现，之前出现于大体同一地带时间为 1995 年。此次所出现的位置较上次偏高，面积也更大，约有 3 间房屋面积大小，边沿处逐渐暗淡。其时路上无车辆及行人，人走近时光亮倏然消失。

1997 年

8 月

10 日，恒山地区遭受罕见的连绵雨灾害，恒山恒宗殿崇灵门外院台滑坡垮塌，崇灵门日渐倾斜。

1998 年

3 月

5 日，孙海川任浑源县恒山管理局局长，贺义玺任浑源县恒山管理局党总支书记。

8 月

13 日，恒山管理局在公安部门配合下，一举抓获 5 名盗掘麻庄汉墓的犯罪嫌疑人。

是年，山西省考古队在浑源县城以南约 8 公里处发现了两处唐代陶瓷窑址，引起了陶瓷学界的高度关注。

是年，深圳市考古鉴定所所长任志录和山西省文物鉴定站站长孟耀虎经考古研究后共同撰写了《浑源古磁窑有重要发现》。

1999 年

3 月

6 日，恒山九天宫被我国台湾地区台中市九天灵修院确认为祖庭。

5 月

10 日，恒山天峰岭崇灵门大型护坡及环境整治工程开工。主体工程 7 月底竣工。

6 月

28 日，浑源县永安镇西关街拆迁工程正式开始。

7 月

12 日，山西省考古所对界庄古瓷窑遗址进行为期两个月的考古挖掘。

8 月

10 日，永安寺第一期维修工程开工，总投资 200 多万元。翌年 12 月 1 日竣工。

9 月

13 日下午 5 点许，毛岸青夫人韶华以及毛新宇参观恒山、悬空寺。次日，韶华和毛新宇又专程登上了恒山，在一棵古松下她说："人们都说黄山的松树出名，黄山松固然多姿多态，我看不如恒山松，恒山松抗风寒、傲霜雪，长势挺拔，树冠宽大，独具风格。"

30 日，《浑源县志》出版发行。

2000 年

5 月

13 日，国家文物局局长张文彬带领中国工程院 7 名院士视察恒山文物保护及永安寺的维修工作。

是日，国家历史文化名城保护专家委员会副主任郑孝燮检查恒山悬空寺文物保护工作，并题词："悬空寺玄、绝、奇、险，百来百看不厌。"

26 日，全国人大常委会副委员长彭珮云及全国人大常委会文物执法检查组一行 10 余人，在副省长薛荣哲、县委书记柴树彬陪同下视察悬空寺。

6 月

14 日，恒山苦甜井亭重建工程开工，投资 10 万元。

是月，郑志光、黄玉英、陈佐等组织动工修建五岳宫。

是月，商人王青彪出资修紫微阁。

7月

国家文物局局长张文彬视察恒山、永安寺文物保护工作。

12月

1日，永安寺传法正宗殿维修工程竣工。

是年，深圳市文物考古鉴定所所长任志录撰写发表了《山西浑源窑的考古成就》一文。

2001年

4月

1日，天峰岭山神庙和疮神庙维修工程开工。总投资12万元，工程包括主体维修和彩绘，10月完工。

19日，"山西省浑源恒山管理局"更名为"山西省恒山风景名胜区管理委员会"。

26日至28日，恒山组织专业人员对全国重点文物保护单位恒山悬空寺进行了"四有"档案整理，共绘制图纸一套（62张），石碑拓片10张，照片200余幅。

5月

13日，以壁画及梁架彩绘为主的永安寺传法正宗殿二期修复工程开工。国家文物局拨款投资35万元，山西省古建研究所负责工程实施。

6月

14日，全国人大常委会委员、全国人大农业与农村委员会委员严克强视察恒山水库，并参观悬空寺。省人大常委会副主任任武国、市人大常委会副主任孙录、县长雷雪峰等陪同。

17日，全国水利工程现场会在恒山召开，100多名代表参会。

25日，永安寺、大云寺大雄宝殿被国务院列为第五批全国重点文物保护单位。

是月，恒山天峰岭九天宫东、西配殿和钟、鼓楼恢复维修工程开工。工程包括恢复东、西配殿和钟、鼓楼，维修山门、围墙、彩绘，总投资32万元，9月竣工。

9月

20日，恒山永安寺第二期维修工程开工，工程内容包括山门、天王殿落架大修、彩绘、小便门、八字墙维修及消防水源工程。工程总投资110万元，2002年10月20日竣工。

是月，恒山古树名木建档工作完成，豹榆、古松等40多棵珍稀树木挂上保护牌，部分设立围栏。

11月

19日，世界建筑学会副会长、中国科学院院士、中国工程院院士、著名文物建筑学家吴良镛先生考察悬空寺。

12月

5日，考古工作者在浑源发现烧造"镶嵌瓷"的瓷窑遗址。专家认为，这一发现表明过去被认为是朝鲜独有的"镶嵌瓷"，在中国古代就有烧造。

29日，国家文物局局长张文彬在大同市委秘书长柴树彬、浑源县县长雷雪峰陪同下调研恒山、悬空寺文物保护及永安寺维修工作。

是年秋，浑源籍定居台湾地区人、我

480

国著名甲骨文教授、考古学家、书法家白玉峥先生所撰的《浑源出土古物图说校记》一文在《大同今古》2001年第三期刊登。该文对16种27件浑源古物勘定并正名，比麻国华先生1935年所著图说增加9件。

2002 年

3 月

5 日，天峰岭姑嫂庙维修工程开工，总投资45万元。11月竣工。

4 月

16 日，恒山悬空寺安全技术防范系统工程开工，总投资100万元。

5 月

20 日晚，浑源县城红牌楼巷工地施工时，挖出数万枚古钱币，遭周围群众哄抢。之后共追缴古钱币1.534万枚，重约65公斤。

6 月

2 日，恒山九天宫、寝宫、寝宫门楼、梳妆楼、十王殿主殿及东、西配殿启动维修，9月26日完工。

13 日，省人大常委会副主任孙祥炎一行检查浑源文物执法工作。

24 日，省长助理宋北杉调研悬空寺及古城文保单位，市旅游局局长张佃生、县长雷雪峰等陪同。

7 月

31 日，悬空寺安全技术防范工程全面启动。工程总投资81万元，并于国庆"黄金周"前投入使用。

是月，恒山真武庙重建工程开工。

8 月

13 日，全国政协副主席周铁农率全国政协贯彻落实《文物保护法》视察团一行视察悬空寺，省政协主席刘泽民等陪同。

15 日，阁道祠彩绘塑像工程完成。

9 月

20 日，九天宫东、西配房及钟鼓楼、山神庙、疮神庙彩绘全部完工。

10 月

3 日，国家文物局局长单霁翔视察浑源县文物保护工作。

10 日，姑嫂庙重建工程竣工。投资31万元。

是月，九天宫修缮工程竣工。

12 月

30 日，郝维和任浑源县文物局局长（兼）。

2003 年

4 月

1 日，栗毓美墓东、西配房重建，投资18万元。8月底竣工。

15 日，恒山永安寺第三期维修工程开工。工程项目包括东西耳殿、配殿、围墙维修及做旧等，工程总投资39万元。11月15日竣工。

5 月

4 日，悬空寺环境整治和消防水源工程开工，工程投入资金约300万元。

8 月

20 日，国家文物局原局长张文彬调研恒山。

是日，恒山真武庙重建庆典仪式举行。

是月，悬空寺景区石刻"云边觉岸"出土。

9月

永安寺出土石碑两通，墓碑主人为栗毓美长子栗烜和次子栗耀。

10月

月初，栗毓美墓园外挖出石碑三通，墓碑主人为栗国华、栗国良、栗国贤。

2004年

5月

永安寺第四期维修工程开工，总投资200万元，内容为左右掖门碑廊、僧舍、钟鼓楼及内外环境等，11月竣工。

6月

文庙被山西省人民政府列为"省级文物保护单位"。

9月

12日，五岳宫、仙子洞举行开光仪式。

12月

是年，在"中法文化交流年"活动中，上海博物馆收藏的"牺尊"和法国博物馆收藏的"象尊"在中、法两国分别巡展。

2005年

4月

26日，大云寺（下寺）大雄宝殿落架大修，国家文物局拨款50万元，省古建筑研究所具体维修。10月底竣工。

5月

28日，永安寺修复工程完成并正式对外开放。

8月

25日，永安寺"传法正宗之殿"匾额复制完成。

27日，永安寺大修竣工庆典在永安寺举行。省文物局、省古建所领导，副市长冀明德以及县有关领导参加，古建专家吴锐就永安寺大修工程做了介绍。

11月

中央电视台4频道《国宝档案》栏目在22日、23日以《解读浑源牺尊之谜》为题介绍上海博物馆镇馆之宝——浑源李峪青铜器"金牛牺尊"。

2006年

5月

17日，河北曲阳县文物保管所编写的《北岳恒山探源》一书由河北美术出版社出版。

6月

栗毓美墓被国务院公布为第六批"全国重点文物保护单位"。

7月

15日至12月底，栗毓美墓维修工程竣工。总投资100万元。

10月

20日，栗毓美墓碑出土。

11月

14日，栗毓美墓"后土碑"出土。

是年5月至10月底，投资91万元，完成了大云寺消防系统建设工程。

是年夏，圆觉寺砖塔遭雷击，东北方向数块塔砖被击落。

2007年

8月

26日，悬空寺环境综合治理第三期工程竣工仪式、栗毓美墓整体修缮竣工仪式、浑源县城主干街道整治工程竣工仪式分别在悬空寺、栗毓美墓、县城举行剪彩仪式。

9月

5日下午，公安部消防局副局长李世雄少将调研悬空寺景区消防安全工作。省消防总队副总队长郭益民、高级工程师李伯林以及市、县消防部门领导陪同调研。

是年，会仙府主殿、寝宫山门、龙泉观、龙王庙、马神殿、管理用房屋顶琉璃瓦近500平方米全部更换，共投资10余万元。

2008年

3月

10日，恒山后山白龙王堂复建工程启动。

4月

6日，恒阴白龙王堂修复工程破土动工。

5月

15日，神溪律吕神祠维修工程启动。工程由山西省古建筑研究所施工队承揽。

6月

16日，律吕神祠修缮工程正式动工。

8月

20日，县委、县政府组织县直各部门和有关乡镇召开"浑源县第三次全国文物普查工作动员大会"。

9月

17日始，省"三普"办公室副主任师月菊、省"三普"办公室大同督察组组长肖文彬及专家张庆捷等在浑源等县区指导检查"三普"工作。

是月，浑源县"第三次全国文物普查"工作正式开始。

是月，麻家大院居民开始实施搬迁，修缮工程全面启动。

11月

19日，按照县政府常务会议纪要〔2008〕41号精神，县文物局与恒管委分离单设。恒管委文物管理科常学文、戴忠德、薄兴、陈艳、刘艳平、武玉萍、武治国划归县文物局，恒管委旅游管理科薄厚成、徐香琳、刘金花、方桂英划归县旅游局。

12月

11日，省"三普"办公室副主任、省文物局副局长宁立新在考察现场检查指导浑源县"三普"工作。

是月，浑源二中实施整体搬迁。

是年，浑源县被省文物局评为全省20个"文物普查先进县"之一，获奖金2万元。

2009年

3月

1日，恒山天峰岭核心景区绿化工程、天峰岭核心景区北线人行步游道改造工程、恒山古建筑群消防工程、恒山古建筑群安全技术防范工程、恒山天峰岭景区北坡白龙王庙仿古园林建筑工程分别开工。

10日，省文物局纪检书记宋文斌及省专家组来检查浑源县"三普"工作情况。

20日，历史文化街区建设工程全面开工。

4月

10日，圆觉寺修复工程开工。

11日，驼峰乡、西留乡、下韩乡、南榆林乡、吴城乡五派出所民警联合破获一起盗掘古墓案，共抓获犯罪嫌疑人6名。

6月

5日，文晓东继任为恒山景区党委副书记（主持工作）。

10日，省长王君、市长耿彦波考察了恒山水库加固工程及浑源县历史文化街区。

20日，中国文联副主席、中国民间文艺家协会主席、国务院参事冯骥才考察浑源县历史文化遗存修复情况，耿彦波、李根田等陪同。

是日，省文物局局长宁立新率专家组一行10人视察浑源县"三普"工作，市、县有关领导陪同考察。

是月，恒山风景区岳门湾古建筑群恢复工程开工。

7月

1日上午，中铁十七局高速公路施工队在大磁窑村黄腰嘴一带挖掘出一件黑釉罐。

8月

是月，李跃山编著的《光耀满乾坤——李峪青铜器解读》一书由三晋出版社出版发行。

是月，张剑扬编著的《北岳恒山志》由山西人民出版社出版发行。

10月

19日，《光耀满乾坤·李峪青铜器解读》一书首发式暨学术研讨会在大同市浩海国际酒店举行。著名青铜器专家黄盛璋、段炜璋、曹淑琴、陶喻之以及北京、上海、日本、本省市学者专家参加仪式。国家文物局原局长张文彬，中国考古学会会长徐

方平，上海博物馆馆长陈燮君，上海博物馆青铜器部主任、李峪青铜器研究学会学者周亚发来贺电、贺信。

是月，文物工作人员在第三次全国文物普查中新发现了一处明代寺庙遗址——殿山兴国寺遗址。

11月

县城西关街清代阁楼建筑——晴远楼列入第三次全国文物普查范围。

12月

14日，王学升任山西恒山风景名胜区管理委员会党委书记。

29日，文晓东任山西恒山风景名胜区管理委员会主任。

2010年

3月

19日，曾任清光绪年间浑源知州贺澍恩的墓碑在江西省萍乡市安源区青山镇葡萄村龙塘口村民小组贺氏宗祠门口被发现。

是月，李跃山作品《光耀满乾坤——李峪青铜器解读》荣获2009年度"百部（篇）工程"二等奖并列入"2009年度全国文化遗产十佳图书"评选书目。

5月

15日，针对恒山景区部分古松出现的枯萎现象，省、市林业专家实地考察后对古松进行"输液"养护。

6月

是月，美国《时代》周刊评出《全球十大奇险建筑》，悬空寺入选。

17日，浙江省文物局技术人员一行40余人考察悬空寺、永安寺。

是日，山西省消防总队司令部在悬空寺、永安寺举行"大同消防支队、浑源大队安全生产事故预案演练周"活动。

是月，在全省文物局局长工作会议中，浑源县被评为"文物普查先进县"。

9 月

6 日，殿山兴国寺、神溪关帝庙、云峰寺、孙公亮家族墓、田应璜故居、栗家府列为县级文物保护单位。

10 月

11 日，东关小学对面廉租房建设工地在施工时发现一处唐代墓葬。

是日，恒山景区山神庙举行落成揭碑仪式，文晓东、王学升、詹平先生揭碑。

是年，文庙、圆觉寺、律吕神祠通过国家文物局第七批全国重点文物保护单位审定。

是年，恒山古建筑群消防工程完工。

2011 年

5 月

5 日，文晓东调离恒山管委会，改任县委常委、县委办公室主任。

7 月

28 日，原大磁窑镇停旨岭村开始整体搬迁。

8 月

8 日，省委书记袁纯清视察悬空寺及岳门湾古建修缮工程，副省长张平、市长耿彦波等陪同。

10 月

麻家大院、千佛岭石窟、下韩完小旧址、金龙峡栈道遗址、殿山兴国寺遗址、刘官庄遗址被大同市人民政府公布为第三批市级文物保护单位。

11 月

明代文庙泮池遗迹出土。该泮池为砖砌弧形桥洞，桥体缺失。

12 月

6 日，由省文物局与山西新闻网联合举办的"山西最美文化遗产"社会公推活动结果出炉，恒山悬空寺入选"山西十大最美文物景观"。

2012 年

7 月

17 日，市长耿彦波在岳门湾古建修缮工程工地、停旨岭旧址及新索道建设工地调研，县领导李凤冉、郭普跃等陪同。

8 月

26 日，国家文物局局长励小捷调研悬空寺，省文物局局长刘正辉，市领导操学诚、尉连生等陪同调研。

是月，山西最大的铁铸大钟"永平钟"由神溪村牛晓等 6 名工匠制作成功。该大钟是由山西临县一座佛寺定做，高一丈，底部直径 2.2 米，重 10 余吨。钟背铸有"风调雨顺，国泰民安，钟灵毓秀"字样，钟面铸有晨钟偈、暮钟偈和佛教心经等 400余字。

9 月

18 日，县文物局局长郝维和兼任恒管委副主任。

是月，恒山庙群消防生态提水工程开工。

10 月

18 日，云南省文物考察团一行 60 人考察悬空寺景区。

2013 年

3 月

25 日，由广东省佛山市国资委副主任张霞带队的考察团一行考察浑源县历史文化街区和旅游发展等，市、县领导操学诚、张振虎、郭普跃等陪同考察。

5 月

5 日，国家宗教局副局长蒋坚永率领由中央统战部、国家宗教局、住房与城乡建设部、国家旅游局、国家文物局等五部门组成的联合督查调研组，检查浑源《关于处理涉及佛教寺庙、道教宫观管理有关问题的意见》的贯彻落实情况，省委统战部副部长、省宗教局局长高键及相关部门负责人陪同。

是月，圆觉寺、文庙、律吕神祠被国务院公布为全国重点文物保护单位。

6 月

5 日，太原市文物局局长杨文军、纪检组组长曹维明等一行 46 人考察悬空寺景区。

29 日至 7 月 1 日，由于连日降雨，悬空寺上方多处落石。

7 月

月初，西留古戏台修复工程开工。

9 月

1 日，按照国务院和国家文物局精神，县文物局在全县境内展开全国第一次可移动文物普查工作。

11 月

13 日，《三晋石刻大全·大同市浑源县卷》出版发行。

2014 年

7 月

18 日，副省长张复明在悬空寺景区调研文物保护工作，省文物局局长王建武、省发改委巡视员徐安崇等陪同。

8 月

14 日，国家文物局胡锦萍及文物专家学者一行 20 人在恒山、悬空寺景区调研，市文物局局长尉连生等陪同。

9 月

16 日，西藏自治区政府法制办副主任罗旺次仁一行 9 人参观悬空寺，省文物局政策法规处副调研员员俊平、县文物局局长郝维和陪同。

11 月

是年，栗毓美墓消防水源工程完工。

2015 年

9 月

《三晋石刻大全·浑源县卷续编》首发式举行。

10 月

10 日，由全国政协常委、民族和宗教委员会主任朱维群带队的全国政协民族和宗教委员会调研组视察恒山、悬空寺景区。参加调研的还有副主任马英林、王学仁、白玛、任法融及中央电视台播音员海霞等，省政协副主席李悦娥、市政协主席柴树彬等陪同调研。

11 月

1 日，因连日降雨，悬空寺上方山体出现较大面积落石，主要落石地点为大雄宝殿院内及鼓楼屋顶，部分建筑构件受损。

26 日，省委书记王儒林视察浑源，市

委书记张吉福及县领导文晓东、周谋等陪同。

2016 年

1 月

悬空寺上方危岩处理工程开始施工，工程由辽宁有色基础工程公司负责。

3 月

9 日，浑源县在全省文物局局长工作会上被评为 "2015 年度全省文物工作先进县"。

9 月

10 日，三元宫修复竣工典礼暨北岳道文化研讨会在三元宫举行。国家宗教局副局长蒋坚永、中国道教协会会长李光富、中国道教协会原会长任法融等出席仪式。

19 日，浑源县第二次全国地名普查工作正式展开。

是月，浑源县收藏家协会成立。

是年，对 18 处市县级文保单位和长城划定了保护范围、安装了标志碑，对县级以上文保单位的 "四有档案" 进行了完善。

是年，全国可移动文物普查工作结束。

是年，圆觉寺环境整治工程完成。

2017 年

5 月

3 日，本县锦茂草堂文物碑拓展开展，当代书画家、书画古籍鉴定专家金煜及古瓷鉴定专家白明、省书协副主席熊晋等参加仪式。

12 月

4 日，省委常委、统战部部长廉毅敏在悬空寺、永安寺、三元宫等地调研，市政协副主席武保洲、常务副县长谢志海等陪同。

9 日，王庄堡堡门维修工程及荆庄古戏台维修工程竣工。

是年，县城内 334 处文物保护单位纳入 "天眼工程" "雪亮工程"。

是年，悬空寺技术防范系统工程竣工。

2018 年

6 月

4 日，南榆林乡三岭村西发现一处辽代古墓，墓室内壁绘有壁画，出土陶罐 1 个，瓷碗 1 个，瓷碗残片若干，汉五铢钱 1 枚，开元通宝 1 枚，淳化元宝 1 枚，咸平元宝 1 枚。

8 月

复旦大学科技考古院副院长、大同市中华民族寻根工程研究院院长李辉一行莅临浑源县，就桑干河中华民族起源等事项进行考察研究。副县长刘训军，浑源县部分历史、文化研究爱好者参加了座谈交流会。

10 月

省文物局联合省工商联在浑源县举办 "山西省文物建筑认养北部片区推介会"。国家文物局文物保护司副司长张磊、省文物局局长雷建国、省工商联副主席邢利民、省文物局副局长程书林，大同市常委、副市长冯苏京，浑源县委书记赵宇、县长王继武和北部片区大同、朔州、忻州、太原、吕梁、阳泉六市文物部门、工商联等的领导参加会议。当日，麻家大院、王念祖故居、田应璜故居分别由浑源县锦瑞有限公司、王静若、山西古建筑集团认养。

秋，悬空寺油饰彩绘工程完成。

是年，全市展开全国第三次文物普查中登记在册不可移动文物核查统计工作。

是年，恒山寝宫危岩处理工程开工。

2019 年

3 月

县文化局、旅发委、文物局合并为浑源县文化和旅游局，程广德任局长（文物局局长）。其间举行了挂牌仪式。

9 月

浑源县文物保护研究中心、浑源县文旅产业发展中心成立。

2020 年

3 月

段志国任浑源县文化和旅游局局长（文物局局长）。

10 月

浑源县全省红色文化遗址普查工作启动。

11 月

古城改造时，在县城石桥南巷口（俗称"石桥"）处出土部分桥梁构件。

12 月

浑源县被山西省文物局列入第一批省级文物保护利用示范区创建名单（专题性）。

2021 年

4 月

在深化事业机构改革中，浑源县文物保护研究中心重新调整为"浑源县文物保护研究中心"，并加挂"浑源古城保护中心"牌子。

6 月

浑源县古州署委托山西丰龙旅游开发有限公司管理。

是月，晋洪涛任浑源县文化和旅游局局长（文物局局长）。

8 月

浑源县文物保护研究中心（浑源古城保护中心）成立，杨毅任主任，史学武、贺智权、王琳娜任副主任。

是月，西留古戏台、李峪遗址被省政府公布为第六批省级文物保护单位。

秋，北紫峰龙王庙、贾庄神庙修缮工程开工。

秋，县城永安西街在施工过程中出土一个白釉瓷罐，有残，约为元代器物。

11 月

2 日，浑源县烈士陵园被列为省级红色文化遗址。

是年，西辛庄龙王庙、皇叔洼神庙、杨庄神庙修缮工程竣工。

后 记

　　《浑源县文物志》是对浑源县文物保护工作所做的较为系统的专志版本，其作用有三：一是存史；二是便于读者参考查阅；三是辅助县域文旅事业的发展。2014年，在已承接《浑源县旅游志》编修任务期间，原党史县志办狄金柱主任又多次建议我同时撰写《浑源县文物志》，经再三考虑，遂怀着忐忑的心情开始了两本志书的编撰工作。本人从事旅游工作30余载，对文物研究也多有涉猎，虽然深感压力巨大，但又感到能够完成两部专志的收集、撰写、校勘，能为浑源文物、旅游事业尽绵薄之力，也是我一生的幸事。2015年末，妻子身染重疾，巨大的精神压力曾让我一度无法落笔，几近荒弃。幸得妻子婉言勉励，勿废往日之辛劳，方继续作书。在自己的沉甸甸的成果即将付梓之际，回想编写过程，或披星戴月，或迎风冒雪，有欣慰也有感叹，其中之味自在心里！

　　文物与旅游是两个既相互独立又相辅相成的领域，在撰写之初原本为两部分内容合并编写的，但之后又考虑到为了使读者能够更方便地进行阅读，故又将原稿中的两大类内容单列载录。本志为文物部分，旅游部分亦同步编辑出版面世。在本志中，对门类的设置力求全面，其中尤以古建筑分类最多，内容包含有大量学术性考证成果，故在整体篇目设置上易稿达数十次之多。编写过程中参考了国内多地文物和旅游专志，如《山西通志》《北京市文物志》《陕西省志·文物志》《河南省文物志》《青岛市志·文物志》以及浑源诸版地方志等。按照山西省地方志编撰要求，在编写过程中，通过日常资料积累、历史文献查阅、实地勘察、民间走访以及网络查询等方式，对所录内容几经核查，务求翔实完整。通过大量的调查，一些鲜为人知的事物和史实被整理出来，给读者以耳目一新之感，如古建维修、古道、碑碣、"浑源十大寺"以及全国文物普查情况等。在文物记载方面，出于对文物安全考虑，如古墓葬，除旧志中所载之外，县内其余古墓或古墓群均不做载录。而其他有关民间所藏之古玩器物因过于分散，亦未详细记载，个别内容仅因其能够反映浑源历史文化之故而予以载入。其余未载入内容，待续志编修之时另行补录。

　　在本志中，除对现存文物以及保护工程记录之外，还摘录有部分文物专家学者学术成果。如裴文中、宿白、水既生三位老先生的专著，又如任志录、孟耀虎、马今洪、吴锐、李夏廷、秦宏伟、马锦龙、李知宴、常学文、荀建等先生的学术报告。这些成果具有十分重要的史料和学术研究价值，已成为浑源文物保护和文旅事业发展的宝贵财富。

在全县上下推动文旅振兴之际，本志的编修得到了县委、县政府的高度重视，被列入2022年政府重点工作项目之一，在县财政紧张的情况下，仍拨专款给予了鼎力支持。除此之外，在编修过程中，还得益于相关单位、社会团体以及各界朋友的大力支持和配合，如市史志办、恒山景区管理中心（原恒山管委会）、文旅局（文物局）、林草局、水利局、交通局、发改局、住建局、统计局、宗教局以及新闻媒体、恒山林场、恒山道教协会等。在编辑过程中，原县文物局郝维和局长为志书的编写提供了大量翔实的资料；大同市史志办王林主任在审阅本志篇目以及封面初稿之后，提出了宝贵的意见和建议；县发改局郭忠贵局长多次给予了鼓励和帮助；年逾古稀的史志专家薛世雄老先生对凡例、目录以及内容等给予了精心的润色；副县长贾雪花以及县文旅局程广德、段志国、晋洪涛、张东皞等历任领导给予了大力支持；本县文史学者晋宏志、王海生二友人为志书稿件进行了严密的审核，其中晋宏志还曾多次参与实地考察并提供了大量鲜为人知的历史信息，为志书增色不少。刘涛提供了《浑源李峪出土器物统计表》《浑源李峪青铜器民国时期报刊登录内容一览表》。稿件完成后，在本县学者李跃山老师的引荐下，原大同市史志办主任要子瑾老先生为志书专门作了序言，对志书作了中肯的评价。此外，还有余增耀、张立功、李增福、王学升、佟永江、陈德、张酉等老一辈领导以及朱天智、李宇、高仙海、薛卫军、范华、王琳娜、仝云冈、贺智权、郭永祥、薄厚成、王剑华、王彩娟、梁英、李慧、王艳丽、王艳如、薄飞、陈锦林、樊建伟、李向奎、杨永禄、田涛、王恒飞、王福、周建军、靖志勇、孙斌、张红波、穆祥等各界人士也给予了很多的关注和帮助，在此一并致以衷心的感谢！

《浑源县文物志》的问世，虽历时几个春秋，但由于时间和资料所限，加之个人水平原因，疏漏和谬误在所难免，而且存在不少有待进一步探讨和商榷之处，在此诚请各位读者不吝赐教！

杨 毅

2022年6月

图书在版编目（ＣＩＰ）数据

浑源县文物志 / 杨毅编著. — 太原：三晋出版社，
2023.1

ISBN 978-7-5457-2604-6

Ⅰ.①浑… Ⅱ.①杨… Ⅲ.①文物—概况—浑源县
Ⅳ.①K872.254

中国国家版本馆CIP数据核字(2023)第027976号

浑源县文物志

编 著：	杨 毅
摄 影：	佟永江 李跃山 常学文 杨 毅 尚珩 仝汉
责任编辑：	朱屹 落馥香
出 版 者：	山西出版传媒集团·三晋出版社
地 址：	太原市建设南路21号
电 话：	0351-4956036（总编室）
	0351-4922203（印制部）
网 址：	http://www.sjcbs.cn
经 销 者：	新华书店
承 印 者：	山西基因包装印刷科技股份有限公司
开 本：	787mm × 1092mm 1/16
印 张：	31.5
字 数：	650千字
版 次：	2023年7月 第1版
印 次：	2023年7月 第1次印刷
书 号：	ISBN 978-7-5457-2604-6
定 价：	360.00 元

如有印装质量问题，请与本社发行部联系 电话：0351-4922268